Sächsisch-magdeburgisches Recht in Polen
Untersuchungen zur Geschichte des Rechts und seiner Sprache

IVS SAXONICO-MAIDEBVRGENSE IN ORIENTE

Band 2

IVS SAXONICO-MAIDEBVRGENSE IN ORIENTE

Das sächsisch-magdeburgische Recht als kulturelles Bindeglied zwischen den Rechtsordnungen Ost- und Mitteleuropas

Im Auftrag der Sächsischen Akademie der Wissenschaften zu Leipzig herausgegeben von

Professor Dr. Dr. h.c. Ernst Eichler, Universität Leipzig
Professor Dr. Heiner Lück, Martin-Luther-Universität Halle-Wittenberg

Band 2

De Gruyter

Inge Bily, Wieland Carls, Katalin Gönczi

Sächsisch-magdeburgisches Recht in Polen

Untersuchungen zur Geschichte des Rechts und seiner Sprache

De Gruyter

Das Vorhaben „Das sächsisch-magdeburgische Recht als kulturelles Bindeglied zwischen den Rechtsordnungen Ost- und Mitteleuropas“ der Sächsischen Akademie der Wissenschaften zu Leipzig wird im Rahmen des Akademienprogramms von der Bundesrepublik Deutschland, dem Freistaat Sachsen und dem Land Sachsen-Anhalt gefördert.

ISBN 978-3-89949-801-1
e-ISBN 978-3-89949-802-8

Bibliografische Information der Deutschen Nationalbibliothek

Die Deutsche Nationalbibliothek verzeichnet diese Publikation in der Deutschen Nationalbibliografie; detaillierte bibliografische Daten sind im Internet über http://dnb.d-nb.de abrufbar.

Satz: Wieland Carls
Druck: Hubert & Co. GmbH & Co. KG, Göttingen
∞ Gedruckt auf säurefreiem Papier

Printed in Germany

www.degruyter.com

Inhalt

Vorwort

Seit dem Erscheinen von Band 1 unserer Untersuchungen zur Verbreitung des Sachsenspiegels, des Magdeburger Rechts und verwandter Rechtsquellen in Ostmitteleuropa sind drei Jahre vergangen. Endlich kann der Band zu Polen vorgelegt werden.

Polen spielt nicht nur wegen seiner Nachbarschaft zu Deutschland, die sich in vielen historisch-kulturellen Wechselbeziehungen manifestiert, in dem von der Sächsischen Akademie der Wissenschaften zu Leipzig betriebenen Akademievorhaben „Das sächsisch-magdeburgische Recht als kulturelles Bindeglied zwischen den Rechtsordnungen Ost- und Mitteleuropas“ eine zentrale Rolle. Vielmehr sind es die Intensität und die Vielschichtigkeit, welche die Verbreitung der aus Mitteldeutschland stammenden und vor Ort bearbeiteten Rechtstexte in Polen auszeichnen. Entsprechend zahlreich sind Forschungen in Polen und Deutschland zu diesem Gegenstand, die angesichts der ideologisch-politischen Brüche im 20. Jahrhundert zunächst einmal gesichtet und einer gründlichen Kritik unterzogen werden mußten. Dieser Umstand rechtfertigt die ausführliche Darstellung der Forschungsgeschichte im ersten Teil des Bandes.

Es mußte gründlich überlegt werden, wie eine interessante und unter verschiedenen Aspekten brauchbare Publikation zu diesem Gegenstand, die hohen wissenschaftlichen Maßstäben genügen muß, strukturiert und inhaltlich gestaltet werden soll.

Die Konzentration auf Polen, womit im Kern das heutige Staatsterritorium der Republik Polen gemeint ist, mag aus der historischen Perspektive nicht unberechtigte Kritik hervorrufen. Diese wird auch – gewissermaßen permanent – die folgenden, nach gegenwärtigen Ländern strukturierten Bände betreffen. Es gibt aber auch Gegenargumente. Dazu gehören u. a. folgende: In rechtsgeschichtlichen – und damit rechtswissenschaftlichen – Publikationen muß es legitim sein, weltweit akzeptierte, völkerrechtlich respektierte und geschützte Ländernamen zu gebrauchen. Es ist ganz evident und unstreitig, daß die damit bezeichneten Gebiete in den vergangenen Jahrhunderten mannigfaltigen territorialen Veränderungen und sich wandelnden Herrschaftsstrukturen unterlagen. Die enge Kooperation mit unseren wissenschaftlichen Partnern aus den verschiedenen Ländern gebietet nach unserer Überzeugung geradezu eine Anknüpfung an die bestehenden modernen Staaten. Des weiteren sei auf den 1980 von Dietmar Willoweit und Winfried Schich herausgegebenen Sammelband „Studien zur Geschichte des sächsisch-magdeburgischen Rechts in Deutschland und Polen“ verwiesen. Aus forschungsgeschichtlicher Sicht war dieser Band bahnbrechend. Dieser verwendet unaufgeregt und selbstverständlich die gegenwärtigen Staatsbezeichnungen im Titel. Schließlich sei das renommierte „Handbuch der Quellen und Literatur der neueren europäischen Privatrechtsgeschichte“, das unter der Leitung von Helmut Coing am

Max-Planck-Institut für europäische Rechtsgeschichte erarbeitet wurde (erschienen 1973–1988), genannt. In diesem Standardwerk sind die rechtlich relevanten Materien weitgehend nach den gegenwärtigen europäischen Ländern mit ihren üblichen Bezeichnungen gegliedert. Die Herausgeber der Reihe „IVS SAXONICO-MAIDEBVRGENSE IN ORIENTE" haben sich nach gewissenhafter Abwägung dieser und anderer Argumente dafür entschieden, den gegenwärtigen Ländernamen den Vorzug zu geben. Diese versperren keineswegs übergreifende Betrachtungen, ohne die die rechts- und sprachgeschichtlichen Komponenten des Untersuchungsgegenstandes weder erschließbar noch darstellbar sind.

Der Transfer des Magdeburger Rechts ins polnische Sprachgebiet wird in entsprechenden Texten deutlich, die das neue Rechtssystem versprachlichen, also vom Frühneuhochdeutschen ins Altpolnische überführen. Erstmalig wird in den hier vorgelegten Untersuchungen der einzig gangbare Weg beschritten, die deutschen Termini in ihrem neuen polnischen Gewand zu zeigen und zu untersuchen, auf welche Weise eigentlich der Transfer bewältigt wurde, wie die beiden Sprachsysteme sich berührten und mit welchen Umgestaltungen die neuen Rechtstermini im Polnischen ankamen und weiterentwickelt wurden. In vielen größeren und kleineren Städten Polens werden die entsprechenden Denkmäler aufgenommen und weiterentwickelt, vom späten Mittelalter bis in die frühe Neuzeit, in wichtigen Zentren wie Krakau, Kulm usw. Das polnische Sprachsystem war durchaus in der Lage, mit den Anforderungen des Transfers fertig zu werden und das neue Wortgut zu integrieren. Genauere Untersuchungen legen die Besonderheiten der Aufnahme frei und führen eine erste Sonde in einen für Europa wichtigen kulturhistorischen Vorgang im osteuropäischen Raum, der sich auch in anderen Landschaften, wie die folgenden Bände nach weiteren Untersuchungen, wenn auch mit manchen Spezifika, bestimmt zeigen werden.

Ethnisch und sprachlich ist dieser Raum sehr vielschichtig und hat nicht nur slawische Komplexe, sondern umfaßt auch baltische, ungarische Gebiete usw. Die heutige national bestimmte Gliederung (‚Nationalsprachen') kann für die frühe Neuzeit nicht zugrunde gelegt werden. Doch was hier für die polnischen Lande, die mit deutschen Siedlern verschiedenster Provenienz durchsetzt worden sind, erkannt wurde, ist methodisch auch für andere Ethnien von Belang, mit der Aufforderung, Parallelen und Differenzen zu ermitteln. Auch wenn hier vor allem den Schöffensprüchen unsere Aufmerksamkeit galt, so ist das Instrumentarium auch für andere Quellengattungen von großer Bedeutung.

Für eine stattliche Anzahl von Wörtern (Lexemen) aus den frühneuhochdeutsch geschriebenen Schöffensprüchen, die ins ältere Polnisch übertragen wurden, wird in der hier vorgelegten Untersuchung gesagt, in welcher Form der Transfer erfolgte. Deutlich werden prägnante Unterschiede zwischen den beiden Sprachen, vor allem in der Wortbildung, denn beide Sprachen sind in ihrer Struktur recht unterschiedlich angelegt und das Polnische verfügte über mehr gestaltende Wortbildungsmittel als das Deutsche, das den Zusammensetzungen mehr zugetan war.

Das hier angesprochene Netz der Denkmäler und Texte läßt noch offen, welche wichtigen geographischen Unterschiede sich im Transfer etwa noch auftun werden. Unsere erste Sonde bietet auf diese Weise viele Anregungen zu weiteren notwendigen Monographien für die Sprachgeschichte, aber auch unbedingt für die Siedlungs- und Stadtgeschichte der Hunderte von Orten, in denen sich die Geltung des neuen Rechtes auswirkte und das Leben der Bewohner wesentlich beeinflußte.

So glauben wir, eine handbuchartige Publikation geschaffen zu haben, die auf dem neuesten Stand der Forschung die komplexen rechtlichen und rechtssprachlichen Transferprozesse zwischen Mitteldeutschland und Polen dokumentiert.

Wir danken allen, die zur Fertigstellung dieses Buches beigetragen haben. Das gilt insbesondere für Frau Professorin Dr. Danuta Janicka (Toruń), die als Mitglied der vorhabenbezogenen Kommission des Akademievorhabens gerade diesem Band mit beratenden und konstruktiv-kritischen Anmerkungen zur Seite stand. Des weiteren sei allen übrigen Kommissionsmitgliedern nicht weniger aufrichtig und herzlich gedankt: Frau Dr. Jolanta Karpavičienė (Vilnius), Herrn Prof. Dr. Dr. h. c. Christian Hannick (Würzburg), Herrn Prof. Dr. Dr. h. c. Ilpo Tapani Piirainen (Münster), Herrn Prof. Dr. Matthias Puhle (Magdeburg) sowie dem Vorsitzenden, Herrn Dr. Matthias Hardt (Leipzig). Für ihre Unterstützung vor allem beim Korrekturlesen sei an dieser Stelle auch Frau Manuela Züfle (wissenschaftlich-technische Mitarbeiterin im Projekt) sowie den beiden wissenschaftlichen Hilfskräften Frau Claudia Hollstein M.A. und Frau Andrea Ziesch M.A. gedankt. Dankbar sind wir darüber hinaus mehreren Institutionen, welche die Realisierung des Vorhabens ermöglichen und begleiten: der Sächsischen Akademie der Wissenschaften zu Leipzig, der Union der deutschen Akademien der Wissenschaften, dem Freistaat Sachsen, dem Land Sachsen-Anhalt, dem Leibniz-Institut für Länderkunde (Leipzig) sowie dem Geisteswissenschaftlichen Zentrum für Geschichte und Kultur Ostmitteleuropas (Leipzig).

Leipzig/Halle an der Saale, im Oktober 2011 Heiner Lück/Ernst Eichler

A. Einleitung (*Wieland Carls*)

I. Allgemeine Bemerkungen zum Projekt

Unter dem Titel „Das sächsisch-magdeburgische Recht als kulturelles Bindeglied zwischen den Rechtsordnungen Ost- und Mitteleuropas" wird seit Anfang des Jahres 2004 an der Sächsischen Akademie der Wissenschaften zu Leipzig geforscht. Das Projekt hat es sich zur Aufgabe gemacht, das Phänomen des Rechtstransfers zu untersuchen, der im 12. und 13. Jahrhundert seinen Anfang nahm.[1] Das Magdeburger Stadtrecht[2] und der Sachsenspiegel[3] Eikes von Repgow[4] verbreiteten sich seit dieser Zeit vor allem auch Richtung Osten[5] und wurden – neben dem lübischen Recht und den süddeutschen Stadtrechten – auf vielfältige Weise adaptiert zur rechtlichen Grundlage unzähliger Städte, Dörfer und Gemeinden. Die Dimensionen des Untersuchungsspektrums wurden vor Beginn des Forschungsvorhabens auf einer internationalen Tagung ausgelotet.[6] Im Rahmen von handbuchartigen Einzelstudien gilt es nun, den Blick auf einzelne Länder zu werfen, in denen sächsisch-magdeburgisches Recht in Geltung war bzw. rezipiert wurde.

Die allgemeine Umschreibung des Verbreitungsgebiets als Ost- und Mitteleuropa soll möglichst neutral ein Gebiet umreißen, das entlang der westlichen Grenzen der heutigen Staaten Polen, Tschechien, Slowakei, Ungarn, Rumänien und der östlichen Grenzen Litauens, Weißrußlands und der Ukraine verläuft. An den äußeren Rändern – zumindest im Osten und Südosten – ist die Grenzlinie der maximalen Ausdehnung des Untersuchungsgebiets erst noch zu bestimmen. Auf der Grundlage des heutigen Kenntnisstands läßt sich in Moldawien, Rußland (mit Ausnahme Westrußlands) und dem Gebiet des ehemaligen Jugoslawien bislang jedenfalls keine Rezeption sächsisch-magdeburgischen Rechts erkennen. Die Binnengliederung der Untersuchungsgebiete orientiert sich an heute geltenden Staatsgrenzen, wobei in Kauf genommen wird, daß diese die historischen Gegebenhei-

---

1 Zum Projekt s. a. Carls, Das sächsisch-magdeburgische Recht – Sprach- und Rechtstransfer in Mittel- und Osteuropa, in: Legal Transitions, 2007, S. 259–267; ders., „Hy hebit sich an magdburgisch recht", in: Denkströme 5 (2010), S. 139–155.

2 Vgl. F. Ebel, Magdeburger Recht, in: Magdeburg. Die Geschichte der Stadt 805–2005, 2005, S. 137–154; Buchda, Magdeburger Recht, in: HRG, Bd. 3, 1984, Sp. 134–138. Zum Begriff ‚Stadtrecht' s. Dilcher, „Hell, verständig, für die Gegenwart sorgend, die Zukunft bedenkend", 1989, S. 12–45 u. ders., Stadtrecht, in: HRG, Bd. 4, 1990, Sp. 1863–1873.

3 Lück, Über den Sachsenspiegel, 2005; F. Ebel, Sachsenspiegel, in: HRG, Bd. 4, 1990, Sp. 1228–1237.

4 Zu Eike von Repgow s. Lieberwirth, Eike von Repgow (um 1180–nach 1233), in: ²HRG, Bd. 1, 2008, Sp. 1288–1292.

5 Lück, Sachsenspiegel und Magdeburger Recht, 1998; ders., Die Verbreitung des Sachsenspiegels und des Magdeburger Rechts in Osteuropa, in: Der sassen speyghel, Bd. 2, 1996, S. 37–49.

6 Lück, Eichler (Hrsg.), Rechts- und Sprachtransfer in Mittel- und Osteuropa, 2008.

ten nur ungenügend abbilden können. Die Verwaltungseinheiten und Landeszugehörigkeiten waren jedoch auch in dem hier zu betrachtenden Teil Europas in der fraglichen Zeit sehr wechselhaft und bieten deshalb keine praktikable Alternative für eine sinnvolle Unterteilung. Um diesem Dilemma zu entkommen, werden innerhalb der jeweiligen Untersuchungsgebiete Grenzüberschreitungen vorgesehen. In Polen sind z. B. das Deutschordensland, die Einflüsse Litauens sowie Verbindungen in Richtung Ungarn zu berücksichtigen.[7]

II. Forschungsansatz/Methode

Als erstes Untersuchungsgebiet wird mit diesem Band Polen in den Blick genommen. Dies trägt dem Umstand Rechnung, daß in die Regionen Schlesien, Deutschordensland und Kleinpolen, die heute zum größten Teil zu Polen gehören, das sächsisch-magdeburgische Recht zuerst gelangte.[8] Daran anschließend werden Ungarn und Rumänien, sowie Tschechien und die Slowakei in jeweils einer Publikation behandelt. Außerdem sind Untersuchungen zur Ukraine und Weißrußland, zum Baltikum und zu Rußland vorgesehen.

Dank einer mehr als 350-jährigen Forschungsgeschichte[9] zum sächsisch-magdeburgischen Recht und seiner Verbreitung sind die Grundlagen bekannt, viele Quellen ediert und unterschiedliche Aspekte bereits diskutiert. Ausgehend von dieser durchaus soliden Basis werden die für das Untersuchungsgebiet signifikanten Parameter zusammengestellt und analysiert. Dabei geht es nicht nur darum, die maßgeblichen Faktoren für die Verbreitung des Rechts und seine für den Transfer bedeutendsten Texte herauszuarbeiten und darzustellen, sondern auch einen Blick auf die Rechtssprache im Untersuchungsgebiet zu werfen, um so die Aufnahme und produktive Verarbeitung des zunächst fremden Rechts auch auf der sprachlichen Ebene zu verfolgen.

---

[7] Die Bedenken, die Armin Wolf gegen dieses Vorgehen bei den Überlegungen zur Methode einer europäischen Rechtsgeschichte darlegte, sind bekannt (Wolf, Zur Methode europäischer Rechtsgeschichte, in: Aspekte europäischer Rechtsgeschichte, 1982, S. 459f.). Wolfs Feststellung, daß die historischen Herrschaftsgebiete nicht unbedingt mit den Landesgrenzen und Rechtsgebieten deckungsgleich sind (ebd., S. 462), trifft für die hier zu untersuchenden Gebiete ebenfalls zu. Gleichwohl sind bei einer auf einen kleinen Ausschnitt der Rechtsentwicklung gerichteten Untersuchung andere Schwerpunkte zu setzen als bei einer auf Rechtsvergleichung basierenden europäischen Rechtsgeschichte. Zuletzt äußerte sich Eduard Mühle kritisch zur Einbindung der „Forschungsergebnisse in das starre Korsett der heutigen Staatsgrenzen" (Mühle, [Rezension zu] Rechts- und Sprachtransfer in Mittel- und Osteuropa, in: ZfO 59, H. 4 (2010), S. 573f., hier S. 574.

[8] Schon in der ersten Hälfte des 13. Jahrhunderts wurden mehrere Städte Polens (Goldberg – 1211, Kulm und Thorn – 1233, Neumarkt – 1235, Breslau – vor 1241, Krakau – 1257) mit Magdeburger Stadtrecht bewidmet (vgl. Lück, Einführung: Das sächsisch-magdeburgische Recht, in: Eichler, ders. (Hrsg.), Rechts- und Sprachtransfer in Mittel- und Osteuropa, 2008, S. 8; s. a. *Kapitel B.3., S. 19ff.*).

[9] Zur Geschichte der Erforschung des sächsisch-magdeburgischen Rechts s. u. im *Kapitel C.*

Zusätzlich zur erweiterten Perspektive durch die Betrachtung der Rechtssprache wird besonderes Gewicht auf die Forschungen im jeweiligen Untersuchungsgebiet gelegt werden. Vor allem im Hinblick auf diesen Aspekt erhält das Vorhaben Unterstützung von Fachwissenschaftlern. Für das Untersuchungsgebiet Polen sei hier nur stellvertretend für viele andere Frau Danuta Janicka genannt, die auch der wissenschaftlichen Kommission des Forschungsvorhabens angehört.

Quellenbasis für die vorliegende Arbeit sind jene Rechtstexte, die einen direkten Bezug zum Magdeburger Stadtrecht sowie zum Sachsenspiegel aufweisen und für die eine Rezeption in Polen belegt ist. Selbstverständlich müssen am Rande auch Einflüsse des polnischen und des gelehrten Rechts auf die Entwicklung der Rechtskultur in Polen bis hin zu den Kodifikationen berücksichtigt werden.[10] Der Fokus liegt jedoch auf Rechtstexten sächsisch-magdeburgischer Provenienz.[11]

Der Vorgang der sogenannten Kolonisation zu deutschem Recht[12] – besser vielleicht Siedlungsbewegung oder Landesausbau –, der Lokation, der Bewidmung mit deutschem Recht ist sehr kritisch zu betrachten, da die Forschung hierzu sowohl aus deutscher als auch aus polnischer Perspektive oft politisch und national geprägt war.[13] Bezogen auf Polen widmet sich Marian Friedberg (1902–1969)[14] in seiner Arbeit „Kultura Polska a niemiecka“[15] kurz nach dem Ende des Zweiten Weltkriegs diesem Problem und wendet sich gegen die nationale Vereinnahmung, gegen die Hybris der westlichen Kultur. Er stellt die unterschiedlichen Positionen polnischer und deutscher Forscher vor und verweist auf deren teilweise auch politische Hintergründe. Friedberg zielt darauf ab, die Bedeutung des polnischen Rechts zu stärken und die Einflüsse des deutschen Rechts und der fremden Siedler zu relativieren. Seine Ausführungen sind durchaus nachvollziehbar und

---

[10] Eine Einführung in die Geschichte des polnischen Rechts gibt Lesław Pauli in Coings Handbuch im 12. Kapitel des zweiten Bandes (Pauli, Polen, in: Handbuch der Quellen und Literatur der neueren europäischen Privatrechtsgeschichte, Bd. 2.2, 1976, S. 551–560) und im HRG (ders., Polnisches Recht, in: HRG, Bd. 3, 1984, Sp. 1808–1813). Im Hinblick auf die historische Rechtsvergleichung untersucht Karl Tischer das polnische Gewohnheitsrecht (Tischer, Das älteste polnische Gewohnheitsrechtsbuch, 1969).

[11] Einen Überblick der relevanten Rechtsquellen bietet das *Kapitel D.*

[12] So der Vorschlag von Klaus Zernack (Zernack, Der hochmittelalterliche Landesausbau, in: XVe Congrès International des Sciences Historiques, Bucarest 1980, S. 144–158, hier S. 144 [Neudr. in: ders., Preußen – Deutschland – Polen, S. 185–221, hier S. 185].

[13] Hierzu auch im *Kapitel C.* Zuletzt hat Eduard Mühle die Geschichte dieser emotionsgeladenen Auseinandersetzung zwischen den Verfechtern der ‚Kolonisationstheorie‘ und jenen der ‚Evolutionstheorie‘ im Hinblick auf die Rechsstadtgründungen mit zahlreichen Literaturhinweisen zu den einschlägigen Publikationen dargestellt (Mühle, Einleitung, in: ders., Rechtsstadtgründungen im mittelalterlichen Polen, 2011, S. 1–11, hier vor allem S. 1–3). Er konstatiert, daß sich diese Kontroverse seit den 1960er Jahren zunehmend entschärfte und „mit dem Wegfall des deutsch-polnischen Antagonismus in den 1980er–90er Jahren vollends obsolet geworden“ ist (ebd., S. 2).

[14] Biogramy uczonych polskich, 1,1, 1983, S. 380 f.

[15] Friedberg, Polnische und deutsche Kultur, (nur Bd. 1), 1962, Übersetzung von ders., Kultura polska a niemiecka, 1946.

zeigen eindrucksvoll, daß Polen auch ohne westliche Einflüsse hätte bestehen und sich entwickeln können. Es ist aber grundsätzlich problematisch, sich überhaupt auf diese Ost/West-Dichotomie einzulassen und die Frage danach zu stellen, wie sich Polen ohne westlichen Einfluß entwickelt hätte. Verläßt man die Perspektive des Kulturkampfs zwischen den Nationen, wird der Blick auf das Wesentliche frei, und es stellt sich nicht mehr die Frage nach einer unter- oder überlegenen Kultur. Auch scheint Friedberg selbst nicht frei von politischen und national bestimmten Positionen zu sein, die seine Forschung und vor allem seine Schlüsse, die er aus dem von ihm untersuchten Material zieht, wenigstens zum Teil bestimmen.

> „Man muß daher zu dem wichtigen Schluß gelangen: die Übertragung des Rechts und der städtischen Organisation aus Deutschland auf die polnischen Städte sowie die Besiedlung dieser Städte durch ein zahlenmäßig starkes deutsches Element ergab anfangs positive Werte und ermöglichte ein schnelles Wachstum der Städte sowie das Erreichen einer guten wirtschaftlichen Stellung. Es war jedoch gleichzeitig eine Erbsünde, die sich später negativ auswirkte. Wenn sich die polnischen Städte ohne Hilfe der deutschen Kolonisten und einer deutschen Organisation entwickelt hätten, hätte ihre Geburt[16] im westeuropäischen Sinne später stattgefunden, ihre Entwicklung und ihr Reichtum wären weniger glanzvoll gewesen, aber sie hätten kräftiger ihre Lebenssäfte dem einheimischen Boden entnommen, sie wären nicht ein fremder Auswuchs auf dem Körper des polnischen Volkes gewesen und hätten nicht zwei Jahrhunderte für die Assimilation verloren. Es wäre dann auch nicht so leicht zu ihrem Niedergang gekommen, der für sie tragisch und für die Republik höchst schädlich war."[17]

Landesausbau und Umwandlungen des gesellschaftlichen Gefüges gehören zur Geschichte Polens wie auch aller anderen Länder Europas dazu. Aus diesem kulturellen und wirtschaftlichen Austausch läßt sich jedoch kein Kapital schlagen, indem versucht wird, hieraus eine Über- oder Unterlegenheit anderer Länder und Kulturen oder gar territoriale Ansprüche herzuleiten. Daß dies vor allem von den Nationalsozialisten versucht wurde, hat nicht nur unsägliches Leid über ganz Europa gebracht, sondern auch die Kontakte zwischen den betroffenen Ländern auf lange Zeit schwer belastet.

---

[16] Vorlage ‚Geburg'.

[17] Friedberg, Polnische und deutsche Kultur, (nur Bd. 1), 1962, S. 458 f. In der polnischen Originalausgabe heißt es „Musi się przeto dojść do ważnego wniosku: przeniesienie do miast polskich prawa i organizacji miejskiej z Niemiec oraz zaludnienie tych miast dużą ilośią żywiołu niemieckiego dało zrazu wartości pozytywne, umożliwiło szybki rozwój miast oraz zdobycie dobrej pozycji gospodarczej. Było jednak zarazem grzechem pierworodnym, który odbił się w następstwie ujemnie. Gdyby miasta polskie rozwijały się bez pomocy niemieckich kolonistów i niemieckiej organizacji, narodziny ich w sensie zachodnio-europejskim byłyby zapewne spóźnione, rozwój i bogactwo mniej świetne, ale zaczerpnęłyby silniej soków żwotnych z rodzimej gleby, nie byłyby obcym narostem na ciele polskiego społeczeństwa i nie traciłyby około dwu wieków czasu na asymilację. Nie doszłoby też potem tak łatwo do ich upadku, tragiecznego dla nich a wysoce szkodliwego dla Rzeczypospolitej." (ders., Kultura Polska a niemiecka, 1946, S. 358 f.).

Das Wesen der Verbreitung und Rezeption des sächsisch-magdeburgischen Rechts in Polen und anderen Ländern Ostmitteleuropas läßt sich vielleicht besser so beschreiben, wie es Rudolf Jaworski im Hinblick auf die kultur- und rechtshistorischen Zusammenhänge formuliert:

> „Die politische Geographie allein kann darum kein ausreichendes Kriterium für die Abgrenzbarkeit Ostmitteleuropas sein.
>
> Ähnliches darf von den großen kultur- und rechtshistorischen Zusammenhängen in der europäischen Geschichte behauptet werden. Auch sie sind für sich genommen wenig geeignet, regionale Ausformungen zu erschließen. So hat beispielsweise die abendländische Kultur und Zivilisation der hoch- und spätmittelalterlichen Staatenwelt auch für Polen, Ungarn und Böhmen gültige Muster und Normen bereitgestellt. Doch sind bereits für diese Zeit spezifische Modifikationen feststellbar, die sich aus der Umsetzungsproblematik allgemeiner ‚westlicher' Vorgaben in eine ‚ostmitteleuropäische' Praxis ergeben haben. Dabei konnten gänzlich neue und unverwechselbare Tatbestände geschaffen werden wie z. B. das ‚ius teutonicum', ein Rechtsbündel, das im Zuge der deutschen Ostkolonisation und des hochmittelalterlichen Landesausbaus erst aus den Bedürfnissen in den Neusiedelländern Ostmitteleuropas hervorgegangen war. Es hat demnach schon sehr frühzeitig in dieser Großregion eigenständige Verarbeitungen äußerer Impulse gegeben, so daß diese Territorien nicht einfach als Peripherie oder passive Einflußzone begriffen werden dürfen, sondern höchstens als ‚eine defensive Region'."[18]

Auch wenn der Terminus Ostkolonisation hier verwendet wird, der immer die Gefahr birgt, mißgedeutet und mit dem neuzeitlichen Kolonialismus gleichgesetzt zu werden, bringt Jaworski deutlich zum Ausdruck, daß die Impulse, die aus dem Westen in den Osten kamen, dort nach den lokalen Bedürfnissen aufgenommen und verändert wurden und so ‚eigenständige Verarbeitungen' entstehen ließen. Daß dies insbesondere für das ‚ius teutonicum'[19] auf der Grundlage des sächsisch-magdeburgischen Rechts gilt, wird im folgenden gezeigt werden.

Hierfür ist es nicht nötig, den Prozeß des Landesausbaus und der Bewidmung mit deutschen Recht noch einmal neu zu untersuchen. Die Fakten sind bekannt und werden gemeinhin von der Forschung – der deutschen wie auch der polnischen – nicht in Frage gestellt. Auch die Beweggründe, warum Siedler aus dem Westen Richtung Osten gingen, um dort zu leben, sind vielfach diskutiert worden. Als gesichert kann angenommen werden, daß diese Siedler nicht als Invasoren kamen, sondern in der Regel auf Einladung der Landesherren, die mit der Besiedlung brach liegender Gebiete oder auch schon bestehender Dörfer und Städte ihre eigenen Ziele verfolgten. Sei es der Wunsch, vordem ungesicherte Grenzgebiete

---

[18] Jaworski, Ostmitteleuropa, 1992, S. 37–45, hier S. 40 f.

[19] Der Terminus ‚ius teutonicum' kam erst in staufischer Zeit auf, „und zwar im Zusammenhang mit den Gründungsprivilegien im Rahmen der dt. Ostsiedlung" (Cordes, Deutsches Recht, in: ^{2}HRG, Bd. 1, 2008, Sp. 1003–1007, hier 1004). Es ist also nicht allgemein ‚deutsches Recht' mit der Betonung der sprachlichen Komponente gemeint, sondern vor allem das deutsche Recht aus der ‚Außenperspektive' derjenigen, die sich nicht im Ursprungsgebiet dieses Rechts befinden.

durch Ansiedelung zu integrieren und für den eigenen Herrschaftsbereich zu sichern, sei es, um durch eine wachsende Bevölkerung von wachsenden Einnahmen zu profitieren.

In dieser Untersuchung stehen die Rezeptionszeugnisse sächsisch-magdeburgischen Rechts im Vordergrund. Alles, was sich im Untersuchungsgebiet als ‚ius teutonicum' ansprechen läßt, ist geeignet, Informationen über die Art der Rezeption, der produktiven Umsetzung zu geben. In der Zusammenschau der betreffenden Rechtsquellen im *Kapitel D.* wird gezeigt, welche Ausprägungen des sächsisch-magdeburgischen Rechts im Untersuchungsgebiet verbreitet waren. Sachsenspiegel und Magdeburger Stadtrecht sind für sich oder gemeinsam und in zahlreichen Umformungen die rechtliche Basis des ‚ius teutonicum'. Ist der Sachsenspiegel mit seinem Land- und Lehnrecht ein weitgehend in sich geschlossenes Werk, findet sich vergleichbares für das Magdeburger Stadtrecht nicht. Neben verschiedenen Rechtsweisungen, Privilegien und einer großen Anzahl von Urkunden zur Rechtsprechung nach Magdeburger Recht sowie unterschiedlichsten Kompilationen und Glossierungen gibt es hier kein zentrales Werk, das dieses Recht in Gänze repräsentieren könnte.

Soweit bekannt, gab es wohl auch nie einen von den Magdeburger Schöppen[20] kanonisierten Text, der diesen Anspruch erfüllt hätte. Sieht man ab von Privilegien, wie dem von Erzbischof Wichmann[21] von 1188[22], konstituiert sich das Magdeburger Recht im wesentlichen aus der Summe der von den Magdeburger Schöppen ausgeteilten Rechtsweisungen und Rechtssprüchen. Aus den Quellen läßt sich ablesen, daß die Magdeburger dieses Recht aufgezeichnet haben, sich Abschriften der von ihnen erteilten Rechtsbelehrungen fertigten – wenigstens seit dem 14. Jahrhundert. So heißt es in einer Urkunde zur Magdeburger Stadtordnung aus dem Jahr 1336: „Echt alle recht, de uthgericht werden von den schepen edder von den rathmannen, schall man beschriven an einen quaternen"[23] Diese Aufzeichnungen sind jedoch mit der Zerstörung der Stadt am 10.$^{\text{jul.}}$ bzw. 20.$^{\text{greg.}}$ Mai 1631 unter Pappenheims[24] und Tillys[25] Führung vollständig verloren gegangen. Erhalten hat

---

[20] Die Magdeburger schreiben meist ihrem mittelniederdeutschen Sprachstand entsprechend ‚schöppe' oder ‚scheppe' für hochdeutsch ‚schöffe'.

[21] Kohl, Wichmann (Wicmann, Wigmannus) *von Seeburg*, in: Biographisch-bibliographisches Kirchenlexikon, Bd. 13, 1998, Sp. 1043–1046.

[22] Zum Privileg s. Lieberwirth, Das Privileg Erzbischof Wichmanns und das Magdeburger Recht, 1990 u. F. Ebel, Magdeburger Recht, in: Erzbischof Wichmann (1152–1192) und Magdeburg im Hohen Mittelalter, 1992, S. 42–55.

[23] Hertel, Urkundenbuch der Stadt Magdeburg, Bd. 1, Neudr. d. Ausg. 1892, 1975, Nr. 362 (1336. September 19), S. 225 (Hinweis aus F. Ebel, *Des spreke wy* ...,in: ders., Unseren fruntlichen grus zuvor, hrsg. von Fijal [u. a.], 2004, S. 443).

[24] Gottfried Heinrich Graf zu Pappenheim (* 08.06.1594, † 17.11.1632), s. Neuhaus, „Pappenheim, Gottfried Heinrich Freiherr zu, Graf", in: NDB, Bd. 20, 2001, S. 51 f.

[25] Johann t'Serclaes Graf von Tilly (* 1559, † 30.04.1632), s. Wittich, „Tilly, Johann Tserclaes Graf von", in: ADB, Bd. 38, 1894, S. 314–350.

sich jedoch eine große Anzahl von Urkunden in den Archiven der anfragenden Schöffenstühle. Die Magdeburger Rechtspraxis sah schriftliche Anfragen – vor allem von den mit Magdeburger Recht bewidmeten Schöffenstühlen – bei den Magdeburgern vor, in denen problematische Rechtsfälle vom anfragenden Schöffenstuhl aufgezeichnet und dann als gesiegelte Urkunde per Boten an die Magdeburger Kollegen geschickt wurden. Dort wurde die Entscheidung der Magdeburger Schöppen direkt auf dasselbe Pergament unter die Anfrage geschrieben, erneut gesiegelt und wieder per Boten zurückgesandt. Mit der Verlesung des Magdeburger Spruchs vom anfragenden Gericht erhielt das Urteil Rechtsgültigkeit.[26] Dieser Rechtspraxis ist es zu danken, daß heute das Recht aus Magdeburg überhaupt aus originalen Magdeburger Urteilen zu rekonstruieren ist.

Zur Rechtsfamilie ‚sächsisch-magdeburgisches Recht' gibt es zahlreiche Arbeiten, die Einzelphänomene behandeln, sowie einführende Darstellungen.[27] Als Desideratum ist aber immer noch eine umfassende Untersuchung des Magdeburger Rechts auf der Grundlage aller bekannten Quellen zu beklagen.[28] Im Rahmen dieser und der folgenden Studien zur Verbreitung und Rezeption des sächsisch-magdeburgischen Rechts in Ostmitteleuropa sollen dem immer noch unvollständigen Bild dieses so erfolgreichen Rechts einige neue Aspekte hinzugefügt werden.

---

[26] Dieses Verfahren der Aktenversendung findet sich sowohl im deutschen wie auch im gelehrten Recht. (s. a. Oestmann, Aktenversendung, in: ²HRG, Bd. 1, 2008, Sp. 128–132).

[27] Ausführlich in *Kapitel C.*, hier für viele andere: Lück, Zur Verbreitung des Sachsenspiegels und des Magdeburger Rechts in den baltischen Ländern, in: Baltisch-Europäische Rechtsgeschichte und Lexikographie, hrsg. von Kronauer und Taterka, 2009, S. 17–36; Obladen, Magdeburger Recht auf der Burg zu Krakau, 2005; F. Ebel, *Des spreke wy vor eyn recht* ..., in: ders., Unseren fruntlichen grus zuvor, hrsg. von Fijal [u. a.], 2004, S. 423–511; Meuten, Die Erbfolgeordnung des Sachsenspiegels und des Magdeburger Rechts, 2000; Lück, Sachsenspiegel und Magdeburger Recht, 1998; Lieberwirth, Das sächsisch-magdeburgische Recht als Quelle osteuropäischer Rechtsordnungen, 1986.

[28] Leider sind auch längst nicht alle erhaltenen Quellen zum Magdeburger Recht gedruckt. Der Wunsch, wenigstens alle erhaltenen Schöffensprüche des Magdeburger Schöppenstuhls zu edieren, wurde bereits 1888 von Julius Wilhelm von Planck in einem Antrag an die königliche Akademie der Wissenschaften zu München zum Ausdruck gebracht (Amira, [Rezension] Magdeburger Schöffensprüche [u. a.], 1902, S. 281 f.). Durch diese Akademie gefördert, entstand leider nur der von Victor Friese und Erich Liesegang herausgegebene Band „Die Magdeburger Schöffensprüche für Gross-Salze, Zerbst und Anhalt, Naumburg und aus dem Codex Harzgerodanus" (Berlin 1901). Diese Arbeit wurde von Theodor Goerlitz und Paul Gantzer (Rechtsdenkmäler der Stadt Schweidnitz, 1939) und vom „Institut zur Erforschung des Magdeburger Stadtrechts e. V." in Magdeburg fortgesetzt (Weizsäcker (Bearb.), Magdeburger Schöffensprüche und Rechtsmitteilungen für den Oberhof Leitmeritz, 1943; Goerlitz, Gantzer (Bearb.), Magdeburger Schöffensprüche für die Hansestadt Posen und andere Städte des Warthelandes, 1944). Seit den 1980er Jahren hat Friedrich Ebel mehrere Editionen Magdeburger Schöffensprüche vorgelegt (Magdeburger Recht, Bd. I: Die Rechtssprüche für Niedersachsen, 1983; Magdeburger Recht, Bd. II: Die Rechtsmitteilungen und Rechtssprüche für Breslau, Teil 1: Die Quellen von 1261 bis 1452, Teil 2: Die Quellen von 1453 bis zum Ende des 16. Jahrhunderts, 1989 und 1995), konnte diese Arbeit aber aufgrund seines frühen Todes nicht abschließen.

Ein weit verbreitetes und über einen längeren Zeitraum nachweisbares Rezeptionszeugnis des Magdeburger Stadtrechts sind die „Magdeburger Urteile“.[29] Anhand dieser der angewandten Rechtspraxis sehr nahestehenden Quelle wird eine sprachgeschichtliche Analyse ausgewählter Rechtstermini und Rechtssätze vorgenommen. Im direkten Vergleich zwischen der deutschsprachigen und der polnischen Quelle werden die Vorgänge der Rezeption auch auf sprachlicher Ebene beleuchtet. Zusätzlich zu den ins Detail gehenden Wortuntersuchungen wird in diesem Band ein Wörterverzeichnis des sächsisch-magdeburgischen Rechts begonnen, das zunächst nur deutsche und polnische Rechtstermini jeweils in ihren historischen und modernen Sprachstufen bietet, im Zuge der folgenden Untersuchungen aber weitere Sprachen erschließen wird.

---

[29] Siehe *Kapitel D.I.9.*

B. Geschichtlicher Überblick zum Untersuchungsgebiet unter besonderer Berücksichtigung der Rechtsentwicklung (*Katalin Gönczi*)

Polens Bedeutung für die Verbreitung des sächsisch-magdeburgischen Rechts lag in erster Linie darin, daß das Land die Rechtstraditionen zwischen Ost und West vermittelte. Es handelt sich dabei um die Vermittlung von Normen in Form von Privilegien und Rechtsprechung sowie von Ideen mittels juristischer Literatur. Zudem war das sächsisch-magdeburgische Recht nirgendwo in Osteuropa so präsent wie in den historischen Landschaften Polens.[1]

I. Geschichtlicher Rahmen der Untersuchung

Die Geschichte der Rechtsentwicklung im alten Königreich Polen bis zur Teilung des Landes im späten 18. Jahrhundert umfaßt etwa 900 Jahre. Der Beginn läßt sich auf die Herrschaft des Piastenfürsten Mieszko I. (960–992) datieren. Er war der erste durch zeitgenössische Quellen bekannte Herrscher Polens.[2] Während seiner Regierung vergrößerte Mieszko die Ausdehnung des Landes der Piasten, und durch seine Taufe im Jahre 966 führte er den heidnischen Stammesverband in das lateinisch-christliche Europa.[3] Er und seine Nachfolger knüpften nicht nur dynastische Kontakte zum Römisch-Deutschen Reich, sondern haben auch Prediger aus Westeuropa zur Festigung des Christentums ins Land gerufen.[4]

Polen war zur Regierungszeit Mieszkos noch Fürstentum, doch nach der Krönung seines Sohnes Bolesław I. Chrobry im Jahre 1025 wurde das Land der Polanen zum Königreich umgestaltet, das mit dem Römisch-Deutschen Reich verbündet war. Ein zentraler Ort der Piastendynastie war Gnesen, wo die Krönungen stattfanden und wo im Jahre 1000 das erste Erzbistum gegründet wurde.[5]

Nach dem Tode von Bolesław Schiefmund im Jahre 1138 zerfiel das Königreich in sechs unabhängige Herzogtümer. Deren Herrscher wurden laut dem Testament Bolesławs nach dem Senioratsprinzip bestimmt: Der Älteste der Piastenherzöge wurde mit der Regierung der Senioratsprovinz Kleinpolen bevollmächtigt.[6]

---

1 Etwa 650 Städte und Dörfer wurden in Kleinpolen und Galizien nach deutschem Recht gegründet; in Großpolen betrug ihre Zahl ca. 150. Lück, Magdeburg Law, 2007, S. 143; Lieberwirth, Die Wirkungsgeschichte des Sachsenspiegels, in: Lück (Hrsg.), Rolf Lieberwirth, 1997, S. 460.

2 Bues, Die Jagiellonen, 2010, S. 13.

3 Alexander, Kleine Geschichte Polens, 2008, S. 20; Mühle, Die Piasten, 2011, S. 18–28.

4 Zientara, Die deutschen Einwanderer in Polen, in: Schlesinger (Hrsg.), Die deutsche Ostsiedlung des Mittelalters, 1975, S. 335.

5 Menzel, Die schlesischen Lokationsurkunden, 1977, S. 101.

6 Lübke, Das östliche Europa, 2004, S. 290; Bues, Die Jagiellonen, 2010, S. 16; Alexander, Kleine Geschichte Polens, 2008, S. 34f.

Diese Zersplitterung hob Władysław I. Łokietek auf. Er konnte die Zentralmacht durch Verträge mit den benachbarten Herrschern verstärken und wurde 1320 zum König gekrönt. Krakau wurde dann ab dem 14. Jahrhundert das politische Zentrum des polnischen Königreichs.

Während der Herrschaft von König Kasimir III. dem Großen (1333–1370) begann die Blütezeit des zentralisierten Königreichs: Er festigte die Grenzen und baute die Verwaltung im Lande aus.[7] In dieser Zeit erreichte das mittelalterliche Königreich Polen nicht nur politische Stabilität, sondern es kam auch bei seiner Rechtsentwicklung voran. König Kasimir gründete 1364 die Universität Krakau, womit es – parallel zur Universität Prag – einen weiteren Ort gab, an dem in Ostmitteleuropa das *ius commune* gelehrt und tradiert wurde.[8]

Nach dem Tod des Piastenherrschers von Galizien zog Kasimir mit seinem Heer nach Lemberg und bekundete seine Machtansprüche auf den Thron des Königreichs Galizien und Lodomerien.[9] Seine Bewidmung Lembergs mit dem Magdeburger Recht 1356 markiert den Beginn der Geltung des sächsisch-magdeburgischen Rechts in der heutigen Ukraine.

Nach den Piasten, die das polnische Königreich bis 1370 prägten, kam ab 1385 die zweite bedeutende Herrscherdynastie, die Jagiellonen, an die Macht. Die Heirat der polnischen Königin Jadwiga mit dem litauischen Großfürsten Jagiełło führte zur Personalunion des Königreichs Polen mit dem Großfürstentum Litauen.[10] 1386 wurde Jagiełło zum König von Polen gekrönt, und so entstand ein in Mitteleuropa einflußreicher Staatenverband: die Polnisch-Litauische Union.[11] 1572 endete die Herrschaft der Jagiellonen mit dem Aussterben der Dynastie; damit ging das ‚Goldene Zeitalter' zu Ende.

Die Verbreitung des sächsisch-magdeburgischen Rechts in Form von Rechtsverleihungen begann im späten 12. Jahrhundert; danach folgten in den historischen Regionen Polens weitere. Fünf Regionen bildeten den Kern des historischen Polen im Mittelalter: Großpolen, Masowien,[12] Schlesien,[13] Kleinpolen und Pommerellen.[14]

---

7 Rady, Russia, Poland and the Ukraine, 1990, S. 13; Mühle, Die Piasten, 2011, S. 89–115.

8 Vetulani, Les origines de l'Université de Cracovie, 1966, S. 15.

9 Heyde, Geschichte Polens, 2006, S. 20; Golczewski, Geschichte der Ukraine, 1993, S. 38; Rady, Russia, Poland and the Ukraine, 1990, S. 13.

10 Heyde, Geschichte Polens, 2006, S. 22; Bues, Die Jagiellonen, 2010, S. 29f.

11 Rady, Russia, Poland and the Ukraine, 1990, S. 15.

12 Bis zum Aussterben der masowischen Piasten im Jahre 1526 blieb das Herzogtum Masowien (Warschau) selbständig. Wolf, Gesetzgebung in Europa 1100–1500, 1996, S. 290.

13 Schlesien gehörte zeitweise zu Böhmen; ab der Mitte des 14. Jahrhunderts wurde Schlesien zum Kronland Böhmens. Wolf, Gesetzgebung in Europa 1100–1500, 1996, S. 290; Grawert-May, Das staatsrechtliche Verhältnis Schlesiens zu Polen, 1971, S. 135.

14 Davies, Moorhouse, Die Blume Europas, 2002, S. 90; Bues, Die Jagiellonen, 2010, S. 15; Alexander, Kleine Geschichte Polens, 2008, S. 40.

Schlesien war um die Wende des 12./13. Jahrhunderts das wirtschaftlich am höchsten entwickelte Territorium im heutigen Polen.[15] Sowohl im Landesausbau als auch bei der Rezeption des sächsisch-magdeburgischen Rechts in Ostmitteleuropa hatte Schlesien die Mittlerrolle übernommen; es war eine „Handelsstraße" des Mittelalters.[16] Die hier entstandenen Schöffenstühle Neumarkt und Breslau waren wichtige Orte der Rechtsprechung. Kleinpolen mit der führenden Stadt Krakau und Großpolen wurden weitere Zentren der Verbreitung des sächsisch-magdeburgischen Rechts. In der damaligen Residenzstadt Krakau gründete 1356 König Kasimir der Große das Obergericht des deutschen Rechts, an das sich die Städte Kleinpolens wenden konnten.[17]

Zur historischen Landschaft Kleinpolen gehörten auch die vom ungarischen König Sigismund von Luxemburg im Jahre 1412 verpfändeten 13 Zipser Städte.[18] Diese Städte beteiligten sich intensiv am Handel mit den polnischen Gebieten und erlebten einen wirtschaftlichen Aufschwung.[19] Das Stadtrecht der Zipser Region wurde auf diese Weise entscheidend vom sächsisch-magdeburgischen Recht geprägt.

Seit dem 15. Jahrhundert läßt sich Polen verfassungsrechtlich als Adelsrepublik charakterisieren.[20] Der Adelsstand machte in der Mitte des 16. Jahrhunderts 10% der Bevölkerung aus, während in anderen europäischen Ländern der Anteil des Adels 1–2% betrug.[21] Er war damit die dominierende Schicht mit den größten Herrschaftsbefugnissen im Königreich Polen. Dies schlug sich auch in der Gesetzgebung nieder: Ursprünglich übte der Landesherr die Gesetzgebung allein aus, doch nach 1505 lagen die Gesetzgebungsbefugnisse hauptsächlich beim Sejm (dem polnischen Reichstag),[22] dessen Rechtsakte als *constitutiones* bezeichnet wurden.

Das alte Königreich Polen wurde in den Jahren 1772, 1793 und 1795 unter den Großmächten Österreich, Preußen und dem Russischen Reich dreigeteilt, und die Landesteile wurden als Verwaltungseinheiten in die Länder Österreich, Preußen und Rußland eingegliedert.[23] Diese Lage änderte sich erst während der Herrschaft Napoleons, der das Herzogtum Warschau nach französischem Vorbild errichtete. Nach seiner Niederlage wurde auf dem Wiener Kongreß die Gründung der ‚Freien Stadt Krakau' und von ‚Kongreßpolen' beschlossen.

---

15 Heyde, Geschichte Polens, 2006, S. 14; Menzel, Die schlesischen Lokationsurkunden, 1977, S. 99.

16 Higounet, Die deutsche Ostsiedlung, 1990, S. 172.

17 Łysiak, Ius supremum Maydeburgense castri Cracoviensis, 1990.

18 Piirainen, Nachträge zum Zipser Recht, 2001, S. 13f.

19 Skladaný, Spiš v slovensko-pol'ských hospodárskych stykoch v 15.–16. storočí, in: Terra Scepusiensis, 2003, S. 457–465.

20 Uruszczak, Das Privileg im alten Königreich Polen, in: Dölemeyer (Hrsg.), Das Privileg im europäischen Vergleich, Bd. 2, 1999, S. 256.

21 Davies, Im Herzen Europas, 2002, S. 270.

22 Rady, Russia, Poland and the Ukraine, 1990, S. 52.

23 Ebd., S. 115.

II. Rechtspartikularismus

Die spätmittelalterliche Rechtsordnung gliederte sich in erster Linie nach Ständen. Der Rechtspartikularismus erschien einerseits auf der Ebene der Territorien, andererseits wurde das polnische Recht auch nach ständischer Zugehörigkeit gegliedert.[24] Das polnische Gewohnheitsrecht, als ‚Landrecht' (*ius terrestre*) bezeichnet, formte sich aus dem Ständerecht des Adels.[25] Das materielle Zivil- und Strafrecht bildete sich durch die Rechtsprechung auf den Grundlagen der Blutsverwandschaft und des Bodenrechts heraus. Es gab eine organische Rechtsfortbildung durch die Rechtsprechung, solange die Gesetze die Verfassung und die Verwaltung des Staates regelten.[26] Durch Beschlüsse des Sejms wurden das materielle und formelle Gewohnheitsrecht nicht verändert, und wegen der Schwäche der Zentralmacht gab es keine umfassenden Rechtsreformen.[27] Das Gewohnheitsrecht wurde also durch die Rechtsprechung fortentwickelt.

Die einzelnen Landesteile entwickelten ihre eigenen Rechtsordnungen, die sich vom allgemeinen adeligen Landrecht unterschieden. Diese so genannten Partikularrechte gab es in Masowien und in Königlich-Preußen, wo für die Rechtsverhältnisse des Adels spezielle Regeln galten.[28] Teile des partikularen Rechts wurden – anders als das allgemeine Landrecht – verschriftlicht und im Laufe des 13.–16. Jahrhunderts in Kompendien zusammengefaßt. Außerdem wurde das Gewohnheitsrecht von Masowien 1532 und 1540 in Gesetzen fixiert. Das Recht wurde auch im Großherzogtum Litauen in den drei Litauischen Statuten (1529, 1566, 1588) festgelegt.[29]

Trotz einiger Bemühungen[30] gab es aber keine umfassende Kodifikation im alten Polen.[31] Obwohl der Sejm mehrere Aufträge für eine Kodifikation gegeben hatte, blieb eine vollständige Rechtsaufzeichnung des Landrechts in der Epoche

---

[24] Pauli, Die polnische Literatur des Magdeburger Rechts, in: Willoweit, Schich (Hrsg.), Studien zur Geschichte des sächsisch-magdeburgischen Rechts in Deutschland und Polen, 1980, S. 150.

[25] Ders., Auf dem Wege zur Synthese des altpolnischen Privatrechts, 1981, S. 207–221; Matuszewski, Die Aufnahme des deutschen Rechtes in Polen, in: Bulletin de la Société des Sciences et des Lettres de Łódź XX, 4 (1970), S. 4.

[26] Wolf, Gesetzgebung in Europa 1100–1500, 1996, S. 291.

[27] Küpper, Einführung in die Rechtsgeschichte Osteuropas, 2005, S. 271.

[28] Pauli, Die polnische Literatur des Magdeburger Rechts, in: Willoweit, Schich (Hrsg.), Studien zur Geschichte des sächsisch-magdeburgischen Rechts in Deutschland und Polen, 1980, S. 150.

[29] Zum ersten Litauischen Statut s. Lietuvos Statutas/The Statute of Lithuania/Statuta Lituaniae, 2004; zum Statut und seinen drei Redaktionen s. Ernst, Eheauflösung im multikonfessionellen Staat der frühen Neuzeit, 2005.

[30] So versuchte Jan Łaski im Jahre 1506, das geltende Recht zusammenzufassen, und König Sigismund I. unternahm 1522 einen Kodifikationsversuch. Vgl. Bukowska-Gorgoni, Das sächsisch-magdeburgische Recht, in: Willoweit, Schich (Hrsg.), Studien zur Geschichte des sächsisch-magdeburgischen Rechts in Deutschland und Polen, 1980, S. 130.

[31] Pauli, Auf dem Wege zur Synthese des altpolnischen Privatrechts, 1981, S. 208; Küpper, Einführung in die Rechtsgeschichte Osteuropas, 2005, S. 272.

der Renaissance aus. Das alte polnische Gewohnheitsrecht galt daher bis zum Ende des 18. Jahrhunderts und somit bis zur Teilung Polens.

Eine umfassende Kodifikation konnte selbst im Zeitalter der Aufklärung wegen der Aufteilung des Landes nicht zustande kommen. Stattdessen wurde das alte Rechtssystem außer Kraft gesetzt, und die Landesteile wurden in die Rechtsordnungen der jeweiligen Staaten eingegliedert. Dies führte dazu, daß in den Landesteilen des historischen Polen kodifiziertes und auf dem Naturrecht beruhendes Recht galt. In den preußisch gewordenen Landesteilen war dies das Allgemeine Landrecht für die preußischen Staaten (ALR) aus dem Jahre 1794.[32] In Galizien wurde 1797 der „Urentwurf" des Allgemeinen Bürgerlichen Gesetzbuches (ABGB) in Kraft gesetzt.[33] In dem unter Napoleon gegründeten Herzogtum Warschau (1807–1815) galt der Code civil, und in den nach dem Wiener Kongreß gegründeten Staaten, also im Königreich Polen (Kongreßpolen) und in der Freien Stadt Krakau, wurden neue Kodifikationen des Rechts vorgenommen; eine umfassende Kodifikation des polnischen Rechts blieb jedoch aus.

Zwar gab es im altpolnischen Gewohnheitsrecht einige parallele Institutionen zum deutschen Recht (Beweisführung, Verwandtschaftsregel und Grundeigentum); unmittelbare Verbindungen zwischen dem polnischen adeligen Gewohnheitsrecht und dem deutschen Recht lassen sich aber – folgt man der neueren polnischen Forschung – nicht nachweisen.[34] Das polnische Adelsrecht wurde auch vom römischen Recht nur am Rande beeinflußt, denn es wurden Einwände gegen das als kaiserliches Recht verstandene römische Recht erhoben.[35] Das Recht des Adels war aber auch kein statisches Recht, es wurde von der Rechtsprechung fortentwickelt, und bei der Entwicklung des polnischen Rechts wurden einige technische Elemente übernommen.[36]

Das partikulare *Kirchenrecht* regelte die Rechtsverhältnisse der Geistlichen; es wurde nach synodalen Beschlüssen entwickelt. Für Rechtsgeschäfte der Bürgerschaft entstand hingegen das *Stadtrecht*. Die bedeutendsten städtischen Rechtskreise waren das sächsisch-magdeburgische Recht im Binnenland und das lübische Recht im Küstengebiet.[37]

Diese Tendenz läßt sich prägnant bei der Stadtrechtsentwicklung in Pommern beobachten. Die Siedlungen an der Ostsee wurden mit dem lübischen Recht be-

---

[32] Dölemeyer, Kodifikationen und Projekte, in: Coing (Hrsg.), Handbuch der Quellen und Literatur der neueren europäischen Privatrechtsgeschichte, Bd. III.2, 1982, S. 1440–1611, hier S. 1491.

[33] Lieberwirth, Das sächsisch-magdeburgische Recht als Quelle osteuropäischer Rechtsordnungen, 1986, S. 32; s. a. Neschwara, Westgalizisches Gesetzbuch, in: HRG, Bd. 5, 1998, Sp. 1308–1313.

[34] Pauli, Polnisches Recht, in: HRG, Bd. 3, 1984, Sp. 1809, ausf. Literaturverz. Sp. 1812f.

[35] Taubenschlag, Einflüsse des römischen Rechts in Polen, 1962, S. 26; Kwiatkowska, Das sächsische Recht in der polnischen juristischen Literatur des 17. Jahrhunderts, 1991, S. 120.

[36] Vetulani, La Pologne médiévale et le droit romain, in: Studi in onore di Edoardo Volterra, Bd. 1, 1971, S. 298; Pauli, Auf dem Wege zur Synthese des altpolnischen Privatrechts, 1981, S. 208.

[37] Pauli, Polnisches Recht, in: HRG, Bd. 3, 1984, Sp. 1809f.; Lieberwirth, Stadtrecht – Stadtrechtsfamilien – Hansisches Recht, 1995, S. 681.

widmet, die Städte im Binnenland lebten nach dem Magdeburger Recht.[38] Da das polnische Adelsrecht von anderen Rechtskreisen keine Impulse aufnahm, war es das Stadtrecht, in dem sich auch Elemente des römischen Rechts nachweisen lassen.[39]

Das Stadtrecht entwickelte sich in mehreren Stufen, die als seine ‚Schichten' bezeichnet werden können. Zu diesen gehörten die Siedlerprivilegien, die Gewohnheiten der Stadtbürger und die Ratsvorschriften. Als materielles und formelles Recht diente in den Städten Polens der Sachsenspiegel, später die Constitutio Criminalis Carolina. Die Blütezeit der Städtekultur und damit die Entwicklung des Stadtrechts dauerte bis zum Ende des 16. Jahrhunderts.[40]

Die Bauern unterstanden dem Dorfrecht; das war in den meisten Siedlungen das ‚ius teutonicum'.[41] Auch die Grundherren verliehen ihren Untertanen Dorfordnungen, und die Bauern waren verpflichtet, vor dem Patrimonialgericht des Grundherren und seines Beamten, dem Schultheißen, zu erscheinen und sich zu verantworten.[42]

Sonderrechte regelten die Rechtsverhältnisse der nationalen und sozialen Gruppen: der Walachen, der Armenier und der Juden.[43] Den Juden wurde durch das Generalprivileg von 1264 neben persönlicher Sicherheit auch kulturelle und Handelsfreiheit zugesichert.[44] Der Herausgeber dieses Privilegs, Fürst Bolesław der Fromme, erkannte die Juden als „servi camerae principis" an.[45]

König Kasimir der Große bestätigte 1334, 1364 und 1367[46] das Generalprivileg für das gesamte Königreich. Dadurch erhielten die Juden landesherrlichen Schutz

[38] Benl, Pommern bis zur Teilung von 1368/72, 1999, S. 74.

[39] Pauli, Einflüsse des römischen Rechts im Hauptwerk von Bartholomäus Groicki, in: Gesellschaft und Recht im griechisch-römischen Altertum, T. 2, 1969, S. 158; Vetulani, La Pologne médiévale et le droit romain, in: Studi in onore di Edoardo Volterra, Bd. 1, 1971, S. 289–307; Bukowska-Gorgoni, Das sächsisch-magdeburgische Recht, in: Willoweit, Schich (Hrsg.), Studien zur Geschichte des sächsisch-magdeburgischen Rechts in Deutschland und Polen, 1980, S. 134–138; Sondel, Elemente des römischen Rechts, in: Ius commune 20 (1993), S. 29–34; Taubenschlag, Einflüsse des römischen Rechts in Polen, 1962, S. 24f.

[40] Pauli, Einflüsse des römischen Rechts im Hauptwerk von Bartholomäus Groicki, in: Gesellschaft und Recht im griechisch-römischen Altertum, T. 2, 1969, S. 158.

[41] Matuszewski, Die Aufnahme des deutschen Rechtes in Polen, in: Bulletin de la Société des Sciences et des Lettres de Łódź XX, 4 (1970), S. 4.

[42] Küpper, Einführung in die Rechtsgeschichte Osteuropas, 2005, S. 271.

[43] Goldberg, Jewish privileges in the Polish Commonwealth, 2001, S. 2–6; Lübke, Multiethnizität und Stadt, in: Brachmann (Hrsg.), Burg – Burgstadt – Stadt, 1995, S. 36–50, hier S. 39; ders., Das östliche Europa, 2004, S. 368; zum Sonderrecht im allgemeinen s. Duve, Sonderrecht in der Frühen Neuzeit, 2008, S. 249–254.

[44] Heyde, Geschichte Polens, 2006, S. 17; Bues, Die Jagiellonen, 2010, S. 23; Gawlas, Fürstenherrschaft, Geldwirtschaft und Landesausbau, in: Mühle (Hrsg.), Rechtsstadtgründungen im mittelalterlichen Polen, 2011, S. 48.

[45] Uruszczak, Das Privileg im alten Königreich Polen, in: Dölemeyer (Hrsg.), Das Privileg im europäischen Vergleich, Bd. 2, 1999, S. 256.

[46] Jaworski, Lübke, Müller, Eine kleine Geschichte Polens, 2005, S. 91.

und ein hohes Maß an Selbstverwaltung in religiösen, rechtlichen und wirtschaftlichen Angelegenheiten.[47]

Auch die Rechtsprechung wurde nach Ständen aufgeteilt: Im mittelalterlichen Polen waren für Nichtadelige erstinstanzlich die Patrimonialgerichte der Grundherren und die Stadtgerichte zuständig.[48] In den größeren Städten urteilte in erster Instanz der Vogt zusammen mit Schöffen, in den Dörfern übten die Gemeindevorsteher, also die Schultheißen, die Gerichtsbarkeit aus.[49]

III. Siedlungsentwicklung und Landesausbau in Polen

Während in der Literatur des 19. Jahrhunderts die Entstehung der Städte in Polen als unmittelbare Folge der Ostsiedlung verstanden wurde, herrscht in der neuesten Forschung eine differenziertere Auffassung.[50] Die Suburbien um die Burgen und Bischofssitze sowie die Marktflecken stellen demnach die Frühformen der mittelalterlichen Städte auch in Polen dar.[51] Die Märkte bildeten sich im Laufe des 12. Jahrhunderts um die landesherrlichen Burgen und an den Fernhandelsstraßen heraus.[52] Solche frühstädtischen Agglomerationen waren z. B. Danzig, Posen, Breslau und Krakau.[53] Sie besaßen gewisse Marktprivilegien; als okzidentale Städte im Sinne von Max Weber lassen sie sich aber vor der Mitte des 12. Jahrhunderts, also der Frühphase der Siedlungsentwicklung, nicht bezeichnen.[54] Die Bewohner der zugehörigen Siedlung hatten einen vom Fürsten abhängigen rechtlichen Status; es gab keine Selbstverwaltung und auch keinen Gemeindeverband. Die Wirtschaft dieser frühen Siedlungen wurde von Ackerbau und Viehzucht bestimmt.[55] In den Suburbien waren der Handel und das Handwerk die wichtigsten Erwerbszweige. In Schlesien und Pommern waren die Wohnplätze im 12. Jahrhundert eher locker in der Landschaft verstreut.[56]

---

47 Kuhn, Die deutschrechtlichen Stadtgründungen in Kleinpolen, in: Stoob (Hrsg.), Die mittelalterliche Städtebildung im südöstlichen Europa, 1977, S. 71.

48 Küpper, Einführung in die Rechtsgeschichte Osteuropas, 2005, S. 271.

49 Łysiak, Höhere Gerichte des deutschen Rechts in Polen im XIV.-XVI. Jh., in: Sellert (Hrsg.), Rechtsbehelfe, Beweis und Stellung des Richters im Spätmittelalter, 1985, S. 23.

50 Zum Forschungsstand siehe Kuhn, Die deutschrechtlichen Städte, 1968, S. 9.

51 Hardt, Formen und Wege der hochmittelalterlichen Siedlungsgründung, in: Bünz (Hrsg.), Ostsiedlung und Landesausbau in Sachsen, 2008, S. 147–159; zur Siedlungsentwicklung in Schlesien siehe Irgang, Schlesien im Mittelalter, 2007, S. 5. Die Frühgeschichte der Städte in Polen ist dokumentiert bei: Brachmann (Hrsg.), Burg – Burgstadt – Stadt, 1995; Jaworski, Lübke, Müller, Eine kleine Geschichte Polens, 2005, S. 88.

52 Brachmann, Von der Burg zur Stadt, in: ders. (Hrsg.), Burg – Burgstadt – Stadt, 1995, S. 342 f.

53 Zur frühstädtischen Entwicklung in den polnischen Regionen siehe den Sammelband: Brachmann (Hrsg.), Burg – Burgstadt – Stadt, 1995.

54 Lübke, Das östliche Europa, 2004, S. 362.

55 Hardt, Von der Subsistenzwirtschaft zur marktorientierten Produktion von Getreide, in: Hermann (Hrsg.), Beiträge zum Göttinger Umwelthistorischen Kolloquium 2007–2008, 2008, S. 88.

56 Ders., Formen und Wege der hochmittelalterlichen Siedlungsgründung, in: Bünz (Hrsg.), Ostsied-

In der Mitte des 12. Jahrhunderts begann eine intensive Phase der Siedlungsentwicklung und zwar zuerst in Schlesien. Es fanden Städtegründungen sowie der Ausbau der Marktflecken (villae) zu Städten statt. Die ältesten Städte waren Städte der fürstlichen Landesherren, die sich nach ihrer Rechtsstellung und ihrer Größe von den Ackerbaustädten unterschieden. Die früheste Quelle zur Gründung einer Stadt nach deutschem Recht in Schlesien läßt sich auf das Jahr 1211 datieren,[57] als Herzog Heinrich I. der Stadt Goldberg das Magdeburger Recht verlieh. Zu dieser Zeit lebte schon eine deutsche Siedlergemeinde in Goldberg, deren Rechtsleben nun vom Magdeburger Recht bestimmt wurde.

Diese Phase der Siedlungsentwicklung fällt zeitlich mit der Ankunft der westlichen Zuwanderer (Bürger und Bauern) in Ostmitteleuropa zusammen.[58] Dies verstärkte wesentlich die Herausbildung der Städte. Man kann den Landesausbau durch Bauern, Handwerker und Kaufleute aus dem Römisch-Deutschen Reich als mittelalterliche Wanderungs- und Siedlungsbewegung[59] oder als ‚deutsche Ostsiedlung'[60] bezeichnen.

Der Landesausbau verlief in mehreren Etappen.[61] In der Frühphase siedelten sich Ritter, Geistliche und Kaufleute in Polen an; diese Phase dauerte bis zum späten 12. Jahrhundert. Ab dem 13. Jahrhundert läßt sich zusätzlich eine Masseneinwanderung von bürgerlichen und bäuerlichen Siedlern beobachten, die sich in den Städten Schlesiens und Großpolens ansiedelten.[62] Für Kleinpolen und im Ordensstaat begann der Prozeß der Städtegründungen relativ spät, nämlich ab der zweiten Hälfte des 13. Jahrhunderts.[63] Die Wanderung nach Osten läßt sich auch noch gegen Mitte des 14. Jahrhunderts beobachten, als von Polen aus in der

---

lung und Landesausbau in Sachsen, 2008, S. 150. Ebenso Benl, Pommern bis zur Teilung von 1368/72, 1999, S. 75.

[57] Menzel, Die schlesischen Lokationsurkunden, 1977, S. 123.

[58] Ebd., S. 119.

[59] Herberger, Kolonisation, in: HRG, Bd. 2, 1978, Sp. 954; Hardt, Formen und Wege der hochmittelalterlichen Siedlungsgründung, in: Bünz (Hrsg.), Ostsiedlung und Landesausbau in Sachsen, 2008, S. 145 mit weiteren Nachweisen; Schlesinger, Die deutsche Ostsiedlung des Mittelalters als Problem der europäischen Geschichte, 1975; Lübke, Ostkolonisation, Ostsiedlung, Landesausbau im Mittelalter, in: Bünz (Hrsg.), Ostsiedlung und Landesausbau in Sachsen, 2008, S. 467–484.

[60] Zur Verwendung des Begriffs ‚Ostsiedlung' in der gegenwärtigen Forschung siehe Bünz, Kühren 1154, in: ders. (Hrsg.), Ostsiedlung und Landesausbau in Sachsen, 2008, S. 19. Zur Forschungsgeschichte siehe Hackmann, Lübke, Die mittelalterliche Ostsiedlung in der deutschen Geschichtswissenschaft, 2008, S. 179–217 und Bünz, Kühren 1154, in: ders. (Hrsg.), Ostsiedlung und Landesausbau in Sachsen, 2008, S. 19.

[61] Hardt, Von der Subsistenzwirtschaft zur marktorientierten Produktion von Getreide, in: Hermann (Hrsg.), Beiträge zum Göttinger Umwelthistorischen Kolloquium 2007–2008, 2008, S. 97f; Zientara, Die deutschen Einwanderer in Polen, in: Schlesinger (Hrsg.), Die deutsche Ostsiedlung des Mittelalters, 1975, S. 334.

[62] Heyde, Geschichte Polens, 2006, S. 14; Herberger, Kolonisation, in: HRG, Bd. 2, 1978, Sp. 957.

[63] Kuhn, Die deutschrechtlichen Stadtgründungen in Kleinpolen, in: Stoob (Hrsg.), Die mittelalterliche Städtebildung im südöstlichen Europa, 1977, S. 39.

Ukraine neue Gemeinden gegründet wurden.[64] Die Zuwanderer[65] bezeichnete man in der Regel als *hospites*.

Nachdem in Westeuropa die Siedlungsentwicklung bereits weit vorangeschritten war, bot der Osten Europas den Siedlern die Möglichkeit einer verbesserten Rechtsstellung. Hinzu kam die Überbevölkerung im Westen Europas, insbesondere in den Niederlanden und in Flandern. Deshalb wurden Neusiedler angeworben, deren Spezialkenntnisse in der Urbarmachung von unbewohnten Landesteilen sowie im Bauen von Brücken und Dämmen von besonderer Bedeutung waren.[66]

Die Zuwanderung nach Schlesien und Polen erfolgte in Übereinstimmung mit dem Willen der Landesherren. Die piastischen Fürsten riefen seit dem späten 12. Jahrhundert Siedler ins Land, um ihre Einkünfte durch den Ausbau der Landwirtschaft, des Bergbaus, des Handels und des Handwerks zu erhöhen.[67]

Ein Förderer der Zuwanderung nach Schlesien war auch Herzog Heinrich I.; er gilt als Gründer der ersten deutschrechtlichen Städte Goldberg (1211), Löwenberg (1217) und Neumarkt (1235).[68] In Pommern waren es Herzöge und adelige Grundherren, die die Siedlungs- und Städtegründungsprozesse in Gang setzten.[69] Die Gründungen dieser Siedlungen sollten zur Stärkung der Herrschaft beitragen. Auch hier räumten die Grundherren den Siedlern einen besseren Status ein; die wirtschaftlichen Freiheiten erstreckten sich aber auch auf die ursprünglichen Bewohner des Landes. Bald verschwand der soziale und rechtliche Unterschied weitgehend, weniger allerdings in den Regionen des östlichen Hinterpommern.[70]

Neben den weltlichen Herrschern waren auch die Bischöfe und Klöster wichtige Wegbereiter des Landesausbaus.[71] Beispielsweise erhielten die aus Sachsen stammenden Mönche des Zisterzienserklosters Leubus in Schlesien 1175 das Recht, Gemeinden deutscher Siedler auf ihren Ländereien zu gründen.[72] Dieses

---

[64] Davies, Im Herzen Europas, 2002, S. 256.

[65] Für die Bezeichnung der deutschen Siedler wird in Anlehnung an die aktuelle Literatur (Hackmann, Lübke, Die mittelalterliche Ostsiedlung in der deutschen Geschichtswissenschaft, 2008, S. 179.) der Begriff ‚Zuwanderer' verwendet.

[66] Bünz, Die Rolle der Niederländer in der Ostsiedlung, in: ders. (Hrsg.), Ostsiedlung und Landesausbau in Sachsen, 2008, S. 103 f; Gawlas, Fürstenherrschaft, Geldwirtschaft und Landesausbau, in: Mühle (Hrsg.), Rechtsstadtgründungen im mittelalterlichen Polen, 2011, S. 14–17.

[67] Heyde, Geschichte Polens, 2006, S. 16.

[68] Higounet, Die deutsche Ostsiedlung, 1990, S. 186f.; Appelt, Die mittelalterliche deutsche Siedlung in Schlesien, in: Deutsche Ostsiedlung in Mittelalter und Neuzeit, 1971, S. 10f.; Kuhn, Die Neugestaltung von Schlesien und Kleinpolen durch die mittelalterliche Ostsiedlung, in: ders. (Hrsg.), Neue Beiträge zur schlesischen Siedlungsgeschichte, 1984, S. 3; Menzel, Die schlesischen Lokationsurkunden, 1977, S. 124.

[69] Buchholz, Grundlagen und europäische Bezüge der Geschichte Pommerns, 1999, S. 17.

[70] Ebd., S. 18.

[71] Kutrzeba, Grundriß der polnischen Verfassungsgeschichte, 1912, S. 34f; Kuhn, Die Städtegründungspolitik der schlesischen Piasten, 1974, S. 1.

[72] Davies, Moorhouse, Die Blume Europas, 2002, S. 123; Appelt, Die Leubuser Gründungsurkunde

Privileg, die Leubuser Gründungsurkunde, ist das früheste schriftliche Zeugnis für die deutsche Besiedlung Schlesiens und des slawischen Gebiets östlich von Oder und Neiße.[73]

Mit dem Deutschen Orden erreichte die Ostsiedlung die Landesteile an der Ostseeküste. Herzog Konrad von Masowien rief 1226 den Deutschen Orden ins Land, um die heidnischen Pruzzen zu christianisieren.[74] In diesem Fall endete der sonst eher friedliche Prozeß des Landesausbaus mit der Unterwerfung der Pruzzen.

Bei den Zuwanderern handelte es sich nicht um eine homogene Gruppe; die urkundliche Bezeichnung unterschied nach ihrer Herkunft Flamen, Flandrer[75] und Wallonen.[76] Zusammenfassend wurden sie in den Urkunden ‚Romani' genannt.[77] Die Mehrzahl der Siedler kam aber aus den östlichen Gebieten des Reiches, nämlich aus der Gegend um Elbe und Saale, und sie siedelten sich vor allem in Schlesien an.

Die Piastenfürsten unterstützten die Siedlungsbewegung; seit dem 13. Jahrhundert verliehen sie den Städten und Dörfern in Groß- und in Kleinpolen deutsches Recht.[78] Die Zuwanderung und die damit verbundenen Privilegien führten zu wirtschaftlichen und rechtlichen Veränderungen sowie zu Umbildungen in der Sozialstruktur.[79] Den Siedlern wurden zum Beispiel günstige Lebensverhältnisse zugesichert: persönliche Freiheit sowie zeitweise Befreiung von Abgaben und Diensten. Ihre Gemeinden erreichten ein höheres Niveau an Freiheiten, und sie lebten nach eigenem Recht. Dadurch war das polnische Kastellaneigericht für die Angelegenheiten der Siedler nicht mehr zuständig.[80] Den Hospesgemeinden wurden außerdem eine günstige wirtschaftliche Entwicklung durch Handelsprivilegien ermöglicht: Markt-, Zoll- und Stapelrecht förderten den Handel und machten die Siedlungen für Kaufleute attraktiv.

---

und die Fragen des mittelalterlichen Deutschtums in Schlesien, in: Schlesien 1 (1956), S. 251–257; Menzel, Die schlesischen Lokationsurkunden, 1977, S. 105–118.

[73] Ebd., S. 114.

[74] Higounet, Die deutsche Ostsiedlung, 1990, S. 228 f.; Wünsch, Polen, in: Studienhandbuch Östliches Europa, Bd. 1, 1999, S. 314; Janicka, Die Rezeption des Sachsenspiegels und des Magdeburger Rechts am Beispiel von Thorn im Kulmer Land, in: Eichler, Lück (Hrsg.), Rechts- und Sprachtransfer in Mittel- und Osteuropa, 2008, S. 62; Lübke, Das östliche Europa, 2004, S. 338; Liedtke, Die Landschaften Ostpreußens, 2011, s. bes. S. 13–17.

[75] Zur Rolle der Niederländer im Landesausbau siehe Bünz, Die Rolle der Niederländer in der Ostsiedlung, in: ders. (Hrsg.), Ostsiedlung und Landesausbau in Sachsen, 2008, S. 99.

[76] Higounet, Die deutsche Ostsiedlung, 1990, S. 88; Kutrzeba, Grundriß der polnischen Verfassungsgeschichte, 1912, S. 34.

[77] Kuhn, Die deutschrechtlichen Städte, 1968, S. 23.

[78] Janicka, Die Rezeption des Sachsenspiegels und des Magdeburger Rechts am Beispiel von Thorn im Kulmer Land, in: Eichler, Lück (Hrsg.), Rechts- und Sprachtransfer in Mittel- und Osteuropa, 2008, S. 61.

[79] Herberger, Kolonisation, in: HRG, Bd. 2, 1978, Sp. 954.

[80] Kuhn, Die deutschrechtlichen Stadtgründungen in Kleinpolen, in: Stoob (Hrsg.), Die mittelalterliche Städtebildung im südöstlichen Europa, 1977, S. 46.

Die Siedlungsbewegung fand in Form so genannter Lokationen statt.[81] Ein aus der Ritter- oder Stadtbürgerschaft stammender Siedlungsunternehmer (Lokator) bekam den Auftrag eines Grundherren, neue Anwohner für das Land zu werben und neue Gemeinden zu gründen.[82] Er hatte mit dem Grundherren die Konditionen verhandelt. Zu den Rechten des Lokators gehörte der zinsfreie Besitz von Grundstücken, manchmal auch von Mühle und Schenke, das Jagd- und Fischereirecht und das Recht auf einen Teil des von den Neusiedlern gezahlten Grundzinses.[83] Dieses Verwaltungsamt war den Nachkommen des Lokators vorbehalten; folglich wurde er als Erbschulze bzw. Erbvogt bezeichnet.[84]

Der Schulze war der Vorsteher der Siedlergemeinde und berief die Gemeindeversammlung ein.[85] Auch in der niederen Gerichtsbarkeit hatte der Schulze eine führende Stellung inne, denn er war Vorsitzender des Gerichts[86] und durfte ein Drittel der Gerichtsgebühren behalten.[87] Wie bereits Friedrich Ebel feststellte, gab es in der Ostsiedlung keine eindeutige Trennung in der Amtsbezeichnung zwischen Schultheiß und Vogt.[88]

Ab der Mitte des 13. Jahrhunderts folgte eine neue Welle von Stadtgründungen. Als dann der Landesausbau in Schlesien zum Ende des 13. Jahrhunderts im wesentlichen zu Ende ging, kam es zu einer Siedlungswelle in Kleinpolen:[89] Dorthin kamen Weiterwanderer teilweise aus Schlesien und teilweise aus der Zips.[90] Das Magdeburger Stadtrecht wurde den kleinpolnischen Städten nach schlesischem Vorbild verliehen, nach Breslauer oder Neumarkter Recht. Die nach dem Mongolensturm neugegründete Stadt Krakau erhielt 1257 das Magdeburger Stadtrecht nach Breslauer Muster.[91] Diese Krakauer Variante des Magdeburger Rechts

---

81 Mühle (Hrsg.), Rechtsstadtgründungen im mittelalterlichen Polen, 2011.

82 Henning, Locator, in: HRG, Bd. 3, 1984, Sp. 22–24; Kroeschell, Deutsche Rechtsgeschichte, Bd. 1, 132008, S. 227; Küpper, Einführung in die Rechtsgeschichte Osteuropas, 2005, S. 275; Bünz, Die Rolle der Niederländer in der Ostsiedlung, in: ders. (Hrsg.), Ostsiedlung und Landesausbau in Sachsen, 2008, S. 104; Menzel, Die schlesischen Lokationsurkunden, 1977, S. 136; Alexander, Kleine Geschichte Polens, 2008, S. 46.

83 Obladen, Magdeburger Recht auf der Burg zu Krakau, 2005, S. 28; Kuhn, Die deutschrechtlichen Stadtgründungen in Kleinpolen, in: Stoob (Hrsg.), Die mittelalterliche Städtebildung im südöstlichen Europa, 1977, S. 46 f.

84 Henning, Locator, in: HRG, Bd. 3, 1984, Sp. 23; Kutrzeba, Grundriß der polnischen Verfassungsgeschichte, 1912, S. 37; Menzel, Die schlesischen Lokationsurkunden, 1977, S. 254.

85 F. Ebel, Schultheiß, in: LexMa, Bd. 7, 1995, Sp. 1592.

86 Kutrzeba, Grundriß der polnischen Verfassungsgeschichte, 1912, S. 37.

87 Hardt, Formen und Wege der hochmittelalterlichen Siedlungsgründung, in: Bünz (Hrsg.), Ostsiedlung und Landesausbau in Sachsen, 2008, S. 157.

88 F. Ebel, Schultheiß, in: LexMa, Bd. 7, 1995, Sp. 1592; ähnlich dazu Schmidt, Vogt, Vogtei, in: LexMa, Bd. 8, 1997, Sp. 1813.

89 Kuhn, Die Neugestaltung von Schlesien und Kleinpolen durch die mittelalterliche Ostsiedlung, in: ders. (Hrsg.), Neue Beiträge zur schlesischen Siedlungsgeschichte, 1984, S. 7; ders., Die deutschrechtlichen Stadtgründungen in Kleinpolen, in: Stoob (Hrsg.), Die mittelalterliche Städtebildung im südöstlichen Europa, 1977, S. 46.

90 Ebd., S. 55.

wurde dann an die Zipser Städte weitertradiert. Auch an der Gründung von Kulm nahmen viele schlesische Siedler teil, so daß die Herausbildung des Kulmer Rechts stark vom Stadtrecht der schlesischen Städte beeinflußt wurde.

Insbesondere nach dem Mongolensturm, als 1241, 1259 und 1287 die größeren städtischen Siedlungen zerstört worden waren,[92] entstand die Notwendigkeit zur Neugründung von Siedlungen. Diese wurden auch jetzt mit Hilfe professioneller Lokatoren gegründet.[93] Topographisch wurden die Städte um einen quadratischen Marktplatz herum angelegt; soweit es sich dabei um neugegründete Städte handelte, wurden sie auch mit Mauern befestigt. Auf diese Weise entstand ein klar definierter städtischer Raum, der von der ländlichen Umgebung abgetrennt war. Diese neugegründeten Stadtareale (Krakau, Posen und Breslau) wurden dann mit dem Magdeburger Recht bewidmet, womit die Landesherren für die wirtschaftliche und rechtliche Entwicklung sorgten. Die Städte des mittelalterlichen Polen lassen sich dabei nach den Schwerpunkten ihrer wirtschaftlichen Aktivitäten unterscheiden und als Fernhandels-, Bergbau-, Markt- oder Ackerbürgerstädte bezeichnen.

An der Spitze der schlesischen Städte stand ein Vogt (*advocatus*, selten *scultetus*).[94] Die Erblichkeit seines Amtes und die damit verbundene besondere Rechtsstellung waren vom Dorfschulzen übernommen. Er besaß größere zinsfreie Grundstücke und erhielt – wie der Dorfschulze – einen Teil der Grundzinsen und Gerichtsgebühren. Der Vogt war auch der Vorsitzende der Schöffenbank.[95]

Im Laufe des 14. und 15. Jahrhunderts haben die größeren Städte das erbliche Vogtamt für die Bürgerschaft vom Landesherren gegen Entgelt erworben. Der Grundbesitz des Vogtes wurde städtisches Eigentum, und die führende Rolle in der Gerichtsbarkeit übernahmen für ein Jahr gewählte Vögte. Auf diese Weise wuchs die Autonomie der Städte.

Für die Verwaltung der Stadtangelegenheiten entstand – in Schlesien seit der zweiten Hälfte des 13. Jahrhunderts – eine neue städtische Institution, der Rat (*consules*).[96] Er bestand aus den Vertretern der ältesten Patrizierfamilien, wohlhabenden Kaufleuten und Handwerkern. Innerhalb der Stadtgrenze galten die Statuten des Rates, die Willküren, welche die wichtigsten Fragen der Verwaltung regelten. Der Vorsitzende des Rates war der Bürgermeister (*magister civium*), der in der Regel aus dem Kreis der Ratmannen gewählt wurde.

Zum Ende der Regierung Kasimirs des Großen kann der Prozeß der Stadtgründungen im mittelalterlichen Polen als abgeschlossen betrachtet werden.[97] Die

---

[91] Siehe dazu den Tagungsband: Europejskie miasta prawa magdeburskiego/European Cities of Magdeburg Law, 2007 und Lübke, Das östliche Europa, 2004, S. 362.

[92] Ebd., S. 325–364.

[93] Davies, Moorhouse, Die Blume Europas, 2002, S. 133.

[94] Irgang, Schlesien im Mittelalter, 2007, S. 15.

[95] Kutrzeba, Grundriß der polnischen Verfassungsgeschichte, 1912, S. 41.

[96] Irgang, Schlesien im Mittelalter, 2007, S. 15.

[97] Heyde, Geschichte Polens, 2006, S. 20.

Städte wurden bis zum Ende des 14. Jahrhunderts mit Mauern befestigt,[98] und bis zum 16. Jahrhundert befand sich die Stadtentwicklung in einer prosperierenden Phase. Im 16. Jahrhundert nahm diese Blütezeit der Städtekultur Polens ein Ende.[99] Der Adel übernahm die führende Position, die das Bürgertum beim Handel besessen hatte.

IV. Geltungsgründe des deutschen Rechts in Polen

Das deutsche Recht in Ostmitteleuropa wurde zusammenfassend als ‚ius teutonicum' bezeichnet.[100] Die Verbreitung des deutschen Rechts in Polen zeigt aber ein vielfältiges Bild. Das ‚ius teutonicum' war im mittelalterlichen Polen ursprünglich das Recht der Siedler; es galt also in den Siedlergemeinden und war mündlich tradiertes Gewohnheitsrecht.[101]

1. Privilegien

Die Geltung des Magdeburger Rechts beruhte in erster Linie auf der Rechtsverleihung durch den Stadtherrn. Dies geschah in der Regel bei der Gründung der Stadt durch ein Lokationsprivileg.[102] Die Privilegierung hing häufig mit der Begünstigung der Zuwanderer zusammen. Es gab aber auch Fälle, in denen der Stadtherr die Siedlung aus wirtschaftlichen Gründen mit Privilegien des ‚ius teutonicum' ausgestattet hatte.[103]

Die Bewidmungen gestalteten das Siedlerrecht zum schriftlich fixierten Privilegienrecht um. Vom Ende des 12. Jahrhunderts an wurde das deutsche Recht von den piastischen Fürsten an die Städte und Dörfer in Form von Privilegien verliehen. Als erste Bewidmung gilt das Privileg für das Zisterzienserkloster Leubus

---

98 Gawlas, Fürstenherrschaft, Geldwirtschaft und Landesausbau, in: Mühle (Hrsg.), Rechtsstadtgründungen im mittelalterlichen Polen, 2011, S. 70.

99 Pauli, Einflüsse des römischen Rechts im Hauptwerk von Bartholomäus Groicki, in: Gesellschaft und Recht im griechisch-römischen Altertum, T. 2, 1969, S. 159; Kutrzeba, Grundriß der polnischen Verfassungsgeschichte, 1912, S. 90f.

100 Alexander, Kleine Geschichte Polens, 2008, S. 47.

101 Matuszewski, Die Aufnahme des deutschen Rechtes in Polen, in: Bulletin de la Société des Sciences et des Lettres de Łódź XX, 4 (1970), S. 6; Zientara, Der Ursprung des „deutschen Rechts", 1978, S. 124.

102 Uruszczak, Das Privileg im alten Königreich Polen, in: Dölemeyer (Hrsg.), Das Privileg im europäischen Vergleich, Bd. 2, 1999, S. 256f.; F. Ebel, Magdeburger Recht, in: Erzbischof Wichmann (1152–1192) und Magdeburg im Hohen Mittelalter, 1992, S. 43; Jaworski, Lübke, Müller, Eine kleine Geschichte Polens, 2005, S. 90.

103 Pauli, Die polnische Literatur des Magdeburger Rechts, in: Willoweit, Schich (Hrsg.), Studien zur Geschichte des sächsisch-magdeburgischen Rechts in Deutschland und Polen, 1980, S. 150; Lieberwirth, Das sächsisch-magdeburgische Recht als Quelle osteuropäischer Rechtsordnungen, 1986, S. 33.

aus dem Jahre 1175,[104] in dem die deutschen Siedler von Abgaben und Diensten befreit wurden. In diesen schriftlichen Dokumenten faßten die Stadtherren ihre Begünstigungen zusammen.

Die ersten Privilegien sind auf den Willen der Piasten zurückzuführen. Sie gewährten Freiheit und Autonomie zu Lasten des Fiskus und erlaubten die Verwendung des deutschen Rechts (‚ius teutonicum') im eigenen Bereich. Diese Privilegierung brachte einen sozialen Umbau des Gemeindesystems mit sich. Es entstanden autonome Gemeinden, die durch eine eigene Verwaltung (Vogt oder Schulze, Stadtrat und Schöffenbank) und eigenes Recht verfaßt waren.[105]

So erfolgte z. B. 1211 die Verleihung des Magdeburger Rechts an die schlesische Stadt Goldberg durch Herzog Heinrich I.[106] Die Adressaten der Privilegien waren die deutschen Hospites. 1217 wurden z. B. die Hospesgemeinden von Löwenberg, Oppeln und Ratibor mit einer günstigen Rechtsstellung ausgestattet.

Die Zahl der Gründungs- und Bewidmungsprivilegien nahm nach 1250 erheblich zu.[107] 650 deutschrechtliche Siedlungen gab es in Kleinpolen und Galizien, in Großpolen waren es ungefähr 150.[108] Auch in den neu gewonnenen Gebieten (Wolhynien, Halicz, Galizien und Podolien) wurde das Magdeburger Recht an zahlreiche Siedlungen verliehen, und auch die Jagiellonen setzten die Privilegierung der Siedlungen fort.[109]

Nach der Herkunft der Siedler lassen sich diese Rechtsgewohnheiten als flämisches und fränkisches Siedlerrecht identifizieren.[110] Flämisches Recht galt z. B. im Bistum Neiße-Ottmachau.[111] Inhaltlich führte das ‚ius teutonicum' zu wirtschaftlichen, politischen und persönlichen Freiheiten. Es entwickelte sich zum Sammelbegriff für neue Organisationsprinzipien: die Ablösung der Dienste durch festen Zins, ein gestärktes Besitzrecht (*Erbzinsleihe*) und eine eigene Gerichtsbarkeit (gerichtliche Autonomie).[112] Der Schulze verkörperte das Recht der Gemeinde, die niedere Gerichtsbarkeit auszuüben. In den Städten bedeuteten die Freiheiten eine eigene Gerichtsbarkeit, Marktrecht, Zollfreiheit und Stapelrecht.

---

[104] Willoweit, Zur Frage des Personalitätsprinzips, in: ders., Schich (Hrsg.), Studien zur Geschichte des sächsisch-magdeburgischen Rechts, 1980, S. 102; Irgang, Schlesien im Mittelalter, 2007, S. 21.

[105] Uruszczak, Das Privileg im alten Königreich Polen, in: Dölemeyer (Hrsg.), Das Privileg im europäischen Vergleich, Bd. 2, 1999, S. 257.

[106] Piirainen, Consules et scabani reipublicae Wratislaviensis, in: Silesia Nova 5, H. 4 (2008), S. 80.

[107] 1253 wurde Posen, 1257 Krakau mit dem deutschen Recht bewidmet. Siehe den Tagungsband zum 750. Jubiläum der Bewidmung Krakaus: Europejskie miasta prawa magdeburskiego/European Cities of Magdeburg Law, 2007.

[108] Lieberwirth, Die Wirkungsgeschichte des Sachsenspiegels, in: Lück (Hrsg.), Rolf Lieberwirth, 1997, S. 460.

[109] Kuhn, Die deutschrechtlichen Städte, 1968, S. 38.

[110] Kroeschell, Deutsche Rechtsgeschichte, Bd. 1, [13]2008, S. 227; Zientara, Der Ursprung des „deutschen Rechts", 1978, S. 125 f.

[111] F. Ebel, Breslau, in: [2]HRG, Bd. 1, 2008, Sp. 684.

[112] Irgang, Schlesien im Mittelalter, 2007, S. 22; Zientara, Der Ursprung des „deutschen Rechts", 1978, S. 125.

Eine der am weitesten anerkannten Freiheiten war die Ausübung der eigenen Rechtsgewohnheiten (Personalitätsprinzip). Die Siedlung nach dem deutschen Recht fiel so aus dem Geltungsbereich des polnischen Rechts heraus.[113]

Die Bewidmung mit dem deutschen Recht erfolgte aber zwecks wirtschaftlicher Förderung einer Siedlung.[114] Das sächsisch-magdeburgische Recht begünstigte dadurch die Entwicklung des Handels und des Geldverkehrs. Durch die Festlegung der Rechte und Pflichten der Anwohner sorgte es für jene Rechtssicherheit, die zur Herausbildung von Städten im europäischen Sinne führte.[115] Im Fall einer Bewidmung mit dem Magdeburger Recht wurden die wirtschaftlichen Freiheiten deswegen erteilt, damit die Produktion erhöht werden konnte.[116] Die Herrscher waren z. B. an einer marktorientierten Getreideproduktion interessiert, damit die Abgaben in Geld geleistet werden.[117] Diese Einnahmen sollten u. a. bei der Umbildung des Heeres genutzt werden; dafür wurden in der Getreideproduktion die neuesten Techniken (Wendepflug, Dreifelderwirtschaft) eingesetzt.

2. Rechtsauskünfte nach deutschem Recht

Die Geltung des Magdeburger Rechts begründete auch die Kommunikation der Städte im juristischen Sinne, denn das verliehene Recht wurde als *ius incognitum* betrachtet. Um diesen Mangel zu beheben, wandten sich die Städte mit der Bitte um Rechtsauskünfte anfangs an den Magdeburger Schöffenstuhl. Im Laufe des 13. Jahrhunderts bildeten sich dann auf der Grundlage des Magdeburger Rechts die ersten Spruchkollegien (Oberhöfe und Schöffenstühle) des deutschen Rechts in den polnischen Territorien.[118] Breslau und Neumarkt erteilten Rechtsauskünfte für die schlesischen Städte. In Großpolen war Posen der Oberhof[119], und in den Territorien des Deutschordenslandes konnte man in Kulm eine Rechtsauskunft erhalten.[120]

---

113 Kroeschell, Deutsche Rechtsgeschichte, Bd. 1, [13]2008, S. 160 und 227–229; Kutrzeba, Grundriß der polnischen Verfassungsgeschichte, 1912, S. 37.

114 Zientara, Der Ursprung des „deutschen Rechts", 1978, S. 136.

115 Bukowska-Gorgoni, Das sächsisch-magdeburgische Recht, in: Willoweit, Schich (Hrsg.), Studien zur Geschichte des sächsisch-magdeburgischen Rechts in Deutschland und Polen, 1980, S. 130.

116 Pauli, Polnisches Recht, in: HRG, Bd. 3, 1984, Sp. 1810.

117 Hardt, Von der Subsistenzwirtschaft zur marktorientierten Produktion von Getreide, in: Hermann (Hrsg.), Beiträge zum Göttinger Umwelthistorischen Kolloquium 2007–2008, 2008, S. 87.

118 Łysiak, Ius supremum Maydeburgense castri Cracoviensis, 1990, S. 15; Lück, Magdeburg Law, 2007, S. 140; F. Ebel, Magdeburger Recht, in: Erzbischof Wichmann (1152–1192) und Magdeburg im Hohen Mittelalter, 1992, S. 43.

119 Zum Begriff ‚Oberhof' siehe Buchda, [Rezension zu] Engelbert Klugkist, Die Göttinger Juristenfakultät als Spruchkollegium, in: ZRG GA 71 (1954), S. 489; Lück, Zur Gerichtsverfassung in den Mutterstädten, 2009, S. 179 f.; ders., Schöffenstuhl, in: Enzyklopädie der Neuzeit, Bd. 11, 2010, Sp. 527–529.

120 Lieberwirth, Stadtrecht – Stadtrechtsfamilien – Hansisches Recht, 1995, S. 683.

Die Kommunikation unter den Städten erfolgte so, daß sich der Rat bzw. das Gericht einer kleineren Stadt (Tochterstadt) um Rechtsauskunft an eine Stadt des Magdeburger Rechts wandte (Mutterstadt).[121] Die Spruchkollegien in Breslau, Neumarkt, Posen und Kulm verbreiteten dann das Magdeburger Recht in Form von Rechtsauskünften weiter. Dies bedeutete zugleich den Übergang vom mündlich tradierten Gewohnheitsrecht zur schriftlichen Festlegung des geltenden Rechts.

Die Einholung von Rechtsauskünften ist von der Appellation zu unterscheiden, die auf dem rezipierten römisch-kanonischen Recht beruhte.[122] Bei vielen Zweifelsfällen wurde von den Städten des Magdeburger Rechts um eine Rechtsauskunft gebeten, was aber keine Berufung oder Revision darstellte, da es sich nicht um die Überprüfung eines bereits gefällten Urteils durch eine neuere und höhere Instanz handelte, wie bereits Kroeschell festgestellt hat.[123] Es ging bei der Anrufung jener Schöffenstühle nicht um einen *Instanzenzug*.[124]

Diese Anfragen von kleineren deutschrechtlichen Städten in rechtlichen Problemfällen bei den Schöffenstühlen der größeren Städte ihrer Umgebung wurden ein fester Bestandteil der Rechtspraxis.[125] Einige Städte wandten sich auch direkt nach Magdeburg, was aber mit höheren Kosten verbunden war.

Mitte des 14. Jahrhunderts gründete Kasimir der Große das Obergericht auf der Burg zu Krakau nach Magdeburger Recht (*Ius supremum Maydeburgense castri Cracoviensis*), um die Rechtsprechung zu vereinheitlichen und die Rechtseinholung aus Magdeburg zu unterbinden.[126] Es war sein Ziel, mit Hilfe des Magdeburger Rechts einen Ausbau des Staates herbeizuführen.[127] Krakau, eine bedeutende Fernhandelsstadt, hatte seit der Umsetzung des Testaments von Bolesław III. am Anfang des 12. Jahrhunderts eine zentrale Rolle erhalten. Seit 1320 war Krakau Krönungsort. Die Gründung des Krakauer Obergerichtes stand also im Zeichen der Zentralisierungsmaßnahmen König Kasimirs. Um diese zentrale Macht zu sichern, verbot er, Rechtsauskünfte außerhalb des Landes einzuholen.[128]

An der Spitze des Krakauer Gerichtshofs stand ein Vogt, der vom König auf Lebenszeit berufen wurde.[129] Er urteilte zusammen mit sieben rechtskundigen

---

121 Werkmüller, Oberhof, in: HRG, Bd. 3, 1984, Sp. 1136.

122 Weitzel, Über Oberhöfe, Recht und Rechtszug, 1981, S. 4.

123 Kroeschell, Deutsche Rechtsgeschichte, Bd. 1, 132008, S. 276.

124 Weitzel, Über Oberhöfe, Recht und Rechtszug, 1981, S. 8.

125 Łysiak, Höhere Gerichte des deutschen Rechts in Polen im XIV.-XVI. Jh., in: Sellert (Hrsg.), Rechtsbehelfe, Beweis und Stellung des Richters im Spätmittelalter, 1985, S. 25; Lück, Magdeburg Law, 2007, S. 143.

126 Eine umfassende Analyse des Gerichts findet sich bei Łysiak: Ius supremum Maydeburgense castri Cracoviensis 1356–1794, 1990. Die Quellen des Obergerichtes wurden 1995 und 1997 von Łysiak und Nehlsen-von Stryk publiziert: Decreta iuris supremi Magdeburgensis castri Cracoviensis, 1995, 1997.

127 Herberger, Kolonisation, in: HRG, Bd. 2, 1978, Sp. 957.

128 Ders., Krakauer Oberhof für deutsches Recht, in: HRG, Bd. 2, 1978, Sp. 1170.

129 Łysiak, Ius supremum Maydeburgense castri Cracoviensis, 1990, S. 18.

Schöffen, die anfangs aus der Gruppe der Schulzen und Vögte der umliegenden Gebiete ernannt wurden.[130] Die Schöffenbank wurde aber stufenweise umgebildet; die Schöffen kamen später meist aus dem rechtskundigen Bürgertum der königlichen Städte. Bei der Gründung des Gerichts ordnete Kasimir III. an, Bücher zum sächsisch-magdeburgischen Recht für das Gericht zu besorgen. In dieser Folge kam auch ein Exemplar des Sachsenspiegels an das Obergericht auf der Burg zu Krakau.[131]

Ein Urteil des Krakauer Oberhofes konnte man nun nur vor dem königlichen Gericht schelten. Dafür stellte Kasimir III. eine Kommission der sechs Städte des Magdeburger Rechts auf, die ab der Mitte des 16. Jahrhunderts als eigenständiges Gericht zur höchsten Instanz des deutschen Rechts wurde.[132]

Das Zuständigkeitsgebiet des Krakauer Gerichts erstreckte sich auf Kleinpolen;[133] daneben entwickelten sich auch andere Spruchkollegien in Polen. Von besonderer Bedeutung war der Schöffenstuhl in Breslau, an den sich 65 Städte mit Bitten um Rechtsauskunft wandten.[134] Das Gericht im schlesischen Neumarkt war ein weiterer einflußreicher Oberhof. Für Großpolen erteilte das Gericht der Stadt Posen Rechtsauskünfte nach Magdeburger Recht. An den Kulmer (später Thorner) Rat (consules) konnte man sich mit der Bitte um Rechtsbelehrung aus den Städten des Deutschordenslandes wenden, da diese mit kulmischem Recht bewidmet waren.

V. Örtliche Varianten des sächsisch-magdeburgischen Rechts

Das Magdeburger Recht in Polen entwickelte sich je nach den lokalen wirtschaftlichen, sozialen und Herrschaftsverhältnissen in vielfältigen Varianten; es war daher weitaus weniger geschlossen als der lübische Rechtskreis.[135] Später verliehen die Fürsten bzw. die Könige das deutsche Recht an weitere Städte nach der Vorlage von Neumarkt und Kulm.[136] So bildeten sich Untersysteme des sächsisch-magdeburgischen Rechts in Polen heraus. Bei dessen Vermittlung hatte Schlesien eine zentrale Rolle übernommen: Die Stadtrechte von Neumarkt und Breslau prägten die von ihnen bewidmeten polnischen Städte.[137]

---

130 Ders., Höhere Gerichte des deutschen Rechts in Polen im XIV.-XVI. Jh., in: Sellert (Hrsg.), Rechtsbehelfe, Beweis und Stellung des Richters im Spätmittelalter, 1985, S. 26; Obladen, Magdeburger Recht auf der Burg zu Krakau, 2005, S. 40; Weitzel, Über Oberhöfe, Recht und Rechtszug, 1981, S. 148 f.

131 Matuszewski, Die Aufnahme des deutschen Rechts in Polen, in: Bulletin de la Société des Sciences et des Lettres de Łódź XX, 4 (1970), S. 1.

132 Łysiak, Höhere Gerichte des deutschen Rechts in Polen im XIV.-XVI. Jh., in: Sellert (Hrsg.), Rechtsbehelfe, Beweis und Stellung des Richters im Spätmittelalter, 1985, S. 27.

133 Herberger, Krakauer Oberhof für deutsches Recht, in: HRG, Bd. 2, 1978, Sp. 1170.

134 Ders., Kolonisation, in: HRG, Bd. 2, 1978, Sp. 957; F. Ebel, Breslau, in: ^{2}HRG, Bd. 1, 2008, Sp. 684.

135 Weitzel, Über Oberhöfe, Recht und Rechtszug, 1981, S. 54f.

136 Pauli, Polnisches Recht, in: HRG, Bd. 3, 1984, Sp. 1809f.

Auch Neumarkt erhielt das Magdeburger Recht nicht direkt aus Magdeburg, sondern über die Vermittlung von Halle. 1210 wurden die ersten Kontakte Neumarkts zu Halle geknüpft.[138] Eine Rechtsmitteilung der hallischen Schöffen aus dem Jahre 1235 begründete das Neumarkter Recht (*ius noviforense*), so daß eine eigene Variante des Magdeburger Stadtrechts entstand. Dieses Neumarkter Recht, das von einem kleineren Spielraum der städtischen Autonomie als das Magdeburger Recht geprägt war, wurde vor allem an kleinere Siedlungen weitergegeben. Insgesamt etwa 500 städtische wie ländliche Siedlungen übernahmen das Magdeburger Stadtrecht nach der Neumarkter Variante.[139] Neumarkt selbst wechselte dann 1352 zur Breslauer Variante des Magdeburger Rechts.

Die Ursprünge des „Magdeburg-Breslauer Rechts" lassen sich auf die Zeit vor 1241 datieren, als die Stadt Breslau erstmals mit dem Magdeburger Recht bewidmet wurde.[140] Danach waren die Bürger von Breslau persönlich frei. Dieses Recht wurde während des Wiederaufbaus der Stadt nach dem Mongolensturm bestätigt, und zwar im Jahr 1261 durch den schlesischen Herzog Heinrich III.[141] Anschließend bat er zusammen mit den Bürgern von Breslau die Stadt Magdeburg um eine umfassende Rechtsauskunft, woraufhin die dortigen Ratmannen und Schöffen eine Rechtsmitteilung zur Stadt- und Gerichtsverfassung sowie zum materiellen Recht erteilten.[142] Zudem erhielt Breslau ein Exemplar des Sachsenspiegels. Die Rechtsmitteilung beruhte auf den Quellen des sächsisch-magdeburgischen Rechtskreises, auf den Magdeburger Rechtssätzen und dem Landrecht des Sachsenspiegels. 1295 wandten sich dann (nur) Bürger von Breslau an Magdeburg, baten um Ergänzung und erhielten zu einigen Rechtsproblemen detaillierte technische Anweisungen.

In der Folgezeit entstand ein reger rechtlicher Austausch zwischen Magdeburg und Breslau; vom Beginn des 14. Jahrhunderts an belegen hunderte von Schöffensprüchen diese Kommunikation. Aus diesem Rechtsmaterial wurde um die Mitte des 14. Jahrhunderts erst ein unsystematisches, gegen 1370 dann ein systematisiertes Stadtrechtsbuch verfaßt, das als offizielles Breslauer Stadtrecht verwendet wurde.[143] Als eine weitere Bearbeitung und Zusammenfassung des Breslauer Stadtrechts gilt der so genannte „Rechte Weg"[144], eine Rechtssammlung vom Ende des 15. Jahrhunderts, verfaßt von dem Breslauer Kaufmann und rechtskundigen Schöffen Kaspar Popplau († 1499)[145]. Dieses Rechtsbuch spiegelt das in

---

[137] Kutrzeba, Grundriß der polnischen Verfassungsgeschichte, 1912, S. 40.

[138] Davies, Moorhouse, Die Blume Europas, 2002, S. 133.

[139] Ebd.

[140] Goerlitz, Eine Magdeburger Rechtsmitteilung für Breslau vor 1241?, in: Beiträge zur Geschichte der Stadt Breslau 1 (1935) S. 92–105; s. a. Kannowski, Dusil, Der Hallensische Schöffenbrief für Neumarkt von 1235 und der Sachsenspiegel, in: ZRG GA 120 (2003), S. 61–90.

[141] F. Ebel, Breslau, in: ²HRG, Bd. 1, 2008, Sp. 683.

[142] Goerlitz, Verfassung, Verwaltung und Recht der Stadt Breslau, 1962, S. 18.

[143] F. Ebel, Breslau, in: ²HRG, Bd. 1, 2008, Sp. 683.

[144] Siehe die Einleitung zur Edition von F. Ebel, Der Rechte Weg, 2000, S. IX–XXI.

[145] Schelling-Schiewer, „Kaspar Popplau", in: Verfasserlexikon, Bd. 7, ²1989, Sp. 785–789.

Breslau am Ende des 15. Jahrhunderts geltende Recht wider, aufbauend auf Magdeburger Schöffensprüchen sowie jenen aus Halle und Leipzig. Außerdem wurde es aus dem „Breslauer Systematischen Schöffenrecht“ und dem „Breslauer Landrecht“ kompiliert.[146]

Im Deutschordensland und in vielen Städten Zentral- und Südpolens verbreitete sich das sächsisch-magdeburgische Recht in Form des Kulmer Rechts.[147] In über 200 Städten wurde das Magdeburger Recht in der kulmischen Variante zwischen dem 13. und 18. Jahrhundert angewandt.[148] Den Anfang des sächsisch-magdeburgischen Rechts im Kulmer Land hatte die Kulmer Handfeste gebildet, die 1233 als Stadtrechtsprivileg vom Hochmeister des Deutschen Ordens Hermann von Salza[149] (und vom ersten Landmeister Preußens, Hermann Balk) an die neuerworbenen Städte Kulm und Thorn verliehen worden war.[150] 1251 wurde das Privileg erneuert.

Geregelt wurden in diesem Privileg die Rechtsverhältnisse der ritterlichen und bürgerlichen Siedler, die nach der Bekämpfung der heidnischen Pruzzen den Landesausbau unterstützten.[151] In erster Linie wurden die Gerichtsbarkeit, die Besitzverhältnisse und die Rechte des Ordens in diesem Privileg geregelt,[152] außerdem wurde den Stadtbürgern die freie Richterwahl zugesichert,[153] und es konnten keine ungerechten Abgaben und Dienste von den Bürgern verlangt werden. Das Privileg sicherte ebenfalls wirtschaftliche Vorrechte: Die Zoll- und Marktfreiheit, ein einheitliches Maß und einheitliche Münzen sowie die Selbstbeschränkung des Ordens beim innerstädtischen Grunderwerb wurden z. B. in der Kulmer Handfeste geregelt. Auch das Jagd-, Forst- und Fischereirecht sowie das Berg- und Mühlenrecht wurden vom Privileg festgesetzt.[154]

Ein Spezifikum der Kulmer Handfeste war, daß mittels des Privilegs das Gewohnheitsrecht galt. Die mitgebrachten Rechtsgewohnheiten kamen dabei durch die Rechtssetzung der Vorsteher des Deutschen Ordens zur Geltung. Das Privileg

---

146 Oppitz, Rechtsbücher, Bd. I, 1990, S. 49.

147 Janicka, Polnische Forschungen zum Magdeburger Recht (1945–2004), [im Druck].

148 Dies., Die Rezeption des Sachsenspiegels und des Magdeburger Rechts am Beispiel von Thorn im Kulmer Land, in: Eichler, Lück (Hrsg.), Rechts- und Sprachtransfer in Mittel- und Osteuropa, 2008, S. 64; Malinowska-Kwiatkowska, Bemerkungen über das Culmer Strafrecht, 1982, S. 158.

149 Sarnowsky, Hermann von Salza, in: ²HRG, 12. Lfg., 2010, Sp. 966 f.

150 Janicka, Die Rezeption des Sachsenspiegels und des Magdeburger Rechts am Beispiel von Thorn im Kulmer Land, in: Eichler, Lück (Hrsg.), Rechts- und Sprachtransfer in Mittel- und Osteuropa, 2008, S. 62–64 und 73; Johanek, Kulmer Handfeste, in: Verfasserlexikon, Bd. 5, ²1985, Sp. 433–436; Kisch, Die Kulmer Handfeste, ²1978; Luciński, Przywilej chełmiński, in: Studia Culmensia Historico-Juridica czyli Księga Pamiątkowa 750-lecia Prawa Chełmińskiego, 1990, S. 81–144.

151 Czacharowski, Das Kulmer Recht, 1984, S. 3; Malinowska-Kwiatkowska, Bemerkungen über das Culmer Strafrecht, 1982, S. 158.

152 Kisch, Die Kulmer Handfeste, ²1978, S. 12.

153 Czacharowski, Das Kulmer Recht, 1984, S. 4 f.

154 Luciński, Przywilej chełmiński, in: Studia Culmensia Historico-Juridica czyli Księga Pamiątkowa 750-lecia Prawa Chełmińskiego, 1990, S. 142 f.

vermittelte also das Gewohnheitsrecht für die Städte des Kulmer Landes. Diese Rechtsgewohnheiten waren in etlichen Fällen recht unterschiedlich zum sächsisch-magdeburgischen Recht und für die Stadtbewohner sogar vorteilhafter als das Magdeburger Recht. Im ehelichen Güterrecht sowie im Erbrecht wurden z. B. Regeln des flämischen Rechts angewandt.[155]

Zugleich wurde das Magdeburger Recht den Städten des Kulmer Landes verliehen, die dazu verpflichtet waren, nach ihm zu urteilen.[156] Hier erteilte Kulm gemäß der Kulmer Handfeste Rechtsauskünfte. Diese Funktion hatte Kulm jahrhundertelang inne.[157]

Die Kulmer Handfeste galt aber nicht allgemein für alle Bewohner des Kulmer Landes, sondern nur für die neuen Siedler. Aufgrund dieses Privilegs wurden weitere Freibriefe bei neuen Stadtgründungen erlassen, so daß damit ein ‚*ius Culmense*' entstand.[158]

Im Kulmer Land begann die Aufzeichnung des Rechts im 15. Jahrhundert. Ein erstes Ergebnis dieses Prozesses war das Rechtsbuch „Der alte Kulm" (altes kölmisches Recht),[159] als dessen Grundlage das „Magdeburg-Breslauer Systematische Schöffenrecht" aus dem 14. Jahrhundert diente. Dieses Rechtsbuch war im Deutschordensland stark verbreitet.

Das Kulmer Recht wurde am Ende des 16. Jahrhunderts in drei Revisionen auf die Initiative von offiziell gegründeten Ausschüssen hin bearbeitet. Diese Revisionen erfuhren zwar keine amtliche Bestätigung, wurden jedoch in der Praxis viel beachtet.[160] Die drei Revisionen, auf deutsch verfaßt, wurden dann ins Polnische und ins Lateinische übersetzt.[161]

Im Laufe des 16. Jahrhunderts entstand der polnische Zweig des sächsisch-magdeburgischen Rechts, der sich aus dem sächsischen, polnischen und römischen Recht entwickelte.[162]

---

[155] Czacharowski, Das Kulmer Recht, 1984, S. 4.

[156] Koehler, Kulmer Handfeste, in: HRG, Bd. 2, 1978, Sp. 1245; Luciński, Przywilej chełmiński, in: Studia Culmensia Historico-Juridica czyli Księga Pamiątkowa 750-lecia Prawa Chełmińskiego, 1990, S. 142 f.

[157] Johanek, Kulmer Handfeste, in: Verfasserlexikon, Bd. 5, ^{2}1985, Sp. 434.

[158] Czacharowski, Das Kulmer Recht, 1984, S. 5.

[159] Koehler, Kulmer Handfeste, in: HRG, Bd. 2, 1978, Sp. 1246.

[160] Sondel, Elemente des römischen Rechts, in: Ius commune 20 (1993), S. 26.

[161] Janicka, Die Rezeption des Sachsenspiegels und des Magdeburger Rechts am Beispiel von Thorn im Kulmer Land, in: Eichler, Lück (Hrsg.), Rechts- und Sprachtransfer in Mittel- und Osteuropa, 2008, S. 67; Malinowska-Kwiatkowska, Bemerkungen über das Culmer Strafrecht, 1982, S. 159.

[162] Pauli, Polnisches Recht, in: HRG, Bd. 3, 1984, Sp. 1811.

VI. Juristische Literatur des sächsisch-magdeburgischen Rechts in Polen

Im 16. Jahrhundert begann die wissenschaftliche Bearbeitung des Magdeburger Rechts – zuerst in Latein, danach aber auch in der Landessprache. Durch den Buchdruck (ab 1440) vermehrten sich die Kompendien des sächsisch-magdeburgischen Rechts; eine entscheidende Rolle spielten dabei die polnischen Druckausgaben.[163] Die facettenreiche juristische Literatur des sächsisch-magdeburgischen Rechts entfaltete sich zuerst in Polen.

In der ersten Hälfte des 16. Jahrhunderts erschienen in Polen gedruckte lateinische Übersetzungen des Sachsenspiegels. Die von Jan Łaski, dem Großkanzler des polnischen Königs,[164] erstellte Ausgabe aus dem Jahre 1506 ist zum Beispiel eine lateinische Fassung des Sachsenspiegels und des Magdeburger Weichbildes, also des Rechtsbuchs über die Gerichtsverfassung.[165]

Dieser Übersetzung folgte im Jahre 1535 eine Publikation des lateinischen glossierten Landrechts des Sachsenspiegels und des glossierten Weichbildes[166] durch den Krakauer Stadtschreiber Mikołaj Jaskier[167] (1504–1539 oder 1560)[168]. Jaskiers Arbeiten[169] wurden durch König Sigismund I. als geltendes Recht bestätigt. Laut dieser Verfügung konnte das Werk in den Gerichten der Städte und Dörfer des Magdeburger Rechts angewandt werden.[170]

Jaskiers Arbeit bildete die Grundlage späterer Bearbeitungen des Magdeburger Rechts in Polen, beispielsweise von Johann Cervus Tucholczyk, Johannes Kirstein, Stanisław Aichler[171] und Bartłomiej Groicki[172]. Sie alle waren Studenten der Kra-

---

163 Lück, Einführung: Das sächsisch-magdeburgische Recht, in: Eichler, ders. (Hrsg.), Rechts- und Sprachtransfer in Mittel- und Osteuropa, 2008, S. 12.

164 Uruszczak, „Łaski, Jan“, in: Juristen, 2001, S. 380; Ott, „Laski (a Lasco), John“, in: The Catholic Encyclopedia, Vol. 9, 1913, S. 11.

165 Łaski, Commune incliti Poloniae regni privilegium, 1506; Bukowska-Gorgoni, Das sächsisch-magdeburgische Recht, in: Willoweit, Schich (Hrsg.), Studien zur Geschichte des sächsisch-magdeburgischen Rechts in Deutschland und Polen, 1980, S. 130.

166 Jaskier, Iuris provincialis, 1535, ^{2}1602; ders., Iuris municipalis Maydenburgensis liber vulgo Weichbild nuncupatus, 1602.

167 Pauli, Einflüsse des römischen Rechts im Hauptwerk von Bartholomäus Groicki, in: Gesellschaft und Recht im griechisch-römischen Altertum, T. 2, 1969, S. 159; Lieberwirth, Das sächsisch-magdeburgische Recht als Quelle osteuropäischer Rechtsordnungen, 1986, S. 18.

168 Lück, Jaskier, Nikolaus (1504–um 1560), in: ^{2}HRG, 14. Lfg., 2011, Sp. 1355 f.; Pańków, „Jaskier, Mikołaj (zm. 1539)“, in: Polski Słownik Biograficzny, t. 11, 1964–1965, S. 60–62.

169 Als weitere Arbeit zum sächsisch-magdeburgischen Recht siehe: Jaskier, Iuris municipalis Maydeburgensis, 1602.

170 Pauli, Polen, in: Handbuch der Quellen und Literatur der neueren europäischen Privatrechtsgeschichte, Bd. 2.2, 1976, S. 554.

171 Eichler, Figura seu tabula indicans graphice, quomodo haereditas ab intestato defertur. Zitiert nach: Pauli, Einflüsse des römischen Rechts im Hauptwerk von Bartholomäus Groicki, in: Gesellschaft und Recht im griechisch-römischen Altertum, T. 2, 1969, S. 178, Anm. 17.

172 Janicka, Groicki, Bartolomaeus (um 1534–1605), in: ^{2}HRG, 11. Lfg., 2010, Sp. 561 f.

kauer Universität und später als Lehrer oder in der städtischen Verwaltung bzw. Gerichtsbarkeit tätig.

Die Abhandlung von Cervus zum Magdeburger Recht[173] wurde nicht nur in der Praxis angewandt, sondern auch in die Lehre aufgenommen und enthielt Formeln für das Gerichtsverfahren sowie Auslegungen juristischer Regeln.[174] Als wichtige Quelle der ersten Auflage dieser Arbeit gilt die vom Stadtschreiber Konrad von Sandomir verfaßte lateinische Version des Sachsenspiegels (*versio Sandomiriensis*) aus dem 14. Jahrhundert. In der zweiten Auflage lehnte er sich aber mehr an die glossierte Sachsenspiegel-Ausgabe Mikołaj Jaskiers an.

Kirstein, der nach seinen Studien zum Vogt des Obergerichts des deutschen Rechts an der Krakauer Burg ernannt wurde, verfaßte eine wichtige Abhandlung zum Privatrecht und zum Prozeßrecht auf der Grundlage des sächsisch-magdeburgischen und des römischen Rechts.[175] Dieses Buch wurde zuerst 1556 veröffentlicht, danach erschien es noch in sieben weiteren Auflagen.

Cervus und Kirstein hatten daher eine wichtige Rolle in der Romanisierung der polnischen juristischen Literatur des Magdeburger Rechts. Ihre Werke haben auch in Litauen und in der Ukraine Einfluß erlangt.[176]

Polnischsprachige Publikationen erschienen ab der zweiten Hälfte des 16. Jahrhunderts. Groickis Werk „Artykuły prawa majdeburskiego“[177] [Artikel des Magdeburger Rechts] aus dem Jahre 1558 kann als die erste juristische Arbeit in der Nationalsprache betrachtet werden. Die große Verbreitung dieses Werkes läßt sich in erster Linie damit erklären, daß die Arbeit in polnischer Sprache verfaßt worden war. In sein Buch zum Magdeburger Recht konnte Groicki juristische Kenntnisse aus seinem Studium einfließen lassen, denn er war zwischen 1550 und 1558 an der Krakauer Universität immatrikuliert.[178] Mit seiner erwähnten Arbeit qualifizierte er sich für einen höheren juristischen Beruf und wurde später Untervogt und Schriftführer am Krakauer Obergericht des Magdeburger Rechts. Diese Ämter behielt er zusammengenommen 20 Jahre lang[179] und veröffentlichte mehrere Arbeiten zum sächsisch-magdeburgischen Recht aus praxisorientierter Sicht: eine Publikation zum Gerichtsverfahren („Porządek sądów i spraw miejskich prawa majdeburskiego w Koronie Polskiej“ [Stadtgerichts- und Prozeßordnung des Mag-

[173] Cervus, Farraginis actionum iuris civilis et provincialis Saxonici, municipalisque Magdeburgensis, 1558.

[174] Pauli, Die polnische Literatur des Magdeburger Rechts, in: Willoweit, Schich (Hrsg.), Studien zur Geschichte des sächsisch-magdeburgischen Rechts in Deutschland und Polen, 1980, S. 152; Lieberwirth, Das sächsisch-magdeburgische Recht als Quelle osteuropäischer Rechtsordnungen, 1986, S. 19.

[175] Cerasinus, Enchiridion aliquot locorum communium Iuris Maidenburgensis, 1616.

[176] Pauli, Einflüsse des römischen Rechts im Hauptwerk von Bartholomäus Groicki, in: Gesellschaft und Recht im griechisch-römischen Altertum, T. 2, 1969, S. 160.

[177] Groicki, Artykuły prawa majdeburskiego, które zowią Speculum Saxonum, 1558.

[178] Uruszczak, „Groicki, Bartłomiej“, in: Juristen, 2001, S. 264.

[179] Ebd.

deburger Rechts im Kronland Polen])[180] und eine zum Privatrecht („Tytuły prawa majdeburskiego“ [Titel des Magdeburger Rechts]).[181] Auch diese Werke wurden weit verbreitet und in der Praxis der städtischen Gerichte benutzt. In seiner Arbeit zum Gerichtsverfahren nach Magdeburger Recht setzte sich Groicki ausführlich mit dem Sachsenspiegel und dem Magdeburger Weichbild in der Übersetzung Mikołaj Jaskiers auseinander. Außerdem benutzte er als Quelle die frühere lateinische Literatur zum Magdeburger Recht (Cervus und Kirstein).[182]

Das Magdeburger Recht betrachtete er dabei als subsidiäres Recht, das in Polen in Zweifelsfällen anzuwenden war. In seiner Abhandlung zur Gerichtsordnung („Porządek sądów [...]“) berief sich Groicki in 22 Fällen auf den Sachsenspiegel und in 19 Fällen auf das Weichbild, was Pauli tabellarisch dargestellt hat.[183] Ähnlich wie Eike von Repgow führte Groicki die Herkunft des sächsischen Rechts auf die Kaiser Konstantin und Karl den Großen zurück[184] und grenzte dadurch das einheimische Recht vom römischen Recht ab.

In die Reihe der polnischsprachigen juristischen Literatur gehören auch zwei Arbeiten des Syndikus der Stadt Lemberg, Paweł Szczerbicz, aus dem Jahre 1581: eine Übersetzung und eine alphabetische Ordnung des Sachsenspiegels und des Weichbildes.[185] Szczerbicz verfaßte seine Abhandlungen auf der Grundlage von Jaskiers lateinischem Werk, das in Krakau 1535 erschienen war.

Die vielen Auflagen und die unterschiedlichen Erscheinungsorte der nationalsprachigen Überarbeitungen der Quellen zeigen deutlich, daß man sich in Polen mit dem sächsisch-magdeburgischen Recht in der juristischen Literatur des 16. Jahrhunderts ausführlich auseinandersetzte. Durch die königliche Bestätigung zur Verwendung dieser Werke in der städtischen Gerichtspraxis wirkte das sächsisch-magdeburgische Recht in Polen noch intensiver, so daß dieser Wissensstandard dann auch in die ukrainische Literatur Eingang fand.[186]

VII. Das Ende der Geltung des Magdeburger Rechts

Zwei Ursachen, konfessionelle und territorialstaatliche, waren maßgebend für das Ende der Schöffensprüche aus Magdeburg, womit ein wichtiger Faktor der Geltung des Magdeburger Rechts entfiel.

---

180 Groicki, Porządek sądów i spraw miejskich prawa majdeburskiego w Koronie Polskiej, 1559.

181 Ders., Tytuły prawa majdeburskiego, 1567.

182 Pauli, Einflüsse des römischen Rechts im Hauptwerk von Bartholomäus Groicki, in: Gesellschaft und Recht im griechisch-römischen Altertum, T. 2, 1969, S. 161.

183 Ebd., S. 169.

184 Groicki, Porządek sądów i spraw miejskich prawa majdeburskiego w Koronie Polskiej, 1559, S. 24. Zitiert nach Pauli, Einflüsse des römischen Rechts im Hauptwerk von Bartholomäus Groicki, in: Gesellschaft und Recht im griechisch-römischen Altertum, T. 2, 1969, S. 181, Anm. 43.

185 Szczerbicz, Jus Municipale, 1581; ders., Speculum Saxonum, 1581.

186 Lück, Magdeburger Recht in der Ukraine, in: ZNR 12, 3/4 (1990), S. 122.

Erstens lösten zur Zeit der Reformation Religionsunterschiede das Verbot der Rechtseinholung aus dem inzwischen protestantisch gewordenen Magdeburg aus. So wurde es im 16. Jahrhundert den schlesischen Städten untersagt, weiterhin Anfragen an die Magdeburger Schöffen zu richten. Von 1547–1562 war Magdeburg sogar unter Reichsacht, weil die Stadt dem Kaiser die Unterwerfung verweigerte, und 1549 hob Kaiser Karl V. den Magdeburger Schöffenstuhl auf.

Zweitens sorgten Zentralisierungsbestrebungen der Landesherren für die Abwendung vom Magdeburger Schöffenstuhl. Die polnischen Könige, wie schon Kasimir der Große im Jahre 1356, untersagten eine Rechtseinholung von außerhalb der Landesgrenzen. Stattdessen gab es nun an der Burg zu Krakau ein eigenständiges Gericht für das Magdeburger Recht.

An den Obergerichten des Magdeburger Rechts wurden die Vogteien durch den Adel übernommen und die ursprünglich von Bürgern besetzten Schöffenämter seit der zweiten Hälfte des 15. Jahrhunderts vom Adel dominiert. Die Gerichte wandten sich auch deshalb vom sächsisch-magdeburgischen Recht ab und richteten sich nach dem polnischen Standesrecht.[187]

Hinzu kam der wirtschaftliche und soziale Niedergang der Städtekultur. Der polnische Adel hatte seit dem Ende des 15. Jahrhunderts wirtschaftliche Freiheiten von den Stadtbürgern erworben. Die wachsende Macht des Adels dominierte gegenüber den Freiheiten der Stadtbürger; der Adel wurde nun auch im wirtschaftlichen Sinne Konkurrent der Städte.[188] Die Mehrzahl der königlichen Städte wurde gegen Entgelt oder durch Schenkung veräußert. Als die Blütezeit der Städte in Polen im Laufe des 16. Jahrhunderts endete,[189] ging auch jene städtische Autonomie unter, die durch das Magdeburger Recht verkörpert und geschützt worden war. Das Magdeburger Recht wurde durch die örtliche Gerichtspraxis, städtische Willküren, königliche Erlasse und polnisches Landrecht ersetzt.

In Polen sorgten schließlich die drei Teilungen des Landes (1772, 1793 und 1795) und die Eingliederung der Landesteile in die Rechtssysteme der Territorialstaaten[190] für ein Ende der Geltung des Magdeburger Rechts. Anstelle des sächsisch-magdeburgischen Rechts wurden die Gesetzbücher der aufgeklärten Herrscher von Preußen, Österreich und Rußland in Kraft gesetzt. Gänzlich verlor das Magdeburger Recht seine Gültigkeit in Polen im Zuge der napoleonischen und josephinischen Reformen. Folglich endete die Ära des sächsisch-magdeburgischen Rechts in den preußischen und österreichischen Teilen um die Wende des 18. zum 19. Jahrhundert.

---

[187] Łysiak, Höhere Gerichte des deutschen Rechts in Polen im XIV.-XVI. Jh., in: Sellert (Hrsg.), Rechtsbehelfe, Beweis und Stellung des Richters im Spätmittelalter, 1985, S. 33.

[188] Kuhn, Die deutschrechtlichen Stadtgründungen in Kleinpolen, in: Stoob (Hrsg.), Die mittelalterliche Städtebildung im südöstlichen Europa, 1977, S. 70.

[189] Ebd.

[190] Janicka, Das Allgemeine Landrecht und Polen, 1995, S. 438; Alexander, Kleine Geschichte Polens, 2008, S. 170; Jaworski, Lübke, Müller, Eine kleine Geschichte Polens, 2005, S. 253–255.

In den Gebieten, die nach der Teilung Polens zu Preußen gehörten, wurde das Allgemeine Landrecht (ALR) durch Patente und Verordnungen eingeführt. Beispielsweise wurde für Nord-Ostpreußen im Jahre 1797 ein königliches Geltungspatent erlassen. Damit wurde die Kulmer Variante des Magdeburger Rechts in den preußischen Gebieten außer Kraft gesetzt.[191]

In den galizischen Gebieten trat 1798 der so genannte ‚Urentwurf' des Allgemeinen Bürgerlichen Gesetzbuches (1787) in Kraft;[192] dadurch wurde die Geltung des sächsisch-magdeburgischen Rechts aufgehoben. In den polnischen Städten der Zips galt nach 1772 wieder das ungarische Recht.[193]

In den russischen Gebieten des alten Königreichs Polen lebte das sächsisch-magdeburgische Recht etwas länger weiter. 1840 wurden die Litauischen Statuten, die auf der Grundlage des sächsisch-magdeburgischen Rechts verfaßt worden waren, durch eine Verordnung außer Kraft gesetzt. Die Tradition des sächsisch-magdeburgischen Rechts wurde in den Gebieten unter russischer Herrschaft allerdings weiter berücksichtigt.[194]

Auf diese Weise läßt sich die polnische Geschichte des sächsisch-magdeburgischen Rechts in die osteuropäische Entwicklung eingliedern. Das weitgehende Ende der Geltung des Magdeburger Rechts in Osteuropa brachten im 19. Jahrhundert, dem Zeitalter des Nationalismus, die Ideen der Territorialstaaten und der Kodifikation.

---

[191] Janicka, Zur Topographie der Städte des Magdeburger Rechts in Polen, in: Lück, Puhle, Ranft (Hrsg.), Grundlagen für ein neues Europa, 2009, S. 80.

[192] Vgl. Neschwara, Westgalizisches Gesetzbuch, in: HRG, Bd. 5, 1998, Sp. 1308–1313.

[193] Lieberwirth, Das sächsisch-magdeburgische Recht als Quelle osteuropäischer Rechtsordnungen, 1986, S. 32.

[194] Ebd., S. 31.

C. Forschungsüberblick (*Wieland Carls/Katalin Gönczi*)

Die Forschung zum sächsisch-magdeburgischen Recht in einem Überblick darzustellen, ist im Rahmen dieser Untersuchung unverzichtbar. Bei der Auswahl der zu berücksichtigenden Literatur ist erneut die territoriale Eingrenzung des Untersuchungsgebiets zu beachten, ohne jedoch angrenzende Gebiete und allgemeine Abhandlungen auszuschließen. Es werden also Arbeiten vorgestellt, die sowohl das sächsisch-magdeburgische Recht allgemein betreffen, als auch Untersuchungen, die sich auf dessen Verbreitung, Rezeption etc. in Polen einschließlich seiner historischen Ausdehnung befassen. In diesem Rahmen werden die Autoren und Werke genannt, die der Forschung zum sächsisch-magdeburgischen Recht in der jeweiligen Zeit bedeutende Impulse gegeben haben.[1]

Zu klären ist an dieser Stelle, ab wann von Literatur im Sinne von Forschungsliteratur, also einer bewußten wissenschaftlichen Auseinandersetzung mit dem Phänomen ‚sächsisch-magdeburgisches Recht', gesprochen werden kann. Als wissenschaftlich ist letztlich auch die Edition oder die Glossierung eines Rechtstextes zu werten, selbst wenn diese dann selber Quelle und Grundlage der Rechtsausübung werden kann. Den Ausschlag müssen hier die Intention des Autors bzw. die Wirkungsgeschichte des Textes geben.[2]

Die im folgenden genannten Forscher und ihre Arbeiten bieten eine repräsentative Auswahl der wissenschaftlichen Auseinandersetzung mit dem sächsisch-magdeburgischen Recht in den zurückliegenden 350 Jahren. Der Anspruch auf Vollständigkeit besteht hier ausdrücklich nicht. Aus mehrfacher Hinsicht ist eine Zäsur für das Jahr 1945 festzustellen, da sich nach dem Ende des Zweiten Weltkriegs die Forschungen in Ost und West neu orientieren. In der folgenden Forschungsübersicht wird der Zeitraum bis 1945 von Wieland Carls, die Zeit danach von Katalin Gönczi behandelt.

---

[1] Vergleichbare Zusammenstellungen, allerdings mit anderer Schwerpunktsetzung, gibt es bereits. Unter dem Titel „Deutsches Recht im Osten". Strukturen, Kontexte und Wirkungen eines sensiblen Forschungsthemas (19. Jh. bis 1990) hat zuletzt Heiner Lück dieses Thema zum Gegenstand des Plenarvortrags auf dem 37. Rechtshistorikertag in Passau gemacht (gedruckt in: ZRG GA 126 (2009), S. 175–206). Zur Forschungsgeschichte in Polen nach dem Zweiten Weltkrieg hat Frau Danuta Janicka anläßlich der Verleihung des Eike-von-Repgow-Preises 2004 an sie in Magdeburg vorgetragen (Polnische Forschungen zum Magdeburger Recht (1945–2004), [im Druck]).
Eine ausführliche Bibliographie zum sächsisch-magdeburgischen Recht und angrenzender Themen wird spätestens nach Abschluß des Projekts in Form einer Datenbank publiziert werden.

[2] Problematisch sind hier lediglich die Editionen und kommentierten Ausgaben, die zu einer Zeit entstanden sind, da das in ihnen enthaltene Recht noch in Geltung war oder als Grundlage für geltendes Recht hätte dienen können oder sollen. So ist die Übersetzung des Sachsenspiegels in die lateinische Sprache von Mikołaj Jaskier, die 1535 in Krakau bei Hieronymus Vietor zum ersten Mal gedruckt wurde, anders zu werten, als neuzeitliche Übersetzungen ins Hochdeutsche (von Ruth Schmidt-Wiegand und Clausdieter Schott, ^{3}1996), ins Ungarische (von László Blazovich und József Schmidt, 2005), ins Weißrussische (von Olga Keller, 2005) oder ins Englische (von Maria Dobozy, 1999).

I. Die Zeit bis 1945 (*Wieland Carls*)

1. Von den Anfängen bis zum ausgehenden 19. Jahrhundert

Wissenschaftliche Erwähnung finden Sachsenspiegel und Magdeburger Stadtrecht bereits im 17. Jahrhundert. Zunächst 1625 in Johann Gryphianders (1580–1652)[3] Abhandlung „De Weichbildis Saxonicis, sive Colossis Rulandinis Urbium Quarundam Saxonicarum, Commentarius Historico-Iuridicus“[4] und dann 1643 in Hermann Conrings (1606–1681)[5] Werk „De origine iuris Germanici commentarius historicus“.[6] Bei Friedrich Ebel heißt es über diesen in mehreren akademischen Fächern[7] ausgewiesenen Autor:

> „Die deutsche Rechtsgeschichte beginnt mit HERMANN CONRING, und dieser hat in seinem berühmten Werk über die Entstehung des deutschen Rechts auch ein Kapitel dem Magdeburger Weichbild gewidmet.“[8]

In seiner Gesamtschau des deutschen Rechts von den germanischen Stämmen bis zur gegenwärtigen Rechtsanwendung und Überlegungen zur Verbesserung der Gesetze für den öffentlichen Gebrauch, werden im 29. Kapitel das „Magdeburger Stadtrecht“ und im 30. der „Sachsenspiegel und Schwabenspiegel sowie das sächsische und schwäbische Lehnrecht“ behandelt.

Mit der vom Deutschen Orden adaptierten Form des sächsisch-magdeburgischen Rechts, mit dem Kulmer Recht[9] und seinen Quellen, befaßt sich etwa ein Jahrhundert später der Danziger Philosoph und Polyhistor Michael Christoph Hanow (1695–1773).[10] Er bietet in seiner zunächst 1745 und dann 1767 vermehrten und verbesserten Ausgabe eine ausführliche Einführung in die Materie der preußischen Rechtsgeschichte und eine kommentierte Edition des ‚Culmischen Rechts‘ nebst Beilagen und Registern.[11]

Zwischen 1770 und 1775 erschienen in Berlin die „Diplomatischen Beyträge zur Untersuchung der schlesischen Rechte und Geschichte“[12] von Johann Ehren-

---

[3] Mutzenbecher, „Gryphiander, Johann“, in: ADB, Bd. 10, 1879, S. 73.

[4] Gryphiander, De Weichbildis Saxonicis, 1625.

[5] Stolleis, Conring, Hermann (1606–1681), in: ²HRG, Bd. 1, 2008, Sp. 882–884.

[6] Conring, De origine iuris Germanici commentarius historicus, 1643.

[7] „C[onring]. studierte in Helmstedt und Leiden, wurde 1632 Professor der Naturphilosophie in Helmstedt, 1636 der Medizin und 1650 auch noch der Politik.“ (Döhring, „Conring, Hermann“, in: NDB, Bd. 3, 1957, S. 342.).

[8] F. Ebel, *Des spreke wy vor eyn recht* ...,in: ders., Unseren fruntlichen grus zuvor, hrsg. von Fijal [u. a.], 2004, S. 425, (Hervorhebung im Original); s. a. Stobbe, Herman Conring, der Begründer der deutschen Rechtsgeschichte, 1870.

[9] Zum Kulmer Recht s. *Kapitel D.II.6.*

[10] Prantl, „Hanov, Michael Christoph“, in: ADB, Bd. 10, 1879, S. 524f.

[11] Hanow (Hrsg.), Jus Culmense ex ultima revisione oder Das vollständige Culmische Recht, Danzig 1767.

[12] Böhme, Diplomatische Beyträge zur Untersuchung der schlesischen Rechte und Geschichte, 1770–

fried Böhme (1727–1778).[13] Böhme, Jurist und ‚Ökonomiedirektor' in Thüringen, gibt hier neben Handfesten und Gründungsprivilegien auch verschiedene Texte sächsisch-magdeburgischen Rechts aus dem schlesischen Raum wieder und vergleicht (u. a. unter der Nummer 23 im dritten Abschnitt des ersten Teils „das Magdeburgische Willkührrecht, so die Rathmannen von Breslau der Stadt Brieg haben abschreiben lassen, [...]")[14] einzelne Quellen miteinander, um auf Unterschiede, Gemeinsamkeiten sowie ggf. gemeinsame Vorlagen zu verweisen. Ebenfalls noch im ausgehenden 18. Jahrhundert gibt August Friedrich Schott (1744–1792)[15] die „Sammlungen zu den Deutschen Land- und Stadtrechten"[16] heraus, in deren erstem Teil nicht nur eine Abhandlung von Bernhard Friedrich Rudolph Lauhn (1712–1792)[17] über das vermutliche Alter des „Magdeburgischen Rechts",[18] sondern auch eine Edition der Magdeburger Rechtsweisung für Görlitz von 1304[19] abgedruckt ist. Nach Schotts Angabe wurde dieser „ächte Codex des Magdeburgischen Rechtes"[20] von Lauhn im Archiv von Görlitz aufgefunden und wird hier zum ersten Mal vollständig abgedruckt. Lauhn reklamiert unter anderem auf der Grundlage dieses Rechtstextes die Eigenständigkeit des Magdeburger Schöppenrechts auch gegenüber dem Sachsenspiegel, da es frei von äußeren Einflüssen von den Magdeburger Schöppen geschaffen wurde und damit auch älter als der Sachsenspiegel Eikes von Repgow sei.[21]

1775. Besprechung des 1.–3. Teils von Hofacker, in: Allgemeine deutsche Bibliothek. 18,1 (1772), S. 71–77 und des 4. Teils [anonym] (4. Teil), in: Allgemeine deutsche Bibliothek, Anh. 13.–24. Bd., 1. Abt. (1777), S. 625f.

13 Meusel, Lexikon der vom Jahr 1750 bis 1800 verstorbenen teutschen Schriftsteller, 1. Bd., 1802, S. 467.

14 Hofacker, [Rezension zu] Johann Ehrenfried Böhme, Diplomatische Beyträge (1.–3. Teil), in: Allgemeine deutsche Bibliothek 18,1 (1772), S. 72.

15 Landsberg, „Schott, August Friedrich S.", in: ADB, Bd. 32, 1891, S. 394f.

16 Schott (Hrsg.), Sammlungen zu den deutschen Land- und Stadtrechten. 3 Teile, 1772, 1773, 1775.

17 Meusel, Lexikon der vom Jahr 1750 bis 1800 verstorbenen teutschen Schriftsteller, 8. Bd, 1808, S. 83–88.

18 Lauhn, Vorläufige Anzeige von dem Alter des von den Schöppen von Magdeburg abgefaßten Magdeburgischen Rechts, 1772, S. 18–50. Vorher bereits in kürzerer Form erschienen in: Schriften der Teutschen Gesellschaft zu Jena aus den höheren Wissenschaften 1 (1753 (1754)).

19 Magdeburgisches Recht von denen Schöppen daselbst der Stadt Görlitz im Jahr 1304 mitgetheilt, in: Schott (Hrsg.), Sammlungen zu den deutschen Land- und Stadtrechten. 1. Theil, 1772, S, 51–87.

20 Ebd., S. V.

21 „Hieraus ist sattsam abzunehmen, daß das Magdeburgische Recht, wie solches die Schöppen unter ihrem Siegel, im tausend dreyhundert und vierten Jahre den Bürgern der Sechs-Stadt Görlitz im Marggrafenthum Ober-Lausitz zukommen lassen, wegen der darinnen anzutreffenden Lauterkeit des alten Sächsischen Rechtes, viel älter, als der zur Zeit bekannte Sachsen-Spiegel, seyn müsse; immaßen [sic] der Schöppen-Stuhl zu Magdeburg über die Zeit des abgefaßten Sachsen-Spiegels hinaufsteiget, und nicht zu glauben steht, daß bey dem Schöppen-Stuhle kein Gewohnheits-Buch zu finden gewesen seyn sollte." (Lauhn, Vorläufige Anzeige, 1772, S. 29f.). Diese Auffassung wird bereits von Ernst Theodor Gaupp angezweifelt (Gaupp, Das alte Magdeburgische und Hallische Recht, 1826, S. 24–33).

Im 19. Jahrhundert finden sich bereits zahlreiche Arbeiten zum sächsisch-magdeburgischen Recht. So schreibt Ferdinand Karl Schweikart (1780–1857), ein weitgereister Jurist, der Professuren in Gießen, Charkiv und zuletzt in Marburg innehatte,[22] 1825 in den Jahrbüchern für die preußische Gesetzgebung, Rechtswissenschaft und Rechtsverwaltung über die in ‚Ost- und Westpreußen geltenden Rechte'.[23] Schweikart äußert sich zu den Vorlagen des „Alten Kulm", den er als genuin magdeburgisches Recht beschreibt. Er benennt die Parallelen zum Schwabenspiegel, vermutet aber auf Grund der abweichenden Reihung der Artikel keine direkte Übernahme, sondern eher eine gemeinsame Vorlage.[24] Weiterhin untersucht er die verschiedenen Bearbeitungen des Kulmer Rechts[25] und stellt die zeitlichen Umstände der jeweiligen Fassungen dar.

„Die Geschichte der Einführung und Verbreitung Deutscher Rechte in Schlesien besonders und in der Ober-Lausitz" bieten Gustav Adolf Tzschoppe (1794–1842)[26] und Gustav Adolf Stenzel (1792–1854)[27] mit ihrer 1832 erschienenen Quellensammlung.[28] Ihr Anliegen war es vor allem, „die Rechtsverhältnisse, in welche die Deutschen Ansiedler in Dörfern und Städten bei ihrer Einwanderung, zu einander, zu den Fürsten und zu dem gesammten Lande traten, in ein möglichst klares Licht zu stellen."[29]

Die besondere Bedeutung, die Schlesien im Hinblick auf die Siedlungs- und Rechtsgeschichte zukam, zeigt sich auch in den Aktivitäten des 1846 gegründeten Vereins für die Geschichte Schlesiens e. V. Zu seinen Aufgaben zählte „die Herausgabe ungedruckter Quellen zur schlesischen Landesgeschichte sowie die Veröffentlichung von Aufsätzen zur schlesischen Geschichte."[30] In verschiedenen Schriftreihen,[31] Einzelveröffentlichungen und in den Vereinszeitschriften, der „Zeitschrift des Vereins für Geschichte Schlesiens" und den „Schlesischen Geschichtsblättern", erschienen bis 1943 zahlreiche Publikationen auch zur Rechts- und Siedlungsgeschichte.

---

[22] Winter, „Schweikart, Ferdinand Karl", in: ADB, Bd. 33, 1891, S. 358.

[23] Schweikart, Über die in Ost- und Westpreußen geltenden Rechte, 1825, S. 241–378.

[24] Ebd., S. 267.

[25] „Der Neumarkter Culm. Jus culmense polonicum", in: ebd., S. 281–283, „Der Danziger Culm. Jus culmense revisum", ebd., S. 283–288, „Der Ermeländische Culm. Jus culmense correctum", ebd., S. 288–292.

[26] Petersdorff, „Tzschoppe, Gustav Adolf (v.)", in: ADB, Bd. 39, 1895, S. 66–68.

[27] Reimann, „Stenzel, Gustav Adolf Harald", in: ADB, Bd. 36, 1893, S. 53–57.

[28] Stenzel, Tzschoppe, Urkundensammlung zur Geschichte des Ursprungs der Städte, 1832.

[29] Ebd., S. VII.

[30] Zitat aus: http://www.vfgs.eu/index.php?cat=04 Geschichte – Abfragedatum: 17.03.2010.

[31] Vom Verein wurden folgende Titel betreut: Scriptores rerum silesicarum (1835–1902); Codex diplomaticus silesiae (1857–1933); Acta publika – Verhandlungen und Correspondenzen der schlesischen Fürsten und Stände 1618 bis 1629; Darstellungen und Quellen zur schlesischen Geschichte (1906–1941) – Vgl. die Angaben der Internetpräsenz des 1971 wiederbegründeten Vereins: http://www.vfgs.eu – Abfragedatum: 17.03.2010.

Dem Thema der Verbreitung des sächsisch-magdeburgischen Rechts im Zuge der Siedlungsbewegung nahm sich 1858 auch Richard Roepell (1808–1893)[32], der vor allem durch seine „Geschichte Polens" bekannt wurde[33], in einem Aufsatz an.[34] Ziel dieser Arbeit ist es, „einen Ueberblick über die Verbreitung des Magdeburger Stadtrechts bis tief in den russischen Osten hinein zu geben, und die Hauptumrisse der Verhältnisse zu zeichnen, unter deren Einfluss diese Verbreitung erfolgte."[35] Als Problem beschreibt er die schlechte Quellenlage, die weder Vollständigkeit noch in jedem Falle Zuverlässigkeit seiner Darstellungen ermöglichte. Als Beilagen werden von ihm mehrere Urkunden über Privilegierungen nach Magdeburger Stadtrecht abgedruckt (für Sanock – 1339, Jan. 20; Lemberg – 1356, Juni 17; „Krosno d. d. Proszowice, 1420, August 29"; „Kiew d. d. Wilna 16. Januar 1616")[36] sowie die Umstände der Errichtung des sogenannten Krakauer Oberhofs (1356) diskutiert.[37]

Grundlegende und bis heute unverzichtbare Arbeiten für die deutsche Rechtsbücherforschung leistete Carl Gustav Homeyer (1795–1874).[38] Neben zahlreichen und wegweisenden Studien zum Sachsenspiegel und seiner Überlieferung sind ihm auch die erste kritische Edition des Landrechts[39] sowie Ausgaben des Lehnrechts, des „Richtsteigs Lehnrechts" und weiterer Rechtsquellen zu danken.[40] Eine Bestandsaufnahme nicht nur der Handschriften des Sachsenspiegels, sondern aller deutschen Rechtsbücher hat Homeyer 1836 mit dem „Verzeichniss deutscher Rechtsbücher des Mittelalters und ihrer Handschriften" vorgelegt.[41] Von ihm selbst überarbeitet erschien dieses Verzeichnis 1856 unter dem Titel „Die deutschen Rechtsbücher des Mittelalters und ihre Handschriften".[42] Neue Bearbeitungen wurden 1931/1934[43] und zuletzt von Ulrich-Dieter Oppitz 1990 publiziert.[44]

---

32 Hahn, „Roepell, Richard", in: ADB, Bd. 53, 1907, S. 464–469.

33 Roepell, Caro, Geschichte Polens, Bd. 1–5,2, 1840–1888.

34 Ders., Über die Verbreitung des Magdeburger Stadtrechts, 1858, S. 241–301.

35 Ebd., S. 244 f.

36 Ebd., S. 281–283, 283–285, 294 f., 295–301.

37 Ebd., S. 286–293.

38 Frensdorff, „Homeyer, Carl Gustav", in: ADB, Bd. 13, 1881, S. 44–53 u. Schubart-Fikentscher, „Homeyer, Carl Gustav", in: NDB, Bd. 9, 1972, S. 589f.

39 Eike [von Repgow], Der Sachsenspiegel oder das sächsische Landrecht. Nach d. Berliner Handschrift v. J. 1369 mit Varianten aus siebzehn andern Texten, hrsg. von Homeyer, 1827. Eine 2. vermehrte Ausg. folgte 1835, eine 3. umgearb. Ausg. 1861.

40 [Johann von Buch], Der Richtsteig Landrechts nebst Cautela und Premis, hrsg. von Homeyer, 1857; weitere Arbeiten von Homeyer im Literaturverzeichnis.

41 Homeyer, Verzeichniss deutscher Rechtsbücher des Mittelalters und ihrer Handschriften, 1836.

42 Ders., Die deutschen Rechtsbücher des Mittelalters und ihre Handschriften, 1856.

43 Ders., Die deutschen Rechtsbücher des Mittelalters und ihre Handschriften, 1931–1934.

44 Oppitz, Deutsche Rechtsbücher des Mittelalters, Bd. I–III, 1990–1992. Dieses Bestandsverzeichnis ist bis heute für die deutschrechtliche Quellenforschung unverzichtbar, bedarf jedoch dringend einer Aktualisierung, da sich im Zuge der politischen Veränderungen nach 1989 die Recherchemöglichkeiten in den osteuropäischen Staaten erheblich verbessert haben und inzwischen zahlreiche nach dem Zweiten Weltkrieg verschollen geglaubte Handschriften in mehreren Nachträgen wieder nachgewiesen wurden, die in eine überarbeitete Auflage eingearbeitet werden müssten.

Weiterhin sind im 19. Jahrhundert mehrere Forschungsarbeiten und Editionen zum sächsisch-magdeburgischen Recht zu verzeichnen. So untersucht Ernst Theodor Gaupp (1796–1859)[45] 1826 „Das alte Magdeburgische und Hallische Recht",[46] 1828 „Das schlesische Landrecht oder eigentlich Landrecht des Fürstentums Breslau von 1356" und dessen „Verhältnis zum Sachsenspiegel"[47] und 1840 „Das deutsche Recht, besonders die Gütergemeinschaft in Schlesien".[48] Eine systematische Untersuchung zu den deutschen Stadtrechten mit zahlreichem Quellenmaterial erscheint 1851 und 1852 in zwei Bänden.[49] Das sächsisch-magdeburgische Recht wird in der Einleitung des ersten Bandes bei der Charakterisierung der Stadtrechtsfamilien genannt.[50] Außerdem geht Gaupp auf die Geltung dieses Rechts in böhmischen Städten am Ende des zweiten Bandes kurz ein.[51]

Ferdinand Bischoff (1826–1915),[52] wie Gaupp Rechtshistoriker, war ebenfalls um die wissenschaftliche Aufarbeitung der rechtlichen Grundlagen, vor allem der österreichischen Verfassungs-, Verwaltungs- und Privatrechtsgeschichte, bemüht. Neben Editionen Olmützer, galizischer und steirischer Quellen galt sein Interesse aber auch den Rechtsquellen magdeburgischer Provenienz.[53]

Der Rechtspraktiker Friedrich Ortloff (1797–1868),[54] der zunächst als Professor für deutsches Privatrecht in Jena, dann als Rat am dortigen Oberappellationsgericht tätig war, dessen Präsident er 1844 wurde, hat neben einer Arbeit zum deutschen Privatrecht und seiner Mitarbeit an Gesetzgebungsentwürfen auch deutsche Rechtsquellen ediert. An dieser Stelle ist vor allem der erste Band der „Sammlung deutscher Rechtsquellen" zu nennen, in dem das sogenannte „Rechtsbuch nach Distinktionen"[55] heute besser als „Meißner Rechtsbuch"[56] bekannt, abgedruckt wurde. Diese Rechtsquelle, nach Oppitz „das am weitesten verbreitete

---

[45] Schulze, „Gaupp, Ernst Theodor", in: ADB, Bd. 8, 1878, S. 425–430.

[46] Gaupp, Das alte Magdeburgische und Hallische Recht, 1826.

[47] Ders., Das schlesische Landrecht oder eigentlich Landrecht des Fürstentums Breslau von 1356, 1828.

[48] Ders., Das deutsche Recht, besonders die Gütergemeinschaft in Schlesien, in: Zeitschrift für deutsches Recht und Rechtwissenschaft 3 (1840), S. 40–83.

[49] Ders., Deutsche Stadtrechte des Mittelalters, 1851 u. 1852.

[50] Ebd., Bd. 1, 1851, S. XXII–XXV.

[51] Im Kapitel „Beiträge zur Geschichte des deutschen, namentlich des sächsisch-magdeburgischen Rechts in verschiedenen böhmischen Städten", ebd., Bd. 2, 1852, S. 256–274.

[52] Mayer-Maly, „Bischoff, Ferdinand", in: NDB, Bd. 2, 1955, S. 262f.

[53] Bischoff, Über einen deutschen Rechtscodex der Krakauer Universitäts-Bibliothek, 1865; ders., Beiträge zur Geschichte des Magdeburgerrechtes, 1865; ders., Über eine Sammlung deutscher Schöffensprüche in einer Krakauer Handschrift, in: Archiv für österreichische Geschichte 38 (1867), S. 1–24.

[54] Landau, „Ortloff, Friedrich", in: NDB, Bd. 19, 1999, S. 602f.

[55] Ortloff (Hrsg.), Sammlung deutscher Rechtsquellen. In 2 Bänden, Bd. 1: Das Rechtsbuch nach Distinktionen. Ein Eisenachisches Rechtsbuch; Bd. 2: Das Rechtsbuch Johannes Purgoldts nebst statuarischen Rechten von Gotha und Eisenach. Neudr. d. Ausg. Jena 1836–1860, 1967.

[56] Zum „Meißner Rechtsbuch" s. *Kapitel D.I.3.*

Stadtrechtsbuch Deutschlands",[57] ist in zahlreichen Abschriften und mehreren Übersetzungen ins Tschechische überliefert. Obwohl die Edition von Ortloff schon lange nicht mehr den wissenschaftlichen Ansprüchen an eine Edition genügte, gab es bis vor kurzem keine Alternative zu dieser Ausgabe.[58] Als Teil des „Leobschützer Rechtsbuchs" wurde das „Meißner Rechtsbuch" 2006 von Gunhild Roth ediert[59] und 2010 haben Libuše Spáčilová und Vladimír Spáčil eine historisch-kritische Neuausgabe auf der Grundlage von vier Handschriften vorgelegt.[60]

Die „Weichbildvulgata", eine im letzten Drittel des 13. Jahrhunderts entstandene „Kompilation aus Weichbildchronik, Rechtsbuch von der Gerichtsverfassung (Weichbildrecht) und Schöffenrecht mit Auszügen aus dem Sachsenspiegel und anderen Quellen",[61] fand ebenfalls nicht nur große Verbreitung, sondern wurde auch bearbeitet und ins Lateinische, Polnische und Tschechische übersetzt.[62] Die erste Edition des „Sächsischen Weichbilds" besorgte Jacob Friedrich Ludovici (1671–1723)[63] bereits 1721,[64] eine Heidelberger Handschrift gab W. von Thüngen 1837, eine Berliner Handschrift Alexander von Daniels (1800–1868)[65] 1853 heraus.[66] Zusammen mit Franz von Gruben edierte von Daniels „Das sächsische Weichbildrecht" mit Weltchronik und Glosse in der Reihe „Rechtsdenkmäler des deutschen Mittelalters" (1858).[67]

Der aus Königsberg gebürtige Otto Stobbe (1831–1887),[68] hat sich wie Homeyer mit der Geschichte der deutschen Rechtsquellen befaßt und zu dessen Sammlung Ergänzungen beigetragen,[69] aber auch zu einer ganzen Reihe von Einzelfragen im Zusammenhang mit dem Magdeburger Recht gearbeitet. Neben einer Untersuchung zum Kulmer Recht, die 1857 publiziert wurde,[70] machte er mehrere

---

[57] Oppitz, Rechtsbücher, Bd. I, 1990, S. 56.

[58] Forschungsarbeiten in den Jahren zwischen 1937 und 1943 von Wilhelm Weizsäcker und Günther Ullrich, die jeweils Editionen des „Meißner Rechtsbuchs" vorbereiteten, sowie von Johann W. Niemann, der sich den Krakauer Handschriften widmete, wurden nicht abgeschlossen (s. Oppitz, Rechtsbücher, Bd. I, 1990, S. 57).

[59] Roth (Bearb.), Irgang (Hrsg.), Das „Leobschützer Rechtsbuch", 2006.

[60] Spáčil, Spáčilová, Míšeňská právní kniha, 2010.

[61] Oppitz, Rechtsbücher, Bd. I, 1990, S. 48.

[62] Siehe auch *Kapitel D.I.2.e).*

[63] Zu Ludovici s. Jugler, Beyträge zur juristischen Biographie, 1773, S. 130–150.

[64] Ludovici (Hrsg.), Das Sächsische Weichbild, in der Lateinischen und jetzo gebräuchlichen Hoch-Teutschen Sprache [...] de an. 1482. enthalten ist. Halle, 1721. Ludovici hat neben zahlreichen juristischen Publikationen auch eine Ausgabe des Sachsenspiegel Landrechts (1720) und des Lehnrechts (1721) verantwortet.

[65] Ullmann, „Daniels, Alexander von", in: ADB, Bd. 4, 1876, S. 734 f.

[66] Daniels (Hrsg.), Dat buk wichbelde recht, 1853.

[67] Ders., Gruben (Hrsg.), Das Sächsische Weichbildrecht, 1858.

[68] Landsberg, „Stobbe, Otto", in: ADB, Bd. 36, 1893, S. 262–266.

[69] Stobbe, Nachträge zu Homeyer: Die deutschen Rechtsbücher des Mittelalters und ihre Handschriften 1856 [Miscelle], in: ZRG 2 (1863), S. 175f.

[70] Ders., Das alte Kulmer Recht, in: Zeitschrift für deutsches Recht und deutsche Rechtswissenschaft 17 (1857), S. 406–439.

Rechtsquellen zugänglich und zeichnete an ihnen die Wesenszüge des Magdeburger Rechts an den Orten seiner Geltung nach.[71]

Ebenfalls editorisch tätig war Jakob Friedrich Behrend (1833–1907).[72] Ihm ist die Publikation der „Magdeburger Fragen", einer Urkundenkompilation Magdeburger Rechts zu verdanken.[73] Weitere Forscher, die sich im 19. Jahrhundert dem Thema des sächsisch-magdeburgischen Rechts gewidmet haben, sind der Staatsrechtler Paul Laband (1838–1918)[74], der verschiedene Artikel zum sächsisch-magdeburgischen Recht publizierte, sowie „Das Magdeburg-Breslauer Systematische Schöffenrecht",[75] die Sammlung „Magdeburger Rechtsquellen"[76] und eine Rechtssammlung preußischer Provenienz, die „Jura Prutenorum",[77] herausgegeben hat. Auch Emil Steffenhagen (1838–1919)[78] hat einen Schwerpunkt seiner Arbeit auf die Erforschung der Rechtsverhältnisse im Deutschordensland gelegt, aber auch zum Weichbildrecht und zu den Sachsenspiegelglossen gearbeitet.[79] Hugo Böhlau (1838–1887)[80] hat neben Schriften zur zeitgenössischen Rechtspraxis sowohl zahlreiche Nachträge zum Rechtsbücherverzeichnis Homeyers geleistet als auch Beiträge zur Rechtsgeschichte[81] und Editionen von Fragmenten sowie der Rechtsquelle „Die Blume von Magdeburg"[82], einer Bearbeitung von Sachsenspiegel und „Magdeburger Weichbild" durch Nikolaus Wurm[83] publiziert.

Auch die polnische Forschung interessiert sich bereits im 19. Jahrhundert verstärkt für die Wechselbeziehungen zwischen polnischem und sächsisch-magde-

---

[71] Ders., Ein Magdeburger Schöffenbrief für Krakau, in: ZRG 10 (1872), S. 84–92; ders., Rechtsmittheilung von Neumarkt nach Oppeln, in: ZRG 1 (1861), S. 403–414.

[72] Nachruf auf Behrend von U[lrich] St[utz], in: ZRG GA 28 (1907), S. 628.

[73] Behrend (Hrsg.), Die Magdeburger Fragen, 1865; s. a. *Kapitel D.I.2.i).*

[74] Friedrich, „Laband, Paul", in: NDB, Bd. 13, 1982, S. 362f.

[75] Laband, Das Magdeburg-Breslauer systematische Schöffenrecht aus der Mitte des XIV. Jahrhunderts, 1863, Neudr. 1967.

[76] Ders., Magdeburger Rechtsquellen, 1869, Neudr. 1967.

[77] Ders., Jura prutenorum saeculo XIV condita, 1866. Knapp 100 Jahre später ergänzt Józef Matuszewski in seiner Ausgabe der „Iura Prutenorum" einige Laband noch unbekannte Handschriften und druckt den größten Teil (Nr. 1–86) nach dem im Codex Neumannianus (N) enthaltenen Text ab. Außerdem bietet er eine polnische Übersetzung (Matuszewski (Hrsg.), Iura prutenorum, 1963).

[78] PND: 117226548.

[79] Siehe z. B. Steffenhagen, Die IX Bücher Magdeburger Rechtes oder die Distinctionen des Thorner Stadtschreibers Walther Ekhardi von Bunzlau, 1865; ders., Aus Altpreussens Rechtsgeschichte. III. Der Kulmer Oberhof, in: Altpreußische Monatsschrift zur Spiegelung des provinziellen Lebens in Literatur, Kunst, Wissenschaft und Industrie 3 (1866), S. 229–250; ders., Ueber eine noch unbekannte Form des Sächsischen Weichbildrechts, in: ZRG 12 (1876), S. 1–37; ders., Die Landrechtsglosse des Sachsenspiegels, 1925.

[80] Hübner, „Böhlau, Hugo", in: ADB, Bd. 47, 1903, S. 68–73 (mit ausführlichem Schriftenverz.).

[81] Z. B. Böhlau, Aus der Praxis des Magdeburger Schöffenstuhles während des 14. und 15. Jahrhunderts, in: ZRG 9 (1870), S. 1–50.

[82] Ders. (Hrsg.), Die Blume von Magdeburg, 1868; F. Ebel, Blume von Magdeburg, in: ²HRG, Bd. 1, 2008, Sp.619 f.; Oppitz, Rechtsbücher, Bd. I, 1990, S. 66 f.

[83] Janz, Nikolaus Wurm, in: HRG, Bd. 5, 1998, Sp. 1546–1548.

burgischem Recht. So widmet sich Michał Wiszniewski (1794–1865) im Band fünf seiner zehnbändigen „Historya literatury polskiéj“[84] unter anderem auch der Geschichte des Magdeburger und Kulmer Rechts in Polen sowie des polnischen Rechts in Preußen[85] und gibt eine polnische Übersetzung der „Magdeburger Urteile“ von 1501 wieder.[86]

In dem von Wacław Aleksander Maciejowski (1792–1883)[87] verfaßten Werk „Slavische Rechtsgeschichte“[88] wird auch von dem „Einflusse der fremden Rechte“ berichtet.[89] Aus einer panslawistischen Perspektive erscheinen diese Rechte als störende Einflüsse, die das heimische Recht verfälscht haben, wobei dem ‚teutschen Recht‘ ein verderblicherer Einfluß zugeschrieben wird als dem römischen Recht:

> „§. 112.1. Teutsches Recht. Es verderbte am meisten das slavische Recht, und besonders das polnische, böhmische, schlesische, pommersche, und das der an der Elbe wohnenden Slaven. Frei blieben von dem Einflusse Russland und Ungarn.“[90]

Ebenfalls mit den „Magdeburger Urteilen“ beschäftigte sich Michał Bobrzyński (1849–1935)[91], polnischer Historiker der sogenannten ‚Krakauer Schule‘ und Politiker. Er gab unter dem Titel „Ortyle Magdeburskie“[92] eine lateinische Zusammenstellung der „Magdeburger Urteile“ aus der Kórnickischen Bibliothek[93] als Faksimile mit einführenden überlieferungsgeschichtlichen Anmerkungen heraus.

---

84 Wiszniewski, Historya literatury polskiéj, Bd. V, 1843.

85 „Ortyle prawa magdeburskiego [Magdeburger Urteile], Początek prawa chełmińskiego [Der Beginn des Kulmer Rechts]; Prawo polskie w Prusiech [Das polnische Recht in Preußen]“ (Wiszniewski, Historya literatury polskiéj, Bd. V, 1843, S. 151–172).

86 Ebd., 1843, S. 190–322. Es handelt sich um den vollständigen Abdruck der „Magdeburger Urteile“ aus der Krakauer Handschrift: Kraków/Krakau, Biblioteka Kapituly Metropolitalnej, Sygn. 223 (Opp. 840, Sigle *Ka*).

87 Giaro, „Maciejowski, Waclaw [sic] Aleksander“, in: Juristen. Ein biographisches Lexikon, 2001, S. 407; Bardach, „Maciejowski, Wacław Aleksander“, in: Polski Słownik Biograficzny, t. 19, 1974, S. 71–74.

88 Maciejowskis Werk erschien zwischen 1832 und 1835 zunächst in polnischer Sprache unter dem Titel „Historya prawodastw słowiańskich“, wurde aber gleichzeitig ins Deutsche übersetzt (s. Bardach, Wacław Aleksander Maciejowski und die slawische Rechtsgeschichte, 1978, S. 2). Eine völlig neu bearbeitete und in sechs Bände gegliederte zweite Auflage erschien unter dem gleichen Titel von 1856–1865 (Maciejowski, Historya prawodastw słowiańskich. Z rękopisów i druków zupełnie nowo przerobione i na sześć tomów podzielone, t. 1–6, 1856–1865).

89 Macieiowski, Slavische Rechtsgeschichte, T. 1, 1835, S. 194–203.

90 Ebd., S. 194.

91 Estreicher, „Bobrzyński, Michał“, in: Polski Słownik Biograficzny, t. 2, 1936, S. 165–168); Berg, „Bobrzyński, Michał“, in: ders., Baza osób polskich i z Polską związanych – polnische Personendatenbank (http://baza-nazwisk.de/suche.php?data=1367 – Abfragedatum: 18.03.2011).

92 Bobrzyński (Hrsg.), Ortyle Magdeburskie. Przedruk homograficzny z kodeksu biblioteki Kórnickiej, 1876.

93 Die von Kałużniacki als „Działyński'scher Text“ mit der *Sigle D* versehene Handschrift (Kórnik/Kurnik, Biblioteka Kórnicka (PAN), Rkps 801) bietet nur einen kleinen Teil der „Magdeburger Urteile“. Vgl. Kałužniacki, Die polnische Recension der Magdeburger Urtheile, in: Sitzungsberichte der Kaiserlichen Akademie der Wissenschaften. Phil.-hist. Cl. 111 (1886), S. 113–330, hier S. 219

Bereits 1874 widmete sich Władysław Wisłocki (1841–1900)[94] der deutschsprachigen Fassung der „Magdeburger Urteile“ aus Pilzno.[95] Er gibt eine Beschreibung der Handschrift und druckte Auszüge daraus ab.

Der aus Berežany in der heutigen Ukraine gebürtige polnische Slawist Aleksander Brückner (1856–1939)[96], der nach seiner Studienzeit in Lemberg und Wien sowie in Leipzig und Berlin, seit 1882 an der dortigen Friedrich-Wilhelms-Universität (der heutigen Humboldt-Universität), slawische Sprachen und Literatur lehrte, befaßt sich in der von ihm mitherausgegebenen Zeitschrift „Archiv für Slavische Philologie“ ebenfalls mit den „Magdeburger Urteilen“.[97] Der Untertitel „Ein Denkmal deutschen Rechts in polnischer Sprache aus der Mitte des XV. Jahrhunderts“ weist schon auf den philologischen Ansatz des Slawisten hin. Brückner bietet eine ausführliche Einführung in das Wesen der städtischen Rechtsprechung und nennt die Gründe für die Aufzeichnung dieses Rechts in Form von Kompilationen. Er stellt in seinem Beitrag die wichtigsten deutschsprachigen Textzeugen der „Magdeburger Urteile“ und die fünf Übertragungen ins Polnische vor. Anschließend weist er in einem Vergleich der deutschen und polnischen Überlieferung sprachliche und inhaltliche Gemeinsamkeiten und Unterschiede nach.

In Rußland war das sogenannte ‚deutsche Recht‘ bereits im 19. Jahrhundert Forschungsgegenstand. Genannt sei hier nur die Arbeit von Michail F. Vladimirskij-Budanov zum deutschen Recht in Polen und Litauen.[98]

2. Das 20. Jahrhundert bis zum Ende des Zweiten Weltkriegs

Das 20. Jahrhundert setzt die Bestrebungen der Quellenerschließung und -sicherung mit einer Reihe von Editionen fort, die bis heute in den meisten Fällen die Grundlage für die wissenschaftliche Arbeit bieten.[99] Mit dem Problem der Stadtverfassung nach Magdeburger Recht befaßt sich zum ersten Mal Rudolf Schranil (1885–1957)[100] in einer umfassenden systematischen Arbeit. Am Beispiel der beiden Städte Magdeburg und Halle vergleicht Schranil die verschiedenen verfassungsrechtlich relevanten Institutionen und zeigt die Gemeinsamkeiten und Unterschiede bei der Herausbildung der städtischen Freiheiten auf. Anhand von

---

u. 260–271; Oppitz, Rechtsbücher, Bd. II, 1990, S. 609 f. (Opp. 837), es fehlt die Beschreibung für die Bll. 171–372.

94 PND: 101554427.

95 Wisłocki, Kodex Pilźnieński ortylów magdeburskich, in: Rozprawy i sprawozdania z posiedzeń wydziału historyczno-filozoficznego Akademii Umiejętności 2 (1874), S. 125–205.

96 Pohrt, „Brückner, Alexander“, in: Slawistik in Deutschland, 1993, S. 70–73.

97 Brückner, Die „Magdeburger Urtheile“, in: Archiv für slavische Philologie 6 (1882) S. 319–392 u. 7 (1884), S. 525–574.

98 Vladimirskij-Budanov, Nimec'ke pravo v Pol'šči i Lytvi, 1903 [1. Aufl. Sankt-Peterburg 1868].

99 Z. B. Meinardus, Das Neumarkter Rechtsbuch und andere Neumarkter Rechtsquellen, 1906; Ders., Das Halle-Neumarkter Recht von 1181, 1909.

100 http://www.catalogus-professorum-halensis.de/schranilrudolf.html – Abfragedatum: 05.11.2010.

Quellen wird das Verhältnis zwischen stadtherrlicher und Gemeindegewalt, aber auch zwischen den Gemeindeorganen wie den Schöffen und den Ratmannen untersucht und die Entwicklung von der durch obrigkeitliche Gewalt gegründeten Stadt zur weitgehend selbstverwalteten Bürgergemeinde nachgezeichnet.[101]

In der Zeit zwischen dem Ende des Ersten und Zweiten Weltkriegs sind zahlreiche Arbeiten zum sächsisch-magdeburgischen Recht und seiner Verbreitung entstanden. Diese Arbeiten haben nicht alle einen nationalistischen Hintergrund, aber viele – vor allem die in den dreißiger Jahren und Anfang der vierziger Jahre erschienenen – vermitteln häufig nicht nur im Sprachduktus die Ideologie jener Zeit. Im einzelnen soll hier nicht untersucht werden, wer nur quasi ‚zeitgemäß' formulierte, ohne seine Wissenschaft in den Dienst des nationalsozialistischen Regimes zu stellen, und wer mit seinen Forschungen ideologischer Wegbereiter und Unterstützer nationalistischen Gedankenguts gewesen ist. Fallstudien zu einzelnen Personen zeigen, daß auch Wissenschaftler, die die besonderen Umstände während der nationalsozialistischen Herrschaft für ihre Sache ausnutzten, nicht unbedingt auch deren Sache ideologisch unterstützten. Genannt sei hier Fritz Markmann (1899–1949)[102], der damalige Magdeburger Oberbürgermeister und Spiritus Rector des „Instituts zur Erforschung des Magdeburger Stadtrechts e. V." in Magdeburg.[103]

Der promovierte Jurist hat sich nicht nur in mehreren Arbeiten mit dem Phänomen des sächsisch-magdeburgischen sowie des lübischen Rechts beschäftigt, sondern auch das Institut ins Leben gerufen. Dessen Direktor wurde am 1. Oktober 1941 Theodor Goerlitz (1885–1949)[104], da der Prager (später Wiener) Rechtshistoriker Wilhelm Weizsäcker (1886–1961)[105] wegen anderer Belastungen und der räumlichen Entfernung von Magdeburg abgelehnt hatte. Dem wissenschaftlichen Beirat des Instituts gehörte er jedoch an, ebenso wie Albert Brackmann (1871–1952)[106], Ernst Heymann (1870–1946)[107], Martin Lintzel (1901–1955)[108], Theodor Mayer (1883–1972)[109], Walter Möllenberg (1879–1951)[110], Ed-

---

[101] Schranil, Stadtverfassung nach Magdeburger Recht, 1915.

[102] Wille, „Markmann, Fritz-August Wilhelm", in: MBL (http://www.uni-magdeburg.de/mbl/Biografien/0643.htm – Abfragedatum: 30.03.2004).

[103] Lück, Dr. iur. Fritz Markmann (1899–1949) als Erforscher und Editor des Magdeburger Rechts, in: Sachsen und Anhalt 22 (1999/2000), S. 289–314; ders., „Der Deutsche kommt also im Osten in kein Neuland ...", in: ders., Freitag (Hrsg.), Historische Forschung in Sachsen-Anhalt, 1999, S. 125–145; Weber, Rechts- und Verfassungsgeschichte, in: Bahlcke (Hrsg.), Historische Schlesienforschung, 2005, S. 129.

[104] Klein-Bruckschwaiger, „Goerlitz, *Theodor* Hans Walter", in: NDB, Bd. 6, 1964, S. 530f.

[105] Lebensdaten und eine kritische Darstellung von Wilhelm Karl Rudolf Weizsäcker bietet Joachim Bahlcke (Bahlcke, Wissenschaft und Nationalitätenkampf, in: Österreichische Osthefte 46 (2004), S. 345–359; ders., Wilhelm Weizsäcker (1886–1961), Jurist, in: Prager Professoren 1938–1948, 2001, S. 391–414).

[106] Goetting, „Brackmann, Albert Theodor Johann Karl Ferdinand", in: NDB, Bd. 2, 1955, S. 504 f.

[107] Schubart-Fikentscher, „Heymann, Ernst", in: NDB, Bd. 9, 1972, S. 89 f.

[108] PND: 11703780X; zu Lintzel s. a. Grashoff, „In einem Anfall von Depression ..." Selbsttötungen in

mund Ernst Stengel (1879–1968)[111] und seit 1942 auch Gerhard Buchda (1901–1977)[112].

Ein ebenso ambivalent zu bewertender Forscher war der Leipziger Historiker Rudolf Kötzschke (1867–1947)[113], der mit dem Grundsatz, „daß die Erforschung des geschichtlichen Lebens nicht nur auf schriftliche Überlieferung aufgebaut werden könne, sondern alle Bereiche herangezogen werden müssen“,[114] neue Wege beschritt und damit auf dem Gebiet der Siedlungsgeschichte neue Maßstäbe setzte. Er arbeitete zur städtischen und ländlichen Siedlungsgeschichte, der Rechts- und Verfassungsgeschichte und der historischen Geographie und ging davon aus, daß die „Ergebnisse einer zusammengefaßten sprach-, wirtschafts-, sozial- und siedlungsgeschichtlichen Forschung“[115] für die Rekonstruktion des mittelalterlichen Lebensraums die notwendigen Anhaltspunkte bieten. Neben einer Kompilation von bereits edierten Quellen zur ‚ostdeutschen Kolonisation‘[116] hat er vor allem mit seiner Arbeit „Die Anfänge des deutschen Rechtes in der Siedlungsgeschichte des Ostens (Ius teutonicum)“[117] die Zusammenhänge von Siedlungsbewegung und Verbreitung sächsisch-magdeburgischen bzw. deutschen Rechts dargestellt. Sieht man von seiner nationalistisch geprägten Ideologie und Sprache ab, die nicht nur in diesem Werk unübersehbar ist,[118] sind seine Beobachtungen zur Siedlungsgeschichte auch heute noch gültig.

---

der DDR, 2006, S. 202–204.

[109] Bosl, „Mayer, Theodor“, in: NDB, Bd. 16, 1990, S. 554–556.

[110] Spuler, „Möllenberg, Walter“, in: NDB, Bd. 17, 1994, S. 627 f.; Lück, Archivar im Dienst der Landesgeschichte: Walter Möllenberg (1879–1951), in: Sachsen und Anhalt 24 (2002/2003), S. 37–55.

[111] Grundmann, Nekrolog E. Stengel, in: DA 24 (1968), S. 605PND: 118798669.

[112] Lingelbach, Buchda, Gerhard (1901–1977), in: ²HRG, Bd. 1, 2008, Sp. 698 f.; Lück, „Der Deutsche kommt also im Osten in kein Neuland ...“, 1999, S. 131–133 (dort auch ausführliche Angaben zu Lebensdaten und Werdegang der genannten Personen); ders., „... größtmögliche Förderung der Magdeburger Forschung“, 2008, S. 289–306.

[113] Helbig, „Kötzschke, Rudolf“, in: NDB, Bd. 12, 1980, S. 415f. Siehe auch Bünz, Ein Landeshistoriker im 20. Jahrhundert, in: Blätter für deutsche Landesgeschichte 141/142 (2005/2006), S. 347–367.

[114] Helbig, „Kötzschke, Rudolf“, in: NDB, Bd. 12, 1980, S. 415.

[115] Kötzschke, Ebert, Geschichte der ostdeutschen Kolonisation, 1937, S. 170.

[116] Ders. (Hrsg.), Quellen zur Geschichte der ostdeutschen Kolonisation im 12. bis 14. Jahrhundert, 1912.

[117] Ders., Die Anfänge des deutschen Rechtes in der Siedlungsgeschichte des Ostens (Ius teutonicum), 1941.

[118] Eine umfassende Darstellung von Kötzschkes Forschung gibt Walter Schlesinger im Vorwort zu einem Band mit Aufsätzen von Rudolf Kötzschke (Kötzschke, Deutsche und Slaven im Mitteldeutschen Osten, 1961, S. VII–XII). Schlesinger weist hier eine ideologische Vereinnahmung im Werk Kötzschkes jedoch zurück („Er [Kötzschke] besaß das ausgeprägte Nationalbewußtsein der meisten deutschen Universitätsprofessoren seiner Generation und hat es nie verleugnet, aber Einfluß auf die Methode oder auf die Ergebnisse seiner Untersuchungen hat er ihm nie eingeräumt.“ Ebd., S. XI).

Ein ausgesprochen produktiver Rechtshistoriker auch auf dem Gebiet der Erforschung des Magdeburger Rechts und seiner Rezeption war Guido Kisch (1889–1985).[119] Bereits in den 1910er Jahren hat Kisch eine ausführliche Besprechung über das mittelalterliche polnische Privatrecht von Przemysław Dąbkowski[120] (1877–1950)[121] in der Zeitschrift für osteuropäische Geschichte publiziert[122] und eine umfangreiche und vielbeachtete Edition von Leipziger Schöffensprüchen vorgelegt.[123] Mit seinem Wechsel auf eine Professur in Königsberg verbindet sich auch eine Fokussierung seiner Forschung. „In Königsberg wurden die Grundlagen für das zweite große Forschungsgebiet, die Besiedlungs- und Rechtsgeschichte des Deutschordenslandes, gelegt."[124] Auch wenn er bereits zum Sommersemester 1922 einem Ruf an die Rechts- und Staatswissenschaftliche Fakultät nach Halle folgt, beschäftigte er sich in den folgenden Jahren intensiv mit diesem Gebiet und legte Ende der 1920er/Anfang der 1930er Jahre mehrere maßgebliche Arbeiten zu dieser Thematik vor: zum Mühlenregal im Deutschordensgebiet,[125] zur Kulmer Handfeste,[126] zum Fischereirecht im Deutschordensgebiet,[127] und zum Elbinger Privilegium von 1246.[128] Eine adäquate Würdigung seines Schaffens, weder seiner Arbeiten zum Deutschordensland, noch seiner Publikationen zum Judenrecht und zur Geschichte der Juden, zu Humanismus und Jurisprudenz oder seiner Studien zur Medaillengeschichte[129], ist hier nicht möglich. Seine Arbeiten werden noch heute hoch geschätzt und es war ein für die Forschung großes Glück, daß Kisch nach seiner Vertreibung aus dem Amt durch die Nationalsozialisten im Jahr 1933 und der Flucht in die Vereinigten Staaten von Amerika 1935, in den 1950er

---

[119] Lück, Der Rechtshistoriker Guido Kisch [1889–1985] und sein Beitrag zur Sachsenspiegelforschung, in: Pauly (Hrsg.), Hallesche Rechtsgelehrte jüdischer Herkunft, 1996, S. 53–66, 93–116 [Materialsammlung]. Zuletzt: Güde, Leben und Werk des Rechtshistorikers Guido Kisch (1889–1985), in: Basler Juristische Mitteilungen 2010, 1 (2010), S. 1–24; ders., Der Rechtshistoriker Guido Kisch (1889–1985), 2010.

[120] Dąbkowski, Prawo prywatne polskie, 2 Bde., 1910 u. 1911.

[121] Nowacki, Przemysław Dąbkowski (1877–1950), 2002, S. 15 u. 281.

[122] Kisch, [Rezension] Das mittelalterliche polnische Privatrecht, in: Zeitschrift für osteuropäische Geschichte 3 (1913), S. 216–226.

[123] Ders. (Hrsg.), Leipziger Schöffenspruch-Sammlung, 1919.

[124] Lück, Der Rechtshistoriker Guido Kisch, 1996, S. 56.

[125] Kisch, Das Mühlenregal im Deutschordensgebiete, in: ZRG GA 48 (1928), S. 176–193.

[126] Ders., Die Kulmer Handfeste, 1931.

[127] Ders., Das Fischereirecht im Deutschordensgebiet, 1932. (= Deutschrechtliche Forschungen. 5) [2., erw. Aufl., 1978].

[128] Ders., Das Elbinger Privilegium von 1246 in deutscher Übersetzung, in: Elbinger Jahrbuch 10 (1931), S. 23–32.

[129] „Das wissenschaftliche Werk von Guido Kisch läßt sich in fünf voneinander zwar nicht unabhängige, aber doch deutlich abgrenzbare Themenkreise unterteilen: Mittelalterliche Rechtsgeschichte, Geschichte und Rechtsgeschichte der Juden, Humanismus und Jurisprudenz, Rechtsgeschichtliche Medaillenkunde, Modernes Recht." Güde, Verzeichnis der Schriften von Guido Kisch zur mittelalterlichen Rechtsgeschichte, in: Kisch, Forschungen zur Rechts- und Sozialgeschichte des Mittelalters, 1980, S. 519.

Jahren nach Europa zurückkehrte, um dann bis zu seinem Tod in Basel zu leben und zu arbeiten. So war es möglich, sein umfangreiches Lebenswerk in von ihm betreuten und teilweise überarbeiteten und erweiterten Ausgaben der Wissenschaft wohlgeordnet zugänglich zu machen.[130] Insofern gehören die Arbeiten von Guido Kisch auch in die deutsche Nachkriegszeit, zumal er einer der wenigen ist, der seine Forschungen weder vor dem Krieg, noch in seinem amerikanischen Exil, noch während seiner Schweizer Zeit in den Dienst von Ideologien gestellt hat.

Nicht fehlen darf in dieser Übersicht die Rechtshistorikerin Gertrud Schubart-Fikentscher (1896–1985).[131] Mit ihrer Arbeit über die „Verbreitung der deutschen Stadtrechte in Osteuropa“[132] gewann sie 1940 den von der Preußischen Akademie der Wissenschaft 1938 für die Beantwortung dieser Frage ausgeschriebenen Preis und setzt bis heute Maßstäbe für die Stadtbuchforschung. In den Vorbemerkungen ihrer Abhandlung umreißt sie ihr Untersuchungsgebiet entsprechend der von der Akademie gestellten Aufgabe.

> „[...] der räumliche Bereich der Arbeit [erstreckt sich] auf den Nordosten: im Westen beginnend mit der Elbe-Saalelinie, im Osten soweit deutsches Stadtrecht drang; im Norden begrenzt durch die Ostsee, im Süden durch Erzgebirge, Sudeten, Karpaten, so daß also hier die Südgrenze des Magdeburger Rechts, die jenseits dieser Gebirge liegt, nicht untersucht werden sollte, ebensowenig wie der Einflußbereich des süddeutschen Rechtes.“[133]

Sie will mit ihrer Arbeit keine Übersicht bieten, sondern „den Gründen für die Einführung deutschen Rechts und dem Verhältnis zur Bevölkerung nachspüren.“[134] Nach vorübergehender Lehre in Leipzig, wo sie 1946 habilitiert wurde, lehrte sie seit 1948 an der Universität Halle-Wittenberg.

II. Die Zeit nach 1945 (*Katalin Gönczi*)

1. Die Nachkriegsjahre

Unmittelbar nach Kriegsende läßt sich eine personelle Kontinuität (wie allgemein in den Gebieten der Geschichtsschreibung und der Rechtsgeschichte) auch in der deutschen Forschung zur Geschichte des sächsisch-magdeburgischen Rechts in Polen feststellen.[135] Ähnlich wie in der bundesdeutschen Gesellschaft der späten

[130] Umfangreiche und systematisierte bibliographische Angaben zu seinem Schaffen hat Wilhelm Güde unter Mitarbeit des Autors in den Bänden zwei und drei der ausgewählten Schriften publiziert (Kisch, Ausgewählte Schriften, Bd. 2 u. 3, 1979, 1980).

[131] Lieberwirth, Gertrud Schubart-Fikentscher (1896–1985), in: Wiemers (Hrsg.), Sächsische Lebensbilder, Bd. 6,2, 2009, S. 707–721.

[132] Schubart-Fikentscher, Die Verbreitung der deutschen Stadtrechte in Osteuropa, 1942.

[133] Ebd., S. 1.

[134] Ebd.

[135] Lück, „Deutsches Recht im Osten“, in: ZRG GA 126 (2009), S. 196. Zu den Geisteswissenschaften

1940er und 1950er Jahre blieben auch in diesem Bereich der Wissenschaft etliche NS-Mitläufer tätig.

Daher konnte eine kritische Auseinandersetzung mit der Literatur der Zeit des Nationalsozialismus in der unmittelbaren Nachkriegszeit nicht stattfinden. In der Geschichtsschreibung wurde die Linie der Ostforschung[136] fortgesetzt. Als unmittelbare Reaktion auf die Entnazifizierung konzentrierte man sich in der Rechtsgeschichte, deren germanistische Forschungen besonders stark von der NS-Ideologie belastet waren, auf mikrohistorische Aspekte. Primär erfolgten im Bereich der Rechtsgeschichte nach 1945 Quellenpublikationen, Feststellungen von Konkordanzen und Quellenvergleiche.

Die ersten Publikationen zum sächsisch-magdeburgischen Recht in Polen, die in der Savigny-Zeitschrift nach 1945 erschienen, beschäftigten sich mit Archivbeständen in Breslau. Verfasser dieser Artikel war Franz Klein-Bruckschwaiger (1912–1976)[137], der zwischen 1941–1944 im Umfeld des Instituts zur Erforschung des Magdeburger Stadtrechts tätig gewesen war.[138] Nach 1945 forschte er zum Breslauer Stadtarchiv.

Ein Exemplar des „Buches der Magdeburgischen Urteile" war im Breslauer Ratsarchiv vorzufinden, wie Klein-Bruckschwaiger feststellte.[139] In seinem Artikel wurden dann Originale der Schöffensprüche und eine als „Buch der Magdeburgischen Urteile" bezeichnete Handschrift untersucht. Klein-Bruckschwaiger ging dabei auch auf frühere historische Untersuchungen ein. Unter den originalen Schöffensprüchen verstand Klein-Bruckschwaiger 300 Rechtsauskünfte; die früheste stammte aus dem Jahr 1425. Klein-Bruckschwaiger stellte fest, daß das „Buch der Magdeburgischen Urteile" im Jahre 1429 für amtliche Zwecke verfaßt wurde. Inwieweit das Urteilsbuch als Kodifikation betrachtet werden kann, wurde anhand der Eintragungen geprüft. Aus der Sicht der Rezeption des römischen Rechts in Breslau ist es von besonderer Bedeutung, daß das Urteilsbuch in der Praxis von juristisch geschulten Schöffen benutzt wurde. Die letzte Eintragung in das Urteilsbuch erfolgte im Jahre 1544. Am Ende des Aufsatzes findet sich eine Zusammenstellung der Übereinstimmungen zwischen den Abschriften im Breslauer Urteilsbuch und den Urschriften oder datierten Abschriften in den Breslauer Archiven. Der Verfasser erläuterte sehr detailreich den Inhalt des Rechtsbuches; damit beschritt er den neuen Weg der Forschung, die quellennahe Arbeit, bei der die Geschichtstheorie fehlte.

---

im allgemeinen siehe: Jaworski, Deutsche Ostforschung und polnische Westforschung in ihren historisch-politischen Bezügen, 2002, S. 16.

136 Fechner, Deutsches Recht in Polen, 1980, S. 8; Krzoska, Ostforschung, in: Handbuch der völkischen Wissenschaften, 2008, S. 452–463; Unger, Ostforschung in Westdeutschland, 2007, S. 31–33.

137 PND: 132841916.

138 Lück, „... größtmögliche Förderung der Magdeburger Forschung", 2008, S. 289–306.

139 Klein-Bruckschwaiger, Das Buch der Magdeburgischen Urteile im Breslauer Stadtarchiv, in: ZRG GA 66 (1948), S. 261–293.

In einem zweiten Aufsatz ging Klein-Bruckschwaiger auf die Magdeburger Schöffensprüche ein, die nach Breslau verschickt und in Kaspar Popplaus „Rechtem Weg" zusammengefaßt wurden.[140] Klein-Bruckschwaiger verglich den „Rechten Weg" mit dem „Buch der Magdeburgischen Urteile" und erstellte eine Liste der Übereinstimmungen. Er versuchte dabei, die Schöffensprüche aus dem „Rechten Weg" in eine Sammlung der Breslauer Urteile zu integrieren. Der Verfasser untersuchte dabei die unterschiedlichen Abschriften und stellte Übereinstimmungen mit Breslauer, Liegnitzer und Görlitzer Quellen fest.

2. Die 1950er Jahre: Fortsetzung der Ostforschung

Eine kleine Änderung der Sichtweise der Historiographie ergab sich aus der politischen Lage nach 1945. Statt direkte politische Ansprüche zu begründen, wurde in der Geschichtswissenschaft der frühen Bundesrepublik eine abstrakte Deutschtumsforschung durchgeführt. In dieser Zeit ging es z. B. bei den Forschungen zu Schlesien zwar nicht mehr um die Rechtfertigung der territorialen Interessen, sondern darum, die Kultur der „verloren gegangenen Heimat" in der Wissenschaft präsent zu halten.[141] Diese Richtung entsprach besonders dem Vorgehen von Vertriebenenverbänden und Landsmannschaften.[142] Hinzu kam die von den Besatzungszonen im Jahre 1949 ausgehende Staatsbildung und die darauf folgende Ost-West-Konfrontation, wobei ‚der deutsche Osten' den Leitbegriff für die vorstellbare Reversibilität der Geschichte darstellte.

Diesem Zweck diente auch der 1946 als wissenschaftliche Arbeitsgemeinschaft für die „vertriebenen Menschen des deutschen Ostens" gegründete Göttinger Arbeitskreis.[143] Er war auch personell eng mit der Ost(recht)forschung verbunden, die die Beobachtung der Rechtsentwicklung in den Ostblockstaaten thematisierte.[144] Der langjährige Vertreter dieser Forschungsrichtung, Boris Meissner (1915–2003), war z. B. Ehrenpräsident des Göttinger Arbeitskreises.

In der Schriftenreihe dieses Arbeitskreises erschien 1952 eine kurze rechtshistorische Arbeit von Wilhelm Ebel (1908–1980)[145] über die Geschichte des deutschen Rechts ‚im Osten',[146] die aber ohne Nachweise veröffentlicht wurde. Wie zuvor wurde von Ebel die Hegemonie der Deutschen betont, als er von der „Ein-

---

140 Ders., Die Magdeburger Schöffensprüche für Breslau in Kaspar Popplaus „Rechtem Weg", in: ZRG GA 66 (1948), S. 440–476.

141 Unger, Ostforschung in Westdeutschland, 2007, S. 95–173; Petry, Menzel, Irgang, Geschichte Schlesiens, 1983, S. 5.

142 Volkmann, Hermann Aubin, in: Handbuch der völkischen Wissenschaften, 2008, S. 62.; Salzborn, Göttinger Arbeitskreis, in: Handbuch der völkischen Wissenschaften, 2008, S. 201.

143 Ebd., S. 198–203; Meissner, Die Entwicklung des Göttinger Arbeitskreises e. V. seit 1946, 1998, S. 19–34.

144 Küpper, Einführung in die Rechtsgeschichte Osteuropas, 2005, S. 693–697.

145 Landwehr, Ebel, Wilhelm (1908–1980), in: ^{2}HRG, Bd. 1, 2008, Sp. 1171 f.

146 Lück, „Deutsches Recht im Osten", in: ZRG GA 126 (2009), S. 196 f.

schmelzung slawischer Völker“ sprach.[147] Bei der Schilderung der Verbreitung des Magdeburger Rechts ging Ebel davon aus, daß die Deutschen eine besondere Leistung in die Entwicklung des Landes eingebracht hätten. Die Deutschen hoben – so Wilhelm Ebel – Wirtschaft und Kultur auf einen Stand, der in Polen bisher unbekannt war.[148]

1953 kehrte Wilhelm Ebel als Hochschullehrer an die Göttinger Universität zurück, nachdem er, 1949 als „Mitläufer“ eingestuft, nunmehr zur Kategorie „entlastet“ gerechnet wurde.[149] Damit wurde auch in der Rechtsgeschichte der ‚deutsche Osten‘ ideologisch wieder besetzt. Magdeburg wurde von Wilhelm Ebel als „Metropole des deutschen Ostens“ bezeichnet;[150] eine ähnliche Betrachtungsweise war bereits 1938 vertreten worden.[151]

Die personelle Kontinuität läßt sich nicht nur in der (rechts)historischen Literatur, sondern auch bei den Stellenbesetzungen feststellen. Historiker bzw. Rechtshistoriker aus der Ost(recht)forschung waren in den 1950er Jahren Ordinarii an den Universitäten der Bundesrepublik und bestimmten so die Ausrichtung der Forschung. Dies bedeutete, daß keine kritische Auseinandersetzung mit der Forschung der jüngsten Vergangenheit stattfand. Stattdessen wurde weiterhin die Methodik der völkischen Historiographie verwendet. Die Laufbahn von Hermann Aubin (1885–1969)[152], Vertreter der germanozentrischen Geschichtsschreibung im Nationalsozialismus, stellt eine für die 1950er Jahre typische Karriere dar.[153] Aubin war von 1946 bis 1954 Professor für mittelalterliche Geschichte an der Universität Hamburg, dann ab 1955 Honorarprofessor an der Universität Freiburg. Er hat dafür gesorgt, daß die Ostforschung in der Bundesrepublik wiederbelebt wurde und deren unveränderte Ansichten noch lange in der Forschung federführend blieben.[154]

Aubin trug zudem wesentlich dazu bei, daß die Ostforschung eine institutionelle Basis erhielt.[155] 1949 gründete er den Johann Gottfried Herder-Forschungsrat. Koordiniert durch diesen Forschungsrat wurde 1950 in Marburg das außeruniversitäre Herder-Institut gegründet,[156] dessen Publikationsorgan ab 1952 die Zeitschrift für Ostforschung war.[157] Aubin bestimmte dadurch die auf Osteuropa

---

147 W. Ebel, Deutsches Recht im Osten, 1952, S. 3.

148 Ebd., S. 20.

149 Schumann, Die Göttinger Rechts- und Staatswissenschaftliche Fakultät 1933–1955, in: dies. (Hrsg.), Kontinuitäten und Zäsuren, 2008, S. 112 f.

150 W. Ebel, Deutsches Recht im Osten, 1952, S. 17.

151 Brackmann, Magdeburg als Hauptstadt des deutschen Ostens im frühen Mittelalter, 1937.

152 Grundmann, Nekrolog Hermann Aubin, in: DA 25 (1969), S. 621.

153 Mühle, Für Volk und deutschen Osten, 2005; Volkmann, Hermann Aubin, in: Handbuch der völkischen Wissenschaften, 2008, S. 58–62.

154 Krzoska, Ostforschung, in: Handbuch der völkischen Wissenschaften, 2008, S. 462.

155 Mühle, Für Volk und deutschen Osten, 2005, S. 414–432.

156 Kleindienst, Die Entwicklung der bundesdeutschen Osteuropaforschung im Spannungsfeld zwischen Wissenschaft und Politik, 2009, S. 72 f.

157 In dieser Zeitschrift publizierte u. a. Wilhelm Weizsäcker, dessen Werke in den 1930er Jahren der

ausgerichtete historische Forschung, zumal er der erste Vorsitzende des Herder-Forschungsrates war und diese Funktion bis 1959 behielt. Eine Vergangenheitsbewältigung in der Historiographie konnte wegen dieser engen personellen Verflechtungen nicht stattfinden.

Seit den 1930er Jahren gehörte der Siedlungsforscher Walter Kuhn (1903–1983)[158] zum Kreis um Hermann Aubin. Kuhns Berufung an die Breslauer Universität (1936) sowie an die Universität Hamburg (Lehrauftrag 1947, Professur 1955) war von Aubin befürwortet worden. Er konzentrierte seine Forschungen auf die Stadtgründungen nach deutschem Recht in Schlesien und Kleinpolen. Seine Erkenntnisse liegen vor allem auf dem Gebiet der Quantifizierung der Siedlungsgeschichte, wobei er vorrangig die Anzahl der Siedler erfaßte.

3. Die europäische Perspektive und deren wissenschaftlicher Diskurs

Parallel zur politischen Westorientierung der Bundesrepublik eröffneten sich neue Perspektiven in der Rechtsgeschichtsschreibung. Insbesondere ab den 1960er Jahren wurden auch methodisch neue Akzente gesetzt; es begann die Epoche der Europäisierung der Rechtsgeschichte. Zwar waren noch einige Akteure der Rechtsgeschichtsschreibung der vergangenen Epochen tätig; in der rechtshistorischen Forschung läßt sich aber nun eine neue Generation erkennen, die die europäischen Zusammenhänge der deutschen Rechtsgeschichte berücksichtigte. Ein Zentrum dieser europäisch ausgerichteten Forschung war das 1964 gegründete Max-Planck-Institut für europäische Rechtsgeschichte, dessen Gründungsdirektor Helmut Coing (1912–2000)[159] und seine Mitarbeiter die Rechtsgeschichte von Frankfurt am Main aus reformierten. Die polnische Rechtsgeschichte wurde in einem von Helmut Coing herausgegebenen Handbuch von Lesław Pauli (1919–1986)[160] bearbeitet.[161]

Wegen der Westorientierung wurden aber problematische Fragen zur Rechtsgeschichte Osteuropas ausgeblendet; in den 1960er Jahren gab es in der Bundesrepublik keine eigenständige Forschung zur Rechtsgeschichte Osteuropas. Auch theoretisch ausgerichtete Arbeiten lieferten weiterhin nur Berichte zur Rechtsentwicklung in den Ostblockstaaten aus der Beobachterperspektive. Die Defizite der

---

NS-Ideologie nahestanden. Weizsäcker, Geschichtliche Wechselwirkungen deutsch-slawischen Rechtsdenkens, in: Zeitschrift für Ostforschung 5,2 (1956), S. 161–180. Das Heft 2/1957 der Zeitschrift für Ostforschung wurde sogar Wilhelm Weizsäcker zum 70. Geburtstag gewidmet. Siehe dazu Thieme, [Rezension zu] Zeitschrift für Ostforschung, in: ZRG GA 75 (1958), S. 455f. und Kleindienst, Die Entwicklung der bundesdeutschen Osteuropaforschung im Spannungsfeld zwischen Wissenschaft und Politik, 2009, S. 69.

[158] Fielitz, Walter Kuhn, in: Handbuch der völkischen Wissenschaften, 2008, S. 350–353.

[159] Mohnhaupt, Coing, Helmut (1912–2000), in: ^{2}HRG, Bd. 1, 2008, 870f.

[160] Dziadzio, Lesław Pauli (1919–1986), in: ZfO 37 (1988), S. 112–114.

[161] Pauli, Polen, in: Handbuch der Quellen und Literatur der neueren europäischen Privatrechtsgeschichte, Bd. 2.2, 1976, S. 551–560.

rechtshistorischen Forschung konnten so nicht behoben werden: Einige Werke sprachen im Zusammenhang mit Polen noch immer im Sinne der Ostforschung vom Abendland und von seinem kulturellen Niveau.[162] Wegen des Fehlens neuerer Forschungsergebnisse wurden auch nur allgemein gehaltene Texte über das Magdeburger Recht publiziert.[163]

Am Anfang der 1960er Jahre erschienen nur vereinzelt rechtshistorische Werke zu Osteuropa, die aufgrund des Mangels aktueller Ansätze und Forschungsprojekte auf die Erkenntnisse der älteren Literatur zurückgriffen. So wurde aus dem Nachlaß des ehemaligen Breslauer Rechtshistorikers Theodor Goerlitz (1885–1949) eine verfassungsrechtliche Arbeit zu Breslau, in der auch die Entstehung der Rechtsmitteilungen der Magdeburger Schöffen erörtert wurde, ediert.[164] Die Übersetzung einer Arbeit des polnischen Historikers Marian Friedberg, verfaßt im Jahr 1946, erschien 1962; die Erstellung der deutschen Fassung wurde vom Herder-Institut betreut.

Infolge der sich verstärkenden politischen Ost-West-Verbindungen seit den 1970er Jahren kamen auch Themen zur Geschichte Osteuropas wieder intensiviert in den Fokus des wissenschaftlichen Interesses.[165] Charakteristisch ist für diese Forschung, daß die Siedlungsgeschichte gegenüber der Rechtsgeschichte dominierte.

Als Durchbruch in der Geschichtsschreibung werden drei 1970 bis 1972 durchgeführte Tagungen des Konstanzer Arbeitskreises für mittelalterliche Geschichte angesehen,[166] die in einem von Walter Schlesinger betreuten Sammelband dokumentiert sind.[167] Zum ersten Mal wurde darin der Forschungsgegenstand ‚*Ost*siedlung' kritisch betrachtet und als „Problem der *europäischen* Geschichte" charakterisiert. „Es ist an der Zeit, [...] Vorurteile endlich abzubauen", rief Schlesinger in seinem Einführungsaufsatz die wissenschaftliche Öffentlichkeit zur Enttabuisierung des Themas auf.[168] Er wies dabei auch auf die Wechselwirkung von Geschichtsschreibung und Politik hin. Der neue Ansatz bedeutete zugleich die Überwindung der veralteten Begrifflichkeit; in diesem Sinne schlug Schlesinger vor, den Begriff ‚Ostkolonisation' durch Ostbewegung zu ersetzen.[169] Diese Vor-

---

162 Appelt, Die mittelalterliche deutsche Siedlung in Schlesien, in: Deutsche Ostsiedlung in Mittelalter und Neuzeit, 1971, S. 1; Aubin, Der deutsche Osten und das Abendland, 1953.

163 Thieme, Die Magdeburger und Kulmer Stadtrechte im deutschen Osten, in: Deutsche Ostsiedlung in Mittelalter und Neuzeit, 1971, S. 144–159.

164 Goerlitz, Verfassung, Verwaltung und Recht der Stadt Breslau, 1962.

165 Kleindienst, Die Entwicklung der bundesdeutschen Osteuropaforschung im Spannungsfeld zwischen Wissenschaft und Politik, 2009, S. 149–151.

166 Lück, „Deutsches Recht im Osten", in: ZRG GA 126 (2009), S. 199.

167 Schlesinger, Die deutsche Ostsiedlung des Mittelalters als Problem der europäischen Geschichte, 1975.

168 Ders., Zur Problematik der Erforschung der deutschen Ostsiedlung, in: ders. (Hrsg.), Die deutsche Ostsiedlung des Mittelalters als Problem der europäischen Geschichte, 1975, S. 11.

169 Ebd., S. 21 f.

träge bedeuteten zugleich erste Schritte einer Öffnung nach Osten; folglich wurden Beiträge namhafter osteuropäischer Historiker mit neuen Erkenntnissen zur polnischen Geschichte in dem Sammelband abgedruckt.

Zur Geschichte der historischen Forschung in den 1980er Jahren gehört auch die Neuauflage einer in der NS-Zeit verfaßten Geschichte Schlesiens im Mittelalter. Der ursprünglich 1938 herausgegebene Band „Geschichte Schlesiens – Von der Urzeit bis zum Jahre 1526“[170] wurde 1983[171] um einen Literaturanhang erweitert. An dem Haupttext wurde aber nichts verändert, und so erfolgte auch ein Wiederabdruck des Beitrages von Hermann Aubin. Der Band wurde von der Historischen Kommission für Schlesien betreut.

Auch in der Rechtsgeschichte beschäftigte man sich schwerpunktmäßig mit der Siedlungsgeschichte, wobei der Begriff ‚Kolonisation‘ weiter verwendet wurde. Diese späte Fortwirkung zeigt z. B. das Lemma ‚Kolonisation‘ von Maximilian Herberger in einem im Jahre 1978 im Handwörterbuch zur deutschen Rechtsgeschichte veröffentlichten Artikel.[172] Hingegen sieht man die Weiterentwicklung des Ansatzes auch daran, daß das Thema in dem zwischen 1980–1998 erschienenen Lexikon des Mittelalters (LexMa) unter dem Titel „Landesausbau und Kolonisation“ behandelt wurde.[173] Auch der ‚Ostsiedlung‘ wurde dort ein Lemma gewidmet.[174]

Die Wahrnehmung der polnischen Forschung in der deutschen Rechtsgeschichte zeigen einige Besprechungen in der Savigny-Zeitschrift durch den Historiker Josef Joachim Menzel[175] und die Rechtshistoriker Wilhelm Wegener[176] und Friedrich Ebel.[177]

Außer diesen Rezensionen gab es bis zur Mitte der 1970er Jahre nur vereinzelt rechtshistorische Arbeiten zum sächsisch-magdeburgischen Recht. Die Ergebnisse der polnischen Forschung wurden in Westdeutschland nicht rezipiert, obwohl in dieser Zeit die Geschichte des sächsisch-magdeburgischen Rechts an den führenden polnischen Universitäten weiter erforscht wurde.[178]

---

[170] Aubin (Hrsg.), Geschichte Schlesiens, 1938.

[171] Petry, Menzel, Irgang (Hrsg.), Geschichte Schlesiens, 1983.

[172] Herberger, Kolonisation, in: HRG, Bd. 2, 1978, Sp. 954–960.

[173] Irgang, Landesausbau und Kolonisation. V. Ostmitteleuropa und Ungarn, in: LexMa, Bd. 5, 1991, Sp. 1649–1653.

[174] Ders., Ostsiedlung, deutsche, in: LexMa, Bd. 6, 1993, Sp. 1545 f.

[175] Menzel, [Rezension zu] Zygfryd Rymaszewski, Łacińskie teksty Landrechtu Zwierciadła Saskiego w Polsce, in: ZRG GA 93 (1976), S. 382f.

[176] Wegener, [Rezension zu] Witold Maisel, Prawo magdeburskie miasta Pleszewa, in ZRG GA 81 (1964), S. 494–498; ders., [Rezension zu] Witold Maisel, Poznańska księga prawa magdeburskiego i miśnieńskiego, in ZRG GA 83 (1966), S. 511 f.

[177] F. Ebel, Poloniae historia iuris, in: ZRG GA 105 (1988), S. 331–335.

[178] Einen genauen Überblick zur polnischen Forschung liefert Janicka, Polnische Forschungen zum Magdeburger Recht (1945–2004), [im Druck].

Dieses Defizit wurde ab der Mitte der 1970er Jahre schrittweise überwunden, was zum ersten Mal 1977 in einem Kolloquium von Berliner und Krakauer Forschern unter der Leitung von Dietmar Willoweit und Winfried Schich zum Ausdruck kam. Den Austausch der Ergebnisse dokumentiert der dem Kolloquium folgende Sammelband.[179] Anstelle einer Verwendung des überholten Leitbegriffs ‚deutsches Recht' wurde eine Spezifizierung des Ostens anhand von Staatsgebieten vorgenommen, und erstmals wurde dabei der Begriff ‚sächsisch-magdeburgisches Recht' statt des pauschalen Oberbegriffs ‚deutsches Recht' verwendet.[180]

In der Bundesrepublik Deutschland begann ungefähr in den Jahren nach 1975 auch an verschiedenen rechtshistorischen Forschungsstellen die Auseinandersetzung mit dem Thema des ‚deutschen Rechts' in Polen. An der Universität Freiburg betreute Karl Kroeschell eine 1978 abgeschlossene Dissertation, in der sich der Verfasser, ausgehend von einem evolutionstheoretischen Ansatz, mit der Stadtentstehung in Polen auseinandersetzte.[181]

An der Freien Universität Berlin wurden von Friedrich Ebel seit den 1980er Jahren u. a. Editionen von Rechtsmitteilungen und Rechtssprüchen des Magdeburger Schöffenstuhls für Breslau vorbereitet und publiziert.[182] Außerdem veröffentlichte Friedrich Ebel mehrere Artikel zum sächsisch-magdeburgischen Recht in Polen.[183] Eine Synthese von Ebels Forschungsarbeit findet sich in einem Sammelband unter dem Titel „Unseren fruntlichen grus zuvor".[184]

4. Die Forschung und Wahrnehmung in der DDR

Die Rechtsgeschichte in der DDR konnte nicht mit einer gesamteuropäisch ausgerichteten Fragestellung arbeiten, denn im Fokus standen Untersuchungen zur Geschichte der Arbeiterbewegung mittels historisch-materialistischer Ansätze.[185] Das Fach Rechtsgeschichte wurde in die Bereiche ‚allgemeine und deutsche Rechtsgeschichte' sowie ‚Rechtsgeschichte der DDR' aufgeteilt, was zusätzlich dafür sorgte, daß die europäischen Zusammenhänge der deutschen Rechtsgeschichte trotz der Zusammenarbeit mit osteuropäischen Wissenschaftlern[186] im wesentli-

---

179 Willoweit, Schich (Hrsg.), Studien zur Geschichte des sächsisch-magdeburgischen Rechts in Deutschland und Polen, 1980.

180 Dazu siehe Lück, „Deutsches Recht im Osten", in: ZRG GA 126 (2009), S. 201.

181 Sporn, Die „Stadt zu polnischem Recht" und die deutschrechtliche Gründungsstadt, 1978.

182 F. Ebel (Hrsg.), Magdeburger Recht, Bd. II,1 u. 2, 1989 u. 1995; ders. (Hrsg.), Der Rechte Weg, 2000; Weber, Rechts- und Verfassungsgeschichte, in: Bahlcke (Hrsg.), Historische Schlesienforschung, 2005, S. 129 f.

183 F. Ebel, Kulmer Recht – Probleme und Erkenntnisse, in: 750 Jahre Kulm und Marienwerder, 1983, S. 9–39; ders., Überlegungen zur Situation der schlesischen Rechtsgeschichte, in: Jahrbuch der Schlesischen Friedrich-Wilhelms-Universität zu Breslau XXVI (1985), S. 317–321.

184 Ders., Unseren fruntlichen grus zuvor, 2004.

185 Lieberwirth, Die Rechtsgeschichte in der DDR, in: ders., Rechtshistorische Schriften, 1997, S. 343–359.

186 Ebd., S. 353 f.

chen unbeleuchtet blieben. Hinzu kam, daß die Geschichte der Deutschen in Osteuropa durch die nationalsozialistische Propaganda belastet war. So konnte das ursprünglich als Kaufmannsrecht verstandene Magdeburger Recht in der DDR höchstens im Rahmen der Geschichte der Selbstverwaltung zu einem Thema der Geschichtsforschung werden.[187] Die mittelalterliche Geschichte spielte in der damaligen Geschichtsdidaktik nur eine geringe Rolle, stattdessen wurde die Ostsiedlung als „Eroberung" im Sinne der „territorialen Expansionspolitik des Adels" gesehen.[188]

Auch die Öffnung der bundesdeutschen historischen Forschung in Richtung Osteuropa wurde in der DDR nicht wahrgenommen. Obwohl es unter den Referenten der oben erwähnten Reichenauer Tagungen mehrere namhafte Historiker aus der Tschechoslowakei, Ungarn und Polen gab, wurde die Vortragsreihe von Historikern aus der DDR nicht besucht. Der Stand der innerdeutschen Beziehungen ermöglichte eine Teilnahme an der Arbeit des Konstanzer Arbeitskreises nicht.

Eine Abkehr von diesem statischen Geschichtsbild brachten erst die 1980er Jahre. In einer 1986 veröffentlichten Abhandlung ging Rolf Lieberwirth ausführlich auf die Institutionen des *ius Maideburgense* ein. Die Privilegien, die Oberhoftätigkeit und die juristische Literatur der Renaissanceepoche belegen die Verbreitung des sächsisch-magdeburgischen Rechts in Polen, schrieb Lieberwirth.[189] Er gehörte zu jenen Rechtshistorikern der Martin-Luther-Universität Halle-Wittenberg, die seit Generationen die Sachsenspiegelforschung auch in Richtung Osteuropa bestimmt hatten.

1988, zum 800. Jahrestag der Verleihung des Privilegs von Erzbischof Wichmann, wurde in Magdeburg eine Konferenz veranstaltet. Rolf Lieberwirth hielt bei dieser Konferenz einen Vortrag und ging dabei u. a. auf die Abschrift des Privilegs für die Stadt Goldberg ein.[190] Der polnische Professor Edwin Rozenkranz aus Danzig wies dann in seinem Vortrag „Das Magdeburger Recht in Polen im Mittelalter" ausdrücklich auf die europäischen Dimensionen des Magdeburger Rechts hin.[191] Rozenkranz betrachtete das Magdeburger Recht als ein Spezifikum der Rechtsgeschichte, das in Polen und seinen Nachbarstaaten moderne und fortschrittliche Lösungen mit sich gebracht habe.[192] Als Nachbarstaaten verstand er Litauen und Rotruthenien, denn in diesen Landschaften sei eine Geltung des Mag-

---

[187] Puhle, Vorwort, in: ders. (Hrsg.), Erzbischof Wichmann (1152–1192) und Magdeburg im hohen Mittelalter, 1992, S. IV.

[188] Konzeption für eine Würdigung des 800. Jahrestages des Magdeburger Stadtrechtsprivilegs. Entwurf. Stadtarchiv Magdeburg, Rep. 41. 614. Bl. 2. Die Konzeption der Tagung stammte von dem Magdeburger Historiker Helmut Asmus.

[189] Lieberwirth, Das sächsisch-magdeburgische Recht als Quelle osteuropäischer Rechtsordnungen, 1986.

[190] Ders., Das Privileg Erzbischof Wichmanns und das Magdeburger Recht, 1990.

[191] Rozenkranz, Das Magdeburger Recht in Polen im Mittelalter, [Typoskript] 1989.

[192] Ebd., S. 1.

deburger Rechts dank polnischer Vermittlung nachweisbar. Rozenkranz schilderte außerdem ausführlich die Bearbeitung des Magdeburger Rechts in der polnischen juristischen Literatur und ging auch auf die Geschichte der Forschung ein. Als Zahl der mit dem deutschen Recht in Polen bewidmeten Städte gab er 532 an, davon seien bis zum Ende des 15. Jahrhunderts 292 mit dem Magdeburger Recht, 192 mit dem Kulmer Recht und 39 mit dem Lübischen Recht bewidmet worden.[193] Zum Schluß wies er auf die enge Verbindung zwischen der wirtschaftlichen Prosperität und dem Magdeburger Recht hin, denn gemäß der Katalogisierung der Münzfunde in Polen lasse sich feststellen, daß die Verdichtung von Münzorten und die Geltung des Magdeburger Rechts zusammenfielen.[194]

5. Stand der Forschung in Polen

Bereits 1946 erschien eine polnischsprachige Abhandlung über die polnisch-deutschen Verbindungen auf kulturellem Gebiet mit dem Titel „Kultura polska a niemiecka".[195] Diese Arbeit, verfaßt in den Jahren 1941–1943, wurde vom ‚Instytut Zachodni' in Poznań herausgegeben. Der Verfasser Marian Friedberg untersuchte dabei die deutschen Einflüsse auf die polnische Kultur und bewertete sie aus dem Blickwinkel der bürgerlich-nationalen Geschichtsauffassung. Seine Abhandlung wurde deshalb in erster Linie als Abgrenzung zu Deutschland verstanden.[196] Der Verfasser beschäftigte sich auch mit theoretischen Fragen im Hinblick auf den Einfluß unterschiedlicher Kulturen innerhalb Europas und konkretisierte seine Folgerungen für die polnisch-deutschen Beziehungen.[197] Die seit der Zwischenkriegszeit dominierende Siedlungsgeschichte kam dabei deutlich zu Wort, aber auch verfassungs- und rechtshistorische Fragen der Stadtgeschichte wurden erörtert. Diese Arbeit wurde 1947 von der Krakauer Akademie der Wissenschaften mit einem Preis ausgezeichnet und 1962 in deutscher Übersetzung in einer Reihe des Marburger Herder-Institutes veröffentlicht.[198]

Trotz der historisch-materialistischen Geschichtsauffassung, die die Geisteswissenschaften der volksdemokratischen Regime in Osteuropa seit etwa 1948 bestimmte[199] und Stadtrechtsgeschichte zu einem Unterpunkt der Geschichte des Verwaltungsrechts degradierte,[200] wurde in Polen die Forschung zur Geschichte des sächsisch-magdeburgischen Rechts wieder aufgenommen.[201] Das Thema war daher seit den 1950er Jahren in der polnischen rechtshistorischen Forschung präsent.

[193] Ebd., S. 10.
[194] Ebd., S. 13.
[195] Friedberg, Kultura polska a niemiecka, 1946.
[196] Ders., Polnische und deutsche Kultur, 1962, S. 4.
[197] Ebd., S. 3.
[198] Ebd.
[199] Zur polnischen Stadtgeschichtsauffassung siehe Sporn, Die „Stadt zu polnischem Recht" und die deutschrechtliche Gründungsstadt, 1978, S. 36f.
[200] Malinowska-Kwiatkowska, Legal history research in Poland, 1986, S. 667.
[201] Janicka, Polnische Forschungen zum Magdeburger Recht (1945–2004), [im Druck].

Dieses Interesse an Forschungen zum sächsisch-magdeburgischen Recht zeigen sowohl Editionen von juristischer Primärliteratur als auch Studien zur Geschichte des sächsisch-magdeburgischen Rechts. So wurden in den Jahren 1953–54 vom damaligen Warschauer Rechtshistoriker Karol Koranyi[202] (1897–1964)[203] Quelleneditionen zur wissenschaftlichen Bearbeitung des Sachsenspiegels und des Magdeburger Rechts veröffentlicht.[204] Die von Koranyi edierten Abhandlungen Bartłomiej Groickis weisen auf eine vertiefte wissenschaftliche Auseinandersetzung mit dem sächsisch-magdeburgischen Recht hin.

Seit 1948 wurde die neuere polnische Sekundärliteratur in erster Linie von den Werken Józef Matuszewskis (1911–2003)[205] geprägt.[206] Er ging in seinen Forschungen auf die Siedlungsgeschichte und auf die Lokationsprivilegien ein. Die Rechtsordnung der Dörfer war ebenfalls ein wichtiger Forschungsgegenstand für Matuszewski. Besonders hervorzuheben sind seine Forschungen zum Sachsenspiegel. Matuszewski präsentierte seine Thesen auch auf internationalen Symposien und in der deutschsprachigen rechtshistorischen Literatur.

Sein Artikel über Schultheißenprivilegien reflektierte eine quellennahe Arbeit.[207] Matuszewski teilt darin die Lokationsurkunden nach den Empfängern der Urkunden in zwei Kategorien ein, nämlich in Privilegien und Abkommen. Erstere waren Privilegien für die geistlichen oder weltlichen Grundherren, die den Empfänger berechtigten, die Ansiedlung durchzuführen; die letztere Gruppe, die Abkommen, umfaßte Vereinbarungen zwischen den Gutsherren und den Gemeindevorstehern, in denen Rechte und Pflichten des Lokators und der Gemeinde festgelegt wurden. Den zweiten Typ der Urkunden bezeichnet der Autor als „Schultheißprivilegien"; in den Urkunden wurden sie „privilegium sculteti" bzw. „privilegium scultetiale" genannt. Der Verfasser zeigte exemplarisch anhand der Ignoranzklausel der Urkunden (die erst seit den letzten Jahrzehnten des 13. Jahrhunderts in den Urkunden vorkamen), daß das ‚ius teutonicum' seitens des Ausstellers des Privilegs unbekannt war. Die Bewidmung mit dem deutschen Recht setzte die Kenntnis des Rechts nicht voraus, da es sich bei der Bewidmung um ungeschriebenes Recht handelte. Das deutsche Recht wurde also als Sammelbegriff benutzt. Diese Klausel und die unsichere Rechtslage begünstigten entweder den Stadtherren oder die Privilegienempfänger. Matuszewski war der Meinung, daß

[202] Malinowska-Kwiatkowska, Legal history research in Poland, 1986, S. 677.

[203] PND: 121489299.

[204] Groicki, Porządek sądów i spraw miejskich prawa majdeburskiego w Koronie Polskiej [1559], hrsg. von Koranyi, 1953; ders., Artykuły prawa majdeburskiego. Postępek sądów około karania na gardle. Ustawa płacej u sądów [1558], hrsg. von Koranyi, 1954.

[205] Matuszewski war Ordinarius an der Universität Poznań, seit 1961 an der Universität Łódź.

[206] Matuszewski, Artykuły słowiańskie Zwierciadła Saskiego, in: Czasopismo Prawno-Historyczne 1 (1948), S. 25–74; ders., Die angebliche Aufnahme des Sachsenspiegels Landrecht I 37 in das Polnische Landrecht, 1966, S. 112–129; ders., Die Aufnahme des deutschen Rechtes in Polen, in: Bulletin de la Société des Sciences et des Lettres de Łódź XX, 4 (1970), S. 1–11.

[207] Ders., Die Ignoranzklausel der Schultheißenprivilegien, in: ZRG GA 93 (1976), S. 154–183.

die Ignoranzklausel den Stadtherren diente. Inhaltlich betraf die Klausel das deutsche Recht in der Magdeburger, der Kulmer und der Neumarkter Variante. Keine Urkunde berief sich hingegen auf den Sachsenspiegel, wie Matuszewski feststellte. Matuszewski veröffentlichte auch einige synthetisierende Arbeiten, wobei er vom Begriff der Rezeption her argumentierte,[208] und er beschäftigte sich auch mit der Gerichtsbarkeit, die aufgrund des sächsisch-magdeburgischen Rechts entstanden war.[209]

Auch der Rechtshistoriker Zygfryd Rymaszewski veröffentlichte in dieser Zeit mehrere Studien über die Sachsenspiegel-Rezeption, insbesondere über die lateinischen Übersetzungen des Sachsenspiegel-Landrechts in Polen.[210] In seinen 1975 und 1985 vorgelegten Arbeiten verglich er die lateinischen Ausgaben des Sachsenspiegels mit dem deutschen Text und suchte nach den Vorlagen der Sachsenspiegel-Bearbeitung von Mikołaj Jaskier. Er ging dabei auch auf die Praktikabilität von Übersetzungen ein. Beide Werke von Rymaszewski wurden auch in der deutschen rechtshistorischen Forschung bekannt gemacht.[211]

Innerhalb der polnischen Forschung konzentrierte sich Witold Maisel (1914–1993), ein führender Rechtshistoriker der Universität Poznań, auf die Wirkung des sächsisch-magdeburgischen Rechts im Gebiet des heutigen Poznań.[212] Zu diesem Thema veröffentlichte er mehrere Quelleneditionen.[213] In seinen Forschungen beschäftigte er sich außerdem mit dem Stadtrecht der großpolnischen Städte sowie mit der Oberhoftätigkeit der Stadt Posen.[214] Von Poznań aus wirkte er auch im Krakauer Kolloquium von Dietmar Willoweit mit. Aus der Universität Poznań kamen weitere Impulse zur Erforschung der Frühgeschichte der deutsch-polnischen Beziehungen. Der dortige Historiker Jerzy Strzelczyk forschte zur Christianisierung Polens und zur Geschichte seiner frühstaatlichen Formierung.[215] Seine

---

208 Ders., Recepcja prawa niemieckiego w Polsce i na Litwie, in: Sprawozdania z czynności i posiedzeń naukowych 20, 9 (1966), S. 8.

209 Ders., Wyroki najwyższego sądu prawa niemieckiego grodu krakowskiego, in: Czasopismo Prawno-Historyczne XLVII/1–2 (1996), S. 215–228.

210 Rymaszewski, Łacińskie teksty Landrechtu Zwierciadła Saskiego w Polsce, 1975; ders., Łacińskie teksty Landrechtu Zwierciadła Saskiego w Polsce, 1985.

211 Menzel, [Rezension zu] Rymaszewski, Zygfryd, Łacińskie teksty Landrechtu Zwierciadła Saskiego w Polsce, in: ZRG GA 93 (1976), S. 382 f.; F. Ebel, Poloniae historia iuris, in: ZRG GA 105 (1988), S. 331–335.

212 Malinowska-Kwiatkowska, Legal history research in Poland, 1986, S. 664.

213 Maisel (Hrsg.), Poznańska księga prawa magdeburskiego i miśnieńskiego, 1964; ders., Wilkierze Poznańskie, 1966–1969.

214 Ders. (Hrsg.), Ortyle sądów wyższych miast wielkopolskich z XV i XVI wieku, 1959; ders., Poznańskie prawo karne do końca XVI wieku; ders., Die Quellen des deutschen Rechts im mittelalterlichen Posen, in: Willoweit, Schich, Studien zur Geschichte des sächsisch-magdeburgischen Rechts in Deutschland und Polen, 1980, S. 116–121.

215 Weinrich (Hrsg.), Strzelczyk (Mitarb.), Heiligenleben zur deutsch-slawischen Geschichte: Adalbert von Prag und Otto von Bamberg, 2005; Strzelczyk, Frühstaatliche Formierung im Osten, in: Schneidmüller, Weinfurter (Hrsg.), Salisches Kaisertum und neues Europa, 2007, S. 273–289; ders., Die Christianisierung Polens im Lichte der schriftlichen Quellen, in: Hinz, Wieczorek (Hrsg.), Europas Mitte um 1000, 2000, S. 487–489.

Ergebnisse stellen eine wichtige Grundlage zur Erforschung der deutsch-polnischen Rechtsverbindungen dar.

Im Jahre 1982 wurde sogar ein Lehrstuhl für die Geschichte des deutschen Rechts in Polen gegründet.[216] Dieser Lehrstuhl, der innerhalb der Forschungsstellen der polnischen Rechtshistoriker einmalig ist, ist institutionell an die Juristische Fakultät der Universität Toruń angebunden. Die jetzige Lehrstuhlinhaberin ist Danuta Janicka, die mehrere Publikationen zum Kulmer Recht vorgelegt hat.[217] Die Lehrstuhlmitarbeiter setzen dabei jene Forschungstradition fort, die im Hinblick auf das Kulmer Recht vom Rechtshistoriker Zbigniew Zdrójkowski (1915–1995) an der Universität Toruń begründet wurde.[218]

Zur alten Krakauer Schule gehörte Irena Malinowska-Kwiatkowska, die in erster Linie über das gelehrte Recht arbeitete. In diesem Zusammenhang untersuchte sie die juristische Literatur des sächsisch-magdeburgischen Rechts.[219] Sie gehörte bereits zur Generation des Übergangs am Ende der 1980er Jahre,[220] als die wissenschaftliche Diskussion zwischen polnischen und deutschen Juristen deutlich zunahm.[221]

6. Im Zeitalter der europäischen Integration

Nach dem Zusammenbruch der kommunistischen Herrschaft und mit dem Voranschreiten der europäischen Integration der ostmitteleuropäischen Staaten in den 1990er Jahren intensivierte sich die Suche nach den gemeinsamen kulturellen Grundlagen Europas. Unter dieser Prämisse konnte die wissenschaftliche Zusammenarbeit mit osteuropäischen Forschern verstärkt institutionalisiert werden. Im Max-Planck-Institut für europäische Rechtsgeschichte in Frankfurt am Main wurden z. B. Forschungen zur Wirkung des sächsisch-magdeburgischen Rechts in Polen durch polnische Stipendiaten, vor allem der Universität Krakau, durchgeführt. Forschungsaufenthalte von Ludwik Łysiak (1923–2002) haben dabei zu beson-

[216] Janicka, Der Lehrstuhl für die Geschichte des deutschen Rechts in Polen, in: Inter Finitimos 15/16 (1999), S. 50.

[217] Dies., Prawo karne w trzech rewizjach prawa chełmińskiego z XVI wieku, 1992; dies., Zur Bedeutung des Magdeburger Vorbilds in der städtischen Gerichtsbarkeit Nordpolens: das Beispiel Kulm und Thorn, in: Knothe, Liebmann (Hrsg.), Gerichtskultur im Ostseeraum, 2007, S. 29–40.

[218] Zdrójkowski (Hrsg.), Studia Culmensia Historico-Juridica czyli Księga Pamiątkowa 750-lecia Prawa Chełmińskiego, 1990, 1988; ders., Prawo chełmińskie, in: Dzieje Chełmna i jego regionu, 1968; ders., Zarys dziejów prawa chełmińskiego (1233–1862), 1983.

[219] Kwiatkowska, Die Stellung des sächsisch-magdeburgischen Rechts in der Normenhierarchie, in: Willoweit, Schich, Studien zur Geschichte des sächsisch-magdeburgischen Rechts in Deutschland und Polen, 1980, S. 145–149.

[220] Dies., Das sächsische Recht in der polnischen juristischen Literatur des 17. Jahrhunderts, 1991, S. 119–123; Malinowska-Kwiatkowska (Hrsg.), Rewizja nowomiejska prawa chełmińskiego 1580 (1814), 1993.

[221] Schnur, Einflüsse des deutschen und österreichischen Rechts in Polen, 1985, S. 5.

ders bedeutenden Ergebnissen geführt. Aus Łysiaks Forschungen sind eine richtungsweisende Arbeit und in Zusammenarbeit mit Karin Nehlsen-von Stryk die zweibändige Quellenpublikation zum Krakauer Gericht des Magdeburger Rechts entstanden.[222] Aufbauend auf diese Ausgabe hat Margret Obladen eine Auswertung unter besonderer Berücksichtigung des ehelichen Güterrechts als Dissertation an der Universität Freiburg vorgelegt.[223] In der Buchreihe „Ius Commune – Studien zur europäischen Rechtsgeschichte" sowie in „Ius Commune. Zeitschrift für Europäische Rechtsgeschichte", herausgegeben vom Max-Planck-Institut für europäische Rechtsgeschichte, wurden diese Ergebnisse veröffentlicht bzw. Publikationen z. B. zum Kulmer Recht rezensiert.[224]

1990 ist in Polen zudem eine bedeutende Arbeit von Krystyna Kamińska (1946–2010) (Universität Toruń) zu den Lokationen anhand breitgefächerter Archivforschungen erschienen, die eine solide Grundlage für weitere Forschungen, insbesondere für Kartierungsarbeiten, bietet.[225]

Mit der Öffnung des ‚eisernen Vorhangs' erhielt auch der Dialog der Historiker neuen Schwung: Die Vorträge einer deutschsprachigen Arbeitstagung der Stiftung ‚Haus Oberschlesien' im Jahre 1994 in Königswinter wurden auch für die polnische wissenschaftliche Öffentlichkeit zugänglich, da die Publikation Zusammenfassungen in polnischer Sprache enthielt. Dadurch konnten die Ergebnisse in der polnischen Wissenschaft intensiver wahrgenommen werden.[226]

Von der früheren ‚Ostforschung' fand eine Distanzierung statt; diese Forschungsrichtung wurde nunmehr auch anhand ihrer Forschungsgeschichte intensiv kritisiert.[227] Die Ausrichtung der Forschung, wie auch die Forschungsinstitute und Publikationsforen, erneuerten sich umfassend; die Zeitschrift für Ostforschung wurde bereits 1994 umbenannt und modernisiert. Das jetzige Periodikum des Herder-Institutes heißt „Zeitschrift für Ostmitteleuropa-Forschung". Im Herder-Institut wurde außerdem eine neuentdeckte Quelle zum Magdeburger Recht in Polen ediert, und der dortige wissenschaftliche Referent, Winfried Irgang, verfaßte mehrere Publikationen zur deutsch-polnischen mittelalterlichen Geschichte.[228] Für die Forschung zum sächsisch-magdeburgischen Recht in Polen sind seine Editionen von besonderem Interesse.[229]

---

[222] Łysiak, Ius supremum Maydeburgense castri Cracoviensis, 1990; Łysiak und Nehlsen-von Stryk (Hrsg.), Decreta iuris supremi Magdeburgensis castri Cracoviensis, (1995, 1997).

[223] Obladen, Magdeburger Recht auf der Burg zu Krakau, 2005; s. dazu Lück, [Rezension zu] Obladen, Margret, Magdeburger Recht auf der Burg zu Krakau, in: ZfO 55, H. 2 (2006), S. 293 f.

[224] Janicka, [Rezension zu] Zdrójkowski (Hrsg.), Studia Culmensia Historico-Juridica czyli Księga Pamiątkowa 750-lecia Prawa Chełmińskiego, in: Ius commune 19 (1992), S. 330–334.

[225] Kamińska, Lokacje miast na prawie magdeburskim na ziemiach polskich do 1370 r., 1990.

[226] Wünsch (Hrsg.), Stadtgeschichte Oberschlesiens, 1995.

[227] Mühle, Für Volk und deutschen Osten, 2005; Handbuch der völkischen Wissenschaften, 2008.

[228] Irgang, Ostsiedlung, deutsche, in: LexMa, Bd. 6, 1993, Sp. 1545 f.; ders., Landesausbau und Kolonisation. V. Ostmitteleuropa und Ungarn, in: LexMa, Bd. 5, 1991, Sp. 1649–1653; ders., Schlesien im Mittelalter, 2007.

[229] Roth (Bearb.), Irgang (Hrsg.), Das „Leobschützer Rechtsbuch", 2006.

Nach der Jahrtausendwende wurden häufiger Symposien zum Magdeburger Recht veranstaltet. Zum Beispiel widmete sich eine Sektion beim 36. Deutschen Rechtshistorikertag (im Jahre 2006 in Halle) den Stadtrechten in Ostmitteleuropa, wobei in jene Sektion ein Beitrag zu Polen, insbesondere zu Schlesien, aufgenommen wurde.[230]

Eine zentrale Forschungsstelle im Bundesland Sachsen-Anhalt ist die Martin-Luther-Universität in Halle-Wittenberg. Am dortigen Lehrstuhl für Rechtsgeschichte werden seit mehreren Generationen Forschungen zur Rezeption des Magdeburger Rechts und des Sachsenspiegels in Osteuropa durchgeführt. Hervorzuheben sind die Arbeiten von Rolf Lieberwirth, der seit den 1980er Jahren mehrere richtungsweisende Publikationen auch zur Geschichte des Magdeburger Rechts in Polen veröffentlicht hat,[231] und vom gegenwärtigen Lehrstuhlinhaber Heiner Lück.[232]

2007 wurde der 750. Jahrestag der Bewidmung Krakaus mit dem Magdeburger Recht in Krakau mit einer internationalen Konferenz begangen, deren Ergebnisse in polnischer und englischer Sprache publiziert wurden.[233] Im Stadthistorischen Museum Krakau zeigte die Ausstellung „Kraków – europejskie miasto prawa magdeburskiego 1257–1791/Krakow the European City of Magdeburg Law“[234] auch die Stadtrechtsverbindungen mit Magdeburg.

Auf die Intensivierung der Kontakte deuten auch die vermehrten wissenschaftlichen Auszeichnungen hin. Der langjährige Schlesienforscher Winfried Irgang erhielt 2003 die Ehrendoktorwürde der Universität Breslau,[235] und mit dem von der Stadt und der Universität Magdeburg gemeinsam verliehenen Eike-von-Repgow-Preis wurden mehrere Wissenschaftler ausgezeichnet, die die Erforschung des sächsisch-magdeburgischen Rechts in Polen vorangebracht hatten. Der erste Preis wurde dabei an Rolf Lieberwirth verliehen, Preisträger im Jahr 2002 war

---

[230] Den Sektionsbeitrag zu Polen hielt Marek Biszczanik (Zielona Góra, Polen) mit dem Titel „Das Stadtrecht von Schweidnitz und dessen Umfeld in Schlesien“ (Biszczanik, Das Stadtrecht von Schweidnitz und dessen Umfeld in Schlesien, in: Lieberwirth, Lück (Hrsg.), Akten des 36. Deutschen Rechtshistorikertages, 2008. S. 479–488).

[231] Lieberwirth, Das sächsisch-magdeburgische Recht als Quelle osteuropäischer Rechtsordnungen, 1986; ders., Die Wirkungsgeschichte des Sachsenspiegels, in: Lück (Hrsg.), Rolf Lieberwirth, 1997, S. 427–468; ders., Magdeburger Recht, in: Puhle (Hrsg.), Hanse – Städte – Bünde, Bd. 1, 1996, S. 114–117; ders., Einführung oder Rezeption?, in: Eichler, Lück (Hrsg.), Rechts- und Sprachtransfer in Mittel- und Osteuropa, 2008, S. 167–179.

[232] Lück, Die Verbreitung des Sachsenspiegels und des Magdeburger Rechts in Osteuropa, in: Der sassen speyghel, Bd. 2, 1996; ders., Einführung: Das sächsisch-magdeburgische Recht, in: Eichler, ders. (Hrsg.), Rechts- und Sprachtransfer in Mittel- und Osteuropa, 2008; ders., Magdeburg Law, 2007; ders., Anfänge der Stadtverfassung nach Magdeburger Recht in Ostmitteleuropa; ders., Sachsenspiegel und Magdeburger Recht, in: Denkströme 4 (2010), S. 81–104; ders., Puhle, Ranft (Hrsg.), Grundlagen für ein neues Europa, 2009.

[233] Europejskie miasta prawa magdeburskiego/European Cities of Magdeburg Law, 2007.

[234] Katalog zur Ausstellung: Kraków – europejskie miasto prawa magdeburskiego 1257–1791, 2007.

[235] Seine Forschungsergebnisse sind im folgenden Jubiläumsband zusammengefaßt: Irgang, Schlesien im Mittelalter, 2007.

Heiner Lück, 2003 erhielt Friedrich Ebel diesen Preis. Danuta Janicka, Inhaberin des Lehrstuhls für Geschichte des deutschen Rechts in Polen an der Universität Toruń, wurde im Jahre 2004 mit dem Eike-von-Repgow-Preis ausgezeichnet.[236]

Die gegenwärtige Forschung in dieser intensiven Phase der europäischen Integration reflektiert also in vielfältiger Weise die Brückenfunktion des sächsisch-magdeburgischen Rechts, auch weil im Mittelpunkt der Forschung die Grundlagen für ein neues Europa stehen.[237]

---

236 Prof. Dr. Danuta Janicka war u. a. Stipendiatin am Max-Planck-Institut für europäische Rechtsgeschichte (1991, 1992 und 1994) und führte dort Forschungen zum Kulmer Recht durch.

237 Lück, Puhle, Ranft (Hrsg.), Grundlagen für ein neues Europa, 2009.

D. Rechtsquellen sächsisch-magdeburgischen Rechts im Untersuchungsgebiet Polen (*Wieland Carls*)

I. Einführung in den Quellenkanon

Die Entscheidung darüber, welche Rechtsquellen für das sächsisch-magdeburgische Recht und seine Verbreitung in Ost- und Mitteleuropa relevant sind und welche nicht, hängt zum einen von der Festlegung der hier in Frage kommenden Quellengattungen (Lokationsurkunden, Bewidmungen, Schöffensprüche, Rechtsquellensammlungen, Privilegien, Rechtsbücher,[1] Kodifikationen) ab, zum anderen ist der Wert jeder einzelnen Quelle im Hinblick auf ihre Funktion im Rezeptionsprozeß zu beurteilen. Angesichts der zahlreichen Quellen zum Sachsenspiegel und zum Magdeburger Stadtrecht ist es dringend geboten, sich auf jene Texte zu beschränken, die nachweislich im Untersuchungsgebiet entstanden sind und/oder dort rezipiert wurden. Die nach diesen Kriterien ausgewählten Quellen sollen vorgestellt und wenn möglich ihre territoriale Ausbreitung und historische Geltungsdauer aufgezeigt werden. Ein besonderes Augenmerk wird hierbei auch auf den zum Teil in die Landessprache, zum Teil ins Lateinische übersetzten Werken liegen. Im Einzelfall ist darüber hinaus für den Kanon der Rechtsliteratur im Untersuchungsgebiet auch die Mitüberlieferung der jeweiligen Codices festzustellen.

Die beschriebenen Rechtstexte werden – soweit bekannt – mit der Angabe des aktuellen Standorts nebst Signatur und wenn möglich mit der jeweiligen ‚Oppitz-Nummer' (Opp.)[2] sowie mit der Nummer des Handschriftencensus (HC)[3] versehen, um eine eindeutige Identifizierung zu erleichtern.

---

[1] Zur Problematik des ‚Rechtsbuch-Begriffs' s. Kümper, Sachsenrecht, 2009, S. 16–57. Hier wird versucht, den Begriff neu zu fassen. Ob die von Kümper angebotene Definition „Rechtsbücher sind autoritative Lehrbücher" (ebd., S. 46), die er mit dem Hinweis auf die Nähe zu Gratians Dekret anbietet (s. S. 46), die von ihm kritisierte Beschreibung als „‚deutschrechtliche Privatarbeit' von ‚gesetzesähnlicher Geltung'" diese Gattung besser erfaßt, soll hier nicht entschieden werden. Dem Dilemma, Kriterien für eine Gattungsdefinition aus ganz unterschiedlichen Sphären gegeneinander abzuwägen, ist nur schwer zu entkommen, zumal wenn man die von Autoren/Schreibern gegebenen zeitgenössischen Bezeichnungen der betreffenden Texte mit einbezieht. Diese, wie Kümper es nennt, Eigenbeschreibungen können sicher die These der Lehrhaftigkeit von Rechtsbüchern untermauern, müssen aber per se in Frage gestellt werden, da stets anzunehmen ist, daß sie der Autor intentional verwendet. S. hierzu auch Munzel, Rechtsbücher, in: HRG, Bd. 4, 1990, Sp. 277–282.

[2] Oppitz, Rechtsbücher, Bd. I, 1990. Auf die Angabe der Nummer in der dritten Auflage der „Deutschen Rechtsbücher des Mittelalters" von Homeyer wird hier verzichtet, da diese unschwer aus den Konkordanzen bei Oppitz zu erschließen ist.

[3] Handschriftencensus (http://www.handschriftencensus.de – Abfragedatum: 16.03.2011 – Eine Bestandsaufnahme der handschriftlichen Überlieferung deutschsprachiger Texte des Mittelalters). Der Handschriftencensus wird laufend ergänzt. Hier finden sich oft aktuelle Beschreibungen und Literatur, die häufig auch online zugänglich sind. Der Handschriftencensus ist auf deutschsprachige Texte beschränkt.

Auch im Bewußtsein der mit der Rechtsprechung in Polen vertrauten Zeitgenossen bildete eine ganze Anzahl von Rechtsquellen die Grundlage für die Urteilsfindung. So listet kein geringerer als der Breslauer Patrizier Kaspar Popplau[4], der im letzten Viertel des 15. Jahrhundert wiederholt das Schöffenamt in Breslau innehatte sowie auch Beisitzer im Breslauer Hof- und Mannengericht war, eine ganze Reihe von Rechtsquellen in der Einleitung zu dem von ihm verfaßten „Remissorium“[5] auf:

> „[...] hab ich dach vor mich genommen || vnnd obirleſʒen den *dewtſchen Sachſſennſpigel mit der gloſe* || *des keyʒirrechtis vnnd geiſtlichis rechtis* Das *Wichbilde recht mit der gloſe* : Das || *lehenrecht Vnnd dy glose* dor obir : Das *lantrecht* das dy geſtrengen Vnd Erbarenn || Sechſʒe man · dreye van dem lande · Vnnd drey van der Stat Breſſʒlaw nach könig || Johans ordenunge aws dem Sachſſenſpigel genommen Vnd yn cleyner capitel gewan-||delt Owch etliche ſunderliche capitel dorcʒu deʒem lande ʒu eynem rechte gesatcʒt || haben Anno domini M ccc lvj^{to} Der gleyche geleʒen das *Breſſelische Stat recht* das der || gude Herczog Heinrich von den van Magdeborch irworbin Vnnd seynir Stat Breſſʒlaw || beſtetiget hot Anno domini M cclxj Owch hab ich angeſehin der Stat *Priuilegia* || *genowden* vnnd etliche *Willekoren*: Dorcʒu hab ich an vil enden gecolligiret Vnnd || cʒuſampne brocht yn eyn buch mehir denne *Sechcʒenhundirt geſprochene Ortil* || Von den hochweyʒen Scheppen ʒu Magdeborch Vnnd van den Erbarn mannen cʒu || Donyn Vnnd etliche *Breſſelische Ortil* etc. Dorundir denne etliche *Pri-*||*uilegia* Vnnd *Willekor* mete eyn geschrebin seyn Owch do bey dreyhundirt *Regil* || *des keyʒirrechtis*“ [Hervorh. d. Verf.][6]

Neben den zuletzt genannten Regeln des Kaiserrechts, Privilegien, Willküren und Urteilen der Magdeburger, Dohnaer und Breslauer Schöffenstühle sind es vor allem der Sachsenspiegel Land- und Lehnrecht, jeweils mit der Glosse, das „Sächsische Weichbildrecht“, ebenfalls mit Glosse, das „Sächsische Landrecht“ und das „Breslauer Stadtrecht“, die für die Rechtsfindung herangezogen und für das „Remissorium“ von Kaspar Popplau exzerpiert wurden. Nimmt man die Quellen des „Rechten Wegs“[7] hinzu (zu nennen wären hier ebenfalls Magdeburger Schöffensprüche für verschiedene Empfänger, Leipziger und hallische Schöffenurteile, Ratmannensprüche aus Liegnitz, Neiße und Dohna, das „Magdeburg-Breslauer Systematische Schöffenrecht“, das „Magdeburg-Breslauer Unsystematische Schöffenrecht“, das „Buch der Magdeburger Urteile“, Willküren der Stadt Breslau, das

[4] Siehe Schelling-Schiewer, „Kaspar Popplau“, in: Verfasserlexikon, Bd. 7, ^{2}1989, Sp. 785–789.

[5] Wrocław/Breslau, Archiwum Państwowe, Akta miasta Wrocł. J 8 (Opp. 296, HC 20156); zum „Remissorium“ s. F. Ebel, Der Rechte Weg, Bd. 1, 2000, XIf. u. Carls, Abecedarien, in: ^{2}HRG, Bd. 1, 2008, Sp. 6–8.

[6] Wrocław/Breslau, Archiwum Państwowe, Akta miasta Wrocł. J 8 (Opp. 296, HC 20156); Abdr. dieser Vorrede in: Gaupp, Das schlesische Landrecht oder eigentlich Landrecht, 1828 (Neudr. 1966), S. 211 f. u. Kroeschell, Cordes, Nehlsen-von Stryk, Deutsche Rechtsgeschichte, Bd. 2, S. 126.

[7] Wrocław/Breslau, Archiwum Państwowe, Akta miasta Wrocł. J 7 (Opp. 295, HC 20155); Edition: F. Ebel, Der Rechte Weg, 2 Bde., 2000.

„Breslauer Landrecht", die Sammlung „Ad decus et decorum" des Nikolaus Wurm, Teile aus dem „Liegnitzer Stadtrechtsbuch", ebenfalls von Nikolaus Wurm, und juristische Gutachten Dietrichs von Bocksdorf)[8], erschließt sich ein breites Spektrum an volkssprachiger Rechtsliteratur, die den in der Rechtspraxis Tätigen bekannt gewesen sein muß, bzw. das bei der Rechtsprechung Berücksichtigung finden konnte. Daneben gab es im 15. Jahrhundert auch schon studierte Juristen in den Schöffenkollegien, denen auch das gelehrte Recht[9] geläufig war und die es zur Rechtsfindung heranzogen. Hierfür sei als Beleg wiederum der „Rechte Weg" Kaspar Popplaus angeführt, in dem an mehr als 500 Stellen auf das gelehrte Recht verwiesen wird. Auch wenn weder dem „Rechten Weg" noch dem „Remissorium" eine weitere Verbreitung beschieden war, kann man mit Sicherheit davon ausgehen, daß sie für die rechtspraktische Verwendung verfaßt wurden und im ausgehenden 15. und beginnenden 16. Jahrhundert im juristischen Gebrauch waren.[10]

Der Quellenauswahl wird in dieser und den folgenden Untersuchungen das Kriterium der Normativität zu Grunde gelegt, d. h. es werden vornehmlich jene Quellen ausgewählt, die ihrem Charakter nach Rechtsregeln vermitteln bzw. zusammenfassen. Im wesentlichen sind dies also Texte, die dem Quellenkanon des ‚Gemeinen Sachsenrechts'[11] entsprechen, allerdings werden Rechtsgangbücher nicht berücksichtigt. Da das Magdeburger Stadtrecht ein Spruchrecht war, hat im Grunde jeder Spruch der Magdeburger Schöppen normativen Charakter. Dennoch sollen hier nicht einzelne Schöffensprüche ausgewertet werden, wohl aber deren Zusammenstellungen, die der eigenen rechtlichen Orientierung im Gericht oder als Rechtsprechungsgrundlage für andere dienen sollten. Hierzu zählen vor allem Kompilationen von mehr oder minder bearbeiteten Schöffensprüchen, die zum Teil ihren Spruchcharakter nur noch erahnen lassen, zum Teil aber selbst die Parteienrede des anfragenden Schöffenstuhls noch nahezu ungekürzt und unbearbeitet überliefern.

Die ältesten Zeugnisse des Magdeburger Rechts sind Privilegien und Rechtsweisungen, die bis ins 10. Jahrhundert zurückreichen. Verschiedene Urkunden bestätigen das Recht der Magdeburger Kaufleute oder verleihen anderen Siedlungen Marktprivilegien nach dem Magdeburger Vorbild. So z. B. in einer Urkunde König Ottos III aus dem Jahr 997, die das Recht der Magdeburger als Muster für Quedlinburg nennt. Spätere Urkunden (1038, 1040 u. 1134) bestätigen das personale Recht der Magdeburger Kaufleute ebenso wie das Marktrecht von Magdeburg. Aus diesen beiden Rechten geht das Stadtrecht hervor, das im Falle von Magdeburg seit dem ausgehenden 10. Jahrhundert Vorbild bei anderen Stadtgründungen war. Bereits um die Mitte des 12. Jahrhunderts erfolgten erste Rechtsverleihungen an andere Städte, nach Stendal 1145, Leipzig zwischen 1156 und

---

8 F. Ebel, Der Rechte Weg, Bd. 1, 2000, S. XIVf.

9 Avenarius, Gelehrtes Recht, in: ²HRG, 9. Lfg., 2009, Sp. 31–37.

10 F. Ebel, Der Rechte Weg, Bd. 1, 2000, S. XV.

11 Vgl. Lück, Gemeines Sachsenrecht, in: ²HRG, 9. Lfg., 2009, Sp. 77–84.

1170 (um 1161), Jüterbog 1174[12]. Der älteste überlieferte direkte Beleg des Magdeburger Rechts ist ein Privileg Erzbischof Wichmanns für die Bürger der Stadt Magdeburg von 1188, das sich nur in einer neuzeitlichen Kopie einer Abschrift dieser Urkunde für die Stadt Goldberg erhalten hat.[13] In diesem Privileg werden einzelne Bestimmungen bestätigt, andere wohl verändert bzw. erneuert, so daß auf ein entsprechendes Regelwerk schon vor diesem Datum geschlossen werden kann. Die hier beschriebenen Änderungen sollten der Entlastung der Magdeburger Bürger nach einem großen Stadtbrand dienen. So steht gleich an erster Stelle die Einschränkung der sogenannen ‚vara' in einem Prozeß.[14] Die ‚vara' (Gefahr), die hier gemindert werden soll, wurde lange Zeit als die Gefahr des Prozeßverlustes auf Grund von Formfehlern verstanden. Eine aktuelle Untersuchung legt nahe, daß es hier nicht um die Gefahr geht, den Prozeß zu verlieren, sondern im Falle eines Formfehlers von den Schöppen und dem Richter mit einem Bußgeld, dem Gewette belegt zu werden.[15] In jedem Fall wird diese Erleichterung vor allem auch jenen zu Gute gekommen sein, die mit den Gepflogenheiten des Prozeßverlaufs nicht vertraut waren. An anderer Stelle werden Regelungen für Gerichtsverfahren unter Gastrecht beschrieben, also für den Fall, daß eine oder beide Parteien ortsfremd und/oder reisefertig sind.[16] Diese müssen dann nicht auf den nächsten ordenlichen Dingtag warten, sondern ihnen muß noch am selben Tag

---

[12] In diesen Urkunden wird bereits auf eine *iusticia Magdeburgensum civium*, bald schon auf ein *ius Magdeburgense*, das stellvertretend auch für das *ius Saxonum* und das *ius teutonicum* überhaupt steht, verwiesen.

[13] Abbildung des Privilegs bei F. Ebel, Magdeburger Recht, in: Puhle (Hrsg.), Erzbischof Wichmann (1152–1192) und Magdeburg im Hohen Mittelalter, 1992, S. 55 (Kat. Nr. V./19). Abdr. u. a. in: Hertel, Urkundenbuch der Stadt Magdeburg, Bd. 1, Neudr. d. Ausg. 1892, 1975, Nr. 59 (1188), S. 30 f.

[14] „[§ 1. ...] ut districtio, que vara appellatur, solis iuramentis, que pro rebus obtinendis vel abdicandis fieri debent, exceptis perpetualiter postposita sit." (Hertel, Urkundenbuch der Stadt Magdeburg, Bd. 1, Neudr. d. Ausg. 1892, 1975, Nr. 59 (1188), S. 30)
[„Daß die Beschränkung, die „Vara" genannt wird, ausgenommen allein bei den Eiden, die bei dem Erwerb und bei einem Verzicht auf Gegenstände geleistet werden müssen, für ewige Zeiten aufgehoben sein soll." (Markmann, Zur Geschichte des Magdeburger Rechts, in: Magdeburg in der Politik der deutschen Kaiser, 1936, Übersetzung zu Abb. 23)].

[15] Vgl. Meyer, Gefahr vor Gericht, 2009, bes. S. 14–37.

[16] „§ 7. Item si civis contra hospitem et hospes contra civem aliquam querelam habuerit, pro qua placitum burgravii vel scultheti exspectare deberet, ne per huiusmodi dilacionem aliqua dampna utrimque emergant, statuimus, ut eodem die, cum causa mota fuerit, terminetur et sopiatur." (Hertel, Urkundenbuch der Stadt Magdeburg, Bd. 1, Neudr. d. Ausg. 1892, 1975, Nr. 59 (1188), S. 30 f.)
[„Wenn der Bürger gegen den Fremden und der Fremde gegen den Bürger eine Klage hat, bei der man die Entscheidung des Burggrafen oder des Schultheißen abwarten müßte, bestimmen wir, damit nicht durch irgendeine Verzögerung beiden Parteien Schaden erwachse, daß an demselben Tage, an dem die Sache anhängig gemacht ist, sie auch erledigt und zu Ende geführt werde."] (Markmann, Zur Geschichte des Magdeburger Rechts, in: Magdeburg in der Politik der deutschen Kaiser, 1936, Übersetzung zu Abb. 23)].

Recht gesprochen werden. Das Privileg repräsentiert nicht das gesamte Magdeburger Recht, sondern nur einen kleinen Teil davon, aber es zeigt in nuce die Qualitäten des Rechts auf, das nicht mehr Zeitgemäßes ändert und Rationalität mehr Raum bietet.

Frühestes schriftliches Zeugnis für den Rechtstransfer von Magdeburg nach Polen ist die 1261 ausgefertigte Rechtsweisung für Breslau, die 1295 noch einmal bestätigt wurde.[17] Diese Urkunde zeigt auch, dass der Sachsenspiegel den Magdeburger Stadtherren schon kurz nach seiner vermuteten Aufzeichnung bekannt war, da die Paragraphen 62–64 und 66–70 offenbar wörtlich dem ersten Buch des Sachsenspiegels Landrecht entnommen sind.[18] Damit wird diese Breslauer Urkunde nicht nur zum ältesten erhaltenen Zeugnis[19] einer Teilüberlieferung des Sachsenspiegels, sie bezeugt auch sehr anschaulich, wie früh und wie eng Magdeburger Stadtrecht und das Landrecht des Sachsenspiegels miteinander verbunden waren, so daß beide Rechte in der weiteren Tradierung in Osteuropa nur schwer voneinander zu trennen sind.

1. Land- und Lehnrechtsbücher

Die Verbreitung und Rezeption des Magdeburger Stadtrechts vollzog sich stets in Begleitung des Sachsenspiegels Eikes von Repgow. Die für die Rezeption in Polen maßgeblichen Textzeugen dieses Rechtsbuchs werden im folgenden kurz vorgestellt.

Der Sachsenspiegel, wohl das Rechtsbuch mit der größten Verbreitung und nachhaltigsten Rezeption, ist in einer großen Anzahl von Handschriften und Drucken überliefert. Es gibt unterschiedliche Rezensionen, Bearbeitungen und Übersetzungen, so daß die Überlieferung nur schwer zu überschauen ist. Eine erste Orientierung bietet hier die Arbeit von Ulrich-Dieter Oppitz,[20] in der eine Einteilung in verschiedene Klassen und Ordnungen vorgenommen wird:

---

[17] Ebel, Magdeburger Recht, Bd. II,1, 1989, Nr. 1, S. 1–16 und Nr. 2, S. 16–20.

[18] Der § 62 der Breslauer Urkunde von 1261 entspricht Sachsenspiegel Landrecht I 62 §§ 8 u. 9, der § 63 den §§ 10 u. 11, § 64 entspricht Sachsenspiegel Landrecht I 63 § 1. Auf der Rückseite der Urkunde, nach Adresse und Unterschrift der Schöppen und Ratmannen von Magdeburg, folgen noch mehrere Paragraphen, die wohl erst in Breslau hinzugefügt wurden. Hier entsprechen die §§ 66–70 der Breslauer Urkunde den Stellen von Sachsenspiegel Landrecht I 63 §§ 2 bis 65 § 3. (Hinweise von F. Ebel).

[19] Die bereits 1235 von den hallischen Schöffen an die Stadt Neumarkt verliehene Rechtsmitteilung (s. *Kapitel D.II.1.*, S. 99) enthält Passagen, die ebenfalls auf eine lateinische Fassung des Sachsenspiegels zu weisen scheinen. Vgl. hierzu Lieberwirth, Einführung oder Rezeption?, in: Eichler, Lück (Hrsg.), Rechts- und Sprachtransfer in Mittel- und Osteuropa, 2008, S. 171. Eine direkte Übernahme wird aber in der neueren Forschung widerlegt (Kannowski, Dusil, Der Hallensische Schöffenbrief für Neumarkt von 1235 und der Sachsenspiegel, in: ZRG GA 120 (2003), S. 61–90).

[20] Oppitz, Rechtsbücher, Bd. I, 1990, S. 1–32.

- Klasse I (Kurzformen)
- Ordnung Ia (Erste deutsche Fassung)
- Ordnung Ib (Zweite deutsche Fassung)
- Ordnung Ic (Dritte deutsche Fassung)
- Klasse II (Langformen)
- Ordnung IIa (Vierte deutsche Fassung)
- Ordnung IIb (Bilderhandschriften)
- Ordnung IIc (Sachregisterhandschriften)
- Ordnung IId (Systematische Handschriften)
- Ordnung IIe (Glossenvorlage)
- Klasse III (Lateinische Formen)
- Ordnung IIIa (Versio Vratislaviensis)
- Ordnung IIIb (Versio Sandomiriensis)
- Ordnung IIIc (Versio Vulgata)
- Lateinischer Druck
- Auctor vetus de beneficiis
- Klasse IV (Glossierte Formen)
- Klasse IVa (Kurzhandschriften)
- Klasse IVb (Epiloghandschriften)
- Klasse IVc (Vulgata)
- Sonderformen
- Görlitzer Rechtsbuch
- Breslauer Landrecht
- Livländischer Spiegel (Land- und Lehnrechts)
- Holländischer Sachsenspiegel

Bereits Mitte des 19. Jahrhunderts hat Homeyer eine Systematisierung vorgelegt.[21] Er unterschied lediglich drei Klassen:

- „Erste Classe. Text ohne Glosse und Büchereinteilung"[22]
- „zweite Classe mit Glosse und Büchereinteilung"[23]
- „Die dritte Classe [...] mit Büchereinteilung ohne Glosse"[24]

Diese Einteilung ausschließlich nach Merkmalen, die sich auf die Zusammenstellung des Textmaterials stützen, wurde von einem differenzierteren Modell Karl August Eckhardts abgelöst, das bis heute Verwendung findet[25] und auch für die Übersicht von Oppitz die Grundlage bot.[26] Ausgehend von diesen Untersuchungen

[21] Homeyer, Die Genealogie der Handschriften des Sachsenspiegels, in: Abhandlungen der Königlichen Akademie der Wissenschaften zu Berlin (1859), S. 83–202).

[22] Ebd., S. 91.

[23] Ebd., S. 110.

[24] Ebd., S. 146.

[25] Zuletzt bei Kümper, Sachsenrecht, 2009, S. 137–179.

[26] Zur Überlieferung des Sachsenspiegels s. auch die Arbeit von Elisabeth Nowak (Nowak, Die Verbreitung und Anwendung des Sachsenspiegels nach den überlieferten Handschriften, 1965) und

sollen im folgenden die Sachsenspiegelhandschriften und -drucke benannt werden, denen eine besondere Bedeutung für die Aufnahme dieses Rechtsbuchs auf dem Gebiet Polens zukommt.

a) Sachsenspiegel deutsch – Handschriften und Drucke[27]

Deutschsprachige Sachsenspiegelhandschriften und -drucke sind zahlreich überliefert. Hier sollen jedoch nur jene Codices genannt werden, die nachweislich mit dem Untersuchungsgebiet Polen in Verbindung zu bringen sind. In Breslau, Krakau, Kattowitz und Danzig werden in Bibliotheken und Archiven entsprechende Handschriften verzeichnet. Betrachtet man auch die Provenienz der Texte, kommen noch Löwenberg, Sagan und Teschen hinzu. Diese Handschriften sind mehrheitlich im 14., aber auch im 15. und in einem Exemplar auch noch im 16. Jahrhundert entstanden. Im einzelnen handelt es sich um folgende bei Oppitz verzeichnete Codices:

- Wrocław/Breslau, Biblioteka Uniwersytecka, Cod. II F 8 (Opp. 261, HC 8327)
- Wrocław/Breslau, Biblioteka Uniwersytecka, Cod. II Q 2 (Opp. 266, HC 8328)
- Wrocław/Breslau, Biblioteka Uniwersytecka, Cod. II Q 3 (Opp. 267, HC 8329)
- Wrocław/Breslau, Biblioteka Uniwersytecka, Cod. II Q 4 (Opp. 268, HC 20166; Provenienz: Żagań/Sagan, Bibliothek der Augustinerchorherren)
- Wrocław/Breslau, Biblioteka Zakładu Narodowego im. Ossolińskich, 1636 (Opp. 282)
- Wrocław/Breslau, Archiwum Państwowe, Akta miasta Swidnic. No. 57 (Opp. 287, HC 7524)
- Wrocław/Breslau, Archiwum Państwowe, Rep. 132a, Dep. miasta Lwówka Nr. 1 (Opp. 304, HC 7528; Provenienz: Lwówek Śląski/Löwenberg)
- Gdańsk/Danzig, Biblioteka Gdańska Polskiej Akademii Nauk, Ms. 1787 (Opp. 354, HC 5142)
- Gdańsk/Danzig, Wojewódzkie Archiwum Państwowe, 300 R/W, 1 (Opp. 372)
- Kraków/Krakau, Biblioteka Jagiellońska, Cod. 168 (Opp. 844, HC 7490)
- Kraków/Krakau, Biblioteka Jagiellońska, Cod. 169 (Opp. 845, HC 7488)
- Kraków/Krakau, Biblioteka Jagiellońska, Cod. 170a (Opp. 846, HC 7489)
- Katowice/Kattowitz, Biblioteka Śląska, DD IV 10 (Opp. 761, HC 13779; Provenienz: Cieszyn/Teschen)

Dreizehn Sachsenspiegelhandschriften belegen die Präsenz dieses Rechtstextes in den Zentren der Rechtsprechung des Untersuchungsgebiets Polen. Ob und wie der Sachsenspiegel von den jeweiligen Schöffen vor Ort in die Rechtsfindung mit einbezogen wurde, kann an dieser Stelle im Einzelfall nicht geklärt werden. Die

zuletzt die mit einer ausführlichen Einleitung versehene Sachsenspiegelbibliographie von Hiram Kümper (Kümper, Sachsenspiegel, 2004).

[27] Siehe Oppitz, Rechtsbücher, Bd. I, 1990, S. 21–25.

inhaltliche Kenntnis der rechtlichen Regelungen läßt sich jedoch sowohl den vielen Schöffensprüchen als auch den Kompilationen, Übersetzungen und Bearbeitungen deutlich ablesen. Auch hier sei stellvertretend auf mehr als 30 Verweise auf Sachsenspiegel Land- und Lehnrecht im „Rechten Weg“ sowie auf über 5600 Verweise im „Remissorium“ – hier vorwiegend auf die Glossen – hingewiesen. Erinnert sei auch noch einmal daran, daß einzelne Artikel des Sachsenspiegels 1261 mit der von den Magdeburger Ratmannen und Schöffen nach Breslau gesandten Rechtsmitteilung bereits hier bekannt wurden. Es besteht zudem die begründete Vermutung, daß mit dieser Rechtsweisung auch ein Exemplar des Sachsenspiegels mit nach Breslau kam, eben jenes, aus dem die enthaltenen Artikel abgeschrieben wurden.[28] Möglicherweise war dieser Sachsenspiegel dann auch die Vorlage für die noch in der zweiten Hälfte des 13. Jahrhunderts in Breslau entstandene Übersetzung ins Lateinische (s. u. *Kapitel D.I.1.b) aa)*).

b) Sachsenspiegel lateinisch – Handschriften und Drucke[29]

aa) Versio Vratislaviensis[30]

Diese früheste Übersetzung des Sachsenspiegels entstand zwischen 1272 und 1292 in Breslau. Konrad von Oppeln übersetzte im Auftrag von Bischof Thomas II. von Breslau den Text ins Lateinische. Vorlage war eine Handschrift der vierten Fassung (Ordnung IIa) – nach Oppitz eine mit den Handschriften Wrocław/Breslau, Biblioteka Uniwersytecka, Cod. II F 8 (Opp. 261, HC 8327) und Kraków/Krakau, Biblioteka Jagiellońska, Cod. 169 (Opp. 845, HC 7488) verwandte Vorlage –, die möglicherweise direkt von den Magdeburger Schöffen angefordert worden war.[31] Nowak gibt 12 Handschriften dieser Fassung an.[32] Die Nummer

[28] Vgl. hierzu Kroeschell, Rechtsaufzeichung und Rechtswirklichkeit, in: Recht und Schrift im Mittelalter, 1977, S. 369f.

[29] Siehe Oppitz, Rechtsbücher, Bd. I, 1990, S. 26–28.

[30] Siehe ebd., S. 26; die Angabe der Handschriften bei Oppitz ist irreführend, da die dort genannten Nummern 1003 II, 1059 und 1127 aus der Zählung des Rechtsbücherverzeichnisses von Homeyer (^{3}Hom.) stammen, die den ‚Oppitz-Nummern‘ 1296, 931 und 1459 entsprechen und damit doppelt aufgeführt sind. Die Nummer 281 fehlt hingegen, so daß insgesamt 11 Handschriften mit der Versio Vratislaviensis – teilw. auch nur in Auszügen – nachweisbar sind, wobei der Text in den Handschriften Opp. 1296 und 1459 je zweimal enthalten ist.

[31] Vgl. Nowak, Die Verbreitung und Anwendung des Sachsenspiegels, 1965, S. 49.

[32] ^{3}Hom. 183 → Opp. 261 (Wrocław/Breslau, Biblioteka Uniwersytecka, Cod. II F 8),
^{3}Hom. 643 → Opp. 845 (Kraków/Krakau, Biblioteka Jagiellońska, Cod. 169),
^{3}Hom. 644 → Opp. 846 (Kraków/Krakau, Biblioteka Jagiellońska, Cod. 170 a),
^{3}Hom. 646 → Opp. 848 (Kraków/Krakau, Biblioteka Jagiellońska, Cod. 399),
^{3}Hom. 647e → Opp. 859 (Kraków/Krakau, Biblioteka Jagiellońska, Cod. 4171, HC 22534),
^{3}Hom. 709 → Opp. 281 (Wrocław/Breslau, Biblioteka Zakładu Narodowego im. Ossolińskich, 832, Provenienz: L'viv/Lemberg),
^{3}Hom. 710 → Opp. 283 (Wrocław/Breslau, Biblioteka Zakładu Narodowego im. Ossolińskich, 1643, Provenienz: L'viv/Lemberg),
^{3}Hom. 711 → Opp. 1471 (Warszawa/Warschau, Biblioteka Narodowa, Lat. Q II 157, Provenienz:

³Hom. 1127 wird zweimal genannt, da sie Teile dieser Version des Sachsenspiegels in zwei Fassungen enthält (Bl. 45^{v}–102^{r} und Bl. 108^{v}–146^{r}), was jedoch auch für die Handschrift Opp. 1296 zutrifft (Bl. 118^{r}–149^{r} und 168^{r}–191^{v}), so daß von insgesamt 11 nachweisbaren Codices mit 13 Überlieferungszeugen der Versio Vratislaviensis auszugehen ist. Alle Codices, die diese Fassung des Sachsenspiegels enthalten, sind nach der Aussage von Nowak „ausnahmslos in den schlesischen Herzogtümern und im angrenzenden Königreich Polen entstanden".[33]

bb) Versio Sandomiriensis[34]

Diese zweite lateinische Übersetzung des Sachsenspiegels beschränkt sich auf den Landrechtsteil. Sie wird nach ihrem Verfasser, dem Breslauer Stadtschreiber Konrad von Sandomir benannt und ist wohl auch in der Stadt Sandomir vor 1359 entstanden.[35] Nach Nowak lehnt sich diese Handschrift

> „im Hinblick auf die Syntax sehr eng an die deutsche Vorlage [...] einen in Schlesien entstandenen Text der vierten deutschen Fassung, der vermutlich mit der deutschen Vorlage der Versio Vratislaviensis direkt verwandt gewesen ist [an]."[36]

Zu Beginn des 16. Jahrhunderts wurde diese Übersetzung von Jan Łaski[37] zusammen mit dem ebenfalls von Konrad ins Lateinische übertragenen „Magdeburger Weichbildrecht" und anderen in Polen angewandten Rechtsquellen publiziert[38] und diente Johann Cervus Tucholczyk in der ersten Auflage seiner Abhandlung zum Magdeburger Recht[39] als Vorlage. Von den insgesamt neun bei Oppitz[40] (sechs bei

---

Sankt Petersburg – Verlust),
³Hom. 1003 → Opp. 1296 (Przemyśl, Wojewódzkie Archiwum Państwowe, Akta miasta Przemyśla, sygn. 428),
³Hom. 1059 → Opp. 931 (Sankt-Peterburg/Sankt Petersburg, Biblioteka Rossijskoj Akademii Nauk, f. No. 143 (früher XXG/V), Provenienz: Słupca – Auszüge),
³Hom. 1127 I → Opp. 1459 (Warszawa/Warschau, Biblioteka Narodowa, III 3065, fol. 45^{v}–102^{r}),
³Hom. 1127 II → Opp. 1459 (Warszawa/Warschau, Biblioteka Narodowa, III 3065, 108^{v}–146^{r} – Kompilation).
Nowak, Die Verbreitung und Anwendung des Sachsenspiegels, 1965, S. 49 u. Anm. 344.

33 Ebd., S. 49.

34 Siehe Oppitz, Rechtsbücher, Bd. I, 1990, S. 26.

35 Vgl. Ebd. Einen ausführlichen Textvergleich bietet Rymaszewski, Łacińskie teksty Landrechtu Zwierciadła Saskiego w Polsce. Versio Vratislaviensis, Versio Sandomiriensis, Łaski, 1975.

36 Nowak, Die Verbreitung und Anwendung des Sachsenspiegels, 1965, S. 49.

37 Uruszczak, „Łaski, Jan", in: Juristen, 2001, S. 380; Ott, „Laski (a Lasco), John", in: The Catholic Encyclopedia, Vol. 9, 1913, S. 11.

38 Łaski, Commune incliti Poloniae regni privilegium, 1506.

39 Cervus, Farraginis actionum iuris civilis et provincialis Saxonici, municipalisque Magdeburgensis, 1558. Vgl. Pauli, Die polnische Literatur des Magdeburger Rechts, in: Willoweit, Schich (Hrsg.), Studien zur Geschichte des sächsisch-magdeburgischen Rechts in Deutschland und Polen, 1980, S. 152.

40 Opp. 573, 837 (I. Redaktion) u. 268, 835, 836, 890, 1296, 1459, 1481 (II. Redaktion).

Nowak)[41] nachgewiesenen Codices mit diesem Text befinden sich acht im Untersuchungsgebiet und sind mit großer Wahrscheinlichkeit auch dort entstanden.[42]

Nowak weist darauf hin, daß es nicht nur eine nachweisliche Verwendung dieser Rezension des Sachsenspiegels in Polen gegeben hat, sondern daß sie auch

> „primär als polnisches und nicht als deutsches Recht angesehen wurde, [... da] die Versio Sandomiriensis in die von dem polnischen Kanzler und gleichnamigen Primas von Polen, dem Gnesener Erzbischof Johannes Lasko, im Auftrage König Alexanders 1506 veranstaltete Sammlung polnischer Statuten aufgenommen und gedruckt wurde“[43]

und bis ins 19. Jahrhundert im Rahmen dieser Sammlung im Königreich Polen als Rechtsbuch im Gebrauch war.[44]

cc) Versio vulgata[45]

Von dieser lateinischen Übersetzung des Landrechts, die im ersten Drittel des 14. Jahrhunderts wohl in der Mark Brandenburg entstanden ist, sind in verschiedenen Fassungen 22 Handschriften bekannt, von denen jedoch nur zwei in Polen nachgewiesen sind: ein Codex aus dem Jahr 1386 in Liegnitz[46] und einer vom Anfang des 15. Jahrhunderts in Breslau[47]. Die Liegnitzer Handschrift, die neben dem lateinischen Landrecht mit der Wurmschen Glosse auch den „Richtsteig Landrechts“ Johanns von Buch enthält, fertigte der Stadtschreiber Nikolaus Wurm[48] an. Die Breslauer Handschrift enthält ebenfalls den „Richtsteig Landrechts“, aber auch noch das Lehnrecht dazu sowie den Lehnrechtsteil des Sachsenspiegels mit der Stendaler Glosse und das Weichbildrecht.

dd) Lateinischer Druck von Jan Łaski (Krakau 1506)[49]

Die 1506 in Krakau publizierte Sammlung „Commune incliti Poloniae regni privilegium [...]“[50], die der königliche Großkanzler, Erzbischof von Gnesen und Pri-

---

[41] Opp. 268, 573, 837, 890, 1296, 1459 (es fehlen die Nrn. 835, 836 u. 1481).

[42] Wrocław/Breslau, Biblioteka Uniwersytecka, Cod. II Q 4 (Opp. 268, HC 20166; Provenienz: Żagań/Sagan, Bibliothek der Augustinerchorherren), Gniezno/Gnesen, Archiwum Archidiecezjalne-Biblioteka Katedralna, Ms. 104 (Opp. 573), Kórnik/Kurnik, Biblioteka Kórnicka (PAN), Rkps 799, 800 u. 801 (Opp. 835, 836 u. 837), Przemyśl, Wojewódzkie Archiwum Państwowe, Akta miasta Przemyśla, sygn. 428 (Opp. 1296), Warszawa/Warschau, Biblioteka Narodowa, III 3065 (Opp. 1459), Warszawa/Warschau, Biblioteka Uniwersytecka, Rkps 5 (Opp. 1481).

[43] Nowak, Die Verbreitung und Anwendung des Sachsenspiegels, 1965, S. 49f.

[44] Vgl. ebd., S. 50.

[45] Siehe Oppitz, Rechtsbücher, Bd. I, 1990, S. 26.

[46] Legnica/Liegnitz, Kirchenbibliothek St. Peter und Paul, Cod. 1 [verschollen] (Opp. 938, HC 8162).

[47] Wrocław/Breslau, Biblioteka Uniwersytecka, Cod. II F 6 (Opp. 259, HC 18720).

[48] Janz, Nikolaus Wurm, in: HRG, Bd. 5, 1998, Sp. 1546–1548; Schiewer, Leuchte, „Wurm, Nikolaus“, in: Verfasserlexikon, Bd. 10, ²2004, Sp. 1441–1449.

[49] Siehe Oppitz, Rechtsbücher, Bd. I, 1990, S. 26 f.; s. a. *Kapitel D.II.7.*

[50] Łaski, Commune incliti Poloniae regni privilegium, 1506.

mas von Polen Jan Łaski (1456–1531)[51] besorgt hat, enthält – wie oben bereits angeführt – neben dem ins Lateinische übersetzten Sachsenspiegel auch das ebenfalls lateinische „Magdeburger Weichbildrecht" sowie weitere für Polen relevante Rechtsquellen (vor allem Privilegien) – ebenfalls in lateinischer Sprache. Łaskis Druck war dann im 16. Jahrhundert die Vorlage für die Übertragung des Sachsenspiegels ins Polnische durch Groicki.[52]

ee) Auctor vetus de beneficiis[53]

Es spricht einiges dafür, daß es sich bei diesem Text um die lateinische Urfassung von Eikes Sachsenspiegel-Lehnrecht handelt. Handschriftlich hat sich diese Quelle leider nicht erhalten, sondern nur in Drucken von Johannes Havichorst[54] (1569)[55], Christian Thomasius (1708)[56] und nach Exzerpten Marquard Frehers (1599)[57]. Lediglich eine wortwörtliche Rückübersetzung ins Deutsche (um 1300) ist handschriftlich überliefert.[58] Nach aktuellem Kenntnisstand läßt sich dieser Text im Untersuchungsgebiet nicht nachweisen.

c) Sachsenspiegel – glossierte Formen[59]

Die Glosse zum Sachsenspiegel Landrecht entstand etwa einhundert Jahre nach dem Sachsenspiegel im ersten Viertel des 14. Jahrhunderts.[60] Johann von Buch (um 1290–um 1356)[61], Hofrichter des markgräflichen Hofgerichts, gilt inzwischen gesichert als Verfasser des Glossentextes. Seine juristische Ausbildung hat

---

51 Uruszczak, „Łaski, Jan", in: Juristen, 2001, S. 380 (Uruszczak gibt das Geburtsjahr Łaskis mit 1455 an); Ott, „Laski (a Lasco), John", in: The Catholic Encyclopedia, Vol. 9, 1913, S. 11; Korytkowski, Jan Łaski, 1880.

52 Groicki, Artykuły prawa majdeburskiego, które zowią Speculum Saxonum, 1558 (zu den Publikationen Groickis s. Estreicher, Bibliografia Polska, Bd. 17, 1899, S. 403–413, hier S. 403; weitere Ausgaben 1559, 1560, 1562, 1565, 1568, 1616, 1629; Neudr. durch Koranyi 1954).

53 Siehe Oppitz, Rechtsbücher, Bd. I, 1990, S. 27 f.; s. a. ders., Auctor vetus de beneficiis, in: ²HRG, Bd. 1, 2008, Sp. 326 f. und die Einleitung zur Edition von Eckhardt (Eckhardt, Auctor vetus de beneficiis, [Bd. 1], 1964, S. 9–57).

54 PND: 124677657.

55 Havichorst (Hrsg.), [Commentarius in consuetudines feudorum], 1569, S. 396–460; s. a. Eckhardt (Hrsg.), Auctor vetus de beneficiis, [Bd. 1], 1964, S. 47 f.

56 Thomasius, Selecta Feudalia Thomasiana, 1708, S. 97–170.

57 Freher (Hrsg.), De Feudis Constitutio Karoli III., 1599 (die Schrift wird häufig als Anhang zu einer Sammelschrift zitiert, die 1692 herausgegeben wurde); zu Freher s. Wegele, „Freher, Marquard", in: ADB, Bd. 7, 1877, S. 334 f. u. Fuchs, „Freher, Marquard Friedrich", in: NDB, Bd. 5, 1961, S. 392 f.

58 Görlitz, Stadtarchiv, Rep. b. A. I S. 230 Nr. Varia 8 (fol. 1–55ᵛ; Opp. 580a, HC 1600).

59 Siehe Oppitz, Rechtsbücher, Bd. I, 1990, S. 29 f. und 72–76.

60 Vgl. zur Geschichte der Landrechtsglosse: Lieberwirth, Kaufmann, Einleitung, in: Kaufmann (Hrsg.), Glossen zum Sachsenspiegel-Landrecht, T. 1, 2002, S. XVII–XLIV; ders., Glossen zum Sachsenspiegel, in: ²HRG, 9. Lfg., 2009, Sp. 416–422.

61 Lück, Johann von Buch (um 1290–um 1356), in: ²HRG, 14. Lfg., 2011, Sp. 1376 f.

er in Bologna erfahren und die Glossierung des gelehrten Rechts auf den Landrechtsteil des Sachsenspiegels übertragen. Die wissenschaftliche Würdigung, die dem Text so zuteil wurde, hat einen wesentlichen Anteil an der jahrhundertelangen Rezeption des Sachsenspiegeltextes. Der Sachsenspiegel, dessen Lehnrechtsteil ebenfalls noch im 14. Jahrhundert mit einer Glosse versehen wurde,[62] bezeugt auf diese Weise nicht nur „die beginnende Rezeption des wissenschaftlich bearbeiteten römischen Rechts im deutschen Rechtsbereich",[63] sondern vermochte durch diese Verbindung von sächsichem und römischem Recht bis ins 19. Jahrhundert lebendig zu bleiben.[64]

Die Glossenhandschriften sind zahlreich überliefert. Heute lassen sich noch mehr als 200 Textzeugen (Handschriften und -fragmente) – z. T. auch im Untersuchungsgebiet (Breslau, Krakau, Liegnitz) – nachweisen.[65] Hinzu kommen neun Wiegendrucke und eine lange Reihe von weiteren Drucken. „Wie viele Exemplare insgesamt gedruckt worden sind, ist wohl kaum zu ermitteln."[66]

Wie der Sachsenspiegel selbst werden auch die glossierten Formen in Klassen und Ordnungen unterteilt, wobei dies für die Land- und die Lehnrechtsglosse gesondert erfolgt. Nach Oppitz sind dies:

Landrechtsglosse

- Klasse I (Kürzere Glosse)
- Ordnung Ia (bis Art. III 81 § 1)
- Ordnung Ib (Eingang zu Art. II 81 § 2 unvollständig)
- Ordnung Ic (Eingang zu Art. II 81 § 2 unvollständig und unpassender Zusatz über die ‚Ebenburt')
- Klasse II (Längere Glosse)
- Klasse III (Zusatzglossen)
- Ordnung IIIa (Wurmsche Glosse)
- Ordnung IIIb (Tzerstedische Glosse)
- Ordnung IIIc (Petrinische Glosse)
- Ordnung IIId (Stendaler Glosse)
- Ordnung IIIe (Bocksdorfsche Glosse)

---

[62] Kaufmann (Hrsg.), Glossen zum Sachsenspiegel-Lehnrecht. Die kürzere Glosse. T. 1 u. 2, 2007; die Edition der längeren Lehnrechts-Glosse wird ebenfalls von Kaufmann an der Sächsischen Akademie der Wissenschaften zu Leipzig vorbereitet.

[63] Lieberwirth, Kaufmann, Einleitung, in: Kaufmann (Hrsg.), Glossen zum Sachsenspiegel-Landrecht, T. 1, 2002, S. XXXI.

[64] F. Ebel, Sachsenspiegel, V. Glossen, in: HRG, Bd. 4, 1990, Sp. 1231 f.

[65] Siehe Kaufmann (Hrsg.), Glossen zum Sachsenspiegel-Landrecht. T. 3, 2002, S. 1523–1551.

[66] Lieberwirth, Kaufmann, Einleitung, in: Kaufmann (Hrsg.), Glossen zum Sachsenspiegel-Landrecht, T. 1, 2002, S. XLII.

Lehnrechtsglosse

- Klasse I (Kürzere Glosse)
- Klasse II (Längere Glosse)
- Klasse III (Wurmsche Glosse)
- Klasse IV (gemischte deutsch-lateinische, sogenannte Stendaler Glosse)[67]

Mehrere der glossierten Sachsenspiegelcodices sind in Polen entstanden oder haben den Weg nach Polen gefunden, was im Einzelfall noch nachzuprüfen wäre. Für die Landrechtsglosse sind vier Exemplare in Breslau nachweisbar

- Wrocław/Breslau, Biblioteka Uniwersytecka, Cod. Mil. II,36[68]
- Wrocław/Breslau, Biblioteka Zakładu Narodowego im. Ossolińskich, 1636[69]
- Wrocław/Breslau, Biblioteka Uniwersytecka, Cod. II F 6 (Opp. 259, HC 18720 – Text) u. F 7 (Opp. 260, HC 7419 – Glosse)[70]
- Wrocław/Breslau, Biblioteka Uniwersytecka, Cod. II F 5[71]

und eins in Liegnitz

- Legnica/Liegnitz, Kirchenbibliothek St. Peter und Paul, Cod. 1 [verschollen][72].

Außerdem befindet sich heute eine Handschrift in der Sächsischen Landesbibliothek – Staats- und Universitätsbibliothek (SLUB) Dresden, die früher dem Rat von Oppeln gehörte.[73] Zwei weitere Handschriften,[74] die sich heute in der Biblioteka Jagiellońska in Krakau befinden, stammen ursprünglich aus Görlitz und sind für die Rezeption im Untersuchungsgebiet Polen deshalb nicht relevant. Bemerkenswert ist, daß eine Breslauer Handschrift, die sowohl die Glosse zum Land- als auch zum Lehnrecht enthält, zusammen mit einer Berliner Handschrift[75] Vorlage für den Augsburger Druck von 1516[76] gewesen sein soll.

---

[67] Kaufmann ergänzt hier die Stendaler Glosse (Kaufmann (Hrsg.), Glossen zum Sachsenspiegel-Lehnrecht, Teil 1, 2006, S. XX). Zur Überlieferung der Lehnrechtsglossen s. ebd., S. XVIII–XX.

[68] Opp. 277, HC 20168 – diese Handschrift gehört zur Klasse II (Längere Buch'sche Glosse), Ordnung Ib – vgl. Oppitz, Rechtsbücher, Bd. I, 1990, S. 72 f.

[69] Opp. 282 – diese Handschrift gehört zur Klasse III (Zusatzglossen), Ordnung IIIa (Wurmsche Glosse) – vgl. ebd., S. 73).

[70] Diese Handschriften gehören zur Klasse III (Zusatzglossen), Ordnung IIIc (Petrinische Glosse) u. Ordnung IIId (Stendaler Glosse) – vgl. ebd., S. 74.

[71] Opp. 258, HC 20161 – diese Handschrift gehört zur Klasse III (Zusatzglossen), Ordnung IIIe (Bockdorfsche Glosse) – vgl. ebd., S. 74 f.

[72] Opp. 938, HC 8162 – diese Handschrift gehört zur Klasse III (Zusatzglossen), Ordnung IIIa (Wurmsche Glosse).

[73] Dresden, Sächsische Landesbibliothek – Staats- und Universitätsbibliothek, Mscr. M 27 (Opp. 446, HC 14555 – diese Handschrift gehört zur Klasse I (kürzere Glosse), Ordnung Ib – vgl. Oppitz, Rechtsbücher, Bd. I, 1990, s. 72f.).

[74] Kraków/Krakau, Biblioteka Jagiellońska, Przyb. 42/60 (Opp. 861, HC 8354) u. Przyb. 46/60 (Opp. 863, HC 22538).

[75] Berlin, Staatsbibliothek zu Berlin – Preußischer Kulturbesitz, mgf 284 (Opp. 116, HC 12084).

[76] Eike ⟨von Repgow⟩, [Sachsenspiegel-Landrecht, Lehnrecht, Richtsteig Land- und Lehnrechts] 1516.

Für die Rezeption bedeutend war die lateinische Übersetzung durch Mikołaj Jaskier, die 1535 und erneut 1602 in Krakau gedruckt wurde.[77] Auf diesen Druck stützte sich dann die Übertragung ins Polnische durch Paweł Szczerbicz, Syndikus von Lemberg, die 1581 in Lemberg gedruckt wurde und weitere Auflagen 1610 in Posen und 1614 in Warschau erfuhr.[78] In der Folge erschienen Bearbeitungen von Johann Cervus Tucholczyk, Johannes Kirstein, Stanisław Aichler und Bartholomäus Groicki.[79]

Die Lehnrechtsglosse ist in Polen nur in Form der längeren Glosse in insgesamt vier Handschriften nachweisbar, die sich alle in Breslau befinden.[80]

d) Sonderformen – Breslauer Landrecht[81]

Diese Bearbeitung des Landrechts, die in der Literatur häufig auch als „Schlesisches Landrecht"[82] bezeichnet wird, entstand 1356 im Auftrag von König Johann von Böhmen und wurde durch den Ausschuß der „königlichen Sechser"[83] für das Fürstentum erlassen.[84] Die Änderungen gegenüber der Sachsenspiegelvorlage sind nicht gravierend. Vornehmlich werden einige Streichungen und eine neue Einteilung in 365 Kapitel vorgenommen sowie 13 Artikel hinzugefügt.[85] Von den vier zu unterscheidenden Textstufen sind sechs Codices bekannt, die alle dem Untersuchungsgebiet zugeordnet werden können. Die Handschrift, die zur ersten Fassung gehört, befindet sich heute in der Dresdener Landesbibliothek,[86] ist aber aufgrund von Wasserschäden nicht mehr nutzbar.[87] Sowohl mit dem Schreibernamen (Sigismund de Kamenycz, fol. 217) als auch mit dem Personal der ebenfalls enthaltenen Schöffensprüche („Ich Nicolaus Schonebecke foyt ȝcue Ostraw vnd wir Scheppen do ſelbiſt [...]")[88] und der Rückenbeschriftung („Speculum || Saxon. || Codex Oppelenſis")[89] weist dieser Codex jedoch nach Schlesien. Die

[77] Jaskier, Iuris provincialis, 1535, ²1602; s. a. *Kapitel B.VI.* und *Kapitel D.II.8.*

[78] Szczerbicz, Speculum Saxonum albo prawo saskie i majdeburskie, 1581, 2. Aufl. 1610, 3. Aufl. 1646.

[79] Zu diesen Bearbeitern s. *Kapitel D.II.10.–13.*

[80] 1. Wrocław/Breslau, Stadtbibliothek, Mscr. Nr. 580 [verschollen] (Opp. 252, HC 22024); 2. Wrocław/Breslau, Biblioteka Uniwersytecka, Cod. II F 6 (Opp. 259, HC 18720); 3. Wrocław/Breslau, Biblioteka Uniwersytecka, Cod. II F 8a (Opp. 262, HC 20162); 4. Wrocław/Breslau, Biblioteka Uniwersytecka, Cod. II F 17 (Opp. 264, HC 20164; Provenienz: Kloster Kamenz).

[81] Siehe Siehe Oppitz, Rechtsbücher, Bd. I, 1990, S. 30 f.; Johanek, Breslauer Landrecht, in: Verfasserlexikon, Bd. 1, ²1978, Sp. 1025 f.

[82] Wegener, Schlesisches Landrecht, in: HRG, Bd. 4, 1990, Sp. 1426–1429.

[83] Siehe Goerlitz, Verfassung, Verwaltung und Recht der Stadt Breslau, 1962, S. 103 f.

[84] F. Ebel, Breslau, in: ²HRG, Bd. 1, 2008, Sp. 682.

[85] Vgl. Johanek, Breslauer Landrecht, in: Verfasserlexikon, Bd. 1, ²1978, Sp. 1025; Wegener, Schlesisches Landrecht, in: HRG, Bd. 4, 1990, Sp. 1428.

[86] Dresden, Landesbibliothek, Mscr. M 28 (Opp. 447, HC 14556).

[87] Eine Abschrift aus dem 19. Jahrhundert befinden sich im Nachlaß Homeyer in der Staatsbibliothek Berlin.

[88] Zitiert nach Kurt Matthai (1911), Manuskript der Handschriftenbeschreibung, s. HC 14556, Bl. 7.

[89] Zitiert nach ebd., Bl. 2.

Codices der zweiten Fassung finden sich in Kattowitz[90] und Wrocław/Breslau[91]. Die dritte Fassung ist in zwei Breslauer Handschriften überliefert[92] und die vierte Fassung, die sich im Breslauer Stadtarchiv befunden haben soll und die wohl identisch mit den beiden anderen Breslauer Handschriften ist, konnte schon zu Beginn des 19. Jahrhunderts nicht mehr nachgewiesen werden und ist nur aus der Literatur bekannt.[93] Mit dem „Breslauer Landrecht" wurde der Sachsenspiegel auf obrigkeitliches Geheiß für die Rechtsprechung einer bestimmten Region adaptiert und über einen längeren Zeitraum dort auch angewendet.

2. Magdeburger Rechtsbücher

Der Rechtsfamilie des Magdeburger Rechts werden eine ganze Reihe von Rechtstexten zugeordnet, von denen im folgenden jene genannt werden sollen, für die ein Rezeption im Untersuchungsgebiet Polen nachgewiesen oder wahrscheilich ist. Als Orientierung dient wieder die Zusammenstellung von Oppitz.[94] Hier werden unter der Überschrift „Stadtrechtsbücher" die „Weichbildchronik", das „Rechtsbuch von der Gerichtsverfassung", das „Magdeburger Schöffenrecht" und die „Vulgatfassung des Weichbildrechts" sowie dessen Übersetzungen, das „systematische Schöffenrecht", der „Rechte Weg", der „Alte Kulm", die „Magdeburger Fragen", die „Neun Bücher des Magdeburger Rechts", die „Landläufigen Kulmischen Rechte", das „Danziger Schöffenbuch" und das „Posener Rechtsbuch" zum Magdeburger Recht gezählt.

a) Weichbildchronik

Die „Weichbildchronik" ist strenggenommen kein Rechtstext, wird aber dennoch hier mit aufgeführt, weil sie ausnahmslos in Verbindung mit Magdeburger Rechtsbüchern und/oder dem Sachsenspiegel, vornehmlich zusammen mit dem „Sächsischen Weichbildrecht" überliefert ist.

Von den insgesamt 54 bei Oppitz nachgewiesenen Codices befinden sich 18 in Städten des Untersuchungsgebiets bzw. sind dort entstanden oder haben ihre Herkunft dort.[95] Neben Breslau[96], Danzig[97] und Krakau[98], die den Großteil der Hand-

90 Katowice/Kattowitz, Biblioteka Śląska, DD IV 10 (Opp. 761, HC 13779; Provenienz: Cieszyn/Teschen).

91 Wrocław/Breslau, Archiwum Państwowe, o. Signatur (Opp. 250, HC 22022).

92 Wrocław/Breslau, Archiwum Państwowe, Akta miasta Wrocł. J 10 und 11 (Opp. 297 u. 298, HC 20157 u. 20158).

93 Wrocław/Breslau, Stadtarchiv (Opp. 1645 – nicht nachweisbar).

94 Oppitz, Rechtsbücher, Bd. I, 1990, S. 47–53.

95 Ebd., S. 47 (hier werden nur 35 Nummern aufgezählt. In Bd. II finden sich aber 54 Codices, in denen die „Weichbildchronik" überliefert ist – inkl. Fragmente und verschollene Handschriften). Vgl. auch Johanek, Magdeburger Rechtsbücher (‚Magdeburgisches Weichbild', ‚Sächsisches Weichbild'), in: Verfasserlexikon, Bd. 11, ²2004, Sp. 945–953, hier 3. ‚Weichbildchronik', Sp. 948.

96 Wrocław/Breslau, Biblioteka Uniwersytecka, Cod. II F 6 (Opp. 259, HC 18720), Cod. II F 8 (Opp.

schriften mit „Weichbildchronik“ bewahren, finden sich auch Codices mit diesem Text in Braunsberg[99], Fürstenstein[100], Gnesen[101] und Berlin (Provenienz Liegnitz/Legnica)[102]. Die handschriftlich überlieferten „Weichbildchroniken“ sind überwiegend in deutscher Sprache verfaßt. Nur ein Codex des 15. Jahrhunderts, der heute in Wrocław/Breslau[103] aufbewahrt wird und aus der Bibliothek der Augustinerchorherren in Sagan/Żagań stammt, bietet eine lateinische Fassung. Neben der „Weichbildchronik“ ist in dieser Sammelhandschrift auch das – mit deutschem Text wechselnde – Weichbildrecht, das Landrecht des Sachsenspiegels in der lateinischen Fassung Konrads von Sandomir, ein deutschsprachiges Lehnrecht des Sachsenspiegels, das „Meißner Rechtsbuch“, der „Richtsteig Landrechts“ Johanns von Buch sowie noch einmal Sachsenspiegel-Land- und Lehnrecht (nur der Anfang) enthalten.

b) Rechtsbuch von der Gerichtsverfassung bzw. Sächsisches oder Magdeburger Weichbildrecht[104]

Eine genaue inhaltliche Beschreibung dieses Rechtstextes, der weitgehend mit dem Weichbildrecht identisch ist, bietet Laband[105], der in seiner Edition und einer Konkordanz die Unterschiede und Gemeinsamkeiten dieser beiden Rechtstexte aufzeigt. Überliefert ist dieser Text, der wohl zwischen 1257 und 1261 in Magdeburg entstanden ist, in elf Handschriften, allerdings wird bei einigen nicht zwischen Weichbildrecht und „Rechtsbuch von der Gerichtsverfassung“ unterschieden. In Polen sind heute noch sechs Textzeugen in Gdańsk/Danzig, Wrocław/Breslau und Kraków/Krakau nachweisbar.[106]

261, HC 8327), Cod. II Q 3 (Opp. 267, HC 8320), II Q 4 (Opp. 268, HC 20166; Provenienz: Żagań/Sagan), Cod. Mil. II, 4 [antea Varia 5] (Opp. 271, HC 18690; Provenienz: Görlitz), Wrocław/Breslau, Archiwum Państwowe, Akta miasta Swidnic. No. 57 (Opp. 287, HC 7524), Rep. 132a, Dep. miasta Lwówka Nr. 1 (Opp. 304, HC 7528; Provenienz: Lwówek Śląski/Löwenberg).

[97] Gdańsk/Danzig, Biblioteka Gdańska Polskiej Akademii Nauk, Ms. 1787, (Opp. 354, HC 5142), Ms. 1791, (Opp. 356, HC 7209), Ms. 1803 (Opp. 366, HC 7218), Gdańsk/Danzig, Wojewódzkie Archiwum Państwowe, 300 R/W, 1 (Opp. 372).

[98] Kraków/Krakau, Biblioteka Jagiellońska, Cod. 168 (Opp. 844, HC 7490), Cod. 169 (Opp. 845, HC 7488), Cod. 170a (Opp. 846, HC 7489).

[99] Braniewo/Braunsberg, Stadtarchiv, A Nr. 87 (Opp. 228, HC 7815 – verschollen).

[100] Książ/Fürstenstein, Hochbergsche Majoratsbibliothek, Mscr. fol. 18 (Opp. 525), Mscr. fol. 356 (Opp 526, HC 7603) – beide verschollen.

[101] Gniezno/Gnesen, Archiwum Archidiecezjalne-Biblioteka Katedralna, Ms. 70 (Opp. 572, HC 2728).

[102] Berlin, Staatsbibliothek zu Berlin – Preußischer Kulturbesitz, Hdschr. 392 (Opp. 1295d, HC 8776; Provenienz: Legnica/Liegnitz, Kirchenbibliothek St. Peter und Paul, Cod. 2).

[103] Wrocław/Breslau, Biblioteka Uniwersytecka, Cod. II Q 4, (Opp. 268, HC 20166; Provenienz: Żagań/Sagan, Bibliothek der Augustinerchorherren).

[104] Siehe Oppitz, Rechtsbücher, Bd. I, 1990, S. 47; Magin, „Wie es umb der iuden recht stet“, 1999, S. 56 f.

[105] Laband, Magdeburger Rechtsquellen, 1869, Neudr. 1967, S. 32–49; Edition, ebd., S. 50–69.

[106] Wrocław/Breslau, Biblioteka Uniwersytecka, Cod. II F 6 (Opp. 259, HC 18720), Cod. II F 8 (Opp.

c) Magdeburger Schöffenrecht[107]

Entstanden ist dieser Rechtstext, der im Kern die Magdeburger Rechtsweisung für Breslau von 1261 enthält, nicht aber die von 1295, wohl um 1270. Jeweils ergänzt mit Material aus der Magdeburger Spruchpraxis hat sich keine einheitliche Form herausgebildet. Mit Erweiterungen auch aus dem Sachsenspiegel wird das Magdeburger Schöffenrecht Teil vor allem des Weichbildrechts, das mit diesem in seiner Grundform identisch ist. Eine ausführliche Darstellung der problematischen Überlieferungslage dieser Quellengruppe bietet Laband.[108] Oppitz verzeichnet in seiner Übersicht insgesamt 23 Handschriften,[109] die das Magdeburger Schöffenrecht überliefern. Davon können elf dem Untersuchungsgebiet Polen zugerechnet werden, wobei ein Codex aus Breslau (Opp. 259) wohl eine Überlieferung des ursprünglichen Textes bietet.

Insgesamt gehören sechs Textzeugen nach Wrocław/Breslau

- Wrocław/Breslau, Biblioteka Uniwersytecka, Cod. II F 6 (Opp. 259, HC 18720)
- Wrocław/Breslau, Biblioteka Uniwersytecka, Cod. II F 8 (Opp. 261, HC 8327)
- Wrocław/Breslau, Biblioteka Uniwersytecka, Cod. II Q 3 (Opp. 267, HC 8329)
- Wrocław/Breslau, Archiwum Państwowe, Akta miasta Swidnic. No. 180 (163e), Provenienz: Schweidnitz (Opp. 289, HC 7525)
- Wrocław/Breslau, Archiwum Państwowe, Rep. 135 V 67, Provenienz: Glogau (Opp. 308, HC 8062)
- Wrocław/Breslau, Mathias Machner (Opp. 980 – verschollen)

zwei nach Gdańsk/Danzig

- Gdańsk/Danzig, Biblioteka Gdańska Polskiej Akademii Nauk, Ms. 1787 (Opp. 354, HC 5142)
- Gdańsk/Danzig, Wojewódzkie Archiwum Państwowe, 300 R/W, 1 (Opp. 372)

und drei nach Krakau

- Kraków/Krakau, Biblioteka Jagiellońska, Cod. 168 (Opp. 844, HC 7490)
- Kraków/Krakau, Biblioteka Jagiellońska, Cod. 169 (Opp. 845, HC 7488)
- Kraków/Krakau, Biblioteka Jagiellońska, Cod. 4171 (Opp. 859, HC 22534).

261, HC 8327), II Q 4 (Opp. 268, HC 20166; Provenienz: Żagań/Sagan, Bibliothek der Augustinerchorherren), Gdańsk/Danzig, Wojewódzkie Archiwum Państwowe, 300 R/W, 1 (Opp. 372), Kraków/Krakau, Biblioteka Jagiellońska, Cod. 168 (Opp. 844, HC 7490), Cod. 169 (Opp. 845, HC 7488).

[107] Siehe Oppitz, Rechtsbücher, Bd. I, 1990, S. 47; Johanek, Magdeburger Rechtsbücher, in: Verfasserlexion, Bd. 11, 2004, Sp. 947 f.

[108] Laband, Mageburger Rechtsquellen, 1869, Neudr. 1967, S. 70–112.

[109] Oppitz, Rechtsbücher, Bd. I, 1990, S. 47; dort Nr. 354 u. 671 doppelt.

d) Weichbildvulgata[110]

Die zum Ende des 13. Jahrhunderts entstandene „Weichbildvulgata“, in der „Weichbildchronik“, Weichbildrecht („Rechtsbuch von der Gerichtsverfassung“) und Magdeburger Schöffenrecht sowie Auszüge aus dem Sachsenspiegel vereinigt werden, ist in dieser Form nach Oppitz nur in zwei Handschriften in Göttingen und Leipzig überliefert. Dennoch ist der Text von großer Bedeutung für die Verbreitung und Rezeption des sächsisch-magdeburgischen Rechts auch im Untersuchungsgebiet, da er in der Folgezeit häufig überarbeitet, glossiert und übersetzt wurde – ins Lateinische, aber auch in die polnische und tschechische Sprache (s. u.). Das Weichbildrecht nimmt auch insofern eine Sonderstellung unter den magdeburgischen Stadtrechtstexten ein, als es von den Magdeburger Schöppen selbst als verbindlicher Leitfaden der Rechtsfindung anerkannt war. In einem Schöffenspruch an die Eislebener Kollegen bekennen sich die Magdeburger Schöppen zu dem Buch, das folgendermaßen beginnt: „By des großin konig Otten tiden etc.“ und setzen hinzu „das ist vnse wichbelde recht, daz vns dy große konig keyser Otte bestitigt hat“[111]. Das Weichbildrecht wird hier dem „Meißner Rechtsbuch“ gegenübergestellt, von dem die Magdeburger Schöppen sagen

> „das wir da nicht von halden, wen da nicht bestetigt ist von pawesen ader van keysern, vnd ist körczlich vffkomen, daz man nicht en weyß, wy daz zcu houffe gesaczt, vnd ouch mennigerleye vnd vele artikele heldt, dy weder vnse alde beschrebene vnd bestetigede recht sin.“[112]

Hinzuweisen ist in diesem Zusammenhang auch auf den Umstand, daß die Glossen zum Weichbild viele Übereinstimmungen mit der Buch'schen Glosse[113] zum Sachsenspiegel Landrecht zeigen. Inhalte der Buch'schen Landrechtsglosse erfahren so über die Adaptation im „Sächsischen Weichbildrecht“ und dessen Übersetzungen eine enorme Verbreitung im Untersuchungsgebiet Polen.[114]

e) Weichbild-Übersetzungen[115]

Wie oben bereits gesagt, gibt es zahlreiche Übersetzungen des Weichbildrechts und der „Weichbildvulgata“. Bezeichnenderweise war das Bedürfnis, eine Übersetzung ins Lateinische anzufertigen in Breslau offenbar am größten. Ohne letztlich entscheiden zu können, welches das Movens der Übersetzer war, spricht einiges für den Wunsch, durch die Übertragung ins Lateinische Sprachbarrieren zu

---

[110] Siehe Oppitz, Rechtsbücher, Bd. I, 1990, S. 47 f.

[111] Zitiert nach F. Ebel, Magdeburger Recht, Bd. I, 1983, Nr. VI,10, S. 280.

[112] Ebd.

[113] Kaufmann (Hrsg.), Glossen zum Sachsenspiegel-Landrecht, T. 1–3, 2002.

[114] Hinweis auf die inhaltlichen Überschneidungen der Glossentexte von Dr. Frank-Michael Kaufmann, Sächsische Akademie der Wissenschaften zu Leipzig, Arbeitsstelle ‚Monumenta Germaniae Historica (Sachsenspiegelglossen)‘.

[115] Siehe Oppitz, Rechtsbücher, Bd. I, 1990, S. 48.

überwinden. So schreibt Kałużniacki über eine Sammelhandschrift[116], die lateinische und polnische Rechtstexte enthält (u. a. eine polnische Übersetzung der „Magdeburger Urteile"), daß die Übersetzung nach

> „[...] Aussage des Verfassers den Zweck hatte, die wichtigsten Vorschriften des deutschen, d. i. des sächsischen Stadtrechtes durch eine lateinische Übersetzung auch denjenigen zugänglich zu machen, die wohl der lateinischen, nicht aber auch der deutschen Sprache mächtig waren."[117]

Lateinische Übersetzungen des Weichbildrechts sind im Untersuchungsgebiet in 15 Codices überliefert. Davon allein sechs Warschau/Warszawa,[118] wovon drei Handschriften 1944 von den deutschen Besatzern nach der Niederschlagung des Warschauer Aufstandes verbrannt wurden.[119] Von zwei dieser Handschriften ist als Provenienz nur Leningrad/Sankt Petersburg bekannt,[120] allerdings kann man vermuten, daß auch diese Codices wie die Bestände der Bibliothek Józef Załuskis Ende des 18. Jahrhunderts aus Warschau als Kriegsbeute nach Sankt Petersburg kamen und später – wenigsten zu einem Teil – nach Polen zurückgegeben wurden. Zwei Codices befinden sich in Breslau,[121] zwei in Kurnik,[122] je einer in Tschenstochau,[123] Gnesen,[124] Krakau,[125] Lemberg[126] und Przemyśl[127]. Der überwiegende Teil der lateinischen Fassungen ist im Laufe des 15. Jahrhunderts, aber auch im 16. Jahrhundert entstanden. Zwei Handschriften weisen ins 14. Jahrhundert.[128] Handschriften nach dem 16. Jahrhundert werden bei Oppitz nicht verzeichnet.

An diesem Text läßt sich nachweisen, daß die Adaptation des sächsisch-magdeburgischen Rechts in Polen auch zurückwirkte auf die Regionen, aus denen das

---

116 Warszawa/Warschau, Biblioteka Narodowa, III 8035, Provenienz: Przemyśl (Opp. 1462).

117 Kałużniacki, Die polnische Recension der Magdeburger Urteile, 1886, S. 120.

118 Warszawa/Warschau, Biblioteka Narodowa, III 3065 (Opp. 1459), Warszawa/Warschau, Biblioteka Narodowa, III 8035, Provenienz: Przemyśl (Opp. 1462), Warszawa/Warschau, Biblioteka Narodowa, Lat. F II 124 – Verlust (Opp. 1466), Warszawa/Warschau, Biblioteka Narodowa, Lat. Q II 157, Provenienz: Sankt Petersburg – Verlust (Opp. 1471), Warszawa/Warschau, Biblioteka Narodowa, Lat. Q II 274, Provenienz: Sankt Petersburg – Verlust (Opp. 1472), Warszawa/Warschau, Biblioteka Uniwersytecka, Rkps 5 (Opp. 1481).

119 Opp. 1466, 1471, 1472.

120 Opp. 1471, 1472.

121 Wrocław/Breslau, Biblioteka Uniwersytecka, II Q 4 (Opp. 268, HC 20166; Provenienz: Żagań/Sagan, Bibliothek der Augustinerchorherren), Wrocław/Breslau, Biblioteka Zakładu Narodowego im. Ossolińskich, 832, Provenienz: L'viv/Lemberg (Opp. 281).

122 Kórnik/Kurnik, Biblioteka Kórnicka (PAN), Rkps 800 u. 801 (Opp. 836 u. 837).

123 Częstochowa/Tschenstochau, Archiwum OO. Paulinów na Jasnej Górze, II–3 (Opp. 351).

124 Gniezno/Gnesen, Archiwum Archidiecezjalne-Biblioteka Katedralna, Ms. 104 (Opp. 573).

125 Kraków/Krakau, Biblioteka Jagiellońska, Cod. 4405 (Opp. 860).

126 L'viv/Lemberg, Archiwum Krajowe Aktów Grodzkich i Ziemskich, fonds Sanok Nr. 438, Provenienz: Sanok (Opp. 929 – verschollen).

127 Przemyśl, Wojewódzkie Archiwum Państwowe, Akta miasta Przemyśla, sygn. 428 (Opp. 1296).

128 Gniezno/Gnesen, Archiwum Archidiecezjalne-Biblioteka Katedralna, Ms. 104 (Opp. 573), Kraków/Krakau, Biblioteka Jagiellońska, Cod. 4405 (Opp. 860).

Recht einst mitgebracht wurde. So sind in einem Codex, der heute in der Universitätsbibliothek Leipzig aufbewahrt wird und der ursprünglich wohl aus Halle stammt, sowohl der Sachsenspiegel als auch das Weichbildrecht in der lateinischen Fassung Konrads von Sandomir überliefert.[129]

Das Weichbildrecht wurde auch ins Tschechische übersetzt.[130] Diese Handschrift wird im Band zu den Untersuchungsgebieten Tschechien und Slowakei die Textgrundlage des Tschechienteils bieten.

f) Systematisches Schöffenrecht[131]

Eine erste unsystematische Kompilation aus Rechtsmitteilungen und Magdeburger Schöffenurteilen entstand zwischen 1352 und etwa 1363 in Breslau. Systematisierungen und Bearbeitungen folgten bereits im 14. Jahrhundert. Diese haben in der Folge sowohl den „Alten Kulm"[132] und auch das „Glogauer Rechtsbuch"[133] beeinflußt. Bis auf wenige Ausnahmen sind die elf überlieferten Codices, die diesen Rechtstext enthalten, im Untersuchungsgebiet entstanden und werden heute vor allem in Wrocław/Breslau, (7 Codices)[134] und in einem Exemplar in Katowice/Kattowitz[135] aufbewahrt.

g) Der Rechte Weg[136]

Dieses schon mehrfach erwähnte Rechtsbuch, das der Breslauer Kaufmann und rechtskundige Schöffe Kaspar Popplau Ende des 15. Jahrhunderts wohl zum eigenen Gebrauch, aber auch für seine Schöffenkollegen zusammengestellt hat, gibt einen ausführlichen Einblick in das in Breslau am Ende des 15. Jahrhunderts

---

[129] Leipzig, Universitätsbibliothek, Ms. 951b (Opp. 890).

[130] Praha/Prag, Parlamentní knihovna, o. Sign., Provenienz: Litoměřice/Leitmeritz, Státní okresní archiv Litoměřice, Archiv města Litoměřice IV A 1 (Opp. 922, online: http://www.psp.cz/kps/knih/prawa/prawa.htm – Abfragedatum: 13.09.2011), Praha/Prag, Knihovna Národního Muzea v Praze, Cod. III C 5 (Opp. 1244), Praha/Prag, Národní knihovna České republiky, XVII C 24 (Opp. 1277), Praha/Prag, Národní knihovna České republiky, XXIII D 164 (Opp. 1283?).

[131] Siehe Oppitz, Rechtsbücher, Bd. I, 1990, S. 48 f.

[132] Elbląg/Elbing, Stadtbibliothek, Cod. Qu. 4 [verschollen] (Opp. 479, HC 4705) – auf der Grundlage der Teschener Handschrift, heute Katowice/Kattowitz, Biblioteka Śląska, DD IV 10 (Opp. 761, HC 13779; Provenienz: Cieszyn/Teschen).

[133] Leipzig, Universitätsbibliothek, Ms. 953 (Opp. 892, HC 15251).

[134] Wrocław/Breslau, Archiwum Państwowe, o. Signatur (Opp. 250, HC 22022); Wrocław/Breslau, Stadtbibliothek, Cod. R 2623 [Kriegsverlust] (Opp. 254, HC 7627); Wrocław/Breslau, Biblioteka Uniwersytecka, Cod. II F 8 (Opp. 261, HC 8327); Wrocław/Breslau, Archiwum Państwowe, Akta miasta Swidnic. No. 57 (Opp. 287, HC 7524), Akta miasta Wrocł. J 1 (Opp. 291, HC 7526), Akta miasta Wrocł. J 2 (Opp. 292, HC 7527) u. Akta miasta Wrocł. J 3 (Opp.293, HC 20153).

[135] Katowice/Kattowitz, Biblioteka Śląska, DD IV 10 (Opp. 761, HC 13779; Provenienz: Cieszyn/Teschen).

[136] Siehe Oppitz, Rechtsbücher, Bd. I, 1990, S. 49.

geltende Recht.[137] Unter der Überschrift „Die summa, der rechte weg gnant“ schreibt Popplau:

> „In dem namen Gotis amen! Sodann ein jder mensch, den Got mit sunderlichen synnen und wissenheit begnadet hat, nicht im selbs geborn ist und der selben seiner wissenheit und synnen vor sich alleine gebrauchen sal, sunder seyne erfarunge und clugheit andern getreulich auß angeborner gnade und natur miteteylen, und so iczunder der weg des rechten sere vorerret und krum worden: In solicher czuvosicht ist diß buch, das man nennet den rechten weg, mit großer muhe, arbeit und vleis auß magdeburgischen und andern leuftigen ursprunglichen rechten geczogen und in diße nochvolgende summa, den rechten weg gnant, Gote czu lobe, czu gutem gemeinen nucze dem menschen, czu rechtfaren und regirunge gebrocht, als jder dorynne befinden wert.“[138]

Seine Quellen nennt Popplau nur kursorisch („auß magdeburgischen und andern leuftigen ursprunglichen rechten“), den Zweck der Schrift bringt er als Weitergabe von Erfahrung und Wissen deutlich zum Ausdruck („seyne erfarunge und clugheit andern getreulich [...] miteteylen“).

Insgesamt 21 Bücher von A bis X (I/J und U/V/W als jeweils ein Buchstabe) enthalten, mit Ausnahme von Buch X (34 Kapitel), das in der Literatur meist als Nachtrag aus dem Jahre 1493 bezeichnet wird, je 100 durchnumerierte Kapitel. Zum Inhalt gehören Schöffen- und Ratmannensprüche unterschiedlicher Gerichte und an verschiedene Empfänger in mehr oder minder bearbeiteter Form, sowie das „Magdeburg-Breslauer Unsystematische Schöffenrecht“, die „Magdeburger Urteile“, Privilegien und Willküren etc.[139] Der „Rechte Weg“ ist nur in einer einzigen Handschrift überliefert, die sich auch heute noch in Breslau befindet.[140] Erschlossen wird diese umfangreiche Sammlung von Rechtsquellen mit Hilfe des ebenfalls von Popplau verfaßten „Remissoriums“[141], das mit seinen Rechtssätzen nach alphabetisch geordneten Stichworten (von ‚abt‘ bis ‚wusteerbe‘) über ein bloßes Register oder Findemittel weit hinausgeht.[142] Nicht nur der Rechte Weg, sondern auch der Sachsenspiegel mit Glossen, das Weichbildrecht und das „Breslauer Stadt- und Landrecht“ werden durch Verweise erschlossen. Auf weite Strecken werden eigenständige Rechtsweisungen geboten, die einen Rückgriff auf die angeführten Verweisstellen oft überflüssig machen.

---

[137] Siehe die Einleitung zur Edition von F. Ebel (Hrsg.), Der Rechte Weg, 2000, S. IX–XXI.

[138] F. Ebel (Hrsg.), Der Rechte Weg, 2000, S. 1.

[139] Eine detaillierte Quellenbeschreibung s. ebd., S. XVIII.

[140] Wrocław/Breslau, Archiwum Państwowe, Akta miasta Wrocł. J 7 (Opp. 295, HC 20155).

[141] Wrocław/Breslau, Archiwum Państwowe, Akta miasta Wrocł. J 8 (Opp. 296, HC 20156).

[142] Siehe Carls, Abecedarien, in: ^{2}HRG, Bd. 1, 2008, Sp. 6–8.

h) Der Alte Kulm[143]

Ein Zeugnis für die schöpferische Rezeption sächsisch-magdeburgischen Rechts in Polen ist der „Alte Kulm“, der wohl in der zweiten Hälfte des 14. Jahrhunderts in Kulm entstanden ist. Die Grundlage bildete das „Magdeburg-Breslauer Systematische Schöffenrecht“, das durch verschiedene Bearbeitungen (Auslassungen, Artikelumstellungen) und Hinzufügung von Magdeburger Schöffenurteilen für Kulm sowie mehrerer fast wortwörtlicher Übernahmen aus dem „Schwabenspiegel“ zu einem eigenständigen Rechtstext avancierte.[144] Die Adaptation für den lokalen Gebrauch wurde auch dadurch erreicht, daß die meisten ortsspezifischen Namen aus der Herkunftsregion wie Magdeburg oder Schlesien durch entsprechende Bezeichnungen aus dem Kulmer Raum ersetzt wurden.

Ein Codex aus dem 15. Jahrhundert, der wohl weitgehend die Urform des „Alten Kulm“ bietet, befand sich bis 1945 in der Stadtbibliothek von Elbing.[145] Eine weitere Handschrift – wohl ebenfalls aus dem 15. Jahrhundert[146] –, die sich in Danzig befindet, überliefert ebenfalls eine nur wenig veränderte Form dieses Rechtstexts.[147] Erst im 16. Jahrhundert wird der Text vereinzelt auch glossiert. Die Codices mit glossiertem „Alten Kulm“ stammen alle aus Königsberg und sind bis auf ein Exemplar, das 1938 ins Geheime Staatsarchiv Preußischer Kulturbesitz nach Berlin kam, verschollen.[148] Zahlreiche weitere Textzeugen sind ebenfalls im Untersuchungsgebiet entstanden und überwiegend auch dort überliefert. Da der „Alte Kulm“ „in mancher Beziehung ein kennzeichnendes Kulturprodukt der deutschen Ostsiedlung“ ist, das über eine sehr lange Zeit im Ordensland rezipiert wurde (bis ins 16. Jahrhundert) und sogar Gesetzeskraft erhielt, gibt es zahlreiche Untersuchungen, die sich mit Genese und Wirkung dieses Rechtsbuchs und dem Kulmer Recht auseinandersetzen.

---

[143] Siehe Oppitz, Rechtsbücher, Bd. I, 1990, S. 50; Johanek, Alter Kulm, in: Verfasserlexikon, Bd. 1, ^{2}1978, Sp. 267–269; Rogatschewski, Zur Geschichte des „Alten Kulms“ und anderer preußischer Rechtsbücher nach St. Petersburger Sammlungen, in: Päsler, Schmidtke (Hrsg.), Deutschsprachige Literatur des Mittelalters im östlichen Europa. 2006, S. 245–266; Editionen: Leman, Das alte Kulmische Recht. Neudr. der Ausg. Berlin 1838, 1969; in poln. Übers.: Maisel, Zdrójkowski (Hrsg.), Prawo starochełmińskie 1584 (1394), 1985.

[144] Vgl. Janicka, Prawo karne w trzech rewizjach prawa chełmińskiego z XVI wieku, 1992; F. Ebel, Kulmer Recht – Probleme und Erkenntnisse, in: 750 Jahre Kulm und Marienwerder, 1983, S. 9–39.

[145] Elbląg/Elbing, Stadtbibliothek, Cod. Qu. 4 [verschollen] (Opp. 479, HC 4705).

[146] Päsler, Deutschsprachige Sachliteratur im Preußenland bis 1500, 2003, S. 138.

[147] Gdańsk/Danzig, Biblioteka Gdańska Polskiej Akademii Nauk, Ms. 1797 (Opp. 362, HC 7213).

[148] Berlin, Geheimes Staatsarchiv Preuß. Kulturbesitz, XX. HA OPF 15661 [früher Königsberg, Staats- und Universitätsbibliothek, Hs. 1887.I] (Opp. 105, HC 4370); Königsberg, Staats- und Universitätsbibliothek, Hs. 1857 [verschollen] (Opp. 787, HC 5248), Hs. 1983 [verschollen] (Opp. 791, HC 5250), (WB) 1.2° [verschollen] (Opp. 792, HC 5257); Königsberg, Stadtbibliothek, Cod. S 10.4° [verschollen] (Opp. 808, HC 5252), Cod. S 85.2° [verschollen] (Opp. 812, HC 23172).

i) Magdeburger Urteile und Magdeburger Fragen[149]

Hierbei handelt es sich im wesentlichen um eine Sammlung von Rechtssprüchen der Magdeburger Schöppen, die größtenteils für Krakau bestimmt waren. Diese Sammlung zeichnet sich dadurch aus, daß sie sich nicht auf die Sprüche (Urteile) der Schöffen beschränkt, sondern auch die Anfragen – wenn auch gekürzt – überliefert. „Magdeburger Urteile“ und „Magdeburger Fragen“ unterscheiden sich vor allem dadurch, daß die Zusammenstellung der „Magdeburger Urteile“ noch unsystematisch ist, die „Magdeburger Fragen“ eine systematisch geordnete Kompilation des Materials bezeichnen.

Für die vorliegende Untersuchung wurden die „Magdeburger Urteile“ als Quelle gewählt, da sie nicht nur das ursprünglichere Material bieten, sondern auch eine ausgesprochen breite Rezeption erfahren haben.

Überliefert sind neun deutschsprachige Handschriften,

- Berlin, Staatsbibliothek Preußischer Kulturbesitz, Ms. Boruss. fol. 240, 15. Jahrhundert, Provenienz: Friedrich Carl Gottlieb Duisburg (Sigle *B* (Berliner Handschrift), Opp. 86, HC 4608)
- Wrocław/Breslau, Biblioteka Zakładu Narodowego im. Ossolińskich, 1643, 15.–16. Jahrhundert, Provenienz: L'viv/Lemberg) (Sigle *T* (Torosiewiczsche Handschrift), Opp. 283)
- Wrocław/Breslau, Biblioteka Zakładu Narodowego im. Ossolińskich, 2012 II, Ende 14./Anfang 15. Jahrhundert, Provenienz: L'viv/Lemberg (Sigle *Pi* (Pilznoer Handschrift), Opp. 284, HC 7523)
- Gdańsk/Danzig, Biblioteka Gdańska Polskiej Akademii Nauk, Ms. 1791, 15. Jahrhundert (T. 1), 1. Hälfte 14. Jahrhundert (T. 2) (Sigle *Da* (Danziger Handschrift), Opp. 356, HC 7209)
- Dresden, Sächsische Landesbibliothek – Staats- und Universitätsbibliothek, Mscr. M 34b, 15. Jahrhundert (Sigle *Dr* (Dresdener Handschrift), Opp. 452, HC 14564)
- Kraków/Krakau, Biblioteka Jagiellońska, Cod. 170b, ca. 1416 (Sigle *Kγ* (Krakauer Handschrift), Opp. 847, HC 20152)
- Kraków/Krakau, Biblioteka Jagiellońska, Cod. 399, um 1420 (Sigle *Kβ* (*Kr*) (Krakauer Handschrift), Opp. 848, HC 22535)
- L'viv/Lemberg, Archiwum Krajowe Aktów Grodzkich i Ziemskich, fonds Sanok Nr. 438, Anfang 16. Jahrhundert, Provenienz: Sanok, verschollen (Sigle *Sa* (Sanoker Handschrift), Opp. 929)
- Toruń/Thorn, Öffentliche Bibliothek, Rps 30, 14.–15. Jahrhundert (Sigle *Th* (Thorner, Handschrift), Opp. 1423, HC 13778)

---

149 Siehe Oppitz, Rechtsbücher, Bd. I, 1990, S. 50 f.; Behrend (Hrsg.), Die Magdeburger Fragen, 1865.

acht polnische,

- Wrocław/Breslau, Biblioteka Zakładu Narodowego im. Ossolińskich, 50, 2. Hälfte 15. Jahrhundert, Provenienz: L'viv/Lemberg (Sigle *O* (Ossolińskische Handschrift), Opp. 280)
- Kraków/Krakau, Biblioteka Kapituly Metropolitalnej, Sygn. 223, 1501 (Sigle *Ka* (Krakauer Handschrift), Opp. 840)[150]
- Kraków/Krakau, Muzeum Narodowe w Krakowie – Biblioteka Książąt Czartoryskich, MNB Czart. rkps. 2057 IV, 16. Jahrhundert (Sigle *W* (Wilnaer Handschrift), Opp. 841)
- Kraków/Krakau, Polska Akademia Nauk, Biblioteka, rkps. 1588, 16. Jahrhundert (Sigle *Sz* (Handschrift Szczawińskiego), Opp. 843)
- Kraków/Krakau, Biblioteka Jagiellońska, Cod. 1174, 1503/1542/1518 (Sigle *St* (Stradomskische Handschrift), Opp. 851)
- Poręba/Poremba, Szembeków Bibliothek (verbleib ungeklärt), 1533 (Sigle *M* (Muczkowskische Handschrift), Opp. 1217)
- Warszawa/Warschau, Biblioteka Narodowa, Akc. 9837 (Baw. 954), Anfang 16. Jahrhundert, Provenienz: Graf von Lemberg (Sigle *Sk* (Skałaer Handschrift), Opp. 1452)
- Warszawa/Warschau, Biblioteka Narodowa, III 8035, 16. Jahrhundert, Provenienz: Przemyśl (Sigle *P* (Przemyśler Handschrift), Opp. 1462)[151]

fünf lateinische

- Wrocław/Breslau, Biblioteka Zakładu Narodowego im. Ossolińskich, 50, 2. Hälfte 15. Jahrhundert, Provenienz: L'viv/Lemberg (Sigle *L* (Lemberger Handschrift), Opp. 280)
- Wrocław/Breslau, Biblioteka Zakładu Narodowego im. Ossolińskich, 832, 1488, Provenienz: L'viv/Lemberg (Sigle *Op I* (Opatowsche Handschrift Nr. 1), Opp. 281)
- Kórnik/Kurnik, Biblioteka Kórnicka (PAN), Rkps 801, 1425–1488 (Sigle *D* (Działyńskische Handschrift), Opp. 837)[152]
- Kórnik/Kurnik, Biblioteka Kórnicka (PAN), Rkps 817, 1484 (Sigle *Op II* (Opatowsche Handschrift Nr. 2), Opp. 838)
- Przemyśl, Wojewódzkie Archiwum Państwowe, Akta miasta Przemyśla, sygn. 428, 1473 f. (Sigle *P I u. P II* (Przemyśler Handschrift), Opp. 1296)

---

[150] Abdruck in: Wiszniewski, Historya literatury polskiéj, Bd. V, 1843, S. 190–322.

[151] Siehe Kałužniacki, Die polnische Recension der Magdeburger Urtheile, in: Sitzungsberichte der Kaiserlichen Akademie der Wissenschaften. Phil.-hist. Cl. 111 (1886), S. 113–330; s. a. *Kapitel E.I.e.*

[152] Teilweise Faks. bei Bobrzyński (Hrsg.), Ortyle Magdeburskie, 1876.

und zwei tschechische

- Praha/Prag, Národní muzeum, Cod. II F 1, 15.–16. Jahrhundert, Provenienz: darováný [geschenkt] (Handschrift kam 1819 an KNM) (Sigle *P* (Prager Handschrift) Opp. 1242)
- Wien, Österreichische Nationalbibliothek, Cod. 13.143, 15. Jahrhundert (Sigle *W* (Wiener Handschrift), Opp. 1530).

Bis auf zwei Textzeugen[153] befinden sich die deutschsprachigen Handschriften im Untersuchungsgebiet und sind mit großer Wahrscheinlichkeit auch dort entstanden. Zumindest die Berliner Handschrift stammt aber ursprünglich auch aus dem Untersuchungsgebiet, weisen doch Wasserzeichen, Einband und nicht zuletzt der Inhalt ins Deutschordensland.[154] Sowohl die polnischen als auch die lateinischen Fassungen der „Magdeburger Urteile“ haben nur im Untersuchungsgebiet Verbreitung gefunden. Die Mitüberlieferung der beiden Codices mit der tschechischen Fassung der „Magdeburger Urteile“, die heute in Prag und Wien aufbewahrt werden, weist mit zahlreichen Bezügen zu Leitmeritz eindeutig nach Böhmen. Das Verhältnis der tschechischen zu den polnischen Fassungen ist trotz zahlreicher Übereinstimmungen nicht abschließend zu bestimmen.[155]

Die Zeit der Entstehung und der Rezeption der „Magdeburger Urteile“ erstreckt sich vom Ende des 14. bis in das 16. Jahrhundert, was die Bedeutung dieses Textes unterstreicht. Auch wenn die unmittelbare Vorlage für die polnische Leithandschrift (Sigle *O*) nicht bekannt ist, zeigt der Vergleich mit der frühneuhochdeutschen Leithandschrift (Sigle *Pi*) und deren Parallelüberlieferungen, daß kompetente Übersetzer am Werk waren, da der polnische Text den Inhalt der deutschen Anfragen und Sprüche offensichtlich ohne Verständnisprobleme wiedergibt.[156]

Kałużniacki leitet aus einer lateinischen Passage am Ende des Stradomskischen Codex der „Magdeburger Urteile“ (Sigle *St*), in der ein Mikołaj Gołogórski, Untertruchseß von Lemberg, als Veranlasser der Übersetzung genannt wird[157], die

---

[153] Berlin, Staatsbibliothek Preußischer Kulturbesitz, Ms. boruss. fol. 240 (Opp. 86, HC 4608) und Dresden, Sächsische Landesbibliothek – Staats- und Universitätsbibliothek, Mscr. M 34b (Opp. 452, HC 14564).

[154] Vgl. Päsler, Deutschsprachige Sachliteratur im Preußenland bis 1500, 2003, S. 102–104.

[155] Kałużniacki, Die polnische Recension der Magdeburger Urtheile, in: Sitzungsberichte der Kaiserlichen Akademie der Wissenschaften. Phil.-hist. Cl. 111 (1886), S. 282–317.

[156] Vgl. *Kapitel E.V., S. 315.*

[157] Kałużniacki bezieht sich hier auf die Angaben von Brückner (Brückner, Die „Magdeburger Urtheile“, in: Archiv für slavische Philologie 6 (1882) S. 319–392 u. 7 (1884), S. 525–574, hier S. 330 u. Anm. 11).

Die lateinische Notiz am Ende der „Magdeburger Urteile“ lautet wie folgt:

„Expliciūt acta acticata Theutunicalia alias ortelie que iam in re fctā ſūt et ſen-‖tenciata in Meÿdeburg · et ſunt tranſlata de Theutunico ydiomate ī wlgare ‖ ad peticiōʒ ſtrenuni domī nicolaj Gologorſki ſub dapiferi leopolieñ ſcripta vero ‖ p̱ me Mathiaʒ nicolai de lÿpnicʒa · et finita jp̄o die Aſcenſionis dōj 1518.“ (Kraków/Krakau, Biblioteka Jagiellońska, Cod. 1174, 1503/1542/1518 (Sigle *St* (Stradomskische Handschrift), Opp. 851, fol. 255v).

Feststellung ab, die polnische Fassung müsse in der Amtszeit dieses Auftraggebers und damit zwischen 1440 und 1460 entstanden sein[158], was auch mit den Datierungen der Handschriften im Einklang steht.

Er belegt zudem in seiner Arbeit „Die polnische Recension der Magdeburger Urtheile"[159] mit einer Artikelkonkordanz der von ihm untersuchten fünf polnischen Handschriften, daß die Texte „in Bezug auf Artikelfolge in der engsten Beziehung zueinander stehen."[160] Da Kałużniacki auch auf der Grundlage eines gründlichen Vergleichs der Inhalte dieser Textzeugen signifikante Abhängigkeiten ausmachen kann, kommt er zu dem Schluß:

> „Die in Betracht kommenden polnischen Texte [Siglen *O*, *P*, *Sk*, *Ka* und *St*, Anm. d. Verf.] sind somit, wenn wir nach dem Verhältniss fragen, in dem sie sich in Bezug auf ihren Wortlaut befinden, [...] als durchaus übereinstimmend zu bezeichnen. Und weil Uebereinstimmungen, wie die hier und die in Bezug auf Artikelfolge constatirten, keine blos zufällige sein können, so werden wir gewiss nicht irre gehen, wenn wir angesichts dieser Umstände in weiterer Folge die Behauptung aufstellen, dass die bis jetzt entdeckten polnischen Texte der Magdeburger Urtheile insgesammt auf einer gleichartigen, von einer und derselben Person herrührenden Recension beruhen."[161]

Dies will Kałużniacki aber nicht so verstanden wissen, daß die von ihm in den Blick genommenen Textzeugen von „einer und derselben Vorlage wären"[162], sondern daß im Gegenteil bis auf eine Ausnahme[163] keiner der angeführten Texte „direct Copie des anderen ist."[164]

Weitere vergleichende Studien anhand dieser Rechtsquelle wären wünschenswert, da sie ganz offensichtlich über einen langen Zeitraum und mit großer geographischer Verbreitung und in mehreren Sprachen Teil der Rechtspraxis gewesen ist. Die Textgrundlage für die polnischsprachige Überlieferung ist dank der hier schon mehrfach zitierten Untersuchungen Kałużniackis nicht nur gut erschlossen, sondern durch die Arbeiten von Józef Reczek und Wacław Twardzik, die im zweiten Band ihrer umfassenden Studie zu den „Magdeburger Urteilen" den Text der Leithandschrift (Sigle *O*, Opp. 280) bieten[165], bereits gut zugänglich. Die Vor-

[158] Kałużniacki, Die polnische Recension der Magdeburger Urtheile, in: Sitzungsberichte der Kaiserlichen Akademie der Wissenschaften. Phil.-hist. Cl. 111 (1886), S. 147 f.

[159] Ebd., S. 113–330.

[160] Ebd., S. 129.

[161] Ebd., S. 132; Hervorh. Kałużniacki.

[162] Ebd., S. 133; Hervorh. Kałużniacki.

[163] Der Text aus Wilna ist nach Kałużniacki eine Abschrift des Textzeugen aus der Stradomskischen Handschrift (Kraków/Krakau, Biblioteka Jagiellońska, Cod. 1174 (Opp. 851, Sigle *St*).

[164] Kałużniacki, Die polnische Recension der Magdeburger Urtheile, in: Sitzungsberichte der Kaiserlichen Akademie der Wissenschaften. Phil.-hist. Cl. 111 (1886), S. 133.

[165] Reczek, Twardzik, Najstarsze staropolskie tłumaczenie ortyli magdeburskich, cz. II, 1972.

arbeiten für die kritische Ausgabe einer deutschsprachigen Fassung dieser Quelle, die noch aus dem Editionsprojekt von Friedrich Ebel in Berlin hervorgegangen sind und die neben dem Text der Leithandschrift (Sigle *Pi*, Opp. 284) bereits das Gros der Vergleichshandschriften im Apparat berücksichtigt hatten, wurden nach dem Tod des Projektleiters Ende 2005 leider nicht zu Ende geführt, konnten aber in dieser Form für diesen Band verwendet werden. Eine Fertigstellung dieser Arbeit, ggf. unter Einbeziehung der polnischen Fassungen, wäre wünschenswert und könnte möglicherweise dazu beitragen, Abhängigkeiten einzelner Textzeugen zueinander und Modifikationen in bezug auf Inhalt und Zusammenstellung im Laufe ihrer Rezeption ausfindig zu machen.

j) Neun Bücher des Magdeburger Rechts[166]

Diese zwischen 1400 und 1402 durch den Thorner Stadtschreiber Walter Ekhardi (1385–nach 1408)[167] entstandene Kompilation aus den „Magdeburger Fragen" (systematisch), dem „Alten Kulm", einem glossierten Sachsenspiegel, dem „Magdeburger Weichbildrecht", dem Lehnrecht in Distinktionen und dem „Meißner Rechtsbuch" ist als „Nün Bücher distinctiones Waltheri nach Meydeburgischem recht" bekannt. Der Königsberger Notar Albert Poelmann ließ eine wohl vom Autor selbst 1408 umgearbeitete Fassung 1574 drucken, weshalb die Sammlung auch unter dem Namen „Poelmannsche Distinktionen" bekannt ist. Allerdings sind in der umgearbeiteten Fassung zwar Teile aus dem „Richtsteig Landrechts" und dem Schwabenspiegel ergänzt, jedoch die Glossen zum Sachsenspiegel fortgelassen worden, so daß der Text nur noch etwa halb so umfangreich wie die Vorlage war. Die von Poelmann veranstaltete Ausgabe wurde bis 1603 noch achtmal nachgedruckt. 1444 wurde von Johannes Lose wohl ebenfalls in Königsberg eine Überarbeitung verfaßt, die auch kanonistische Quellen verarbeitet, aber ungedruckt blieb.

Die deutschsprachige, wohl von der Hand des Verfassers stammende Handschrift, gilt heute als verschollen und befand sich zuletzt in der Staats- und Universitätsbibliothek Königsberg.[168] Weitere deutschsprachige Handschriften der bearbeiteten Fassung von 1408 und der Bearbeitung von Lose, die dem Untersuchungsgebiet zugerechnet werden können, waren nachweisbar oder befinden sich heute in Berlin[169], Elbing[170], Danzig[171], Königsberg[172] und Thorn[173].

---

166 Siehe Oppitz, Rechtsbücher, Bd. I, 1990, S. 51 f.; Steffenhagen, Die IX Bücher Magdeburger Rechtes oder die Distinctionen des Thorner Stadtschreibers Walther Ekhardi von Bunzlau, 1865.

167 PND: 102571112; Steffenhagen, „Ekhardi, Walter", in: ADB, Bd. 7, 1877, S. 785.

168 Königsberg, Staats- und Universitätsbibliothek, Hs. 888 (Opp. 782, HC 4598).

169 Berlin, Geheimes Staatsarchiv Preußischer Kulturbesitz, XX. HA Msc. A 2° 28 [früher Königsberg, Staatsarchiv, Msc. A 28 2°] (Opp. 795, HC 4365).

170 Bearbeitung von Johannes Lose: Elbląg/Elbing, Stadtbibliothek, Cod. Fol. 9 [verschollen] (Opp.483, HC 4704).

171 Gdańsk/Danzig, Biblioteka Gdańska Polskiej Akademii Nauk, Ms. 1794 (Opp. 359, HC 7212);

k) Landläufige Kulmische Rechte[174]

Eine erst um die Mitte des 15. Jahrhunderts, möglicherweise in Danzig, entstandene Kompilation sind die sogenannten „Landläufigen Kulmischen Rechte". Im Zentrum steht der „Alte Kulm", daneben werden „der Sachsenspiegel, das Weichbild, die Danziger Willkür und Staatsverträge des Deutschen Ordens"[175] ausgeschrieben. Überliefert ist diese Zusammenstellung meist mit den „Neun Büchern des Magdeburger Rechts". Verwendung fanden Teile der „Landläufigen Kulmischen Rechte" aber auch in den meist Albert Poelmann zugeschriebenen „gemeinen laufenden Urteilen", die eine weitere Verbreitung erfahren haben. Im 16. Jahrhundert findet sich diese Zusammenstellung zunehmend unter dem Titel „Willkür".

Bekannt sind insgesamt zwölf deutschsprachige Handschriften und zwei lateinische Bearbeitungen aus dem 16. Jahrhundert. Dem Untersuchungsgebiet zuzurechnen ist eine Handschrift, die heute in Berlin aufbewahrt wird, aber ursprünglich aus Königsberg stammt[176] sowie fünf Handschriften aus Danzig, von denen eine verschollen ist.[177] Weitere drei Handschriften stammen aus Königsberg (zwei sind verschollen und eine befindet sich heute in Danzig).[178] Eine weitere deutschsprachige Handschrift wird in Thorn aufbewahrt.[179]

Zwei lateinische Fassungen der „Landläufigen Kulmischen Rechte" finden sich zum einen zusammen mit weiteren lateinischen und deutschen Rechtstexten in

---

Gdańsk/Danzig, Wojewódzkie Archiwum Państwowe, [Bestand] 300 RW 32 [früher Königsberg, Staatsarchiv, Msc. A 40 4°] (Opp. 805, HC 7231); Bearbeitung von Johannes Lose: Danzig, Ratsbibliothek, o. Sign. [bereits 1864 nicht zu ermitteln] (Opp. 380).

172 Königsberg, Staatsarchiv, Msc. A 29 2° [verschollen] (Opp. 796, HC 5260); Königsberg, ohne Nachweis (Opp. 777); Königsberg, Stadtbibliothek, Cod. S 10.4° [verschollen] (Opp. 808, HC 5252); Bearbeitung von Johannes Lose: Königsberg, Stadtbibliothek, H.B. J 53.2° (Opp. 807, HC 5251).

173 Toruń/Thorn, Biblioteka Uniwersytecka, Rps 46/IV [früher Königsberg, Staats- und Universitätsbibliothek, Hs. 111] (Opp. 780, HC 13933).

174 Siehe Oppitz, Rechtsbücher, Bd. I, 1990, S. 52.

175 Ebd., S. 52.

176 Berlin, Geheimes Staatsarchiv Preußischer Kulturbesitz, XX. HA OPF 15661 [früher Königsberg, Staats- und Universitätsbibliothek, Hs. 1887.I] (Opp. 105, HC 4370).

177 Gdańsk/Danzig, Biblioteka Gdańska Polskiej Akademii Nauk, Ms. 275 (Opp. 352, HC 7204), Ms. 748 (Opp. 353, HC 7205), Ms. 1793 (Opp. 358, HC 7211), Ms. 1799 (Opp. 364, HC 7215); Gdańsk/Danzig, Wojewódzkie Archiwum Państwowe, [Bestand] 300 R/Y 1 (Opp. 373, HC 7232); Danzig, Stadtbibliothek, Fol. Nr. 10 [verschollen] (Opp. 383).

178 Königsberg, Staats- und Universitätsbibliothek, Hs. 1983 [verschollen] (Opp. 791, HC 5250); Königsberg, Staatsarchiv, Msc. A 40 4°, heute Gdańsk/Danzig, Wojewódzkie Archiwum Państwowe, [Bestand] 300 RW 32 (Opp. 805, HC 7231; Königsberg, Staatsarchiv, Msc. A 40 4°, Vorderer Spiegel, heute Gdańsk/Danzig, Wojewódzkie Archiwum Państwowe, [Bestand] 300 RW 32, Vorderer Spiegel [Fragment] (Opp. 806, 7230) (gehört wohl mit der vorher genannten Hanschrift zusammen); Königsberg, Stadtbibliothek, Cod. S 10.4° [verschollen] (Opp. 808, HC 5252).

179 Toruń/Thorn, Wojewódzka Biblioteka Publiczna, Rps 29 (Opp. 1422, HC 4058).

einem Danziger Codex,[180] der zweite Codex – ebenfalls aus Danzig – gilt als Kriegsverlust.[181]

Von allen heute bekannten Handschriften befindet sich nur eine einzige außerhalb des Untersuchungsgebiets Polen.[182] Mehrere Teile dieser in der Universitätsbibliothek Leipzig aufbewahrten Sammelhandschrift stammen allerdings von einem Schreiber aus Königsberg, Peter Kulvicz, so daß auch hier die Provenienz Königsberg sein wird.

l) Danziger Schöffenbuch[183]

Von diesem irreführend als ‚Schöffenbuch' bezeichneten Codex ist nur ein Exemplar überliefert.[184] Das Buch ist zwischen 1435 und 1454 (?) entstanden und beinhaltet eine „Danziger Schöffenordnung" (S. 1–7), „Danziger Willküren" (S. 7–12), „Erbrechtsregeln" (S. 13–25) und die „Landläufigen Kulmischen Rechte" (S. 25–74) in 132 Artikeln. Es wird vermutet, daß es sich um die Orginalschrift des Verfassers, des Danziger Stadtschreibers Konrad Bitschin[185] handelt.

m) Posener Rechtsbuch[186]

Ebenfalls nur in einer einzigen Sammelhandschrift[187] ist dieses vom Posener Stadtschreiber Bernhard von Peisern[188] zwischen 1389 und 1419 verfaßte Rechtsbuch überliefert. In vier Büchern, die den Sachgebieten Verfassung und Rechtsgang, Strafrecht, Erbrecht, Schuld- und Familienrecht gewidmet sind, werden hier Grundlagen für die Rechtspraxis zusammengestellt, die von der „ältesten Form des ‚Breslauer Systematischen Schöffenrechts'"[189], ausgehend um zahlreiche Kapitel[190] aus einem Vorgänger der „Magdeburger Fragen" sowie um 17 Posener

[180] Gdańsk/Danzig, Biblioteka Gdańska Polskiej Akademii Nauk, Ms. 1835 (Opp. 371).

[181] Gdańsk/Danzig, Biblioteka Gdańska Polskiej Akademii Nauk, Ms. 1834 [verschollen, Kriegsverlust 1945] (Opp. 384, HC 7222).

[182] Leipzig, Universitätsbibliothek, Ms. 2262 (Opp. 904, HC 5353).

[183] Siehe Päsler, Deutschsprachige Sachliteratur im Preußenland bis 1500, 2003, S. 119 f.; Oppitz, Rechtsbücher, Bd. I, 1990, S. 52 f.

[184] Gdańsk/Danzig, Wojewódzkie Archiwum Państwowe, 300 R/Y,1 (Opp. 373, HC 7232).

[185] Zu Bitschin vgl. Murawski, „Bitschin, Konrad", in: NDB, Bd. 2, 1955, S. 280; Arnold, „Bitschin, Konrad", in: Verfasserlexikon, Bd. 1, ^{2}1978, Sp. 884–887; ders., „Bitschin, Konrad", in: Verfasserlexikon, Bd. 11, ^{2}2004, Sp. 261.

[186] Siehe Oppitz, Rechtsbücher, Bd. I, 1990, S. 53; Munzel, Posener Rechtsbuch, in: HRG, Bd. 3, 1984, Sp. 1831 f.; Johanek, Bernhard von Peisern (Pyzdri), in: Verfasserlexikon, Bd. 1, ^{2}1978, Sp. 772 f.; Goerlitz, Das Rechtsbuch der Stadt Posen, in: ZRG GA 60 (1940), S. 143–196; Edition: Maisel (Hrsg.), Poznańska księga prawa magdeburskiego i miśnieńskiego/Das Posener Buch des Magdeburger und Meissner Rechts, 1964.

[187] Poznań/Posen, Archiwum Państwowe, Akta miasta Poznania I 2002 (Opp. 1218, HC 8377).

[188] Johanek, Bernhard von Peisern (Pyzdri), in: Verfasserlexikon, Bd. 1, ^{2}1978, Sp. 772 f.

[189] Oppitz, Rechtsbücher, Bd. I, 1990, S. 53.

[190] Nach Goerlitz (Das Rechtsbuch der Stadt Posen, in: ZRG GA 60 (1940), S. 147) und Johanek (Bernhard von Peisern (Pyzdri), in: Verfasserlexikon, Bd. 1, ^{2}1978, Sp. 773) sind es 221 1/2 und nicht nur 22 1/2 Kapitel, wie Oppitz schreibt.

Kapitel der lokalen Rechtsprechung ergänzt werden. Die Bücher II–IV werden bis 1427 durch Magdeburger Schöffensprüche für Posen und das 5. Buch des „Meißner Rechtsbuchs" ergänzt. Oppitz charakterisiert dieses Rechtsbuch als „ein Zeugnis der Verbreitung der Rechtsliteratur aus Breslau und Krakau zu Ende des 14. Jahrhunderts nach Norden."[191]

3. Meißner Rechtsbuch[192]

Eine besondere Stellung unter den Stadtrechtsbüchern nimmt das „Meißner Rechtsbuch", auch „Rechtsbuch nach Distinctionen", „Schlesisches Landrecht" oder „Vermehrter Sachsenspiegel" genannt, ein.

> „Die weite handschriftliche Verbreitung und die Übersetzung des Textes ins Tschechische erweisen die Bedeutung des Textes für den sächsisch-böhmisch-schlesischen Rechtsraum. Die Übernahme von zahlreichen Rechtssätzen des Meißner Rechtsbuches in Rechtsbücher, die im nordwestlichen Polen verbreitet waren, dehnte seinen Wirkungsbereich aus."[193]

In der Mark Meißen von einem nicht bekannten Verfasser geschrieben ist es das am weitesten verbreitete Stadtrechtsbuch, von dem heute noch etwa 100 Handschriften überliefert sind. Der Autor trat mit dem Anspruch an, die Gemeinsamkeiten und Unterschiede zwischen Landrecht, Stadtrecht und Kaiserrecht herauszuarbeiten. Nachweisbare Quellen sind das Landrecht des Sachsenspiegels, das „Magdeburger Weichbildrecht" und das „Goslarer Stadtrecht", aber auch das „Zwickauer Rechtsbuch"[194]. Für die Rezeption sächsisch-magdeburgischen Rechts im Untersuchungsgebiet Polen hat das „Meißner Rechtsbuch" allein insofern Bedeutung als es nicht nur dem „Eisenacher", sondern auch dem „Elbinger Rechtsbuch"[195] als Quelle gedient hat. Außerdem sind zahlreiche der erhaltenen Handschriften im Untersuchungsgebiet überliefert.

---

[191] Oppitz, Rechtsbücher, Bd. I, 1990, S. 53.

[192] Siehe Ebd., S. 55–57; ders., Zum Meißner Rechtsbuch, in: Wirkungen europäischer Rechtskultur, 1997, S. 907–914; Munzel, Meißener Stadtrechtsbuch, in: HRG, Bd. 3, 1984, Sp. 461–463; Editionen: Ortloff, Sammlung deutscher Rechtsquellen, Bd. 1, Neudr. d. Ausg. Jena 1836, 1967, S. 1–624; Böhme, Diplomatische Beyträge zur Untersuchung der schlesischen Rechte und Geschichte, T. 1.1 u. 1.2, 1770 u. 1771; Roth (Bearb.), Irgang (Hrsg.), Das „Leobschützer Rechtsbuch", 2006; Spáčil, Spáčilová, Míšeňská právní kniha, 2010.

[193] Oppitz, Zum Meißner Rechtsbuch, in: Wirkungen europäischer Rechtskultur, 1997, S. 907.

[194] Herdlitschka, Das Zwickauer Rechtsbuch als Vorlage zum Meissner Rechtsbuch, 1947.

[195] Zum „Elbinger Rechtsbuch" s. Lück, Elbinger Rechtsbuch, in: ²HRG, Bd. 1, 2008, Sp. 1317–1319.

4. Schöffenspruchsammlungen[196]

Auf die zahlreichen Sammlungen von Schöffensprüchen, die nicht kompilierend bearbeitet wurden, sondern als Urkundensammlungen in einzelnen Archiven, aber auch in Abschriften in Rechtsbüchern überliefert sind, wird hier nur kursorisch verwiesen. Als unmittelbare Quellen des Magdeburger Stadtrechts standen die Sprüche des Magdeburger Schöffenstuhls und anderer Schöffenstühle Magdeburger Rechts seit je im Focus editorischer Bemühungen. Vollständig ediert sind diese Quellen jedoch bis heute nicht, trotz der Bemühungen des *Instituts zur Erforschung des Magdeburger Stadtrechts*, das in den 40er Jahren des 20. Jahrhunderts in Magdeburg auf Initiative des damaligen Bürgermeisters Fritz Markmann ins Leben gerufen wurde.[197] Auch das seit den 80er Jahren des letzten Jahrhunderts von Friedrich Ebel in Berlin geleitete Editionsprojekt konnte diese Arbeit nicht vollenden. Als dringlichste Desiderate stehen noch knapp 500 Sprüche der Magdeburger Schöppen für die Görlitzer Kollegen sowie die Sprüche für Liegnitz und das Deutschordensland aus. Diese Quellen sind zum größten Teil digital erfaßt.[198]

Mangels bearbeitender Eingriffe oder Übersetzungen in die Landessprache des Untersuchungsgebietes lassen sich diese Quellen als Zeugnisse der Rezeption allenfalls bedingt anführen. Allein die Menge der erhaltenen Urkunden, die sich hier zunächst nur auf die Überlieferung mit Sprüchen der Magdeburger Schöffen bezieht und die in einem weiteren Schritt um Sprüche und Rechtsweisungen der Schöffenstühle von Breslau, Neumarkt, Krakau und anderer ergänzt werden müßte, belegt eindrücklich die intensiven Kontakte zwischen den Städten mit Magdeburger Recht.

II. Einzelne Rechtsquellen und ihre Bearbeiter

1. Halle-Neumarkter Recht von 1235[199]

> „Als H[alle-Neumarkter Recht] wird das Recht der Stadt Halle an der Saale, welches die hallischen Schöffen auf Verlangen des Hzg.s Heinrich von Schlesien 1235 durch eine Rechtsmitteilung an die schles. Stadt Neumarkt gegeben haben, bezeichnet."[200]

---

[196] Siehe Oppitz, Rechtsbücher, Bd. I, 1990, S. 53–55.

[197] Lück, Dr. iur. Fritz Markmann (1899–1949) als Erforscher und Editor des Magdeburger Rechts, in: Sachsen und Anhalt. Jahrbuch der Historischen Kommission für Sachsen-Anhalt 22 (1999/2000), S. 289–314; ders., „Der Deutsche kommt also im Osten in kein Neuland ...", in: ders., Freitag (Hrsg.), Historische Forschung in Sachsen-Anhalt, 1999, S. 125–145.

[198] Weitere Informationen zum Editionsstand sind über die Arbeitsstelle des Projekts an der Sächsischen Akademie der Wissenschaften zu Leipzig zu erhalten (http://www.magdeburger-recht.de – Abfragedatum: 19.07.2011).

[199] Siehe auch *Kapitel B.V.*, S. 30.

[200] Lück, Halle-Neumarkter Recht, in: ^{2}HRG, 11. Lfg., 2010, Sp. 671–673, hier Sp. 671.

Überliefert ist das „Halle-Neumarkter Recht" neben der teilweise bearbeiteten Fassung im „Neumarkter Rechtsbuch"[201] in wenigstens acht weiteren Codices im Untersuchungsgebiet, die jeweils Rechtstexte vornehmlich sächsisch-magdeburgischer Provenienz enthalten. In Breslau befinden sich heute fünf Sammelhandschriften mit diesem Text[202], in Krakau[203] und Przemyśl je eine[204]. Die Sächsischen Landesbibliothek – Staats- und Universitätsbibliothek (SLUB) Dresden, besitzt einen Codex mit dem „Halle-Neumarkter Recht", der aus Brieg oder Liegnitz in Schlesien stammt.[205] Der Schöffenbrief findet sich in einem weiteren Codex unbekannter Herkunft, der von Homeyer nach einer Abschrift aus dem Nachlaß von Ernst Theodor Gaupp beschrieben[206] und abgedruckt wird.[207] Zwei weitere Überlieferungszeugen nennt Erich Sandow für Schweidnitz und St. Petersburg.[208]

Verbreitung hat das „Halle-Neumarkter Recht" vor allem in schlesischen Orten, in Klein- und Großpolen sowie in Galizien gefunden – nach Angaben von Schubart-Fikentscher in über 500 Städten und Dörfern.[209]

2. Neumarkter Rechtsbuch[210]

Das Rechtsbuch der Stadt Neumarkt entstand wohl in der ersten Hälfte des 14. Jahrhunderts wahrscheinlich in Görlitz (1327/1335). Es ist eine Kompilation aus dem bearbeiteten „Halle-Neumarkter Recht" sowie Teilen einer lateinischen Weltchronik, des Sachsenspiegel-Lehnrechts und des „Magdeburg-Breslauer Rechts".

---

[201] Wrocław/Breslau, Archiwum Państwowe, Rep. 135 V 67, Provenienz: Glogau (Opp. 308, HC 8062); Abdruck s. Meinardus, Das Neumarkter Rechtsbuch und andere Neumarkter Rechtsquellen, 1906, S. 125–128.

[202] Wrocław/Breslau, Biblioteka Uniwersytecka, Cod. II Q 2, Provenienz: Brieg (Opp. 266, HC 8328), Wrocław/Breslau, Biblioteka Zakładu Narodowego im. Ossolińskich, 1643, Provenienz: L'viv/Lemberg (Opp. 283; der Text des Halle-Neumarkter Rechts findet sich – anders als bei Oppitz beschrieben – auf fol. 26^v–27^v und ist nicht vollständig. Es fehlen nach der Zählung bei Laband (Magdeburger Rechtsquellen, 1869, Neudr. 1967, S. 7–13) die Paragraphen 28–42.), Wrocław/Breslau, Archiwum Państwowe, Akta miasta Swidnic. No. 180 (163k), Provenienz: Schweidnitz (Opp. 290, HC 22031) und Wrocław/Breslau, Archiwum Państwowe, Akta miasta Swidnic. No. 180 (163e), Provenienz: Schweidnitz (Opp. 289, HC 7525; eine Abschrift dieser Handschrift aus dem 18. Jahrhundert befindet sich in Göttingen, Staats- und Universitätsbibliothek, Ms. jurid. 561, Opp. 606 – vgl. Sandow, Das Halle-Neumarkter Recht, 1932, S. 13).

[203] Kraków/Krakau, Muzeum Narodowe w Krakowie – Biblioteka Książąt Czartoryskich, MNB Czart. rkps. 3551 (Opp. 842)

[204] Przemyśl, Wojewódzkie Archiwum Państwowe, Akta miasta Przemyśla, sygn. 428 (Opp. 1296).

[205] Dresden, Sächsische Landesbibliothek – Staats- und Universitätsbibliothek, Mscr. M 25 (Opp. 444, HC 14553). Diese Handschrift wird auch in der Edition des „Halle-Neumarkter Rechts" bei Laband (Magdeburger Rechtsquellen, 1869, Neudr. 1967, S. 7–13) berücksichtigt.

[206] Homeyer, Die Extravaganten des Sachsenspiegels, 1861, S. 237–239.

[207] Ebd., S. 259–264.

[208] Vgl. Sandow, Das Halle-Neumarkter Recht, 1932, S. 9 u. 13.

[209] Schubart-Fikentscher, Die Verbreitung der deutschen Stadtrechte in Osteuropa, 1942, S. 19.

[210] Siehe Oppitz, Rechtsbücher, Bd. I, 1990, S. 60; ders., Neumarkter Rechtsbuch, in: Verfasserlexikon,

Das „Neumarkter Rechtsbuch“ ist nur in einer Handschrift aus Glogau in Breslau überliefert[211], wurde aber nach Munzel in „64 Orten des schlesischen Flachlandes und noch häufiger in Polen“[212] angewendet.

3. Löwenberger Rechtsbuch[213]

In nur einer Handschrift, die heute im Breslauer Staatsarchiv aufbewahrt wird[214], ist das „Löwenberger Rechtsbuch“ überliefert. Im sogenannten ‚Roten Buch‘, einem Codex, der wohl zwischen 1311 und 1323 für die Stadt Löwenberg in Schlesien angefertigt wurde, ist neben verschiedenen Willküren, einem Judeneid, der „Weichbildchronik“ auch eine geringfügig bearbeitete Fassung des Sachsenspiegels Land- und Lehnrecht enthalten, das in dieser Ausprägung als „Löwenberger Rechtsbuch“ bezeichnet wird.

4. Liegnitzer Stadtrechtsbuch[215]

Dieser offensichtlich unvollendete Text des Liegnitzer Stadtschreibers Nikolaus Wurm[216], der von den im Register avisierten 66 Artikeln nur 30 im Text ausführt, orientiert sich im Hinblick auf Argumentation und Form am gelehrten Recht, bildet aber letztlich die Rechtspraxis nach Magdeburger Stadtrecht seiner Zeit ab. In Liegnitz gab es eine Handschrift dieser für die Rezeption des sächsisch-magdeburgischen Rechts nicht weiter produktiven Quelle[217], die heute als verschollen gilt. Zwei weitere Textzeugen befinden sich in Berlin.[218]

Bd. 6, ²1987, Sp. 920–922; Munzel, Neumarkter Rechtsbuch, in: HRG, Bd. 3, 1984, Sp. 955 f.; Sandow, Das Neumarkter Rechtsbuch, in: Festschrift zur 700-Jahrfeier des Neumarkter Rechts (1235–1935), 1935, S. 24–27; Meinardus, Das Neumarkter Rechtsbuch und andere Neumarkter Rechtsquellen, 1906.

211 Wrocław/Breslau, Archiwum Państwowe, Rep. 135 V 67, Provenienz: Glogau (Opp. 308, HC 8062).

212 Munzel, Neumarkter Rechtsbuch, in: HRG, Bd. 3, 1984, Sp. 956.

213 Siehe Oppitz, Rechtsbücher, Bd. I, 1990, S. 61; Johanek, Löwenberger Rechtsbuch, in: Verfasserlexikon, Bd. 5, ²1985, Sp. 920–923.

214 Wrocław/Breslau, Archiwum Państwowe, Rep. 132a, Dep. miasta Lwówka Nr. 1 (Opp. 304, HC 7529; Provenienz: Lwówek Śląski/Löwenberg).

215 Siehe Oppitz, Rechtsbücher, Bd. I, 1990, S. 58; Edition: Leuchte, Das Liegnitzer Stadtrechtsbuch des Nikolaus Wurm, 1990.

216 Schiewer, Leuchte, „Wurm, Nikolaus“, in: Verfasserlexikon, Bd. 10, ²1999, Sp. 1441–1449; Janz, Nikolaus Wurm, in: HRG, Bd. 5, 1998, Sp. 1546–1548.

217 Legnica/Liegnitz, Kirchenbibliothek St. Peter und Paul, Cod. 4 [verschollen] (Opp. 940, HC 13770).

218 Berlin, Staatsbibliothek Preußischer Kulturbesitz, mgf 82 (Opp. 113, HC 12038) und mgf 789 (Opp. 146, HC 8180).

5. Glogauer Rechtsbuch[219]

Dem „Glogauer Rechtsbuch" liegt ein systematisches „Magdeburg-Breslauer Schöffenrecht" zugrunde, außerdem werden Breslauer Quellen und das „Rechtsbuch von der Gerichtsverfassung" verwendet. In insgesamt 643 Artikeln werden Sachsenspiegel Land- und Lehnrecht behandelt, wobei das Lehnrecht zuerst steht. Das Rechtsbuch entstand 1386 für das schlesische Herzogtum Glogau und „erlangte für die Verbreitung des Breslauer Rechts über Schlesien hinaus Bedeutung."[220] Eine Handschrift, die sich im Gubener Stadtarchiv befunden hat, gilt als Kriegsverlust[221], ein Leipziger Textzeuge ist überliefert[222].

6. Kulmer Recht[223] – „Kulmer Handfeste"[224]

Im 11. Jahrhundert bildete sich in Polen ein „Fürstenrecht (*ius ducale*, später auch einfach als polnisches Recht bezeichnet)"[225] heraus.

Im Zuge der Expansion in das Gebiet der heidnischen Pruzzen eroberten die Söhne Kasimirs II., Leszek I. und Konrad I., gemeinsam mit Herzog Henryk Brodaty von Schlesien in mehreren Kriegszügen in den Jahren 1221 bis 1223 das Kulmer Land. Nach Verhandlungen mit dem Hochmeister des Deutschen Ordens ermöglichte Konrad den Ordensrittern eine Ansiedlung im Kulmer Land, um von dort aus die heidnischen Pruzzen zu missionieren. Bereits 1233 wurde die vom Deutschen Orden erlassene „Kulmer Handfeste"[226] zur rechtlichen Grundlage für dieses Gebiet. Auf der Basis des Magdeburger Rechts bot die „Kulmer Handfeste" Bürgern und Bauern in vielerlei Hinsicht gute Voraussetzungen für eine Niederlassung.

Die „Kulmer Handfeste" ist eine am 23. Dezember 1233 vom Hochmeister Hermann von Salza und dem Landmeister Preußens Hermann Balk in lateinischer

---

219 Siehe Oppitz, Rechtsbücher, Bd. I, 1990, S. 62; Johanek, Glogauer Rechtsbuch, in: Verfasserlexikon, Bd. 3, ²1981, Sp. 59 f.

220 Oppitz, Rechtsbücher, Bd. I, 1990, S. 62.

221 Guben/Gubin, Stadtarchiv, o. Sign. (Opp. 645), Edition (nur Lehnrecht): Goerlitz, Die Gubener Handschrift des Görlitzer Rechtsbuchs, in: ZRG GA 64 (1944), S. 319–326.

222 Leipzig, Universitätsbibliothek, Ms. 953 (Opp. 892, HC 15251), Edition (nur Landrecht): Wasserschleben, Sammlung deutscher Rechtsquellen, Bd. 1, 1860 (Neudr. 1969), S. 1–79.

223 Janicka, Die Rezeption des Sachsenspiegels und des Magdeburger Rechts am Beispiel von Thorn im Kulmer Land, in: Eichler, Lück (Hrsg.), Rechts- und Sprachtransfer in Mittel- und Osteuropa, 2008, S. 61–74.

224 Koehler, Kulmer Handfeste, in: HRG, Bd. 2, 1978, Sp. 1244–1246; Johanek, Kulmer Handfeste, in: Verfasserlexikon, Bd. 5, ²1985, Sp. 433–436; Willoweit, Kulmer Handfeste, in: LexMa, Bd. 5., 1991, Sp. 1564 f.; Rogačevskij, Kul'mskaja gramota – pamjatnik prava Prussii XIII v., 2002; Editionen: Kisch, Die Kulmer Handfeste. 2., erw. Aufl., 1978; Zielińska-Melkowska, Przywilej chełmiński 1233 i 1251, 1986.

225 Heyde, Geschichte Polens, 2006, S. 13.

226 Zum Begriff ‚Handfeste' vgl. Armgart, Handfeste, in: ²HRG, 11. Lfg., 2010, Sp. 735 f.

Sprache ausgestellte Urkunde, in der die Rechtsverhältnisse der Städte Kulm und Thorn festgeschrieben wurden. Der Deutschmeister Eberhard von Sayn erneuerte und erweiterte die Bestimmungen in einer Urkunde vom 1. Oktober 1251, da das Original 1250 verloren gegangen war. Diese Fassung wurde später mehrfach ins Deutsche übersetzt.[227] In 24 Artikeln werden das Verhältnis der beiden Städte Kulm und Thorn zum Deutschen Orden, mit Ausführungen u. a. zur Markt- und Zollfreiheit, zu Maß und Münze und zum Grunderwerb geregelt. Als Rechtsgrundlagen werden das Magdeburger Recht genannt und der Rat von Kulm als Entscheidungsinstanz in rechtlichen Zweifelsfällen festgeschrieben. Darüber hinaus finden sich Regelungen für alle Belange der Siedler, die teilweise auch flämische Elemente erkennen lassen. Die Kulmer Handfeste wurde zum Vorbild für das Recht in allen preußischen Städten und für das ganze Siedlungsgebiet.[228]

Ursprünglich als Stadtrechtsprivileg den Städten Kulm und Thorn verliehen, wurde sie „zum Grundgesetz für den gesamten Deutschordensstaat. Sie ist die Grundlage und Quelle nicht nur für das Recht des deutschen Ordenslandes, sondern der ostdeutschen Rechtsentwicklung überhaupt.“[229]

Das gegen Ende des 14. Jahrhunderts verfaßte Rechtsbuch, der „Alte Kulm“[230] oder „altes kölmisches Buch“, ist weniger als erweiterte Form der Kulmer Handfeste zu verstehen, als vielmehr eine Bearbeitung des um die Mitte des 14. Jahrhunderts entstandenen „Magdeburg-Breslauer Systematischen Schöffenrechts“.[231]

7. Jan Łaski (1456–1531) – Rechtssammlung von 1506[232]

In der 1506 in Krakau erschienenen „Sammlung der in Polen angewandten Rechtsquellen“[233] „Commune incliti Poloniae regni privilegium [...] “[234], die auch unter dem – irreführenden – Titel „Statut Łaskiego“[235] bekannt ist, hat Łaski auch

[227] Vgl. Johanek, Kulmer Handfeste, in: Verfasserlexikon, Bd. 5, ²1985, Sp. 433.

[228] Vgl. Ebd., Sp. 434 f.

[229] Koehler, Kulmer Handfeste, in: HRG, Bd. 2, 1978, Sp. 1244 f.

[230] Siehe *Kapitel D.I.2.h)*.

[231] Vgl. Koehler, Kulmer Handfeste, in: HRG, Bd. 2, 1978, Sp. 1246.

[232] Uruszczak, „Łaski, Jan“, in: Juristen, 2001, S. 380 (Uruszczak gibt das Geburtsjahr Łaskis mit 1455 an).

[233] Lieberwirth, Die Wirkungsgeschichte des Sachsenspiegels, in: Lück (Hrsg.), Rolf Lieberwirth, 1997, S. 458.

[234] Łaski, Cōmune incliti Polonie Re-||gni priuilegium cōſtitutionū || & indultuū publicitus decre-||torum approbatorūqȝ. cum || nōnullis iuribus tā diuinis ꝗȝ humanis p̲ Sere||niſſimum Principē et dn̄m dominū Allexādorum || deigratia Regem polonie magnumducē Lith-||wanie Ruſſie Pruſſieqȝ dn̄m et heredē rc̄. Non || tamen in illudipſum priuilegiū sed motu p̲prio || regio serenitatis sue p̲ adhortationé p īstructioē || Regnicolarū proqȝ regni ejuſdē. ac iuſtitie ſtatu || feliciter dirigēdis eidē priuilegio ānexis & aſcri-||ptis. Mandāteqȝ ſacra eadem Maieſtate accu-||ratiſſime caſtigatis. 1506 (Titelblatt abgedr. in: Kraków – europejskie miasto prawa magdeburskiego 1257–1791, 2007, S. 247.); Nachweis der Werke Łaskis bei Estreicher, Bibliografia Polska, Bd. 21, 1906, S. 79–83, hier 79.

[235] Diese Bezeichnung gründet sich möglicherweise auf das Rubrum zweier Schwesterhandschriften

lateinische Übersetzungen des Sachsenspiegels[236], die auf Konrad von Sandomir („Versio Sandomiriensis")[237] und die „Versio Vratislaviensis"[238] zurückgehen, und des Magdeburger Weichbilds aufgenommen. Der erste Teil dieser Sammlung – die Übersetzungen von Sachsenspiegel und Magdeburger Weichbild befinden sich im zweiten Teil – erhielt durch die Bestätigung König Alexanders amtlichen Charakter.[239]

8. Mikołaj Jaskier – Glossen zum Sachsenspiegel und Weichbildrecht (1535 lat. – Druck)

Die Grundlage für die gelehrte Rezeption des Sachsenspiegels in Polen hat Mikołaj Jaskier (Nicolaus Jaskerus, 1504–1539 oder 1560)[240] mit der Übertragung des Sachsenspiegels einschließlich der Glossen („gestützt auf die accursianische Glossa ordinaria"[241]) und des glossierten Weichbildes geschaffen. Unter den Titeln

> „Juris Provincialis quod Speculum Saxonum uulgo nuncupatur libri tres, opera uigilanti in correctiorem redacti materiam, adiunctis simul glossis, aliisq. addicionibus nouiter recollectis pro interpraetatione textus magis necessarijs"[242]

und

> „IVRIS MVNI-||CIPALIS MAIDEBVRGENSIS || Liber uulgo Weichbild nuncupatus ex || uetuſtiſſimis exemplaribus uigillanti || opera nuper latinitati datus, ſum-||maqȝ cum diligentia recognitus, adiunctis ſimul gloſis & tex-||tus interpretationibus ad || id neceſſarijs"

wurden diese Werke 1535 in Krakau bei Hieronymus Vietor gedruckt. Ein Privileg König Sigismund I. bestätigte diese Ausgaben als geltendes Recht in allen polnischen Stadt- und Dorfgerichten des Magdeburger Rechts.[243]

(Kraków/Krakau, Muzeum Narodowe w Krakowie – Biblioteka Książąt Czartoryskich, MNB Czart. rkps. 2057 IV (16. Jahrhundert) – Opp. 841 u. Kraków/Krakau, Biblioteka Jagiellońska, Cod. 1174 (1503/1542/1518) – Opp. 851): „Tłómaczenie polskie Statutów Łaskiego" (zitiert nach Oppitz, Rechtsbücher, Bd. II, 1990, S. 611 u. 617.

236 Siehe auch *Kapitel D.I. 1.b) dd).*

237 Siehe auch *Kapitel D.I. 1.b) bb).*

238 Siehe auch *Kapitel D.I. 1.b) aa).*

239 Pauli, Polen, in: Handbuch der Quellen und Literatur der neueren europäischen Privatrechtsgeschichte, Bd. 2.2, 1976, S. 553.

240 Lück, Jaskier, Nikolaus (1504–um 1560), in: ²HRG, 14. Lfg., 2011, Sp. 1355 f.; Pańków, „Jaskier, Mikołaj (zm. 1539)", in: Polski Słownik Biograficzny, t. 11, 1964–1965, S. 60–62; Estreicher, Bibliografia Polska, Bd. 18, 1901, S. 501–503.

241 Pauli, Die polnische Literatur des Magdeburger Rechts, in: Willoweit, Schich (Hrsg.), Studien zur Geschichte des sächsisch-magdeburgischen Rechts in Deutschland und Polen, 1980, S. 151.

242 Titel nach Estreicher, Bibliografia Polska, Bd. 18, 1901, S. 501.

243 Lück, Jaskier, Nikolaus (1504–um 1560), in: ²HRG, 14. Lfg. Berlin 2011, Sp. 1355 f.; Pauli, Polen, in: Handbuch der Quellen und Literatur der neueren europäischen Privatrechtsgeschichte, Bd. 2.2, 1976, S. 554.

Jaskier hat diese beiden Werke für die praktische Anwendung im Gericht konzipiert, was nicht zuletzt eine der Sacherschließung beider Texte dienende, ebenfalls von ihm erarbeitete Publikation zeigt, die noch im selben Jahr unter dem Titel

> „PROMPTVA-||RIVM IVRIS PROVINCIALIS || Saxonici, quod Speculum Saxonum || uocatur, tū & Municipalis Maid-||eburgeñ. ſumma diligētia || recollectum, et ad cō||munē editum || utilitatē“

erschienen ist und 1601 ebenfalls nachgedruckt wurde. Alle drei Werke werden auch zu einem Sammelband vereinigt überliefert und erschienen 1601 bzw. 1602 in einer zweiten Auflage.

Der Lemberger Paweł Szczerbicz stützt sich bei seiner 1581 erschienenen Übertragung des glossierten Sachsenspiegels und Weichbildrechts ins Polnische auf die Ausgaben Jaskiers.

9. Paweł Szczerbicz – „Speculum Saxonum“ und „Jus Municipale“ (1581)

Im Jahr 1581 erscheinen in Lemberg zwei Werke zum sächsisch-magdeburgischen Recht in polnischer Sprache:

> „SPECVLVM SA-||XONVM. || Albo / || Prawo Sáskie y || Máydeburſkie porʒądkiem obie-||cádłá / ʒ Láćińſkich y Niemiec-||kich exemplarʒow ʒebrane: á || ná Polſki ięʒyk ʒ pilnośćią || y wiernie prʒełoʒone. || Prʒeʒ PAWLA SZCZERBICZA ná || ten cʒás SYNDIKA LWOWSKIEGO. || Cum Gratia & Priuilegio S. R. M. || Drukowano || We Lwowie / koſʒtem y nakłádem tegoʒ || Páwłá Sʒcʒerbicá właſnym. || M. D. LXXXI.“ [„Speculum Saxonum oder sächsisches und Magdeburger Recht in alphabetischer Ordnung aus den lateinischen und deutschen Exemplaren gesammelt und in polnische Sprache mit Fleiß und Treu übersetzt [...]“]

und

> „IVS MVNICI-||PALE. || To ieſt/ || Práwo Mieyskie || Máydeburſkie / nowo ʒ Láćiń-||ſkiego y ʒ Niemieckiego ná Pol-||ſki ięʒyk ʒ pilnośćią y wier-||nie prʒełoʒone. || Prʒeʒ PAWLA SZCZERBICZA ná || ten cʒás SYNDIKA LWOWSKIEGO. || Cum Gratia & Priuilegio S. R. M. || Drukowano || We Lwowie / koſʒtem y nakłádem tegoʒ || Páwłá Sʒcʒerbicá właſnym. || M. D. LXXXI.“ [„Ius Municipale das ist das Magdeburger Stadtrecht neu aus lateinischer und deutscher in polnische Sprache mit Fleiß und Treu übersetzt [...]“][244]

---

[244] Titel s. http://www.pbi.edu.pl/book reader.php?p=53133 und http://www.pbi.edu.pl/book reader.php?p=53131 (Abfragedatum: 10.06.2011); Übersetzungen nach Pauli, Polen, in: Handbuch der Quellen und Literatur der neueren europäischen Privatrechtsgeschichte, Bd. 2.2, 1976, S. 554; Edition des „Ius municipale“ von Grzegorz M. Kowalski (Szczerbicz, Ius Municipale, hrsg. von Kowalski, 2011).

Diese, wie es in den Titeln heißt, aus der lateinischen und deutschen Sprache ins Polnische übersetzten Rechtsregeln stützen sich auf die von König Sigismund I. bestätigten lateinischen Fassungen Jaskiers (s. o.). Weitere Auflagen des „Speculum Saxonum" und des „Ius Municipale" erschienen 1610 in Posen und 1646 in Warschau.

10. Johann Cervus Tucholczyk (1500–1557)

Sowohl für die Praxis als auch für juristische Ausbildung war die lateinische Abhandlung von Johann Cervus Tucholczyk (1500–1557)[245] mit dem Titel „Farrago actionū ‖ ciuilium Juris Maydebur-‖genſis. Secundū conſuetudinem iam-‖dudum in Regno Poloniæ obſer[-]‖uaram nunc primū ad com-‖munem vtilitatem ‖ excuſſa" gedacht, die zum ersten Mal 1531 in Krakau publiziert wurde. Es enthielt

> „[...] – neben einer Auslegung juristischer Regeln – auch zahlreiche Muster von Gerichtsformeln sowie von außergerichtlichen juristischen Akten. Die hauptsächlichsten Quellen, auf welche sich der Verfasser dieses Werkes stützte waren Texte des Sachsenspiegels und des Magdeburger Weichbildes in der lateinischen Übersetzung des Stadtschreibers Konrad aus Sandomierz [...] aus dem 14. Jahrhundert, welche in einer von dem Kanzler Johann Łaski im Jahre 1506 veröffentlichten Sammlung [...] enthalten waren."[246]

Cervus verwendet neben den sächsisch-magdeburgischen Quellen „gelegentlich auch andere juristische Werke sowie Normen des polnischen Gewohnheitsrechts."[247] Außerdem finden sich „eine Anzahl Entlehnungen aus dem römischen Recht [... jedoch hatte ...] das sächsisch-magdeburgische Recht das entscheidende Übergewicht."[248] Weitere Ausgaben dieses Werks erschienen in den Jahren 1535, 1539, 1540, 1542, 1546, 1558 ebenfalls in Krakau und 1607 in Zamość mit leicht veränderten Titeln.[249] In der vierten Ausgabe vom Jahr 1540, die unter dem Titel „Farraginis actionvm ivris ciuilis & prouincialis saxonici, municipalisqȝ Maydeburgensis"[250] gedruckt wurde, „nahm die Arbeit von Johann Tucholczyk den Charakter eines theoretischen Vortrags an."[251] Grundlage seiner Bearbeitung waren nunmehr die glossierten Ausgaben des Sachsenspiegels und des Weichbildes von

---

[245] Nachweise seiner Publikationen siehe Estreicher, Bibliografia Polska, Bd. 14, 1896, S. 125–131.

[246] Pauli, Die polnische Literatur des Magdeburger Rechts, in: Willoweit, Schich (Hrsg.), Studien zur Geschichte des sächsisch-magdeburgischen Rechts in Deutschland und Polen, 1980, S. 152.

[247] Ebd.

[248] Ebd.; zur Sprache von Cervus s. a. Karpluk, Słownik Jana Cervusa z Tucholi, 1973 u. dies., Słownictwo Jana Cervusa z Tucholi a *Leksykon* Mączyńskiego (1564), in: Polszczyzna regionalna Pomorza (Zbiór studiów). Pod red. Kwiryny Handke, 1989, S. 7–14.

[249] Siehe Estreicher, Bibliografia Polska, Bd. 14, 1896, S. 127–130.

[250] Ebd., S. 127.

[251] Ebd.

Mikołaj Jaskier, und das gelehrte Recht findet eine wesentlich stärkere Berücksichtigung. Diese Fassung, die noch weitere vier Auflagen erfahren hat, wurde auch in Deutschland rezipiert und hatte hier einen erheblichen Anteil an der Rezeption des römischen Rechts.[252]

11. Johannes Kirstein (Cerasinus) (1507–1561)

Johannes Kirstein[253], genannt Cerasinus, war von 1539–1561 Vogt des Obergerichts auf der Burg zu Krakau.[254] Das von ihm verfaßte „Enchiridion aliquot locorum communium Iuris Maideburgensis“ [„Handbuch zu einigen Themen des Magdeburger Rechts“][255] erschien 1556 und umfaßte Teile des Sachsenspiegels, des Weichbildrechts, aber auch des Corpus Iuris Civilis und wurde bis ins 18. Jahrhundert nachgedruckt, fand aber auch Aufnahme in die juristische Literatur u. a. in den „Porządek sądów i spraw miejskich prawa majdeburskiego w Koronie Polskiej“ Bartłomiej Groickis.

Kirstein bedient sich in dieser für die Rechtspraxis gedachten Abhandlung sowohl aus Quellen des sächsisch-magdeburgischen als auch des römischen Rechts. Pauli kommt in seiner Analyse des Inhalts zu folgendem Ergebnis:

> „Zwar gehörten zu den wichtigsten in diesem Werk benutzten Quellen die Texte des Sachsenspiegels und des Magdeburger Weichbildes (in der Übersetzung von Jaskier), von denen der erste an 118 und das zweite an 32 Stellen angeführt werden. Daneben jedoch benutzte Cerasinus romanistische Glossen, und zwar zum Speculum Saxonum in 19 und zum Ius Municipale in 12 Fällen, ferner auch einige juristische Werke. Ja, er griff sogar zum Corpus Iuris Civilis, dem er 119 Zitate entnahm, [...].“[256]

12. Stanisław Aichler (1519/20–1585)[257]

Stanisław Aichler wird oft im Zusammenhang mit dem Magdeburger Recht genannt, obwohl er selbst wohl nicht zu diesem Thema publiziert hat. Gleichwohl wurde der in Bologna ausgebildete Jurist als Nachfolger Johannes Kirsteins 1561 Vogt des Obergerichts auf der Burg zu Krakau und hatte dieses Amt bis 1585 inne.[258] In dem Werk „Tytuły práwá Máydeburskiego, do Porządku y do Artyku-

[252] Vgl. ebd., S. 153.

[253] Zu Kirstein s. Pauli, Jan Kirstein Cerasinus (1507–1561), 1971.

[254] Vgl. Łysiak, Ius supremum Maydeburgense castri Cracoviensis 1356–1794, 1990, S. 31 f., 184.

[255] Zuerst 1556 in Krakau erschienen, weitere Auflagen 1586, 1607, 1611, 1616, 1619, 1629 u. 1760 (Nachweise s. Estreicher, Bibliografia Polska, Bd. 14, 1896, S. 120 f.). Die Aussage Halbans und anderer, das Werk sei erst 1619 gedruckt worden, stimmt nicht (Halban, Zur Geschichte des deutschen Rechtes in Podolien, Wolhynien und der Ukraine, 1896, S. 74).

[256] Pauli, Die polnische Literatur des Magdeburger Rechts, in: Willoweit, Schich (Hrsg.), Studien zur Geschichte des sächsisch-magdeburgischen Rechts in Deutschland und Polen, 1980, S. 153.

[257] Kowalska, Stanisław Aichler of Cracow, in: Bietenholz (Hrsg.), Contemporaries of Erasmus, T. 1, 2003, S. 19.

[258] Vgl. Łysiak, Ius supremum Maydeburgense castri Cracoviensis 1356–1794, 1990, S. 31 f., 184.

łów pierwéy po polsku wydánch“ von Bartolomäus Groicki werden eine graphische Darstellung sowie lateinische Ausführungen „über die Intestat-Erbfolge“[259] von Aichler abgedruckt.[260]

13. Bartolomäus Groicki (um 1534–1605)[261]

Groicki, ein studierter Jurist aus Krakau, der lange Jahre dort am Oberhof als Schreiber tätig war, ist die Vermittlung des sächsisch-magdeburgischen Rechts in der polnischen Sprache zu danken. Bereits seine erste umfassende Arbeit, die 1558 zum ersten Mal in Krakau unter dem Titel „Artykuły || Práwá Máydebur||skiego /Ktore zową Speculum || Saxonum. || Z Láćińskiégo Języká ná Polski || przełożone“ [„Artikel des Magdeburger Rechts, welche Speculum Saxonum [Sachsenspiegel] genannt werden. Aus dem Lateinischen in das Polnische übertragen“] gedruckt wurde, überträgt Teile des Sachsenspiegels nach der lateinischen Vorlage Łaskis und des „Magdeburger Weichbildrechts“ in die polnische Sprache und Rechtspraxis. Das besondere Interesse an diesem Werk Groickis läßt sich daran ablesen, daß es bereits 1559, 1560 und 1565 nachgedruckt und noch im 17. und 18. erneut aufgelegt wurde.[262]

Weitere Arbeiten Groickis befassen sich mit dem „Gerichtsgebührengesetz im Magdeburger Recht“ („Ustawa płacey u sądów w prawie Maydeburskim“), ebenfalls zuerst 1558 erschienen und mehrfach nachgedruckt[263], mit der „Gerichtsordnung und den städtischen Angelegenheiten des Magdeburger Rechts im Kronland Polen“ („Porządek sądów i spraw miejskich prawa majdeburskiego w Koronie Polskiej“)[264]. Aber auch die erst 1532 in Regensburg verabschiedete „Constitutio Criminalis Carolina“[265] wurde von Groicki bearbeitet und ins Polnische übertragen und erschien 1559 unter dem Titel „Postępek sądów około karania na gardle“.[266]

[259] Pauli, Die polnische Literatur des Magdeburger Rechts, in: Willoweit, Schich (Hrsg.), Studien zur Geschichte des sächsisch-magdeburgischen Rechts in Deutschland und Polen, 1980, S. 154.

[260] „Figura seu tabula indicans graphice, quomodo haereditas ab intestato deferatur et qusnam proximior potiorque ad capiendam haereditatem habeatur, ex Saxonico simul et communi caesareove iure concinne excerpta, nec non ad frequentiorem in Saxonica provincia usum et observationem accomodata, per excellentem virum STANISLAUM EICHLERUM, iuris utriusque doctorem et advocatum provincialem iuris supremi Maydeburgensis castri Cracoviensis, ex Germanico in Latinum transfusa et nunc denuo per eundem recognita et aucta.“ (Groicki, Tytuły prawa majdeburskiego, hrsg. von Koranyi, 1954, S. 24–37, Abb. S. 25).

[261] Janicka, Groicki, Bartolomaeus (um 1534–1605), in: ²HRG, 11. Lfg., 2010, Sp. 561 f.; dort weitere Literaturhinweise zu Groicki; Estreicher (Estreicher, Bibliografia Polska, Bd. 17, 1899, S. 403) nennt als Groickis Lebensdaten 1519–1599.

[262] Vgl. Estreicher, Bibliografia Polska, Bd. 17, 1899, S. 403f.; zu den Publikationen Groickis und seiner besonderen Bedeutung für die polnischsprachige Rechtsliteratur s. a. Pauli, Einflüsse des römischen Rechts im Hauptwerk von Bartholomäus Groicki, in: Gesellschaft und Recht im griechisch-römischen Altertum, T. 2, 1969, S. 157–183, bes. 160f.

[263] Estreicher, Bibliografia Polska, Bd. 17, 1899, S. 411.

[264] Zuerst 1559, dann ebenfalls mehrere Nachdrucke bis ins 18. Jahrhundert (ebd., S. 405–407).

[265] Siehe Lieberwirth, Constitutio Criminalis Carolina, in: ²HRG, Bd. 1, 2008, Sp. 85–890.

Daß die Arbeiten Groickis über einen langen Zeitraum rezipiert wurden, belegen nicht nur die zahlreichen Auflagen, sondern auch die Tatsache, daß er selbst noch 1567 ein alphabetisches Register mit Ergänzungen zu seinen früheren Arbeiten publizierte („Reyestr do Porządku y do Artykułów, Práwa Máydeburskiego y Césárskiego" [„Register zur Ordnung und zu den Artikeln des magdeburgischen und kaiserlichen Rechts"])[267]. Im selben Jahr legte er außerdem noch einmal eine umfangreiche Arbeit zum Magdeburger Recht vor („Tytuły práwá Máydeburskiego, do Porządku y do Artykułów pierwéy po polsku wydánych" [„Die Titel des Magdeburger Rechts, gemäss der Rechtsordnung und den Artikeln, zum erstenmal polnisch herausgegeben"]).[268]

[266] Diesen Titel hat das Werk in der Neuausgabe Koranyis von 1954; der Titel der Originalausgabe lautet „Ten postępek wybran iest s praw Cesárskich, który Károlus V Cesarz, kazał wydáć po wszysthkich swoich páństwiech, którym sye Náuká dáie, iáko w tych sądziech á sprawách około karánia ná gárdle álbo ná zdrowiu, sędźiowie y każdy vrząd ma sye zachowáć, y postępowáć wedle boiáźni Bożey, spráwiedliwie, pobożnie, rostropnie, y nieskwápliwie" (Nachweis bei Estreicher, Bibliografia Polska, Bd. 17, 1899, S. 407).

[267] Nachweis ebd., S. 408 f.; Beschreibung u. Abb. des Titelblatts in: Kraków – europejskie miasto prawa magdeburskiego 1257–1791, 2007, S. 250 f., Nr. IV.14.

[268] Nachweis bei Estreicher, Bibliografia Polska, Bd. 17, 1899, S. 409 f.; Neudr. d. Ausg. von 1629 hrsg. von Koranyi, 1954.

Vorbemerkungen zu den Teilen E-G (*Inge Bily*)

Dank

An erster Stelle sei dem slawistischen Projektleiter, Herrn Prof. Dr. Dr. h. c. *Ernst Eichler* (Leipzig), sowie dem Mitglied unserer Vorhabenbezogenen Kommission, Herrn Prof. Dr. Dr. h. c. *Christian Hannick* (Universität Würzburg und Trier), für regelmäßige Konsultationen zu allen Fragen des deutsch-polnischen Wortvergleichs wie auch zu den Arbeitsmethoden gedankt.

Sehr herzlich danke ich der stellv. Vorsitzenden unserer Vorhabenbezogenen Kommission, Frau Prof. Dr. *Danuta Janicka* (Universität Toruń/Thorn), für ihren Rat und die beständige und engagierte Unterstützung meiner Arbeit an der deutsch-polnischen Wortanalyse, ganz besonders aber an der Erstellung des deutsch-polnischen und polnisch-deutschen zweisprachigen Wörterverzeichnisses. Ihrer Vermittlung verdanke ich außerdem die Möglichkeit zur Konsultation mit Herrn Prof. Dr. *Zygfryd Rymaszewski* (Łódź), dem ich an dieser Stelle für sein Interesse am Projekt sowie für wertvolle Ergänzungen zu den Wörterverzeichnissen ebenfalls sehr herzlich danken möchte.

Frau Prof. Dr. *Mária Papsonová* (Universität Prešov/Eperies und Košice/Kaschau) habe ich für vielfältige Beratung, vor allem in methodischen Fragen der Anlage der Wortanalyse zu danken. *Mária Papsonovás* vergleichende Untersuchung zum „Silleiner Rechtsbuch" diente mir als Vorbild.

Frau Prof. Dr. *Libuše Spáčilová* (Universität Olomouc/Olmütz) danke ich für die Möglichkeit ausführlicher Konsultationen zur sprachlichen Einordnung des deutschen Quellentextes und außerdem für Hilfe und Beratung bei der näheren Bestimmung des frühneuhochdeutschen Textes.

Herrn Dr. *Frank-Michael Kaufmann* und Herrn Dr. *Peter Neumeister* aus dem Projekt Monumenta Germaniae Historica (Sachsenspiegelglossen) an der Sächsischen Akademie der Wissenschaften zu Leipzig habe ich nicht nur für anregende Fachgespräche und Literaturhinweise zu danken, sondern vor allem auch für die Möglichkeit, das in Arbeit befindliche Glossar zur Buch'schen Glosse für meine Materialauswertung benutzen zu dürfen.

Der Arbeitsstelle des *Althochdeutschen Wörterbuches* der Sächsischen Akademie der Wissenschaften zu Leipzig danke ich für Beratung und Hilfe in lexikologischen und grammatischen Fragen des Frühneuhochdeutschen sowie für die Möglichkeit der Teilhabe an der umfangreichen Spezialbibliothek dieser Arbeitsstelle.

Frau *Eva-Maria Lill* von der Arbeitsstelle des Deutschen Rechtswörterbuches an der Heidelberger Akademie der Wissenschaften danke ich für Auskünfte aus noch in Bearbeitung befindlichem und daher unpubliziertem Material zum Deutschen Rechtswörterbuch.

Herr Prof. Dr. Dr. h. c. *Ilpo Tapani Piirainen* (Dumte bei Münster) war neben seiner beratenden Funktion als Mitglied unserer Vorhabenbezogenen Kommission auch bei der Literaturbeschaffung und der Vermittlung von Kontakten zu Wissenschaftlern in den slawischen Nachbarländern behilflich. Dafür sei ihm herzlich gedankt.

Frau Prof. Dr. *Barbara Czopek-Kopciuch* von der Polnischen Akademie der Wissenschaften in Kraków/Krakau danke ich für Anregungen in einer Reihe slawistischer Fragen, besonders zum Altpolnischen.

Für methodische Anregungen, Literaturempfehlungen wie auch die Bereitstellung schwer zugänglicher Literatur habe ich Herrn Prof. Dr. *Günter Baranowski* (Leipzig) zu danken.

Dem Leiter der Abteilung Kartographie des Leibniz-Instituts für Länderkunde, Leipzig, Herrn Dr.-Ing. *Konrad Großer*, gilt mein Dank für umfangreiche und kompetente Beratung in allen Fragen der Kartierung, ganz besonders bei der Erstellung der Basiskarte des Untersuchungsgebietes sowie der Basiskarte Polens. Für die korrekte kartographische Umsetzung danke ich den Kartographinnen Patricia Mundt, Anja Müller und Romana Schwarz (alle Leibniz-Institut für Länderkunde, Leipzig).

Bei Ergänzungen zu dem in diesem Band vorgestellten Muster des mehrsprachigen Wörterverzeichnisses waren behilflich: Herr Prof. Dr. *Günter Baranowski* (Leipzig), Frau Prof. Dr. *Barbara Czopek-Kopciuch* (Polnische Akademie der Wissenschaften, Kraków/Krakau), Frau Dr. *Milada Homolková* (Institut für Tschechische Sprache der Tschechischen Akademie der Wissenschaften, Praha/Prag), Frau Prof. Dr. *Danuta Janicka* (Universität Toruń/Thorn), Frau Prof. Dr. *Mária Papsonová* (Universität Prešov/Eperies und Košice/Kaschau) sowie Herr Prof. Dr. *Zygfryd Rymaszewski* (Łódź).

Nicht zuletzt gilt mein Dank Frau *Claudia Hollstein*, M.A., die nicht nur die Erfassung und Anordnung des Materials für den Wortvergleich vornahm, sondern auch diverse Schreibarbeiten und Korrekturen zu meiner Zufriedenheit erledigte sowie alle Sortierarbeiten im zweisprachigen deutsch-polnischen und polnisch-deutschen Wörterverzeichnis ausgeführt und die immer wieder notwendigen Änderungen und Ergänzungen eingearbeitet hat.

Allgemeine Vorbemerkungen

In allen Teilen, die sich mit der vergleichenden Wortanalyse beschäftigen, einschließlich der einleitenden und auswertenden Ausführungen, wurde die einschlägige polnischsprachige sprach- und rechtswissenschaftliche Literatur neben der deutsch- und anderssprachigen herangezogen und ausgewertet. Dies gilt ebenso für die Arbeiten zur Geschichte der Besiedlung. In den Beschreibungen zum Anliegen der sprachhistorisch-vergleichenden Untersuchung wie auch zum Stand der entsprechenden Forschungen war allerdings eine Beschränkung auf die Hauptlinien nötig.

Im Mittelpunkt der sprachhistorischen Untersuchung steht der deutsch-polnische Wortvergleich des historischen juristischen Fachwortschatzes. Möglichen Bedeutungsverschiebungen im Vergleich zum modernen Fach- wie auch Allgemeinwortschatz kann im Rahmen dieses Wortvergleichs nicht nachgegangen werden.

Es sei weiterhin darauf hingewiesen, daß Materialuntersuchung und -auswertung auf der lexikalischen Ebene angesiedelt sind und damit Besonderheiten, die der phonologisch-graphematischen Ebene zuzuordnen sind, zwar gesehen wurden, im Rahmen der Projektarbeit jedoch nicht behandelt werden konnten. So bleibt z. B. die noch nicht einheitliche Wiedergabe der Nasalvokale im von uns ausgewerteten altpolnischen Text unkommentiert, um nur ein Beispiel zu nennen. Was für die phonologisch-graphematische Ebene gilt, trifft auch auf die Textebene zu. Sie war ebenfalls nicht Gegenstand der Untersuchung.

In der Hoffnung, daß der Text der Vorfassung der geplanten Edition der Handschrift *Pi* in naher Zukunft ediert würde, wurden auch die in diese Fassung als kritischer Apparat teilweise schon eingearbeiteten Vergleichshandschriften in unseren Wortvergleich bereits einbezogen. Dies sind die Handschriften mit den Siglen *Kγ*, *Th* und *Dr* (s. *Kapitel D.I.2.i)*).

Das jeweilige deutsche Stichwort mit seiner polnischen Entsprechung bildet das Bindeglied zwischen allen Teilen der sprachlichen Bearbeitung, d. h. der deutsch-polnischen Wortanalyse, dem Auswertungsteil und auch den beiden zweisprachigen Wörterverzeichnissen. In letzteren steht als Markierung jeweils ein ✧ vor denjenigen Lexemen, die in der deutsch-polnischen Wortanalyse (*E.III.2.*) als Stichwort vorkommen.

Um ein vollständiges Bild eines frühneuhochdeutschen Lexems und seiner Übertragung ins Altpolnische zu gewinnen, sollte der Nutzer generell neben den Auswertungsteilen (*E.IV.* und *E.V.*) immer auch die deutsch-polnische Wortanalyse (*E.III.2.*) konsultieren, denn hier werden in der Stichwortzeile wie im Kommentar und auch als Literaturhinweise detaillierte Informationen gegeben, die z. T. über unseren Wortvergleich anhand nur e i n e s deutschen und e i n e s polnischen Textes hinausgehen.

Die Anordnung der Hauptstichwörter innerhalb des Teils der deutsch-polnischen Wortanalyse (*E.III.2.*) folgt dem deutschen Alphabet. Bezüge zu anderen Stichwörtern werden durch Querverweise erschlossen. Aus Gründen der Nutzerfreundlichkeit wurde das ursprünglich separat angelegte polnisch-deutsche Register der Stichwörter in den deutsch-polnischen Teil (*E.III.2.*) alphabetisch eingeordnet.

Im Deutschen wird bei Substantiven auf die Genusangabe verzichtet und stattdessen der bestimmte Artikel genannt, z. B. *Ältester, der; Begabter, der* usw. Dies gilt für alle Teile der sprachlichen Bearbeitung einschließlich der beiden zweisprachigen Wörterverzeichnisse. Im Polnischen geht das Genus der Substantive aus ihrer Endung hervor. Mit Rücksicht auf Nutzer nichtdeutscher Muttersprache werden in den kommentierenden und auswertenden Teilen Zahlen überwiegend als Ziffern angegeben, auch Zahlen bis elf.

Zur Struktur der Stichwortartikel in der deutsch-polnischen Wortanalyse (E.III. 2.)

In der Stichwortzeile werden jeweils die neuhochdeutsch-neupolnischen Entsprechungspaare der ausgewerteten Rechtstermini angegeben, abgeleitet aus dem Vorkommen in den beiden verglichenen Texten. In den Unterpunkten der einzelnen Stichwörter wie auch in den Kommentaren steht das konkrete Vorkommen der Rechtstermini im Vordergrund, vgl. z. B. in der Stichwortzeile *Tag, der // dzień.* Im Kommentar wird dagegen auf das konkrete Vorkommen von altpolnisch *dzen* in der Quelle Bezug genommen. Vereinzelt wurden auch altpolnische Schreibungen in die Stichwortzeile übernommen.

Bei Bedarf erfolgt eine Untergliederung des Materialteils eines Stichwortartikels durch *römische Zahlen. Arabische Zahlen* dienen hingegen nicht der Numerierung, sondern lediglich der Markierung einzelner Schöffensprüche im Materialteil eines Stichwortartikels. Dies ist immer dort nötig, wo die Auswertung im Kommentar mit den entsprechenden, jeweils zuvor genannten Belegstellen in Beziehung gesetzt werden soll.

Nicht immer liefert der polnische Vergleichstext oder ein Wörterbuch bzw. Glossar eine Entsprechung für einen deutschen Teminus, wie z. B. im Falle von *Biermahl* 'Mahlzeit mit Bier', wo in der Stichwortzeile für das Polnische lediglich eine beschreibende Übersetzung geboten werden kann {*posiłek s piwem*}, die so (bisher) nicht belegt ist.

Im Material zur deutsch-polnischen Wortanalyse treten z. T. große Unterschiede bei dem zu den einzelnen Stichwörtern belegten historischen Material auf. Einzelne Termini kommen in den beiden verglichenen Texten sehr häufig vor, wie z. B. *Schöffe*, andere dagegen nur vereinzelt, wie z. B. *antworten, Gerichtsbrief, Dieb, Magenschaft, unmündige Tochter* usw. Die Menge der gebotenen Belege richtet sich nach den tatsächlich vorgefundenen. So kann nicht nur die Häufigkeit der einzelnen Termini in den beiden verglichenen Texten annähernd gezeigt werden, sondern auch die Verbindbarkeit der Termini mit Attributen und Präpositionen, vgl. hierzu z. B. unter dem Stichwort *gehegtes Ding.*

Gelegentliche Wiederholungen in der Stichwortzeile und im Kommentar zu einem Stichwort sind beabsichtigt, wie z. B. bei den Stichwörtern *Urteil* oder *Vormund.* Wir gehen, vor allem aus Gründen der Nutzerfreundlichkeit, davon aus, daß wichtige Informationen zu einem Rechtsterminus sowohl in der Stichwortzeile wie auch im Kommentar enthalten sein sollten. Es sei ausdrücklich darauf hingewiesen, daß jedes der Stichwörter als eigenständige Bearbeitung angelegt ist.

Die Literaturangaben zu mehreren Stichwörtern desselben Wortstamms werden mitunter zusammengefaßt, z. B. die von *Zeuge, Zeugnis* und *bezeugen.* Dies soll Wiederholungen vermeiden und damit den Umfang der Literaturangaben nicht unnötig ausdehnen.

Wenn ein Hauptstichwort selbst im Text nicht belegt ist, vgl. z. B. in der Wortanalyse *Hand, Jahr* oder *Rat,* sondern lediglich als Bestandteil eines Phrasems vorkommt, das dann auch behandelt wird, vgl. z. B. in der Wortanalyse unter dem Stichwort *Hand* u. a. die Stichwörter *mit gewappneter Hand* und *nach toter Hand* oder unter dem Stichwort *Jahr* u. a. *zu seinen Jahren kommen* oder auch unter dem Stichwort *Rat* u. a. *vor dem Rat* und *sitzender Rat*, kann verständlicherweise unter dem Hauptstichwort kein Material geboten werden, was dort dann auch das Fehlen eines Kommentars zur Folge hat. In diesen Fällen steht der Block *Literatur*, der normalerweise auf den *Kommentar* folgt, direkt unter dem Hauptstichwort.

Zu den Auswertungsteilen

Die sich an die Wortanalyse (*E.III.2.*) anschließende Auswertung erfolgt in zwei Stufen. Im ersten Teil (*E.IV.*) wird das Material den folgenden Gruppen zugeordnet: 1. Übersetzung, 2. Entlehnung, 3. Umschreibung, 4. Verwendung eines anderen Terminus. Es schließen sich unter den Punkten 5.–9. Ausführungen zu einigen grammatischen Besonderheiten an. Auch hier war lediglich eine schwerpunktmäßige Betrachtung möglich, denn Aufgabe und Ziel der Analyse sind vergleichende Wortuntersuchungen, d. h. eine Bearbeitung auf der lexikalischen Ebene. Der zweite Teil der Auswertung (*E. V.*) abstrahiert stärker und faßt die Ergebnisse der sprachhistorischen Analyse so zusammen, daß der (Rechts-)Historiker aus diesen Ergebnissen für seine eigene Bewertung Schlußfolgerungen ableiten kann. Im zweiten Teil der Auswertung wurden gesicherte Ergebnisse der historischen Sprachwissenschaft und der eigenen Materialstudie mit ebenfalls als gesichert geltenden Erkenntnissen rechts- und siedlungshistorischer Forschungen verbunden.

Zu den Karten

Bei den beiden Karten (s. die *Beilagen I und II* und vgl. auch die Kommentare zu den Karten unter *G.*) handelt es sich um Übersichtskarten zur Orientierung im jeweiligen Arbeitsgebiet, nicht um thematische Karten. Für eine Kartierung zum Thema der Verbreitung des sächsisch-magdeburgischen Rechts in Polen wären als Zusammenfassung des Standes der Forschung vor allem folgende vorhandenen Karten auszuwerten:

- Karte „Die Verbreitung des deutschen Stadtrechts nach dem Osten“, von E. Marcks, Beilage in: Magdeburg in der Politik der deutschen Kaiser, 1936,
- Karte, S. 236, in: Kamińska, Lokacje miast na prawie magdeburskim na ziemiach polskich do 1370 r., 1990,
- Karte, S. 44/45 „Die mittelalterliche deutsche Ostsiedlung“, von W. Kuhn, in: Putzger, Historischer Weltatlas zur allgemeinen und österreichischen Geschichte, 1992,
- Karte, S. 8 „Ausbreitung der deutschen Stadtrechte nach dem Osten“, bearb. von F. Dörr, in: Harms' Ostdeutsche Heimat in Karte, Bild und Wort, [ca. 1960].

E. Deutsch-polnische kontrastive Wortanalyse anhand einer deutschen und einer polnischen Handschrift der „Magdeburger Urteile“ (*Inge Bily*)

I. Zum Anliegen der Untersuchung und zum Stand der Forschung

1. Vorbemerkungen

An der Notwendigkeit einer Zusammenführung von Ergebnissen rechtshistorischer und philologischer Forschungen besteht unter den Vertretern der beteiligten Fachdisziplinen kein Zweifel. So bemerkt Heiner Lück:

> „Die Erforschung der Rezeption des sächsisch-magdeburgischen Rechts in Osteuropa ist nicht nur angesichts der modernen Entwicklungen ein spannendes Thema. Viele Aspekte dieses Phänomens harren der detaillierten Untersuchung – vor allem auch aus philologischer Sicht.“[1]

Den Wert sprachlicher Analysen von Rechtstexten sieht auch der slowenische Rechtshistoriker Sergij Vilfan, der in seiner Rechtsgeschichte Sloweniens betont: „Auf die ältesten Zusammenhänge kann im allgemeinen die philologisch-historische Methode hinweisen.“[2] Und der polnische Historiker Józef Matuszewski beschreibt den Gewinn für beide Disziplinen in seinem Aufsatz „Die Philologie im Dienste der Geschichte“.[3]

Der methodische Ansatz einer fächerübergreifenden Verbindung von rechts- und sprachgeschichtlicher Forschung hat bereits zu einer Reihe beachtlicher Ergebnisse geführt.[4] Erkenntnisse über die Entlehnung von Rechtswortschatz sind auch mit der Berücksichtigung von Ergebnissen aus Untersuchungen benachbarter Fachgebiete, z. B. der Namenforschung, zu gewinnen. So kann Eckhard Eggers unter Einbeziehung des polnischen Familiennamen *Sołtys* in seine Untersuchung zum polnischen Appellativum *sołtys* die „deutsche Vorlageform“ für das Appellativum „geographisch und dialektal“ bestimmen. „Das Entlehnungsgebiet [von poln. *sołtys* – I. B.] ist eindeutig Großpolen.“[5]

Zu den Arbeitsschwerpunkten deutscher wie auch polnischer Rechts- und Sprachhistoriker gehören u. a. Untersuchungen zum umfangreichen und vielschichtigen Themenkomplex der Rezeption des sächsisch-magdeburgischen Rechts in Polen.

---

[1] Lück 2001, S. 27 f.

[2] Vilfan 1968, S. 37.

[3] Matuszewski 1978.

[4] Dorovskich 1996; Eckert/Hattenhauer 1991; Garovi 1999; Köbler 1984; Schmidt-Wiegand 1998a; Schmidt-Wiegand 1998b; Schmidt-Wiegand 1999; Schmidt-Wiegand 2000; Škrubej 2002a; Škrubej 2002b.

[5] Eggers 1988, S. 69 f.

Das Interesse an der Beschäftigung mit diesem Thema gilt für rechtshistorisch ausgerichtete Untersuchungen[6] ebenso wie für die Verbindung sprachwissenschaftlicher mit rechtshistorischen Fragestellungen.[7] Besonders sei auf den von Dietmar Willoweit und Winfried Schich herausgegebenen Sammelband „Studien zur Geschichte des sächsisch-magdeburgischen Rechts in Deutschland und Polen“[8] hingewiesen.

Zur Begriffsbestimmung des sächsisch-magdeburgischen Rechts ist erneut auf H. Lück zu verweisen:

> „Die eigenartige Symbiose, welche der Sachsenspiegel mit dem Magdeburger Recht auf dem Weg nach Osteuropa eingegangen ist, kommt in den Quellen durch die Bezeichnung *ius Theutonicum, ius Maideburgense* und *ius Saxonicum* zum Ausdruck. Davon setzte sich *ius Maideburgense* (Magdeburger Recht) als die umfassende Bezeichnung für das sächsische Landrecht und das Mageburger Stadtrecht, oft auch für das deutsche Recht (*ius Theutonicum*) schlechthin, durch. Die moderne Forschung erfaßt dieses Ineinandergreifen zutreffend mit dem Begriff ‚sächsisch-magdeburgisches Recht‘.“[9]

Anliegen der sprachlichen Auswertung der Rechtstermini im Rahmen unserer Untersuchung ist vor allem die Betrachtung der Übernahmeprozesse des Rechtswortschatzes in Form von Übersetzung, Entlehnung und Umschreibung. Von besonderem Interesse ist dabei die Frage nach der möglichst adäquaten Wiedergabe des semantischen Gehalts eines Rechtsterminus in der Nehmersprache.

Zu berücksichtigen sind bei der Beurteilung des Integrationsprozesses des Rechtswortschatzes vor allem die unterschiedlichen Wortbildungsmittel von Ausgangs- und Zielsprache, und zwar: Komposition als vorherrschendes Wortbildungsmittel in der deutschen Ausgangssprache und Derivation als vorherrschendes Wortbildungsmittel im Polnischen. Auf diese Besonderheit macht u. a. auch M. Papsonová in ihrer vergleichenden Untersuchung zum „Silleiner Rechtsbuch“ aufmerksam.[10]

---

[6] Ebel 1989; Fechner 1980; Goerlitz 1939; Goerlitz 1962; Groicki 1954; Janicka 2007; Janicka 2008; Kałužniacki 1886; Kamińska 1990; Kuhn 1968; Kwiatkowska 1991; Kutrzeba 1926, S. 206–226; Łysiak 1985; Łysiak 1990; Maisel 1961; Maisel 1964; Maisel 1980; Maisel 1991; Reczek/Twardzik; Rymaszewski 1975.

[7] Lizisowa 1995; Lizisowa 1998; Lizisowa 2000; Jacek S. Matuszewski 1980; Józef Matuszewski 1961; Józef Matuszewski 1978; Józef Matuszewski 1999; Piirainen 1990; Piirainen 1992; Piirainen 1997a; Weidner 1965; Weidner 1968; Zajda 1990; Zajda 2001; Zajda 2008 und unlängst Iluk 2010.

[8] Willoweit/Schich 1980.

[9] Lück 2007, S. 269 f.

[10] Papsonová, Silleiner Rechtsbuch, S. 66.

2. Zum Stand der Forschung

Da sowohl die lexikographische Bearbeitung des historischen Wortschatzes wie auch die Erforschung der Rechtstermini im Polnischen weit fortgeschritten sind, werden aus der Kombination der Ergebnisse dieser beiden Bereiche und ihrer Verbindung mit dem Studium von Rechtstexten weiterführende Aufschlüsse erwartet.

Von germanistischer wie auch von slawistischer Seite liegen Untersuchungen vor, die sich in ihrer Materialbasis ausschließlich auf Teile des Fachwortschatzes des Rechts stützen. Zu vergleichen sind u. a. die Studien Józef Wiktorowiczs zu den Krakauer Stadtbüchern bzw. zur deutschen Kanzleisprache in Krakau[11], weiterhin die Untersuchungen Rudolf Großes zum Schwabenspiegel[12] und die Arbeiten Maria Teresa Lizisowas[13] zur Rezeption der altpolnischen Rechtssprache im Großfürstentum Litauen im 16. Jahrhundert. Den von ihr untersuchten historischen Rechtswortschatz faßt Lizisowa in Verzeichnissen zusammen, um ihn anschließend einer semantischen Analyse zu unterziehen. Die Studien Aleksander Zajdas[14] basieren auf dem Vergleich von Belegen polnischer Rechtstermini in mittelalterlichen Rechtsquellen und historischen Wörterbüchern. Viktor Weidner[15] wendet sich den altpolnischen Rechtstermini in den Statuten Kasimirs des Großen zu, d. h. dem Material einer einzelnen Rechtsquelle. Und Aleksandra Aleksic[16] untersucht die altpolnischen Rechtstermini der „Magdeburger Urteile“ *Ortyle ossolińskie* anhand der Edition von Józef Reczek und Wacław Twardzik.[17] Zu nennen sind hier weiterhin u. a. Untersuchungen von: Józef Kość zu soziolinguistischen Fragen[18], Alina Kowalska zur Rechtsterminologie in Dokumenten des 17. Jahrhunderts[19], Władysław Kuraszkiewicz zu Rechtstexten des 14.–16. Jahrhunderts[20], Maria Teresa Michalewska zur Rechtsterminologie des 17. Jahrhunderts[21], Roxana Sinielnikoff zur Herausbildung der polnischen Rechtsterminologie im 16. Jahrhundert[22], Irina Szczepanowska zu den Perspektiven linguistischer Forschung anhand der Rechtssprache[23], Witold Taszycki zu zwei Kodices des 15. Jahrhunderts[24] und nicht zuletzt Maria Wojtak u. a. zu stilistischen Fragen der „Magdeburger Urteile“.[25]

---

[11] Wiktorowicz 1984; Wiktorowicz 1995; Wiktorowicz 2001.
[12] Große 1964a; Große 1964b.
[13] Lizisowa 1995; Lizisowa 1998; Lizisowa 2000.
[14] Zajda 1990; Zajda 2001; Zajda 2008.
[15] Weidner 1965; Weidner 1968.
[16] Aleksic Ortyle.
[17] Reczek/Twardzik.
[18] Kość 1993.
[19] Kowalska 1964.
[20] Kowalewicz 1981; Kuraszkiewicz 1983 u. 1985; Kuraszkiewicz 1986.
[21] Michalewska 1970; Michalewska 1977.
[22] Sinielnikoff 1994.
[23] Szczepanowska 1999.
[24] Taszycki 1972.

Aus benachbarten Sprachgebieten waren für unsere Bearbeitung, sowohl unter methodologischem Aspekt wie auch materialvergleichend, besonders die folgenden Arbeiten zu berücksichtigen:

- Zum einen die Untersuchung Mária Papsonovás zum „Silleiner Rechtsbuch".[26] Mit einem umfangreichen Wörterbuch der Rechtstermini zur deutschsprachigen Vorlage des Landrechts (1378) und zu ihrer Übersetzung (1473) des „Silleiner Rechtsbuches" legte M. Papsonová im Jahre 2003 das Ergebnis jahrelanger Beschäftigung mit diesen grundlegenden Quellentexten vor. Das „Silleiner Rechtsbuch" gehört bekanntlich zu den ältesten auf dem Gebiet der heutigen Slowakei überlieferten bedeutenden Stadtbüchern.
- Außerdem muß Emanuel Michálek[27] genannt werden, der sich der tschechischen Rechtssprache der vor- und hussitischen Zeit zuwendet.
- Weiterhin sei auf die sprach- und rechtshistorische Untersuchung Katja Škrubejs hingewiesen, die in ihrer Analyse unter dem Thema „Der *Ritus gentis* der Slawen in den Ostalpen. Ein Modell der Rekonstruktion der Rechtsverhältnisse auf der Grundlage des ältesten Sprachmaterials"[28] die Ergebnisse von Siedlungs-, Rechts- und Sprachgeschichte zu einer Synthese verbindet. Ausführliche Herleitungen der Wortformen, Verweise auf Ableitungen, die Beschreibung der Semantik und eine Betrachtung des Wortschatzes von seinem ersten Auftreten in den Quellen bis zu seinem heutigen Gebrauch bzw. auch seinem Verschwinden aus dem aktuellen Sprachgebrauch sind die Eckpunkte der linguistischen Beschreibung. Sprachliche Analyse und Behandlung des Rechtsinhalts eines Terminus bilden für K. Škrubej eine Einheit, wobei es ihr gewöhnlich nicht um isolierte Einzeltermini geht, sondern vielmehr um die Untersuchung von Wortnestern und die Betrachtung eines Terminus im (möglichst längeren) Kontext. Auch Ableitungen werden einbezogen. Besondere Aufmerksamkeit wird der Semantik der behandelten Termini geschenkt und dies in diachroner wie auch in sprachvergleichender Sicht. Bekanntlich konnte sich die Grundbedeutung eines Lexems im Laufe seiner historischen Entwicklung wie auch seiner regionalen Verbreitung erheblich verändern. Abgesehen davon zeigen sich die zu erwartenden Unterschiede in einem Vergleich des allgemeinsprachlichen und fachsprachlichen Gebrauchs von Termini sowohl bei der Betrachtung des slowenischen Materials wie auch im gesamtslawischen Vergleich und ebenso im von uns geführten deutsch-polnischen Sprachvergleich, s. u. *E.III.2. Deutsch-polnische (frühneuhochdeutsch-altpolnische) kontrastive Wortanalyse*.

---

[25] Wojtak 1988; Wojtak 1992; Wojtak 2001.

[26] Papsonová, Silleiner Rechtsbuch.

[27] Michálek 1970.

[28] Škrubej 2002b.

Auf linguistische Arbeiten, die sich in ihrer Materialbasis ausschließlich auf den Rechtswortschatz stützen, wurde bereits oben (vgl. S. 119f.) hingewiesen. Zu nennen sind auch Untersuchungen, vor allem zur Entlehnung, die neben anderem historischen und modernen Sprachmaterial ebenfalls Rechtswortschatz einbeziehen. Die inhaltlichen Schwerpunkte dieser Studien sind unterschiedlich.

Besonders gut ist der deutsch-polnische Sprachkontakt, einschließlich der deutsch-polnischen Entlehnungsprozesse, bearbeitet, vgl. z. B. die Untersuchungen von Eckhard Eggers[29], Walter Kaestner[30] und Norbert Morciniec[31].

Zum deutsch-slowakischen Sprachkontakt auf der Grundlage der Auswertung historischer Quellen sind vor allem die Arbeiten Ján Doruľas[32] zu berücksichtigen, in denen auch der historische Rechtswortschatz nicht ausgespart wird. Zu vergleichen sind weiterhin die Studien Rudolf Kuchars.[33] Auf die Untersuchungen Mária Papsonovás, besonders zum „Silleiner Rechtsbuch“, wurde bereits hingewiesen. In der Auswertung des Sprachmaterials der von M. Papsonová untersuchten Quellen wird deutlich, daß es bei der Übernahme/Übersetzung der deutschen Rechtstexte mitunter ausgesprochen schwierig war, für die deutschen Rechtstermini adäquate Termini in der Nehmersprache zu finden. Daß die mittelalterlichen Translatoren generell vor dieser Schwierigkeit standen, betont M. Papsonová unter Bezugnahme auf Arbeiten zu Böhmen und Mähren, aber auch unter Hinweis auf in Deutschland verfaßte lateinische Urkunden des Hochmittelalters, in die deutsche Rechtswörter übernommen wurden. Zu vergleichen ist hierzu besonders auch die Arbeit P. Rainer Rudolfs.[34]

Mit den tschechisch/slowakisch-deutschen Entlehnungsprozessen beschäftigt sich u. a. Stefan Michael Newerkla[35], mit den deutsch-tschechischen Emil Skála[36]. Janusz Siatkowski[37] untersucht die tschechisch-polnischen und Ilpo Tapani Piirainen[38] u. a. auch die slowakisch-schlesischen Entlehnungsprozesse.

Allerdings kann der Weg der Entlehnungen nicht immer mit Sicherheit bestimmt werden, so muß bei deutschen Lehnwörtern im Polnischen teilweise auch der Weg über das Tschechische in Betracht gezogen werden.[39] Außerdem ist immer der Einfluß des Lateinischen und weiterer Sprachen zu berücksichtigen.[40]

29 Eggers 1987; Eggers 1988; Eggers 1999.
30 Kaestner 1939; Kaestner 1987.
31 Morciniec 1989.
32 Doruľa 1977a, S. 75–103; Doruľa 1977b; Doruľa 1978; Doruľa 1997.
33 Kuchar 1992; Kuchar 1997.
34 Rudolf 1991.
35 Newerkla 2004.
36 Skála 1964.
37 Siatkowski 1970.
38 Piirainen 1997b.
39 Doruľa 1977b; Doruľa 1978; Doruľa 1997; Siatkowski 1967; Siatkowski 1970; Newerkla 2004.
40 Doruľa 1977a; Spáčilová 2004; Spáčilová 2006.

3. Fachsprache des Rechts

Vorauszuschicken ist, daß Fachsprachenforschung und Rechtslinguistik[41] eigene, selbständige Forschungsbereiche sind.

> „Zwischen Sprache und Recht besteht [...] eine denkbar enge Beziehung: das Recht lebt durch die Sprache; die Sprache ist das erste, vielleicht sogar das einzige Arbeitsinstrument der Juristen.“[42]

Die Rechtssprache gehört zu den ältesten Fachsprachen überhaupt.

> „Sie enthält z. B. viele Nominalkonstruktionen, zusammengesetzte Substantive und Passivformen. Die Sprache des Rechts ist abstrakt, schematisch verallgemeinert und dient damit der materiellen Gleichheit. Durch diese Sachlichkeit erreicht die Rechtssprache eine höchst mögliche Eindeutigkeit der Aussagen.“[43]

Wie andere Fachsprachen, ist die Rechtssprache durch ein spezifisches Wortgut gekennzeichnet. Formeln und phraseologische Wendungen spielen in der Rechtssprache eine große Rolle.

> „Die Rechtssprache ist häufig nicht so griffig und allgemein verständlich, wie man es von einer letztlich alle betreffenden Angelegenheit erwarten würde. Der Grund liegt vor allem in dem gängigen und häufig verwendeten Nominalstil, der in der Alltagssprache keine besondere Rolle spielt. Die Tendenz zur Substantivierung begründet sich mit dem Streben nach Kürze.“[44]

Und grundsätzlich kann jedes Wort – ebenso wie jede Wortgruppe – des Allgemeinwortschatzes terminologisiert werden, d. h., es erhält in einer bestimmten Fachsprache (oder auch in mehreren) eine ganz bestimmte Bedeutung.[45]

Diachrone Untersuchungen des Rechtswortschatzes einer bestimmten Sprache[46], aber auch der Vergleich von Rechtstexten und ihrer Übertragung in eine andere Sprache[47], zeigen, daß der mittelalterliche Rechtswortschatz noch nicht durchgängig so fest ist wie der heutige (neuzeitliche) Fachwortschatz des Rechts. Dies gilt für den Fachwortschatz allgemein[48] und kann u. a. auch nach dem Vergleich des Materials aus unseren Quellenstudien mit den Ergebnissen der Untersuchung von Kořenský/Cvrček/Novák[49] bestätigt werden.

---

[41] Luttermann 1999.
[42] Arntz 2001, S. 206.
[43] Sander 2004, S. 5.
[44] Ebd., S. 6.
[45] Arntz 2001, S. 80.
[46] Kořenský/Cvrček/Novák 1999.
[47] Papsonová, Silleiner Rechtsbuch; Pommer 2006.
[48] Felber/Budin 1989.
[49] Kořenský/Cvrček/Novák 1999.

4. Rechtssprache und Übersetzung

> „Eine Übersetzung ist die Übertragung von Informationen aus einer Ausgangssprache in eine andere Zielsprache in schriftlicher oder mündlicher Form. Die Übertragung kann je nach Text, Funktion, Stilebene auf eine wortwörtliche oder auch auf eine sinngemäße, eine freie Wiedergabe gerichtet sein. Diese Dichotomie der Übersetzungstheorien hat eine Tradition seit der Antike [...] Diese für das gesamte Mittelalter und die frühe Neuzeit wichtige Unterscheidung zwischen ‚zielorientiertem' (Gardt 1992, S. 89), freiem Übersetzen und ‚ausgangsorientiertem' (ebd.), sog. wörtlichen Übersetzen muß Historikern gegenwärtig sein, wenn sie sich mit ‚Übersetzungsproblemen' beschäftigen, da diese Dichotomie die theoretische Diskussion um das Übersetzen seit der Antike bestimmt hat. Dem Übersetzungstheoretiker muß jedoch klar sein, daß keine der beiden Formen jemals rein auftreten kann, daß der Anteil von freier und überwiegend an der Ausgangssprache orientierter Übersetzung von der Gebrauchssituation, der Intention des Übersetzers, der Art und Bestimmung des Ausgangs- und Zieltextes – kurz gesagt von der Funktion der Übersetzung – bestimmt wird."
> [...]
> „Eine wesentliche Voraussetzung für Übersetzungen ist die Annahme, daß alle Inhalte in allen Sprachen gleichermaßen ausdrückbar sind. Diese Hypothese wird in der Sprachwissenschaft vor allem von Vertretern des sprachlichen Determinismus mit Skepsis gesehen, und gerade die stillschweigend vorausgesetzte Grundannahme von der Übersetzbarkeit aller Inhalte jeder Sprache in eine andere hat zu vielen Übersetzungsproblemen geführt [...]".[50]

Indem sie die zentrale Rolle der Übersetzungen für die Entwicklung der deutschen (Rechts-)Sprache herausarbeitet, betont Gabriele von Olberg weiter:

> „Für den Rechtsbereich steht zu vermuten, daß hier von Anfang an mit einer Art Spezialistentum zu rechnen ist, noch bevor es einen Berufsstand der Juristen gab – auch schon bei der überwiegenden Benutzung der mündlichen volkssprachigen Rechtsterminologie. Auch in archaischen Gesellschaften, in denen Recht, Religion, Politik, gesellschaftliches Leben in stärkerer Einheit miteinander verwoben sind, sind zentrale Lebensbereiche, zu denen in der Regel der religiöse und der Rechtsbereich gehören, nicht für alle Mitglieder der Gesellschaft gleichermaßen zugänglich. Mit der zunehmenden Trennung von öffentlichem und privatem Leben verstärkt sich das Spezialistentum in zahlreichen Lebensbereichen in der Art von Fachwissen mit einer von der Alltagssprache immer mehr abweichenden Fachsprache. Gleichzeitig entsteht jetzt aber auch die Forderung nach Allgemeinverständlichkeit. Es kann erst mit dieser Forderung zu dem Vorwurf der Exklusivität, der Unverständlichkeit im Bereich von Recht, Medizin, Religion, Technik etc. kommen. Diese Spezialisierung in der Sache und in der Sprache ist notwendig geworden, kann nicht mehr rückgängig gemacht werden, wird aber nicht mehr akzeptiert."[51]

---

[50] Ebd., S. 417–419.

[51] Ebd., S. 456 f.

„Der Übersetzer juristischer Terminologie muss sich [...] gleichzeitig mit der Rechtsvergleichung beschäftigen. Übersetzt werden nicht nur rechtssprachliche Ausdrücke, sondern auch ganze Rechtssysteme und kulturspezifische Denkmuster. Wenn Ausgangssprache und Zielsprache sich auf unterschiedliche Rechtsordnungen beziehen, scheint eine völlige Äquivalenz nicht erreichbar zu sein. Eine vollkommene Übereinstimmung ist nur denkbar, wenn sich die Ausgangssprache und die Zielsprache auf dasselbe Rechtssystem beziehen.“[52]

„Schwierigkeiten entstehen beim Übersetzen, wenn die Ausgangswörter in der Zielsprache nicht existieren oder wenn sie mehrere Äquivalente haben.“[53]

Neben den Schwierigkeiten und Problemen, die eine in der historischen Überlieferung belegte Vielfalt der Übersetzungen mit sich bringt, nennt M. Papsonová auch Beispiele für wortwörtliche Übertragungen, die im Text immer wiederkehren, so z. B. für *selb dritt* [sám třetí], *selb siebt* [sám sedmý] oder für das Wortpaar *jar und tag* [rok a den].[54] Dies können wir auf der Grundlage unseres frühneuhochdeutsch-altpolnischen Vergleichs der „Magdeburger Urteile“ bestätigen, vgl. die nachfolgenden Beispiele in der historischen Überlieferung (Auswahl) der von uns ausgewerteten Texte:

deutsch *selbdritt* // polnisch *samotrzeć* ‘als dritter zusammen mit zwei anderen’

frnhd.	**apoln. Transliteration**[55]	**apoln. Transkription**	**Nr.**[56]
salbdritte	szamotrzecz	samotrzeć	46//54
salp drytte	szamo trzecz	samotrzeć	151//162
salp drytte	sząmo trzecz	samotrzeć	168//179
salp dritte	samoly trzecz	samo-li-trzeć	181//190
sy {fem. Pronomen} *salp dritte*	*ona* {fem. Pronomen} {fem. Endung ***-a***} ... szamotrzecz***a***	samotrzeci***a***	188//195
salp dritte	Samo Trzecz	samotrzeć	206//221
salp dritte	samotrzecz	samotrzeć	207//222
salp dritte	samotrzecz	samotrzeć	251//254

52 Sander 2004, S. 3f.

53 Ebd., S. 3.

54 Papsonová, Silleiner Rechtsbuch, S. 70.

55 Die Edition der *Ortyle ossolińskie* von Józef Reczek und Wacław Twardzik (Reczek/Twardzik) unterscheidet zwischen *Transliteration* und *Transkription* des altpolnischen Textes.Die *Transliteration* ist eine buchstabengetreue Wiedergabe des altpolnischen Textes der Handschrift. Hier wurde auch die Getrennt- und Zusammenschreibung sowie die Groß- und Kleinschreibung entsprechend der altpolnischen Handschrift beibehalten. Bei der *Transkription* handelt es sich um eine an die neupolnische Orthographie und Interpunktion angepaßte Wiedergabe des Textes der altpolnischen Handschrift.

56 frnhd. // apoln.

deutsch *selbsiebt* // polnisch *samosiodm(o)* 'als siebenter zusammen mit sechs anderen'

frnhd.	apoln. Transliteration	apoln. Transkription	Nr.[57]
salb sebinde	szamoszyodmymy	samosiodmymi	13//13
salb sebende	Szamoszyodm**o** {Kollektivum}	samosiodm**o**	22//22
csalb sebinde	szą̨moszodm	samosiodm	46//54
ze {fem. Pronomen} *zalp zebende*	*ona* {fem. Pronomen} ... szamoszyodm*ą*	samosiodm***a***	128//137
salp sebinde	szamoszyodm	samosiodm	132//141
salp sebinde	szamoszyodm	samosiodm	157//168
salp sebynde	szamosszyodm	samosiodm	166//177
salp sebinde	szamoszyodm	samosiodm	181//190
salp sebinde	szamoszyodm**o** {Kollektivum}	samosiodm**o**	197//204
salp sebinde	szamoszyodm	samosiodm	243//246
salp sebinde	samosyodm	samosiodm	251//254

deutsch *Jahr und Tag* // polnisch *rok i dzień* 'sächsische Verjährungsfrist: 1 Jahr, 6 Wochen und 3 Tage'

deutsch *Jahr und Tag* // polnisch *rok i dzień*

frnhd.	apoln. Transliteration	apoln. Transkription	Nr.[58]
ior und tag	rok y dzyen	rok i dzień	15//15
ior und tag	rok y dzyen	rok i dzień	59//66
iar und tag	rok y dzen	rok i dzień	172//184
iar und tac	rok y dzen	rok i dzień	231//235

deutsch *binnen Jahr und Tag* // polnisch *w rok i dzień*

frnhd.	apoln. Transliteration	apoln. Transkription	Nr.[59]
bynnen iar und tag	w rok y dzen	w rok i dzień	183//192
bynnen iar und tac	w rok y dzen	w rok i dzień	189//196
bynnen iar und tak	wrok y wdzen	w rok i w dzień	184//193a

[57] frnhd. // apoln.
[58] frnhd. // apoln.
[59] frnhd. // apoln.

5. Zum Stand der Erforschung der „Magdeburger Urteile“[60]

Die polnischen Fassungen der „Magdeburger Urteile“ haben wiederholt das Interesse der Forscher auf sich gezogen, ganz besonders unter sprachhistorischem Aspekt. Den Stand der Erforschung dieser wichtigen Quelle des sächsisch-magdeburgischen Rechts fassen u. a. Emil Kałužniacki[61], Józef Reczek und Wacław Twardzik[62] und zuletzt Aleksandra Aleksic[63] zusammen.

Schilderungen bisheriger Beschäftigung mit den „Magdeburger Urteilen“ beginnen gewöhnlich mit M. Wiszniewski[64], der in seiner „Historya literatury polskiej“ auch die „Magdeburger Urteile“ beschreibt und ihren Inhalt wiedergibt.[65] Weiterhin wird W. Kętrzyński[66] genannt, vgl. seinen „Catalogus codicum manuscriptorum Bibliothecae Ossolinianae Leopoliensis“ (1881). Aleksander Brückner[67] vergleicht die polnische Übersetzung der „Magdeburger Urteile“ mit der deutschen Vorlage und bezieht in diesen Vergleich teilweise auch das Tschechische ein. Dabei weist er auf den eigenständigen Charakter des polnischen Textes im Vergleich zur deutschen Vorlage hin. Weiterhin ist die Bearbeitung durch Emil Kałužniacki[68] zu nennen. Außer der Betrachtung der zum Zeitpunkt seiner Untersuchung bekannten polnischen Textfassungen, führt er anhand zahlreicher Textbeispiele einen Vergleich zur deutschen Vorlage und zum Lateinischen und Tschechischen.

Allen o. g. Arbeiten ist gemeinsam, daß immer nur Teile aus dem Text der „Magdeburger Urteile“ publiziert wurden. Das Verdienst, eine vollständige Edition der polnischen Fassung der „Magdeburger Urteile“ vorgelegt zu haben, gebührt Józef Reczek und Wacław Twardzik.[69] Die in den Jahren 1970–1972 erschienene Edition umfaßt 3 Bände. Band I enthält neben einem ausführlichen Überblick über die Entstehungsgeschichte der „Magdeburger Urteile“ in Polen auch eine sprachliche Analyse. Band II umfaßt die *Transliteration*[70] und *Transkription* des Textes der altpolnischen Handschrift der „Magdeburger Urteile“, und Band III bietet einen Wortindex sowie eine Statistik zur Häufigkeit des in den „Magdeburger Urteilen“ belegten Wortschatzes, s. u. *S. 137, Der polnische Text der „Magdeburger Urteile“*.

---

[60] Zu den Magdeburger Urteilen siehe auch *Kapitel C.I.1., S. 46 ff.* und *Kapitel D.I.2.i).*

[61] Kałužniacki 1886, S. 113–116.

[62] Reczek/Twardzik I, S. 11.

[63] Aleksic Ortyle, S. 9–11.

[64] Siehe zu Wiszniewski auch *Kapitel C.I.1.*

[65] Wiszniewski 1843, S. 153–165.

[66] Kętrzyński 1881.

[67] Brückner 1882, 1884.

[68] Kałužniacki 1886.

[69] Reczek/Twardzik.

[70] Siehe S. 124, Anm. 55.

Auf der Grundlage der Edition von Józef Reczek und Wacław Twardzik[71] unterzieht Aleksandra Aleksic in ihrer Magisterarbeit[72] die polnische Fassung der „Magdeburger Urteile" *Ortyle ossolińskie* einer gründlichen Analyse und betont dabei zu Recht, daß es zwar eine Reihe von Arbeiten zur Auswertung der polnischen (historischen) Rechtsterminologie gibt, der Rechtswortschatz der „Magdeburger Urteile" aber bisher noch nicht Gegenstand einer eigenständigen und umfassenden sprachwissenschaftlichen Analyse war. Material aus dieser wichtigen Quelle wurde allerdings immer wieder berücksichtigt. So bezieht Aleksander Zajda[73] Material aus den polnischen Fassungen der „Magdeburger Urteile" in seine fundierten Analysen zum polnischen historischen Rechtswortschatz ein. Maria Wojtak[74] wendet sich Fragen des Stils der „Magdeburger Urteile" zu und betont, daß die amtlichen Dokumente, die im 15. Jahrhundert aus anderen Sprachen ins Polnische übersetzt wurden, eine bedeutende Rolle bei der Herausbildung des polnischen amtlichen Stils spielten.[75] Weiterhin sind u. a. Untersuchungen Witold Taszyckis[76], Leszek Moszyńskis[77] und Józef Reczeks[78] zu nennen.

II. Zur Struktur der Schöffensprüche

Der Text der „Magdeburger Urteile" besteht aus weitestgehend gleich strukturierten Anfragen und Antworten (Schöffensprüchen).

Zum frühneuhochdeutschen Text der „Magdeburger Urteile" (Sigle *Pi*) liegen bisher keine sprachlichen Untersuchungen vor.

Mit der Analyse der Struktur der altpolnischen Fassung der „Magdeburger Urteile" (Sigle *O*) hat sich Maria Wojtak beschäftigt.[79] Auf der Grundlage der Edition von Józef Reczek und Wacław Twardzik[80] untersuchte sie den Text unter stilistischem Aspekt, wobei die Einleitungs- und Schlußformeln der Anfragen und Antworten im Mittelpunkt ihres Interesses standen. Zu vergleichen ist außerdem eine Untersuchung durch Władysław Kuraszkiewicz.[81]

Zunächst gliedern wir den frühneuhochdeutschen[82] und den altpolnischen Text des Spruchs Nr. 3 in ihre formalen Bestandteile (Anfrage und Antwort mit jeweils

[71] Reczek/Twardzik.

[72] Aleksic Ortyle.

[73] Zajda 1990; Zajda 2001; Zajda 2008.

[74] Wojtak 1988.

[75] Ebd., S. 230.

[76] Taszycki 1947; Taszycki 1964.

[77] Moszyński 1954.

[78] Reczek 1968.

[79] Wojtak 1988.

[80] Reczek/Twardzik.

[81] Kuraszkiewicz 1986.

[82] Die Grundlage des deutschsprachigen Teils der Untersuchung bilden die ungedruckten Vorarbeiten zu einer geplanten Edition des frühneuhochdeutschen Textes der Handschrift mit der Sigle *Pi*,

Einleitungsformel, Inhalt und Schlußformel) und ordnen sie in deutsch-polnischer Gegenüberstellung an (1.). Anschließend folgen einige Beispiele für Einleitungs- und Schlußformeln (2.), die als Lang- oder Kurzformen begegnen (3.), mitunter auch ganz fehlen oder nur entweder im frühneuhochdeutschen oder altpolnischen Text vorhanden sind, s. u.

1. Der Spruch 3//3: deutsch-polnisch kontrastiv nach Segmenten

A: Anfrage

Einleitungsformel

Eine Anfrage beginnt gewöhnlich mit einer Einleitungsformel, z. B.:

frnhd.: Vort mer habit ir uns gebetin euch[84] underweysen desir vroge,
nhd.: Außerdem habt ihr uns gebeten, euch in dieser Frage zu unterweisen

apoln. Transliteration[83]*:* Daley-esczye nasz pytaly

apoln. Transkription[85]*:* Dalej-eście nas pytali,

Inhalt der Anfrage

Auf die Einleitungsformel folgt die Schilderung des juristischen Sachverhalts, auf den sich die Anfrage bezieht, z. B.:

frnhd.: wer geslagene lewte[86] beschauen adir besehen sulle, der richtir adir dy scheppin adir der arczt, dem geslagene[87] czu bekentnisse, ap is kampfertig[88] sey adir nicht
nhd.: Wer geschlagene Leute beschauen oder besehen solle: der Richter oder die Schöffen oder der Arzt, dem

apoln. Transliteration: ktho ranne ludzy ma ogladacz? Sządza-ly, przysząscznyczy-ly lyekarz rannemv na wysznanye sza-ly rany czyaszkye albo blyszku szmyerczy albo nye?
apoln. Transkription: kto ranne ludzi ma oględać? Sędzia-li, przysięż[cz]nicy-li, lekarz⟨-li⟩ rannemu na wyznanie,

---

angefertigt von Friedrich Ebel und Ulrike Gaebel, unter dem Arbeitstitel „Das Buch der Magdeburger Urteile (Rechtsmitteilungen und Rechtssprüche Magdeburgs für Krakau)“ (Ebel/Gaebel). Bereits vorhandene Teile eines kritischen Apparates zu den ungedruckten Vorarbeiten zu dieser geplanten Edition des Textes der Handschrift mit der Sigle *Pi* wurden berücksichtigt.

[83] Die Edition der *Ortyle ossolińskie* von Józef Reczek und Wacław Twardzik (Reczek/Twardzik) unterscheidet zwischen *Transliteration* und *Transkription* (s. S. 124, Anm. 55).

[84] uns gebetin euch] Leo 2; Pi, Kr 3, Mg 226: gebetin und auch; Th 144: euch gebeten.

[85] Siehe S. 124, Anm. 55.

[86] lewte] Kr 3; Th 144, Mg 226: lewte und wunden; MgFr I.2.2: luthe adir gewunte; Pi: laute.

[87] geslagene] Leo 2; Pi, Kr 3: geslagende.

[88] kampfertig] Leo 2; Pi, Kr 3: kampwundig – Die hd. Entsprechung für *kampfertig* ist *kampfwürdig* (s. u.). Zu vergleichen ist außerdem das Stichwort *kampfwürdig* im Materialteil (*E.III.2.*, S. 200).

Geschlagenen zum Bekenntnis, ob es kampfwürdig[89] sei oder nicht	są-li rany ciężkie albo blisku śmierci, albo nie?

Schlußformel

Den Abschluß einer Anfrage bildet eine Schlußformel, die jedoch, wie im vorliegenden Spruch deutlich wird, auch fehlen kann:

frnhd.: ø	*apoln. Transliteration:* ø
nhd.: ø	*apoln. Transkription:* ø

B: Antwort

Einleitungsformel

Die Antwort beginnt gewöhnlich ebenfalls mit einer Einleitungsformel, z. B.:

frnhd.: Hyruf spreche wir scheppin czu Medeburg eyn recht:	*apoln. Transliteration:* ø
nhd.: Hierauf sprechen wir Schöffen zu Magdeburg ein Recht:	*apoln. Transkription:* ø

Inhalt der Antwort

Auf die Eingangsformel folgt die Entscheidung der Magdeburger Schöffen zum angefragten juristischen Sachverhalt, z. B.:

frnhd.: Der richter sal dy wundin und tot slag kisen und besehen. Abir yn den stetin, do wunde arczte sint, dy lessit man dorczu sweren, das ze dy wunden rechte kisen und besehen. Uf eren eyt mochte denne der richter auch richtin und orteil frogin.	*apoln. Transliteration:* Sządzą gye ogladacz ma, thy rany, y przed prawem gye szesznawacz, ykakye byly, Ale w myesczyech, gdze szą ranny lekarze, thym to dayą podprzyszągą szhaczowawszy yakye byly przed prawem powiedacz, yakye tho ram[n]y byly, y tesz Sządzą moze podlug oglądanya szadzycz y ortelv pythacz
nhd.: Der Richter soll die Wunden und Totschlag beschauen und besehen. Aber in den Städten, wo Wundärzte sind, läßt man diese schwören, daß sie die Wunden recht beschaut und besehen haben. Auf ihren Eid soll dann der Richter auch richten und das Urteil (er)fragen	*apoln. Transkription:* Sędzia je oględać ma, ty rany, i przed prawem je zeznawać, [j]kakie były, ale w mieściech, gdzie są ranni lekarze, tym to dają pod przysięgą szacowawszy [jakie były] przed prawem powiedać, jakie to rany były, i też sędzia może podług oglądania sędzić i ortelu pytać

---

[89] Die hd. Entsprechung für *kampfertig* ist *kampfwürdig* (s. u.). Zu vergleichen ist außerdem das Stichwort *kampfwürdig* im Materialteil (s. u. *E.III.2.*, S. 200).

Schlußformel
Den Abschluß einer Antwort bildet ebenfalls eine Schlußformel, z. B.:

frnhd.: Von rechtis wegin.
nhd.: Von Rechtes wegen.

apoln. Transliteration: podlug prawa
apoln. Transkription: podług prawa.

2. Weitere Beispiele für Einleitungs- und Schlußformeln

Spruch 1//1

A: Anfrage

Einleitungsformel
frnhd.: Fruntlichen grus vorn, liben frunt, ir habit uns gefrogit rechtis in desen worten:

nhd.: Freundlichen Gruß zuvor, liebe Freunde, ihr habt uns um Recht gefragt mit diesen Worten:

apoln. Transliteration: PRyyaczelszky poklon naprzod. myly przyyaczyele! pytalysczye nasz o prawo takymy szlowy
apoln. Transkription: Pr⟨z⟩yjacielski pokłon naprzod. Mili przyjaciele! Pytaliście nas o prawo takimi słowy:

Schlußformel
frnhd.: ∅
nhd.: ∅

apoln. Transliteration: sprawa
apoln. Transkription: z prawa?

B: Antwort

Einleitungsformel
frnhd.: Hyruf spreche wir scheppin der stat czu Medeburg eyn recht.
nhd.: Hierauf sprechen wir Schöffen der Stadt zu Magdeburg ein Recht.

apoln. Transliteration: NA tho movyemy przyszyasznyczy zmaydburkv
apoln. Transkription: Na to mowiemy przysiężnicy z Majdburku:

Schlußformel
frnhd.: Von rechtis wegin.
nhd.: Von Rechtes wegen.

apoln. Transliteration: sprawa etc
apoln. Transkription: z prawa.

Spruch 9//9

A: Anfrage

Einleitungsformel

frnhd.: Vort mer:

nhd.: Außerdem:

apoln. Transliteration: DAley pytalyszye nasz

apoln. Transkription: Dalej pytaliście nas:

Schlußformel

frnhd.: was recht sey?

nhd.: Was Recht sei?

apoln. Transliteration: albo czo yest Sprawa

apoln. Transkription: albo co jest z prawa?

B: Antwort

Einleitungsformel

frnhd.: Hyruf sprechen wir scheppin czu Medeburg[90] eyn recht.

nhd.: Hierauf sprechen wir Schöffen zu Magdeburg ein Recht.

apoln. Transliteration: NA to my przysząsznyczy ___________[91] Mowymy prawo

apoln. Transkription: Na to my przysiężnicy mowimy prawo:

Schlußformel

frnhd.: Von rechtis wegin.

nhd.: Von Rechtes wegen.

apoln. Transliteration: Sprawa Prawego

apoln. Transkription: z prawa prawego.

Spruch 18//18

A: Anfrage

Einleitungsformel

frnhd.: Vort mer:

nhd.: Außerdem:

apoln. Transliteration: DAley pytalyscze nasz oprawo

apoln. Transkription: Dalej pytaliście nas o prawo:

Schlußformel

frnhd.: ø

apoln. Transliteration: albo czo gesth prawo

[90] Die durch Unterstreichung markierte Textstelle fehlt in der Übertragung ins Polnische.

[91] Die Unterstreichung kennzeichnet im polnischen Text die Fehlstelle der im entsprechenden deutschen Text vorhandenen und durch Unterstreichung markierten Textstelle.

nhd.: ø

apoln. Transkription: albo co jest prawo?

B: Antwort

Einleitungsformel

frnhd.: Hyruf sprechin wir scheppin czu Medeburg eyn recht:

apoln. Transliteration: NA tho my przyszasznyczy Smaydburku mowymy prawo

nhd.: Hierauf sprechen wir Schöffen zu Magdeburg ein Recht:

apoln. Transkription: Na to my przysiężnicy s Majdburku mowimy prawo:

Schlußformel

frnhd.: Von rechtis wegin.

apoln. Transliteration: sprawa prawego

nhd.: Von Rechtes wegen.

apoln. Transkription: z prawa prawego.

Spruch 19//19

A: Anfrage

Einleitungsformel

frnhd.: Vort mer:

apoln. Transliteration: Daley

nhd.: Außerdem:

apoln. Transkription: Dalej

Schlußformel

frnhd.: ø

apoln. Transliteration: Czyly czo gest prawo prawe

nhd.: ø

apoln. Transkription: czyli co jest prawo prawe?

B: Antwort

Einleitungsformel

frnhd.: Hyruf sprechin wir scheppin czu Medeburg eyn recht.

apoln. Transliteration: NA tho my przyszasznyczy Smaydburku prawo mowymy

nhd.: Hierauf sprechen wir Schöffen zu Magdeburg ein Recht.

apoln. Transkription: Na to my przysiężnicy s Majdburku prawo mowimy:

Schlußformel

frnhd.: Von rechtis wegin.

apoln. Transliteration: podlug prawą etc

nhd.: Von Rechtes wegen.

apoln. Transkription: podług prawa.

Spruch 94//101

A: Anfrage

Einleitungsformel	
frnhd.: Vort mer:	*apoln. Transliteration:* Daley
nhd.: Außerdem:	*apoln. Transkription:* Dalej
Schlußformel	
frnhd.: was recht zey?	*apoln. Transliteration:* czyly czo gesth prawo sprawa
nhd.: Was Recht sei?	*apoln. Transkription:* czyli co jest prawo z prawa?

B: Antwort

Einleitungsformel	
frnhd.: Hiroff spreche wyr scheppin czu Meydburk eyn recht:	*apoln. Transliteration:* NA to my przysząsznyczy Smaydborku prawo mowymy
nhd.: Hierauf sprechen wir Schöffen zu Magdeburg ein Recht:	*apoln. Transkription:* Na to my przysiężnicy s Majdborku prawo mowimy:
Schlußformel	
frnhd.: Fon rechtis wegen.	*apoln. Transliteration:* podlug pravą
nhd.: Von Rechtes wegen.	*apoln. Transkription:* podług prawa.

3. Beispiele für Lang- und Kurzformen von Einleitungs- und Schlußformeln

Bei Anfragen wie auch Antworten kommen sowohl in den Einleitungs- wie auch in den Schlußformeln *Kurz-* und *Langformen* vor, vgl. z. B.:

Anfragen

Einleitungsformeln

Langform in der Einleitungsformel der Anfrage zu Spruch 1//1:

Spruch 1//1

frnhd.: Fruntlichen grus vorn, liben frunt, ir habit uns gefrogit rechtis in desen worten:	*apoln. Transliteration:* PRyyaczelszky poklon naprzod myly przyyaczyele pytalysczye nasz o prawo takymy szlowy

Kurzformen in der Einleitungsformeln der Anfragen zu den Sprüchen 18//18, 9//9 und 19//19:

Spruch 18//18

frnhd.: Vort mer:

apoln. Transliteration: DAley pytalyszye nasz oprawo

Spruch 9//9

frnhd.: Vort mer:

apoln. Transliteration: DAley pytalyszye nasz

Spruch 19//19

frnhd.: Vort mer:

apoln. Transliteration: Daley

Schlußformeln

Langform in der Schlußformel der Anfrage zu Spruch 94//101:

Spruch 94//101:

frnhd.: was recht zey?

apoln. Transliteration: czyly czo gesth prawo sprawao

Kurzformen in der Schlußformel der Anfrage zu Spruch 9//9:

Spruch 9//9

frnhd.: was recht sey?

apoln. Transliteration: albo czo yest Sprawa

Antworten

Einleitungsformeln

Langformen in den Einleitungsformeln der Antwort zu den Sprüchen 18//18 und 9//9:

Spruch 18//18

frnhd.: Hyruf sprechin wir scheppin czu Medeburg eyn recht:

apoln. Transliteration: NA tho my przyszasznyczy Smaydburku mowymy prawo

Spruch 9//9

frnhd.: Hyruf spreche wir scheppin der stat czu Medeburg[92] eyn recht

apoln. Transliteration: NA to my przyszącznyczy ________________[93] Mowymy prawo

[92] Die durch Unterstreichung markierte Textstelle fehlt in der Übertragung ins Polnische.

[93] Die Unterstreichung kennzeichnet im polnischen Text die Fehlstelle der im entsprechenden deutschen Text vorhandenen und durch Unterstreichung markierten Textstelle.

Kurzformen in den Einleitungsformeln der Antworten zu den Sprüchen sind eher die Ausnahme, z. B.:
apoln.: na to mowimy prawo

Schlußformeln

Langformen in den Schlußformeln der Antworten zu den Sprüchen sind eher die Ausnahme.
Kurzformen in den Schlußformeln der Antworten zu Spruch 9//9 und 94//101:

Spruch 9//9

frnhd.: Von rechtis wegin. *apoln. Transliteration:* Sprawa Prawego

Spruch 94//101

frnhd.: Fon rechtis wegen. *apoln. Transliteration:* podlug pravą

III. Rechtsrelevanter Wortschatz der „Magdeburger Urteile" im deutsch-polnischen (frühneuhochdeutsch-altpolnischen) Vergleich – Kontrastive Wortanalyse

1. Vorbemerkungen

Der Materialteil bietet in einer deutsch-polnischen Gegenüberstellung eine Auswahl der aus der frühneuhochdeutschen und der altpolnischen Fassung der „Magdeburger Urteile"[94] erschlossenen Rechtstermini. Eine Vollständigkeit konnte dabei von vornherein nicht angestrebt werden, besonders wegen des Umfangs des Materials beider Handschriften. Dennoch blieb unser Augenmerk darauf gerichtet, eine angemessene Materialbasis zu schaffen, die linguistische Aussagen zur Rezeption dieser wichtigen Quelle des sächsisch-magdeburgischen Rechts in Polen ermöglicht.

Der Zugang zu den zu vergleichenden Texten wurde für den deutschen Teil über die von Friedrich Ebel und Ulrike Gaebel geschaffenen Vorarbeiten zu einer geplanten Edition des frühneuhochdeutschen Textes gewählt[95], für den polnischen Teil über die von Józef Reczek und Wacław Twardzik[96] vorgelegte Edition des altpolnischen Textes. Anschließend erfolgte eine Überprüfung der ausgewählten Termini in der jeweiligen digitalen Fassung der beiden Handschriften (Sigle *Pi*[97] und Sigle *O*).

[94] Vgl. die Handschrift in der Biblioteka Zakładu Narodowego im. Ossolińskich 2012 II in Wrocław/Breslau (*Sigle Pi*, Opp. 284) sowie am gleichen Aufbewahrungsort die Handschrift Nr. 50 (*Sigle O*), Opp. 280).

[95] Ebel/Gaebel.

[96] Reczek/Twardzik.

[97] Unter Berücksichtigung der Vergleichshandschriften mit den Siglen *Kγ*, *Th* und *Dr* (s. *Kapitel D.I.2.i)*).

Bei der Auswahl und Erfassung der Rechtstermini für den Materialteil wurde besonders auf die Einbeziehung des Kontextes des jeweiligen Terminus Wert gelegt, denn dies ist für die sichere Bestimmung der Semantik eines Rechtsterminus von großer Bedeutung. So können falsche Schlüsse weitestgehend vermieden, zumindest reduziert werden. Durch die Berücksichtigung des Kontextes kann mitunter eine Präzisierung oder auch Korrektur bisheriger deutsch-fremdsprachiger Entsprechungspaare von Rechtstermini erreicht werden, denn bei der Übertragung/Übersetzung der mittelalterlichen Rechtstexte ging es in der Zielsprache um das nicht immer leichte Finden sprachlicher Äquivalente für Rechtstermini aus der Ausgangssprache. Aus der einschlägigen Literatur ist bekannt, daß bei der Übertragung/Übersetzung eines deutschen Textes in eine andere Sprache mitunter eine ganze Anzahl von Entsprechungen für einen bestimmten deutschen Terminus begegnen. Diese Erfahrung machte u. a. Mária Papsonová in ihrer vergleichenden Untersuchung zum „Silleiner Rechtsbuch“ und seiner Übersetzung ins Alttschechische.[98] Wenn sich im Text der Ausgangssprache die Bedeutung des Ganzen nicht mehr eindeutig aus der Verbindung der Teile ergab, traten bei Lehnübersetzungen auch Sinnverschiebungen auf, wofür M. Papsonová aus ihrem Material zahlreiche Beispiele nennt, so u. a. unter den Stichwörtern: *herschild, kampfwunde, wergeld, wicbilde.*[99] Begründet werden dort die offensichtlich nicht adäquaten Übersetzungen für eine Reihe von Rechtstermini zum einen mit dem Fehlen der „notwendigen Äquivalente zur Wiedergabe der unbekannten rechtlichen Begrifflichkeit“ in der Zielsprache, zum anderen aber auch damit, daß „die Übersetzer über kein bzw. nur über ein auf das einheimische Gewohnheitsrecht beschränktes juristisches Fachwissen verfüg[t]en“.[100]

An zahlreichen Beispielen problematisiert auch Aleksander Zajda[101] den hohen Stellenwert einer kontextgebundenen Interpretation der Rechtstermini sowie einer Berücksichtigung der Rechtstermini in phraseologischen Wendungen, da nur so Fehlinterpretationen der Termini vermieden bzw. zumindest minimiert werden können, die dann als Fehler in Glossaren und historisch-etymologischen Wörterbüchern eine große Verbreitung finden (können).

a) Zu den Materialgrundlagen

Grundlage der Untersuchung bilden eine deutsche und eine polnische Fassung der „Magdeburger Urteile“ (Schöffensprüche). Diese bestehen jeweils aus Anfrage und Antwort und verfügen über eine formelhafte, dreigliedrige Struktur mit einer Einleitungsformel, dem Inhalt der Anfrage bzw. der Antwort und einer Schlußformel (s. o. *Kapitel E.II. Zur Struktur der Schöffensprüche*).

---

[98] Papsonová, Silleiner Rechtsbuch.
[99] Weitere Beispiele s. ebd., S. 66.
[100] Ebd., S. 61.
[101] Zajda 2001.

Der deutsche Text der „Magdeburger Urteile"

Die Grundlage des deutschsprachigen Teils der Untersuchung bilden die ungedruckten Vorarbeiten zu einer geplanten Edition des frühneuhochdeutschen Textes mit der Sigle *Pi*[102], angefertigt von Friedrich Ebel und Ulrike Gaebel, unter dem Arbeitstitel „Das Buch der Magdeburger Urteile (Rechtsmitteilungen und Rechtssprüche Magdeburgs für Krakau)".[103] Dazu liegt uns eine digitale Textfassung vor, ohne Ausführungen zu den bei der Transkription evtl. vorgenommenen Normalisierungen oder editorischen Eingriffen. Daher waren alle Termini, die letztendlich in die Auswertung einbezogen wurden, anhand der Handschrift nochmals kritisch zu prüfen und ggf. zu korrigieren.

Der polnische Text der „Magdeburger Urteile"

Grundlage des polnischsprachigen Teils der Untersuchung bildet die älteste erhaltene Abschrift der polnischen Übersetzung der „Magdeburger Urteile", die sog. *Ortyle ossolińskie* (Sigle *O*)[104], die 1972 erstmals vollständig von Józef Reczek und Wacław Twardzik ediert wurde.[105] Erwähnt werden muß außerdem das ausführliche Glossar zu dieser Edition.[106] Nach Reczek/Twardzik (II, S. VII–XIII) ist die polnische Übersetzung der „Magdeburger Urteile" zwischen 1440 und 1460 in Lemberg/L'viv entstanden. Das Original der Übersetzung ist verloren gegangen. Überliefert sind lediglich Abschriften, von denen die sog. *Ortyle ossolińskie* in die zweite Hälfte des 15. Jahrhunderts datiert werden.

Aleksander Brückner[107] vergleicht in seiner Untersuchung „Die ‚Magdeburger Urteile'. Ein Denkmal deutschen Rechtes in polnischer Sprache aus der Mitte des XV. Jahrhunderts" die polnische Übersetzung der „Magdeburger Urteile" mit der deutschen Vorlage und bezieht in diesen Vergleich teilweise auch das Tschechische ein. Dabei weist er auf den eigenständigen Charakter des polnischen Textes im Vergleich zur deutschen Vorlage hin. Auf diese Feststellung wird später noch zurückzukommen sein.

Die Edition von Józef Reczek und Wacław Twardzik[108] ist in zwei Spalten angelegt. Links befindet sich die *Transliteration* des Textes, d. h. eine Fassung, die den altpolnischen Text der Handschrift in unveränderter Form wiedergibt. In dieser buchstabengetreuen Wiedergabe wurden auch die Getrennt- und Zusammenschreibung sowie die Groß- und Kleinschreibung entsprechend der altpolnischen Handschrift beibehalten. Abkürzungen in der Handschrift sind in der Transliteration aufgelöst. Gelegentliche Streichungen des Kopisten stehen in eckigen Klammern [ ].[109]

[102] Siehe S. 135, Anm. 97.
[103] Ebel/Gaebel.
[104] Siehe S. 135, Anm. 94.
[105] Reczek/Twardzik.
[106] Reczek/Twardzik III.
[107] Brückner 1882; Brückner 1884.
[108] Reczek/Twardzik.

In der rechten Spalte folgt eine an die neupolnische Orthographie und Interpunktion angepaßte Fassung, die *Transkription* des Textes.[110] Kleinere Fehlstellen im Originaltext wurden ergänzt. Fehler in der Buchstaben- und Silbenfolge wurden korrigiert und in der Transkription kursiv markiert. Ergänzungen und Zusätze der Editoren stehen in spitzen Klammern ⟨ ⟩, ebenso Fehlstellen im Text, auf die auch jeweils der kritische Apparat am Ende einer Seite eingeht. In eckigen Klammern [ ] stehen Buchstaben, Wörter oder auch längere Textpassagen, die vom Kopisten fälschlich in den Text eingefügt wurden. Doppelte eckige Klammern [[ ]] kennzeichnen Streichungen des Kopisten.

Der kritische Apparat am Ende einer Seite bezieht sich sowohl auf die *transliterierte* (linke Spalte, buchstabengetreue Wiedergabe des altpolnischen Textes) wie auch auf die *transkribierte* (rechte Spalte, an die neupolnische Orthographie und Interpunktion angepaßte Wiedergabe des altpolnischen Textes) Fassung der Edition.

Normalisierungen

Der altpolnische Text wurde unverändert nach der Edition von Reczek/Twardzik übernommen. Eine Normalisierung erfolgte lediglich beim Schaft-*s*, das mit Rund-*s* wiedergegeben wird.
Im frühneuhochdeutschen Text wurden in den zitierten Textstellen folgende Normalisierungen vorgenommen:

- Schaft-*s* wurde mit Rund-*s* wiedergegeben.
- Die Interpunktion wurde den aktuellen Normen des Deutschen angepaßt.
- Bei Satzanfängen erfolgt Großschreibung.
- Abgekürzte Schreibungen wurden stillschweigend aufgelöst.

Zur zeitlichen und sprachlichen Einordnung der Texte[111]

Die frühneuhochdeutsche Handschrift der „Magdeburger Urteile" (*Sigle Pi*), die die Grundlage unseres Vergleichs bildete, wird in die Zeit vom Ende des 14. Jahrhunderts bis zum Anfang des 15. Jahrhunderts datiert. Sprachlich handelt es sich um einen ostmitteldeutschen Text aus frühneuhochdeutscher Zeit.
Dafür sprechen folgende Indizien:[112]

- ⟨i⟩ tritt immer noch als Vokal (*ir*) und auch als Konsonant (*iowort*) auf
- die realisierte Monophthongierung: *gut*, *czu*
- die nur teilweise realisierte Diphthongierung: *seyn*, *weyp*, *ewer*; aber: *dorof*, *hyruf*, *frunde*, *syme*

[109] Reczek/Twardzik II, S. V–VI.
[110] Ebd., S. VI–VIII.
[111] Wir danken Frau Prof. Dr. Libuše Spáčilová (Univ. Olomouc/Olmütz) für ihre Beratung und Hilfe bei der sprachlichen Einordnung des frühneuhochdeutschen Textes.
[112] Bei der sprachlichen Einordnung des frühneuhochdeutschen Textes stützen wir uns auf die detaillierten Ausführungen Libuše Spáčilovás in Spáčilová/Spáčil 2004, S. 186–190.

- die qualitative Veränderung des mittelhochdeutschen Diphthongs /ou/ 〉 au (*vrawe*)
- die Auslautverhärtung wurde nicht überwunden (*weyp, ap, gap*).

Der Text weist folgende regionale ostmitteldeutsche Merkmale der Schreibsprache auf:

- e 〉 i in Nebensilben (*gehabit, geczagin*)
- i 〉 e in den Lexemen *eren, geschrebin*
- o 〉 a im Lexem *adir* 'oder'
- das Graphem ⟨z⟩ als /z/, z. B. im Lexem *zo*
- Lenisierung in der Verbindung lt 〉 ld: *sulde, behaldin, aldin.*

Die polnische Übersetzung der „Magdeburger Urteile" ist nach Józef Reczek und Wacław Twardzik[113] zwischen 1440 und 1460 in Lemberg/L'viv entstanden. Darauf haben wir oben bereits hingewiesen. Das Original der Übersetzung ist verloren gegangen. Überliefert sind lediglich Abschriften, von denen die sog. *Ortyle ossolińskie* (Sigle *O*) in die zweite Hälfte des 15. Jahrhunderts datiert werden. Der Text wird dem Altpolnischen zugeordnet. Damit ist zwischen der frühneuhochdeutschen Fassung (Ende des 14. Jahrhunderts bis zum Anfang des 15. Jahrhunderts) und der altpolnischen Fassung aus der zweiten Hälfte des 15. Jahrhunderts ein Zeitraum von mindestens 50 Jahren anzunehmen.

b) Zum Aufbau des Materialteils und der Stichwortartikel

Der Materialteil ist alphabetisch nach deutschen Stichwörtern geordnet, bei denen hinter einem doppelten Schrägstrich // die jeweilige polnische Entsprechung steht. Die Umkehrung, d. h. das polnische Stichwort mit einem Verweis auf die deutsche Entsprechung sowie die ausführliche Bearbeitung des Stichwortes, ist hier ebenfalls alphabetisch eingeordnet. Im Unterschied zu einem ursprünglich geplanten separaten polnisch-deutschen Register der Stichwörter ist so das Arbeiten und Nachschlagen in nur einem alphabetischen Gesamtverzeichnis möglich.

Der Aufbau eines Stichwortartikels ist wie folgt:

Stichwortzeile

- Als Stichwort fungiert der *Terminus* (mitunter auch eine *Wortgruppe*), jeweils in Fettdruck. Bei Substantiven steht im Deutschen der Artikel, der gleichzeitig Genusangabe ist.
- Neben dem deutschen Stichwort wird auch das entsprechende polnische Stichwort angegeben. Dies erleichtert den Vergleich zu weiteren Sprachen, die zu einem späteren Zeitpunkt einbezogen werden sollen, so z. B. das Tschechische. In der Stichwortzeile wird außerdem auf Varianten hingewiesen. Diese sind besonders im polnischen Text belegt.

[113] Reczek/Twardzik II, S. VII–XII.

- Im gesamten Materialteil ist der doppelte Schrägstrich // als ‚Grenzmarkierung' zwischen dem deutschen und dem polnischen Material anzusehen. Dies gilt für die Stichwortzeile wie für den Belegteil und auch für die Angabe der Spruchnummern im Anschluß in den jeweiligen Beleg.

Definition des Rechtsterminus

- Auf die Stichwortzeile folgt, soweit es als notwendig erachtet wird, eine kurze Definition des Rechtsterminus in eckigen Klammern [ ].

Belege

- Kernstück eines Stichwortartikels ist der Belegteil, d. h. Exzerpte aus den „Magdeburger Urteilen" in deutsch-polnischer, genauer frühneuhochdeutsch-altpolnischer Gegenüberstellung. Dabei steht der jeweilige Rechtsterminus im Minimalkontext. Wo es für das Verständnis als notwendig erachtet wird, werden entsprechend umfangreichere Kontextangaben geboten. Innerhalb eines längeren Kontextes wird der jeweilige Terminus durch Kursivschrift hervorgehoben.
- Auf den frühneuhochdeutschen Beleg folgt in eckigen Klammern [ ] die sinngemäße Übertragung des Terminus ins Neuhochdeutsche. Dies erscheint uns umso notwendiger, als es sich um eine fächerübergreifende Untersuchung handelt und die Semantik der frühneuhochdeutschen Textstellen nicht immer ohne weiteres zu erschließen ist. Der Kontext eines Terminus wird nur z. T., in eindeutigen, klaren Fällen gar nicht, ins Neuhochdeutsche übertragen.
- Hinter der altpolnischen *Transliteration* der Textstelle steht in eckigen Klammern [ ] die entsprechende Stelle in altpolnischer *Transkription*. Beides, altpolnische *Transliteration* und altpolnische *Transkription*, wurde nach der Edition von Józef Reczek und Wacław Twardzik[114] übernommen.
- Bei jeder zitierten Textstelle wird außerdem die Nummer des deutschen und des polnischen Spruchs angegeben, aus dem das Material stammt.
- Innerhalb eines Stichwortartikels ist das Belegmaterial nach folgendem Schema angeordnet: 1. einfacher Terminus, z. T. mit Artikel, 2. Terminus in Verbindung mit einem Attribut und 3. Terminus in präpositionalen Wendungen. Den Abschluß bilden Termini, eingebettet in Sätze oder Teile von Sätzen.

Kommentar

- Erläuterungen, z. B. als grammatischer Kommentar, aber auch als erklärender Hinweis, werden bei Notwendigkeit an der jeweiligen Stelle in geschweiften Klammern { } eingefügt. Diese sind wegen der besseren Auffindbarkeit fett hervorgehoben.

---

[114] Reczek/Twardzik.

- Alle Bemerkungen sind im abschließenden Kommentar des Stichwortes zusammengefaßt.
- Ist im Kommentar eine Bezugnahme auf Einzelbelege nötig, werden diese numeriert.

Abgekürzt zitierte Literatur

Den Abschluß eines Stichwortartikels bilden Literaturhinweise, vgl. die Übersicht der abgekürzt zitierten Literatur (*Kapitel E.III.3.*) am Ende des Materialteils zur deutsch-polnischen (frühneuhochdeutsch-altpolnischen) kontrastiven Wortanalyse. In das abschließende Verzeichnis der abgekürzt zitierten Literatur wurden lediglich oft zitierte Titel aufgenommen. Vereinzelte Zitierungen erscheinen in voller Länge unter dem jeweiligen Stichwort.

c) Zu den benutzten Nachschlagewerken

Im Materialteil wird das Studium der Texte mit einer Auswertung einschlägiger Nachschlagewerke verbunden. Als Kriterien für die Auswahl der konsultierten Nachschlagewerke dienten vor allem zwei Aspekte:
1. der interdisziplinäre Charakter des Projektes, der die Ergebnisse besonders von Rechts-, Siedlungs- und Sprachgeschichte verbindet und damit die Einbeziehung der beiden Auflagen des Handwörterbuchs zur deutschen Rechtsgeschichte (HRG, ²HRG), des Lexikons des Mittelalters (LexMa) sowie der Arbeiten A. Zajdas und M. Papsonovás erforderlich macht, und
2. die im Mittelpunkt der Materialuntersuchung stehenden sprachlichen Nachweise für die Rezeption des sächsisch-magdeburgischen Rechts in Polen und darüber hinaus im gesamten ostmitteleuropäischen Raum, die im Materialteil das Studium des deutschen und polnischen Textes mit einer Auswertung vor allem der historisch-etymologischen Wörterbücher des Deutschen und des Polnischen verbindet. Dabei werden außerdem einschlägige Arbeitsergebnisse zum polnischen historischen Rechtswortschatz wie auch zur Lehnwortforschung vergleichend einbezogen. Der Bezug zu M. Papsonovás Wörterbuch zum „Silleiner Rechtsbuch"[115] ist besonders wegen der inhaltlichen und methodologischen Nähe fester Bestandteil unserer vergleichenden Betrachtung. Selbstverständlich erfolgt bei den einzelnen Lexemen auch ein Hinweis auf das umfangreiche Register zur Edition Józef Reczeks und Wacław Twardziks.[116] Für das Deutsche werden die einschlägigen Wörterbücher konsultiert. Außerdem konnte das noch unveröffentlichte Glossar zur Buch'schen Glosse (Glossar zur Buch'schen Glosse)[117] ausgewertet werden.

---

[115] Papsonová, Silleiner Rechtsbuch.

[116] Reczek/Twardzik III.

[117] Wir danken den Mitarbeitern des Projektes „Monumenta Germaniae Historica (Sachsenspiegelglossen)" an der Sächsischen Akademie der Wissenschaften zu Leipzig, Herrn Dr. Frank-Michael Kaufmann und Herrn Dr. Peter Neumeister, für die Möglichkeit der Benutzung ihres in Bearbeitung befindlichen Glossars zur Buch'schen Glosse (Glossar zu Kaufmann (Hrsg.), Glossen zum Sachsenspiegel-Landrecht, 2002).

Um für die Zeit der hier zu untersuchenden Überlieferung Gewißheit in der semantischen Übereinstimmung des deutschen und des polnischen Teils eines Wortpaares zu erlangen, wurde vor allem das altpolnische Wörterbuch (Słownik staropolski) und das Wörterbuch des Polnischen des 16. Jahrhunderts (Słownik polszczyzny XVI wieku) konsultiert.

2. Deutsch-polnische (frühneuhochdeutsch-altpolnische) kontrastive Wortanalyse[118]

A

Antwort, die {Substantiv} // **odpowiedać** {Verb}
[= 1. Antwort, Replik des Beklagten, Verteidigung; 2. Gegenwart]

czu *antwort* {Substantiv} getwyngen [zur Antwort zwingen] // przysznacz [...] Aby *od powyedzalo* {Verb} {'zwingen, daß es (das Kind) antwortet'. Es geht im deutschen und auch im polnischen Text darum, wy alt eyn *kynt* syn sal // Iako wyele leth ma myecz *dzeczą*... [wie alt ein Kind sein soll, daß man über es richten kann usw. ...]} [przy⟨ci⟩snąć [...] aby odpowiedziało][119] [143//153]

czu *antwert* {Substantiv} twingen [zur Antwort zwingen] // przyczysznacz *od powyedacz* {Verb} {'zwingen, zu *antworten*'} [...] przed prawem [przycisnąć odpowiedać przed prawem] [143//153]

KOMMENTAR

Für das deutsche Substantiv *Antwort* steht im polnischen Text das Verb *odpowiedać* 'antworten', d. h. es liegt eine Übersetzung (1:1) vor, allerdings mit einem Wechsel der Wortart: dt. **Substantiv** // poln. **Verb**.

LITERATUR

Handwörterbuch zur Deutschen Rechtsgeschichte, 1, Sp. 180; Verweis auf: *Prozeß, sächsischer*, 4, Sp. 38

---

[118] Aus Gründen der Nutzerfreundlichkeit wurde das ursprünglich als separates polnisch-deutsches Register geplante Verzeichnis der Rechtstermini in diesen deutsch-polnischen Materialteil der kontrastiven Wortanalyse alphabetisch integriert.

[119] Wie bereits bei der Vorstellung des polnischen Textes der 'Magdeburger Urteil' (s. o. S. 97) erläutert wurde, unterscheidet die Edition der *Ortyle ossolińskie* von Józef Reczek und Wacław Twardzik (Reczek/Twardzik) zwischen *Transliteration* und *Transkription* des altpolnischen Textes. Die *Transliteration* ist eine buchstabengetreue Wiedergabe des altpolnischen Textes der Handschrift. Hier wurde auch die Getrennt- und Zusammenschreibung sowie die Groß- und Kleinschreibung entsprechend der altpolnischen Handschrift beibehalten. Bei der *Transkription* handelt es sich um eine an die neupolnische Orthographie und Interpunktion angepaßte Wiedergabe des Textes der altpolnischen Handschrift. Wir geben im Belegteil die *transliterierte* wie auch die *transkribierte* Textstelle an. Erstere steht jeweils hinter dem doppelten Schrägstrich //, letztere folgt in eckigen Klammern [ ] auf die transliterierte Textstelle.

Deutsches Rechtswörterbuch, 1, Sp. 756
Deutsches Wörterbuch, 1, Sp. 508–510
Frühneuhochdeutsches Wörterbuch, 1, Sp. 1556
Spáčil/Spáčilová Meißner Rechtsbuch, Register, 787
Reczek/Twardzik III, 176
Słownik staropolski, 5, 487 f.
Glossar zur Buch'schen Glosse, 21, 10; 52, 23

antworten // odpowiedać

[= antworten, auf eine Klage antworten, sein Recht geltend machen, sich verteidigen]

Do *antwerte* [antwortete] der gefangene man mit seyme vorsprechin // Tedy *opowyedzal* ten yaczecz szwym rzecznykyem [Tedy opowiedział ten jęciec swym rzecznikiem] [255//258]

KOMMENTAR

Deutsch *antworten* wird mit poln. *odpowiedać* übersetzt (Übersetzung 1:1).

LITERATUR

Deutsches Rechtswörterbuch, 1, Sp. 758
Deutsches Wörterbuch, 1, Sp. 509
Wörterbuch der mittelhochdeutschen Urkundensprache, 1, 119–122
Frühneuhochdeutsches Wörterbuch, 1, Sp. 1560
Reczek/Twardzik III, 176
Słownik staropolski, 5, 481–483
Glossar zur Buch'schen Glosse, 10, 3

Antworter, der // sąpierz, odpowiedźca

[= Beklagter; vgl. auch die Opposition: Antworter/Kläger; s. u. **Kläger**]

I. dt. ***Antworter*** // poln. ***sąpierz***:

1. ***der*** [...] entworter [der Antworter] // ***ten*** {Interferenz: der deutsche bestimmte Artikel wird als Demonstrativpronomen übernommen} Sząpyerz [ten sąpierz] [104//113]

antworter [Antworter] // Sampyerz [sąpierz] [181//190]

dem *antwortir* [dem Antworter] seyne busse gebyn // *szampyerzowy* {Dativ Sg.} pokupycz weth [sąpierzowi pokupić wet] [181//190]

II. dt. ***Antworter*** // poln. ***odpowiedźca***:

entworter [Antworter] // od powyedzczą [odpowiedźca] [124//133]

KOMMENTAR

Für dt. *Antworter* sind im polnischen Text 2 Entsprechungen belegt: *sąpierz* (I.) und *odpowiedźca* (II.) (Übersetzung 1:2).

1. Hier wird in der polnischen Entsprechung der deutsche bestimmte Artikel (***der***) als Demonstrativpronomen ***ten*** übernommen (Interferenz). Das Polnische hat keinen Artikel.

LITERATUR

Deutsches Rechtswörterbuch, 1, Sp. 762
Deutsches Wörterbuch, 1, Sp. 510
Wörterbuch der mittelhochdeutschen Urkundensprache, 1, 122
Frühneuhochdeutsches Wörterbuch, 1, Sp. 1568
Boková/Spáčilová Glossar, 26
Reczek/Twardzik III, 249
Słownik staropolski, 8, 137–139: *sąpierz*; 5, 488: *odpowiedźca*
Papsonová, Silleiner Rechtsbuch, 117–122: *antworten*
Glossar zur Buch'schen Glosse, 19, 20; 20, 10f.

B

Bank, die // ławica; s. auch u. **Schöffenbank**
[= Versammlungs- und Gerichtsplatz, der von einer Schranke oder von Zäunen umgeben ist; Gerichtsbank]

I. dt. ***Bank*** // poln. ***ławica***:
1. her [...] quam mit ortel ***off*** dy *bank* [auf die Bank, d. h. vor Gericht] // y przyszedl takym ortelem ***wlawyczą*** [i przyszedł takim ortelem w ławicę] [112//121]
2. Dys ortil wedirsprach eyner myt gesworner scheppin, den dy sache antrat, myt seynen frundin, dy do bey kegin wertic stunden ***bittende*** *der bank* [wartend {vgl. mhd. *bīten* '(er)warten'[120]} auf das Gericht] // ten ortel layal przyszasznyk geden przysząsznyk szwym przyrodzonym przyyaczelem kogo thyka tarzecz kthorych thu gystne tesz oczywysczye stal y *przyszedl podlug prawą* ***nala****wyczą* {'kam ... **auf** die Bank', d. h. zum Gericht} [przyszedł podług prawa na ławicę] [187//194]

II. dt. ***höhere Hand oder Bank*** // poln. ***wyszy stolec*** 'höherer Richterstuhl':
3. das ist an dy *hoer hant adir bank* [an die höhere Hand oder Bank 'an das höhere Gericht'] // To gest *ku wyszemv stolczv* [to jest ku wyszemu stolcu] [106//115]

KOMMENTAR

Für dt. *Bank* steht im polnischen Text *ławica* (Übersetzung 1 : 1).
1. Für dt. *auf die Bank* 'vor Gericht' steht poln. *w ławicę* (Übersetzung 1 : 1).

---

[120] Wörterbuch der mittelhochdeutschen Urkundensprache, 1, 262–264.

2. Für dt. ***bittende*** *der bank* 'wartend auf das Gericht' steht im polnischen Text *przyszedł [...]* **na** *ławicę* {'kam ... **auf** die Bank', d. h. zum Gericht}.
3. Für dt. *höhere Hand oder Bank*, d. h. 'höheres Gericht' steht im polnischen Text *wyszy stolec* 'höherer Richterstuhl'.

LITERATUR

Deutsches Rechtswörterbuch, 1, Sp. 1182
Deutsches Wörterbuch, 1, Sp. 1105
Wörterbuch der mittelhochdeutschen Urkundensprache, 1, 140
Frühneuhochdeutsches Wörterbuch, 2, Sp. 1867
Boková/Spáčilová Glossar, 47: frnhd. *bank* – tsch. *soudní lavice, lavice přísežených, šefů*
Spáčil/Spáčilová Meißner Rechtsbuch, Register, 788
Reczek/Twardzik III, 132
Słownik staropolski, 4, 103–105: *ławica*; 4, 104: *ławnik*
Linde, 5, 457: *stolec* 'Richterstuhl'
Papsonová, Silleiner Rechtsbuch, 133f.
Glossar zur Buch'schen Glosse, 502, 14

Bank, gehegte // sąd, gajony; s. auch u. **Ding, gehegtes**
[= Banngericht (Gerichtsplatz, der von einer Schranke umgeben ist)]

for *gehektyr bank* [vor der gehegten Bank 'vor gehegtem Gericht'] // ***przed*** *gayonym szǫndem* [przed gajonym sądem] [91//98]

KOMMENTAR

Für dt. *gehegte Bank* steht im polnischen Text *gajony sąd* (Übersetzung 1:1).

LITERATUR

Deutsches Rechtswörterbuch, 1, Sp. 1185
Deutsches Wörterbuch, 1, Sp. 1108
Frühneuhochdeutsches Wörterbuch, 2, Sp. 1876
Boková/Spáčilová Glossar, 47, 102: frnhd. *gehegte bank, gehegte dingbank* – tsch. *zahájený soud*
Spáčil/Spáčilová Meißner Rechtsbuch, Register, 788
Reczek/Twardzik III, 247
Słownik staropolski, 8, 125–131: *sąd*; 2, 380f.: *gajny*

ohne die (Gerichts-)Bank // bez ławice

ap her *baussen der bank* [ohne die (Gerichts-)Bank, d. h. 'außerhalb der (Gerichts-)Bank; außerhalb des Gerichts'] zeyn orteyl sprechen zulle // wyrzecz szwoy ortel, ma wyrzecz *besz lawycze* {'ohne die (Gerichts-)Bank'} [wyrzec swoj ortel, ⟨...⟩ ma wyrzec bez ławice] [105//114]

KOMMENTAR

Deutsch *ohne die Bank* wird im polnischen Text mit *bez ławice* wiedergegeben (Übersetzung 1:1).

LITERATUR

Deutsches Wörterbuch, 15, Sp. 1444
Reczek/Twardzik III, 132
Aleksic Ortyle, 34
Słownik staropolski, 4, 103f.
Słownik XVI, 12, 528
Linde, 2, 604

begaben // wianować; s. auch u. **(be)morgengaben**

nicht *begobit* ist {Passiv} [nicht begabt, d. h. 'nicht mit einer Morgengabe beschenkt' ist] // nycz nye *wyanowal* {Aktiv} [nic nie wianował] [1//1]

KOMMENTAR

Für dt. *begaben* steht im polnischen Text *wianować* (Übersetzung 1:1).
Die **Passiv**form des Verbs im deutschen Text wird im Polnischen als **Aktiv**form wiedergegeben.

Begabter, der // ten, komu dano 'der, dem geschenkt wird/wurde' [= Beschenkter]

der begobete [der Begabte 'Beschenkte'] // *ten, komv dano* {'der, dem geschenkt wird/wurde'} [ten, komu dano] [208//223]

KOMMENTAR

Der deutsche Terminus *Begabter* wird im polnischen Text umschrieben, vgl. *ten, komu dano* 'der, dem geschenkt wird/wurde' (Umschreibung).

LITERATUR

Deutsches Rechtswörterbuch, 1, Sp. 1403
Deutsches Wörterbuch, 1, Sp. 1276
Lübben/Walther 31: mnd. *begaven* 'beschenken'
Wörterbuch der mittelhochdeutschen Urkundensprache, 1, 153
Frühneuhochdeutsches Wörterbuch, 3, Sp. 529
Boková/Spáčilová Glossar, 53: frnhd. *begoben* – tsch. *obdarovat, dát, nadat*
Reczek/Twardzik III, 308f.
Słownik staropolski, 10, 103f.

beklagen // żałować
[= anklagen, Klage führen, verklagen]

beclagin [beklagen] // zalowacz [żałować] [181//190]

KOMMENTAR

Deutsch *beklagen* wird im polnischen Text mit *żałować* wiedergegeben (Übersetzung 1:1).

LITERATUR

Deutsches Rechtswörterbuch, 1, Sp. 1502
Deutsches Wörterbuch, 1, Sp. 1417
Wörterbuch der mittelhochdeutschen Urkundensprache, 1, 174f.
Frühneuhochdeutsches Wörterbuch, 3, Sp. 1115
Reczek/Twardzik III, 351
Słownik staropolski, 11, 551–558
Glossar zur Buch'schen Glosse, 34, 12; 51, 7; 191, 13

***nicht* beschirmen // *nie* bronić**
[= (be)schützen]

den *beschirmen* di gebundin tage ***nicht*** [den (be)schützen die gebundenen Tage nicht] // tego ***nye*** *bronyą* wyąszane czassy [tego nie bronią wiązane czasy] [217//213]

KOMMENTAR

Deutsch ***nicht*** *beschirmen* wird im polnischen Text mit ***nie*** *bronić* wiedergegeben (Übersetzung 1:1).

LITERATUR

Deutsches Rechtswörterbuch, 2, Sp. 123
Deutsches Wörterbuch, 1, Sp. 1600
Wörterbuch der mittelhochdeutschen Urkundensprache, 1, 205f.
Frühneuhochdeutsches Wörterbuch, 3, Sp. 1682: *beschirmen*; 3, 1769: *beschützen*
Reczek/Twardzik III, 36
Słownik staropolski, 1, 161–163
Glossar zur Buch'schen Glosse, 125, 11: *dat recht vorderen vnde beschermen*

beweisen // przypowiadać

wy und welchir frist her das *beweysin* [beweisen] sulle[121] // czo knyemv szye *przypowyadayą* [co k niemu sie przypowiadają] [183//192]

[121] Pi: das sulle.

KOMMENTAR

Für dt. *beweisen* steht im polnischen Text *przypowiadać* (Übersetzung 1:1).

LITERATUR

Handwörterbuch zur Deutschen Rechtsgeschichte, 1, Sp. 401
²Handwörterbuch zur Deutschen Rechtsgeschichte, 1, Sp. 559
Deutsches Rechtswörterbuch, 2, Sp. 268
Deutsches Wörterbuch, 1, Sp. 1778
Wörterbuch der mittelhochdeutschen Urkundensprache, 1, 239f.
Frühneuhochdeutsches Wörterbuch, 3, Sp. 2248: *beweis*; 3, Sp. 2249: *beweisen*
Reczek/Twardzik III, 228
Słownik staropolski, 7, 317–319: *przypowiadać*
Glossar zur Buch'schen Glosse, 8, 6; 25, 7, 9; 49, 10

bezmirny s. **friedlos**

bezprawny s. **rechtlos**

Biermahl, das // {posiłek z piwem}
[=Mahlzeit mit Bier]

so ist der man meyneeydic und hat *syn* ***birmal*** *vorloren* und sal *rechtelos* sin [sein Biermahl verloren und soll rechtlos sein] // straczyl *szwe prawo y czescz a nyemą zadnego prawa* {'und hat sein Recht und die Ehre verloren und hat keinerlei Recht'} [stracił swe prawo i cześć a nie ma żadnego prawa] [140//150]

Bekennit her is adir mac man das gut undyr em bewysen, dor vor her wissintlich hat gesworn, so ist der meyneydis obirwundin und *ist rechtelos und hat syn* ***birmal*** *vorloren* [ist rechtlos und hat sein Biermahl verloren] // wysznaly on to albo ma podnym dokazacz to gymyenye, O kthore wyedząсz przyszagl, tako nayn dokonano krzywoprzysząstwą J *straczyl szwa czescz J pravo a gesth zostal besz prawą* {'und hat seine Ehre und das Recht verloren und ist ohne Recht'} [Wyzna-li on to albo mo⟨gąli⟩ pod nim dokazać to jimienie, o ktore wiedząc przysiągł, tako nań dokonano krzywoprzysięstwa i stracił swą cześć i prawo a jest został bez prawa] [141//151]

KOMMENTAR

Für dt. *hat sein Biermahl verloren und soll rechtlos sein* [Spruch 140] bzw. *ist rechtlos und hat sein Biermahl verloren* [Spruch 141] steht im polnischen Text als Entsprechung: *und hat sein Recht und die Ehre verloren und hat keinerlei Recht* [Spruch 150] bzw. *und hat seine Ehre und das Recht verloren und ist ohne Recht* [Spruch 151].

Der Satz- und Textvergleich zeigt hier, daß trotz des Fehlens einer Entsprechung des Terminus *Biermahl* im polnischen Text, der Inhalt der deutschen Textstelle im

Polnischen adäquat wiedergegeben wurde, und zwar als *Verlust seiner Rechte und des Biermahls wegen Meineides.*
Damit kann unsere Untersuchung den im Deutschen Rechtswörterbuch genannten Belegen zum Terminus *Biermahl* 'Mahlzeit mit Bier' weitere hinzufügen, vgl. ebd. 2, Sp. 322, 1935: „*[daß der]* pfleger jedem ein biermal geben hat sollen *1525 JbMittelfrk. [Jahresbericht des Historischen Vereins für Mittelfranken] 56 (1909) 59.* do einer gleich das piermal einnemb *1588 MittGMus [Mitteilungen aus dem Germanischen Nationalmuseum Nürnberg] 1893, 21.*"

LITERATUR

Deutsches Rechtswörterbuch, 2, Sp. 322

bliskość s. **Magenschaft, die**

blisze przyrodzone s. **ebenbürtig (sein)**

bliszy przyrodzeni s. **ebenbürtig (sein)**

Brief, der // list
[= alles Geschriebene, Brief, Urkunde]
Siehe u. **Gerichtsbrief, der; Schöffenbrief, der; Schuldbrief, der**

broń, ostra *broń* s. **Waffe, die**

z ostrą *bronią* s. **mit gezogener Waffe**

z bronią, bronną ręką s. **mit gewappneter Hand**

nie *bronić* s. **nicht beschirmen**

Bürge, der // poręka 'Gewähr'; apoln. **poręczyciel** für **Bürge** ist in dem von uns ausgewerteten polnischen Text nicht nachgewiesen

dy ***nicht*** *burgen* {Sg.} habin [die keinen Bürgen haben] // czo ***nye***moze *po raky* myecz {Genitiv Sg. wegen der Negation} [co nie może poręki mieć] [216//212]
habin dy ***keynen*** *burgin* {Sg.} [die keinen Bürgen haben] // a***nye*** mayąly *poraky* {Genitiv Sg. wegen der Negation} [a nie mają-li poręki] [216//212]

KOMMENTAR

Der deutsche Terminus *Bürge* wird im polnischen Text mit *poręka* 'Gewähr' wiedergegeben (Übersetzung 1:1). Polnisch *poręczyciel* für *Bürge* ist in dem von uns ausgewerteten polnischen Text nicht nachgewiesen.
Der Genitiv im Polnischen ist in der Negation (***nie***) begründet.

LITERATUR

[2]Handwörterbuch zur Deutschen Rechtsgeschichte, 1, Sp. 737
Deutsches Rechtswörterbuch, 2, Sp. 579
Deutsches Wörterbuch, 2, Sp. 536
Wörterbuch der mittelhochdeutschen Urkundensprache, 1, 323 f.
Frühneuhochdeutsches Wörterbuch, 4, Sp. 1416
Reczek/Twardzik III, 202
Słownik staropolski, 6, 404 f.
Glossar zur Buch'schen Glosse, 20, 22; 21, 5 f.

Burggraf, der // burgrabi(a)
[= Burggraf, oberster Richter einer Stadt und deren Herrschaftsbereich]

I. dt. ***Burggraf*** // poln. ***burgrabi(a)***:
der burggrefe [der Burggraf] // Burgraby {Sg.} [burgrabi] [255//258]
der burggrafe [der Burggraf] // Burgrabyą {Sg.} [burgrabia] [255//258]
der burkgrefe [der Burggraf] // burgraby {Sg.} [burgrabi] [255//258]

II. dt. ***vor dem Burggrafen*** // poln. ***przed burgrabią***:
vor dem burcgrafen [vor dem Burggrafen] // ***przed*** Burgrabyą [przed burgrabią] [165//176]

KOMMENTAR

Für dt. *Burggraf* steht im polnischen Text das deutsche Lehnwort *burgrabi(a)* (Entlehnung) (I.). Dies gilt auch für den Terminus in der präpositionalen Wendung dt. *vor dem Burggrafen* // poln. *przed burgrabią* (II.).

LITERATUR

[2]Handwörterbuch zur Deutschen Rechtsgeschichte, 1, Sp. 766–768
Lexikon des Mittelalters, 2, 1048–1050
Deutsches Rechtswörterbuch, 2, Sp. 623
Deutsches Wörterbuch, 2, Sp. 543
Wörterbuch der mittelhochdeutschen Urkundensprache, 1, 314 f.
Frühneuhochdeutsches Wörterbuch, 4, Sp. 1441 f.
Boková/Spáčilová Glossar, 89: frnhd. *burggraf* – tsch. *purkrabí*
Spáčil/Spáčilová Meißner Rechtsbuch, Register, 790
Reczek/Twardzik III, 36
Aleksic Ortyle, 69
Zajda 2008, 297
Słownik staropolski, 1, 177 f.
Linde, 1, 199
Brückner EW, 50
Bańkowski EW, 1, 97

Eggers 1988, 176
Lehnwörter 2008, 41
Lehnwörter 2010: *burgrabia*
Papsonová, Silleiner Rechtsbuch, 191 f.
Ryšánek, Wörterbuch zum Silleiner Rechtsbuch, 521
Glossar zur Buch'schen Glosse, 59, 6; 123, 15, 21

burgrabi(a) s. **Burggraf**

Burggrafending s. **Ding**

Buße, die // wina, wet; s. auch u. **Gewette // wina**; poln. **wet** in der Bedeutung **Gewette** ist in dem von uns ausgewerteten Text nicht belegt; s. auch u. **Gewette** [= Strafe (meist Sachleistung) für eine Rechtsverletzung, Bußzahlung, Entschädigung, Geldstrafe]

I. dt. ***Buße*** // poln. ***wina***:
zu **wina** in der Bedeutung 'Gewette' s. u. unter **Gewette**
Do nomen sy dy scheppin {im polnischen Text steht zusätzlich *und der Vogt*} ***ere bussin*** [ihre Buße] von dem burgin // wzaly *przyszasznyczy y woyth* {'die Schöffen und der Vogt'} nanich ***swą wyną***, yako yesth Zaprawa. [wzięli przysiężnicy i wojt na nich swą winę jako jest z[a] prawa] [261//264]
1. ***Dy bussin*** [die Buße {Sg.}], dy dy scheppin yrwurbin und genomen habin, als hy obin geschrebin ist, dy mogin sy myt rechte wol behaldin und dorfin der nicht wedir gebin. // ***Thy*** {Interferenz: der deutsche bestimmte Artikel wird als Demonstrativpronomen übernommen} ***wyny*** {Pl.}, czo przyszasznyczy doszyagly ywzaly zwoythem, ty sprawnye wzaly [Ty winy, co przysiężnicy dosięgli i wzięli z wojtem, ty sprawnie wzięli podług prawa prawego] [261//264]

Negation:
keyne *busse* [keine Buße] // ***nyzadney*** *wyny* [niżadnej winy] [79//86]
und an czynse ***sunder*** der bůsse {Sg.} [außer der Buße] // sczynszow ***procz*** wyn {Genitiv Pl. zu *wina*} [z czynszow procz win] [116//126]

II. dt. ***Buße*** // poln. ***wet***:
dem antwortir ***seyne*** *busse gebyn* [dem Antworter seine Buße geben] // szampyerzowy *pokupycz* 'Strafe, Gerichtsgeld zahlen' *weth* [sąpierzowi pokupić wet] [181//190]

KOMMENTAR
In dem durch uns ausgewerteten Text kommen 2 Entsprechungen für dt. *Buße* vor: I. poln. *wina* (Übersetzung) und II. das deutsche Lehnwort *wet* 'Gewette' (Entlehnung).
Dagegen ist poln. *wet* in der Bedeutung *Gewette* in dem von uns ausgewerteten Text nicht belegt, vielmehr steht für dt. *Gewette* poln. *wina*, s. auch u. **Gewette // wina**.

1. In der polnischen Entsprechung wird der deutsche bestimmte Artikel (***die***) als Demonstrativpronomen ***thy*** [**ty**] übernommen (Interferenz). Das Polnische hat keinen Artikel.

LITERATUR

Handwörterbuch zur Deutschen Rechtsgeschichte, 1, Sp. 575
[2]Handwörterbuch zur Deutschen Rechtsgeschichte, 1, Sp. 789
Deutsches Rechtswörterbuch, 2, Sp. 655
Deutsches Wörterbuch, 2, Sp. 570
Wörterbuch der mittelhochdeutschen Urkundensprache, 1, 310f.
Frühneuhochdeutsches Wörterbuch, 4, Sp. 1485–1490
Boková/Spáčilová Glossar, 90: frnhd. *buße* – tsch. *pokuta, pokání, trest*
Spáčil/Spáčilová Meißner Rechtsbuch, Register, 790
Reczek/Twardzik III, 308: *wet*; 313: *wina*
Słownik staropolski, 10, 225–229: *wina*; 10, 88: *wet*
Słownik staropolski, 6, 334f.: *pokupić* 'Strafe, Gerichtsgeld zahlen'
Papsonová, Silleiner Rechtsbuch, 193–195
Glossar zur Buch'schen Glosse, 16, 26; 17, 4

(ein)büßen // cierpieć albo stracić

her ***bussit*** dor umme seyne hant [er büßt dafür seine Hand ein] // ma zatho ***czyrpyecz albo straczycz*** {'verlieren oder einbüßen'} swą raka {'seine Hand'} [ma za to cirpieć albo stracić swą rękę] [206//221]

KOMMENTAR

Für die deutsche Textstelle *her **bussit** dor umme seyne hant* wird im Polnischen *ma zatho **czyrpyecz albo straczycz** swą raka* gewählt, eine Verstärkung der Aussage durch Wiederholung: 'verlieren oder einbüßen'.

LITERATUR

Deutsches Rechtswörterbuch, 2, Sp. 657
Deutsches Wörterbuch, 2, Sp. 571
Frühneuhochdeutsches Wörterbuch, 4, Sp. 1491
Reczek/Twardzik III, 48: *cierpieć*; 263: *stracić*
Słownik staropolski, 1, 298: *cierpieć*; 8, 458–460: *stracić*
Glossar zur Buch'schen Glosse, 28, 3; 33, 15

C

ciężkie rany s. **kampfwürdig (sein)**

cierpieć s. **(ein)büßen**

czas s. **Zeit, die**

otworzony *czas* s. Tage, offene

na otworzony *czas* s. zu/an offenen Tagen

wiązany *czas*, wiązane *czasy* s. Tage, gebundene

czynsz s. Zins, der

D

ten, komu *dano* s. Begabter, der

dawanie s. Gabe, die

Dieb, der // złodziej

uf ***den*** rechtin dip [Dieb] // ***tego*** {Interferenz: der deutsche bestimmte Artikel wird als Demonstrativpronomen übernommen} szlodzeyą [tego złodzieja] [201//208]

KOMMENTAR

Deutsch *Dieb* wird im polnischen Text mit *złodziej* übersetzt (Übersetzung 1:1). In der polnischen Entsprechung wird der deutsche bestimmte Artikel ***der*** (hier: uf ***den***) als Demonstrativpronomen ***ten*** (hier: ***tego***) übernommen (Interferenz). Das Polnische hat keinen Artikel.

LITERATUR

Deutsches Rechtswörterbuch, 2, Sp. 797
Deutsches Wörterbuch, 2, Sp. 1085
Wörterbuch der mittelhochdeutschen Urkundensprache, 1, 378f.
Spáčil/Spáčilová Meißner Rechtsbuch, Register, 793
Reczek/Twardzik III, 346
Słownik staropolski, 11, 393–395

Diener, städtischer // sługa, miejski

stat dyner [städtischer Diener] // myesczky szluga [miescki sługa] [252//255]

KOMMENTAR

Für dt. *städtischer Diener* steht im polnischen Text *miejski sługa* (Übersetzung 1:1). Ein Bezug zum Terminus *Frohnbote* ist weder den deutschen noch den polnischen Textstellen zu entnehmen.

LITERATUR

Deutsches Rechtswörterbuch, 2, Sp. 847
Deutsches Wörterbuch, 2, Sp. 1109
Frühneuhochdeutsches Wörterbuch, 11/1, Sp. 131: *statdiener*; Verweis auf: *stat*, 11/1, Sp. 112
Słownik staropolski, 8, 294–297: *sługa*

Ding, das // sąd; prawo {lediglich 1 Beleg}; ebenfalls belegt ist die Entsprechung dt. **Gericht** // poln. **sąd**; auch **miasto** ‘Stadt’ (s. u.)
[= Gericht, Gerichtsstätte, Gerichtstag, Gerichtstermin; Gerichtsverhandlung, Gerichtssitzung, Gerichtsbarkeit]

I. dt. ***Ding*** // poln. ***sąd*** ‘Gericht’:

Dornoch an dem nesten dinge [danach zu dem {zeitlich} nächsten Ding/Gerichtstermin] // ***pothem wpirwem szandze*** {‘danach zu dem (zeitlich) ersten Ding’} [Potem w pirwem sądzie] [128//137]

mit rechter clage ***czu dreyen dingin*** [zu den drei Dingen/Gerichtsterminen] // zalowącz ***wtrzech szandzyech*** [żałować w trzech sądziech] [126//135]

gewinnet her tak ***czu dem andirn und czu dem drittin dinge*** [zu dem andern {d. h. zweiten} und dem dritten Ding/Gerichtstermin] // moze myecz ***dzen ku drugyemv y ku trzeczyemv szandowy*** [może mieć dzień ku drugiemu i ku trzeciemu sądowi] [181//190]

czu fyrden dinge [zum vierten Ding/Gerichtstermin] // wczwarthem szandze [w czwartem sądzie] [122//132]

Wyssen scheppin eynes orteylis nicht adir sint des nicht ynne, so mogin sy das ortil vorczyen ***in das andir adir, yn das dritte ding*** [in das dritte Ding/den dritten Gerichtstermin], denne sullen sy das ortil yn brengin adyr holen lossen, do sich das geburt, ap sy is nicht findin kunnen. Nicht lengir sullen sy das vorczyhen. [in das andere {d. h. *zweite*}, in das dritte Ding/den dritten Gerichtstermin] // nyewyedzaly albo nyemogaly przyszasznyczy ktorego ortelv naydz, szlowye wyrzecz, tedy mogą to odlozycz ***do drugyego y do trzeczyego szandv***; Tedy ony mayą Ten ortel wydacz albo mayą poyn poszlacz do wyszego prawą, gdze obycząy poprawo szla, anyemayą dluzey tego odwloczycz podlug prava. [Nie wiedząli albo nie mogą-li przysiężnicy ktorego ortelu najć, słowie wyrzec, tedy mogą to odłożyć do drugiego i do trzeciego sądu; tedy oni mają ten ortel wydać albo mają poń posłać do wyszego prawa, gdzie obyczaj⟨nie⟩ po prawo ślą, a nie mają dłużej tego odwłoczyć podług prawa.] [154//165]

bey drien us gelegetin dyngen [bei drei ausgelegten Dingen {d. h. zu drei anberaumten Gerichtstagen/Gerichtsterminen}] // ***na trzech blyszych Sandzech*** {‘auf/zu den drei nächsten Gerichten/Gerichtsterminen’} [na trzech bliszych sądziech] [206//221]

II. dt. ***Ding*** // poln. ***prawo*** ‘Recht, Gericht’:

Wenne richter und scheppin ***czu dinge zyczen*** [zu Ding/Gericht sitzen] // gdi woyth albo prziszasznyczy ***szyedza ku prawu*** [Gdy wojt albo przysiężnicy siedzą ku prawu] [90//97]

KOMMENTAR

Für dt. *Ding* wird als polnische Entsprechung im untersuchten Text überwiegend *sąd* verwendet (I.), auch in der Einbettung in Präpositionalkonstruktionen und phraseologische Wendungen. Lediglich einmal wird dt. *Ding* mit poln. *prawo* wiedergegeben, vgl. dt. *czu dinge zyczen* // poln. *szyedza ku prawu* (II.). So liegen in beiden Fällen Übersetzungen vor (Übersetzung 1:2): I. dt. *Ding* // poln. *sąd* und II. dt. *Ding* // poln. *prawo*.

LITERATUR

Handwörterbuch zur Deutschen Rechtsgeschichte, 1, Sp. 1539–1542
Lexikon des Mittelalters, 4, 1322–1335
Deutsches Rechtswörterbuch, 4, Sp. 299
Deutsches Wörterbuch, 5, Sp. 3635
Wörterbuch der mittelhochdeutschen Urkundensprache, 1, 655–657/ 2, 1437; 1, 380–382: *Ding*
Boková/Spáčilová Glossar, 182: frnhd. *gericht* – tsch. *soud, úřad soudce, soudní úřad*; Boková/Spáčilová Glossar, 102: frnhd. *ding* – tsch. *soud*
Spáčil/Spáčilová Meißner Rechtsbuch, Register, 792
Reczek/Twardzik III, 247f.
Aleksic Ortyle, 35
Słownik staropolski, 8, 125–131
Linde, 5, 203f.
Papsonová, Silleiner Rechtsbuch, 204–208, 315–322
Glossar zur Buch'schen Glosse: *Gericht*, 3, 13; 17, 23; 18, 7; *Ding*, 11, 1; 20, 8; 21, 21

Dingtag, rechter // dzień położony

an einem rechten Dingtag // na dzień położony 'an einem festgesetzten Tag'
an eynen rechten dingtage [an einem rechten Dingtag] // na dzen polozony {'festgelegt'} [na dzien położony] [97//104]

KOMMENTAR

Für dt. *an einem rechten Dingtag* steht im polnischen Text *na dzień położony* 'an einem festgesetzten Tag' (Übersetzung 1:1), vgl. auch: dt. *rechter Dingtag* // poln. *dzień położony*.

LITERATUR

Handwörterbuch zur Deutschen Rechtsgeschichte, 1, Sp. 742
[2]Handwörterbuch zur Deutschen Rechtsgeschichte, 1, Sp. 1063
Deutsches Rechtswörterbuch, 2, Sp. 933
Deutsches Wörterbuch, 2, Sp. 1152
Spáčil/Spáčilová Meißner Rechtsbuch, Register, 792

Reczek/Twardzik III, 77
Słownik staropolski, 6, 355–362: *położenie, położyć*

Burggrafending, das // sąd burgrabiego
[= Burggrafengericht]

burkgreve dink [Burggrafending] // burgrabyego szandv [burgrabiego sądu] [68//75]

KOMMENTAR

Für dt. *Burggrafending* steht im polnischen Text *sąd burgrabiego* 'Gericht des Burggrafen', wobei das Attribut *burgrabiego*, ein nach den Regeln der polnischen Wortbildung aus dem deutschen Lehnwort *burgrabi(a)* abgeleitetes Adjektiv, bereits der postintegrativen Phase zuzuordnen ist.

LITERATUR

Frühneuhochdeutsches Wörterbuch, 4, Sp. 1443; Verweis auf: *Burggraf* 4, Sp. 1441
Aleksic Ortyle, 38
Glossar zur Buch'schen Glosse: lediglich *Grafengericht*: to des greuen dinge, 143, 6f.; *Gaugrafengericht*: des gogreuen dingh, 140, 21

Landding, das // ziemskie prawo; s. auch o. **Ding // sąd; prawo**
[= Landgericht]

– dt. *vor dem Landding* // poln. *przed ziemskim prawem*:
vor dem lant dinge [vor dem Landding] // przed szyemszkym prawem [przed ziemskim prawem] [43//51]

KOMMENTAR

Die Entsprechung für dt. *Ding* ist hier im polnischen Text *prawo* 'Recht' (Übersetzung 1 : 1), s. auch o. **Ding // sąd; prawo** (lediglich 1 Beleg).

LITERATUR

Deutsches Rechtswörterbuch, 8, Sp. 361
Deutsches Wörterbuch, 12, Sp. 100
Frühneuhochdeutsches Wörterbuch, 9/1, Sp. 106
Boková/Spáčilová Glossar, 270: frnhd. *landgericht* – tsch. *zemský soud*
Reczek/Twardzik III, 212

Ding, gehegtes // sąd, gaj(o)ny; s. auch o. **Bank, gehegte**
[= (eine) ordnungsgemäß eröffnete Gerichtsverhandlung]

I. dt. ***gehegtes Ding*** // poln. ***(gaj(o)ny) sąd***:

– dt. *gehegtes Ding* // poln. *gajony sąd*:

gehegit ding [gehegtes Ding] // Gayony szand [gajony sąd] [11//11]
eynem gehegetim dinge [einem gehegten Ding] // gest szwyadomo gayonemv szącndv [jest świadomo gajonemu sądu] [42//50]
das gehegete dynk [das gehegte Ding] // gayony sząnd [gajony sąd] [147//158]
des *gehegtim dynges* brife hette obir schult [des gehegten Dinges Briefe ...] // szwyedzecz lysth o dlug za *gayonego szandv* [świedziecz⟨ny⟩ list o dług ⟨z⟩ zagajonego sądu] [168//179]
1. wenne gehegit[122] *dink* [gehegtes Ding] czu kumt // kyedy przydze przed _______[123] *sand* [kiedy przydzie przed sąd] [256//259]

– dt. ***in*** *gehegtem Ding* // poln. ***w*** *gajonem sądzie* '**in** gehegtem Ding':
yn gehegetym dinge [in gehegtem Ding] // wgaynem sząndze [w gajnem sądzie] [75//83]
yn gehegetim dinge [in gehegtem Ding] // wgayonem sząndze [w gajonem sądzie] [77//84]
yn gehegetim dinge [in gehegtem Ding] // wgayonem sandze [w gajonem sądzie] [78//85]
2. Yn ***eyme*** gehegetin dynge [in einem gehegten Ding] // w**gednem** 'einem' {Interferenz: der deutsche unbestimmte Artikel wird als Zahlwort übernommen} gaynem Sąndze [W jednem gajnem sądzie] [133//142]

– dt. ***in*** *ein anderes gehegtes Ding* // poln. **w** *drugiem sądzie* '**in** einem anderen Ding':
3. yn ***eyn andir*** gehegit dynk {wohin?, Akkusativ} quam [in ein anderes gehegtes Ding kam] // w drugem szandze {wo?, Lokativ} prziszedl {'in einem anderen Ding kam'} [w ***drugiem*** sądzie przyszedł] [186//193]

– dt. ***in*** *gehegtem Ding* // poln. ***przed*** *gajnym sądem* '**vor** gehegtem Ding':
yn gehegetim dinge [in gehegtem Ding] // przed gaynym Sąndem [przed gajnym sądem] [11//11]
yn gehegetim dinge [in gehegtem Ding] // przed gaynym sząndem [przed gajnym sądem] [42//50]
yn gehegetim dinge [in gehegtem Ding] // przed gayonym szadem [przed gajonym sądem] [59//66]
in gehegt dink [in/vor gehegtes Ding] // przed gayny sąnd y [przed gajny sąd i] [122//132]
quam in gehegt dink [in/vor gehegtes Ding] // przyszla przed gayony sząnd [przyszła przed gajony sąd] [128//137]
yn gehegtym dynge [in gehegtem Ding] // przed gayonym szadem [przed gajonym sądem] [185//193b]

[122] Die Entsprechung für dt. *gehegit* fehlt im polnischen Text.
[123] Fehlstelle der Entsprechung für dt. *gehegit* im polnischen Text.

yn gehegit dyng [in gehegtem Ding] // przed nasz wgayony szand [przed nas w gajony sąd] [186//193]
yn gehegit ding [in gehegtem Ding] // przed gayony szand [przed gajony sąd] [186//193]
yn gehegetym dinge [in gehegtem Ding] // przed gayonym szandem [przed gajonym sądem] [190//197]
yn gehegetim dinge [in gehegtem Ding] // wgayonem Sandze [w gajonem sądzie] [218//214]
yn gehegit ding [in gehegtem Ding] // przed gayony sand [przed gajony sąd] [201//208]
erbis, uf gebyn adir andir sachin, der man ***yn gehegtym dynge*** von gerichtis halbe dechnisse adir kentnisse gerit [in gehegtem Ding] // o ktora koly bancz rzecz {Der polnische Text faßt alle im deutschen Text genannten Einzelheiten zusammen.} [o ktorąkoli bądź rzecz] [178//188]

– dt. ***in*** *gehegtem Ding* // poln. ***ku*** *gajnemu sądu* '**zu** gehegtem Ding':
yn eyme gehegetim dinge [in einem gehegten Ding] // ***ku*** gaynemv Sąndv [ku gajnemu sądu] [80//87]

– dt. ***vor*** *gehegtes Ding* // poln. ***przed*** *gajny sąd* '**vor** gehegtes Ding':
vor gehegit dink und vrogit orteilis [vor gehegtes Ding] // przed gayny szand ypytal ortela [przed gajny sąd i pytał ortela] [11//11]
vor gehegit ding [vor gehegtes Ding] // przed gayony sand [przed gajny sąd] [189//196]
vor gehegit dink [vor gehegtes Ding] // przed gayony sand [przed gajony sąd] [256//259]

– dt. ***vor*** *gehegtem Ding* // poln. ***przed*** *gajnym sądem* '**vor** gehegtem Ding':
stunt for gehegtem dinge [vor gehegtem Ding] // stala przed gaynym szandem [stała przed gajnym sądem] [112//121]
for gehegtem dinge [vor gehegtem Ding] // przed gayonym szandem [przed gajonym sądem] [112//121]
vor gehegdyn dinge [vor gehegtem Ding] // przed gaynym sandem [przed gajnym sądem] [256//259]
vor gehegtim dinge [vor gehegtem Ding] // przed gayonym sandem [przed gajonym sądem] [261//264]
4. vor gehegit ding [...] und gebe ***do*** [dort] {Das Lokalpronomen *do* steht hier für *vor gehegit ding* 'vor gehegtem Ding', s. die polnische Fassung ohne Lokalpronomen} // przed gayony sand ... a dal by thv *przed gayonym szandem* [przed gajny sąd ... a dałby tu przed gajonym sądem] [189//196]

– dt. ***vor*** *gehegtem Ding* // poln. ***przed*** *sądem* '**vor** Gericht'
5. vor gehegtim[124] dynge [vor gehegtem Ding] // przed ______[125] szandem [przed sądem] [169//180]

[124] Die Entsprechung für dt. *gehegtim* fehlt im polnischen Text.
[125] Fehlstelle der Entsprechung für dt. *gehegtim* im polnischen Text.

– dt. ***vor*** *Gericht und* ***vor*** *gehegtes Ding* // poln. ***przed*** *gajnym sądem* '**vor** gehegtem Ding':

6. stalte der burggrefe den gefangin man *vor gerichte*[126] *und vor gehegit dink* [vor Gericht und vor gehegtes Ding] // postawyl tego yancza ______[127] *przed gayonym szadem* [postawił tego jęca przed gajonym sądem] [255//258]

– dt. ***zu*** *usgelegtim Ding* 'zum anberaumten Gerichtstag' // poln. ***ku*** *sądowi gajonemu* '**zu** gehegtem Ding':

czu usgelegtim dinge [zum anberaumten Gerichtstag] // ***ku*** Sandowy gayonemv [ku sądowi gajonemu] [97//104]

– dt. ***zu*** *drei gehegten Dingen* {Pl.} // poln. *trzy sądy* 'drei Dinge', d. h. Gerichtstermine:

czu dryen gehegtin dingen [zu drei gehegten Dingen] // trzy szandy [trzy sądy] [122//132]

zu offin tagin und gehegetim dinge [zu offenen Tagen und gehegtem Ding] // sadv polozonego odtworzonych dny [sądu położonego o[d]tworzonych dni] [216//212]

– dt. ***außerhalb*** *gehegten Dinges* // poln. ***procz*** *gajonego sądu* 'außerhalb gehegten Gerichts':

beussim gehegetim dinge [außerhalb gehegten Dinges] // ***procz*** gayonego Sąndv [procz gajonego sądu] [79//86]

– dt. ***ohne*** *gehegtes Ding* // poln. ***bez*** *gajonego sądu*:

ane gehegnit ding [ohne gehegtes Ding] // besz gayonego Szandv [bez gajonego sądu] [99//106]

II. dt. ***gehegtes Ding*** // poln. ***prawo*** 'Gericht':

– dt. ***vor*** *gehegtes Ding* // poln. ***przed*** *prawo* '**vor** Gericht':

7. vor gehegit[128] dink [vor gehegtes Ding] // przed ______[129] prawo [przed prawo] [201//208]

– dt. ***bis zu*** *gehegtem Ding* // poln. ***aż do*** *prawa* '**bis zum** Gericht(stermin)':

bis czu gehegtim dinge [bis zu gehegtem Ding] // az do prawa [aż do prawa] [256//259]

KOMMENTAR

Deutsch *gehegtes Ding* wird auch in den zahlreich belegten präpositionalen Wendungen fast ausschließlich mit poln. *gaj(o)ny sąd* wiedergegeben (I.), vereinzelt

[126] Die Entsprechung für dt. *vor gerichte* fehlt im polnischen Text.
[127] Fehlstelle der Entsprechung für dt. *vor gerichte* im polnischen Text.
[128] Die Entsprechung für dt. dt. *gehegit* fehlt im polnischen Text.
[129] Fehlstelle für dt. *gehegit* im polnischen Text.

nur als *sąd*. Lediglich in zwei Textstellen steht für dt. *gehegtes Ding* // poln. *prawo* 'Gericht'. In beiden Fällen liegen Übersetzungen vor (1:2).
Die polnische Entsprechung für das Attribut *gehegt* fehlt mitunter (1., 5., 6., 7.).
2. Belegt die Wiedergabe des deutschen unbestimmten Artikels durch das polnische Zahlwort *jeden* 'ein(s)' (Interferenz).
3. Für dt. *in ein anderes gehegtes Ding* {wohin?, Akkusativ} *kam* steht im polnischen Text *w drugiem sądzie* {wo?, Lokativ} *przyszedł* {'in einem anderen Ding kam'}, d. h. die deutsche Ortsbestimmung im Akkusativ wird im polnischen Text als Lokativ wiedergegeben.
4. Im Deutschen steht *do* 'dort' anstelle von *vor gehegit ding* // im Polnischen wird *przed gayonym szandem* 'vor gehegtem Ding' wiederholt.
6. Für dt. *vor gerichte und vor gehegit dink* steht im polnischen Text *przed gayonym szadem*, d. h. es wird nur eine Komponente der deutschen Zwillingsformel ins Polnische übertragen.

LITERATUR

Deutsches Rechtswörterbuch, 4, Sp. 299; 5, Sp. 548–554: *hegen*; 2, Sp. 934–944: *Ding*
Deutsches Wörterbuch, 2, Sp. 1165; 10, Sp. 77: *hegen*; 2, Sp. 1152: *Ding*
Frühneuhochdeutsches Wörterbuch, 6/2, Sp. 553: *gehegt*
Boková/Spáčilová Glossar, 102: frnhd. *gehegtes ding* – tsch. *zahájený soud*
Reczek/Twardzik III, 80, 247
Aleksic Ortyle, 38f., 41
Zajda 2008, 302
Słownik staropolski, 2, 380f.: *gajony*
Linde, 2, 16
Papsonová, Silleiner Rechtsbuch, 204–208
Glossar zur Buch'schen Glosse, 419, 15; 468, 9f.; 485, 7

dingen // sądzić/sędzić, prawować
[= Gericht halten, gerichtlich verhandeln]

I. dt. ***(nicht) dingen*** // poln. ***(nie) sądzić/sędzić***:
wen man ***dyngen*** [dingen] mag // gdy szye mayą ***szandzycz*** albo prawowacz [gdy sie mają sedzić albo prawować] [147//158]
Jn sulchen tagin sal man ***nicht dyngen*** [nicht dingen] // wthych dnyoch ***nye***mayą szye ***szandzycz*** [w tych dnioch nie mają sie sędzić] [147//158]

II. dt. ***(nicht) dingen*** // poln. ***(nie) prawować***:
dingen [dingen] // prawowacz [prawować] [218//214]
sal man ***nicht dingen*** [nicht dingen] um ungerichte // *NJ*emoze szye ***prawowacz*** o beszprawne rzeczy [Nie może sie prawować o bezprawne rzeczy] [217//213]

KOMMENTAR

Neben *sędzić* (I.) ist auch *prawować* (II.) als Entsprechung für dt. *dingen* belegt (Übersetzung 1:2). Dies gilt ebenfalls für die Textstellen mit Negation (II.).

LITERATUR

Reczek/Twardzik III, 213: *prawować*; 250: *sędzić*
Zajda 2001, 165
Słownik staropolski: *prawować*: 7, 45; *sądzić/sędzić*: 8, 133–137
Linde: *prawować*: 4, 465; *sądzić/sędzić*: 5, 207

Ding *nicht* hegen // *nie* gaić sądu

das *dink **nicht** hegen* [Dinge ***nicht*** hegen 'nicht Gericht halten'] // *Sandu **nye**gayą* [sądu nie gają] [90//97]

KOMMENTAR

Für dt. *Ding **nicht** hegen* nennt der polnische Text ***nie** gaić sądu* (Übersetzung 1:1).

LITERATUR

Deutsches Rechtswörterbuch, 5, Sp. 548: *hegen*
Deutsches Wörterbuch, 5, Sp. 3643
Wörterbuch der mittelhochdeutschen Urkundensprache, 1, 808: *hegen*
Frühneuhochdeutsches Wörterbuch, 7/3, Sp. 1433: *hegen*
Reczek/Twardzik III, 80f.
Zajda 2008, 302
Słownik staropolski, 2, 377–381: *gaić*
Linde, 2, 15
Glossar zur Buch'schen Glosse, 568, 9

Ding zusammenbringen // zebrać sąd

so sal der richter *das dyng czu samen brengin* [Ding zusammenbringen] // Tedy woyth ma *szebracz sand* y gaycz podlug prawą [tedy wojt ma zebrać sąd i gajić podług prawa] [147//158]

KOMMENTAR

Für dt. *Ding zusammenbringen* belegt der polnische Text *zebrać sąd* (Übersetzung 1:1).

LITERATUR

Deutsches Rechtswörterbuch, 2, Sp. 949
Deutsches Wörterbuch, 2, Sp. 1169
Glossar zur Buch'schen Glosse, 26, 17; 62, 13

dług s. **Schuld, die**

dłużnik s. **Schuldiger, der**

otworzone ***dni*** s. **Tage, offene**

otworzonych ***dni*** s. **zu/an offenen Tagen**

wiązane ***dni*** s. **Tage, gebundene**

w wiązane ***dni*** s. **an gebunden Tagen**

zawieszone ***dni*** s. **Tage, gebundene**

w zawieszonych ***dniach*** s. **an gebunden Tagen**

dziecko s. **Kind, das**

dziecko, dorosłe s. **Kind, mündiges**

dzieci s. **Kinder, die**

dzieci, co lat nie mają s. **Kinder, unmündige**

dziedzictwo s. **Erbe, das**

dzień s. **Tag, der**

dzień położony s. **Dingtag, rechter**

na ***dzień*** **położony** s. **an einem rechten Dingtag**

na każdy ***dzień*** s. **alle Tage**

E

ebenbürtig (sein) // (być) równy urodzeniem 'der Geburt nach gleich', **równe dzieci** 'gleiche Kinder', **bliższe przyrodzone** 'nahe verwandt', **bliszy przyrodzeni** 'nahe Verwandte'

1. *ebinburtik* [ebenbürtig] // rowno *blyszczy przyrodzeny* [rowno bliszczy przyrodzeni] [183//192]
2. dy *ebinburtig* sint [die ebenbürtig sind] // szą *rowno blyszy przyrodzeny* [są rowno bliszy przyrodzeni] [183//192]
3. alle *ebenburtik* zeynt [alle ebenbürtig sind] // szą wszythky *rowne dzyeczy* [są wszytki rowne dzieci] [66//73]
4. uf eren nestin *ebinburtegin* mag [nächsten ebenbürtigen] // na gey ly *blysze przyrodzone* [na jej-li blisze przyrodzone] [142//152]

KOMMENTAR

Für dt. *ebenbürtig (sein)* begegnen in der polnischen Fassung in Abhängigkeit vom Kontext mehrere Entsprechungen, und zwar: *bliszy przyrodzeni* (1., 2.), *równe dzieci* (3.) und *bliższe przyrodzone* (4.), d. h. es liegt eine Übersetzung 1 : viele vor.

LITERATUR

Handwörterbuch zur Deutschen Rechtsgeschichte, 1, Sp. 793: nicht: *ebenbürtig*, aber: *Ebenbürtigkeit*

²Handwörterbuch zur Deutschen Rechtsgeschichte, 1, Sp. 1172: nicht: *ebenbürtig*, aber: *Ebenbürtigkeit*

Deutsches Rechtswörterbuch, 2, Sp. 1176

Deutsches Wörterbuch, 3, Sp. 14

Wörterbuch der mittelhochdeutschen Urkundensprache, 1, 412

Spáčil / Spáčilová Meißner Rechtsbuch, Register, 793

Reczek / Twardzik III, 242

Słownik staropolski, 8, 35–37

Linde, 5, 74 f.

Papsonová, Silleiner Rechtsbuch, 216 f.

Glossar zur Buch'schen Glosse, 145, 1; 167, 2

ehelich (geboren sein) bzw. **unehelich (geboren sein) // małżeńskiego rodu, urodzon z małżeństwa** bzw. **wyleganiec** {mask.}, **wyleganica** {fem.}

ehelich (geboren sein), von ehelicher Geburt (sein) // małżeńskiego rodu, urodzon z małżeństwa; unehelich s. u.
[= gesetzmäßig, legitim]

I. dt. ***ehelich (geboren sein)*** // poln. ***małżeńskiego rodu***:
elich geborn [ehelich geboren] // *malszenszkyego rodv* [małżeńskiego rodu] [13//13]

II. dt. ***ehelich (geboren sein)*** // poln. ***urodzenia z stadła małżeńskiego***:
elich geborn [ehelich geboren] // *vrodzenya stadla malszenszkyego* [urodzenia ⟨z⟩ stadła małżeńskiego] [12//12]

III. dt. ***ehelich (geboren sein)*** // poln. ***dobrze urodzon, to jest z małżeństwa***:
elich geborn [ehelich geboren] // gest *dobrze vrodzon, tho gesth szmalszenstwa* [jest dobrze urodzon, to jest z małżeństwa] [13//13]

IV. dt. ***von ehelicher Geburt (sein)*** // poln. ***z małżeństwa urodzon***:
elichin[130] gebort [ehelicher Geburt] // *szmalszenstwą vrodzon* [z małżeństwa urodzon] [13//13]

[130] elichin] *erg. nach* MgFr I.14.3a; Pi: *fehlt.*

KOMMENTAR

Für dt. *ehelich (geboren sein)* begegnen in der polnischen Fassung mehrere Äquivalente, und zwar: *małżeńskiego rodu* (I.), *urodzenia z stadła małżeńskiego* (II.), *dobrze urodzon, to jest z małżeństwa* (III., hier mit zusätzlicher Umschreibung *to jest* ...) (Übersetzung 1:viele; in 1 Fall + zusätzliche Umschreibung). Das lediglich einmal belegte dt. *von ehelicher Geburt* wird im Polnischen mit *z małżeństwa urodzon* {Kurzform des Adjektivs} wiedergegeben (IV.).

LITERATUR

Deutsches Rechtswörterbuch, 2, Sp. 1235; DRW 3, Sp. 1322: *Geburt*
Deutsches Wörterbuch, 3, Sp. 45; 4, Sp. 1905: *Geburt*
Wörterbuch der mittelhochdeutschen Urkundensprache, 1, 448
Boková/Spáčilová Glossar, 111: frnhd. *(e)elich* – tsch. *manželský*
Reczek/Twardzik III, 134
Słownik staropolski, 4, 156f.: *małżeński, manźelski*; 4, 157f.: *małżeństwo*
Glossar zur Buch'schen Glosse, 144, 20; 152, 3

unehelich s. u.

Eid, der // przysięga

[= eidliches Versprechen als Rechtsbehauptung bei gerichtlichen Verhandlungen]

mit yrem *eyde* [mit ihrem Eid] // **s**zwą *przyszagą* [swą przysięgą] [128//137]
off ewyrn *eyt* [auf ihren Eid] // ***na*** wassą *przyszagą* [na waszę przysięgę] [104//113]
uf seynen *eyt* [auf seinen Eid] // ***na***szwa *przyszagą* [na swą przysięgę] [193//200]
eyde {Pl.} [Eide] // *przyszagy* {Pl.} [przysięgi] [216//212]
her **bey** seyme *eyde* [bei seinem Eid] vorschossit hatte // *szoszowal* {apoln. *szosować* 'Schoß (= Steuern) bezahlen'} ***pod*** *przyszagą* [szosował pod przysięgą] [140//150]

1. se *eyde* {Pl.} *leysten* [Eide leisten] // ony musza *przyszagy* {Pl.} *czyrpyecz* y *czynycz* [oni muszą przysięgi cirpieć i czynić] [216//212]
2. wy der voyt bekent ***bey** seyme eyde*[131] [bekennt bei seinem Eid] // kakoly woyth wysznawa {imperfektives Verb} albo wyszną {perfektives Verb} ______[132] [kakoli wojt wyznawa albo wyzna] [256//259]

KOMMENTAR

Für dt. *Eid* steht im polnischen Text ausnahmslos *przysięga*, auch in präpositionalen Wendungen (Übersetzung 1:1), vgl. außerdem in Spruch 216//212: dt. *Eide leisten* // poln. *przyszagy czyrpyecz y czynycz* (1.).

---

[131] Die Entsprechung für dt. ***bey*** seyme *eyde* fehlt im polnischen Text.
[132] Fehlstelle der Entsprechung für dt. ***bey*** seyme *eyde* im polnischen Text.

In 2. fehlt im polnischen Text die Entsprechung für die deutsche Textstelle ***bey*** seyme *eyde*. Der Inhalt des Sachverhaltes wird dennoch adäquat übertragen, d. h. durch die Verkürzung tritt kein Informationsverlust ein.

LITERATUR

Handwörterbuch zur Deutschen Rechtsgeschichte, 1, Sp. 861
²Handwörterbuch zur Deutschen Rechtsgeschichte, 1, Sp. 1249
Deutsches Rechtswörterbuch, 2, Sp. 1301–1307
Deutsches Wörterbuch, 3, Sp. 82
Wörterbuch der mittelhochdeutschen Urkundensprache, 1, 446–448
Boková/Spáčilová Glossar, 112: frnhd. *eid* – tsch. *přísaha*
Reczek/Twardzik III, 231
Aleksic Ortyle, 98, 150
Słownik staropolski, 7, 347–349
Linde, 4, 682
Brückner EW, 445
Bańkowski EW, 2, 948
Papsonová, Silleiner Rechtsbuch, 217–219
Glossar zur Buch'schen Glosse, 13, 14; 20, 15

Eigentum, stehendes // imienie, stojące; s. auch u. **Erbe, Gut, Habe** und **unbewegliche, stehende Habe**

– dt. *stehendes Eigentum* // poln. *stojące imienie*:
standis eygens [Standeigen] [...] warnde habe // *stoyącze* albo nyestoyacze *gymyenye* [stojące albo niestojące jimienie] [91//98]
stand eygin [Standeigen] // stoyacze gymyenye [stojące jimienie] [177//187]
stand eygin [Standeigen] // stoyacze gymyenye [stojące jimienie] [189//196]

KOMMENTAR

Für dt. *stehendes Eigentum* steht im polnischen Text *stojące imienie* (Übersetzung 1:1).

LITERATUR

Spáčil/Spáčilová Meißner Rechtsbuch, Register, 794
Reczek/Twardzik III, 92f.
Słownik staropolski, 3, 22–26

Erbe, das // imienie 'Besitz, Habe', **dziedzictwo** 'Erbe'; s. auch **Gut, das; Habe, die // imienie**
[=Erbe, Grundstück, Nachlaß, Vermögen]

I. dt. ***Erbe*** // poln. ***dziedzicstwo*** 'Erbe', ***imienie*** 'Besitz, Habe', ***stojące imienie*** 'stehende Habe', ***rola*** 'Acker', ***dom*** 'Haus', ***dom, rola*** 'Haus, Acker':

– dt. ***Erbe*** // poln. ***dziedzicstwo*** 'Erbe':
zeyn erbe [sein Erbe] // szwe dzyedzyczstwo [swe dziedzicstwo] [122//132]
das erbe [das Erbe] // dzedzyczstwo [dziedzicstwo] [122//132]
eyn erbe [ein Erbe] // dzyedzyczstwo [dziedzicstwo] [128//137]
erbe [Erbe] // dzyedzyczstwo [dziedzicstwo] [129//138]

– dt. ***Erbe*** // poln. ***imienie*** 'Besitz, Habe':
ir erbe [Erbe] // ***swego*** gymyeną [swego jimienia] [62//69]
erbe [Erbe] // gymynye [jimi⟨e⟩nie] [129//138]
erbe [Erbe] // gymyenye [jimienie] [169//180]
erbe [Erbe] // gymyenye [jimienie] [182//191]

– dt. ***Erbe*** // poln. ***stojące imienie*** 'stehende Habe':
erbe [Erbe] // stoyacze gymyenye [stojące jimienie] [96//103]
erbe [Erbe] // stoyacze gymyenye [stojące jimienie] [150//161]
syn erbe [sein Erbe] // stoyacze gymyenye [stojące jimienie] [169//180]

– dt. ***Erbe*** // poln. ***rola*** 'Acker':
bey meyme *erbe* [Erbe] // pod moya *rolą* {'Acker'} [pod moją rolą] [258//261]
des *erbis* [des Erbes] // rolyą {'Acker'} [rolą] [259//262]
Erbe [Erbe] sal man [...] uf bitten // *Role* {'Acker'} moga opowyedacz [role mogą opowiedać] [218//214]
Ist das *erbe* [Erbe] zo gut // Gestly tha *rolą* {'Acker'} tako dobra [Jest-li ta rola tako dobra] [258//261]

– dt. ***Erbe*** // poln. ***dom*** 'Haus':
1. Wo czwene adir mer ***eyn*** *erbe* [ein Erbe] adir gewant kamer czu samen habin // Gdze dwa czlowyeky albo wyaczey pospolu ***geden*** *dom* {'ein Haus'} maya albo Szukyenny kram [Gdzie dwa człowieki albo więcej pospołu jeden dom mają albo sukienny kram] [150//161]

– dt. ***Erbe*** // poln. ***dom, rola*** 'Haus, Acker':
erbe [Erbe], do her czyns fon gebit // *dom, Rolą* {'Haus, Acker'} czynszową [dom, rolą, czynszową] [70//77]

II. dt. ***Erbe und Gut*** // poln. ***imienie*** 'Besitz, Habe':
das erbe und das gut czu gleychir teylunge [Erbe und Gut] // rowny dacz dzyal *tego gymyenyą* a [rowny dać dział tego jimienia a] [183//192]
erbe und gut [Erbe und Gut] // gymyenyą [jimienia] [186//193]
alle myn *erbe und gut* [all mein Erbe und Gut] // wszythko *gymyenye* moge [wszytko jimienie moje] [186//193]
ir *erbe und gut* [ihr Erbe und Gut] // wszythkyego *gymyenyą* gych [wszytkiego jimienia jich] [142//152]
2. ***das selbe*** erbe und gut [dasselbe Erbe und Gut] // ***to*** {Interferenz: der deutsche bestimmte Artikel wird als Demonstrativpronomen übernommen} gymyenye [to jimienie] [142//152]

teyl an erbe und an gute [Teil an Erbe und an Gut] // *czasz gymyenyą* Bandcz gydacze albo nyegydacze, tho gest stoyacze [częś⟨ć⟩ jimienia bądź jidące albo niejidące, to jest stojące] [142//152]

das erbe und das gut czu gleychir teylunge [das Erbe und das Gut] // rowny dacz dzyal ***tego*** *gymyenyą* a [rowny dać dział tego jimienia a] [183//192]

alle myn *erbe und gut* [Erbe und Gut] // wszythko *gymyenye* moge [wszytko jimienie] [186//193]

erbe und gut [Erbe und Gut] // gymyenyą [jimienia] [186//193]

yr *erbe adir yr gut* // Swe *stoyącze gymyenye albo gydacze* [swe stojące jimienie albo jidące] [196//203]

III. dt. ***Erbe und Gut*** // poln. ***imienia bądź idące albo nieidące, to jest stojące*** ‘Habe, sei es fahrende oder nichtfahrende’, d. h. stehende:

teyl *an erbe und an gute* [Teil an Erbe und an Gut] // czasz *gymyenyą Bandcz gydacze albo nyegydacze, tho gest stoyacze* ‘Habe, sei es fahrende oder nichtfahrende, d. h. stehende’ [częś⟨ć⟩ jimienia bądź jidące albo niejidące, to jest stojące] [142//152]

yr erbe adir yr gut [ihr Erbe oder ihr Gut] // Swe *stoyącze gymyenye albo gydacze* {‘ihre stehende und fahrende Habe’} [swe stojące jimienie albo jidące] [196//203]

IV. dt. ***Erbe und fahrendes Gut*** // poln. ***imienie, role, domy i inne imienie idące*** ‘Habe, Äcker, Häuser und andere fahrende Habe’:

erbe und varnde gut [Erbe und fahrendes Gut] // *gymyenye roly domy y gynnye gymyenye ydącze* [jimienie, role, domy i jinnie jimienie jidące] [10//10]

KOMMENTAR

Für dt. *Erbe* sind im polnischen Text mehrere Entsprechungen belegt, so: *dziedzicstwo* ‘Erbe’, *imienie* ‘Besitz, Habe’, *stojące imienie* ‘stehende Habe’, *rola* ‘Acker’, *dom* ‘Haus’ und *dom, rola* ‘Haus, Acker’ (I.), d. h. Übersetzung 1 : viele.
Für dt. *Erbe und Gut* steht im polnischen Text *imienie* ‘Besitz, Habe’ (II.) bzw. *imienia bądź idące albo nieidące, to jest stojące* ‘Habe, sei es fahrende oder nichtfahrende’, d. h. stehende (III.).
Für dt. *Erbe und fahrendes Gut* steht im polnischen Text *imienie, role, domy i inne imienie idące* ‘Habe, Äcker, Häuser und andere fahrende Habe’ (IV.)

1. Für den deutschen *un*bestimmten Artikel *ein* (*eyn erbe*) steht im polnischen Text das Zahlwort *eins* (*geden dom*) (Interferenz).
2. In der polnischen Entsprechung wird der deutsche bestimmte Artikel (***das(selbe)***) als Demonstrativpronomen ***to*** übernommen (Interferenz). Das Polnische hat keinen Artikel.

LITERATUR

Handwörterbuch zur Deutschen Rechtsgeschichte, 1, Sp. 971: im Register Verweis auf: *Erbrecht*

[2]Handwörterbuch zur Deutschen Rechtsgeschichte, 1, Sp. 1370: *Erbrecht*

Deutsches Rechtswörterbuch, 3, Sp. 40–51

Deutsches Wörterbuch, 3, Sp. 708

Wörterbuch der mittelhochdeutschen Urkundensprache, 1, 488 f.

Boková/Spáčilová Glossar, 127: frnhd. *erbe* – tsch. *dědictví, jmění*

Spáčil/Spáčilová Meißner Rechtsbuch, Register, 793

Reczek/Twardzik III, 92 f.

Słownik staropolski, 3, 22–26: *jimienie*; 2, 276–284: *dziedzicstwo*; 5, 548–550: *oćczyzna*; 4, 140 f.: *macierzyzna*

Papsonová, Silleiner Rechtsbuch, 236–239

Glossar zur Buch'schen Glosse, 4, 9, 12–14, 20

Erbe, mütterliches // macierzyzna

erbe, [...] *von erer mutir* [Erbe von ihrer Mutter] // *maczerzyszną* [macierzyznę] [62//69]

KOMMENTAR

Für dt. *mütterliches Erbe* steht im polnischen Text *macierzyzna* (Übersetzung 1:1).

LITERATUR

Reczek/Twardzik III, 132

Erbe, väterliches; ihres Vaters Gut // ojc[ow]izna

I. dt. ***väterliches Erbe*** // poln. ***ojcizna***:

meyn *vatirliche erbe* [väterliches Erbe] // moya *oczczyszna* [moja oćczyzna] [7//7]

feterliche erbe [väterliches Erbe] und varnde gut [fahrendes Gut] // *oczczyszna* y gydaczye gyemyenye [oćczyznę i jidące jemienie] [7//7]

erbe, [...] *von erim vatir* [Erbe von ihrem Vater] // *oczczyszną* [oćczyznę] [62//69]

II. dt. ***ihres Vaters Gut*** // poln. ***ojcizna***:

eris *vatir gute* [ihres Vaters Gut] // szwey *oczczyszny* [swej oćczyzny] [213//209]

eryn kinde erbe teil an seynis *vatir gute* [Erbteil an seines (des Kindes) Vaters Gut] // czascz *oczczyszny* {'väterliches Erbteil'} gey dzyeczaczv [część oćczyzny jej dziecięciu] [213//209]

KOMMENTAR

Sowohl für dt. *väterliches Erbe* (I.) wie auch für dt. *ihres Vaters Gut* (II.) steht im polnischen Text *ojcizna* (Übersetzung 2:1).

LITERATUR

Reczek/Twardzik III, 180

Erbvogt, der // wójt dziedziczny

1. erbe voyt [Erbvogt] // *Dzyedzy**czny*** woyth [Dziedziczny wojt] [79//86]
2. erbewoyt [Erbvogt] // *dzyedzy**nny*** woyth/dzedzyczny woyth [dziedzinny wojt/ dziedziczny wojt] [116//126]
3. erbewoyt [Erbvogt] // woyth dzedzy***czn***y [wojt dziedziczny] [117//127]

KOMMENTAR

Für dt. *Erbvogt* steht im polnischen Text *wójt dziedziczny* (Übersetzung 1:1, unter Einbeziehung des deutschen Lehnwortes *wójt* 'Vogt'.
Zu vergleichen sind außerdem die Suffixe der polnischen Adjektive: *dzyedzy**czny*** (1., 3.) und *dzyedzy**nny*** (dziedzinny) (2.)

LITERATUR

Deutsches Rechtswörterbuch, 3, Sp. 153
Deutsches Wörterbuch, 3, Sp. 744
Reczek/Twardzik III, 180
Słownik staropolski, 2, 279 f.: *dziedziczny*

F

fołdrować s. **fordern**

fołdrować (długi) s. **(Schulden) fordern**

fołdrować (prawa) s. **(Recht) fordern**

fordrować s. **fordern**

fordern // fordrować, fołdrować

[= fordern, verlangen; vorladen, vor Gericht laden; gerichtlich belangen; berufen, einladen; Klage erheben]

fordren [fordern] // fordrowacz [fordrować] [93//100]
rychter *fordern* [fordern] moge // mozely woyth albo szadzą *fordrowącz* [może-li wojt albo sędzia fordrować] [114//124]

KOMMENTAR

Für dt. *fordern* steht im polnischen Text das deutsche Lehnwort *fordrować* (Entlehnung).

LITERATUR

Handwörterbuch zur Deutschen Rechtsgeschichte, 1, Sp. 1154: nicht: *fordern*, aber: *Forderung*

²Handwörterbuch zur Deutschen Rechtsgeschichte, 1, Sp. 1615: nicht: *fordern*, aber: *Forderung*

Deutsches Rechtswörterbuch, 3, Sp. 619

Deutsches Wörterbuch, 3, Sp. 1890

Wörterbuch der mittelhochdeutschen Urkundensprache, 3, 2211–2213

Boková/Spáčilová Glossar, 150: frnhd. *fordern, verlangen; vorladen, vor Gericht laden, gerichtlich belangen; berufen, einladen* – tsch. *vyzvat, vyžadovat, vyžadat, požadovat; předvolat, pohnat před soud; povolat, pozvat*

Reczek/Twardzik III, 79

Słownik staropolski, 2, 364f.

Lehnwörter 2010: *fołdrować I, II*

Papsonová, Silleiner Rechtsbuch, 266–268

Glossar zur Buch'schen Glosse, 11, 13; 16, 16; 40, 10

(Recht) fordern // (prawa) fołdrować

recht *fordren* [Recht fordern] // prawą *foldrvyą* [prawa fołdrują] [94//101]

KOMMENTAR

Die deutsche Wendung *Recht fordern* wird im polnischen Text mit *prawa* {Genitiv Sg.} *fołdrować* wiedergegeben, auf der Grundlage des deutschen Lehnwortes *fołdrować* (s. o.) und der Übersetzung von dt. *Recht* mit poln. *prawo*.

LITERATUR

Reczek/Twardzik III, 79: *fołdrować*

Słownik staropolski, 2, 364f.

Glossar zur Buch'schen Glosse: lediglich *fordern*, 11, 13; 16, 16

(Schuld) fordern // (długi) fołdrować

1. zo het her macht, *schulde* {als Akkusativ Pl. zu deuten} czu *vordirn* [Schuld zu fordern] und zu geldin [und zu vergelten/zu tilgen] // tedy mą mocz *dlugy* {Akkusativ Pl.} *foldrowacz* ydacz yszaplaczycz dlugy wszythkym obyczagyem [tedy ma moc długi fołdrować i dać [i] zapłacić długi wszystkim obyczajem] [1//1]
2. *ane gemanyt*[133] habe den *schuldeger* [angemahnt (d. h. erinnert) habe den Schuldiger] // *foldrowaly* szy thych *dlugow* {Pl.}{'forderten deren Schuld, eigentlich Schulden', Pl.} [dofołdrowali sie tych długow] [138//147]

[133] Der Text liefert einen frühen Beleg für *anmahnen*, vgl. die Belege im Deutschen Wörterbuch (Bd. 2, Sp. 1168), die mit dem Jahr 1478 einsetzen. Die frühneuhochdeutsche Handschrift der „Magdeburger Urteile" (*Sigle Pi*), die die Grundlage unseres Vergleichs bildete, wird in die Zeit vom Ende des 14. Jahrhunderts bis zum Anfang des 15. Jahrhunderts datiert. Sprachlich handelt sich um einen ostmitteldeutschen Text aus frühneuhochdeutscher Zeit.

KOMMENTAR

Die deutsche Wendung *Schuld fordern* wird im polnischen Text mit *długi* {Akkusativ Pl.} *fołdrować* wiedergegeben, auf der Grundlage des deutschen Lehnwortes *fołdrować* (s. o.) und der Übersetzung von frnhd. *Schulde* {Pl.} mit poln. *długi* {Pl.}.

1. Die frnhd. Form *Schulde* {am ehesten als Akkusativ Pl. zu deuten} wird im polnischen Text als **Plural** wiedergegeben, vgl. *długi*.

Allerdings belegt der Text des Spruches 1//1 auch sichere **Singular**formen für *Schuld*, die im polnischen Text z. T. im **Plural** (*długi*) erscheinen, so: dt. *lessit auch schult* {Sg.} *noch im* // poln. *szostawy po szobye dlugy* {Pl.}; aber auch deutsche **Singular**formen, die auch im polnischen Text im **Singular** erscheinen, so: dt. *von der schult* {Sg.} // poln. *them tho dludze* {Sg.}. Auch eine deutsche **Plural**form, die als **Singular** im Polnischen auftritt, ist belegt, so: dt. *dy schulde* {Akkussativ Pl.} // poln. *ten dlug* {Akkussativ Sg.}.

2. Hier wird derselbe Sachverhalt im Deutschen und im Polnischen unterschiedlich ausgedrückt, vgl.: dt. *haben den Schuldiger angemahnt* // poln. *foldrowaly* [...] *dlugow* 'forderten die Schulden'.

LITERATUR

Słownik staropolski, 2, 364f.: *długi fołdrować*

Glossar zur Buch'schen Glosse: lediglich *fordern*, 11, 13; 16, 16

Friedensbrecher, der // złomca miru; auch umgekehrt: **miru złomca; ten, co mir słomił** 'der, der den Frieden brach'; **ten, co to uczynił** 'der, der das getan hat'

[= Friedensbrecher; jmd., der Friedensgebote bricht]

1. und dem *fredebrecher* {Dativ Pl.} mit rechtim orteilin folgen [und den Friedensbrecher mit rechten Urteilen verfolgen] // a *thego tho, czo myr szlomil* prawym ortelem naszladowacz 'den, der den Frieden brach, mit rechtem Urteil verfolgen' [a tego to, co mir złomił, prawym ortelem naśladować] [6//6]
2. und dy *fredebrecher* {Pl.} [die Friedensbrecher] // {es geht im Text um Totschlag und kampfwürdige Wunden} a *ten* {Sg.}, *czo to vczynyl* {'und den, der das getan hat'} [a ten, co to uczynił] [136//145]
3. dy *fredebrechir* {Pl.} [die Friedensbrecher] // themv mirv zlomycz {'dem Friedensbrecher'} {Sg.} [te[mu]⟨go⟩ miru złomcę] [136//145]
4. sulchin *fredebrechern* {Pl.} [solche Friedensbrecher] // tego *szlomczą*, {Akkusativ Sg.} ozalowacz *myrv* {'den Friedensbrecher'} [tego złomcę ożałować miru] [136//145]

KOMMENTAR

Für dt. *Friedensbrecher* stehen im polnischen Text mehrere Entsprechungen: 1. die wörtliche Übersetzung aus dem Deutschen mit poln. *złomca miru* 'Friedens-

brecher' (3.), auch in umgekehrter Reihenfolge, d. h.: *miru złomca* (4.) (Übersetzung 1:2).
Außerdem sind Umschreibungen belegt, vgl.: poln. *ten, co mir słomił* 'der, der den Frieden brach' (1.) sowie poln. *ten, co to uczynił* 'der, der das getan hat' (2.) (Umschreibung). Es geht im Text um Totschlag und kampfwürdige Wunden.
Nichtübereinstimmungen zwischen dem deutschen und dem polnischen Terminus zeigen sich im Numerus, vgl. dt. **Plural**: *die Friedensbrecher* // dagegen poln. **Singular**: *der Friedensbrecher*. Diese Plural-Singular-Opposition weisen alle Belege für dt. *Friedensbrecher* und die jeweiligen polnischen Entsprechungen auf, auch die Umschreibungen im Polnischen.

LITERATUR

Deutsches Rechtswörterbuch, 3, Sp. 917f.
Deutsches Wörterbuch, 4, Sp. 181
Wörterbuch der mittelhochdeutschen Urkundensprache, 3, 2240
Boková/Spáčilová Glossar, 155: frnhd. *friedebruch* – tsch. *porušení míru*
Reczek/Twardzik III, 146
Słownik staropolski, 11, 397: *złomca*; 4, 282–284: *mir*
Papsonová, Silleiner Rechtsbuch, 277f.
Glossar zur Buch'schen Glosse, 42, 15, 21f.; 43, 13

friedlos // bezmirny; miru nigdzie nie mieć 'nirgends Frieden haben'; **jim nigdzie mir nie jest** 'sie haben nirgends Frieden'
[= geächtet, rechtlos]

1. fredelos [friedlos] // beszmyerny [bezmierni] [196//203]
2. Eczliche sint rechtelos, das ist *fredelos* [friedlos] und erlos und gutlos, also, das man sy alle wegene an griffen, also dye, dy myt rechte in des richters ban adir echte werdin gebrocht // tako ysz *myrv nygdze nyemayą*, Jako szą oszadzony na szmyercz y czy oszadzeny, yako szą banthowany, ysz *gym nygdzey myr nyegesth* podlug prawa [tato iż miru nigdzie nie mają jako są osądzoni na śmierć i cz⟨c⟩i osądzeni, jako są bantowani, iż jim nigdziej mir nie jest podług prawa, a ci nie mogą oddać swego jimienia podług prawa] [196//203]

KOMMENTAR

Für dt. *friedlos* stehen im polnischen Text 3 Entsprechungen: 1. die wörtliche Übersetzung (Übersetzung: 1.) und 2. 2 Umschreibungen: *miru nigdzie nie mieć* 'nirgends Frieden haben' und *jim nigdzie mir nie jest* 'sie haben nirgends Frieden' (Umschreibung: 2.).

LITERATUR

Handwörterbuch zur Deutschen Rechtsgeschichte, 1, Sp. 1298: nicht: *friedlos*, aber: *Friedlosigkeit*; Verweis auf: *Friede* 1, Sp. 1275

[2]Handwörterbuch zur Deutschen Rechtsgeschichte, 1, Sp. 1826 f.: *Friedlosigkeit*
Deutsches Rechtswörterbuch, 3, Sp. 935
Deutsches Wörterbuch, 4, Sp. 197
Wörterbuch der mittelhochdeutschen Urkundensprache, 3, 2242
Reczek/Twardzik III, 33
Aleksic Ortyle, 82 f.
Słownik staropolski, 1, 76
Glossar zur Buch'schen Glosse, 51, 2; 325, 18

Frist, die // fryst

Frist [Frist] // frystv [frystu] [183//192]

KOMMENTAR

Für dt. *Frist* steht im polnischen Text das deutsche Lehnwort *fryst* (Entlehnung).

LITERATUR

Deutsches Rechtswörterbuch, 3, Sp. 951
Deutsches Wörterbuch, 4, Sp. 216
Wörterbuch der mittelhochdeutschen Urkundensprache, 3, 2248 f.
Reczek/Twardzik III, 80
Słownik staropolski, 2, 368

Fro(h)n, die // kłoda

Eyn man hat dem andirn *yn dy vrone* [in die Frohn] bracht // Geden czlowyek przywyodl drugyego *wkloda*, [Jeden człowiek przywiodł drugiego w kłodę] [257//260]

KOMMENTAR

Für dt. *Frohn* nennt der polnische Text *kłoda* (Übersetzung 1:1).

LITERATUR

Deutsches Rechtswörterbuch, 3, Sp. 966
Deutsches Wörterbuch, 4, Sp. 230
Wörterbuch der mittelhochdeutschen Urkundensprache, 3, 2257
Reczek/Twardzik III, 116
Słownik staropolski, 3, 295 f.
Lehnwörter 2010: *fryszt*

(Frohn-)Bote, der // (pospolny) poseł

[= Gerichtsbote; Gerichtsdiener; Gehilfe des Richters vor Gericht; Vertreter des Richters in geringfügigen Sachen; Büttel]

I. dt. ***Frohnbote*** // poln. ***pospolny poseł***:

Der *vrone bote* [der Frohnbote] // *pospolny poszel* [pospolny poseł] [9//9]
Ap *vrone boten* {Pl.} [ob Frohnboten] // *pospolny poszel* {Sg.} [pospolny poseł] [9//9]
vrone bote {Nominativ Sg.} [Frohnbote] // pospolny poszel [pospolny poseł] [43//51]
mit seyme *vronne botin* [mit seinem Frohnboten] // swego poszla pospolnego [swego posła pospolnego] [42//50]
mit dem *vronne botin* [mit dem Frohnboten] // ***spospolnym poszlem*** [z pospolnym posłem] [42//50]
mit dem frone botin [mit dem Frohnboten] // przesz swego *pospolnego poszla* [pospolnego posła] [97//104]
der vronebote [der Frohnbote] // pospolny poszel [pospolny poseł] [252//255]
wen der richtir adir *seyner gefroneter bote* [sein Frohnbote] // *gego pospolny poszel* {'sein Frohnbote'} [jego pospolny poseł] [42//50]

II. dt. ***Bote*** // poln. ***poseł***:
seyne boten [seine Boten] // przesz poszla [przez posła] [192//199]

III. dt. ***des Richters Bote*** // poln. ***gego*** 'sein' {woytha 'des Vogtes'} ***poseł***:
Nymant mac myt gewalt sundir dem richter adir ***richters boten*** [des Richters Bote] seyne schuldeger uf haldin. // Cykth nyemosze szwego dlusznyka wsdzerzecz albo wsczagnacz gwaltownye przesz woytha albo ***gego*** {woytha} ***poszla*** {'durch den Vogt oder *seines (des Vogtes) Boten*'} [Nikt nie może swego dłużnika wzdzierżeć albo wściągnąć gwałtownie przez wojta albo jego posła] [192//199]

Frohnboten, die // pospolni posłowie

dy *vronne botin* [die Frohnboten] // *pospolny poszlowy* [pospolni posłowi⟨e⟩] [43//51]

KOMMENTAR

In den verglichenen Textstellen sind folgende Entsprechungen belegt: I. dt. *Frohnbote* // poln. *pospolny poseł* bzw. im Plural dt. *Frohnboten* // poln. *pospolni posłowie*, II. dt. *Bote* // poln. *poseł* und III. dt. *des Richters Bote* // poln. *gego* 'sein' {woytha 'des Vogtes'} *poseł*. In allen Fällen handelt es sich um Übersetzungen.

LITERATUR

Deutsches Rechtswörterbuch, s. *Bote*
Deutsches Wörterbuch, s. *Bote*
Handwörterbuch zur Deutschen Rechtsgeschichte, 1, Sp. 1304
^{2}Handwörterbuch zur Deutschen Rechtsgeschichte, 1, Sp. 1856–1859
Deutsches Rechtswörterbuch, 2, Sp. 426

Deutsches Wörterbuch, 2, Sp. 271
Wörterbuch der mittelhochdeutschen Urkundensprache, 3, 2256f.
Boková/Spáčilová Glossar, 156: frnhd. *fronbote* – tsch. *soudní sluha, soudní posel*
Reczek/Twardzik III, 202
Aleksic Ortyle, 61, 64f.
Słownik staropolski, 6, 422–424: *poseł*
Papsonová, Silleiner Rechtsbuch, 280f.
Glossar zur Buch'schen Glosse, 5, 14; 17, 1, 5

fryst s. **Frist, die**

Fürsprecher, der // rzecznik; opieka {*opieka* nur 1 Beleg, bei dem es sich wohl um eine Verschreibung für *opiekun* handelt}
[= einer, der einen andern vor Gericht vertritt bzw. ihm Beistand leistet]

I. dt. ***Fürsprecher*** // poln. ***rzecznik***:
vorspreche seyn [Fürsprecher] // Rzecznykyem bycz [rzecznikiem być] [9//9]
vorspreche [Fürsprecher] // Rzecznyk [rzecznik] [43//51]
1. ***der*** vorspreche [Fürsprecher] // ***ten*** {Interferenz: der deutsche bestimmte Artikel wird als Demonstrativpronomen übernommen} rzecznyk [ten rzecznik] [43//51]
den vorsprechin [Fürsprecher] // rzecznyk***ą*** [rzecznika] [43//51]
2. ***eyn*** {unbestimmter Artikel} forspreche [Fürsprecher] // ***Geden*** 'ein(s)' {Interferenz: der deutsche unbestimmte Artikel wird als Zahlwort übernommen} rzecznyk [rzecznik] [43//51]
der zelbe forspreche [Fürsprecher] // ***ten*** rzecznyk [ten rzecznik] [104//113]
mit yrem forsprechen [Fürsprecher] // ***z***gey rzecznykyem [z jej rzecznikiem] [112//121]
mit zeynem forsprechen [Fürsprecher] // ***s***zwym rzecznykyem [swym rzecznikiem] [123//122]
sprach mit seyme vorsprechin [Fürsprecher] // ***przesz*** rzecznyką szwego [przez rzecznika swego] [255//258]
mit seyme vorsprechin [Fürsprecher] // ***szwym*** rzecznykyem [swym rzecznikiem] [255//258]
Do sprach her *myt syme vorsprechin* czu dem andirn mole, das ortil sey unrecht, und czoch sich des yn unsirs herren, des konyngis hof, und ging yn czorne von gehegtym dynge. // Tedy rzekl *szwym rzekznykyem* powthore: ten ortel gest nysprawyedlywy, nyeprawdzywy, y bral szye otho dokrolewszkego dwora y przyszedl wgnyew od gayonego szą̨dv. [Tedy rzekł swym rzecznikiem po wtore: Ten ortel jest ni⟨e⟩sprawiedliwy, nieprawdziwy, i brał sie o to do krolewskiego dwora i [przyszedł] ⟨poszedł⟩ w gniew⟨ie⟩ od gajonego sądu] [132//141]

andirn vorsprechin [Fürsprecher] // ***gynszy*** rzecznyk [jinszy rzecznik] [9//9]

3. ***des gastis*** forspreche [Fürsprecher] // ***tego*** {'dieses'} {Interferenz: der deutsche bestimmte Artikel wird als Demonstrativpronomen übernommen} ***gosczyą*** rzecznyk [tego gościa rzecznik] [112//121]

II. dt. ***Fürsprecher*** // poln. ***opieka***:
forspreche [Fürsprecher] // opyeka [opieka] [123//122]

KOMMENTAR

Für dt. *Fürsprecher* steht im untersuchten polnischen Text fast ausschließlich *rzecznik* (Übersetzung: I.). Lediglich einmal ist das Übersetzungspaar dt. *Fürsprecher* // poln. *opieka* belegt (II.). Dabei handelt es sich wohl um eine Verschreibung für poln. *opiekun*.

1. Im polnischen Text wurde der deutsche bestimmte Artikel ***der*** als Demonstrativpronomen übernommen (Interferenz). Das Polnische hat keinen Artikel.
2. Der deutsche unbestimmte Artikel ***eyn*** wird im Polnischen mit dem Zahlwort ***Geden*** 'ein(s)' wiedergegeben (Interferenz).
3. Deutsch ***des*** *Gastes* wird durch poln. ***tego*** *gosczyą* ***'dieses*** {Demonstrativpronomen} *Gastes'* wiedergegeben (Interferenz).

LITERATUR

Handwörterbuch zur Deutschen Rechtsgeschichte, 1, Sp. 1333
²Handwörterbuch zur Deutschen Rechtsgeschichte, 1, Sp. 1883–1887
Deutsches Rechtswörterbuch, 3, Sp. 1091
Deutsches Wörterbuch, 4, Sp. 837
Wörterbuch der mittelhochdeutschen Urkundensprache, 3, 2295
Boková/Spáčilová Glossar, 161: frnhd. *fürsprech* – tsch. *řečník*
Reczek/Twardzik III, 182: *opieka*; 245f.: *rzecznik*
Słownik staropolski, 8, 95f.: *rzecznik*; 5, 594f.: *opieka*
Papsonová, Silleiner Rechtsbuch, 696f.
Glossar zur Buch'schen Glosse, 19, 2, 6f., 11, 16

G

Gabe, die // dawanie

[= Gabe, Zuwendung eines Gegenstandes, Geschenk]

dy gobe [die Gabe] // ***tho*** {Interferenz: der deutsche bestimmte Artikel wird als Demonstrativpronomen übernommen} dawane [to dawanie] [189//196]

KOMMENTAR

Dt. *Gabe* wird im polnischen Text als *dawanie* wiedergegeben (Übersetzung 1:1). In der polnischen Entsprechung wird der deutsche bestimmte Artikel (***dy***) als Demonstrativpronomen ***tho*** übernommen (Interferenz). Das Polnische hat keinen Artikel.

LITERATUR

Handwörterbuch zur Deutschen Rechtsgeschichte, 1, Sp. 1364
[2]Handwörterbuch zur Deutschen Rechtsgeschichte, 1, Sp. 1908
Deutsches Rechtswörterbuch, 3, Sp. 1123
Deutsches Wörterbuch, 4, Sp. 1111
Wörterbuch der mittelhochdeutschen Urkundensprache, 1, 544
Frühneuhochdeutsches Wörterbuch, 6/1, Sp. 1
Spáčil/Spáčilová Meißner Rechtsbuch, Register, 795
Reczek/Twardzik III, 64
Słownik staropolski, 2, 37
Glossar zur Buch'schen Glosse, 5, 11; 11, 14

Gast, der // gość
[= Gast, Fremder]

gastweys [als Gast] komen yn eyne stat // *goscz*, przyszedl do myastą [gość, przyszedł do miasta] [255//258]

1. ***der** gast* [der Gast] mit keynir hanfhaften tat begriffen // ***ten*** {Interferenz: der deutsche bestimmte Artikel wird als Demonstrativpronomen übernommen} *goscz* znyzadna rzeczą yath any wczem vffaczon [ten gość z niżadną rzeczą jęt ani w czem ufacon] [255//258]

KOMMENTAR

Für dt. *Gast* steht im polnischen Text *gość*, analog im Plural dt. *Gäste* // poln. *gości* (Übersetzung 1:1), s. u.
1. In der polnischen Entsprechung wird der deutsche bestimmte Artikel (***der***) als Demonstrativpronomen ***ten*** übernommen (Interferenz). Das Polnische hat keinen Artikel.

Gäste, die // goście

Geste [Gäste] // Gosczye [Goście] [94//101]

1. Wegefertige geste [wegefertige Gäste] // Poddrosznym ludzom albo gosczyom {'(den) Reisenden oder Gästen'; Dativ Pl.: für *wegefertige Gäste* steht *Reisende oder Gäste*} [Podrożnym ludziom albo gościom] [216//212]

KOMMENTAR

1. Für dt. *wegefertige Gäste* steht im polnischen Text *Reisende oder Gäste.*

LITERATUR

Handwörterbuch zur Deutschen Rechtsgeschichte, 1, Sp. 1388; Verweis auf: *Fremdenrecht*, 1, Sp. 1270
[2]Handwörterbuch zur Deutschen Rechtsgeschichte, 1, Sp. 1935; Verweis auf: *Fremde, Fremdenrecht* 1, Sp. 1791

Deutsches Rechtswörterbuch, 3, Sp. 1187–1189
Deutsches Wörterbuch, 4, Sp. 1454
Wörterbuch der mittelhochdeutschen Urkundensprache, 1, 554f.
Frühneuhochdeutsches Wörterbuch, 6/1, Sp. 145
Boková/Spáčilová Glossar, 165: frnhd. *gast* – tsch. *host, cizinec*
Spáčil/Spáčilová Meißner Rechtsbuch, Register, 795
Reczek/Twardzik III, 85
Słownik staropolski, 2, 472–474
Papsonová, Silleiner Rechtsbuch, 286
Glossar zur Buch'schen Glosse, 66, 13

Gefangener, der // jęciec

Antworte ***des*** *gefangin* [Antwort des Gefangenen] // Tedy odpowyedzal ***then*** {Interferenz: der deutsche bestimmte Artikel wird als Demonstrativpronomen übernommen} *yączecz* [jęciec] [201//208]

der gefangene [der Gefangene] // ***ten*** {Interferenz: der deutsche bestimmte Artikel wird als Demonstrativpronomen übernommen} yaczecz [ten jęciec] [255//258]

KOMMENTAR

Für dt. *Gefangener* steht im polnischen Text *jęciec* (Übersetzung 1:1).
In allen polnischen Entsprechungen wird der deutsche bestimmte Artikel (***der*** bzw. seine obliquen Kasus) als Demonstrativpronomen ***ten*** übernommen (Interferenz). Das Polnische hat keinen Artikel.

LITERATUR

Handwörterbuch zur Deutschen Rechtsgeschichte, 1, Sp. 1431
²Handwörterbuch zur Deutschen Rechtsgeschichte, 1, Sp. 1986
Deutsches Rechtswörterbuch, 3, Sp. 1408: *Gefangene*
Deutsches Wörterbuch, 5, Sp. 2121
Wörterbuch der mittelhochdeutschen Urkundensprache, 1, 701
Frühneuhochdeutsches Wörterbuch, 6/1, Sp. 418
Reczek/Twardzik III, 112
Słownik staropolski, 3, 199: *jęciec*; Verweis auf: *jeniec* 3, 168f.
Glossar zur Buch'schen Glosse, 32, 25; 56, 6, 10

Gefangenschaft, die; Gefangennahme, die // jaczstwo

wenne ich *gefenknisse* [Gefangenschaft/Gefangennahme] geledin habe // gdysz *yaczstwo* czyrpyal [⟨ja⟩ jęcstwo cirpiał] [255//258]

KOMMENTAR

Für *gefenknisse* [Gefangenschaft/Gefangennahme] im deutschen Text steht in der polnischen Fassung die altpolnische Entsprechung zu *jaczstwo* (Übersetzung 1:1).

LITERATUR

Handwörterbuch zur Deutschen Rechtsgeschichte, 1, Sp. 1431
[2]Handwörterbuch zur Deutschen Rechtsgeschichte, 1, Sp. 1987
Deutsches Rechtswörterbuch, 3, Sp. 1410, 1412
Deutsches Wörterbuch, 4, Sp. 2123, 2125
Wörterbuch der mittelhochdeutschen Urkundensprache, 2, 701; 3, 2010
Frühneuhochdeutsches Wörterbuch, 6/1, Sp. 421, 419
Reczek/Twardzik III, 112

Geld, das // pieniądze
[= Geldbetrag, Geldstrafe, Vermögen, Einkünfte]

um gelt [um Geld] // ***o*** pyenadze [o pieniądze] [101//110]

KOMMENTAR

Für dt. *Geld* steht im polnischen Text *pieniądze*, eine bereits für die Zeit des Urslawischen angenommene Entlehnung aus dem Deutschen.

LITERATUR

Deutsches Rechtswörterbuch, 3, Sp. 1544
Deutsches Wörterbuch, 5, Sp. 2889
Wörterbuch der mittelhochdeutschen Urkundensprache, 1, 624f.
Frühneuhochdeutsches Wörterbuch, 6/2, Sp. 702
Boková/Spáčilová Glossar, 174: frnhd. *geld* – tsch. *peníze*
Spáčil/Spáčilová Meißner Rechtsbuch, Register, 795
Reczek/Twardzik III, 191
Słownik staropolski, 6, 91–97
Papsonová, Silleiner Rechtsbuch, 298–300
Glossar zur Buch'schen Glosse, 26, 24; 27, 1

Gerade, die // gierda, (niewieskie) rzeczy '(Frauen-)Sachen', z. T. mit zusätzlichem **gierda**; poln. **gierada** und **groda** für **Gerade** sind im von uns ausgewerteten Text nicht belegt
[= alles Erbe, das zum Gebrauch durch die Frau bestimmt ist, wie Schmuck, Kleider, Stoffe, Töpfe und sonstige Gerätschaften; Ausstattung, Aussteuer einer Frau; Versorgung]

I. dt. ***Gerade*** // poln. ***gierda***:
1. dy rade [die Gerade] // gyerda [gierda] [64//71]
2. gerade [Gerade] // gyerda [gierda] [167//178]

II. dt. ***Gerade*** // poln. ***(niewiesckie) rzeczy*** {Pl.} '(Frauen-)Sachen', z. T. mit zusätzlichem ***gierda***:
3. gerade {Sg.} [Gerade] // y ***thy*** {Interferenz: der deutsche bestimmte Artikel wird als Demonstrativpronomen ins Polnische übernommen} *nyewyesczkye rzeczy* {Pl.} [i ty niewiesckie rzeczy] [129//138]

4. ere rade [Gerade] // *zanyewyeszczkye rzeczy* szlowie *gyerda* [za niewiesckie rzeczy, słowie gierda] [72//79]
5. dy rade [Gerade] // wszyczky *nyewyesczkye rzeczy* czo gym ponyemyeczku dzyeyą {'was man deutsch nennt'} *gyerda* [wszyćki niewieckie rzeczy, co jim po niemiecku dzieją gierda] [64//71]
6. dy *rade* [Gerade] *der irsten vrawen* ist // *szwogey pirwey zony rzeczy* {'seiner ersten Frau Sachen'} [swojej pirwej żony rzeczy] [64//71] {Das sonst bei poln. *rzeczy* im Text belegte *niewiesckie* fehlt hier. Die semantische Eindeutigkeit wird durch den Kontext erreicht, vgl. *szwogey pirwey zony* 'seiner ersten Frau'}.

KOMMENTAR

In dem von uns verglichenen polnischen Text sind die Varianten des deutschen Lehnwortes poln. *gierada* und *groda* für *Gerade* nicht belegt.
Für dt. *Gerade* stehen im polnischen Text 2 Entsprechungen: die Variante *gierda* des deutschen Lehnwortes (1., 2.) und die Umschreibung *(niewieskie) rzeczy* '(Frauen-)Sachen' (3.), überwiegend als vorangestellte Umschreibung mit nachfolgendem deutschen Lehnwort *gierda.* (4., 5.) (Entlehnung: 1., 2., 4., 5.), (Umschreibung: 3., 4., 5.).
In 5. steht zwischen der polnischen Umschreibung *nyewyesczkye rzeczy* 'Frauensachen' und der Nennung des deutschen Lehnwortes *gyerda* 'Gerade' noch der Hinweis czo gym ponyemyeczku dzyeyą {'was man deutsch nennt'}.
Außerdem ist eine auch andernorts belegte Interferenz zu beobachten: Der deutsche bestimmte Artikel (***die*** {Sg.}) wird als Demonstrativpronomen ***ty*** {Pl.} ins Polnische übernommen (1.). Das Polnische hat keinen Artikel.
In einem Beispiel (6.) fehlt das sonst bei poln. *rzeczy* im Text belegte *niewiesckie.* Die semantische Eindeutigkeit wird hier durch den Kontext erreicht, vgl. *szwogey pirwey zony rzeczy* 'seiner ersten Frau Sachen' als Übersetzung von dt. dy *rade der irsten vrawen.*

LITERATUR

Handwörterbuch zur Deutschen Rechtsgeschichte, 1, Sp. 1527–1530
[2]Handwörterbuch zur Deutschen Rechtsgeschichte, 9. Lfg., Sp. 113–117
Lexikon des Mittelalters, 4, 1294 f.
Deutsches Rechtswörterbuch, 4, Sp. 225
Deutsches Wörterbuch, 5, Sp. 3554
Wörterbuch der mittelhochdeutschen Urkundensprache, 2, 1407
Frühneuhochdeutsches Wörterbuch, 6/2, Sp. 966
Boková/Spáčilová Glossar, 181: frnhd. *gerade* – tsch. Umschreibung, kein dt. Lehnwort
Spáčil/Spáčilová Meißner Rechtsbuch, Register, 796
Reczek/Twardzik III, 84

Aleksic Ortyle, 136
Zajda 2008, 301
Słownik staropolski, 2, 413: *gierade, gierda, groda*
Linde, 2, 44
Eggers 1988, 113, 182
Lehnwörter 2010: *gierada*
Papsonová, Silleiner Rechtsbuch, 312f.
Papsonová, *iclich weyb erbet czweier wegene* – Wörter aus dem Bereich des Erbrechts, ihre Verwendung und Übersetzung im Silleiner Rechtsbuch, in: Boková (Hrsg.), Zur Erforschung des Frühneuhochdeutschen in Böhmen, Mähren und der Slowakei. 2004, 196, 199
Glossar zur Buch'schen Glosse, 4, 18; 8, 16, 21

Gericht, das // sąd; s. auch o. **Ding**

I. dt. ***Gericht*** // poln. ***sąd*** 'Gericht':
beůssin gerychte [außerhalb des Gerichts] // ***procz*** {'außer(halb)'} ***szandv*** [procz sądu] [104//113]
sundir gerichte [außerhalb des Gerichts] // ***oprocz*** {'außer(halb)'} ***sandv*** [oprocz sądu] [245//248]

II. dt. ***Gericht*** // poln. ***miasto*** 'Stadt':
yn eyme andirn gerichte [in einem anderen Gericht {= 'in dem Gericht eines andern Ortes'}] // ***wgynem myesczie*** 'in einer anderen Stadt' [w jinem mieście] [196//203]
yn dem selbin gerichte [in demselben Gericht {= 'in dem Gericht desselben Ortes'}] // ***wthem myesczye*** 'in derselben Stadt', gdze tho gesth beszmyrny [w tem mieście, gdzie to jest bezmirny] [196//203]

KOMMENTAR

Für dt. *Gericht* steht im polnischen Text *sąd* 'Gericht' (I.) und auch *miasto* 'Stadt' (II.) (Übersetzung 1:2).

LITERATUR

Handwörterbuch zur Deutschen Rechtsgeschichte, 1, Sp. 1539
[2]Handwörterbuch zur Deutschen Rechtsgeschichte, 9. Lfg., Sp. 131–143
Deutsches Wörterbuch, 5, Sp. 3641
Spáčil/Spáčilová Meißner Rechtsbuch, Register, 796
Reczek/Twardzik III, 247f.
Aleksic Ortyle, 40f.
Glossar zur Buch'schen Glosse, 3, 13, 18; 17, 23; 18, 7

Gericht, höchstes; Recht {in der Bedeutung *Gericht*}, **höchstes // prawo** {in der Bedeutung *Gericht*}, **wysze**

I. dt. ***höchstes Gericht*** // poln. ***wysze prawo***:
in das *hochste gerychte* [in das höchste Gericht] // na *wyszye prawo* [na wysze prawo] [108//117]
zendyn [...] an das *hőste gerichte* [an das höchste Gericht] // *do wyszego prawa* poszlacz [do wyszego prawa posłać] [108//117]

II. dt. ***höchstes Recht*** {in der Bedeutung *Gericht*} // poln. ***wysze prawo***:
bey deme *hoysten rechte* [bei dem höchsten Recht {in der Bedeutung *Gericht*}] // pod *wysze prawo* [pod wysze prawo] [165//176]
bey syme *hoysten rechte* [bei seinem höchsten Recht {in der Bedeutung *Gericht*}] // pod *wysze prawo* [pod wysze prawo] [165//176]

KOMMENTAR

Für dt. *höchstes Gericht* (I.) und das im Text synonym gebrauchte *höchste Recht* (II.) steht im Polnischen *wysze prawo* (Übersetzung 2:1).

Gerichtsbrief, der // list, prawny

Gerichtsbriefe, die // listy, prawne

des habe ich *gerichtis brife* [Gerichtsbriefe] // Nato ya mam *prawne lysthy* [na to ja mam prawne listy] [7//7]

KOMMENTAR

Für dt. *Gerichtsbriefe* steht im polnischen Text *prawne listy* (Übersetzung 1:1).

LITERATUR

Deutsches Rechtswörterbuch, 4, Sp. 323f.
Deutsches Wörterbuch, 5, Sp. 3657
Reczek/Twardzik III, 130
Słownik staropolski, 4, 52–57: *list*; 7, 32f.: *prawny*

Stadtgericht, das; der Stadt Gericht // (miejskie) prawo; poln. **prawo** sonst **Recht**, vgl. poln. **prawo miejskie** 'Stadtrecht'

1. in der *stat gerychte* [in der Stadt Gericht] // *wmyesczkyem prawye* {hier: 'im Stadtgericht', sonst *prawo Recht*} [w miesckiem prawie] [93//100]
2. dy undir ewrim *stat gerichte* [unter eurem Stadtgericht] gelegin sint // czo leszą podwaszym *prawem* {'Recht, Gericht'} [co leżą pod waszym prawem] [98//105]

KOMMENTAR

Im polnischen Text wird dt. *Stadtgericht* bzw. *der Stadt Gericht* als *miejskie prawo* (1.) (Übersetzung 1:1); in 2. allerdings nur als *prawo* wiedergegeben. Vor dem Hintergrund des Kontextes erschien das Attribut *miejskie* 'Stadt-' dem Übersetzer hier wohl redundant und er hat es ausgelassen (2.).

LITERATUR

Deutsches Rechtswörterbuch, 10, Sp. 175: *Oberstadtgericht*
Deutsches Wörterbuch, 17, Sp. 462
Frühneuhochdeutsches Wörterbuch, 11/1, Sp. 139: *statgericht*
Spáčil/Spáčilová Meißner Rechtsbuch, Register, 824
Reczek/Twardzik III, 212

vor Gericht // przed prawem {zu *prawo*}; **przed (gajnym) sądem** {zu *sąd*}

I. dt. ***vor Gericht*** // poln. ***przed prawem***:
vorgerichte [vor Gericht] // ***przed*** prawem [przed prawem] [1//1]
vor gerichte [vor Gericht] // przed prawem [przed prawem] [29//38]
vor gerichte [vor Gericht] // przed prawem [przed prawem] [30//39]
for gerichte [vor Gericht] // przed prawem [przed prawem] [121//131]
vor gerichte [vor Gericht] // przed prawem [przed prawem] [213//209]
vor gerichte [vor Gericht] // przed prawem [przed prawem] [194//201]
vor gerichte [vor Gericht] gesaczte // zastawyone przed prawem [zastawione przed prawem] [169//180]

II. dt. ***vor Gericht*** // poln. ***przed sądem***:
vor gerichte [vor Gericht] // ***przed*** szandem [przed sądem] [157//168]
das mus man vor gerichte tuen [vor Gericht] // tho muszą gemv o tho wyna dacz przed szandem [to muszą jemu o to winę dać przed sądem] [141//151]
1. vor ***dem*** gerichte [vor dem Gericht] // przed ***thym*** {Interferenz: der deutsche bestimmte Artikel wird als Demonstrativpronomen übernommen} Sąndzą albo prawem [przed tym sędzią albo prawem] [76//82]

III. dt. ***vor Gericht*** // poln. ***przed gajnym sądem***:
varndir habe ***vor*** gerichte [vor Gericht] // stoyaczego gymyenya ***przed*** gayonym Sządem [stojącego ⟨ile niestojącego⟩ jimienia przed gajonym sądem] [12//12]
vorgerichte [vor Gericht] // przed gaynym sandem [przed gajnym sądem] [187//194]
vor gerichte [vor Gericht] // przed gaynym szandem [przed gajnym sądem] [189//196]
vor gerichte [vor Gericht] // przed gayonym sadem [przed gajonym sądem] [198//205]
vor gerichte [vor Gericht] // przed gayonym Sandem [przed gajonym sądem] [190//197]

IV. dt. ***vor Gericht* und *vor gehegtes Ding*** // poln. ***przed gajnym sądem*** **'vor** gehegtem Ding':

2. stalte [...] den gefangin man *vor gerichte*[134] *und vor gehegit dink* [vor Gericht und vor gehegtes Ding] // postawyl tego yancza ______[135] *przed gayonym szadem* [postawił tego jęca przed gajonym sądem] [255//258]

KOMMENTAR

Im polnischen Text wird dt. *vor Gericht* als *przed prawem* (I.) und als *przed sądem* (II.) (Übersetzung 1:2) sowie auch als *przed gajnym sądem* (III.) wiedergegeben.

1. In der polnischen Entsprechung wird der deutsche bestimmte Artikel (vor ***dem***) als Demonstrativpronomen übernommen (Interferenz), vgl. przed ***thym***. Das Polnische hat keinen Artikel.

2. In diesem Fall wird im polnischen Text dt. *vor gerichte und vor gehegit dink* lediglich als *przed gayonym szadem* wiedergegeben, d. h. *vor gerichte* fehlt im polnischen Text. Es ist hier von einer Zwillingsformel auszugehen, deren einer Bestandteil nicht ins Polnische übernommen wurde.

LITERATUR

Deutsches Rechtswörterbuch, s. *Gericht*
Deutsches Wörterbuch, s. *Gericht*
Reczek/Twardzik III, 212
Słownik staropolski, 7, 33–44: *prawo*
Glossar zur Buch'schen Glosse, 24, 20; 25, 17f.

vor Gericht bringen // przed prawo przywieść; wściągnąć przez wojta albo jego posła

1. ***vor*** *gerichte brengin* [vor Gericht bringen] // ***przed*** *prawo przywyescz* [przed prawo przywieść] [157//168]
2. myt gewalt [...] *vor gerichte brengin* [mit Gewalt vor Gericht bringen] // *wsczagnacz* gwaltownye *przesz woytha albo gego poszla* {'vor den Vogt oder seinen Boten zitieren'} [wściągnąć gwałtownie przez wojta albo jego posła] [192//199]

KOMMENTAR

Für die deutsche Wendung *vor Gericht bringen* steht im polnischen Text *przed prawo przywieść* (1.) (Übersetzung 1:1) und *wściągnąć przez wojta albo jego posła* {'vor den Vogt oder seinen Boten zitieren'} (2.) (sinngemäße Wiedergabe).

---

[134] Die Entsprechung für dt. *vor gerichte* fehlt im polnischen Text.

[135] Fehlstelle der Entsprechung für dt. *vor gerichte* im polnischen Text.

LITERATUR

Glossar zur Buch'schen Glosse, 27, 13: *bringet [...] vor gerichte* 'vor Gericht bringen', 27, 13; 41, 13f.; 46, 20

vor Gericht laden // zawołać ku prawu

heyschen ***vor*** dem gerichte [vor Gericht laden] // zawolacz {'rufen, kommen lassen'} ***ku*** prawu [zawołać ku prawu] [78//85]

KOMMENTAR

Die deutsche Wendung *vor Gericht laden* wird im polnischen Text durch *zawołać ku prawu* wiedergegeben (Übersetzung 1:1).

LITERATUR

Deutsches Rechtswörterbuch, 5, Sp. 1423: *holen*
Deutsches Wörterbuch, 5, Sp. 3642
Reczek/Twardzik III, 234f.; 344
Słownik staropolski, 11, 241–243: *zawołać*

vorladen (vor Gericht) // pozwać przed prawo; s. auch u. **prawo** 'Recht'
[= vor Gericht laden]

vorladen [vorladen] // *poszwacz przed prawo* [pozwać przed prawo] [22//22]

KOMMENTAR

Deutsch *vorladen (vor Gericht)* wird im polnischen Text durch *pozwać przed prawo* wiedergegeben (Übersetzung 1:1).

LITERATUR

Deutsches Wörterbuch, 26, Sp. 1247
Wörterbuch der mittelhochdeutschen Urkundensprache, 3, 2292
Boková/Spáčilová Glossar, 489: frnhd. *vorladung* – tsch. *předvolání*
Reczek/Twardzik III, 207; 208–213
Słownik staropolski, 6, 548–551: *pozwać*
Glossar zur Buch'schen Glosse, 611, 5–7

Gerüft, das // wołanie, wołania {Pl.}
[= 1. lautes Rufen und Schreien zur schnellen Hilfe bei einem Verbrechen; Hilfeschrei, Notruf, Rufen bei handhafter Tat; Klagegeschrei vor dem Richter, welches Prozeßführung und Urteil beeinflußt; 2. Leumund, Ruf]

mit Gerüft // przez wołania, z wołanim

I. dt. ***mit Gerüft*** // poln. ***przez wołania***:
myt [...] clage sundir *gerufte* [mit ... Gerüft] // *przesz wolanyą* [przez wołania] [157//168]

II. dt. ***mit Gerüft*** // poln. ***z wołanim***:
myt gerufte [mit Gerüft] // ***s***zwolanym [z wołanim] [157//168]

nicht mit Gerüft // nie wołając 'nicht rufend' {Partizip Präsens Aktiv}

III. dt. ***nicht*** *mit Gerüft* // poln. ***nie*** *wołając* 'nicht rufend':
yn hanthaftegit tat *myt gerufte* [mit Gerüft] und czugnisse seynir schreylute [...] ***nicht*** bracht hat // ***nye***wolayacz gego szwyathky tego od wolanya [*nie wołając* jego świadki tego odwołania] [201//208]

KOMMENTAR

Für dt. *Gerüft* steht im polnischen Text *wołanie* bzw. *wołania* {Pl.} (Übersetzung 1:1), vgl. außerdem für dt. *mit Gerüft* im polnischen Text *przez wołania* (I.) und *z wołanim* (II.). Dagegen wird dt. ***nicht*** *mit Gerüft* im polnischen Text durch eine Verbalkonstruktion (Partizip Präsens Aktiv von *wołać*) ausgedrückt, vgl. ***nie*** *wołając* 'nicht rufend' (III.).

LITERATUR

Handwörterbuch zur Deutschen Rechtsgeschichte, 1, Sp. 1584
²Handwörterbuch zur Deutschen Rechtsgeschichte, 10. Lfg., Sp. 259–264
Deutsches Rechtswörterbuch, 4, Sp. 401: *Gerücht*; Sp. 404: *Gerufe*, mit Verweis auf: *Gerücht*
Deutsches Wörterbuch, 5, Sp. 3759: *Gerufte*
Wörterbuch der mittelhochdeutschen Urkundensprache, 1, 660
Boková/Spáčilová Glossar, 183: frnhd. *geruffte* – tsch. *křik, řev*
Spáčil/Spáčilová Meißner Rechtsbuch, Register, 796: tsch. *křik, volání o pomoc, vyvolání*
Reczek/Twardzik III, 317
Słownik staropolski, 10, 297f.: *wołanie, wołania* {Pl.}
Papsonová, Silleiner Rechtsbuch, 322–326
Glossar zur Buch'schen Glosse, 140, 23; 681, 9

Gewalt, die // gwałt

mit Gewalt // gwałtownie {Adverb} 'gewaltsam'
[= gewaltsam]

myt gewalt [mit Gewalt] // gwaltownye [gwałto⟨w⟩nie] [201//208]

KOMMENTAR

Deutsch *mit Gewalt* wird im polnischen Text durch das Adverb *gwałtownie* 'gewaltsam' wiedergegeben. Dieses wurde nach den Regeln der polnischen Wortbildung aus dem deutschen Lehnwort *gwalt* abgeleitet (postintegrative Phase) und mit dem Suffix *-own-* erweitert.

LITERATUR
Deutsches Rechtswörterbuch, 4, Sp. 675
Deutsches Wörterbuch, 6, Sp. 4910
Wörterbuch der mittelhochdeutschen Urkundensprache, 1, 711 f.
Spáčil/Spáčilová Meißner Rechtsbuch, Register, 796
Reczek/Twardzik III, 86
Słownik staropolski, 2, 523–529
Lehnwörter 2010: *gwałt*
Glossar zur Buch'schen Glosse, 496, 4f.

(Ge)Were, die // im der polnischen Text fast ausschließlich **obrona,** nur 1x **opieka**; poln. **gwar, gewer, gwer** kommen im untersuchten Text nicht vor [= Verfügungsgewalt, tatsächliche Herrschaft über etwas; (Besitz)recht]

(nicht) in seine(r) Gewere // (nie) w jego obronę, w jego obronie; w swą opiekę

– dt. *Gewere* // poln. *obrona* 'Schutz, Besitz':

I. dt. ***in seine Gewere nehmen*** // poln. ***w jego obronę pojać*** 'in seinen Schutz, Besitz nehmen':

do her dy *yn seyne were* nam [in seine Gewere nahm] // gdy on thą poyal [gdy on tę pojął] [7//7]

yn seyne gewere [in seine Gewere] // *wgego obroną* [w jego obronę] [138//147]

is *yn seyner gewere* gewest [in seiner Gewere gewesen] // byly *wgego obronye* [były w jego obronie] [138//147]

II. dt. ***in seine Gewere nehmen*** // poln. ***wziąć w swą opiekę*** 'in seinen Schutz, Besitz nehmen':

daz gut *nemen* [das Gut {in seine Gewere} nehmen] mogin // gymyenye [...] wzancz wszwą *opyeką* [wziąć w swą opiekę] [176//187]

III. dt. ***Gewere daran haben*** // poln. ***mieć prawo obrone***:

der hat dy *rechten gewer* [rechte Gewere] doran // ten ma tego gymyenya *prawą obroną* [ten ma tego jimienia prawą obronę] [169//180]

IV. *Negation:*

yn seyne *gewere* [in seine Gewere] ***nicht*** komen ist // ***ny***gdy nyemyal a*vobronye* [nigdy nie miał [a] w obronie] [138//147]

ap no das selbe gelt ***nicht*** *yn seyner gewere* [nicht in seiner Gewere] gewest sye // asząly thy pyenadze yvsz ***nye****byly wgego obronye* [azali ty pieniądze już nie były w jego obronie] [138//147]

KOMMENTAR

Die deutschen Lehnwörter im Polnischen *gwar, gewer, gwer* kommen im untersuchten Text nicht vor.
Deutsch *Gewere* wird im polnischen Text fast ausschließlich mit *obrona* wiedergeben, vgl. dt. *in seine Gewere nehmen* // poln. *w jego obronę pojać* (I.), s. auch die negierten Formen (IV.). Lediglich einmal ist für dt. *in seine Gewere nehmen* // poln. *wziąć w swą opiekę* belegt (II.). (Übersetzung 1:2). Für dt. *Gewere daran haben* steht im polnischen Text *mieć prawo obrone* (III.).

LITERATUR

Handwörterbuch zur Deutschen Rechtsgeschichte, 1, Sp. 1658
[2]Handwörterbuch zur Deutschen Rechtsgeschichte, 10. Lfg., Sp. 347–352
Deutsches Rechtswörterbuch, 4, Sp. 656
Deutsches Wörterbuch, 6, Sp. 4808
Wörterbuch der mittelhochdeutschen Urkundensprache, 1, 718f.
Boková/Spáčilová Glossar, 193: frnhd. *gewer* – tsch. Umschreibung, kein dt. Lehnwort
Spáčil/Spáčilová Meißner Rechtsbuch, Register, 797
Reczek/Twardzik III, 80
Zajda 2008, 301
Słownik staropolski, 2, 529: *gwar, gewer, gwer*
Papsonová, Silleiner Rechtsbuch, 342–346
Glossar zur Buch'schen Glosse, 8, 21; 11, 2; 28, 22

Gewette, das // wina; zu **wina** s. auch o. **Buße**; nicht belegt ist poln. **wet** 'Gewette'
[= Gerichtsgeld, das an den Richter zu zahlende Strafgeld]

I. dt. ***Gewette*** // poln. ***wina***:

der erbe voyt mag keyne *busse noch gewette* [keine Buße noch Gewette] gewynnen beussim gehegetim dinge // dzyedzyczny woyth nyemoze nyzadney *wyny* [...] wzancz [nie może niżadnej winy [...] wziąć] [79//86]
zeyn *gewette* [sein Gewette] // szwey *wyny* [swej winy] [97//104]
und dem *richter syn gewette* [dem Richter sein Gewette] // a *woythowy wyną* [a wojtowi winę] [151//162]
und *dem richter* so manch *gewette* [dem Richter ... Gewette] // a*woythowy* tesz *wyny* [a wojtowi też winy] [187//194]

II. dt. (dem Richter) ***wetten*** {'Gewette geben', Verb} // poln. ***wina*** {Substantiv}:

was dem *richter* ***wettin*** sulle [dem Richter sein Gewette geben] // Gesttv *woythowy* kthorą *wyną* [jestli wojtowi ktora wina] [155//166]
dem *richter* ***wetten*** [dem Richter sein Gewette geben] // a ma [...] pokopycz [...] *woythowy wyną* [a ma [...] pokupić [...] wojtowi winę] [181//190]

III. dt. ***Gewette*** {+ Nennung der **Summe** des Gewettes} // poln.: nur Nennung der **Summe** des Gewettes:

so ist das *syn gewette*, das sint *acht schillinge* [so ist das sein Gewette, das sind acht Schillinge] // tedy mv przydze zato *osszm szelagow* {'dafür bekommt er acht Schillinge'} [tedy mu przydzie za to ośm szelągow] [165//176]

KOMMENTAR

Deutsch *Gewette* und auch das daraus abgeleitete Verb *wetten* 'Gewette geben' wird im polnischen Text mit *wina* wiedergegeben (I., II.) (Übersetzung 1:1). In 1 Fall wird aus dem deutschen Text lediglich die Nennung der Summe des Gewettes ins Polnische übernommen. Das Wort *Gewette* selbst fehlt dabei im polnischen Text (III.). Ohnehin ist der polnische Satz lediglich die sinngemäße Wiedergabe des deutschen.

LITERATUR

Handwörterbuch zur Deutschen Rechtsgeschichte, 1, Sp. 1674
2Handwörterbuch zur Deutschen Rechtsgeschichte, 10. Lfg., Sp. 360–362
Friedrich Ebel, Der Traktat „Von Gewedde“, in: ZRG GA 99 (1982), 276–284
Deutsches Rechtswörterbuch, 4, Sp. 757
Deutsches Wörterbuch, 6, Sp. 5698
Wörterbuch der mittelhochdeutschen Urkundensprache, 1, 724 f.
Boková/Spáčilová Glossar, 194: frnhd. *gewette* – tsch. Umschreibung, kein dt. Lehnwort
Spáčil/Spáčilová Meißner Rechtsbuch, Register, 797
Reczek/Twardzik III, 308
Aleksic Ortyle, 110
Zajda 2008, 300
Słownik staropolski, 10, 225–229: *wina*; 10, 88: *wet*
Glossar zur Buch'schen Glosse, 3, 25; 16, 26, 28

gierda s. **Gerade, die**

głowa s. **kampfwürdig (sein)**

głowa (zabita) s. **Totschlag, der**

o *głowę* s. **um Totschlag**

gość s. **Gast, der**

gości s. **Gäste, die**

Gut, das; Habe, die // imienie; s. auch **Erbe**
[= Besitz, (Hab und) Gut, Lehnsgut, Vermögen, Eigentum]

I. dt. ***Gut*** // poln. ***imienie*** 'Besitz, Habe':
erblich gut [erbliches Gut] // gymyenye [jimienie] [59//66]
gut [Gut] // gymyenye [jimienie] [170//181]
gut [Gut] // gymyenye [jimienie] [176//187]
eris gutis [ihres Gutes] // gych gymyenyą [jich jimienia] [177//187]
gutis [Gut] // gymyenye [jimienie] [182//191]
gut [Gut] // gymyenye [jimienie] [186//193]
des mannis gut [des Mannes Gut] // czlowyeka gymyenye [człowieka jimienie] [186//193]
ir gut [ihr Gut] // szwe gymyenye [swe jimienie] [196//203]
von dem selbin gute [von demselben Gut] // *stego gymyenya* [z tego jimienia] [200//207]
das gut [das Gut] {der unmündigen Kinder} // szyroczyno Gymyenye 'Gut der Waisen' [sirocino jimienie] [200//207]
von der *kinder gutter* [von der Kinder Güter] // sz *gymyenyą thych tho dzyeczy* [z jimienia tych to dzieci] [1//1]

II. dt. ***Gut*** // poln. ***rzecz*** 'Sache' ***albo imienie***:
gut [Gut] // rzecz albo gymyenye [rzecz albo jimienie] [75//83]
gut [Gut] // rzecz albo gymyenye [rzecz albo jimienie] [76//82]
zeynis gutis [seines Gutes] // szwych rzeczy albo gymyenyą [swych rzeczy albo jimienia] [91//98]

III. dt. ***Gut*** // poln. ***ojc[ow]izna*** 'väterliches Erbe':
ir gut [Gut] // szwa oczczysna [swą oćczyznę] [182//191]

IV. dt. ***Gut und Erbe*** // poln. ***imienie*** 'Besitz, Habe' (z. T. mit: *stojące* 'stehende, unbewegliche' und *niestojące* 'fahrende, bewegliche'):
gut und erbe [Gut und Erbe] // gymyenye [jimienie] [61//68]
sin gut und erbe [sein Gut und Erbe] // szwym gymyenym [swym jimienim] [143//153]
gut und erbe [Gut und Erbe] // gymyenye stoyacze y nyestoyacze [jimienie stojące i niestojące] [183//192]
das gut und erbe [Gut und Erbe] // gymyenyą [jimienia] [183//192]

KOMMENTAR

Deutsch *Gut* wird im polnischen Text überwiegend als *imienie* wiedergegeben (I.) (Übersetzung 1:1). Mehrfach ist auch poln. *rzecz albo imienie* als Entsprechung für dt. *Gut* belegt (II.). In 1 Fall wird dt. *Gut* im Polnischen als *ojc[ow]izna* 'väterliches Erbe' wiedergegeben (III.). Für dt. *Gut und Erbe* steht im polnischen Text *imienie* 'Besitz, Habe', z. T. mit *stojące* 'stehende, unbewegliche' und *niestojące* 'fahrende, bewegliche'.

LITERATUR

Handwörterbuch zur Deutschen Rechtsgeschichte, 1, Sp. 1887: *Hab und Gut*
[2]Handwörterbuch zur Deutschen Rechtsgeschichte, 11. Lfg., Sp. 259–264: *Hab und Gut*
Deutsches Rechtswörterbuch, 4, Sp. 1284
Gut: Deutsches Rechtswörterbuch 4, 1284–1301; DWB 9, 1353–1369
Habe: Deutsches Rechtswörterbuch 4, 1362–1365; DWB 10, 43
Deutsches Wörterbuch, 9, Sp. 1353
Wörterbuch der mittelhochdeutschen Urkundensprache, 1, 772–774; *Habe*: 1, 776
Frühneuhochdeutsches Wörterbuch, 7/2, Sp. 705: *gut*; 7/2, Sp. 781: *habe*
Boková/Spáčilová Glossar, 205: frnhd. *gut, habe* – tsch. *majetek, jmění*
Spáčil/Spáčilová Meißner Rechtsbuch, Register, 798
Reczek/Twardzik III, 92f.
Zajda 2001, 127–141
Słownik staropolski, 3, 22–26
Papsonová, Silleiner Rechtsbuch, 363–371, 371–373
Glossar zur Buch'schen Glosse: *Gut* 5, 22; 6, 3, 12; 11, 12; *Habe* 32, 4; 46, 4

gwałt s. **Gewalt**

gwałtownie s. **mit Gewalt**

H

Habe, fahrende; Habe, bewegliche; Fahrhabe, die; Gut, fahrendes // imienie, idące; imienie, niestojące 'nichtstehende'
[= beweglicher Teil des Besitzes]

I. dt. ***fahrende Habe*** // poln. ***idące imienie***:
varnde habe [fahrende Habe] // *gydacze gymyenye* albo thy gy pyenadze [jidące jimienie albo ty [ji] pieniądze] [7//7]
seyne *varnde habe* [fahrende Habe] // szwe *gydącze gymyenye* [swe jidące jimienie] [15//15]
standis eygens [...] *warnde habe* [fahrende Habe] // *stoyącze albo nyestoyacze gymyenye* [stojące albo niestojące jimienie] [91//98]
1. stand erbe und *farnde habe* [fahrende Habe] // *ygydacze gymyenye* y nyegydacze {stand erbe und *farnde habe*, d. h. im polnischen Text erfolgt eine Umkehrung der Reihenfolge im Vergleich zum Deutschen} [i jidące jimienie i niejidące] [121//131]
varnde habe [fahrende Habe] // gydacze gymyenye [jidące jimienie] [138//147]
varnder habe [fahrende Habe] // gydaczym gymyenym [jidącym jimienim] [142//152]
varnde habe [fahrende Habe] // gydacze gymyenye [jidące jimienie] [167//178]

varnde habe [fahrende Habe] // gych gydacze gymyenye [jich jidące jimienie] [177//187]

II. dt. ***fahrendes Gut*** // poln. ***idące imienie***:

von dem *varnden gute* [von dem fahrenden Gut] // *szgydaczego gymyenyą* {Genitiv Sg.} [z jidącego jiminenia] [1//1]

an seyme *varnde gute* [an seinem fahrenden Gut] // naszwem *gydaczem gymyenyv* [na swem jidącem jimieniu] [1//1]

feterliche erbe und *varnde gut* [fahrendes Gut] // oczczyszna y *gydaczye gyemyenye* [oćczyznę i jidące jemienie] [7//7]

erbe und *varnde gut* [fahrendes Gut] // gymyenye roly domy [...] *gymyenye ydącze* [jimienie, role, domy [...] jimienie jidące] [10//10]

umme *farnde gut* [um fahrendes Gut] // o *gydacze gymyenye* [o jidące jimienie] [90//97]

an *varndem gute* [an fahrendem Gut] // *gydaczem gymyenyv* [jidącem jimieniu] [214//210]

mark *an seyme varnden gute* [an seinem fahrenden Gut] // *na szwym gydaczem gymyenyv* [na swym jidącem jimieniu] [245//248]

2. stand erbe und *varnde gut* [fahrendes Gut] // *gydacze* y stoyacze *gymyenye* {'fahrende und stehende Habe', d. h. im polnischen Text erfolgt eine Umkehrung der Reihenfolge im Vergleich zum Deutschen} [jidące i stojące jimienie] [260//263]

seym weybe [...] *seyme varnden gute* [an seinem fahrendem Gut] gemorgingobit // wyanowal szwey zenye [...] *swego gydaczego gymyenya* [wianował swej żenie [...] swego jidącego jimienia] [260//263]

III. dt. ***fahrende Habe*** // poln. ***niestojące*** 'nichtstehende' ***imienie***:

seyme weybe an seyme eygen stand erbe, das her gewalt hat, zu vorgebin und auch an andirm seyme gute und *varnde habe* [fahrende Habe] czu morgyngobe gebin, was her wyl. // szwey zenye dacz wyano albo darowacz na szwem stoyaczem albo *nyestoyaczem gymyenyv*, Czym albo czo gest prawo pod [swej żenie dać wiano albo darować na swem stojącem albo niestojącem jimieniu, czym albo co [jest prawo] ⟨chce⟩ pod⟨ług prawa⟩] [146//156]

syn stand erbe adir andir seyne *varnde habe* [fahrende Habe] adir sein gut // Swe stoyacze *gymyenye* albo *nyestoyacze* [swe stojące jimienie albo niestojące] [189//196]

KOMMENTAR

Fahrende Habe und *fahrendes Gut* werden im Deutschen synonym gebraucht. Vereinzelt steht für *fahrende Habe* im polnischen Text auch *niestojące imienie* 'nichtstehende Habe, nichtstehendes Gut' (III.). Häufigste Entsprechung für *fahrende Habe* und *fahrendes Gut* ist in unserem Vergleichstext poln. *idące imienie* (I., II.).

1., 2. Hinzuweisen ist auf zwei Beispiele (Spruch [121//131] und Spruch [260//263]), in denen im polnischen Text jeweils eine Umkehrung der Reihenfolge von *Standerbe* und *fahrender Habe/fahrendem Gut* im Vergleich zum Deutschen erfolgt, vgl.: – in Spruch [121//131] dt. *stand erbe* und *farnde habe* // poln. *ygydacze gymyenye* y *nyegydacze* {'fahrende Habe und nichtfahrende'} und – in Spruch [260//263] dt. *stand erbe* und *varnde gut* // poln. *gydacze* y *stoyacze gymyenye.* {'fahrende und stehende Habe'}
Hier kann von Zwillingsformeln ausgegangen werden, deren Glieder mitunter vertauscht werden, s. *Kapitel E.IV. Ergebnisse der deutsch-polnischen kontrastiven (frühneuhochdeutsch-altpolnischen) Wortanalyse – Materialauswertung.*

LITERATUR

Deutsches Rechtswörterbuch, 3, Sp. 365 (B I 1)
Deutsches Wörterbuch, 10, Sp. 44
Wörterbuch der mittelhochdeutschen Urkundensprache, 3, 2015
Boková/Spáčilová Glossar, 205 f.: frnhd. *farende habe* – tsch. *movitý majetek*; frnhd. *bewegliche habe* – tsch. *movité jmění*
Spáčil/Spáčilová Meißner Rechtsbuch, Register, 798
Reczek/Twardzik III, 92 f.
Aleksic Ortyle, 132 f.
Słownik staropolski, 3, 22–26
Papsonová, Silleiner Rechtsbuch, 371–373
Glossar zur Buch'schen Glosse, 16, 14, 21; 22, 24 f.; 464, 19 f.

Habe, unbewegliche; Habe, stehende // imienie, stojące; imienie, nieidące
'nicht fahrende'; s. auch o. **Erbe**
[= unbeweglicher Teil des Besitzes; Immobilie]

I. dt. ***Standerbe*** // poln. ***stojące imienie***:
stand erbe [Standerbe] // Stoyacze gymyenye [stojące jimienie] [96//103]
stand erbe [Standerbe] // stoyacze gymyenye [stojące jimienie] [142//152]
seyme weybe an seyme eygen *stand erbe* [Standerbe], das her gewalt hat, zu vorgebin und auch an andirm seyme gute und varnde habe czu morgyngobe gebin, was her wyl. // szwey zenye dacz wyano albo darowacz na szwem *stoyaczem* albo nyestoyaczem *gymyenyv*, Czym albo czo gest prawo pod [swej żenie dać wiano albo darować na swem stojącem albo niestojącem jimieniu, czym albo co [jest prawo] ⟨chce⟩ pod⟨ług prawa⟩] [146//156]
stande erbe [Standerbe] // stoyaczym gymyenym [stojącym jimienim] [187//194]
stand erbe [Standerbe] // stoyaczego gymyenyą [stojącego jimienia] [187//194]
syn *stand erbe* [Standerbe] adir andir seyne varnde habe adir sein gut // Swe *stoyacze gymyenye* albo nyestoyacze [swe stojące jimienie albo niestojące] [189//196]

stand erbe [Standerbe] und varnde gut [fahrendes Gut] // *gydacze* y stoyacze *gymyenye* [jidące i stojące jimienie] [260//263]

II. dt. ***Standerbe*** // poln. ***nieidące*** 'nicht fahrende' ***imienie***:

stand erbe [Standerbe] und farnde habe // ygydacze *gymyenye y nyegydacze* [i jidące jimienie i niejidące] [121//131]

KOMMENTAR

In der Bedeutung *unbewegliche* bzw. *stehende Habe* wird im deutschen Text *Standerbe* verwendet. Als polnische Entsprechung hierfür steht überwiegend *stojące imienie* 'stehende Habe' (I.). Lediglich in einem Beispiel belegt der polnische Text *nieidące imienie* 'nicht fahrende Habe' (Übersetzung 1:2).

LITERATUR

Boková/Spáčilová Glossar, 206: frnhd. *unfarende habe* – tsch. *nemovítý majetek*
Spáčil/Spáčilová Meißner Rechtsbuch, Register, 798
Reczek/Twardzik III, 92f.
Aleksic Ortyle, 134
Słownik staropolski, 3, 22–26
Papsonová, Silleiner Rechtsbuch, 371–373

Hand, die // ręka

LITERATUR

Handwörterbuch zur Deutschen Rechtsgeschichte, 1, Sp. 1927
[2]Handwörterbuch zur Deutschen Rechtsgeschichte, 11. Lfg., Sp. 692–696
Deutsches Rechtswörterbuch, 4, Sp. 1540
Deutsches Wörterbuch, 10, Sp. 324
Wörterbuch der mittelhochdeutschen Urkundensprache, 1, 797–799; *handhaft*: 1, 800
Frühneuhochdeutsches Wörterbuch, 7/2, Sp. 997
Boková/Spáčilová Glossar, 209f.: frnhd. *hand* – tsch. *ruka*
Spáčil/Spáčilová Meißner Rechtsbuch, Register, 798
Reczek/Twardzik III, 240
Zajda 2001, 107–126
Słownik staropolski, 7, 453–460
Papsonová, Silleiner Rechtsbuch, 378–382
Glossar zur Buch'schen Glosse, 28, 2; 63, 17

mit gewappneter 'bewaffneter' **Hand // z bronią, bronną ręką**; s. auch u. **mit gezogener Waffe**

seynem frunde czu hulfe liffe *mit gewoppinter ha⟨n⟩t* [mit bewaffneter Hand] // przystapyl *szbronya bronną raką* ku swemv przyyaczyelowy [przystąpił *z bronią, bronną ręką*, ku swemu przyjacielowi] [24//32]

KOMMENTAR

Für dt. *mit gewappneter* 'bewaffneter' *Hand* steht im polnischen Text *z bronią, bronną ręką*. Es handelt sich um eine wortwörtliche Übersetzung.

LITERATUR

Deutsches Wörterbuch, 6, Sp. 5326
Reczek/Twardzik III, 240
Słownik staropolski, 1, 163f.

mit seiner, ihrer {fem.}, **meiner einen Hand // jedną ręką** 'mit einer Hand'; **swą ręką** 'mit seiner, ihrer usw. *eigenen* Hand'

I. dt. ***mit seynis eynis hant*** // poln. ***jedną ręką*** 'mit einer Hand':

swerende *mit seynis*[136] *eynis hant* [mit seiner einen Hand] // przyszagą *gyedną raką* [przysięgą jedną ręką] [1//1]

II. dt. ***mit seynis eynis hant*** // poln. ***swą ręką*** 'mit eigener Hand':

myt seynis eynes hant [mit seiner einen Hand] // *szwą ranką* [swą ręką] [151//162]

der entket is *myt seynis eynis hant* [mit seiner einen Hand] // ten tego odycz szam *swą rągą* [ten tego odydz⟨ie⟩ sam swą ręką] [157//168]

unschuldig werdin *mit seynis eynis hant* [mit seiner einen Hand] // mvszy szye tego sam *szwa rąką* sprawycz [musi sie tego sam swą ręką sprawić] [181//190]

1. *mit seynis eynis hant* [mit seiner einen Hand] // szamly [sam-li] [181//190]

myt seynis eynis hant [mit seiner einen Hand] // szam ranką [sam ⟨swą⟩ ręką] [184//193a]

myt seynis eynis hant [mit seiner einen Hand] // yaczecz [...] szam *szwą raką* [jęciec [...] sam swą ręką] [201//208]

so mak her *myt seynis eynis hant* [mit seiner einen Hand] unschuldic werdin // tedy moze sam *swą raką* vkazacz [...] nyewynnoscz swoya [tedy może sam swą ręką ukazać [...] niewinność swoję] [257//260]

III. dt. ***mit ir/eris eynis hant*** // poln. ***swą ręką***:

Wyl dy frawe sweren[137] *mit ir eynis hant* [mit ihrer einen Hand] off den heyligen // Chczely thą pany szama przisząćz *szwą raką* [Chce-li ta pani sama przysiąc swą ręką] [111//120]

myt eris eynes hant [mit ihrer einen Hand] // szama *szwa raką* [sama swą ręką] [188//195]

myt eris eynis hant [mit ihrer einen Hand] // sama *swa ranką* [sama swą ręką] [244//247]

---

[136] seynis] *erg. nach* Leo 1; Pi *fehlt.*

[137] sweren] *erg. nach* MgFr II.7.1; Pi: *fehlt.*

IV. dt. ***mit meynes eynis hant*** // poln. ***swą ręką***:
mit meynes eynis hant [mit meiner einen Hand] // *swa ranką* [swą ręką] [257//260]

KOMMENTAR

Den Regeln der polnischen Grammatik entsprechend, steht poln. *swą ręką* sowohl für dt. *mit* ***seiner*** wie auch für *mit* ***ihrer*** und auch *mit* ***meiner*** *einen Hand* (II., III., IV.). Lediglich ein Beispiel ist belegt, in dem *mit seynis eynis hant* mit poln. *jedną ręką* 'mit einer Hand' wiedergegeben wird (I.) (Übersetzung viele: 1, bedingt durch die unterschiedlichen grammatischen Systeme).
1. In einer Entsprechung steht für dt. *mit seynis eynis hant* [mit seiner einen Hand] an der entsprechenden Stelle im polnischen Text *szamly* {'(ob) er selbst'}.

LITERATUR

Frühneuhochdeutsches Wörterbuch, 7/2, Sp. 1004: *hand*
Reczek/Twardzik III, 240
Papsonová, Silleiner Rechtsbuch, 378–382

nach toter Hand // po umarłej ręce
[= nach dem Tode eines anderen]

noch totyr hant [nach toter Hand] // po vmarley racze [po umarłej ręce] [132//141]
noch toter hant [nach toter Hand] // povmarley rączą [po umarłej ręce] [132//141]
noch totir hant [nach toter Hand] // povmarley rąncze [po umarłej ręce] [181//190]
noch totir hant [nach toter Hand] // po vmarley rancze [po umarłej ręce] [243//246]

KOMMENTAR

Die Wendung *nach toter Hand* wird im polnischen Text wortwörtlich als *po umarłej ręce* übersetzt (Übersetzung 1:1).

LITERATUR

Deutsches Rechtswörterbuch, 4, Sp. 1540 (B I und B III)
Frühneuhochdeutsches Wörterbuch, 7/2, Sp. 1004: *hand*
Reczek/Twardzik III, 240
Glossar zur Buch'schen Glosse, 189, 3

Herrenlehen, das // pańska leńska

herren lehen [Herrenlehen] // *panszka lyenska* [pańska leńska] [120//130]

KOMMENTAR

Es handelt sich hier um eine Lehnübersetzung.

LITERATUR

Deutsches Rechtswörterbuch, 8, Sp. 944
Deutsches Wörterbuch, 12, Sp. 540
Wörterbuch der mittelhochdeutschen Urkundensprache, 2, 1114; 2, 1111 f.: *Lehnsherr*
Reczek/Twardzik III, 189
Słownik staropolski, 4, 21: *leńska*

I

imienie s. **Gut, das; Habe, die** und **Erbe, das**

imienie, idące s. **Habe, fahrende; Habe, bewegliche; Fahrhabe, die; Gut, fahrendes**

imienie, nieidące s. **Habe, unbewegliche; Habe, stehende**

imienie, niestojące s. **Habe, fahrende; Habe, bewegliche; Fahrhabe, die; Gut, fahrendes**

imienie, stojące s. **Habe, unbewegliche; Habe, stehende**

J

jaczstwo s. **Gefangenschaft, die; Gefangennahme, die**

Jahr, das // rok

LITERATUR

Deutsches Rechtswörterbuch, 6, Sp. 398
Deutsches Wörterbuch, 10, Sp. 2230
Wörterbuch der mittelhochdeutschen Urkundensprache, 2, 953 f., 958 f.
Frühneuhochdeutsches Wörterbuch, 8/1, Sp. 294: *jar*
Spáčil/Spáčilová Meißner Rechtsbuch, Register, 801
Reczek/Twardzik III, 241
Aleksic Ortyle, 52, 55 f.
Zajda 2008, 296
Papsonová, Silleiner Rechtsbuch, 409–412
Glossar zur Buch'schen Glosse, 118, 8; 124, 11

zu seinen Jahren kommen // przyć ku swym latom {Dativ Pl.}; **dojść do swych lat; mieć lata**
[= erwachsen werden, mündig werden, d. h. mindestens 12 Jahre alt sein]; s. auch u. **unmündiges Kind**

dy *czu yren joren komen* zynt [die zu ihren Jahren gekommen sind] // czo *mayą lathą* y [co mają lata i] [125//134]
ee sy *czu eren jaren komen* [ehe sie zu ihren Jahren gekommen sind] // nyedoroszle lath dzyeczynych [niedorosłe lat dziecinych] [176//187]
bis *czu seynen iaren* [bis zu seinen Jahren] // *dolath* [do lat] [199//206]
1. ist das kint *czu seynen iaren komen **obir czwelf ior*** [ist das Kind zu seinen Jahren gekommen über zwölf Jahre] // *przyszlo lyby* tho dzyeczą *ku szwym lathom, **tho gest daley dwanaczye lath***, [przyszło-li-by to dziecię ku swym latom, to jest dalej dwanacie lat] [61//68]
bis das si *czu eryn iaren queme* [bis daß sie zu ihren Jahren kämen] // az *dorostą szwych lath* [aż dorostą swych lat] [200//207]
bis dy kindir *czu eren iaren sin komen* [bis die Kinder zu ihren Jahren gekommen sind] // asz *do gych lath* [aż do jich lat] [200//207]
das kynt, is sye no wol *czu seynen iaren komen* [zu seinen Jahren gekommen] // dzeczą [...] ysz *ma lathą* a [Dziecię [...] iż ma lata a] [250//253]
2. *czwelf iar alt werdin* [zwölf Jahre alt werden] // *dwanasczye lath* [dwanaście lat] [199//206]

– *Negation:*
3. is sey ***nicht*** *zo alt*, das is das getuen moge [ist sie nicht so alt, daß sie das tun könnte, d. h. in der Lage wäre, das zu tun] // ysz to dzyeczą *lath **nyema*** {'nicht volljährig ist'} [iż to dziecię lat nie ma] [250//253]

KOMMENTAR

Für dt. *zu seinen Jahren kommen* steht im polnischen Text *przyć ku swym latom, dojść do swych lat* und *mieć lata.*
Der Satz in 1. enthält im deutschen Text zusätzlich eine Altersangabe *obir czwelf ior* [über zwölf Jahre], die ebenfalls ins Polnische übernommen wurde *tho gest daley dwanaczye lath* [to jest dalej dwanacie lat].
In 2. enthält der deutsche wie auch der polnische Text lediglich die Altersangabe, vgl. dt. *czwelf iar alt werdin* [zwölf Jahre alt werden] // poln. *dwanasczye lath* [dwanaście lat].
Interessant ist auch die Negation (3.): dt. is sey ***nicht*** *zo alt*, das is das getuen moge [ist sie nicht so alt, daß sie das tun könnte, d. h. in der Lage wäre, das zu tun] // poln. ysz to dzyeczą *lath **nyema*** {'nicht volljährig ist'} [iż to dziecię lat nie ma].

LITERATUR

Deutsches Rechtswörterbuch, 9, Sp. 983
Frühneuhochdeutsches Wörterbuch, 8/1, Sp. 300: *jar*
Boková/Spáčilová Glossar, 239: frnhd. *zu seinen jaren komen* – tsch. *stát se dospělým, plnoletým*
Reczek/Twardzik III, 126
Papsonová, Silleiner Rechtsbuch, 409–412
Glossar zur Buch'schen Glosse, 336, 6

Jahr und Tag // rok i dzień
[= sächsische Verjährungsfrist: 1 Jahr, 6 Wochen und 3 Tage]

I. dt. ***Jahr und Tag*** // poln. ***rok i dzień***:
ior und tag [Jahr und Tag] // rok y dzyen [rok i dzień] [15//15]
ior und tag [Jahr und Tag] // rok y dzyen [rok i dzień] [59//66]
iar und tag [Jahr und Tag] // rok y dzen [rok i dzień] [172//184]
iar und tac [Jahr und Tag] // rok y dzyen [rok i dzień] [172//184]
iar und tac [Jahr und Tag] // rok y dzen [rok i dzień] [231//235]

II. dt. ***binnen Jahr und Tag*** // poln. ***w rok i dzień***:
bynnen iar und tag [binnen Jahr und Tag] // w rok y dzen [w rok i dzień] [183//192]
bynnen iar und tak [binnen Jahr und Tag] // wrok y wdzen [w rok i w dzień] [184//193a]
bynnen iar und tac [binnen Jahr und Tag] // w rok y dzen [w rok i dzień] [189//196]

III. dt. ***nach Jahr und Tag*** // poln. ***po roce i po dniu***:
nach iare und noch tage [nach Jahr und Tag] // po rocze y podnyv [po roce i po dniu] [183//192]

KOMMENTAR

Für dt. *Jahr und Tag* steht im polnischen Text *rok i dzień* (I.), auch in präpositionalen Wendungen (II., III.) (Übersetzung 1:1).
M. Papsonová betont allerdings, daß die Entsprechung *rok a den* für *Jahr und Tag* in der Übersetzung des „Silleiner Rechtsbuches" nichts darüber aussagt, wie man im 15. Jahrhundert in Sillein diese wichtige Frist gedeutet hat.[138] Dieser Hinweis ist auch auf unsere Materialuntersuchung zu beziehen.

LITERATUR

Handwörterbuch zur Deutschen Rechtsgeschichte, 2, Sp. 288–291

[138] Papsonová, Silleiner Rechtsbuch, S. 70.

Deutsches Rechtswörterbuch, 6, Sp. 398 (II 2)
Klein-Bruckschwaiger, Jahr und Tag, in: ZRG GA 67 (1950), 441–446
Deutsches Wörterbuch, 10, Sp. 2237
Frühneuhochdeutsches Wörterbuch, 8/1, Sp. 297: *jar*
Boková/Spáčilová Glossar, 239: frnhd. *jar* – tsch. *rok*
Spáčil/Spáčilová Meißner Rechtsbuch, Register, 801
Reczek/Twardzik III, 241
Papsonová, Silleiner Rechtsbuch, 409–412
Glossar zur Buch'schen Glosse, 13, 8; 32, 21; 174, 1

jęciec s. **Gefangener, der**

K

kampfwürdig (sein) // śmiertne rany 'tödliche Wunden', **ciężkie rany** 'schwere Wunden' und **rany** 'Wunden'
[= kampfwürdig; strafwürdiger Sachverhalt, der einen gerichtlichen Zweikampf erfordern kann, bes. von Wunden]

I. dt. ***kampfwürdige Wunden*** // poln. ***śmiertne rany*** 'tödliche Wunden':
1. ap is *kampfertig*[139] [kampfwürdig] sey adir nicht // szaly rany czyaszkye albo blyszku szmyerczy albo nye {Bedeutung der polnischen Übersetzung für kampwerdich: 'schwer oder fast tödlich'} [są-li rany cieżkie albo blisku śmierci, albo nie?] [3//3]
wůnden [...] *kempfer tik* [kampfwürdig] mogin gezeyn // rany maya szwany bycz albo szą czaszkye blyszko szmyerthelney rany [rany mają zwany być albo są ciężkie, blisko śmiertelne[j] rany] [113//123]

II. dt. ***kampfwürdige Wunden*** // poln. ***ciężkie rany*** 'schwere Wunden':
wunden [...] helt man *kempfertik* [kampfwürdig] // czyąszkye rany [ciężkie rany] [113//123]

III. dt. ***um kampfwürdige Wunden*** // poln. ***o śmiertne rany*** 'über tödliche Wunden':
um kampwerdege wunden [um kampfwürdige Wunden] // ***o*** szmyerthne rany 'über tödliche Wunden' [o śmiertne rany] [46//54]

IV. dt. ***um kampfwürdige Wunden*** // poln. ***o ciężkie rany*** 'über schwere Wunden':
um [...] *kampwerdiger wundyn* [um [...] kampfwürdiger Wunden] // o *czyąszkye Rany* [o ciężkie rany] [151//162]
um [...] *kampwerdyge wundin* [um [...] kampfwürdige Wunden] // o *czyaszkye rany* [o ciężkie rany] [215//211]

---

139 Leo; Pi: kampwūdig.

um [...] *kampwerdige* adir des glich [um [...] kampfwürdige] // o *czaszkye rany*, albo ocz koly gynego [o ciężkie rany, albo oczkoli jinego] [215//211]

V. dt. ***um kampfwürdige Wunden*** // poln. ***o rany*** 'um Wunden':
um kampwerdegin wundin [um kampfwürdige Wunden] // albo *o rany* [albo o rany] [155//166]

VI. dt. ***um eine kampfwürdige Wunde*** // poln. ***o rany acz o ciężkie {rany}*** 'um Wunden oder um schwere {Wunden}':
um eyne kampwerdige wunde [um eine kampfwürdige Wunde] // o rany acz o czyaszkye {rany} [o rany acz o ciężkie {rany}] [151//162]

– dt. ***kampfwürdige Wunden*** // poln. ***kogo zabito, uranyono*** 'jmd. erschlagen, verletzt':
kampwirdegir wundin [kampfwürdige Wunden] // kogo zabyto uraniono [i⟨ż⟩ kogo zabito uraniono] [252//255]

– dt. ***Totschlag oder kampfwürdige Wunden*** // poln. ***głowa zabita albo cokole jinego nierządnego uczyniono*** 'Totschlag oder eine andere gesetzlose':
ap *totslag* adir *kempber wundin* [Totschlag oder kampfwürdige Wunden] gescheen // *glową zabythą albo czokole gynego nyerzadnego vczynyono* [głowa zabita albo cokole jinego nierządnego uczyniono] [136//145]

KOMMENTAR

Für dt. *kampfwürdige Wunden* nennt der polnische Text mehrere Entsprechungen, so: *śmiertne rany* 'tödliche Wunden' (I., III.), *ciężkie rany* 'schwere Wunden' (II., IV.) und *rany* 'Wunden' (V.).
Belegt sind außerdem die Entsprechungen: dt. *um eine kampfwürdige Wunde* // poln. *o rany acz o ciężkie* 'um Wunden oder um schwere [Wunden]'; dt. *kampfwürdige Wunden* // poln. *kogo zabito, uranyono* 'jmd. erschlagen, verletzt' und dt. *Totschlag oder kampfwürdige Wunden* // poln. *głowa zabita albo cokole jinego nierządnego uczyniono* 'Totschlag oder eine andere ungesetzliche Tat', vgl. VI.

LITERATUR

Deutsches Rechtswörterbuch, 6, Sp. 1073
Deutsches Wörterbuch, 11, Sp. 157
Lübben/Walther 167
Wörterbuch der mittelhochdeutschen Urkundensprache, 2, 975
Frühneuhochdeutsches Wörterbuch, 8/2, Sp. 569: *kampfwirdig*
Boková/Spáčilová Glossar, 243: lediglich: frnhd. *kamperwunde* 'Verwundung im (gerichtlichen) Zweikampf' – tsch. *zranění v (soudním) souboji*
Spáčil/Spáčilová Meißner Rechtsbuch, Register, 801
Reczek/Twardzik III, 239
Słownik staropolski, 2, 424–429: *głowa*

Papsonová, Silleiner Rechtsbuch, 418
Glossar zur Buch'schen Glosse, 451, 7f.; 629, 10
Buchda Pößneck IV, 195: *kampfwürdig*; ebd. 307: *unkampfwürdig* 'durch Folterung'

Kind, das // dziecko

Kinder, die // dzieci

Kind, mündiges // dziecko, dorosłe 'erwachsenes Kind'
[= mind. 12 Jahre alt]

LITERATUR

Glossar zur Buch'schen Glosse, 252, 18

Kind, unmündiges // niedorosłe albo co nie ma lat dziecko 'nicht erwachsenes oder unmündiges Kind'
[= bis zum 12. Jahr], s. auch o. **zu seinen Jahren kommen**

Kinder, unmündige // dzieci, co lat nie mają 'Kinder, die unmündig sind'; **dzieci niedorośli** 'nicht erwachsene Kinder'
[= bis zum 12. Jahr]

I. dt. ***unmündige Kinder*** // poln. ***dziatki, co lat nie mają*** 'Kinder, die unmündig sind':
unmundege kindir [unmündige Kinder] // ydzyathky czo lath nyemayą [dziatki, co lat nie mają] [1//1]
unmundiger kindir {Genitiv Pl.} [unmündiger Kinder] // dzyeczy czo lath nyemayą [dzieci, co lat nie mają] [1//1]
dy kinder nicht mundig seynt [die Kinder nicht mündig sind] // dzyeczy lath nyemayą [dzieci lat nie mają] [1//1]
dy wyle sy unmundik [unmündig] und bynnen junk syn // poko dzyeczy lath nyemayą [poko dzieci lat nie mają] [177//187]

II. dt. ***unmündige Kinder*** // poln. ***dzieci niedorośli*** 'nicht erwachsene':
unmundege kindir // dzyeczy nyedoroszle [dzieci niedorosłe] [260//263]

III. dt. ***unmündiger Kinder Gut*** // poln. ***sirot jimienie*** 'der Waisen Eigentum':
unmundege kinder [...] *gut* [unmündiger Kinder Gut] // *syroth gymyenye* {'der Waisen Eigentum'} [sirot jimienie] [200//207]

KOMMENTAR

Für dt. *unmündige Kinder* steht im polnischen Text *dziatki, co lat nie mają* 'Kinder, die unmündig sind' (I.: Umschreibung) und *dzieci niedorośli* 'nicht erwachsene' (II.: Übersetzung), für dt. *unmündiger Kinder Gut* // nennt der polnische Text *sirot jimienie* 'der Waisen Eigentum', d. h. dt. *unmündige Kinder* wird hier als *Waisen* ins Polnische übersetzt (III.).

LITERATUR

Reczek/Twardzik III, 74 f.; 137–143
Słownik staropolski, 2, 266–269: *dzieci*
Papsonová, Silleiner Rechtsbuch, 425
Glossar zur Buch'schen Glosse, 252, 17; 260, 14

Tochter, unmündige // niedorosła albo co nie ma lat dziewka 'nicht erwachsene oder unmündige Tochter'
[= bis zum 12. Jahr]

eyne *unmundege tochtir* [eine unmündige Tochter] // *nyedoroszla albo czo nyema lath dzyewka* [niedorosłą albo co nie ma lat dziewkę] [10//10]

KOMMENTAR

Deutsch *unmündige Tochter* hat im polnischen Text neben der Übersetzung noch eine Umschreibung: *niedorosła albo co nie ma lat dziewka* 'nicht erwachsene oder unmündige Tochter' (Übersetzung + zusätzliche Umschreibung).

LITERATUR

Deutsches Wörterbuch, 24, Sp. 1192
Wörterbuch der mittelhochdeutschen Urkundensprache, 2, 999
Frühneuhochdeutsches Wörterbuch, 8/2, Sp. 904
Glossar zur Buch'schen Glosse, 252, 17; 260, 14

Kläger, der // powód; ten, co żałował 'derjenige, der klagte'
[= Kläger, Beschwerdeführer vor Gericht; vgl. auch die Opposition: Antworter/ Kläger, s .o. **Antworter**]

I. dt. ***Kläger*** // poln. ***powód***:
cleger [Kläger] // powod [powod] [124//133]
cleger [Kläger] // powod [powod] [196//203]
der cleger [Kläger] // powod [powod] [201//208]
cleger [Kläger] // powod [powod] [257//260]
Der cleger [Kläger] // powod [powod] [258//261]
der cleger [Kläger] // powod [powod] [259//262]

II. dt. ***Kläger*** // poln. ***ten, co żałował*** 'derjenige, der klagte' {Umschreibung}:
der cleger [der Kläger] // then czo zalowal [ten, co żałował] [132//141]

KOMMENTAR

Deutsch *Kläger* wird im untersuchten Text überwiegend durch poln. *powód* wiedergegeben (I.) (Übersetzung 1:1), lediglich einmal erfolgt eine Umschreibung, vgl. *ten, co żałował* (II.) (Umschreibung).

LITERATUR

Deutsches Rechtswörterbuch, 7, Sp. 1051
Deutsches Wörterbuch, 11, Sp. 925
Wörterbuch der mittelhochdeutschen Urkundensprache, 2, 1010f.
Frühneuhochdeutsches Wörterbuch, 8/3, Sp. 1007
Reczek/Twardzik III, 206
Słownik staropolski, 6, 527f.; *Klage*: 6, 540f.: *pozew*; 6, 528: *powództwo*
Glossar zur Buch'schen Glosse, 19, 15; 20, 8

kłoda s. **Fro(h)n, die**

Kraft, die // moc

hat allis vunt und *craft* [hat Kraft] // to ma *mocz* [to ma moc] [256//259]

KOMMENTAR

Deutsch *Kraft* wird im polnischen Text als *moc* wiedergegeben (Übersetzung 1:1).

LITERATUR

Deutsches Rechtswörterbuch, 7, Sp. 1368
Deutsches Wörterbuch, 11, Sp. 1931
Wörterbuch der mittelhochdeutschen Urkundensprache, 2, 1037f.
Spáčil/Spáčilová Meißner Rechtsbuch, Register, 803
Reczek/Twardzik III, 146–148
Słownik staropolski, 4, 303–310

krzywo przysięgać s. **meineidig (sein)**

krzywoprzysięstwo s. **Meineid, der**

(być) ***krzywoprzysiężca*** s. **meineidig (sein)** und **Meineidiger, der**

L

Landrecht, das s. **Recht, das**

lata mieć s. **zu seinen Jahren kommen, mündig sein**

gdyby ***lata*** **miały** s. **als ob sie mündig wären**

przyć ku swym ***latom*** s. **zu seinen Jahren kommen**

ławica s. **Bank, die**

bez ***ławice*** s. **ohne die Bank**

siedzieć na przysiężnej *ławicy* s. **der Schöffenbank vorstehen**

siedzieć w *ławicy* s. **auf der [Schöffen]Bank sitzen**

Lehnrecht, das // lińskie prawo

lenrecht [Lehnrecht] // *lynszkyem prawye* [lińskiem prawie] [120//130]
czu *leen rechte* [Lehnrecht] // w *lyensky prawo* [w leński⟨e⟩ prawo] [120//130]

KOMMENTAR

Lińskie bzw. *leńskie* ist das mit Hilfe der Wortbildungsmittel des Polnischen abgeleitete Adjektiv (postintegrative Phase) aus dem deutschen Lehnwort *lenno* 'Lehen' (Lehnübersetzung 1:1).

LITERATUR

Handwörterbuch zur Deutschen Rechtsgeschichte, 2, Sp. 1725
Deutsches Rechtswörterbuch, 8, Sp. 970
Wörterbuch der mittelhochdeutschen Urkundensprache, 2, 1114f.
Frühneuhochdeutsches Wörterbuch, 9/2, Sp. 675: *lehenrecht, lehensrecht*
Reczek/Twardzik III, 126
Glossar zur Buch'schen Glosse, 4, 13, 22; 5, 25; 62, 4
Bily, Die Rezeption des sächsisch-magdeburgischen Rechts in Osteuropa, in: Moshövel, Spáčilová (Hrsg.), Kanzleisprache – ein mehrdimensionales Phänomen. 2009, 35–56, hier 46–49.

leńska, pańska s. **Herrenlehen, das**

list s. **Brief, der**

list przysiężniczy s. **Schöffenbrief, der**

prawny *list* s. **Gerichtsbrief, der**

prawne *listy* s. **Gerichtsbriefe, die**

M

macierzyzna s. **Erbe, mütterliches**

Mage, der // przyrodzony 'Verwandter'
[= nächster vormundschaftlicher Verwandter]

1. syne nesten *moge* [seine nächsten Magen] // tego *oczczą albo maczerze przyrodzeny* {'des Vaters oder der Mutter Verwandte'; Pl.} szą blyszszy [tego oćca albo macierze przyrodzeni są bliszy] [16//16]

seyne *mogen* [seinen Magen] // szwe *Przyrodzone* {'seine Verwandten'; Pl.} [swe przyrodzone] [46//54] mit seynem *mogen* [mit seinen Magen] // szwymy *przyrodzonymy* {‘mit seinen Verwandten’; Pl.} [⟨z⟩ swymi przyrodzonymi] [46//54]

KOMMENTAR

Deutsch *Mage* wird im polnischen Text als *przyrodzony* ‘Verwandter’ wiedergegeben (sinngemäße Wiedergabe). Für dt. *syne nesten moge* steht im polnischen Text *des Vaters oder der Mutter Verwandte* (1.).

LITERATUR

Handwörterbuch zur Deutschen Rechtsgeschichte, 3, Sp. 138; Verweis auf: *Verwandtschaft*, 5, Sp. 886
Deutsches Rechtswörterbuch, 8, Sp. 1574
Deutsches Wörterbuch, 12, Sp. 1435
Wörterbuch der mittelhochdeutschen Urkundensprache, 2, 1164
Boková/Spáčilová Glossar, 288: frnhd. *mage* – tsch. Umschreibung, kein deutsches Lehnwort
Reczek/Twardzik III, 229 f.
Słownik staropolski, 7, 335–339
Papsonová, Silleiner Rechtsbuch, 470 f.
Glossar zur Buch’schen Glosse, 53, 18; 66, 2

siostry *mąż* s. **Schwertmage, der**

Magenschaft, die // bliskość ‘Nähe’
[= (Bluts-)Verwandtschaft; nahe Verwandtschaft]

dy *mogeschaft* [die Magenschaft] [...] beweysin // wymyenycz *blyszkosczy* {‘Nähe’} [wymienić bliskości] [184//193a]

KOMMENTAR

Deutsch *Magenschaft* wird im polnischen Text als *bliskość* ‘Nähe’ wiedergegeben (sinngemäße Wiedergabe).

LITERATUR

Deutsches Rechtswörterbuch, 8, Sp. 1580: *Magschaft*
Deutsches Wörterbuch, 12, Sp. 1448: *Magschaft*
Wörterbuch der mittelhochdeutschen Urkundensprache, 2, 1167
Reczek/Twardzik III, 34
Słownik staropolski, 1, 102
Glossar zur Buch’schen Glosse, 4, 6; 71, 23; 72, 28

beklagter Mann, der // ożałowany człowiek
[= Beklagter ‘Angeklagter’]

der** beclagete man* [der beklagte Mann] // ***Ten {Interferenz: der deutsche bestimmte Artikel wird als Demonstrativpronomen übernommen} *ozalowany czlowyek* [ten ożałowany człowiek] [132//141]

der beclagete man [der beklagte Mann] // ***ten*** ozalowany czlowyek [ten ożałowany człowiek] [132//141]
der beclayte man [der beklagte Mann] // ***ten*** ozalowany czlowyek [ten ożałowany człowiek] [132//141]
den beclagetin man [der beklagte Mann] // ***ten*** ozalowany czlowyek [ten ożałowany człowiek] [132//141]
der beclagete man [der beklagte Mann] // ***ten*** ozalowany [ten ożałowany] [257//260]

KOMMENTAR

Deutsch *der beklagte Mann* wird im polnischen Text als *ożałowany człowiek* wiedergegeben (Übersetzung 1:1).
In allen polnischen Entsprechungen wird hier der deutsche bestimmte Artikel (***der, den***) als Demonstrativpronomen ***ten*** übernommen (Interferenz). Das Polnische hat keinen Artikel.

LITERATUR

Deutsches Rechtswörterbuch, 1, Sp. 1502: *beklagt*; 1, Sp. 1503: *Beklagtin*
Deutsches Wörterbuch, 1, Sp. 1418
Frühneuhochdeutsches Wörterbuch, 3, Sp. 1119: *beklagte*
Reczek/Twardzik III, 188
Słownik staropolski, 5, 714: *ożałowanie*; 5, 713f.: *ożałować*
Glossar zur Buch'schen Glosse, 28, 24; 330, 12
Glossar zur Buch'schen Glosse, 46, 23f.; 464, 22f.: *der beklagte Mann*

Meineid, der // krzywoprzysięstwo; s. auch o. **Eid**

I. dt. ***Meineid*** // poln. ***krzywoprzysięstwo***:
so ist der *meyneydis obirwundin* [des Meineides überführt] // tako nayn *dokonano krzywoprzyszązstwą* [tako nań dokonano krzywoprzysięstwa] [141//151]

II. dt. ***einen Meineidigen des Meineides überführen*** // poln. ***dokonać na kogo krzywoprzysięstwo*** 'jmd. einen Meineid nachweisen':
wy man *eynen meyneyder seynes meyneydis obirwindin* [einen Meineidigen des Meineides überführen] moge // Kako mayą dokonacz na kogo krzywoprzyszą stwo [Kako mają dokonać na kogo krzywoprzysięstwo] [141//151]

KOMMENTAR

Für dt. *Meineid* steht poln. *krzywoprzysięstwo* (I., II.) (Übersetzung 1:1).

meineidig (sein) // (być) krzywoprzysiężca 'Meineidiger sein'; **krzywo przysięgać** 'falsch schwören'

I. dt. ***meineidig (sein)*** // poln. ***(być) krzywoprzysiężca*** 'Meineidiger; jmd., der meineidig ist':

so ist der man *meyneeydic* [meineidig] // Tedy ten czlowyek gest *krzywoprzysząscza* {'Meineidiger; jmd., der meineidig ist'} [tedy ten człowiek jest krzywoprzysiężca] [140//150]

II. dt. ***meineidig (sein)*** // poln. ***krzywo przysięgać*** 'falsch schwören':

Wil man eynen *meyneydig beredin* [des Meineides überführen], das mus man vor gerichte tuen also, das man em dy sache benenne, dorumme her meyneydic[140] [meineidig] sey // *Na kogo* chczą *dokonacz krzywoprzysząstwą* 'einen Meineid nachweisen', tho muszą gemv o tho wyna dacz przed szandem, opowyedzecz gemv tho, wczem ______[141] *przyszagl.* [Na kogo chcą dokonać krzywoprzysięstwa, to muszą jemu o to winę dać przed sądem, opowiedzieć jemu to, w czem ⟨*krzywo*⟩ przysiągł.] [141//151]

KOMMENTAR

Für dt. *meineidig (sein)* nennt der polnische Text *(być) krzywoprzysiężca* 'Meineidiger sein' (I.) und *krzywo przysięgać* 'falsch schwören' (II.) (Übersetzung 1:2).

Auch hier (I.) ist zwischen dem deutschen Text und seiner Übersetzung ins Polnische der ebenfalls an anderer Stelle nachgewiesene Wechsel zwischen den Wortarten zu beobachten. Darunter leidet gewöhnlich die Qualität der Übersetzung, d. h. die adäquate Wiedergabe des Inhalts des Sachverhalts, nicht.

Meineidiger, der // krzywoprzysiężca

– dt. *Meineidiger* // poln. *krzywoprzysiężca* 'Meineidiger; jmd., der meineidig ist':

Meyneydiker [Meineidiger] los adir rechtelos mag man en dorumme nicht scheldin // nyemogą go [...] *krzywo przysząsczą*, any otho kto straczyl szwą czescz albo prawo [nie mogą go [...] krzywoprzysiężcą, ani o to kto stracił swą cześć albo prawo] [187//194]

KOMMENTAR

Für dt. *Meineidiger* steht poln. *krzywoprzysiężca* (Übersetzung 1:1).

LITERATUR

Handwörterbuch zur Deutschen Rechtsgeschichte, 3, Sp. 447
Deutsches Rechtswörterbuch, 9, Sp. 445
Deutsches Wörterbuch, 12, Sp. 1922
Wörterbuch der mittelhochdeutschen Urkundensprache, 2, 1210

---

140 Für dt. *meyneydic* steht im polnischen Text ⟨*krzywo*⟩ *przyszagl.* Vgl. dazu auch die folgende Anmerkung.

141 Im polnischen Text fehlt ⟨*krzywo*⟩ 'falsch' in der Wendung ⟨*krzywo*⟩ *przysiągł* in der Entsprechung für dt. *meyneydic*.

Spáčil/Spáčilová Meißner Rechtsbuch, Register, 808
Reczek/Twardzik III, 118
Słownik staropolski, 3, 417
Glossar zur Buch'schen Glosse: lediglich *meineidig*, 101, V, 166; 180, 13; 231, 3

mężobojstwo s. **Totschlag, der**

o *mężobojstwo* s. **um Totschlag**

miastu s. **dem Rat und der Stadt**

moc s. **Kraft, die**

miru nigdzie nie mieć s. **friedlos**

Morgengabe, die // wiano
[= Geschenk des Mannes an die Frau am Morgen nach der Hochzeitsnacht]

I. dt. ***Morgengabe*** // poln. ***wiano***:
morgengobe [Morgengabe] // wyano [wiano] [1//1]
yre *morgingobe* [ihre Morgengabe] // szwe *wyano* [swe wiano] [213//209]
ere *morgingobe* [ihre Morgengabe] // *wyano* swey maczosche [wiano swej macosze] [213//209]
mit der *morgingobe* [mit der Morgengabe] // szwym *wyanem* [swym wianem] [214//210]

II. dt. ***als Morgengabe geben*** // poln. ***dać wiano***:
seyme weybe an seyme eygen stand erbe, das her gewalt hat, zu vorgebin und auch an andirm seyme gute und varnde habe *czu morgyngobe gebin* [als Morgengaben geben], was her wyl. // szwey zenye *dacz wyano* albo darowacz na szwem stoyaczem albo nyestoyaczem gymyenyv [swej żenie dać wiano albo darować na swem stojącem albo niestojącem jimieniu] [146//156]

KOMMENTAR

Für dt. *Morgengabe* steht in allen polnischen Textstellen *wiano* (I.) (Übersetzung 1 : 1), vgl. außerdem Wendungen wie dt. *als Morgengabe geben* und die polnische Entsprechung *dać wiano* (II.).
In der polnischen rechtshistorischen Literatur begegnet mitunter auch poln. *podarek poranny*, die wörtliche Übersetzung von dt. *Morgengabe*.

LITERATUR

Handwörterbuch zur Deutschen Rechtsgeschichte, 3, Sp. 678–683
Deutsches Rechtswörterbuch, 9, Sp. 892
Deutsches Wörterbuch, 12, Sp. 2567
Wörterbuch der mittelhochdeutschen Urkundensprache, 2, 1249 f.

Boková/Spáčilová Glossar, 304: frnhd. *morgengab* – tsch. *jitřní dar, věno*
Spáčil/Spáčilová Meißner Rechtsbuch, Register, 809
Reczek/Twardzik III, 308
Aleksic Ortyle, 130
Słownik staropolski, 10, 101–103
Linde, 6, 268
Karłowicz 6, 99
Papsonová, Silleiner Rechtsbuch, 488 f.
Papsonová, *iclich weyb erbet czweier wegene*, in: Boková (Hrsg.), Zur Erforschung des Frühneuhochdeutschen in Böhmen, Mähren und der Slowakei, 2004, 197 und 199 f.
Glossar zur Buch'schen Glosse, 8, 21; 9, 23; 55, 17

(be)morgengaben // wianować, dać wiano; s. auch o. **begaben**
[= Morgengabe übergeben]

I. dt. ***(be)morgengaben*** // poln. ***wianować; dać wiano***:
an seyme varnde gute *morgengobit* {= Verb zu *morgengobe* 'Morgengabe'} C mark [Morgengabe übergibt] // wyanvge naszwem gydaczem gymyenyv Stho grzywyen [wianuje na swem jidącem jimieniu sto grzywien] [1//1]
morgin gobe gebyn [Morgengabe geben] // dacz wyano [dać wiano] [213//209]
vil *gemorgingobit* [viel gemorgengabt, d. h. viel Morgengabe übergeben] // wyele wyanowano [wiele wianowano] [214//210]
hat seyme elichin weybe *gemorgingobit* [gemorgengabt] // *wyanowal* Swey zenye [wianował swej żenie] [245//248]
seyne vrowe *bemorgingobete* [bemorgengabt] // gey wyanowal [jej wianował] [245//248]
1. den vrowen *morgingobe gap* {Aktiv} bussin gerichte [Morgengabe übergab außer dem Gericht] // aby *wyanowano* {Passiv} procz gayonego sandv [aby wianowano procz gajonego sądu] [245//248]
seym weybe [...] seyme varnden gute *gemorgingobit* [gemorgengabt] // *wyanowal* szwey zenye [...] swego gydaczego gymyenya [wianował swej żenie [...] swego jidącego jimienia] [260//263]

II. dt. **nicht *morgengaben*** // poln. **nie *wianować***:
ir vatir erer muttir ***nicht*** *gemorgengobit habe* [ihr Vater ihrer Mutter keine Morgengabe übergeben habe] // gych oczecz ***nycz nye*** *wyanowal* gych maczyerzy [jich ociec nic nie wianował jich macierzy] [1//1]

KOMMENTAR

Für dt. *(be)morgengaben* steht im polnischen Text *wianować* (I.) (Übersetzung 1:1), auch in Verbindung mit einer Negation (II.).
1. Wie auch an anderer Stelle der verglichenen Texte, zeigt sich hier ein Unterschied im Modus Verbi: **Aktiv** im deutschen und **Passiv** im polnischen Text.

LITERATUR

Deutsches Rechtswörterbuch, 9, Sp. 901
Wörterbuch der mittelhochdeutschen Urkundensprache, 2, 1250
Lübben/Walther 235: Verb als Ableitung aus mnd. *morgengave* 'Morgengabe'
Boková/Spáčilová Glossar, 304: frnhd. *morgengaben* – tsch. *stanovit důchody manželce*
Reczek/Twardzik III, 308f., 92f.
Słownik staropolski, 10, 103f.
Glossar zur Buch'schen Glosse, 242, 4; 8, 15f.; 235, 10f., 13

mündig sein // lata mieć; s. auch o. **Kinder, mündige**
[= mind. 12 Jahre alt sein]

als ob sie mündig wären // gdyby lata miały; s. auch o. **Kinder, mündige**

ap se *mundig* weren [als ob sie mündig wären] // gdy by *latha myaly* [gdyby lata miały] [1//1]

Wen eyn kint *czwelf iar alt* ist, so ist is *myndig* [wenn ein Kind 12 Jahr alt ist, so ist es mündig] und man mac obir is richten // Kyedy dzyeczą mą *dwanascze lath*, tedy yvsze *ma lathą* a moga ge szandzycz [Kiedy dziecię ma dwanaście lat, tedy już ma lata a mogą je sędzić] [143//153]

mündig werden // lata mieć; s. auch o. **Kinder, mündige**

dy kinder *muͤndik werden* [mündig werden] // poko dzeczy lath ***nye***mayą [poko dzieci lat nie mają] [96//103]

KOMMENTAR

Für dt. *mündig werden* steht im polnischen Text *lata mieć* (Übersetzung).

LITERATUR

Handwörterbuch zur Deutschen Rechtsgeschichte, 3, Sp. 738: nicht: *mündig sein*, aber: *Mündigkeit*
Deutsches Rechtswörterbuch, 9, Sp. 983
Deutsches Wörterbuch, 12, Sp. 2688
Reczek/Twardzik III, 74f.; 137–143
Glossar zur Buch'schen Glosse, 258, 3f., 7

N

nauczenie s. **Unterweisung, die; unterweisen**

nauka s. **Unterweisung, die; unterweisen**

niedorosła albo co nie ma lat dziewka s. **Tochter, unmündige**

niedorosłe albo co nie ma lat dziecko s. **Kind, unmündiges**

niewinnie s. **schuldlos**

O

obrona s. **Gewere, die**

(nie) w jego *obronie* s. **(nicht) in seiner Gewere**

(nie) w jego *obronę* s. **(nicht) in seine Gewere**

ojc[ow]izna s. **Erbe, väterliches; ihres Vaters Gut**

odpowiadać s. **antworten** und **Antwort, die**

odpowiedźca s. **Antworter, der**

opieka s. **Gewere, die** und **Fürsprecher, der**

opiekać s. **vorstehen**

opiekalnicstwo s. **Vormundschaft, die**

opiekalnik s. **Vormund, der**

opiekanie s. **Vormundschaft, die**

ortel, ortyl s. **Urteil, das**

łająć *ortel* s. **Urteil schelten**

najć *ortel* s. **Urteil finden**

przysiężniczy *ortel* s. **Schöffenurteil, das**

wyrzec *ortel* s. **Urteil sprechen**

ożałowany s. **Beklagter, der**

P

(przysiężnicza) *pieczęć* s. **(Schöffen-)Siegel, das**

pieniądze s. **Geld, das**

podróżny s. **weg(e)fertig**

poręka s. **Bürge, der**

(pospolny) poseł s. **(Frohn-)Bote, der**

pospolni posłowie s. **Frohnboten, die**

powód s. **Kläger, der**

pozwać przed prawo s. **Gericht: vorladen (vor Gericht)**

prawo s. **Ding, das** und **Weichbildrecht, das**

duchowne ***prawo*** s. **Recht, geistliches**

lińskie ***prawo*** s. **Lehnrecht, das**

prawo Majdborskie s. **Recht, Magdeburger; Weichbild, das**

miejskie ***prawo*** s. **Recht, Magdeburger; Weichbild, das** und **Stadtrecht, das; Stadtgericht, das** und **Weichbildrecht, das**

niemieckie ***prawo*** s. **Recht, Magdeburger; Weichbild, das** und **Weichbildrecht, das**

wysze ***prawo*** s. **Gericht, höchstes; Recht, höchstes**

ziemskie ***prawo*** s. **Landding, das**

zawołać ku ***prawu*** s. **vor Gericht laden**

ku ***prawo*** **wybrać** s. **zum Richter küren**

przed ***prawem*** s. **vor Gericht**

przed ***prawo*** **przywieść** s. **vor Gericht bringen**

przypowiadać s. **beweisen**

przyrodzony s. **Mage, der** und **Schwertmage, der**

przyrodzony (przyjaciel) mężczyzna s. **Schwertmage, der**

przysiągać s. **schwören**

przysięga s. **Eid, der**

przysiężnik s. **Schöffe, der**

wybierać ***przysiężniki*** s. **Schöffen küren**

być wybran ***przysiężnikiem*** s. **zum Schöffen küren**

przysiężnicy s. **Schöffen, die**

przysiężna ławica s. **Schöffenbank, die**

przysiężny stolec s. **Schöffenstuhl, der**

R

rada s. **Rat, der**

osiadła *rada* s. **Rat, sitzender**

siedząca *rada* s. **Rat, sitzender**

przed *radą* s. **Rat, vor dem**

przed osiadłą *radą* s. **vor dem sitzenden Rat**

przed siedzącą *radą* s. **vor dem sitzenden Rat**

w *radę* tajemną s. **Rat, zu dem**

radca, radźca s. **Ratmann, der**

radźce s. **Ratmannen, die**

radźce, postawić s. **Ratmannen einsetzen**

przeciwko *radźcam* s. **Ratmannen, gegen die**

przed *radźcami* s. **Rat, vor dem**

rana s. **Wunde, die**

rany s. **Wunden, die**

Rat, der // rada
[= Ratskollegium, Stadtrat]

LITERATUR
Handwörterbuch zur Deutschen Rechtsgeschichte, 4, Sp. 156–166
Deutsches Rechtswörterbuch, 11, Sp. 1
Deutsches Wörterbuch, 14, Sp. 156
Wörterbuch der mittelhochdeutschen Urkundensprache, 2, 1408 f.
Boková/Spáčilová Glossar, 345: frnhd. *rat* – tsch. *rada, rádce*
Spáčil/Spáčilová Meißner Rechtsbuch, Register, 819
Reczek/Twardzik III, 238
Aleksic Ortyle, 43–45

Kaestner 1939, § 56, § 138, § 171: *rada*
Słownik staropolski, 7, 420–423, bes. 422
Papsonová, Silleiner Rechtsbuch, 518
Glossar zur Buch'schen Glosse, 130, 12

Rat, vor dem // przed radą; przed radźcami 'vor den Ratmannen'

I. **vor *dem rote*** [vor dem Rat] // **przed *rada*** [przed radą] [31//37]

II. **vor dem *rate*** [vor dem Rat] // **przed *Raczczamy*** [przed radźcami] [165//176]

KOMMENTAR

Für dt. *vor dem Rat* (Rat als Gremium, vgl. das deutsche Lehnwort *rada*) stehen im polnischen Text 2 Entsprechungen: I. die wortwörtliche Übersetzung (1:1) der deutschen Wendung ins Polnische und II. die Wiedergabe als *przed radźcami* 'vor den Ratmannen', gemeint sind die einzelnen Mitglieder eines Kollegiums.

Rat, zu dem // w radę tajemną 'geheimen'

czu dem *rote* geruffin wurde [zu dem Rat gerufen wurde] // przyszwano ***wrada*** *tagemną* {'in den geheimen Rat gerufen'} [przyzwano w radę tajemną] [27//35]

KOMMENTAR

Hier liegt eine wortwörtliche Übersetzung der deutschen Wendung ins Polnische vor, vgl. das deutsche Lehnwort *rada.*

Rat, sitzender // rada, osiadła; rada, siedząca

KOMMENTAR

Für dt. *sitzender Rat* sind 2 polnische Entsprechungen belegt: *osiadła rada* und *siedząca rada* (Übersetzung 1:2), s. auch folg.

Rat, vor dem sitzenden // przed osiadłą radą, przed siedzącą radą

I. dt. ***vor dem sitzenden Rat*** // poln. ***przed osiadłą radą***:

vor dem *siczczende rote* [vor dem sitzenden Rat] // ***przed*** *oszyadla rada* [przed osiadłą radą] [25//33]

II. dt. ***vor dem sitzenden Rat*** // poln. ***przed siedzącą radą***:

vor *eyme siczende rote* [vor einem sitzenden Rat] // ***przed*** *szyedzaczą rada* [przed siedzącą radą] [27//35]

vor den *rotmannen, do se siczen yn dem rate* [vor den Ratmannen, die sitzen in dem Rat] // *przed szyedzaczą nasza radą* [na się przed siedzącą radą] [77//84]

for eyme siczende rote [vor einem sitzenden Rat] // *przed Szyedzaczya radą* [przed siedzącą radą] [104//113]

vor dem siczinden rate [vor dem sitzenden Rat] // *przed szyedzaczą radą* [przed siedzącą radą] [157//168]
vor eyme siczinden rate [vor einem sitzenden Rat] // *przed szyedząnczą radą* [przed siedzącą radą] [165//176]
vor dem ______[142] *rate* [vor dem Rat] // *przed* <u>*szyedzaczą*</u>[143] *radą* [przed siedzącą radą] [190//197]
yn eyme *siczczenden rote* [in einem sitzenden Rat] // ***przed*** *szyedzaczą rada* [przed siedzącą radą] [33//41]
in ziczczendem rote [in sitzendem Rat] // ***przed*** *szyedzaczą radą* [przed siedzącą radą] [104//113]

KOMMENTAR

Für dt. *vor dem sitzenden Rat* sind 2 polnische Entsprechungen belegt: *przed osiadłą radą* und *przed siedzącą radą* (Übersetzung 1:2).

LITERATUR

Deutsches Wörterbuch, 14, Sp. 171
Boková/Spáčilová Glossar, 346: frnhd. *sitzender rat* – tsch. *zasedající rada*
Reczek/Twardzik III, 238
Słownik staropolski, 7, 420–423, bes. 422

dem Rat und der Stadt // miastu 'der Stadt'

dem rote und der stat [dem Rat und der Stadt] // *myastv* {'der Stadt'} [miastu] [33//41]

KOMMENTAR

Für dt. *dem Rat und der Stadt* steht im polnischen Text *miastu* 'der Stadt'. Es zeigt sich eine Gleichsetzung von *Rat* und *Stadt.*

Ratmann, der {Person} // radca, radźca
[= das einzelne Mitglied eines Kollegiums]

I. dt. ***Ratmann*** // poln. ***radca, radźca***:
rotman [Ratmann] // radzczą [radźcą] [24//32]
rotman [Ratmann] // radczczą [radźca] [25//33]
rotman [Ratmann] // radzczą [radźca] [27//35]
ratman [Ratmann] // raczcza [radźca] [252//255]

II. dt. ***geschworener Ratmann*** // poln. ***radca, radźca***:
ap eyn burgir der do eyn *gesworn rotman* [geschworener Ratmann] ofte vor czeytin gewest were // Gdy by myesczanyn czo by cząsto krocz *raczczą byl przisząngal ku prawo* [Gdyby mieszczanin, co by częstokroć *radźcą był, przysięgał ku prawu*] [23//31]

---

[142] *sitzender* steht nicht im deutschen Text.
[143] Im polnischen Text wurde *szyedzaczą* ergänzt.

III. dt. ***Rat*** // poln. ***radźce***:
der rat [Rat] // raczcze [radźce] [255//258]

Ratmannen, die {Personen} // radźce {Pl.}

IV. dt. ***Ratmannen, die*** // poln. ***radźce***:
czwene *rotmanne* adir mer [zwei Ratmannen oder mehr] // dwa albo wyaczey *radzyecz* [dwa albo więcej radziec] [23//31]
dy rotmanne [die Ratmannen] // radczcze [radźce] [38//46]
dy rotmanne [die Ratmannen] // Radczcze [radźce] [39//47]
dy rotmanne [die Ratmannen] // wszythczy raczcze [wszytcy radźce] [104//113]
dy rotmane [die Ratmannen] // radcze [radce] [117//127]
Dy ratmanne [die Ratmannen] // raczcze [radźce] [157//168]
dy ratmanne [die Ratmannen] // raczcze [radźce] [159//170]
Ratmanne [die Ratmannen] // Raczcze [Radźce] [174//183]
ratmanne [Ratmannen] // raczcze [radźce] [175//186]

Ratmannen, gegen die // przeciwko radźcam {Dativ Pl.}

kegen den rotmannen [gegen die Ratmannen] // ***przeczywko*** raczczam [przeciwko radźcam] [41//49]
kegin den rotmannen [gegen die Ratmannen] // ***przeczywko*** raczczam [przeciwko radźcam] [48//56]

Ratmannen einsetzen // postawić radźce 'Ratmannen'

saczte *rotmanne* [setzte Ratmannen ein] // postawyl Radczcze [postawił radźce] [39//47]

KOMMENTAR

Für dt. *Ratmann* steht im polnischen Text *radca/radźca* (I.) bzw. im Plural dt. *Ratmannen* // poln. *radźce* (IV.). Nur vereinzelt begegnen im deutschen Text *geschworener Ratmann* (II.) oder *Rat* (III.).
Die Wiedergabe von dt. *Ratmann(en)* durch poln. *radca/radźca* {Sg.} /*radźce* {Pl.} gilt ebenfalls für Wendungen wie dt. *gegen die Ratmannen* // poln. *przeciwko radźcam* und dt. *Ratmannen einsetzen* // poln. *postawić radźce*, s. o.

LITERATUR

Deutsches Rechtswörterbuch, 11, Sp. 77
Deutsches Wörterbuch, 14, Sp. 202
Wörterbuch der mittelhochdeutschen Urkundensprache, 2, 1411 f.
Boková/Spáčilová Glossar, 347: frnhd. *ratman* – tsch. *konšel, radní, rádce*
Spáčil/Spáčilová Meißner Rechtsbuch, Register, 819
Reczek/Twardzik III, 238 f.
Aleksic Ortyle, 62

Słownik staropolski, 6, 453–458: *postawić*; 7, 423–425
Papsonová, Silleiner Rechtsbuch, 519
Glossar zur Buch'schen Glosse, 128, 5

Recht, das // prawo
[= Gesetz, Recht, Rechtssatzung]

abir ich weis nicht, ab ich macht habe ***von*** rechte [von Rechtes wegen], dy morgengobe czu geben // ale ya ney wyem ma⟨m⟩-ly thą mocz *s*prawa dacz gey to wyano [ale ja nie wiem, ma⟨m⟩-ly tę moc z prawa] [1//1]
vollenkomen an erim *rechte* [an ihrem Recht] // przyszwem pelnem *prawye*, [przy swem pełnem prawie] [8//8]
ir habt gesworn ***czum*** rechten [zum Recht] // ale wysczye Pryszagaly ***ku*** prawu [ale wyście pr⟨z⟩ysięgali ku prawu] [104//113]
myt rechte [mit Recht] // sprawnye [sprawnie] [190//197]
yn ewgirm rechte [in eurem Recht] // waszem prawye [waszem prawie] [255//258]
von rechtis halbin [von Rechtes wegen] // ***podlug*** prawa [podług prawa] {= Schlußformel eines Spruches} [256//259]

KOMMENTAR

Deutsch *Recht* wird im polnischen Text durch *prawo* wiedergegeben (Übersetzung 1:1).

LITERATUR

Handwörterbuch zur Deutschen Rechtsgeschichte 4, Sp. 224–232
Lexikon des Mittelalters, 7, 510–518
Deutsches Rechtswörterbuch, 11, Sp. 261
Deutsches Wörterbuch, 14, Sp. 364
Wörterbuch der mittelhochdeutschen Urkundensprache, 2, 1421–1425
Boková/Spáčilová Glossar, 349: frnhd. *recht* 'Recht, Gericht' – tsch. *právo, soud*
Spáčil/Spáčilová Meißner Rechtsbuch, Register, 819
Reczek/Twardzik III, 208–213
Aleksic Ortyle, 34
Zajda 2001, u. a. 129
Kaestner 1939
Lizisowa 1995, 52–83
Słownik staropolski, 7, 33–44
Linde, 4, 462–464
Papsonová, Silleiner Rechtsbuch, 522–534
Glossar zur Buch'schen Glosse, 3, 9; 15, 12

Landrecht, das // ziemskie prawo

yn [...] *lantrechte* [Landrecht] // *wszyemszkyem prawem* pyssanym [w ziemskiem prawem pisanym] [193//200]

KOMMENTAR

Deutsch *Landrecht* wird im polnischen Text durch *ziemskie prawo* wiedergegeben (Übersetzung 1:1).

LITERATUR

Handwörterbuch zur Deutschen Rechtsgeschichte, 2, Sp. 1527
Deutsches Rechtswörterbuch, 8, Sp. 547
Deutsches Wörterbuch, 12, Sp. 128
Frühneuhochdeutsches Wörterbuch, 9/1, Sp. 183
Spáčil/Spáčilová Meißner Rechtsbuch, Register, 805
Reczek/Twardzik III, 212
Glossar zur Buch'schen Glosse, 3, 2; 4, 12, 25

Recht, geistliches // duchowne prawo

czu *geystlichem rechte* [zu geistlichem Recht] // ***ku*** *duchownemv prawu* [ku duchownemu prawu] [39//47]

KOMMENTAR

Deutsch *geistliches Recht* wird im polnischen Text durch *duchowne prawo* wiedergegeben (Übersetzung 1:1).

LITERATUR

Deutsches Rechtswörterbuch, 3, Sp. 1529 (I 1 a): *geistlich*
Deutsches Wörterbuch, 14, Sp. 377: *Recht*; 5, Sp. 2785: *geistlich*
Reczek/Twardzik III, 221
Słownik staropolski, 2, 216–219: *duchowny*
Glossar zur Buch'schen Glosse, 378, 10; 67, 24; 269, 14

Recht, Magdeburger; Weichbild, das // majdborskie prawo 'Magdeburger Recht', **prawo niemieckie** 'deutsches Recht', **prawo miejskie** 'Stadtrecht'; s. auch u. **Weichbildrecht, das**

I. dt. ***Magdeburger Recht*** // poln. ***majdborskie prawo***:

Meydburger recht [Magdeburger Recht] // maydborszkye prawo [majdborskie prawo] [104//113]

Meydburgisch recht [Magdeburger Recht] // ***sz***maydborszkye prawo [z⟨a⟩ majdborskie prawo] [111//120]

wenne ***noch*** *medeburgeschim rechte* mag man keinen man obir czugin in solchynnen sachin [Magdeburger Recht] // bo ***w*** *maydborszkyem prawye* nyemoze nykogo przeszwyathczycz podlug prawa wthych rzeczach wszythkych. [bo w majdborskiem prawie nie może nikogo przeświadczyć podług prawa w tych rzeczach wszytkich] [86//93]

yn Medeburg rechte legin [Magdeburger Recht] // ***szą*** wmadborszkyem prawye [leżą w madborskiem prawie] [98//105]

in Meydburgischem rechte [Magdeburger Recht] // ***w***marborszkyem y myesczkyem prawie {'in Magdeburger und Stadtrecht'} [w marborskiem ⟨n⟩i⟨e⟩miecskiem prawie] [118//128]

yn Meydburgischem rechte [Magdeburger Recht] // ***w***marborszkyem prawye [w marborskiem prawie] [120//130]

II. dt. ***Magdeburger Recht*** // poln. ***niemieckie prawo*** 'deutsches Recht':

czoch sich des uf des koningis hof, auch yn eyn gehegit dink ***yn*** *meydeburgisch rechte* [Magdeburger Recht] // y czyagnal szye o tho do krolewszkyego stolczą ytesz *wnyemyeczszkye prawo* {'nach deutschem Recht'}. [i ciągnął sie o to do krolewskiego stolca i też w niemiecskie prawo] [261//264]

III. dt. ***Weichbild*** // poln. ***prawo miejskie*** 'Stadtrecht', ***majdborskie prawo*** 'Magdeburger Recht':

bynnen wichbilde [Weichbild] gesessin ist und wonhaftig // czlowyek szyedzy *wprawie myeszczkyem, maydborszkyem prawye*, y tam bytem zyl albo zywye [człowiek siedzi w prawie miesckiem, majdborskiem prawie, i tam bytem żył albo żywie] [146//156]

KOMMENTAR

Für dt. *Magdeburger Recht* steht im polnischen Text überwiegend *majdborskie prawo* (I.). Lediglich einmal ist *niemieckie prawo* 'deutsches Recht' als Entsprechung belegt (II.). In 1 Beleg wird dt. *Weichbild* (als Synonym für *Weichbildrecht = Stadtrecht*) im polnischen Text mit *prawo miejskie* 'Stadtrecht', *majdborskie prawo* 'Magdeburger Recht' wiedergegeben (III.).

LITERATUR

Handwörterbuch zur Deutschen Rechtsgeschichte, 3, Sp. 134: *Magdeburger Recht*
Deutsches Rechtswörterbuch, 8, Sp. 1569: *magdeburgisch*
Deutsches Wörterbuch, 14, Sp. 380: *Recht*
Reczek/Twardzik III, 211
Aleksic Ortyle, 32
Słownik staropolski, 4, 144
Linde, 4, 462f.
Reczek/Twardzik III, 211: auch: *czosz szluszą ku waszemv praw nyemyeczszkyemu* '... zu eurem deutschen Recht'

Recht, weltliches // sąd, świecki

– dt. *vor weltlichem Recht* // poln. *przed świeckim sądem*:

vor *wertlichem rechte* [vor weltlichem Recht] // ***przed*** *szwyeczkym szandem* [przed świeckim sądem] [157//168]

KOMMENTAR

Deutsch *weltliches Recht* wird im polnischen Text durch *świecki sąd* wiedergegeben (Übersetzung 1:1).

LITERATUR

Spáčil/Spáčilová Meißner Rechtsbuch, Register, 819

rechtlos // bezprawny
[= gerichtsunfähig, ohne Rechtsanspruch]

I. dt. ***rechtlos*** // poln. ***bezprawny***:
rechtelos [rechtlos] // beszprawny [bezprawni] [196//203]

II. dt. ***ein rechtloser Mann*** // poln. ***bezprawny człowiek***:
eyn rechtelos man [ein rechtloser Mann] // besz sprawny czlowyek [bezprawny człowiek] [196//203]

III. dt. ***rechtlos*** // poln. ***nie mieć żadnego prawa*** 'keinerlei Recht haben':
syn **birmal** vorloren und sal *rechtelos* [rechtlos] sin // straczyl szwe prawo y czescz a *nyemą zadnego prawa* {'hat keinerlei Recht'} [stracił swe prawo i cześć a nie ma żadnego prawa] [140//150]

IV. dt. ***rechtlos*** // poln. ***zostal bez prawa*** 'ist ohne Recht':
und ist *rechtelos* [rechtlos] und hat syn ***birmal*** vorloren // straczyl szwa czescz J pravo a gesth *zostal besz prawą* [stracił swą cześć i prawo a jest został bez prawa] [141//151]

V. dt. ***rechtlos*** // poln. ***człowieka, co prawa nie ma*** 'ein Mann, der kein Recht hat':
den sal man haldin *vor rechtelos* [rechtlos] // tego *czlowyeką* mayą myecz y dzyerszecz zathągyego, *czo prawa nyemą* [tego człowieka mają mieć i dzierżeć za takiego, co prawa nie ma] [163//174]

VI. dt. ***rechtlos*** // poln. ***kto stracił swą cześć albo prawo*** 'der seine Ehre oder sein Recht verloren hat':
Meyneydiker los adir *rechtelos* [rechtlos] mag man en dorumme nicht scheldin // nyemogą go [...] krzywo przyszączą, any otho *kto straczyl szwą czescz albo prawo* [nie mogą go [...] krzywoprzysiężcą, ani o to kto stracił swą cześć albo prawo] [187//194]

KOMMENTAR

Für dt. *rechtlos* steht im polnischen Text *bezprawny* (I.), auch in der Verbindung: dt. *ein rechtloser Mann* // poln. *bezprawny człowiek* (II.). Als weiterer Entsprechungen für dt. *rechtlos* sind im polnischen Text belegt *nie mieć żadnego prawa* 'keinerlei Recht haben' (III.), *zostal bez prawa* 'ohne Recht ist' (IV.), *człowieka, co prawa nie ma* 'ein Mann, der kein Recht hat' (V.) sowie *kto stracił swą cześć albo prawo* 'der seine Ehre oder sein Recht verloren hat' (VI.).

LITERATUR

Handwörterbuch zur Deutschen Rechtsgeschichte, 4, Sp. 258: nicht: *rechtlos*, aber: *Rechtlosigkeit*
Deutsches Rechtswörterbuch, 11, Sp. 387
Deutsches Wörterbuch, 14, Sp. 420
Wörterbuch der mittelhochdeutschen Urkundensprache, 2, 1426
Spáčil/Spáčilová Meißner Rechtsbuch, Register, 819
Reczek/Twardzik III, 33
Słownik staropolski, 1, 76 f.
Glossar zur Buch'schen Glosse, 324, 12f.; 362, 12; 16, 5f.

rejestr przysiężniczy s. **Schöffenbrief, der**

ręka s. **Hand, die**

z bronią, bronną *ręką* s. **mit gewappneter Hand**

po umarłej *ręce* s. **nach toter Hand**

jedną *ręką* s. **mit seiner, ihrer, meiner einen Hand**

richten // sędzić

[= Recht sprechen, Gericht halten, richten, strafen, (ver)urteilen]

das magin se *richtin* [richten] yn siczczenden stule // To moga *szandzicz* szyedząncz naszwem stolczv [to ⟨radźce⟩ mogą sędzić siedząc na swem stolcu] [35//43]
mak alle tage *richtin* [richten] // moze na kasdy dzen *szandzycz* [może na każdy dzień sędzić] [101//110]
wer das und wy man *richten* [richten] // kto tho albo kako mayą *szandzycz* [kto to albo kako mają sędzić] [170//181]

KOMMENTAR

Deutsch *richten* wird im polnischen Text durch *sędzić* wiedergegeben (Übersetzung 1:1).

LITERATUR

Handwörterbuch zur Deutschen Rechtsgeschichte: nicht: *richten*, aber: *Richten nach Gnade*, 4, Sp. 1030 und *Richten ohne Urteil* 4, Sp. 1032
Deutsches Rechtswörterbuch, 11, Sp. 1000
Deutsches Wörterbuch, 14, Sp. 867
Wörterbuch der mittelhochdeutschen Urkundensprache, 2, 1426
Boková/Spáčilová Glossar, 356
Reczek/Twardzik III, 250: *sędzić, sądzić*; 185: *osądzić, osiędzić*
Słownik staropolski, 8, 158; Verweis auf: *sądzić* 8, 133–137

Lehnwörter 2008, 167: *rychtować* 'richten'
Glossar zur Buch'schen Glosse, 5, 9; 7, 6

Richter, der // sędzia 'Richter', **wójt** 'Vogt'

I. dt. ***Richter*** // poln. ***sędzia***:
der richter [Richter] // Sządzą [Sędzia] [3//3]
richtir [Richter] // Sąndza [sędzia] [16//16]
Der richtir [Richter] // Sandzą [Sędzia] [19//19]

II. dt. ***Richter*** // poln. ***sędzia albo wójt*** 'Richter oder Vogt' bzw. die Umkehrung ***wójt albo sędzia*** 'Vogt oder Richter':
rychter [Richter] // Sandza albo woyth [sędzia albo wojt] [93//100]
Der richter [Richter] // WOyth albo szandzą [Wojt albo sędzia] [114//124]

III. dt. ***Richter*** // poln. ***wójt*** 'Vogt':
und auch der *rychter* [Richter] czu dem gerychte nicht gesworn hatte // a *woyth* tesz ku prawu nyeprzyszagl [a wojt też ku prawu nie przysiągł] [90//97]
rychter [Richter] // woyth sam [wojt sam] [97//104]
richter [Richter] // woyth [wojt] [104//113]
richter [Richter] // woyth [wojt] [106//115]
rychter [Richter] // woyth [wojt] [128//137]
richter [Richter] // woyth [wojt] [154//165]
den richter [Richter] // woytowy [wojtowi] [186//193]
Der rychter [Richter] // WOyth [Wojt] [108//117]
dem richter [Richter] wyssenheyt tun // vczynycz *zwoythowszkym* wyedzenym [uczynić z wojtowskim wiedzenim] [106//115]
dem richter [Richter] // woyth***owy*** [wojtowi] [151//162]
richter [Richter] // woyth [wojt] [196//203]
dem richter [Richter] // woyth***owy*** [to wojtowi] [200//207]
zo solde doch der *richter* irloubin // Tedy *woyth* moze od pvsczicz [tedy wojt może odpuścić] [200//207]
Der richter [Richter] // woyth [wojt] [201//208]
der richter [Richter] // woyth [wojt] [216//212]
richter [Richter] // woyth [wojt] [252//255]
der richter [Richter] // woyth [wojt] [253//256]
fon rychter [Richter] // ***od*** woytha [od wojta] [128//137]

IV. *Anrede/Vokativ*:
Her richter [Herr Richter] // panye woycze [Panie wojcie] [111//120]
Her rychter [Herr Richter] und getrewen scheppin // *Panye woycze* y wyerny przyszasznyczy [Panie wojcie i wierni przysiężnicy] [112//121]
Her richter [Herr Richter] // panye woycze [Panie wojcie] [123//122]

Kommentar

Die poln. *sędzia*-Belege für dt. *Richter* sind nicht sehr zahlreich (I.), auch nicht die Beispiele, in denen für dt. *Richter* im polnischen Text *sędzia albo wójt* 'Richter oder Vogt' bzw. die Umkehrung *wójt albo sędzia* 'Vogt oder Richter' steht (II.). Am häufigsten ist im von uns verglichenen polnischen Text das deutsche Lehnwort *wójt* 'Vogt' für dt. *Richter* belegt (III.), vgl. dazu besonders auch die **Vokativ**formen (IV.). Diese Tendenz, d. h. poln. *wójt* 'Vogt' für dt. *Richter* zu verwenden und nicht poln. *sędzia* 'Richter', zeigt sich ebenfalls im überwiegenden Teil der präpositionalen Wendungen, s. die nachfolgenden Beispiele.

Literatur

Handwörterbuch zur Deutschen Rechtsgeschichte, 4, Sp. 1033–1040
Deutsches Rechtswörterbuch, 11, Sp. 1014
Deutsches Wörterbuch, 14, Sp. 888–891
Wörterbuch der mittelhochdeutschen Urkundensprache, 2, 1436f.
Spáčil/Spáčilová Meißner Rechtsbuch, Register, 819: *rychtář*
Reczek/Twardzik III, 250: *sędzia*
Aleksic Ortyle, 62f., 65: *sędzia*
Zajda 2008, 297: *rychtarz, wójt*
Słownik staropolski, 8, 61: *rychtarz* 'wójt, przewodniczący sądu prawa niemieckiego'; 8, 156–158: *sędzia*
Papsonová, Silleiner Rechtsbuch, 547–550
Glossar zur Buch'schen Glosse, 3, 19; 12, 13, 15; 14, 13

Richter, vor dem // przed wójtem 'vor dem Vogt'; **przed sądem** 'vor Gericht'

I. **for dem *richter*** [Richter] // *przed* ***woythem*** [przed wojtem] [99//106]
wol ***for*** dem richter [Richter] eyde tun // przyszagacz ***przed*** woythem podlug [przysięgać przed wojtem podług ⟨prawa⟩] [99//106]

II. **vor *richtern*** [Richter] // **przed *Sandem*** [przed sądem] [252//255]

Kommentar

Für dt. *vor dem Richter* steht im polnischen Text *przed wójtem* 'vor dem Vogt' (I.), einmal auch *przed sądem* 'vor Gericht' (II.). In letzterem Beispiel (II.) wird die deutsche Pluralform ***vor*** *richtern* {Dativ Pl.} [vor den Richtern] im Polnischen als Singularform ***przed*** *Sandem* {Sg.} wiedergegeben.

Richter, vor den // przed wójta 'vor den Vogt'

[***vor***] den *richter* [Richter] // ***przed*** *woythą* [przed wojta] [192//199]

Kommentar

Deutsch *vor den Richter* wird im polnischen Text als *przed wójta* 'vor den Vogt' wiedergegeben.

Richter, geistlicher // sąd, duchowny

sal man weysin ***vor*** *den geystlichen richtir* [vor den geistlichen Richter] // ale ma bycz dana ***do*** *duchownego szandu* [ale ma być dana do duchownego sądu] [38//46]

KOMMENTAR

Deutsch *geistlicher Richter* wird im polnischen Text durch *duchowny sąd* 'geistliches Gericht' wiedergegeben (Übersetzung 1 : 1).

LITERATUR

Deutsches Rechtswörterbuch, 3, Sp. 1529 (I 3): *geistlich*
Deutsches Wörterbuch, 5, Sp. 2785: *geistlich*; 14, Sp. 889–891: *Richter*
Reczek/Twardzik III, 247
Glossar zur Buch'schen Glosse, 60, 4; 129, 6

Richter, weltlicher // sędzia, świecki

wertliche richtir [weltlicher Richter] // *szwyekzky sąndza* [świecki sędzia] [38//46]

KOMMENTAR

Für dt. *weltlicher Richter* steht im poln. Text *świecki sędzia* (Übersetzung 1 : 1).

LITERATUR

Deutsches Wörterbuch, 14, Sp. 889–891: *Richter*; 28, Sp. 1636: *weltlich*
Reczek/Twardzik III, 248
Glossar zur Buch'schen Glosse, 60, 4; 308, 11; 416, 12

zum Richter küren 'wählen' **// ku prawu wybrać**

czu richter *korn ist* [zum Richter gekürt ist] // ***ku***prawu wybran {'ins Richteramt gewählt'} [ku prawu wybran] [43//51]

KOMMENTAR

Für dt. *zum Richter küren* steht im polnischen Text *ku prawu wybrać*. Altpolnisch *prawo* wird hier in der im altpolnischen Wörterbuch (Słownik staropolski 7, 44) unter 8. genannten Bedeutung verwendet, die sich auf das Amt der Rechtsausübung bezieht (Übersetzung 1 : 1), vgl. zu apoln. **prawo** in der Bedeutung *Gericht* auch o. **Gericht, höchstes; Recht** {in der Bedeutung ***Gericht***}, **höchstes** und ebenso auch **vor Gericht // przed prawem**.

LITERATUR

Deutsches Wörterbuch, 14, Sp. 890: *Richter*
Reczek/Twardzik III, 320
Słownik staropolski, 7, 44: apoln. *prawo* 'powinność, obowiązek, wynikający z przepisu prawnego, officium legibus imperatum'

Glossar zur Buch'schen Glosse: *gekoren r.* 395, 12; 400, 1f.; r. *kesen*, 'wählen' 17, 19; 60, 19; 399, 12

małżeńskiego *rodu* s. **ehelich (geboren sein)**

urodzon z *małżeństwa* s. **ehelich (geboren sein)**

rok s. **Jahr, das**

rok i dzień s. **Jahr und Tag**

(być) *równy* urodzeniem s. **ebenbürtig (sein)**

równe dzieci s. **ebenbürtig (sein)**

(niewieskie) *rzeczy* s. **Gerade, die**

przeciw temu *rzeć* s. **widersprechen**

rzecz s. **Sache, die** und **Tat, die**

gorąca *rzecz* s. **Tat, handhafte**

w gorącej *rzeczy*, za gorąca, za gorącej rzeczy s. **in handhafter Tat; auf frischer Tat**

rzeczy s. **Sachen, die**

rzecznik s. **Fürsprecher, der**

S

Sache, die // rzecz; s. auch u. **rzecz** 'Tat'
[= Angelegenheit, Fall, Grund, Rechtssache]

Sachen, die // rzeczy

I. Sachen [Sachen] // Rzeczy [Rzeczy] [38//46]

II. von welchir sache [von welcher Sache] // o kazde rzeczy [o każde rzeczy] [178//188]

erbis, uf gebyn adir andir s*achin* {Pl.} [Sachen], der man yn gehegtym dynge von gerichtis halbe dechnisse adir kentnisse gerit // o ktora koly bancz *rzecz* {Sg.} [o ktorąkoli bądź rzecz] [178//188]

KOMMENTAR

Für dt. *Sachen* {Pl.} steht nur an 1 Stelle des polnischen Textes *rzeczy* 'Sachen' {Pl.} (I.). In den beiden anderen Textstellen (II.) entspricht dt. *Sachen* {Pl.} im polnischen Text die Singularform: poln. *rzecz* 'Sache' (Übersetzung 1 : 1 bei teilweisem Wechsel im Numerus des Substantivs).

LITERATUR

Handwörterbuch zur Deutschen Rechtsgeschichte, 4, Sp. 1216
Deutsches Rechtswörterbuch, 11, Sp. 1371
Deutsches Wörterbuch, 14, Sp. 1592
Wörterbuch der mittelhochdeutschen Urkundensprache, 2, 1467 f.
Spáčil/Spáčilová Meißner Rechtsbuch, Register, 821
Reczek/Twardzik III, 244 f.
Słownik staropolski, 8, 83–94
Papsonová, Silleiner Rechtsbuch, 551 f.
Glossar zur Buch'schen Glosse, 3, 23; 4, 7; 7, 5

sąd s. **Ding, das**

sąd burgrabi s. **Burggrafending, das**

duchowny ***sąd*** s. **Richter, geistlicher**

gaj(o)ny ***sąd*** s. **Bank, gehegte** und **Ding, gehegtes**

świecki ***sąd*** s. **Recht, weltliches**

zebrać ***sąd*** s. **Ding zusammenbringen**

przed ***sądem*** s. **Richter, vor dem**

przed (gajnym) ***sądem*** s. **vor Gericht**

nie gaić ***sądu*** s. **Ding nicht hegen**

samosiodm(o) s. **selbsiebt**

samotrzeć s. **selbdritt**

sąpierz s. **Antworter, der**

Schöffe, der // przysiężnik, -nicy {Pl.}; das sonst auch belegte poln. **ławnik** für **Schöffe** ist in dem von uns ausgewerteten polnischen Text nicht nachgewiesen [= Gerichtsbeisitzer, Urteilsfinder im Grafengericht]

I. dt. ***Schöffe*** // poln. ***przysiężnik***:
scheppe [Schöffe] // przyszasznyk [przysiężnik] [25//33]
scheppe [Schöffe] // przyszasznyk [przysiężnik] [41//49]
scheppin [Schöffe] // przyszasznyk [przysiężnik] [92//99]
der *scheppe* [Schöffe] mit ewyrn *andern scheppen* wol gesprochen // wyrzekl waszch *przysząsznyk zdrugymy przysząsznyky* [wyrzekł wasz przysiężnik z drugimi przysiężniki] [92//99]

1. ***der*** scheppe [Schöffe] // ***ten*** {Interferenz: der deutsche bestimmte Artikel wird als Demonstrativpronomen übernommen} przyszaszanyk [ten przysiężnik] [97//104]

den scheppin [den Schöffen] // otho przyszasznyką [o to przysiężnika] [97//104]

2. Zo zal der richter ***den*** scheppin {Akkusativ Sg.} [den Schöffen] heysen offsteen // Tedy woyth mą ***themv*** {Interferenz: der deutsche bestimmte Artikel wird als Demonstrativpronomen übernommen} przyszasznykowy kazacz wstacz [Tedy wojt ma temu przysiężnikowi kazać wstać] [106//115]

scheppin ist [Schöffe ist] // ktho gest przyszasznykyem [kto jest przysiężnikiem] [193//200]

dem scheppin [dem Schöffen] *und eym iczlichin scheppin* [...] seyne busse gebin // ma pokupycz *kaszdemv przyszasznykowy* [ma pokupić każdemu przysiężnikowi] [187//194]

Schöffen, die // przysiężnicy

II. dt. ***Schöffen*** // poln. ***przysiężniczy***:

scheppin [Schöffen] // przyszasznyczy [przysiężnicy] [128//137]

scheppin [Schöffen] // przyszasznyky [przysiężniki] [39//47]

scheppin [Schöffen] // przyszasznyczy [przysiężnicy] [154//165]

scheppin [Schöffen] // przyszasznyczy [przysiężnicy] [185//193b]

Scheppin [Schöffen] // PRzyszasznyczy [Przysiężnicy] [102//111]

scheppin [Schöffen] // przyszasznyczy [przysiężnicy] [124//133]

scheppin [Schöffen] // przyszasznyczy [przysiężnicy] [175//186]

dy scheppin [die Schöffen] // przyszasznyczy [przysiężnicy] [104//113]

dy scheppin [die Schöffen] // przysząscznyczy [przysięż[cz]nicy] [3//3]

dy scheppin [die Schöffen] // przyszasznyczy [przysiężnicy] [108//117]

dy *scheppin* [die Schöffen] ______[144] // *przyszasznyczy* y woyth[145] [przysiężnicy i wojt] [261//264]

scheppin [Schöffen] // przyszasznyk***ow*** {Genitiv Pl.} [przysiężnikow] [178//188]

scheppin [Schöffen] // przyszasznyk***ow*** {Genitiv Pl.} [przysiężnikow] [256//259]

den scheppin [den Schöffen] // przyszasznyk*om* {Dativ Pl.} [przysiężnikom] [200//207]

fon scheppin [von den Schöffen] // ***od*** przyszasznykow [od przysiężnikow] [128//137]

vor scheppin [vor die Schöffen] // ***przed*** przysząsznyky [przed przysiężniki] [252//255]

ane dy scheppin [ohne die Schöffen] // ***przesz*** {'ohne'} przyszasznykow [przez przysiężnikow] [101//110]

---

144 *und der Vogt* steht nicht im deutschen Text.

145 Im polnischen Text wurde *y woyth* ergänzt.

czu den scheppen [zu den Schöffen] // ***ku*** przyszasznykom [ku przysiężnikom] [104//113]

III. dt. ***geschworene Schöffen*** // poln. ***starzy przysiężnicy*** 'ältere Schöffen':
alle *gesworn scheppin* [geschworene Schöffen] // *Starzy przyszasznyczy* [starzy przysiężnicy] [187//194]
gesworn[146] *scheppe* [Schöffe] // ______[147] *PRzyszasznyk* [Przysiężnik] [97//104]
IV. dt. ***getreue Schöffen*** // poln. ***wierni przysiężnicy***:
Her rychter und *getrewen scheppin* [getreue Schöffen] // Panye woycze y *wyerny przyszasznyczy* [Panie wojcie i wierni przysiężnicy] [112//121]
getruwen scheppin [getreue Schöffen] // *wyerny przyszasznyczy* [wierni przysiężnicy] [255//258]

KOMMENTAR

Für dt. *Schöffe* bzw. *Schöffen* {Pl.} steht im polnischen Text *przysiężnik* bzw. *przysiężnicy* (I., II.) (Übersetzung 1:1). Das gilt auch für Verbindungen mit Attribut, vgl. dt. *geschworene Schöffen* // poln. *starzy przysiężnicy* 'ältere Schöffen' (III.), außerdem: dt. *getreue Schöffen* // poln. *wierni przysiężnicy* (IV.). Dabei wird nicht jedes Attribut der deutschen Fassung ins Polnische übernommen, vgl. *gesworn scheppe* // ______ *PRzyszasznyk* [Przysiężnik] [97//104]. Umgekehrt gibt es Ergänzungen im polnischen Text, vgl. die Textstelle: ***dy*** *scheppin* [die Schöffen] ______ // *przyszasznyczy y woyth* [przysiężnicy i wojt] [261//264]. In den polnischen Entsprechungen wird z. T. der deutsche bestimmte Artikel (***der***) als Demonstrativpronomen ***ten*** (auch als obliquer Kasus) übernommen (Interferenz). Das Polnische hat keinen Artikel, vgl. 1. und 2.

LITERATUR

Handwörterbuch zur Deutschen Rechtsgeschichte, 4, Sp. 1463–1468
Deutsches Wörterbuch, 15, Sp. 1441–1443
Wörterbuch der mittelhochdeutschen Urkundensprache, 2, 1498
Boková/Spáčilová Glossar, 384: frnhd. *schöffe* – tsch. *přisežný, šep, kmet*
Spáčil/Spáčilová Meißner Rechtsbuch, Register, 822
Reczek/Twardzik III, 232–234
Aleksic Ortyle, 43, 96
Słownik staropolski, 7, 352–354: *przysiężnik*; 8, 548; 4, 104: *ławnik*
Słownik XVI, 12, 530
Linde, 4, 683
Brückner EW, 445
Bańkowski EW, 2, 949

[146] Die Entsprechung für dt. *gesworn* fehlt im polnischen Text.
[147] Fehlstelle der Entsprechung für dt. *gesworn* im polnischen Text.

Eggers 1988, 198
Łysiak 1990, 39–57
Papsonová, Silleiner Rechtsbuch, 566–568
Glossar zur Buch'schen Glosse, 66, 25; 68, 4

Schöffenbank, die // przysiężna ławica; s. auch o. **Bank, die**

der Schöffenbank vorstehen // siedzieć *na* przysiężnej ławicy

dy *scheppin bank* mogin *vorsteen* [der Schöffenbank vorstehen] // szyedzyecz *na przyszyaszney lawyczy* 'auf der Schöffenbank sitzen' [siedzieć na przysiężnej ławicy] [39//47]

KOMMENTAR

Für dt. *der Schöffenbank vorstehen* steht im polnischen Text *siedzieć* ***na*** *przysiężnej ławicy*. {'**auf** der (Schöffen-)Bank sitzen'}.

auf der [Schöffen]Bank sitzen // siedzieć *w* ławicy

der mak czu den scheppin ***off*** *dy bank zyczczen* [auf der Bank sitzen] // ***Ten*** {Interferenz: der deutsche bestimmte Artikel wird als Demonstrativpronomen übernommen} moze ku przyszasznykom *szyedzecz* ***wlawyczy*** [ten może ku przysiężnikom siedzieć w ławicy] [105//114]

KOMMENTAR

Für dt. ***auf*** *der [Schöffen]Bank sitzen* steht im polnischen Text *siedzieć* ***w*** *ławicy*. Hier wird in der polnischen Entsprechung der deutsche bestimmte Artikel (***der***) als Demonstrativpronomen ***ten*** übernommen (Interferenz). Das Polnische hat keinen Artikel.

Schöffenbrief, der // list przysiężniczy; rejestr (przysiężniczy)
'(Schöffen)Register'

I. dt. ***Schöffenbrief*** // poln. ***rejestr (przysiężniczy)*** '(Schöffen)Register':
scheppin brife [Schöffenbrief] // *wpyszanem reystrze* [w p⟨rz⟩ysię⟨ż⟩nem rejistrze] [11//11]
scheppin brif [Schöffenbrief] // *Reystra przyszasznyczyego* [rejistra przysiężniczego] [11//11]

II. dt. ***Schöffenbrief*** // poln. ***list przysiężniczy***:
myt der *scheppin briff* [Schöffenbrief] // *lysthem przyszasznyczyem* [listem przysiężniczem] [169//180]

KOMMENTAR

Für dt. *Schöffenbrief* stehen im polnischen Text 2 Entsprechungen: die wörtliche Übersetzung von *Schöffenbrief* (II.) und außerdem poln. *rejestr (przysiężniczy)* '(Schöffen-)Register' (I.).

LITERATUR

Deutsches Wörterbuch, 15, Sp. 1445
Reczek/Twardzik III, 130
Słownik staropolski, 7, 354 f.: *przysiężniczy*

(Schöffen-)Siegel, das // (przysiężnicza) pieczęć

I. mit der scheppin briff und *yngesegil* [Siegel] // podlug *pyączączy* [pod[ług] ⟨jich⟩ pieczęci⟨ą⟩] [169//180]

II. ***mit*** der *scheppin yngesegil* [Schöffensiegel] // ***pod*** *przyszasznyczą pyeczaczą* [pod przysiężniczą pieczęcią] [133//142]

KOMMENTAR

Für dt. *Siegel* steht im polnischen Text *pieczęć* (I.), für dt. *Schöffensiegel* entsprechend poln. *przysiężnicza pieczęć* (II.) (Übersetzung 1 : 1).

LITERATUR

Deutsches Wörterbuch, 15, Sp. 1446
Reczek/Twardzik III, 190 f.
Słownik staropolski, 7, 354 f.: *przysiężnicza*; 6, 86: *pieczęć*

(Schöffen-)Stuhl, der // (przysiężny) stolec
[= Schöffenamt, -gericht]

I. *scheppin stul* [Schöffenstuhl] // *przyszaszny stolecz* [przysiężny stolec] [102//111]

II. das magin se *richtin yn siczczenden stule* [richten sitzend auf dem Stuhl] // To moga *szandzicz szyedządz naszwem stolczv* [to ⟨radźce⟩ mogą sędzić siedząc na swem stolcu] [35//43]

KOMMENTAR

Für dt. *Schöffenstuhl* steht im polnischen Text *przysiężny stolec* (I.) (Übersetzung 1 : 1), für die Wendung dt. *richtin yn siczczenden stule* // poln. *szandzicz szyedządz naszwem stolczv* (II.).

LITERATUR

Handwörterbuch zur Deutschen Rechtsgeschichte, 4, Sp. 1474–1478
Lexikon des Mittelalters, 7, 1514–1517
Deutsches Wörterbuch, 15, Sp. 1446
Reczek/Twardzik III, 263
Słownik staropolski, 7, 354 f.: *przysiężny*; 8, 448–450: *stolec*
Papsonová, Silleiner Rechtsbuch, 569
Glossar zur Buch'schen Glosse, 51, 10; 182, 4; 477, 7

Schöffenurteil, das // przysiężniczy {Adjektiv} **ortel**

I. Des *scheppin* {Genitiv Sg.} *ortil* [des Schöffen Urteil] // *Przyszasznyczy* {Adjektiv} *ortel* [Przysiężniczy ortel] [187//194]

II. Das ortil, das *der scheppe* gesprochin hatte [das Urteil, das der Schöffe gesprochen hatte] {Umschreibung} // ten ortel ya layą, czo gy *przyszasznyk* wyrzekl {Umschreibung} [Ten ortel ja łaję, co ji przysiężnik wyrzekł] [187//194]

KOMMENTAR

Für dt. *des Schöffen Urteil* steht im polnischen Text *przysiężniczy ortel* (I.).
Die Umschreibung im deutschen Text *das Urteil, das der Schöffe gesprochen hatte* wird ins Polnische ebenfalls als Umschreibung übernommen: *ten ortel ja łaję, co ji przysiężnik wyrzekł* (II.).

Schöffen küren 'wählen'; **zum Schöffen gekürt werden // wybierać przysiężniki; być wybran przysiężnikiem**

I. dt. ***Schöffen küren*** // poln. ***wybierać przysiężniki***:
haben dy rotmanne jerlich scheppin *gekorn* [haben die Ratmannen jährlich Schöffen gewählt] // wybyeraly przyszasznyky [wybierali przysiężniki] [39//47]

II. dt. ***zum Schöffen gekürt werden*** // poln. ***być wybran przysiężnikiem***:
Der czu schepphen *gekoren* wyrt [der zum Schöffen gewählt wird] // Ktho bandze wybran prziszasznykyem [Kto będzie wybran przysiężnikiem] [69//76]
wen scheppin *gekorn* werden [wenn Schöffen gewählt werden] // Kyedy przyszasznyczy banda wybrany [Kiedy przysiężnicy będą wybrani] [102//111]

KOMMENTAR

Für dt. *Schöffen küren* steht im polnischen Text die wörtliche Übersetzung *wybierać przysiężniki* (I.), dt. *zum Schöffen gekürt werden* wird ebenfalls wörtlich ins Polnische übersetzt: *być wybran przysiężnikiem*: (II.). Dabei bleibt in der Übersetzung die Unterscheidung zwischen **aktiv**ischer (I.) und **passiv**ischer Konstruktion (II.) erhalten (Übersetzung 1:1).

LITERATUR

Słownik staropolski, 10, 431: *wybierać*
Glossar zur Buch'schen Glosse: *kesen* 'wählen', *ghekoren sin* 'gewählt sein', 401, 14; 572, 10; 573, 8; 582, 9

Schoß, der // szos
[= Steuer, Abgabe]

geschos [Schoß] // szoszv [szosu] [116//126]
an geschosse [an Schossen] // na szoszye [na szosie] [116//126]

KOMMENTAR

Für dt. *Schoß* steht im polnischen Text das deutsche Lehnwort *szos* (Entlehnung).

LITERATUR

Handwörterbuch zur Deutschen Rechtsgeschichte, 4, Sp. 1484f.
Lexikon des Mittelalters, 7, Sp. 1542f.
Deutsches Wörterbuch, 15, Sp. 1596
Wörterbuch der mittelhochdeutschen Urkundensprache, 2, 1524
Boková/Spáčilová Glossar, 385. frnhd. *schoss* – tsch. *daň, peněžitá dávka*
Reczek/Twardzik III, 268
Aleksic Ortyle, 141
Słownik staropolski, 8, 575f.
Linde, 5, 604

Schreimannen, die // świadki tego odwołania 'Zeugen d(ies)es Rufens'
[= Personen, die eine handhafte Tat mit Gerüfte bezeugen]

yn hanthaftegit tat myt gerufte und czugnisse [Zeugnis {Sg.}] seynir *schreylute* [Schreimannen] [...] nicht bracht hat // nyewolayacz gego *szwyathky* [seine Zeugen {Pl.}] *tego od wolanya* [d(ies)es Rufens] [nie wołając jego świadki tego odwołania] [201//208]

KOMMENTAR

Für dt. *Schreimannen* steht im polnischen Text die sinngemäße Übertragung *świadki tego odwołania* 'Zeugen dieses Rufens' (sinngemäße Übertragung).

LITERATUR

Handwörterbuch zur Deutschen Rechtsgeschichte, 4, Sp. 1496
Deutsches Wörterbuch, 9, Sp. 1725
Spáčil/Spáčilová Meißner Rechtsbuch, Register, 822: tsch. *lidé, kteří pomáhají při obžalobě; svědkové*
Reczek/Twardzik III, 271

Schuld, die // dług
[= 1. Geldschuld; Schuld, was man einem andern zu geben schuldig ist; Schuld (allgemein); 2. Anschuldigung; 3. Verschulden, das; 4. Grund, Ursache]

schult [Schuld] // dlug [dług] [259//262]
umme schult [Schuld] // ***o*** dlug [o dług] [173//185]
1. ***Dy selbe*** *scholt* {Sg.} [dieselbe Schuld] gefordit ist // a ***thy*** *dlugy* {Pl.} fordrowaly [a ty długi fordrowali] [138//147]
2. ***Dy selbe*** gefordirte *scholt* [dieselbe geforderte Schuld] // ***ten to*** *dlug* [Ten to dług] [138//147]

das sy recht czu der *schult* [Schuld] eynes teyles hettin // czosz szye myenyly prawo myecz kthemv **P**rzeto *dlugowy* [coż sie mienili prawo mieć k temu [prze]to długowi] [138//147]

KOMMENTAR

Für dt. *Schuld* steht im polnischen Text *dług* (Übersetzung 1:1).
Dieselbe im deutschen wird im polnischen Text durch *thy* 'diese' (1.) und *ten to* 'diese da' (2.) wiedergegeben. Hinzu kommt eine im untersuchten Material nur vereinzelt belegte Nichtübereinstimmung im Numerus, vgl. dt. ***Dy selbe*** *scholt* [dieselbe Schuld] **{Singular}** // a ***thy*** *dlugy* [a ty długi] **{Plural}** (1.).

LITERATUR

Handwörterbuch zur Deutschen Rechtsgeschichte, 4, Sp. 1505: *Schuld und Haftung*
Deutsches Wörterbuch, 15, Sp. 1870
Wörterbuch der mittelhochdeutschen Urkundensprache, 2, 1530f.
Spáčil/Spáčilová Meißner Rechtsbuch, Register, 822: tsch. *dluh*
Reczek/Twardzik III, 64f.
Słownik staropolski, 2, 55–60
Glossar zur Buch'schen Glosse, 48, 25; 50, 16

schuldig (sein), Schuld haben // (być) winowat

I. dt. ***schuldig sein*** // poln. ***(być) winowat***:
das ym iener man *schuldik* waz [schuldig war] // czosz mv ge *wynowath* [coż mu je winowat] [122//132]
zeynem fatyr gelt *schuldik blebin* were [schuldig bleiben] // zostal gego oczczv *wynowath* [został jego oćcu winowat] [132//141]
schuldeg byn [schuldig bin] // *wynowath* [winowat] [186//193]

II. dt. ***Schuld haben*** // poln. ***(być) winowat***:
sulde habin [Schuld haben] // *wynowath* [winowat] [259//262]

KOMMENTAR

Für dt. *schuldig sein* (I.) wie auch für dt. *Schuld haben* (II.) steht im polnischen Text die entsprechende Form mit *winowat* (Übersetzung 2:1).

LITERATUR

Deutsches Wörterbuch, 15, Sp. 1901
Wörterbuch der mittelhochdeutschen Urkundensprache, 2, 1530
Reczek/Twardzik III, 313f.
Słownik staropolski, 10, 235f.: *winowaty*
Glossar zur Buch'schen Glosse, 102, V, 190; 179, 4

schuldlos, unschuldig // niewinnie {Adverb}
[= ohne Schuld]

wenne ich gefenknisse geledin habe *von unscholt* [unschuldig] // yaczstwo czyrpyal *nyewynne* {Adverb} [niewinnie] [255//258]

KOMMENTAR

Für dt. *unschuldig* steht im polnischen Text die Entsprechung *nyewynne* {Adverb} (Übersetzung 1:1).

LITERATUR

Deutsches Wörterbuch, 24, Sp. 1345
Wörterbuch der mittelhochdeutschen Urkundensprache, 3, 1922f.
Reczek/Twardzik III, 165f.
Słownik staropolski, 5, 254f.: *niewinność*; 5, 255f.: *niewinny*; 10, 230–233: *winność, winny*
Glossar zur Buch'schen Glosse, 7, 10

Schuldbrief, der (Brief über Schuld) // list o dług

– dt. ***Brief über Schuld*** // poln. ***list o dług***:

Ap eyn man ... *brife* {Sg.} hette *obir schult* von eyme manne [Brief über Schuld 'Schuldbrief'] // Gdy by czlowyek myal nakogo *szwyedzecz lysth o dlug* {Sg.} {'Brief über Schuld = Schuldbrief'} [Gdyby człowiek miał na kogo świedziecz⟨ny⟩ list o dług] [168//179]

KOMMENTAR

Für dt. *Brief über Schuld* steht im polnischen Text die wortwörtliche Übersetzung *list o dług* (Übersetzung 1:1).

LITERATUR

Deutsches Rechtswörterbuch, 2, Sp. 493
Deutsches Wörterbuch, 2, Sp. 379
Wörterbuch der mittelhochdeutschen Urkundensprache, 1, 289f.
Frühneuhochdeutsches Wörterbuch, 4, Sp. 1106
Reczek/Twardzik III, 130; 64f.
Słownik staropolski, 4, 52–57
Glossar zur Buch'schen Glosse, 35, 25; 62, 8

Schuldiger, der // dłużnik

1. ***der*** schuldeger [Schuldiger] // dlusznyk [dłużnik] [258//261]
2. ***der*** schuldegir [Schuldiger] // ***ten to*** {Interferenz: der deutsche bestimmte Artikel wird als Demonstrativpronomen übernommen} dlusznyk [ten to dłużnik] [186//193]
3. ***der*** schuldeger [Schuldiger] // ***ten*** {Interferenz: der deutsche bestimmte Artikel wird als Demonstrativpronomen übernommen} dlusznyk [ten dłużnik] [186//193]

seynen schuldeger [Schuldiger] // szwego dlusznyka [swego dłużnika] [192//199]

4. Nymant mac myt gewalt sundir dem richter adir richters boten *seyne schuldeger* {Pl.} [seine Schuldiger] uf haldin. // Cykth nyemosze *szwego dlusznyka*

{Sg.} wsdzerzecz albo wsczagnacz gwaltownye przesz woytha albo gego poszla pod. [Nikt nie może swego dłużnika wzdzierżeć albo wściągnąć gwałtownie przez wojta albo jego posła pod⟨ług prawa⟩] [192//199]

KOMMENTAR

Für dt. *Schuldiger* steht im polnischen Text *dłużnik* (Übersetzung 1:1).
In den polnischen Entsprechungen wird der deutsche bestimmte Artikel (***der***) z. T. als Demonstrativpronomen ***ten*** bzw. als ***ten to*** übernommen (Interferenz) (2., 3.). Das Polnische hat keinen Artikel. Keine Übernahme des deutschen bestimmten Artikels erfolgt in 1.
Die Wiedergabe einer deutschen **Plural**form *seyne schuldeger* **{Plural}** als **Singular**form im polnischen Text *szwego dlusznyka* **{Singular}** begegnet in unserem Textvergleich nur vereinzelt, vgl. 4.

LITERATUR

Deutsches Wörterbuch, 15, Sp. 1914
Wörterbuch der mittelhochdeutschen Urkundensprache, 2, 1532 f.
Reczek/Twardzik III, 65
Słownik staropolski, 2, 63 f.
Glossar zur Buch'schen Glosse, 472, 12

Schultheiß, der; Schulze, der // wójt; das sonst belegte dt. Lehnwort **sołtys** für **Schultheiß/Schulze** ist in dem von uns ausgewerteten polnischen Text nicht nachgewiesen
[= Vertreter des Burggrafen und sein Richter, Beisitzer im Grafending]

schultis [Schultheis] // woyth [wojt] [159//170]
vor dem *schultheis* [vor dem Schultheis] // ***przed*** *woythem* [przed wojtem] [165//176]

KOMMENTAR

Für dt. *Schultheiß* steht im polnischen Text das deutsche Lehnwort *wójt* 'Vogt'. Das sonst belegte deutsche Lehnwort *sołtys* für dt. *Schultheiß/Schulze* ist in dem von uns ausgewerteten polnischen Text nicht nachgewiesen.

LITERATUR

Handwörterbuch zur Deutschen Rechtsgeschichte, 4, Sp. 1519
Lexikon des Mittelalters, 7, 1591 f.
Lück, Schmidt-Wiegand, 'Schultheiß', in: Reallexikon der Germanischen Altertumskunde, Bd. 27, 2004, 370–373
Deutsches Wörterbuch, 15, Sp. 1982–1986; Sp. 1993
Wörterbuch der mittelhochdeutschen Urkundensprache, 2, 1533–1535
Boková/Spáčilová Glossar, 388: frnhd. *schultheis* – vgl.: *Bürgermeister* – tsch. *purkmistr; Vorsitzender im Schöffengericht* – tsch. *představený přísežného soudu; Richter* – tsch. *rychtář; Vogt* – tsch. *fojt*

Spáčil/Spáčilová Meißner Rechtsbuch, Register, 822: tsch. *šoltys*
Reczek/Twardzik III, 258
Aleksic Ortyle, 87, 69f.
Zajda 2008, 207
Eggers 1988, 195f.
Słownik staropolski, 8, 333f.: *sołtys*; 10, 305–307: *wójt*
Linde, 5, 602f.
Lehnwörter 2008, 171
Lehnwörter 2010: *sołtys*
Papsonová, Silleiner Rechtsbuch, 576f.
Kuchar, Právo a slovenčina v dejinách, 1998, 109.
Glossar zur Buch'schen Glosse, 61, 8; 310, 5

Schultheißei, die // sołtystwo
[= Amtssitz und Gerichtsbezirk eines Schultheißen]

schultezey [Schultheißei] // szolthystwo [sołtystwo] [118//128]
1. teyl an ***der*** *Schultezey* [Schultheißei] // cząsczy ***tego*** {Interferenz: der deutsche bestimmte Artikel wird als Demonstrativpronomen übernommen} to *szoltystwą* [część[i] tego to sołtystwa] [118//128]
2. *Schůltezey* [Schultheißei] amecht und *foyte* [Vogtei] amecht // *Szolthystwa* y *woythowstwa* [Sołtystwa i wojtowstwa] [120//130]
3. *Schultezey* [Schultheißei] und *gerychte* [Gericht] // *WOythowstwo* {'Vogtei'} *albo szlolthystwo* {'Schultheißei'} [Wojtowstwo albo s[ł]ołtystwo] [118//128]
4. *schultezey* [Schultheißei] und *foytey* [Vogtei] // *WOythowstwo* {'Vogtei'} *albo szolthystwo* {'Schultheißei'} [Wojtowstwo albo sołtystwo] [120//130]

KOMMENTAR

Für dt. *Schultheißei* 'Amtssitz und Gerichtsbezirk eines Schultheißen' steht im polnischen Text *sołtystwo*, eine nach den Regeln der polnischen Wortbildung (Derivation) mit Hilfe des Suffixes *-stwo* abgeleitete (postintegrative) Bildung aus dem deutschen Lehnwort *sołtys* 'Schultheiß, Schulze'.
In der polnischen Entsprechung wird der deutsche bestimmte Artikel (***der***) als Demonstrativpronomen ***ten*** (hier Gen. Sg. ***tego***) übernommen (Interferenz) (1.). Das Polnische hat keinen Artikel.
Im Zusammenhang mit *Vogtei* werden die Termini ***Schultheißei* und *Vogtei*** im polnischen Text z. T. vertauscht (4.). Dies ist am ehesten daraus zu erklären, daß beide Termini oft zusammen gebraucht werden (Zwillingsformeln).
In 3. steht für '***Schultheißei* und *Gericht***' des deutschen Textes in der polnischen Entsprechung '***Vogtei* oder *Schultheißei***'. Hier ist ebenfalls von einer Zwillingsformel auszugehen.
Nicht vertauscht werden diese Termini jedoch in 2.

LITERATUR

Lexer, Mittelhochdeutsches Handwörterbuch, Bd. 2, 1992, Sp. 815: mit dem Hinweis auf Belege von 1410 und 1421. Weitere Nachweise in Vorbereitung im Deutschen Rechtswörterbuch (freundl. Mitteilung von Frau Eva-Maria Lill).

Bischoff, Elbostfälische Studien, 1954, 33.

Reczek/Twardzik III, 258 f.

Słownik staropolski, 8, 335 f.

Schwertmage, der // siostry mąż 'Ehemann der Schwester', **przyrodzony** 'Verwandter', **przyrodzony przyjaciel mężczyzna** 'verwandter Mann', in einem Beleg auch **przyrodzony przyjaciel mężczyzna** 'verwandter Mann' {*przyjaciel* hat hier dieselbe Bedeutung wie *przyrodzony* 'verwandt', also eine zufällige oder aber eine verstärkende Wiederholung}
[= männlicher (vormundschaftlicher) Verwandter]

I. dt. ***Schwertmage*** // poln. ***siostry mąż*** 'Ehemann der Schwester':

eynen brudir adir *swert mogen* [einen Bruder oder Schwertmagen] // ybratha albo *szyostry masza albo gynego przyrodzonego prziyaczelą* [i brata albo siostry męża albo jinego przyrodzonego przyjaciela] [1//1]

II. zeyn ***swertmag*** [sein Schwertmage] // yego ***blyszy*** [jego bliszy] [93//100]

III. dt. ***Schwertmage*** // poln. ***przyrodzony*** 'Verwandter':

ir *swertmoge* [ihr Schwertmage] // *przyrodzeny* gych [przyrodzeni jich] [114//124]

neste *swert moge* [nächste Schwertmage] der mutir // tego vmarlego czlowyeka blyszky *przyrodzony* [tego umarłego człowieka bliski przyrodzony] [176//187]

IV. dt. ***Schwertmage*** // poln. ***przyrodzony przyjaciel mężczyzna*** 'verwandter Mann'; auch *mężczyzna przyrodzony*:

syn neste *swert mag* [sein nächster Schwertmage] // gego blyschy *przyrodzeny masczyszna* [jego bliszy przyrodzeny mężczyzna] [232//236]

Der kyndir neste *swert moge* [der Kinder nächster Schwertmage] // Thych dzyeczy blyschy *przyrodzony przyyaczel maszczyszna* [Tych dzieci bliszy przyrodzony przyjaciel mężczyzna] [177//187]

Hettin auch unmundege kindir ***keynen*** *swertmog* [keinen Schwertmagen] // a ***nye*** mayąly thy dzyeczy nyedoroszle *masczyszny przyrodzonego* [niedorosłe mężczyzny przyrodzonego] [232//236]

V. der neste ***swert mog***[148] ***und formunde*** [der nächste Schwertmage und Vormund] // ______[149] *opyekaldnyk* {'der Vormund'} sprzyszwolenym przyrodzonych blyszych [opiekaldnik z przyzwolenim przyrodzonych bliszych] [260//263]

---

[148] Die Entsprechung für dt. *Schwertmage* fehlt im polnischen Text.

[149] Fehlstelle der Entsprechung für dt. *Schwertmage* im polnischen Text.

KOMMENTAR

Für dt. *Schwertmage* sind im polnischen Text eine Reihe von Entsprechungen belegt, so: *siostry mąż* 'Ehemann der Schwester' (I.), *bliszy* 'der Nächste' (II.), *przyrodzony* 'Verwandter' (III.) und *przyrodzony przyjaciel mężczyzna* 'verwandter Mann' (IV.). Das Wort *przyjaciel* hat hier dieselbe Bedeutung wie *przyrodzony* 'verwandt', vgl. das Wörterbuch Słownik staropolski (7, 257–260, bes. S. 258–260), das als eine der Bedeutungen von *przyjaciel* auch *krewny* 'verwandt' nennt. Es handelt sich wohl weniger um eine zufällige, eher um eine verstärkende Wiederholung (sinngemäße Wiedergabe 1:4).

In einer deutschen Textstelle: *neste swert mog und formunde*, wo es um den *nächsten Schwertmagen und Vormund* (in einer Person) geht, erfolgt bei der Übertragung ins Polnische eine Zusammenfassung und nur der *Vormund* wird als Terminus übernommen, in dem Wissen, daß die Aufgabe des Vormunds dem Schwertmagen zukam (V.).

LITERATUR

Handwörterbuch zur Deutschen Rechtsgeschichte, 4, Sp. 1577–1579
Deutsches Wörterbuch, 15, Sp. 2590
Wörterbuch der mittelhochdeutschen Urkundensprache, 2, 1727
Boková/Spáčilová Glossar, 390: frnhd. *schwertmac, swertmage* 'Verwandter von väterlicher Seite' – tsch. Umschreibung: *příbuzný z otcovy strany*
Spáčil/Spáčilová Meißner Rechtsbuch, Register, 825
Reczek/Twardzik III, 229 f.
Słownik staropolski: *przyrodzony*: 7, 335–339
Papsonová, Silleiner Rechtsbuch, 470 f.
Glossar zur Buch'schen Glosse, 9, 24; 257, 5; 259, 11

schwören // przysiągać

gesworn her [geschworen hat] czu dem rechte // *przyszagl* kv Prawu [przysiągł ku prawu] [193//200]

KOMMENTAR

Für dt. *schwören* steht im polnischen Text *przysiągać* (Übersetzung 1:1).

LITERATUR

Deutsches Wörterbuch, 15, Sp. 2733
Wörterbuch der mittelhochdeutschen Urkundensprache, 2, 1725 f.
Reczek/Twardzik III, 231 f.
Glossar zur Buch'schen Glosse, 7, 12; 19, 10

sędzia s. **Richter, der**

sędzia, świecki s. **Richter, weltlicher**

sędzić s. **richten**

selbdritt // samotrzeć
[= als dritter zusammen mit zwei anderen]

salbdritte [selbdritt] // szamotrzecz [samotrzeć] [46//54]
salp drytte [selbdritt] // szamo trzecz [samotrzeć] [151//162]
salp drytte [selbdritt] // sząmo trzecz [samotrzeć] [168//179]
salp dritte [selbdritt] // samoly trzecz [samo-li-trzeć] [181//190]
salp dritte [selbdritt] // samo Trzecz [samotrzeć] [206//221]
salp dritte [selbdritt] // samotrzecz [samotrzeć] [207//222]
salp dritte [selbdritt] // samotrzecz [samotrzeć] [251//254]

1. das sal sy {fem. Pronomen} *salp dritte* [selbdritt] tuen myt czwen mannen czu sich // tho ***ona*** {fem. Pronomen} ma vczynycz *szamotrzecz**a*** {fem. Endung ***-a***} zedwyemą maszomą kszobye [to ona ma uczynić *samotrzecia* ze dwiema mężoma k sobie] [188//195]

KOMMENTAR

Für dt. *selbdritt* steht im polnischen Text *samotrzeć* 'selbdritt' (Übersetzung 1 : 1).
1. Eine deutsche weibliche Form von *selbdritt* wird im Polnischen mit einer weiblichen Entsprechung wiedergegeben, vgl. den Spruch 188//195. Es handelt sich hier um eine Frau, vgl. dt. (sy), die *selbdritt myt czwen mannen czu sich vorguldin schult beweysin sal* // poln.: tho ***ona*** {fem. Pronomen} *ma vczynycz szamotrzecz**a*** {fem. Endung ***-a***} *zedwyemą maszomą* 'mit zwei Männern' kszobye.

LITERATUR

Deutsches Wörterbuch, 16, Sp. 429; Verweis auf: *selb* 16, Sp. 433
Wörterbuch der mittelhochdeutschen Urkundensprache, 2, 1552f.: *selb*
Boková/Spáčilová Glossar, 393: lediglich frnhd. *selb*
Reczek/Twardzik III, 246
Słownik staropolski, 8, 122f.
Papsonová, Silleiner Rechtsbuch, 581–584
Glossar zur Buch'schen Glosse, 207, 7; 386, 15; 457, 22f.

selbsiebt // samosiodm(o) [= als siebenter zusammen mit sechs anderen]

salb sebinde [selbsiebt] unvorsprachener // *szamoszyodmymy* nyepodeszrzanymy przyszagą vkazacz [samosiodmymi niepodeźrzanymi przysięgą ukazać] [13//13]
salb sebinde [selbsiebt] // sząmoszodm [samosiodm] [46//54]
salp sebinde [selbsiebt] // szamoszyodm [samosiodm] [132//141]
salp sebinde [selbsiebt] // szamoszyodm [samosiodm] [157//168]
salp sebynde [selbsiebt] // szamosszyodm [samosiodm] [166//177]
salp sebinde [selbsiebt] // szamoszyodm [samosiodm] [181//190]

salp sebinde [selbsiebt] // szamoszyodm [samosiodm] [243//246]
salp sebinde [selbsiebt] // samosyodm [samosiodm] [251//254]
1. ze {fem. Pronomen} *zalb zebende* [selbsiebt] *mit fromen lewten* // ***ona*** {fem. Pronomen} ... szamoszyodm**ą** [samosiodma] *szdobrymy ludzmy* 'mit guten Leuten' [128//137]
2. salb sebende [selbsiebt] // szamoszyodm**o** {Kollektivum} [samosiodmo] [22//22]
salp sebinde [selbsiebt] // szamoszyodm**o** {Kollektivum} [samosiodmo] [197//204]

KOMMENTAR

Für dt. *selbsiebt* steht im polnischen Text *samosiodm(o)* 'selbsiebt' (Übersetzung 1:1).
1. Wie bei *selbdritt* (s. o. *selbdritt:* Spruch Nr. 188//195) wird eine deutsche weibliche Form von *selbsiebt* im Polnischen mit einer weiblichen Entsprechung wiedergegeben, vgl. den Spruch 128//137. Es handelt sich hier um eine Frau (ze), die *zalp zebende mit fromen lewten* ... // vgl. poln.: ***ona*** {fem. Pronomen} *moze szamosyodm**ą*** {fem. Endung ***-a***} *szdobrymy ludzmy* 'mit guten Leuten'.
2. Im Gegensatz zu *selbdritt* ist bei *selbsiebt* im Polnischen zweimal ein Kollektivum auf **-o** belegt: *samosiodm**o***, vgl. die Sprüche 22//22 und 197//204.

LITERATUR

Deutsches Wörterbuch, 16, Sp. 426
Boková/Spáčilová Glossar, 393: lediglich frnhd. *selb*
Reczek/Twardzik III, 246f.
Słownik staropolski, 8, 121
Papsonová, Silleiner Rechtsbuch, 581–584
Glossar zur Buch'schen Glosse, 471, 12; 659, 4f.

sierota s. **Kind, elendes**

siostry mąż s. **Schwertmage, der**

ten, co mir *słomił* s. **Friedensbrecher, der**

miejski *sługa* s. **Diener, städtischer**

śmiertne rany s. **kampfwürdig (sein)**

sołtystwo s. **Schultheißei, die**

stracić s. **(ein)büßen**

Strafer, der // ten, co strofował 'derjenige, der strafte'

dem stroffer {Substantiv} [dem Strafer] // A *themv, czo strofowal* {Verb} 'dem, der strafte' [a temu, co strofował] [106//115]

KOMMENTAR

Deutsch *Strafer* **{Substantiv}** wird im polnischen Text umschrieben, vgl. *ten, co strofował* **{Verb}** 'derjenige, der strafte' (Umschreibung). Daß einem deutschen substantiven Terminus im polnischen Text eine Verbalkonstruktion entspricht, ist in den verglichenen Texten mehrfach belegt, vgl. u. a. auch das Stichwort **Friedensbrecher**.

LITERATUR

Deutsches Wörterbuch, 19, Sp. 731

Boková/Spáčilová Glossar, 393: frnhd. *strafer* – tsch. *Rächer – mstitel; Bestrafer – trestající osoba; Henker – kat*

Reczek/Twardzik III, 263

strafować s. **strafen**

ten, co *strofował* s. **Strafer, der**

(po-, za-)*świadczyć* s. **bezeugen**

świadectwo s. **Zeugnis, das**

świadki s. **Zeugen, die**

szos s. **Schoß, der**

T

Tag, der // dzień

[= Tag, Zeit, Gerichtstag, Gerichtstermin, Frist]

des *andirn tagis* [am nächsten Tag] // *nazayvtrz* [nazajutrz] [136//145]

gewinnet her *tak* [Tag] czu dem andirn und czu dem drittin dinge // moze myecz *dzen* ku drugyemv y ku trzeczyemv szandowy [może mieć dzień ku drugiemu i ku trzeciemu sądowi] [181//190]

bescheydin *eyn benanten tac* [Tag] bynnen den firczen tagin // ma *polozycz dzen* [ma położyć dzień] [253//256]

KOMMENTAR

Für dt. *Tag* steht im polnischen Text *dzen* (Übersetzung 1:1).

LITERATUR

Handwörterbuch zur Deutschen Rechtsgeschichte, 5, Sp. 111: *Tag und Nacht*
Deutsches Wörterbuch, 21, Sp. 27
Wörterbuch der mittelhochdeutschen Urkundensprache, 3, 1733–1735
Boková/Spáčilová Glossar, 423 frnhd. *tag* – tsch. *den*
Spáčil/Spáčilová Meißner Rechtsbuch, Register, 826
Reczek/Twardzik III, 77
Aleksic Ortyle, 52, 54f.
Słownik staropolski, 2, 294–303
Zajda 2008, 296
Papsonová, Silleiner Rechtsbuch, 603–607
Glossar zur Buch'schen Glosse, 21, 21; 33, 11

Tage, gebundene {Pl.} // **wiązany czas** {Sg.}, **wiązane czasy** {Pl.}, **wiązane dni** {Pl.}, **zawieszone dni** {Pl.}
[= Feiertage, wo nicht gerichtet wurde]

I. dt. ***gebundene Tage*** {Pl.} // poln. ***wiązany czas*** {Sg.} 'gebundene Zeit':
gebundene tage [gebundene Tage] // wyąszany czasz [wiązany czas] [147//158]
uf eynen gebunden tac [gebundenen Tag] // wyaszany cząsz [wiązany czas] [147//158]

II. dt. ***gebundene Tage*** {Pl.} // poln. ***wiązane czasy*** {Pl.} 'gebundene Zeiten':
den beschirmen *di gebundin tage* nicht [die gebundenen Tage] // tego nye bronyą *wyąszane czassy* [tego nie bronią wiązane czasy] [217//213]
gebundene tage [gebundene Tage] // awyaszane cząszy [A wiązane czasy] [147//158]

KOMMENTAR

Für dt. *gebundene Tage* sind im polnischen Text mehrere Entsprechungen belegt, vgl. poln. *wiązany czas* {Sg.} (I.). und poln. *wiązane czasy* {Pl.} (Übersetzung 1:2).

an gebunden Tagen {Pl.} // **w (za)wiązany czas** {Sg.}, **w wiązane czasy** {Pl.}, **w wiązane dni** {Pl.}, **w zawieszonych dniach** {Pl.}

I. dt. ***an gebundenen Tagen*** {Pl.} // poln. ***w zawieszonych dniach*** {Pl.}:
in gebunden tagen [an gebunden Tagen] // *zwawyeszonych dny* [z[w]awieszonych dni] [126//135]
In *gebunden tagen* [an gebunden Tagen] zal man nicht dingin um ungerychte, das in offen tagen geschen ist. // acz goracze rzeczy, czo szye poczna wothowych dnyach, nyemayą szandzony bycz *wzawyeszonych dnyach*; [acz gorące rzeczy, co sie poczną w otwo⟨rzon⟩ych dniach, nie mają sądzony być w zawieszonych dniach] [126//135]

in gebundin tagin [an gebunden Tagen] // ***w****zawye szony czass* [w zawieszony czas] [216//212]

II. dt. ***an gebundenen Tagen*** {Pl.} // poln. ***w wiązane dni*** {Pl.}:
in *gebunden tagen* [an gebunden Tagen] // ***w*** *wyazane dny* [w wiązane dni] [126//135]

III. dt. ***an gebundenen Tagen*** {Pl.} // poln. ***w (za)wiązany czas*** {Sg.}:
yn gebundin tagin [an gebunden Tagen] // wzawyaszany cząsz [w zawiązany czas] [136//145]
in gebundin tagin [an gebunden Tagen] // wyaszany cząsz [wiązany czas] [136//145]
sweren ***yn*** *gebundin tagin* [an gebunden Tagen] // przyszadzycz *wyazany czasz* [przysiąc[ić] w wiązany czas] [216//212]
in gebundyn tagin [an gebunden Tagen] // wyaszany czassz [wiązany czas] [217//213]
yn gebundin tagin [an gebunden Tagen] // wyazany czasz [wiązany czas] [217//213]

IV. dt. ***an gebundenen Tagen*** {Pl.} // poln. ***w wiązane czasy*** {Pl.}:
yn gebundin tagin // ***w*** wyasane cassy [w wiązane czasy] [218//214]

V. dt. ***an gebundenen Tagen*** {Pl.} // poln. ***w zapowiedziany czas*** {Sg.}:
in gebunden tagen // ***w*** zapowyedzany czasz [w zapowiedziany czas] [90//97]
in gebunden tagen // y zapowyedanye czasszy [i ⟨w⟩ zapowiedan[i]e czasy] [90//97]

KOMMENTAR

Für dt. ***an*** *gebundenen Tagen* sind im polnischen Text verschiedene Entsprechungen belegt, vgl. I., II., III., IV. und V. (Übersetzung 1 : viele).

LITERATUR

Deutsches Rechtswörterbuch, 2, Sp. 339 (II 7)
Deutsches Wörterbuch, 4, Sp. 1900: *gebunden*; 21, Sp. 46: *Tag*
Frühneuhochdeutsches Wörterbuch, 6/1, Sp. 319: *gebunden*
Spáčil/Spáčilová Meißner Rechtsbuch, Register, 826
Reczek/Twardzik III, 77
Słownik staropolski, 11, 236: *zawieszonych*; 10, 108 f.: *wiązane*
Zajda 2008, 296
Papsonová, Silleiner Rechtsbuch, 603–607
Glossar zur Buch'schen Glosse, 555, 8; 560, 6, 10 f., 13, 17
Glossar zur Buch'schen Glosse: *Tage, ungebundene*, 560, 19; 566, 19, 22 f.

Tage, offene {Pl.} // **otworzony czas** {Sg.}, **otworzone dni** {Pl.}
[= ungebundene Tage, Werktage]

zu/an offenen Tagen {Pl.} // **na otworzony czas** {Sg.}, **otworzonych dni** {Pl.}

I. dt. ***zu offenen Tagen*** {Pl.} // poln. ***na otworzony czas*** {Sg.}; *odtworzonych dni* {Pl.}:

czu offin tagin [zu offenen Tagen] // ***na*** odthworzony cząsz [na o[d]tworzony czas] [147//158]

1. nicht beyten wellin ***czu*** *offin tagin* [zu offenen Tagen] // Anyechcze czekacz ***do otworzonego*** *rokv albo* ***czassv*** {'bis zu einem offenen Jahr oder offenen Tagen'} [a nie chce czekać do otworzonego roku albo czasu] [216//212]

zu *offin tagin* [zu offenen Tagen] und gehegetim dinge // ***sadv*** polozonego *odtworzonych dny* {'an offenen Tagen'} [sądu położonego o[d]tworzonych dni] [216//212]

II. dt. ***an/in offenen Tagen*** {Pl.} // poln. ***w otworzony czas*** {Sg.}:

das ***yn*** *offin tagin* ges⟨c⟩h⟨e⟩en ist [an offenen Tagen] // czoszą stalo *votworzony czasz* [co się stało w otworzony czas] [217//213]

III. dt. ***an/in offenen Tagen*** {Pl.} // poln. ***w wiązany czas*** **nie [...]** {Sg.}:

yn *offin tagin* [an offenen Tagen] // poln. *Wwyaszany cassz* **nye**maya szye prawowacz {'an gebundenen Tagen **nicht** richten, d. h. dann *an offenen Tagen*'} [W wiązany czas **nie** mają sie prawować] [218//214]

KOMMENTAR

Für dt. *zu/an/in offenen Tagen* steht im polnischen Text *na otworzony czas* bzw. *otworzonych dni* (I.) und *w otworzony czas* (II.)
In 1 Textstelle steht für dt. ***yn*** *offin tagin* [an offenen Tagen] im poln. Text die negierte Form der Wendung *an gebundenen Tagen*, vgl. poln. *W wiązany czas* ***nie*** *mają sie prawować* {'an gebundenen Tagen **nicht** richten, d. h. dann *an offenen Tagen*'} (III.). So liegt auch hier eine korrekte Wiedergabe des Rechtsinhaltes vor (Übersetzung 1:2).

LITERATUR

Deutsches Rechtswörterbuch, 10, Sp. 250 (I)
Deutsches Wörterbuch, 21, Sp. 46
Reczek/Twardzik III, 77
Słownik staropolski, 5, 697 f.: *otworzony*
Zajda 2008, 296
Papsonová, Silleiner Rechtsbuch, 603–607
Glossar zur Buch'schen Glosse, 560, 19; 566, 19, 22 f.

alle Tage 'jeden Tag' // **na każdy dzień**

alle tage [jeden Tag] // *na kaszdy dzen* [na każdy dzień] [99//106]
mak alle tage richtin [jeden Tag] // moze *na kasdy dzen* szandzycz [może na każdy dzień sędzić] [101//110]

KOMMENTAR

Für dt. *alle Tage* 'jeden Tag' steht im polnischen Text *na każdy dzień* (Übersetzung 1:1).

Tat, die // **rzecz**; s. auch o. **rzecz** 'Sache'

LITERATUR

Deutsches Wörterbuch, 21, Sp. 307
Wörterbuch der mittelhochdeutschen Urkundensprache, 3, 1742
Słownik staropolski, 8, 83–94
Boková/Spáčilová Glossar, 424: frnhd. *tat* – tsch. *čin*
Reczek/Twardzik III, 244f.
Papsonová, Silleiner Rechtsbuch, 607–612
Glossar zur Buch'schen Glosse, 17, 18; 180, 12

Tat, handhafte // rzecz, gorąca

I. ***hanthafte tat*** {Sg.} [handhafte Tat] // ***goracze rzeczy*** {Pl.} [gorące rzeczy] [68//75]
Dy *hanthafte tot* ist {Sg.} [handhafte Tat] // *GOraczą gest rzecz* {Sg.} [Gorąca jest rzecz] [47//55]

in handhafter Tat; auf frischer Tat // w gorącej rzeczy, za gorąca, za gorącej rzeczy

[= unmittelbar geschehene Tat, so daß der Täter noch die Waffen in der Hand hat; auf frischer Tat]

II. dt. **in *handhafter Tat*** // poln. **w *gorącej rzeczy***:
yn hanthaftir tot [in handhafter Tat] // ***w***gorączey rzeczi [w gorącej rzeczy] [22//22]
ich *yn hanthaftir tot* [in handhafter Tat] nicht begriffen ben // *anym vffaczon w goraczey rzeczy* [anim ufacon w gorącej rzeczy] [257//260]

III. dt. **in *handhafter Tat*** // poln. **za *gorącej rzeczy***:
an hanthafteger tat [in handhafter Tat] // ***za***gorączey rzeczy [za gorącej rzeczy] [157//168]

IV. dt. **in *handhafter Tat*** // poln. **za *gorąca***:
yn hanthaftir tot [in handhafter Tat] // ***Są*** dą zagoraczą [bądź za gorąca] [78//85]
yn hanthaftir tot gefangin wurde [in handhafter Tat] // wffaczon za goraczą [ufacon za gorąca] [217//213]

in hanthaftiger tot begriffen wyrt [in handhafter Tat] // zagoraczą wffaczon [za gorąca ufacon] [126//135]

V. dt. **auf *frischer Tat*** // poln. **za *gorącej rzeczy***:
in fricher tat [auf frischer Tat] // ***za*** goraczey rzeczy [za gorącej rzeczy] [215//211]

VI. dt. **um *handhafte Tat*** // poln. **o *gorące rzeczy***:
richten moge ***um*** hanthaftegir tot [um handhafte Tat] // szandzycz ***o*** gorącze rzeczy [sędzić o gorące rzeczy] [143//153]
um hanthafte tat [um handhafte Tat] // y***o****gorącze* rzeczy [i o gorące rzeczy] [207//222]

VII. *Negation:*
sy ***nicht*** *hanthaftig* [nicht handhaftig] gefangin wordin // szą *goraczey rzeczy* ***nye***vchopyon albo nyevlapy on [za gorącej rzeczy nie uchopion albo nie ułapion] [136//145]
in *hanthaftir tat* [in handhafter Tat] ***nicht*** begriffen ist // ***nye***vffaczon *nagoraczey rzeczy* [nie ufacon na gorącej rzeczy] [257//260]
der gast *mit* ***keynir*** *hanfhaften tat* [mit handhafter Tat] begriffen ist // ten goscz *z****nyzadna*** *rzeczą* yath any wczem vffaczon [ten gość z niżadną rzeczą jęt ani w czem ufacon] [255//258]

KOMMENTAR

Bei den Übersetzungspaaren *Tat // rzecz*; *handhafte Tat // gorąca rzecz* (II.); ***in*** *handhafter Tat //* ***w*** *gorącej rzeczy* (III.) sowie in weiteren polnischen Entsprechungen für dt. *Tat* (s. o. V., VI., VIII.) zeigt sich im Vorkommen der polnischen Entsprechung *rzecz* für dt. *Tat* der Unterschied zwischen gemeinsprachlicher (vgl. poln. *rzecz* 'Sache') und rechtssprachlicher (vgl. poln. *rzecz* 'Tat') Bedeutung von poln. *rzecz.*
Als weitere Übersetzungspaare sind in den verglichenen Texten belegt:
– dt. ***in*** *handhafter Tat* // 1. poln. ***za*** *gorącej rzeczy* (III.) // 2. poln. ***za*** *gorąca* (IV.), weiterhin
– dt. ***auf*** *frischer Tat* // poln. ***za*** *gorącej rzeczy* (V.), außerdem
– dt. ***um*** *handhafte Tat* // poln. ***o*** *gorące rzeczy* (VI.).
Auch die Negation wird wörtlich aus dem Deutschen ins Polnische übernommen (VII.).

LITERATUR

[2]Handwörterbuch zur Deutschen Rechtsgeschichte, 12. Lfg., Sp. 742–747
Deutsches Rechtswörterbuch, 5, Sp. 75 (II)
Deutsches Wörterbuch, 10, Sp. 397: *handhaft*; 21, Sp. 308: *handhafter Tat*; 21, Sp. 309: *auf frischer Tat*
Słownik staropolski, 2, 459–461: *gorący*

Boková/Spáčilová Glossar, 424: frnhd. *handhaftige tat* – tsch. *čerstvý čin*
Spáčil/Spáčilová Meißner Rechtsbuch, Register, 826f.: tsch. *čin čerstvý, čin horký*
Reczek/Twardzik III, 245
Słownik staropolski: *gorący*: 2, 459–461; *rzecz*: 8, 83–94, bes. 94
Papsonová, Silleiner Rechtsbuch, 607–612
Glossar zur Buch'schen Glosse, 681, 8; 683, 1

Totschlag, der // głowa (zabita) 'Kopfverletzung', **uraniany** 'verwundet', **ciężkie, blisko śmiertelne rany** 'schwere, den tödlichen Wunden ähnliche Wunden'; vgl. eigentlich: **mężobojstwo** 'Totschlag', s. u. **um Totschlag**

I. dt. ***Totschlag*** // poln. ***głowa zabita*** 'Kopfverletzung':

ap *totslag* [Totschlag] adir kempber wundin gescheen // *glową zabythą* {'Kopfverletzung'} albo czokole gynego nyerzadnego vczynyono [głowa zabita albo cokole jinego nierządnego uczyniono] [136//145]

II. dt. ***Totschlag*** // poln. ***uraniono*** 'verwundet':

totslagis [Totschlag] // *vranyono* {'verwundet'} [uraniono] [252//255]

III. dt. ***Totschlag*** // poln. ***ciężkie, blisko śmiertelne rany*** 'schwere, den tödlichen Wunden ähnliche Wunden':

totslak [Totschlag] fornachten // *czaszkye, blyszko szmyerthelney rany* {'schwere, den tödlichen Wunden ähnliche Wunden'} [ciężkie, blisko śmiertelne[j] rany] [113//123]

KOMMENTAR

Für dt. *Totschlag* (vgl. eigentlich: *mężobojstwo* 'Totschlag', s. u.) sind im polnischen Text 3 Entsprechungen belegt: *głowa zabita* 'Kopfverletzung' (I.), *uraniono* 'verwundet' (II.) und *ciężkie, blisko śmiertelne rany* 'schwere, den tödlichen Wunden ähnliche Wunden' (III.) (sinngemäße Wiedergabe 1:3).

um Totschlag // o głowę 'um Kopf', **o mężobojstwo**

I. dt. ***um Totschlag*** // poln. ***o głowę*** 'um Kopf':

um [...] totslagys [Totschlag] // ***o*** glową [o głowę] [151//162]
um totslag [Totschlag] // o glową [o głowę] [152//163]
um eynen totslag [Totschlag] // o glową [o głowę] [155//166]
um totslag [Totschlag] // o glową [o głowę] [173//185]
um totslac [Totschlag] // o glowa [o głowę] [215//211]
um [...] totslagis [Totschlag] // o glowa [o głowę] [215//211]
um totslag [Totschlag], um wunden adir des glich // *Oglową* albo o rany albo ***o***czokolwye takyego [o głowę albo o rany albo o cokolwie takiego] [15//15]
worde beclagit *um* eynen *totslag* [Totschlag] // ozalowan *o glowa* [ożałowan o głowę] [46//54]

II. dt. ***um Totschlag*** // poln. ***o mężobojstwo*** ‘um Totschlag’:

1. Clagit man abir uf ymande *totslag* [Totschlag] adir wundin [oder (um) Wunden] // zalowal-ly na kogo *o rany* {‘(um) Wunden’} albo *o mazoboystwo* {‘oder um Totschlag’} [o rany albo o mężobojstwo] [22//22]

KOMMENTAR

Für dt. *um Totschlag* sind im polnischen Text 2 Entsprechungen belegt: überwiegend *o głowę* ‘um Kopf’ (I.) und einmal *o mężobojstwo* ‘um Totschlag’ (II.) (sinngemäße Wiedergabe, Übersetzung).

1. In der Aufzählung ist die Reihenfolge vertauscht: dt. *um* ***Totschlag oder Wunden*** // poln. *um* ***Wunden oder Totschlag***. Wie in vergleichbaren anderen Fällen (s. u. ***Vogtei* und *Schultheißei***), kann hier ebenfalls davon ausgegangen werden, daß beide Begriffe überwiegend zusammen verwendet und als Einheit betrachtet wurden (Zwillingsformeln). So ist das Vertauschen in der polnischen Übersetzung nicht als Fehler anzusehen.

LITERATUR

Handwörterbuch zur Deutschen Rechtsgeschichte, 5, Sp. 284; Verweis auf: *Tötungsdelikte*, 5, Sp. 286

Deutsches Rechtswörterbuch, 9, Sp. 861: *Mord*

Deutsches Wörterbuch, 21, Sp. 628

Wörterbuch der mittelhochdeutschen Urkundensprache, 3, 1761 f.

Boková/Spáčilová Glossar, 430: frnhd. *totschlag* – tsch. *smrtelná rána* ‘tödliche Wunde’

Spáčil/Spáčilová Meißner Rechtsbuch, Register, 827: tsch. *úder smrtelný*

Reczek/Twardzik III, 84, 136, 303

Słownik staropolski, 2, 424–429: *głowa*; 4, 189 f.: *mężobojstwo*

Papsonová, Silleiner Rechtsbuch, 620–622

Glossar zur Buch’schen Glosse, 27, 12, 24; 53, 2

U

unehelich (geboren sein), unehelicher Geburt sein // wyleganiec {mask. Substantiv} ‘unehelich Geborener’, **wyleganica** {fem. Substantiv} ‘unehelich Geborene’

I. dt. ***unehelich geboren*** // poln. ***wyleganiec***:

unelich geborn [unehelich geboren] // *wyleganyecz* czo nye stadla malszenszkyego szye narodzyl [wyleganiec, co nie ⟨z⟩ stadła małżeńskiego sie narodził] [12//12]

alzo das her unelich geborn [unehelich geboren] were // by byl *wyleganyecz* [by był wyleganiec] [13//13]

II. dt. ***unehelicher Geburt*** // poln. ***wyleganiec***:
ny vor gerichte unelicher gebort [unehelicher Geburt] obirwundin // *wyleganyecz* [wyleganiec] [13//13]

KOMMENTAR

Für dt. *unehelich geboren* (I.) wie auch für dt. *unehelicher Geburt* sein (II.) steht im polnischen Text *wyleganiec* **{Substantiv}** ‘unehelich Geborener’ (Übersetzung 2:1), s. auch folg. **unehelich geborener Mann.**

LITERATUR

Deutsches Wörterbuch, 24, Sp. 449
Reczek/Twardzik III, 322–232
Słownik staropolski, 10, 492: *wyleganiec* {mask.}; 10, 492: *wylegnica* {fem.}
Glossar zur Buch’schen Glosse, 197, 27

unehelich geborener Mann // wyleganiec

unelich geborn man [unehelich geborener Mann] // *wyleganyecz* [wyleganiec] [17//17]
unelich man {Sg.} [unehelicher Mann] // *wyleganye* **{kein** Pl., s. npoln.} [wyleganie⟨c⟩] [16//16]
eyn onelichir man [unehelicher Mann] // *wyleganyecz* [wyleganiec] [196//203]
Eyn onelich man [unehelicher Mann] // *Wjleganyecz* [Wyleganiec] [196//203]

KOMMENTAR

Für dt. *unehelich geborener Mann* steht im polnischen Text *wyleganiec* ‘unehelich Geborener’ (Übersetzung 1:1), s. auch das vorige Stichwort **unehelich (geboren sein), unehelicher Geburt sein.**
Der deutsche unbestimmte Artikel *ein* wird nicht ins Polnische übernommen.

unehelich geborene Frau // wyleganica (niewiasta albo dziewka)

I. dt. ***uneheliche Frau*** // poln. ***wyleganica***:
uneliche vrawe [uneheliche Frau] // *wyleganycza* [wyleganicę] [17//17]
unelich vrawe [uneheliche Frau] // *wyleganyczą* [wyleganicę] [16//16]

II. dt. ***uneheliche Frau*** // poln. ***wyleganica niewiasta albo dziewka***:
eyn *unelich vrawe* {Akkusativ Sg.} [eine uneheliche Frau] // *wyleganyczą nyewyastą albo dzyewką* {Akkusativ Sg.} [wyleganicę, niewiastę albo dziewkę] [16//16]

KOMMENTAR

Für dt. *unehelich geborene Frau* steht im polnischen Text *wyleganica* ‘unehelich Geborene’ (I.), die weibliche Entsprechung zu bereits o. genanntem *wyleganiec* ‘unehelich Geborener’.

In der unter II. genannten Textstelle steht für dt. *uneheliche Frau* als polnische Entsprechung eine wortwörtliche Übertragung, d. h. poln. *wyleganica* 'unehelich', fem. als Attribut zu poln. *niewiasta albo dziewka* 'Frau oder Mädchen' (Übersetzung 1:1).

Unterweisung, die; unterweisen // nauczenie, nauka

I. dt. ***Unterweisung*** // poln. ***nauczenie***:
undirwissunge [Unterweisung] // *navczenye* [nauczenie] [39//47]
bitte wir ewyr *undirweyzung* [erbitten wir eure Unterweisung] // proszymy wasz o *navka* [prosimy was o naukę] [104//113]

II. dt. ***unterweisen*** // poln. ***nauka***:
Hyrume bitte wyr uns czu *undirweyzen* {Verb} [hierum bitten wir, uns ***zu unterweisen***] // natho proszymy waszey *nauky* {Substantiv} {'dazu erbitten wir eure ***Unterweisung***'} [Na to prosimy waszej nauki] [111//120]

KOMMENTAR

Für dt. *Unterweisung* steht im polnischen Text *nauczenie* (I.), für *unterweisen* **{Verb}** steht poln. *nauka* **{Substantiv}** (II.) (Übersetzung 2:2), wobei im Beispiel unter II. die Übertragung vom Deutschen ins Polnische einen Wechsel der Wortart mit sich bringt (dt. **Verb** // poln. **Substantiv**).

LITERATUR

Deutsches Wörterbuch, 24, Sp. 1896
Boková/Spáčilová Glossar, 457: tsch. *(po)naučení, poučení, nauka*
Reczek/Twardzik III, 158
Słownik staropolski, 5, 118: *nauczenie*; 5, 121–123: *nauka*
Glossar zur Buch'schen Glosse: *leren, lernen* 107, 2. Vers 276

uraniany s. **Totschlag, der**

uraniono s. **um Totschlag**

Urteil, das // ortyl, ortel; poln. **wyrok** für **Urteil** ist in dem von uns ausgewerteten polnischen Text nicht nachgewiesen; s. auch die nachfolgenden Wendungen mit **ortyl, ortel,** wie: **Urteil finden // najć ortel; Urteil (er)fragen // ortelu pytać; Urteil schelten // łajać ortel; Urteil sprechen // wyrzec ortel**
[= Gerichtsurteil, Urteilsfindung, Gericht]

I. dt. ***Urteil*** // poln. ***ortel***:
orteil [Urteil] // ortyl [ortyl] [1//1]
orteyl [Urteil] // ortel [ortel] [92//99]
orteil [Urteil] // ortel [ortel] [98//105]
keyn ortil [kein Urteil] // ***zadnego*** ortela [żadnego ortela] [175//186]

1. ***Das*** ortil [das Urteil] // ***Ten*** {Interferenz: der deutsche bestimmte Artikel wird als Demonstrativpronomen übernommen} przyszasznykow ortel [Ten przysiężnikow ortel] [261//264]

II. dt. ***rechtes Urteil*** {Sg.} // poln. ***prawe ortele*** 'rechte Urteile' {Pl.}:
rechtis orteil [rechtes Urteil] // prawe ortele [prawe ortele] [102//111]

III. dt. ***mit rechtem Urteil*** // poln. ***prawym ortelem*** 'mit rechtem Urteil':
mit rechtim orteilin [mit rechtem Urteil] // praw***ym*** ortel***em*** [prawym ortelem] [75//83]
mit rechten urteln [mit rechtem Urteil] // prawym ortelem [prawym ortelem] [94//101]
mit rechte orteyl [mit rechtem Urteil] // sprawem ortel [z prawem ortel] [105//114]

IV. dt. ***des Schöffen Urteil*** // poln. ***przysiężników ortel***:
Des scheppin orteyl [des Schöffen Urteil] ist recht // PRzyszasznykow ortel gest prawdzy [Przysiężnikow ortel jest prawdziwy] [112//121]

V. dt. ***des Schöffen Urteil*** // poln. ***prysiężniczy ortel***:
Des scheppin ortil [des Schöffen Urteil] // Przyszasznyczy ortel [Prysiężniczy ortel] [187//194]

KOMMENTAR

Alle Textstellen belegen die Wiedergabe von dt. *Urteil* mit dem deutschen Lehnwort *ortyl, ortel* im polnischen Text (Entlehnung). Dies gilt auch für die Verbindung von *ortyl, ortel* mit Attributen wie auch den Gebrauch in den nachfolgenden Wendungen mit *ortyl, ortel*, wie: **Urteil finden // najć ortel; Urteil (er)fragen // ortelu pytać; Urteil schelten // łajać ortel; Urteil sprechen // wyrzec ortel; Urteil strafen // strafować ortel**, s. u.
Poln. *wyrok* für *Urteil* ist in dem von uns ausgewerteten polnischen Text nicht nachgewiesen.
1. In der polnischen Entsprechung wird der deutsche bestimmte Artikel (***das***) als Demonstrativpronomen ***ten*** übernommen (Interferenz). Das Polnische hat keinen Artikel.

LITERATUR

Handwörterbuch zur Deutschen Rechtsgeschichte, 5, Sp. 604
Deutsches Wörterbuch, 24, Sp. 2569–2584
Wörterbuch der mittelhochdeutschen Urkundensprache, 3, 1963–1965
Boková/Spáčilová Glossar, 463: frnhd. *urteil* – tsch. *ortel*
Spáčil/Spáčilová Meißner Rechtsbuch, Register, 813: tsch. *nález, rozsudek*
Reczek/Twardzik III, 184
Aleksic Ortyle, 95 f., 98 f.
Zajda 2001, 73–89

Zajda 2008, 298
Słownik staropolski, 5, 629f.: *ortyl*; 10, 544 *wyrok*, s. *wyrocić się*
Lehnwörter 2010: *ortyl*
Papsonová, Silleiner Rechtsbuch, 649–654
Glossar zur Buch'schen Glosse, 20, 9; 23, 4

Urteil finden // najć ortel; (wy)rzec ortel

I. dt. ***Urteil finden*** // poln. ***najć ortel*** 'Urteil finden':
ander orteyl *finden* [Urteil finden] // *Naydz* gyny *ortel* y [najć jiny ortel i] [106//115]

II. dt. ***Urteil finden*** // poln. ***rzec ortel*** 'Urteil sprechen':
und *fand* eyn zolch orteyl [*fand* ein ... Urteil] // y *rzekl* taky *ortel* '*sprach* ein solches Urteil' [i rzekł taki ortel] [112//121]

III. dt. ***Urteil finden*** // poln. ***najć i wyrzec ortel*** 'Urteil finden und sprechen':
eyn ortil *findin* [Urteil finden] // mayą *naydz hy wyrzecz* {'es [das Urteil] *finden* und *sprechen*'} [mają najć hi wyrzec] [185//193b]
orteyl *vinden* [Urteil finden] // *naycz ortel ywyrzecz* [najć ortel i wyrzec] [193//200]

IV. dt. ***zu einem Urteil finden*** // poln. ***wyrzec ortel albo prawo*** 'Urteil oder Recht sprechen':
und der forspreche quam mit orteyln off dy bank und *want czu eynem orteyl* [fand zu einem Urteil] // y przyszagl przesz ortela nalawyczy, y *wyrzekl* taky szobye *ortel albo prawo* [i przyszedł przez ortele na ławicę, i wyrzekł taki sobie ortel albo prawo] [111//120]

KOMMENTAR

Für dt. *Urteil finden* belegt der polnische Text 3 Entsprechungen, so: poln. *najć ortel* 'Urteil finden' (I.), *rzec ortel* 'Urteil sprechen' (II.) und *najć i wyrzec ortel* 'Urteil finden und sprechen' (III.). Erwähnt sei außerdem die Entsprechung dt. *zu einem Urteil finden* // poln. *wyrzec ortel albo prawo* 'Urteil oder Recht sprechen' (IV.).

LITERATUR

Deutsches Wörterbuch, 24, Sp. 2569–2584
Reczek/Twardzik III, 155f.: *najć*; 324: *(wy)rzec*
Słownik staropolski, 5, 50–52: *najć*
Papsonová, Silleiner Rechtsbuch, 650
Glossar zur Buch'schen Glosse, 13, 19; 20, 6

Urteil (er)fragen // ortelu pytać

[= ein Rechtsurteil beantragen, einklagen]

richtin und *orteil frogin* [richten und ein *Urteil (er)fragen*] // szadzycz y*ortelv pythacz* [sędzić i ortelu pytać] [3//3]
vor gehegit dink und *vrogit orteilis* [*(er)fragt das/ein Urteil*] // przed gayny szand ypytal ortela [przed gajny sąd i pytał ortela] [11//11]
frogte der richter *um eyn orteyl* [*fragt* der Richter *um ein Urteil*] // na tho woyth *pytal o prawo* a [na to wojt pytał o prawo a] [111//120]

KOMMENTAR

Für dt. *Urteil (er)fragen* belegt der polnische Text die wortwörtliche Übersetzung *ortelu pytać* (Übersetzung 1:1).

LITERATUR

Handwörterbuch zur Deutschen Rechtsgeschichte, 5, Sp. 622, nicht: *ein Urteil (er)fragen*, aber: *Urteilsfrage*; Verweis auf: *Urteilsfindung*, 5, Sp. 619
Deutsches Rechtswörterbuch, 3, Sp. 661–663 (IV); 11, Sp. 1000
Deutsches Wörterbuch, 4, Sp. 54; 14, Sp. 867
Boková/Spáčilová Glossar, 463: frnhd. *eines urteils fragen* – tsch. *požadovat soud*
Reczek/Twardzik III, 248f.: *sędzić*; 236–238: *ortelu pytać*
Słownik staropolski, 7, 412–416: *pytać*
Papsonová, Silleiner Rechtsbuch, 653
Glossar zur Buch'schen Glosse, 575, 22

Urteil schelten // łajać ortel

[= Urteil anfechten]

I. dt. ***Urteil schelten*** // poln. ***łajać ortel***:

Wer *orteyl scheldin* [Urteil schelten] wil, der zal stende sprech⟨en⟩ alzus // ktho gy chcze *layacz ortel*, Ten ma stoyacz tako rzecz [Kto ji chce łajać ortel, ten ma stojąc tako rzec] [106//115]
ortil scheldin [Urteil schelten] // *ortel layacz* [ortel łajać] [164//175]
Und wen das *orteyl geschulden wyrt* [Urteil wird gescholten] // Ggy bandze *ortel layan* [Gdy będzie ortel łajan] [108//117]

1. ***Das*** *orteyl schalt* [das Urteil scholt] de frawen forspreche // ***ten*** {Interferenz: der deutsche bestimmte Artikel wird als Demonstrativpronomen übernommen} *ortel layal* they panyey Rzecznyk [Ten ortel łajał tej paniej rzecznik] [112//121]
2. Do *schalt* der clegir ***das*** *ortil* [scholt das Urteil] mit seyme vorsprechin // Tedy ten, czo zalowal, *layal* szwym *ortelem* yrzecznykyem ***temv*** {Interferenz: der deutsche bestimmte Artikel wird als Demonstrativpronomen übernommen} orthelowy [Tedy ten, co żałował, łajał swym ortelem i rzecznikiem temu ortelowi] [132//141]

3. ***das*** *ortil* czu recht *geschuldyn hette* [das Urteil gescholten hätte] // Sprawnye on ***tehen*** {Interferenz: der deutsche bestimmte Artikel wird als Demonstrativpronomen übernommen} *ortel layal* [sprawnie⟨-li⟩ on te[he]n ortel łajał] [132//141]

und solde deme scheppin, *des ortil her geschuldyn hette* [dessen Urteil er gescholten hätte], bussen // a matho przyszasznykom pokupycz. [ma to przysięźnikom pokupić] [132//141]

4. Vort mer: Ap eyn man des konyngis *ortil gescheldin* [Urteil gescholten] moge und wo her sich czyhen sulle, ap her das getuen kunne // Mozely czlowyek *ortel* krolewszky *layacz* agdze albo dokąd ma szye czyągnacz, amozely tho vczynycz albo nyemoze [Może-li człowiek ortel krolewski łajać a gdzie albo dokąd ma sie ciągnąć, a może-li to uczynić albo nie może] [164//175]

II. *Negation*: dt. ***Urteil* nicht *schelten*** // poln. **nie *łajać ortel***:

adir her *schalt is nicht* [scholt es nicht] yn sulchin wortyn, als recht ist // Ale *nyelayal* tako, yako gest prawo layacz [ale nie łajał tako, jako jest prawo łajać] [132//141]

her hette is *nycht recht geschuldyn* [nicht recht gescholten] // on *nyepodlug prawa layal ortel* [on nie podług prawa łajał ortel] [132//141]

III. dt. ***dem Urteil widersprechen*** // poln. ***ortel łajać***:

5. ***Dys*** *ortil wedirsprach* [dem Urteil widersprach] eyner myt gesworner scheppin // ***ten*** {Interferenz: der deutsche bestimmte Artikel wird als Demonstrativpronomen übernommen} *ortel layal* przyszasznyk [Ten ortel łajał [przysięźnik]] [187//194]

IV. dt. ***Urteil schelten*** // poln. ***prawo łajać***:

6. ***Das*** *orteyl schalt* [das Urteil scholt] Johannes dorch zeynen forsprechen // ***To*** {Interferenz: der deutsche bestimmte Artikel wird als Demonstrativpronomen übernommen} *prawo layal* hannus przesz szwego Rzecznyką [To prawo łajał Hannusz przez swego rzecznika] [111//120]

7. ***Eyn*** *ortil* ist uns *geschuldin* [Urteil ist gescholten] // ***Geden*** 'ein(s)' {Zahlwort} *layal ortelowy* [Jeden łajał ortelowi] [253//256]

V. dt. ***der Mann, der das Urteil scholt; der Schelter*** // poln. ***ten człowiek co łajał ten ortel***:

8. ***der*** *man*, der das *ortil schildit* [der Mann, das Urteil scholt] und strofte // ***ten*** {Interferenz: der deutsche bestimmte Artikel wird als Demonstrativpronomen übernommen} *czlowyek*, czo *layal* ten *ortel*, [ten człowiek co łajał ten ortel] [187//194]

9. Eyn ortil ist uns *geschulden* [gescholten] und der *schelder*[150] [Schelter] hat // Geden *layal* ortelowy y ______[151] postawyl [Jeden łajał ortelowi i postawił] [253//256]

---

[150] Die Entsprechung für dt. *Schelder* fehlt im polnischen Text.

[151] Fehlstelle der Entsprechung für dt. *Schelder* im polnischen Text.

KOMMENTAR

Für dt. *Urteil schelten* 'Urteil anfechten' steht im polnischen Text poln. *łajać ortel* (I.). Dies gilt ebenso für die Negation, vgl. dt. *Urteil nicht schelten* // poln. *nie łajać ortel* (II.). In dem einzigen Beleg für dt. *dem Urteil widersprechen* steht im polnischen Text ebenfalls *ortel łajać* (III.). Für dt. *Urteil schelten* ist außerdem auch poln. *prawo łajać* belegt (IV.).

V. Deutsch *der Mann, der das Urteil scholt* wird im Polnischen ebenfalls umschrieben (8.). Deutsch *Schelter* fehlt zwar als Wort im polnischen Text, der Inhalt des Sachverhaltes wird dennoch adäquat übertragen, vgl. den polnischen Text in der Übersetzung: '*einer scholt ein Urteil* ...' (9.).

In den folgenden polnischen Entsprechungen wird der jeweilige deutsche bestimmte Artikel als Demonstrativpronomen ins Polnische übernommen (Interferenz): 1., 2., 3., 5., 6., 8. Das Polnische hat keinen Artikel.

7. hier steht für den deutschen unbestimmten Artikel ***ein*** im polnischen Text das Zahlwort ***ein(s)*** (Interferenz). Das Polnische hat keinen Artikel.

4. Für dt. *des konyngis ortil gescheldin* [Urteil gescholten] steht im polnischen Text *ortel* krolewszky *layacz*, d. h. die deutsche Genitivkonstruktion *des Königs Urteil* wird im Polnischen zu einer attributiven Wendung 'das königliche Urteil'.

LITERATUR

Handwörterbuch zur Deutschen Rechtsgeschichte, 5, Sp. 628: nicht: *Urteil schelten*, aber: *Urteilsschelte*; Verweis auf: *Urteilsfindung*, 5, Sp. 619

Deutsches Wörterbuch, 14, Sp. 2529

Wörterbuch der mittelhochdeutschen Urkundensprache, 2, 1502 f.: *schelten*

Reczek/Twardzik III, 131

Słownik staropolski, 4, 90–92: *łajać*

Papsonová, Silleiner Rechtsbuch, 651

Glossar zur Buch'schen Glosse, 26, 19–22; 27, 1; 63, 15

Urteil sprechen // wyrzec ortel

I. dt. ***Urteil sprechen*** // poln. ***wyrzec ortel***:

orteyl sprechen [Urteil sprechen] off zeyn recht // *ortel wyrzecz* na szwe prawo [ortel wyrzec na swe prawo] [105//114]

1. ***Das*** *ortil*, das der scheppe *gesprochin hatte* [Urteil gesprochen] // ***ten*** {Interferenz: der deutsche bestimmte Artikel wird als Demonstrativpronomen übernommen} *ortel* ya *layą*, czo gy przyszasznyk *wyrzekl* [Ten ortel ja łaję, co ji przysiężnik wyrzekł] [187//194]

ortil dorobir *sprechin* moge [Urteil sprechen] // *ortele wyrzecz* nato [ortele wyrzec na to] [217//213]

In sulchin sachin mac man *sprechin* [in solchen Fällen soll man [Recht/ein Urteil] sprechen] // wthakych rzeczach mogą *ortel* naydcz J*wyrzecz* [w takich rzeczach mogą *ortel* najć i wyrzec] [217//213]

2. und *ortil* {Sg.} dorobir *sprechin* [Urteil sprechen] // *ortele* {Pl.} natho *wyrzecz* [ortele na to wyrzec] [218//214]

II. dt. ***Urteil sprechen*** // poln. ***wyrzec prawo*** 'Recht sprechen':
sprach de scheppe *eyn orteyl* [sprach ein Urteil] // takyesz *przyszaszny* czy *wyrzekly prawo* [takież przysiężnicy wyrzekli prawo] [111//120]

KOMMENTAR

Für dt. *Urteil sprechen* steht im polnischen Text überwiegend *wyrzec ortel* (I.), in 1 Fall jedoch auch *wyrzec prawo* 'Recht sprechen' (II.). (Übersetzung 1:2).
1. In der polnischen Entsprechung wird der deutsche bestimmte Artikel (***das***) als Demonstrativpronomen ***ten*** übernommen (Interferenz). Das Polnische hat keinen Artikel.
2. Zu beachten ist der Unterschied zwischen dem **Singular** im deutschen Text, vgl. *ortil* und dem **Plural** im polnischen Text, vgl. *ortele* 'Urteile'.

LITERATUR

Deutsches Wörterbuch, 16, Sp. 2823
Reczek/Twardzik III, 324
Słownik staropolski, 10, 547–550: *wyrzec*
Papsonová, Silleiner Rechtsbuch, 649
Glossar zur Buch'schen Glosse, 448, 9

Urteil strafen // strafować ortel
[= 1. schelten, tadeln; 2. strafen]

I. dt. ***das Urteil strafen*** (oder schelten) // poln. ***ortel strafować*** (albo łajać):
orteyl *stroffen* [Urteil strafen] adir scheldin mak // ortel *strofuge* albo layacz moze [strofuje albo łajać może] [105//114]

II. dt. ***das Urteil strafen*** // poln. ***ortel łajać***:
Wirt abir das *orteyl gestrofit* [wird aber das Urteil gestraft] // ale *gy* {Pronomen für *ortel*} layąly [ale ji łają-li] [193//200]

KOMMENTAR

Für dt. *das Urteil strafen* steht im polnischen Text *strafować ortel* (I.) (Entlehnung). Neben poln. *ortel strafować* ist für dt. *das Urteil strafen* im polnischen Text auch *ortel łajać* belegt (II.), s. auch o. **Urteil schelten // łajać ortel**.

LITERATUR

Handwörterbuch zur Deutschen Rechtsgeschichte, 4, Sp. 2011: nicht: *strafen*, aber: *Strafe, Strafrecht*
Deutsches Rechtswörterbuch, 1, Sp. 296: nicht: *strafen*, aber: *abstrafen*
Deutsches Wörterbuch, 19, Sp. 701

Wörterbuch der mittelhochdeutschen Urkundensprache, 2, 1676
Boková/Spáčilová Glossar, 393: frnhd. *strafen* – tsch. *(po)trestat, (po)karat*
Reczek/Twardzik III, 263
Aleksic Ortyle, 152: *strofowanie*
Słownik staropolski, 8, 467 f.
Lehnwörter 2010: *ortyl* und *strofować*
Papsonová, Silleiner Rechtsbuch, 598
Glossar zur Buch'schen Glosse, 102, V, 189; 429, 5; 106, V, 249; 427, 7

Urteil verkaufen // przedać albo przedawać ortel

– dt. ***das Urteil verkaufen*** // poln. ***przedać ortel (albo prawo)*** 'das Urteil oder das Recht verkaufen':
1. ortil [...] vorkaufen [Urteil [...] verkaufen] // *przedacz ortel albo prawo* [przedać ortel albo prawo] [175//186]
2. ortil vorkaufen [Urteil verkaufen] // *ortela* {partitiver Genitiv} *przedacz albo przedawacz* {**perfektiver + imperfektiver Aspekt**} [ortela przedać albo przedawać] [175//186]

KOMMENTAR

Für dt. *Urteil verkaufen* steht im polnischen Text *przedać ortel.*
In poln. *przedać ortel albo prawo* für dt. *Urteil verkaufen* kann *ortel albo prawo* 'Urteil oder Recht' als Zwillingsformel angesehen werden (1.).
An einer Stelle nennt der polnische Text beide **Aspekte** (**perfektiven** und **imperfektiven** Aspekt: *przedać* albo *przedawać*) des Verbs nebeneinander, wohl als Ausdruck der Bekräftigung (2.).

V

verfesten // zaćwierdzić
[= gerichtlich ächten, für friedlos erklären, in die Acht erklären]

I. dt. (jmd.) ***verfesten*** // poln. (kogoś) ***zaćwierdzić***:
voruestin [verfesten] // go *zaczwyerdzycz* [go zaćwierdzić] [215//211]

II. dt. (etwas) ***ist nicht verfestet*** // poln. (coś) ***nie zaćwierdzon***:
di sache *nicht vor vestit ist* [nicht verfestet ist] // othą rzecz *nyezaczwyerdzon* [o tę rzecz nie zaćwierdzon] [257//260]

III. dt. ***verfesteter Mann*** // poln. ***zaćwierdzony człowiek***:
voruestetin man [verfesteter Mann] // *zaczwyerdzonego czlowyeka* [zaćwierdzonego człowieka] [251//254]

KOMMENTAR

Für dt. *verfesten* nennt der polnische Text *zaćwierdzić* (I.) (Übersetzung 1:1). Diese Entsprechung ist ebenfalls für die Negation, vgl. dt. (etwas) *ist* ***nicht*** *verfestet* // poln. (coś) ***nie*** *zaćwierdzon* (II.) belegt sowie für den attributiven Gebrauch des entsprechenden Adjektivs: dt. *verfesteter Mann* // poln. *zaćwierdzony człowiek* (III.).

LITERATUR

Handwörterbuch zur Deutschen Rechtsgeschichte, 5, Sp. 718: nicht: *verfesten*, aber: *Verfestung*
Deutsches Wörterbuch, 25, Sp. 330
Wörterbuch der mittelhochdeutschen Urkundensprache, 3, 2121 f.
Reczek/Twardzik III, 60
Słownik staropolski, 11, 224–226
Glossar zur Buch'schen Glosse, 21, 19, 23; 22, 3, 20

Vogt, der // wójt
[= Vorsitzender im Gericht]

I. dt. ***Vogt*** // poln. ***wójt***:
voyt [Vogt] // woyth [wojt] [42//50]
wy der *voyt* [Vogt] bekent bey seyme eyde // kakoly *woyth* wysznawa albo wyszną [kakoli wojt wyznawa albo wyzna] [256//259]

II. *Anrede/Vokativ*
– dt. ***Herr Vogt*** {Anrede} // poln. ***panie wójcie*** {Vokativ}:
Her foyt [Herr Vogt] // panye woycze [Panie wojcie] [255//258]

III. dt. ***geschworener Vogt*** // poln. ***przysiężny wójt***:
gesworne voyt [geschworener Vogt] // przyszaszny woyth [przysiężny wojt] [256//259]

IV. dt. ***zu dem Vogt*** // poln. ***przed wójta*** 'vor den Vogt':
czu dem foyte [zu dem Vogt] // ***przed*** woythą [przed wojta] [256//259]

V. dt. ***zu Rate*** // poln. ***przed wójta*** 'vor den Vogt':
wart {Präteritum} [war, d. h. ging] [...] *czu rate* [zu Rate] // przydze {*Präsens* des perfektiven Aspekts (= *Futur*bedeutung)} *przed woytą* [przydzie przed wojta] [256//259]

VI. dt. ***vor dem Vogt*** // poln. ***do prawa*** 'vor Gericht':
vor dem voyte [vor dem Vogt] // do prawa [do prawa] [256//259]

KOMMENTAR

Für dt. *Vogt* nennt der polnische Text das deutsche Lehnwort *wójt* (I.), auch in der Anrede/im *Vokativ* (dt. *Herr Vogt* // poln. *panie wójcie*) (II.) sowie in Verbindung mit einem Attribut, vgl. dt. *geschworener Vogt* // poln. *przysiężny wójt* (III.) oder in einer präpositionalen Wendung, vgl. dt. *zu dem Vogt* // poln. *przed wójta* 'vor den Vogt' (IV.). Poln. *przed wójta* 'vor den Vogt' steht allerdings auch für dt. *zu Rate* (V.), und dt. *vor dem Vogt* wird an einer Textstelle mit poln. *do prawa* 'vor Gericht' (VI.) wiedergegeben.

Hinzuweisen ist besonders auch darauf, daß im polnischen Text *wójt* 'Vogt' überwiegend als Entsprechung für dt. *Richter* gewählt wird. Dies gilt auch für *Richter* in der Anredeform (Vokativ) sowie in einem Teil der präpositionalen Wendungen.

V. Für das Präteritum des deutschen Verbs *wart* {Präteritum} steht im polnischen Text *przydze* {*Präsens* des perfektiven Aspekts (= *Futur*bedeutung)}. Für dt. *Schultheiß* steht im polnischen Text *wójt*, s. o. (Entlehnung).

LITERATUR

Handwörterbuch zur Deutschen Rechtsgeschichte, 5, Sp. 932–946
Lexikon des Mittelalters, 8, 1811–1814
Deutsches Wörterbuch, 26, Sp. 437–444
Wörterbuch der mittelhochdeutschen Urkundensprache, 3, 2179–2181
Boková/Spáčilová Glossar, 489: frnhd. *vogt* – tsch. *fojt*
Spáčil/Spáčilová Meißner Rechtsbuch, Register, 830
Reczek/Twardzik III, 314–316
Aleksic Ortyle, 70, 67 f.
Zajda 2008, 297
Słownik staropolski, 10, 305–307
Linde, 6, 376 f.
Lehnwörter 2008, 212
Lehnwörter 2010: lediglich *landwójt*
Papsonová, Silleiner Rechtsbuch, 683
Glossar zur Buch'schen Glosse, 62, 10; 123, 10

Vogt {possessivisch}: **des Vogtes** // **wójtów** {Possessivadjektiv}

I. dt. ***des Vogtes*** // poln. ***wójtów*** 'des Vogtes' {Possessivadjektiv}:

yn dem hawse *des voytis* {Genitiv} [des Vogtes] // w *woythow* {Possessivadjektiv} dom [w wojtow dom] [23//31]

des voytis bekentnisse[152] {Genitiv} [des Vogtes] // *woythowo* {Possessivadjektiv} wysznanye [wojtowo wyznanie] [256//259]

II. dt. ***nicht von Ritters*** {Genitiv} ***Art*** // poln. ***nie jest wójtowskiego*** {Possessivadjektiv} ***rodu*** 'nicht aus dem Geschlecht des/eines Vogtes'

[152] Kr; Pi: *fehlt.*

der do nicht *von rittirs art* ist [nicht von Ritters Art] // kthory nyegest *woythowszkyego rodv* {'der nicht aus dem Geschlecht des/eines Vogtes ist'} [ktory nie jest wojtowskiego rodu] [146//156]

KOMMENTAR

Für den deutschen Genitiv *des Vogtes* steht im polnischen Text das zu erwartende Äquivalent, und zwar das mit Hilfe des Possessivsuffixes *-ów* nach den Regeln der polnischen Wortbildung aus dem deutschen Lehnwort *wójt* abgeleitete Possessivadjektiv *wójtów* 'des Vogtes' (I.) (postintegrative Entwicklung eines deutschen Lehnwortes).

Eine weitere Ableitung aus *wójt* ist als polnische Entsprechung zu dt. *nicht von Ritters* {Genitiv} *Art* // poln. *nie jest wójtowskiego* {Possessivadjektiv} *rodu* 'nicht aus dem Geschlecht des/eines Vogtes' belegt (II.).

LITERATUR

Reczek/Twardzik III, 316

Słownik staropolski, 10, 308

Vogtei, die // wójtowstwo

[=Amtssitz und Gerichtsbezirk eines Vogtes]

foyte [Vogtei] // woythowstwo [wojtowstwo] [116//126]

foyte [Vogtei] // woythowstwo [wojtowstwo] [117//127]

1. *Schultezey* amecht und *foyte* [Schultheißei und Vogtei] amecht // *Szolthystwa* y *woythowstwa* 'Schultheißei oder Vogtei' [Sołtystwa i wojtowstwa] [120//130]
2. *schultezey* und *foytey* [Schultheißei und Vogtei] // *WOythowstwo* albo *szolthystwo* 'Vogtei oder Schultheißei' [Wojtowstwo albo sołtystwo] [120//130]
3. *Schůltezey* und *gerychte* [Schultheißei und Gericht] // *WOythowstwo* albo *szlolthystwo* 'Vogtei oder Schultheißei' [Wojtowstwo albo s[ł]ołtystwo] [118//128]
4. *gerychte* noch *foytey* [Gericht noch Vogtei] // *woythowstwa* albo gynego *sandv* 'Vogtei oder anderes Gericht' [wojtowstwa albo jinego sądu] [117//127]

KOMMENTAR

Für dt. *Vogtei* steht im polnischen Text *wójtowstwo*, ein mit Hilfe des Suffixes *-owstwo* nach den Regeln der polnischen Wortbildung aus dem deutschen Lehnwort *wójt* abgeleitetes Substantiv (postintegrative Entwicklung eines deutschen Lehnwortes).

Der Vergleich belegt eine Reihe von Textstellen, in denen *Vogtei* und *Schultheißei* zusammen vorkommen (Zwillingsformeln), vgl. 1., mitunter allerdings in umgekehrter Reihenfolge, vgl. 2., wo *Schultheißei* und *Vogtei* bei der Übernahme ins Polnische vertauscht wurden, s. im polnischen Text die Entsprechung '*Vogtei oder Schultheißei*'.

Vertauscht werden bei der Übernahme ins Polnische ebenfalls *Schultheißei* und *Gericht* im Textbeispiel 3. Außerdem steht für das im deutschen Text belegte *Gericht* im Polnischen der Terminus *Vogtei* als Äquivalent, vgl. oben im polnischen Text die Entsprechung für '*Vogtei* oder *Schultheißei*'.
Und auch Textbeispiel 4. liefert einen Beweis für das Vertauschen von Termini bei der Übernahme vom Deutschen ins Polnische. ***Gericht* und *Vogtei*** des deutschen Textes werden ins Polnische als ***Vogtei* oder anderes *Gericht*** übernommen.
Es zeigt sich, daß ***Vogtei* und *Schultheißei*** oft zusammen vorkommen (Zwillingsformeln). Das erklärt u. E. auch ihr gelegentliches Vertauschen wie auch ihre teilweise synonymische Verwendung mit anderen, inhaltlich ähnlichen Rechtstermini.

LITERATUR

Handwörterbuch zur Deutschen Rechtsgeschichte, 5, Sp. 932
Deutsches Wörterbuch, 26, Sp. 446–448
Wörterbuch der mittelhochdeutschen Urkundensprache, 3, 2182–2184
Boková/Spáčilová Glossar, 489: frnhd. *vogtei* – tsch. *fojtství*
Spáčil/Spáčilová Meißner Rechtsbuch, Register, 830
Reczek/Twardzik III, 315
Aleksic Ortyle, 87, 59f.
Słownik staropolski, 10, 307
Linde, 6, 377
Glossar zur Buch'schen Glosse, 18, 16; 313, 8; 315, 11

vorladen (vor Gericht) s. **Gericht: vorladen (vor Gericht)**

Vormund, der // opiekalnik; das sonst auch belegte poln. **opiekun** bzw. das aus dem Lateinischen entlehnte **kurator** sind in dem von uns ausgewerteten polnischen Text nicht nachgewiesen
[= Beschützer, rechtmäßiger Fürsprecher, Rechtsbeistand]

I. dt. ***Vormund*** // poln. ***opiekalnik***:
Der vormunde [der Vormund] // opyekaldnyka {Genitiv Sg.} [opiekaldnika] [1//1]
der vormunde {Nominativ Sg.} [der Vormund] // opyekalnyk {Nominativ Sg.} [opiekalnik] [1//1]
vormunde [Vormund] // opyekaldnyk [opiekaldnik] [10//10]
recht formunde [rechter Vormund] // ***prawy*** opyekalnyk [prawy opiekalnik] [96//103]
vormunde [Vormund] // opyekaldnyk [opiekaldnik] [137//146]
1. ***des kyndes*** vormunden [Vormund] // opyekaldnyk ***tego dzyeczaczą*** {Interferenz: der deutsche bestimmte Artikel wird als Demonstrativpronomen ins Polnische übernommen} [opiekaldnik tego dziecięcia] [138//147]
vormunde [Vormund] // opyekaldnyk [opiekaldnik] [198//205]
vormunde [Vormund] // opyekaldnyk [opiekaldnik] [260//263]

dy vormundin {Pl.} [die Vormunde] der kinder // opyekaldnyk {Sg.} [opiekaldnik] [260//263]

der *neste swert mog und formunde* [der nächste Schwertmage und Vormund] // *opyekaldnyk* sprzyszwolenym przyrodzonych blyszych [opiekaldnik z przyzwolenim przyrodzonych bliszych] [260//263]

II. *Negation*: dt. **keinen *Vormund haben*** // poln. **nie *mogą mieć opiekaldnika*** 'keinen Vormund haben können':

nicht vormunde [keinen Vormund] hette // ***nye****moze myecz opyekaldnyka* [nie może mieć opiekaldnika] [199//206]

dy ***nicht*** vormunde [keinen Vormund] habin // czo ***nye***moga myecz opyekaldnyką [co nie mogą mieć opiekaldnika] [199//206]

dy ***nicht*** vormunde [keinen Vormund] mochtin habin // acz opyekalnyka ***nye***moga myecz [acz opiekalnika nie mogą mieć] [200//207]

III. dt. *Vormunde* // poln. *opiekalnicy*; (*tych dzieci*) *przyrodzeni*:

– dt. ***Vormunde*** // poln. ***opiekalnicy***:

dy vormunden {Pl.} [Vormunde] // opyekaldnyczy {Pl.} [opiekaldnicy] [138//147]

– dt. ***Vormunde*** *des Kindes* 'die Vormunde des Kindes' // poln. *tych dzieci* ***przyrodzeni*** 'dieser Kinder Verwandte':

dy vormunden {Pl.} [Vormunde] des kyndes {Sg.} // thych dzyeczy {Pl.} przyrodzeny {Pl.} [tych dzieci przyrodzeni] [138//147]

KOMMENTAR

Deutsch *Vormund* wird als poln. *opiekalnik* übersetzt (I.) (Übersetzung 1:1). Dies gilt ebenfalls für die Negation (II.) und z. T. auch für die Pluralbildung, vgl. dt. *Vormunde* // poln. *opiekalnicy* (III.). Allerdings kommt im Plural auch die Entsprechung: dt. *dy vormunden* {Pl.} *des kyndes* {Sg.} 'die Vormunde des Kindes' // poln. *tych dzieci* {Pl.} *przyrodzeni* {Pl.} 'dieser Kinder Verwandte' vor (III.).
Das sonst auch belegte poln. *opiekun* bzw. das aus dem Lateinischen entlehnte *kurator* sind in dem von uns ausgewerteten polnischen Text nicht nachgewiesen.
1. Hier ist die Übernahme des deutschen bestimmten Artikels ins Polnische belegt.

LITERATUR

Handwörterbuch zur Deutschen Rechtsgeschichte, 5, Sp. 1049
Deutsches Wörterbuch, 26, Sp. 1322
Wörterbuch der mittelhochdeutschen Urkundensprache, 3, 2220
Boková/Spáčilová Glossar, 495: frnhd. *vormund* – tsch. *poručnik*
Spáčil/Spáčilová Meißner Rechtsbuch, Register, 830
Reczek/Twardzik III, 182f.
Aleksic Ortyle, 73f., 85f.
Zajda 2001, 43–51
Słownik staropolski, 5, 596–598: *opiekalnik*; 5, 600: *opiekun*; nicht belegt ist im Słownik staropolski: *kurator*

Papsonová, Silleiner Rechtsbuch, 692–695
Glossar zur Buch'schen Glosse, 6, 8, 10; 9, 17f., 20f.

Vormundschaft, die // opiekanie, opiekalnicstwo

I. dt. ***Vormundschaft*** // poln. ***opiekanie***:
vormundeschaft [Vormundschaft] uf gebin // *opyekanye* opvsczycz [opiekanie opuścić] [198//205]

II. dt. ***Vormundschaft*** // poln. ***opiekaldnicstwo***:
vormundeschaft [Vormundschaft] // opyekaldnyczstwo [opiekaldnicstwo] [198//205]

KOMMENTAR

Für dt. *Vormundschaft* belegt der polnische Text 2 Entsprechungen: *opiekanie* (I.) und *opiekaldnicstwo* (II.) (Übersetzung 1:2).

LITERATUR

Handwörterbuch zur Deutschen Rechtsgeschichte, 5, Sp. 1050
Deutsches Wörterbuch, 26, Sp. 1329
Wörterbuch der mittelhochdeutschen Urkundensprache, 3, 2220
Boková/Spáčilová Glossar, 496: tsch. *poručnictví*
Spáčil/Spáčilová Meißner Rechtsbuch, Register, 830
Reczek/Twardzik III, 182
Słownik staropolski, 5, 596
Glossar zur Buch'schen Glosse, 6, 6; 11, 15

vorstehen 'Vormund sein' // **opiekać** 'Vormund sein'

und *vorstunt* [vorstand] der tochtir gut // A on *opyekalszye* gymyenym they to dzyewky [a on opiekał sie jimienim tej to dziewki] [10//10]
undirwindin und sy *vorstan* [vorstanden] // podyącz y ma szę gymy *opyekacz* [podjąć i ma sie jimi opiekać] [177//187]

KOMMENTAR

Für dt. *vorstehen* 'Vormund sein' belegt der polnische Text das Verb *opiekać* 'Vormund sein' (Übersetzung 1:1).

LITERATUR

Deutsches Wörterbuch, 26, Sp. 1659
Reczek/Twardzik III, 182
Słownik staropolski, 5, 595f.: *opiekać*
Glossar zur Buch'schen Glosse, 14, 11; 196, 16; 299, 9

W

Waffe, die // broń, ostra broń

mit gezogener Waffe // z ostrą bronią 'mit scharfer Waffe'; s. auch o. **mit gewappneter Hand**

mit geczugenem wofin [mit gezogener Waffe] // zostra bronya [z ostrą bronią] [206//221]

KOMMENTAR

Deutsch *mit gezogener Waffe* wird im polnischen Text als *z ostrą bronią* 'mit scharfer Waffe' wiedergegeben (Übersetzung 1:1).

LITERATUR

Handwörterbuch zur Deutschen Rechtsgeschichte: Verweis im Register auf: *Waffenrecht*, 5, Sp. 1080
Deutsches Wörterbuch, 27, Sp. 251: *Waffe*
Wörterbuch der mittelhochdeutschen Urkundensprache, 3, 2302f.
Boková/Spáčilová Glossar, 501: tsch. *zbroj*
Spáčil/Spáčilová Meißner Rechtsbuch, Register, 831
Reczek/Twardzik III, 186
Słownik staropolski, 1, 164f.;
Glossar zur Buch'schen Glosse, 63, 17; 147, 13

wargielt s. **Wergeld, das**

weg(e)fertig // podróżny; s. auch o. **Gäste, die**
[= reisefertig, auf der Reise befindlich, zur Reise gerüstet]

wegefertik [wegefertig] // *podroszny* [podrożni] [90//97]
wegefertik ist [wegefertig] // gest *Podroszny* [jest podrożny] [148//159]
Wegefertige geste [wegefertige Gäste] // *POddrosznym* ludzom albo gosczyom 'wegefertige Leute oder Gäste' [Podrożnym ludziom albo gościom] [216//212]

KOMMENTAR

Für dt. *weg(e)fertig* nennt der polnische Text *podróżny* (Übersetzung 1:1).

LITERATUR

Deutsches Wörterbuch, 27, Sp. 3113
Boková/Spáčilová Glossar, 508: frnhd. *wegfertig* – tsch. *připraven na cestu*
Reczek/Twardzik III, 197f.
Słownik staropolski, 6, 273
Papsonová, Silleiner Rechtsbuch, 705
Glossar zur Buch'schen Glosse, 706, 3; 34, 7; 42, 17

Weichbildrecht, das // niemieckie prawo 'deutsches Recht', **miejskie prawo** 'Stadtrecht', **prawo** 'Gericht'; s. auch o. **Recht, Magdeburger; Weichbild, das**

I. dt. ***Weichbildrecht*** // poln. ***niemieckie prawo*** 'deutsches Recht':
wychbilde recht [Weichbildrecht] // nyemyesczkye prawo [niemiecskie prawo] [164//175]
wichbilde recht [Weichbildrecht] // nyemyeczszkye prawo [niemiecskie prawo] [166//177]
wichbilde recht [Weichbildrecht] // nyemyeczkye prawo [niemieckie prawo] [175//186]

II. dt. ***Weichbildrecht*** // poln. ***miejskie prawo*** 'Stadtrecht':
wichbildis rechte [Weichbildrecht] // myesczkyem prawye [miesckiem prawie] [193//200]

III. dt. ***oberstes Weichbildrecht*** // poln. ***wysze prawo*** 'oberstes, höchstes Gericht':
1. czyhen an ***das*** *obirste weychbilde recht* [Weichbildrecht] // czyagnącz szye ***do thego*** {Interferenz: der deutsche bestimmte Artikel wird als Demonstrativpronomen übernommen} *wyszego prawa* [ciągnąć sie do tego wyszego prawa] [164//175]

KOMMENTAR

Für dt. *Weichbildrecht* nennt der polnische Text 2 Entsprechungen: *niemieckie prawo* 'deutsches Recht' (I.) und *miejskie prawo* 'Stadtrecht' (II.) (Übersetzung). Belegt ist außerdem dt. *oberstes Weichbildrecht* mit der Entsprechung *wysze prawo* 'oberstes, höchstes Gericht' (III.) im polnischen Text.
1. Hier wird in der polnischen Entsprechung der deutsche bestimmte Artikel (***das***) als Demonstrativpronomen (***do***) ***tego*** {Genitiv Sg.} übernommen (Interferenz). Das Polnische hat keinen Artikel.

LITERATUR

Handwörterbuch zur Deutschen Rechtsgeschichte, 5, Sp. 1209
Deutsches Wörterbuch, 28, Sp. 479
Wörterbuch der mittelhochdeutschen Urkundensprache, 3, 2377: *Weichbild*
Boková/Spáčilová Glossar, 509: frnhd. *weichbild* – tsch. *městské právo* 'Stadtrecht'
Reczek/Twardzik III, 209
Słownik staropolski, 7, 33–44, bes. 33–36
Glossar zur Buch'schen Glosse: s. *Recht* und *Gericht*

Wergeld, das // wargielt, auch: **zapłaty** {Pl.}, **wina**; zu **wina** s. auch o. **Buße** und **Gewette**
[= Geldbuße für Totschlag oder Verletzung, Manngeld]

I. dt. ***Wergeld*** // poln. ***wargielt***:
eyn *wergelt* [Wergeld] gebin // zaplaczycz *wargelth* [zapłacić wargielt] [151//162]
eyn halp *wergelt* [Wergeld] // ***polowyczą*** *wargeltho* [połowicę wargieltu] [151//162]

II. dt. ***Wergeld*** // poln. ***zapłaty*** {Pl.}:
wergelt [Wergeld] // *zaplathy* [zapłaty] [67//74]

III. dt. ***Wergeld*** // poln. ***wina***:
eyn halp *wergelt* [Wergeld] [...] dem richter seyn gewette // poraczny maya ***polowycza*** *wyny* y wethy [poręczni⟨cy⟩ mają połowicę winy i wety] [206//221]

KOMMENTAR

Für dt. *Wergeld* belegt der polnische Text 3 Entsprechungen: das deutsche Lehnwort *wargielt* (I.), außerdem poln. *zapłaty* {Pl.} und *wina*, s. dazu auch o. **Buße** und **Gewette**.

LITERATUR

Handwörterbuch zur Deutschen Rechtsgeschichte, 5, Sp. 1268–1271
Deutsches Wörterbuch, 29, Sp. 320
Wörterbuch der mittelhochdeutschen Urkundensprache, 3, 2360
Boková/Spáčilová Glossar, 513: frnhd. *wergeld* – tsch. *pokuta za vraždu*
Spáčil/Spáčilová Meißner Rechtsbuch, Register, 832
Reczek/Twardzik III, 307: *wargielt*; 338: *zapłaty*; 313: *wina*
Aleksic Ortyle, 109f.
Zajda 2008, 300
Słownik staropolski, 10, 43f.
Papsonová, Silleiner Rechtsbuch, 715f.
Glossar zur Buch'schen Glosse, 21, 7f.; 27, 15

wet s. **Buße, die**

wiano s. **Morgengabe, die**

wianować s. **begaben** und **(be)morgengaben**

nie ***wianować*** s. **nicht morgengaben**

widersprechen // przeciw temu rzec
[= widerrufen]

das wedir sprach [widersprach] // *przeczyw temv rzekl* [Przeciw temu rzekł] [257//260]

KOMMENTAR

Für dt. *widersprechen* steht im polnischen Text *przeciw temu rzec* (Übersetzung 1:1).

LITERATUR

Deutsches Wörterbuch, 29, Sp. 1254
Boková/Spáčilová Glossar, 517: tsch. *vznést námitky*
Reczek/Twardzik III, 244
Glossar zur Buch'schen Glosse, 23, 1f.; 39, 2

wilkierz s. **Willkür, die**

Willkür, die // wilkierz
[= Einwilligung, freier Wille, Rechtssatzung]

gemeynen[153] wilkore [Willkür] // ______[154] wyelkyerz [wielkierz] [35//43]
wilkor [Willkür] // wyelkyerz [wielkierz] [38//46]
wyllekore [Willkür] // wyelkyerz [wielkierz] [174//183]
mit wylkore [Willkür] // ***po*** wyelkrzem [po⟨d⟩ wielkrzem] [124//133]

KOMMENTAR

Für dt. *Willkür* steht im polnischen Text das deutsche Lehnwort *wilkierz* (Entlehnung).

LITERATUR

Handwörterbuch zur Deutschen Rechtsgeschichte, 5, Sp. 1438–1440
Deutsches Wörterbuch, 30, Sp. 204–209
Boková/Spáčilová Glossar, 520: frnhd. *willkür* – tsch. *zákony a stanovené tresty, které si město či obec sama ustanovila* 'Stadtgesetze und durch sie festgesetzte Strafen'
Spáčil/Spáčilová Meißner Rechtsbuch, Register, 832
Reczek/Twardzik III, 311 f.
Aleksic Ortyle, 97, 99
Zajda 2008, 299
Słownik staropolski, 10, 170f.
Lehnwörter 2010: *wilkierz*
Papsonová, Silleiner Rechtsbuch, 726
Glossar zur Buch'schen Glosse, 14, 19; 41, 7

wina s. **Buße, die; Gewette, das**

(być) *winowat* s. **schuldig (sein), Schuld haben**

---

[153] Die Entsprechung für dt. *gemeynen* fehlt im polnischen Text.
[154] Fehlstelle der Entsprechung für dt. *gemeynen* im polnischen Text.

wójt s. **Vogt, der** und **Schultheiß, der; Schulze, der** und **Richter, der**

wójtów s. **Vogt** {possessivisch} **(des Vogtes)**

wójt dziedziczny s. **Erbvogt, der**

przed ***wójta*** s. **Richter, vor den**

przed ***wójtem*** s. **Richter, vor dem**

wójtowstwo s. **Vogtei, die**

wołanie, wołania s. **Gerüft, das**

z ***wołanim*****, przez** ***wołania*** s. **mit Gerüft**

nie ***wołając*** s. **nicht mit Gerüft**

Wunde, die // rana

Wunden, die // rany

vor *wundin* [Wunden] // ***o*** *rany* [o rany] [152//163]
Ffleyschs wunden [Fleischwunden {d. h. offene Wunde; das Gegenteil wäre ein blauer Fleck}], did nagils tiff zint und gledis lank // *PRosste rany* 'einfache Wunden', kthore szą na geden pasznogyedz wgląbyą a geden czlonek na dluszą [Proste rany, ktore są na jeden paznogieć w głębią a jeden członek na dłużą] [113//123]

KOMMENTAR

Deutsch *Wunden* wird im polnischen Text mit *rany* wiedergegeben, auch in Zusammensetzung (Übersetzung 1:1), vgl. *Ffleyschs wunden* [Fleischwunden] // *PRosste rany* 'einfache Wunden'.

LITERATUR

Deutsches Wörterbuch, 30, Sp. 1771: *Wunde*
Spáčil/Spáčilová Meißner Rechtsbuch, Register, 832: tsch. *zranění*
Reczek/Twardzik III, 239
Słownik staropolski, 7, 433–436: *rana* {Sg.}; 7, 436–438: *ranić* 'verwunden'
Glossar zur Buch'schen Glosse, 27, 25; 68, 12

wyleganica (niewiasta albo dziewka) s. **uneheliche Frau**

wyleganiec s. **unehelicher Mann**

Z

zaćwierdzić s. **verfesten**

żałować s. **beklagen**

ten, co *żałował* s. **Kläger, der**

Zeit, die // czas
[=Zeit, Zeitraum, Frist, Termin]

uf ***dy*** *czeyt* [Zeit] // na ***ten*** {Interferenz: der deutsche bestimmte Artikel wird als Demonstrativpronomen übernommen} *czasz* [na ten czas] [258//261]

KOMMENTAR

Deutsch *Zeit* wird im polnischen Text mit *czas* wiedergegeben (Übersetzung 1:1). In der polnischen Entsprechung wird der deutsche bestimmte Artikel (***dy***) als Demonstrativspronomen ***ten*** übernommen (Interferenz). Das Polnische hat keinen Artikel.

LITERATUR

Deutsches Wörterbuch, 31, Sp. 521
Reczek/Twardzik III, 55f.
Słownik staropolski, 1, 346–356
Glossar zur Buch'schen Glosse, 14, 2; 61, 8

Zeugen, die // świadki

dy czuge [die Zeugen] // *szwyathkow* [świadkow] [251//254]
dy czuge [Zeugen] // *Swyathkowye* [świadkowie] [251//254]
dy czuge [Zeugen] // tych *szwyathkow* [tych świadkow] [251//254]

KOMMENTAR

Für dt. *die Zeugen* {Pl.} steht im polnischen Text *świadki*, ebenfalls {Pl.} (Übersetzung 1:1).

Zeugnis, das // świadectwo

geczugnisse [Zeugnis] // swyadeczstwo [świadecstwo] [251//254]

KOMMENTAR

Deutsch *Zeugnis* wird im polnischen Text mit *świadectwo* wiedergegeben (Übersetzung 1:1).

bezeugen // (po-, za)świadczyć

geczugin sal [bezeugen] // ma *szwyathczycz* [ma świadczyć] [173//185]

Man sal nymanden *czu czuge* [zu bezeugen] twingyn, des her myt wyllen nicht czugin wil. // CJkogo nyemaya przyczysznacz albo ponyewolycz *szwyatczycz* [bezeugen] to, czo nyechcze podrobrey woley szwyathczycz sprawa podlug prawa [Nikogo nie mają przycisnąć albo poniewolić świadczyć to, co nie chce po d[r]obej wolej świadczyć z prawa podług prawa] [173//185]
obirczugen [nachweisen, beweisen] // *doszwyathczycz* 'nachweisen, beweisen' [doświadczyć] [201//208]

KOMMENTAR

Deutsch *bezeugen* wird im polnischen Text mit *świadczyć* (z. T. auch präfigiert) wiedergegeben (Übersetzung 1:1).

LITERATUR

Handwörterbuch zur Deutschen Rechtsgeschichte, 5, Sp. 1693
Deutsches Rechtswörterbuch, 2, Sp. 300: *bezeugen*
Deutsches Wörterbuch, 31, Sp. 860: *Zeugnis*; 1, 1797: *bezeugen*
Boková/Spáčilová Glossar, 75: *Zeugnis* – tsch. *svědectví*
Reczek/Twardzik III, 270f.
Słownik staropolski, 9, 43–45: *świadectwo* 'Zeugnis'; 9, 40–43: *świadczyć* 'bezeugen'; 9, 46f.: *świadek* 'Zeuge'
Glossar zur Buch'schen Glosse, 184, 15

Zins, der // czynsz
[= Abgabe, Steuer, Zehnt]

I. dt. ***Zins*** // poln. ***czynsz***:
des *czyns* herren [Zins] // panszkye *czynszę* [pańskie czynsze] [70//77]
czyns [Zins] // panszky *czynsz* [pański czynsz] [71//78]
den czyns [Zins] // czynsz [czynsz] [71//78]
an *czynse* [Zins] // ***S****czynszow* [z czynszow] [116//126]
czinsis [Zins] // czynszv [czynszu] [190//197]

II. dt. ***Zins*** // poln. ***rola czynszowa***:
erbe, do her *czyns* [Zins] von gebit // dom, *Rolą czynszową* [dom, rolą czynszową] [70//77]

KOMMENTAR

Deutsch *Zins* wird im polnischen Text mit dem deutschen Lehnwort *czynsz* wiedergegeben (I.) (Entlehnung). Eine Textstelle belegt poln. *rola czynszowa* 'Zinsacker' für dt. *Zins* (II.).

LITERATUR

Handwörterbuch zur Deutschen Rechtsgeschichte, 5, Sp. 1707
Deutsches Wörterbuch, 31, Sp. 1473

Boková/Spáčilová Glossar, 531: frnhd. *zins* – tsch. *úrok, plat, důchod*
Spáčil/Spáčilová Meißner Rechtsbuch, Register, 834
Reczek/Twardzik III, 60
Słownik staropolski, 1, 425–427
Papsonová, Silleiner Rechtsbuch, 742
Glossar zur Buch'schen Glosse, 39, 17; 387, 17

złodziej s. **Dieb, der**

złomca miru s. **Friedensbrecher, der**

3. Abgekürzt zitierte Literatur im Kapitel E.III.2.

Aleksic Ortyle: Aleksandra Aleksic, Die altpolnische Rechtsterminologie am Beispiel von Ortyle Magdeburskie. (Magisterarbeit. Wien 2008 – Manuskript).

Bańkowski EW: Andrzej Bańkowski, Etymologiczny słownik języka polskiego. 1–. Warszawa 2000–.

Boková/Spáčilová Glossar: Hildegard Boková, Libuše Spáčilová, spolupracovali/unter Mitarb. von Václav Bok, Vladimír Spáčil, Jana Kusová, Stručný raněnovohornoněmecký glosář k pramenům z českých zemí. Kurzes frühneuhochdeutsches Glossar zu Quellen aus den böhmischen Ländern. Olomouc 2003.

Brückner EW: Aleksander Brückner, Słownik etymologiczny języka polskiego. Kraków 1927. Nachdruck: Warszawa 1957.

Deutsches Rechtswörterbuch: Deutsches Rechtswörterbuch. Wörterbuch der älteren deutschen Rechtssprache. Hrsg. von der Königlich Preußischen/Heidelberger Akademie der Wissenschaften, bearb. von Rudolf Schröder, Eberhard Frhr. von Künßberg u. a., Bd. I-. Weimar 1914–. [10 Bde. bis 1997: opferbar].

Deutsches Wörterbuch: Deutsches Wörterbuch von Jacob und Wilhelm Grimm, Bd. 1–16. Leipzig 1854–1954. Fotomech. Nachdruck: München 1984: Bd. 1–32.

Eggers 1988: Eckhard Eggers, Die Phonologie der deutschen Lehnwörter im Altpolnischen bis 1500. München 1988. (= Slavistische Beiträge. 225).

Frühneuhochdeutsches Wörterbuch: Frühneuhochdeutsches Wörterbuch. Hrsg. von Ulrich Goebel und Oskar Reichmann. Begr. von Robert R. Anderson, Ulrich Goebel und Oskar Reichmann, Bd. 1–. Berlin, New York 1989–.

Glossar zur Buch'schen Glosse: Frank-Michael Kaufmann, Peter Neumeister, Glossar zur Buch'schen Glosse (in Bearbeitung) [Glossar zu Frank-Michael Kaufmann (Hrsg.), Glossen zum Sachsenspiegel-Landrecht. Buch'sche Glosse. Teile 1–3. Hannover 2002. (= Monumenta Germaniae Historica. Fontes iuris Germanici antiqui. Nova series. Bd. 7)], zitiert nach Seite und Zeile der Edition der „Buch'schen Glosse".

Handwörterbuch zur Deutschen Rechtsgeschichte: Handwörterbuch zur deutschen Rechtsgeschichte, Hrsg. von Adalbert Erler, Ekkehard Kaufmann u. Dieter Werkmüller [Bd. 5]. Mitbegründ. von Wolfgang Stammler, unter philologischer Mitarb. von Ruth Schmidt-Wiegand, Bd. 1–5. Berlin 1971–1998.

²Handwörterbuch zur Deutschen Rechtsgeschichte: Handwörterbuch zur deutschen Rechtsgeschichte. Begründet von Wolfgang Stammler, Adalbert Erler u. Ekkehard Kaufmann. Hrsg. von Albrecht Cordes, Heiner Lück, Dieter Werkmüller und Ruth Schmidt-Wiegand [Bd. 1] als philologischer Beraterin und Christa Bertelsmeier-Kierst als philologischer Beraterin [ab 9. Lfg., Bd. 2], Bd. 1–. 2., völlig überarb. u. erw. Aufl. Berlin 2008–.

Kaestner 1939: Walter Kaestner, Die deutschen Lehnwörter im Polnischen. I. Teil: Einleitung und Lautlehre. Leipzig 1939. (= Veröffentlichungen des Slavischen Instituts an der Friedrich-Wilhelms-Universität Berlin. Bd. 23).

Kaestner 1987: Walter Kaestner, Germanistische Aspekte der deutsch-polnischen Lehnwortforschung, in: Alek Pohl, André de Vincenz (Hrsg.), Deutsch-polnische Sprachkontakte. Beiträge zur gleichnamigen Tagung, 10.–13. April 1984 in Göttingen. (= Slavistische Forschungen. Bd. 52). Köln, Wien 1987, S. 89–102.

Lehnwörter 2008: Słownik zapożyczeń niemieckich w polszczyźnie. (Słowa bez granic). Warszawa 2008.

Lehnwörter 2010: Wörterbuch der deutschen Lehnwörter in der polnischen Schrift- und Standardsprache. Von den Anfängen des polnischen Schrifttums bis in die Mitte des 20. Jahrhunderts. Begonnen, konzipiert und grundlegend redigiert von Andrzej de Vincenz. Zu Ende geführt von Gerd Hentschel. Unter der Mitarb. im philologischen Bereich von: Mark Brüggemann, Beata Chachulska, Eckhard Eggers, Evelyn Hentschel, Thomas Menzel, Alek Pohl †, Martin Renz, Sabine Schlüer, Nicole Störmer und Albrecht Walsleben und im technischen Bereich von: Uwe Kersten und Günter Koch. Erschienen als Online-Publikation des Bundesinstituts für Kultur und Geschichte der Deutschen im östlichen Europa im BIS-Verlag der Universität Oldenburg. (= Studia Slavica Oldenburgensia. Bd. 20) (http://www.bkge.de/wdlp.php – Abfragedatum: 17.06.2011).

Lexikon des Mittelalters: Lexikon des Mittelalters, Bd. 1–9. München 1980–1998.

Linde: M. Samuel Bogumił Linde, Słownik języka polskiego. 1–6. Lwów 1854–1860. Wydanie trzecie fotooffsetowe. Warszawa 1951.

Papsonová, Silleiner Rechtsbuch: Mária Papsonová, Das Magdeburger Recht und das Silleiner Rechtsbuch. Wörterbuch zur deutschsprachigen Vorlage des Landrechts (1378) und zu ihrer Übersetzung (1473). Frankfurt a.M. [usw.] 2003. (= Regensburger Beiträge zur deutschen Sprach- und Literaturwissenschaft. Reihe B:Untersuchungen. Bd. 84).

Reczek/Twardzik III: Józef Reczek, Wacław Twardzik, Najstarsze staropolskie tłumaczenie Ortyli magdeburskich. Według rękopisu Nr 50 Biblioteki Zakładu Narodowego im. Ossolińskich, cz. III: Indeks frekwencyjny i wyrazów. Komitet Językoznawstwa Polskiej Akademii Nauk. Wydawnictwa Źródłowe. Wrocław, Warszawa, Kraków 1972.

Ryšánek, Wörterbuch zum Silleiner Rechtsbuch: František Ryšánek, Slovník k Žilinské knize. Bratislava 1954.

Słownik staropolski: Słownik staropolski, pod red. Stanisława Urbańczyka. 1–. Wrocław, Warszawa, Kraków, Gdańsk 1953–.

Słownik XVI: Słownik polszczyzny XVI wieku. I–XXXI. Redaktor naczelny: Maria Renata Mayenowa. Wrocław, Warszawa, Kraków, Gdańsk 1963–.

Spáčil/Spáčilová Meißner Rechtsbuch: Vladimír Spáčil, Libuše Spáčilová, Míšeňská právní kniha. Historický kontext, jazykový rozbor, edice/Das Meißner Rechtsbuch. Historischer Kontext, linguistische Analyse, Edition. Olomouc 2010.

Wörterbuch der mittelhochdeutschen Urkundensprache: Wörterbuch der mittelhochdeutschen Urkundensprache. Auf der Grundlage des Corpus der altdeutschen Originalurkunden bis zum Jahre 1300. Unter Leitung von Bettina Kirschstein und Ursula Schulze, erarbeitet von Sibylle Ohly und Peter Schmitt. Bd. 1–3. Berlin 1994–2010. (= Veröffentlichungen der Kommission für deutsche Literatur des Mittelalters der Bayerischen Akademie der Wissenschaften).

Zajda 1990: Aleksander Zajda, Staropolska terminologia prawnicza (do r. 1500). Kraków 1990. (= Uniwersytet Jagielloński. Rozprawy Habilitacyjne. 192).

Zajda 2001: Aleksander Zajda, Studia z historii polskiego słownictwa prawniczego i frazeologii. Kraków 2001.

Zajda 2008: Aleksander Zajda, Deutsche Einflüsse in der altpolnischen Terminologie als Widerspiegelung der Rezeption des Magdeburger Rechts, in: Ernst Eichler, Heiner Lück (Hrsg.), Rechts- und Sprachtransfer in Mittel- und Osteuropa. Sachsenspiegel und Magdeburger Recht. Internationale und interdisziplinäre Konferenz in Leipzig vom 31. Oktober bis 2. November 2003. (= Ivs saxonico-maidebvrgense in oriente. 1). Berlin 2008, 289–304.

IV. Ergebnisse der deutsch-polnischen kontrastiven (frühneuhochdeutsch-altpolnischen) Wortanalyse – Materialauswertung[155]

Es sei vorausgeschickt, daß sich die nachfolgende Auswertung überwiegend auf die lexikalische Ebene beschränkt. Daher kommen Besonderheiten, die der phonologischen Ebene und der Graphik zuzuordnen sind, nicht zur Sprache. Erscheinungen wie z. B. die nicht einheitliche Wiedergabe der Nasalvokale, die sich in der Transliteration des altpolnischen Textes zeigt, werden nicht behandelt.

Die deutsch-polnisch vergleichende Auswertung des historischen Sprachmaterials juristischen Inhalts erfolgte nach der Methode des historischen Sprachvergleichs. Bei der Übernahme frühneuhochdeutscher (frnhd.) Rechtstermini ins Altpolnische sind in den verglichenen Textabschnitten der „Magdeburger Urteile" nach der Häufigkeit ihres Auftretens Übersetzungen (1.), Entlehnungen (2.) sowie auch Umschreibungen (3.) belegt, letztere mitunter zusätzlich und neben einem Terminus als Entsprechungen im Polnischen, s. u. Die Verwendung anderer Termini (4.) tritt nur vereinzelt auf, s. u. *Mage* und die beiden Ableitungen *Schwertmage* und *Magenschaft* sowie deren Entsprechungen im polnischen Text.

Übersetzt wird gewöhnlich bei Vorhandensein eines Äquivalents in der Nehmersprache (hier das Polnische). Fehlt in der Nehmersprache ein entsprechendes Äquivalent, kommt es zu Entlehnung oder auch Umschreibung, wobei in unserem Materialkorpus die Umschreibung z. T. auch in Kombination mit Übersetzung oder Entlehnung begegnet, s. u. *Kapitel E.IV.3.1. Übersetzung und Umschreibung* und *Kapitel E.IV.3.2. Entlehnung und Umschreibung*. Es sei darauf hingewiesen, daß auch unser deutscher Vergleichstext der „Magdeburger Urteile" mitunter zusätzlich zum Rechtsterminus eine Umschreibung enthält, die gewöhnlich auch ins Polnische übernommen wird. Dies ist besonders bei der Beschreibung von Sachverhalten zu beobachten, die vom Übersetzer wohl als schwieriger und damit erklärungsbedürftig angesehen wurden.

Unser Vergleich der deutsch-polnischen Entsprechungen der Rechtstermini bezieht ebenfalls eine Betrachtung nach der Opposition *1:1*; *1:viele*; *viele:1* und *viele:viele* ein.

Gehen wir zunächst der Frage nach, was mühelos vom Deutschen ins Polnische übernommen wurde. Erwartungsgemäß gibt es gewöhnlich keine (größeren) Übersetzungsprobleme bei Lexemen und Wortverbindungen, die der Gemeinsprache entstammen und die in Geber- und Nehmersprache in (annähernd) gleicher Bedeutung gebraucht werden, z. B. die Substantive *Frist, Nacht, Tag, Sache, Geld, Zins, Wunde* oder die Verben *antworten, schwören.*[156] Auch für die Präpo-

[155] Zur ausführlichen Dokumentation und Kommentierung des Materials ist jeweils *Kapitel E.III.2.* zu vergleichen. Römische und arabische Ziffern im nachfolgenden Auswertungsteil führen in Verbindung mit dem jeweiligen Stichwort direkt zur zitierten Textstelle in diesem Teil.

[156] Vgl. zur ausführlichen Dokumentation dieser und nachfolgend genannter Lexeme den Materialteil *E.III.2.*

sitionen des deutschen Textes belegt die polnische Fassung eine adäquate Wiedergabe, vgl. z. B. dt. *von* // poln. *od*; dt. *vor* // poln. *przed*; dt. *zu* // poln. *k* oder dt. *auf* // poln. *na*. In die Gruppe adäquater Wiedergabe gehören weiterhin Wendungen wie *selbdritt, selbsiebt, Jahr und Tag*, s. u.

Neben der Vielfalt bei Übersetzungen nennt auch die slowakische Forscherin Mária Papsonová in ihrer Untersuchung zum „Silleiner Rechtsbuch" eine Reihe von Beispielen für wortwörtliche Übertragungen, die immer wiederkehren, so z. B. für *selb dritt(e)* [sám třetí], *selb siebend(e)* [sám sedmý], *selb dreizehent* [sám třinást]. Ähnlich verhält es sich nach M. Papsonová beim Wortpaar *jar und tag* und seiner Entsprechung *rok a den*[157], vgl. dazu aus unserem Materialkorpus u. a.:

- dt. *selbdritt* // poln. *samotrzeć* [= als dritter zusammen mit zwei anderen],
- dt. *selbsiebt* // poln. *samosiodm(o)* [= als siebenter zusammen mit sechs anderen],
- dt. *Jahr und Tag* // poln. *rok i dzień* [= sächsische Verjährungsfrist: 1 Jahr, 6 Wochen und 3 Tage],

vgl. zu Letzterem außerdem auch:

- dt. *binnen Jahr und Tag* // poln. *w rok i dzień*,
- dt. *nach Jahr und Tag* // poln. *po roce i po dniu*.

Außerdem sei u. a. hingewiesen auf:
dt. *nach toter Hand* // poln. *po umarłej ręce* [= nach dem Tode eines anderen].

1. Übersetzung

> „Der Übersetzer juristischer Terminologie muss sich [...] gleichzeitig mit der Rechtsvergleichung beschäftigen. Übersetzt werden nicht nur rechtssprachliche Ausdrücke, sondern auch ganze Rechtssysteme und kulturspezifische Denkmuster. Wenn Ausgangssprache und Zielsprache sich auf unterschiedliche Rechtsordnungen beziehen, scheint eine völlige Äquivalenz nicht erreichbar zu sein. Eine vollkommene Übereinstimmung ist nur denkbar, wenn sich die Ausgangssprache und die Zielsprache auf dasselbe Rechtssystem beziehen. [...] Schwierigkeiten entstehen beim Übersetzen, wenn die Ausgangswörter in der Zielsprache nicht existieren oder wenn sie mehrere Äquivalente haben."[158]

1.1. Übersetzung 1 : 1 und in derselben Wortart

Im untersuchten Material sind überwiegend Übersetzungen 1 : 1 belegt, und zwar mit Beibehaltung derselben Wortart beim Übergang vom Deutschen ins Polnische, d. h.: dt. Substantiv // poln. Substantiv; dt. Verb // poln. Verb, vgl.:

---

[157] Papsonová, Silleiner Rechtsbuch, S. 70.

[158] Sander 2004, S. 3 f.

dt. **antworten** // poln. **odpowiedać**
[= antworten, auf eine Klage antworten, sein Recht geltend machen, sich verteidigen]
Deutsch *antworten* wird mit poln. *odpowiedać* übersetzt (Übersetzung 1:1).

dt. **Bank, die** // poln. **ławica**
[= Versammlungs- und Gerichtsplatz, der von einer Schranke oder von Zäunen umgeben ist; Gerichtsbank]
Für dt. *Bank* steht im polnischen Text *ławica* (Übersetzung 1:1).

dt. **mit gewappneter** 'bewaffneter' **Hand** // poln. **z bronią, bronną ręką**
Für dt. *mit gewappneter* 'bewaffneter' *Hand* steht im polnischen Text *z bronią, bronną ręką*. Es handelt sich um eine wortwörtliche Übersetzung der deutschen Wendung.

dt. **Meineid, der** // poln. **krzywoprzysięstwo**
Für dt. *Meineid* steht poln. *krzywoprzysięstwo* (I., II.) (Übersetzung 1:1).

dt. **Morgengabe, die** // poln. **wiano**
Für dt. *Morgengabe* steht in allen polnischen Textstellen poln. *wiano* (I.) (Übersetzung 1:1), vgl. außerdem Wendungen wie dt. *als Morgengabe geben* und die polnische Entsprechung *dać wiano* (II.).

dt. **mündig sein** // poln. **lata mieć**
[= mind. 12 Jahre alt sein]
Für dt. *mündig werden* steht im polnischen Text *lata mieć* (Übersetzung).

dt. **Recht, das** // poln. **prawo**
[= Gesetz, Recht, Rechtssatzung]
Deutsch *Recht* wird im polnischen Text durch *prawo* wiedergegeben (Übersetzung 1:1).

dt. **Landrecht, das** // poln. **ziemskie prawo**
Deutsch *Landrecht* wird im polnischen Text durch *ziemskie prawo* wiedergegeben (Übersetzung 1:1).

dt. **Recht, geistliches** // poln. **duchowne prawo**
Deutsch *geistliches Recht* wird im polnischen Text durch *duchowne prawo* wiedergegeben (Übersetzung 1:1).

dt. **Recht, weltliches** // poln. **sąd, świecki**
Deutsch *weltliches Recht* wird im polnischen Text durch *świecki sąd* wiedergegeben (Übersetzung 1:1).

dt. **Schöffe, der** // poln. **przysiężnik, -nicy** {Pl.}
Das sonst auch belegte poln. **ławnik** für dt. **Schöffe** ist in dem von uns ausgewerteten polnischen Text nicht nachgewiesen.

[= Gerichtsbeisitzer, Urteilsfinder im Grafengericht]
Für dt. *Schöffe* bzw. *Schöffen* **{Pl.}** steht im poln. Text *przysiężnik* bzw. *przysiężnicy* **{Pl.}** (I., II.) (Übersetzung 1:1). Das gilt auch für Verbindungen mit Attribut, vgl. dt. *geschworene Schöffen* // poln. *starzy przysiężnicy* 'ältere Schöffen' (III.), außerdem: dt. *getreue Schöffen* // poln. *wierni przysiężnicy* (IV.). Dabei wird nicht jedes Attribut der deutschen Fassung ins Polnische übernommen, vgl. *geswom*[159] *scheppe* // ______[160] *PRzyszasznyk* [Przysiężnik] [97//104].

dt. **(Schöffen-)Siegel, das** // poln. **(przysiężnicza) pieczęć**
Für dt. *Siegel* steht im polnischen Text *pieczęć* (I.), für dt. *Schöffensiegel* dann entsprechend poln. *przysiężnicza pieczęć* (II.) (Übersetzung 1:1).

dt. **(Schöffen-)Stuhl, der** // poln. **(przysiężny) stolec**
[= Schöffenamt, -gericht]
Für dt. *Schöffenstuhl* steht im polnischen Text *przysiężny stolec* (I.) (Übersetzung 1:1).

dt. **Schöffen küren 'wählen'; zum Schöffen gekürt werden** // poln. **wybierać przysiężniki; być wybran przysiężnikiem**
Für dt. *Schöffen küren* steht im polnischen Text die wörtliche Übersetzung *wybierać przysiężniki* (I.), dt. *zum Schöffen gekürt werden* wird ebenfalls wörtlich ins Polnische übersetzt: *być wybran przysiężnikiem*: (II.). Dabei bleibt in der Übersetzung die Unterscheidung zwischen aktivischer (I.) und passivischer Konstruktion (II.) erhalten (Übersetzung 1:1).

dt. **Schuld, die** // poln. **dług**
[= 1. Geldschuld; Schuld, was man einem andern zu geben schuldig ist; Schuld (allgemein); 2. Anschuldigung; 3. Verschulden, das; 4. Grund, Ursache]
Für dt. *Schuld* steht im polnischen Text *dług* (Übersetzung 1:1).

dt. **schuldlos, unschuldig** // poln. **niewinnie {Adverb}**
Für dt. *unschuldig* steht im polnischen Text die Entsprechung *nyewynne* **{Adverb}** (Übersetzung 1:1).

dt. **Schuldbrief, der (Brief über Schuld)** // poln. **list o dług**
Für dt. *Brief über Schuld* steht im polnischen Text die wortwörtliche Übersetzung *list o dług* (Übersetzung 1:1).

dt. **Schuldiger, der** // poln. **dłużnik**
Für dt. *Schuldiger* steht im polnischen Text *dłużnik* (Übersetzung 1:1).

dt. **schwören** // poln. **przysiągać**
Für dt. *schwören* steht im polnischen Text *przysiągać* (Übersetzung 1:1).

---

[159] Markierung des Wortes im deutschen Text, das nicht mit ins Polnische übernommen wird.
[160] Markierung der Fehlstelle im polnischen Text.

dt. **selbdritt** // poln. **samotrzeć**
[= als dritter zusammen mit zwei anderen]
Für dt. *selbdritt* steht im polnischen Text *samotrzeć* 'selbdritt' (Übersetzung 1:1). Eine deutsche weibliche Form von *selbdritt* wird im Polnischen mit einer weiblichen Entsprechung wiedergegeben, vgl. den Spruch 188//195. Es handelt sich hier um eine Frau, vgl. dt. (sy), die *selbdritt myt czwen mannen czu sich vorguldin schult beweysin sal* // poln.: tho ***ona*** {fem. Pronomen} *ma vczynycz szamotrzecz**a*** {fem. Endung ***-a***} *zedwyemą maszomą* 'mit zwei Männern' kszobye.

dt. **selbsiebt** // poln. **samosiodm(o)**
[= als siebenter zusammen mit sechs anderen]
Für dt. *selbsiebt* steht im polnischen Text *samosiodm(o)* 'selbsiebt' (Übersetzung 1:1).
1. Wie bei *selbdritt* (s. o. *selbdritt:* Spruch Nr. 188//195) wird eine deutsche weibliche Form von *selbsiebt* im Polnischen mit einer weiblichen Entsprechung wiedergegeben, vgl. den Spruch 128//137. Es handelt sich hier um eine Frau (ze), die *zalp zebende mit fromen lewten ...* // vgl. poln. ***ona*** {fem. Pronomen} *moze szamosyodm**ą*** {fem. Endung ***-a***} *szdobrymy ludzmy* 'mit guten Leuten'.
2. Im Gegensatz zu *selbdritt* ist bei *selbsiebt* im Polnischen zweimal ein Kollektivum auf **-o** belegt: *samosiodm**o***, vgl. die Sprüche 22//22 und 197//204.

dt. **Vormund, der** // poln. **opiekalnik**
Das sonst auch belegte poln. **opiekun** bzw. das aus dem Lateinischen entlehnte **kurator** sind in dem von uns ausgewerteten polnischen Text nicht nachgewiesen.
[= Beschützer, rechtmäßiger Fürsprecher, Rechtsbeistand]
Deutsch *Vormund* wird als poln. *opiekalnik* übersetzt (I.) (Übersetzung 1:1). Dies gilt ebenfalls für die Negation (II.) und z. T. auch für die Pluralbildung, vgl. dt. *Vormunde* // poln. *opiekalnicy* (III.). Allerdings kommt im Plural auch die Entsprechung: dt. *dy vormunden* **{Pl.}** *des kyndes* **{Sg.}** 'die Vormunde des Kindes' // poln. *tych dzieci* **{Pl.}** *przyrodzeni* **{Pl.}** 'dieser Kinder Verwandte' vor (III.).
Das sonst auch belegte poln. *opiekun* bzw. das aus dem Lateinischen entlehnte *kurator* sind in dem von uns ausgewerteten polnischen Text nicht nachgewiesen.

dt. **vorstehen** 'Vormund sein' // poln. **opiekać** 'Vormund sein'
Für dt. *vorstehen* 'Vormund sein' belegt der polnische Text *opiekać* 'Vormund sein' (Übersetzung 1:1).

dt. **mit gezogener Waffe** // poln. **z ostrą bronią** 'mit scharfer Waffe'
Deutsch *mit gezogener Waffe* wird im polnischen Text als *z ostrą bronią* 'mit scharfer Waffe' wiedergegeben (Übersetzung 1:1).

dt. **widersprechen** // poln. **przeciw temu rzec**
[= widerrufen]
Für dt. *widersprechen* steht im polnischen Text *przeciw temu rzec* (Übersetzung 1:1).

dt. **Wunden, die** // poln. **rany**
Deutsch *Wunden* wird im polnischen Text mit *rany* wiedergegeben, auch in Zusammensetzung (Übersetzung 1:1).

dt. **Zeit, die** // poln. **czas**
[= Zeit, Zeitraum, Frist, Termin]
Deutsch *Zeit* wird im polnischen Text mit *czas* wiedergegeben (Übersetzung 1:1).

dt. **Zeuge, der** // poln. **świadek**
dt. **Zeugen, die** // poln. **świadki**
Für dt. *Zeuge* bzw. *Zeugen* steht im polnischen Text *świadek* bzw. *świadki* (Übersetzung 1:1).

dt. **Zeugnis, das** // poln. **świadectwo**
Deutsch *Zeugnis* wird im polnischen Text mit *świadectwo* wiedergegeben (Übersetzung 1:1).

dt. **bezeugen** // poln. **(po-, za)świadczyć**
Deutsch *bezeugen* wird im polnischen Text mit *świadczyć* (z. T. auch präfigiert) wiedergegeben (Übersetzung 1:1).

1.2. Wechsel der Wortart bei der Übersetzung vom Deutschen ins Polnische

Seltener erfolgt bei der Übersetzung vom Deutschen ins Polnische ein Wechsel der Wortart, vgl. z. B. das Stichwort:

dt. **Antwort, die {Substantiv}** // poln. **odpowiedać {Verb}**
[= 1. Antwort, Replik des Beklagten, Verteidigung; 2. Gegenwart]
Für das deutsche Substantiv *Antwort* steht im polnischen Text das Verb *odpowiedać* 'antworten', d. h. es liegt eine Übersetzung (1:1) vor, allerdings mit einem Wechsel der Wortart: dt. **Substantiv** // poln. **Verb**.

1.3. Übersetzungen im Verhältnis 1:viele (meist 1:2)

Nachweise für Übersetzungen im Verhältnis 1:viele (meist 1:2) sind in unserem Wortvergleich insgesamt nicht sehr zahlreich. Dabei ist gewöhnlich eine der Übersetzungsvarianten dominant, die andere(n) nur in geringer Frequenz in dem von uns untersuchten polnischen Text belegt, vgl. die nachfolgenden Beispiele:

a) 1:2

dt. **Ding, das** // poln. **sąd; prawo** (lediglich 1 Beleg); ebenfalls belegt ist die Entsprechung dt. **Gericht** // poln. **sąd**; auch **miasto** 'Stadt'
[= Gericht, Gerichtsstätte, Gerichtstag, Gerichtstermin; Gerichtsverhandlung, Gerichtssitzung, Gerichtsbarkeit]

Für dt. *Ding* wird als polnische Entsprechung im untersuchten Text überwiegend *sąd* verwendet (I.), auch in der Einbettung in Präpositionalkonstruktionen und phraseologische Wendungen. Lediglich einmal wird dt. *Ding* mit poln. *prawo* wiedergegeben, vgl. dt. *czu dinge zyczen* // poln. *szyedza ku prawu* (II.). So liegen in beiden Fällen Übersetzungen vor (Übersetzung 1:2): I. dt. *Ding* // poln. *sąd* und II. dt. *Ding* // poln. *prawo*.

dt. **dingen** // poln. **sędzić, prawować**
[= Gericht halten, gerichtlich verhandeln]
Neben *sędzić* (I.) ist auch *prawować* (II.) als Entsprechung für dt. *dingen* belegt (Übersetzung 1:2).

dt. **Fürsprecher, der** // poln. **rzecznik; opieka** {*opieka* nur 1 Beleg, bei dem es sich wohl um eine Verschreibung für *opiekun* handelt}
[= einer, der einen andern vor Gericht vertritt bzw. ihm Beistand leistet]
Für dt. *Fürsprecher* steht im untersuchten polnischen Text fast ausschließlich *rzecznik* (Übersetzung: I.). Lediglich einmal ist das Übersetzungspaar dt. *Fürsprecher* // poln. *opieka* belegt (II.). Dabei handelt es sich wohl um eine Verschreibung für poln. *opiekun*.

dt. **vor Gericht** // poln. **przed prawem** {zu *prawo*}; **przed (gajnym) sądem** {zu *sąd*}
Im polnischen Text wird dt. *vor Gericht* als *przed prawem* (I.) und als *przed sądem* (II.) (Übersetzung 1:2) sowie auch als *przed gajnym sądem* (III.) wiedergegeben.
In einem Fall wird im polnischen Text dt. *vor gerichte und vor gehegit dink* lediglich als *przed gayonym szadem* wiedergegeben, d. h. der Teil *vor gerichte* fehlt im polnischen Text. Es ist hier von einer Zwillingsformel auszugehen, deren einer Bestandteil nicht mit ins Polnische übernommen wurde.

dt. **meineidig (sein)** // poln. **(być) krzywoprzysiężca** 'Meineidiger sein'**; krzywo przysięgać** 'falsch schwören'
Für dt. *meineidig (sein)* nennt der polnische Text *(być) krzywoprzysiężca* 'Meineidiger sein' (I.) und *krzywo przysięgać* 'falsch schwören' (II.) (Übersetzung 1:2).
In Beispiel I. ist zwischen dem deutschen Text und seiner Übersetzung ins Polnische der ebenfalls an anderer Stelle belegte Wechsel zwischen den Wortarten zu beobachten. Darunter leidet gewöhnlich die Qualität der Übersetzung, d. h. die adäquate Wiedergabe des Inhalts des Sachverhalts, nicht.

dt. **Rat, sitzender** // poln. **rada, osiadła; rada, siedząca**
Für dt. *sitzender Rat* sind 2 polnische Entsprechungen belegt: *osiadła rada* und *siedząca rada* (Übersetzung 1:2), s. auch folg.
dt. **Rat, vor dem sitzenden** // poln. **przed osiadłą radą, przed siedzącą radą**

Für dt. *vor dem sitzenden Rat* sind 2 polnische Entsprechungen belegt: *przed osiadłą radą* und *przed siedzącą radą* (Übersetzung 1:2).

dt. **Vormundschaft, die** // poln. **opiekanie, opiekalnicstwo**
Für dt. *Vormundschaft* belegt der polnische Text 2 Entsprechungen: *opiekanie* (I.) und *opiekaldnicstwo* (II.) (Übersetzung 1:2).

b) 1:3

dt. **Gerüft, das** // poln. **wołanie, wołania {Pl.}**
dt. **mit Gerüft** // poln. **przez wołania, z wołanim**
dt. ***nicht* mit Gerüft** // poln. ***nie* wołając** 'nicht rufend' **{Partizip Präsens Aktiv}**
Für dt. *Gerüft* steht im polnischen Text *wołanie* bzw. *wołania* **{Pl.}** (Übersetzung 1:1), vgl. außerdem für dt. *mit Gerüft* im polnischen Text *przez wołania* (I.) und *z wołanim* (II.). Dagegen wird dt. ***nicht** mit Gerüft* im poln. Text durch eine Verbalkonstruktion (**Partizip Präsens Aktiv** von *wołać*) ausgedrückt, vgl. ***nie** wołając* 'nicht rufend' (III.).

c) 1:viele

dt. **ebenbürtig (sein)** // poln. **(być) równy urodzeniem** 'der Geburt nach gleich', **równe dzieci** 'gleiche Kinder', **bliższe przyrodzone** 'nahe verwandt', **bliszy przyrodzeni** 'nahe Verwandte'
Für dt. *ebenbürtig (sein)* begegnen in der polnischen Fassung in Abhängigkeit vom Kontext mehrere Entsprechungen, und zwar: *bliszy przyrodzeni* (1., 2.), *równe dzieci* (3.) und *bliższe przyrodzone* (4.), d. h. es liegt eine Übersetzung 1:viele vor.

dt. **ehelich (geboren sein) bzw. unehelich (geboren sein)** // poln. **małżeńskiego rodu, urodzon z małżeństwa** bzw. **wyleganiec** {mask.}, **wyleganica** {fem.}
Für dt. *ehelich (geboren sein)* begegnen in der polnischen Fassung mehrere Äquivalente, und zwar: *małżeńskiego rodu* (I.), *urodzenia z stadła małżeńskiego* (II.), *dobrze urodzon* {Kurzform des Adjektivs}, *to jest z małżeństwa* (III., hier mit zusätzlicher Umschreibung *to jest* ...) (Übersetzung 1:viele; in 1 Fall + Umschreibung). Das lediglich einmal belegte dt. *von ehelicher Geburt* wird im Polnischen mit *z małżeństwa urodzon* wiedergegeben (IV.).

dt. **Erbe, das** // poln. **imienie** 'Besitz, Habe', **dziedzicstwo** 'Erbe'
[= Erbe, Grundstück, Nachlaß, Vermögen]
Für dt. *Erbe* sind im polnischen Text mehrere Entsprechungen belegt, so: *dziedzicstwo* 'Erbe', *imienie* 'Besitz, Habe', *stojące imienie* 'stehende Habe', *rola* 'Acker', *dom* 'Haus' und *dom, rola* 'Haus, Acker' (I.), d. h. Übersetzung 1:viele. Für dt. *Erbe und Gut* steht im polnischen Text *imienie* 'Besitz, Habe' (II.) bzw. *imienia bądź idące albo nieidące, to jest stojące* 'Habe, sei es fahrende oder nichtfahrende', d. h. stehende (III.).

Für dt. *Erbe und fahrendes Gut* steht im polnischen Text *imienie, role, domy i inne imienie idące* 'Habe, Äcker, Häuser und andere fahrende Habe' (IV.)

dt. **mit seiner, ihrer** {fem.}, **meiner einen Hand** // poln. **jedną ręką** 'mit einer Hand'**; swą ręką** 'mit seiner, ihrer usw. *eigenen* Hand'
Den Regeln der polnischen Grammatik entsprechend, steht poln. *swą ręką* sowohl für dt. *mit **seiner*** wie auch für *mit **ihrer*** und auch *mit **meiner** einen Hand* (II., III., IV.). Lediglich ein Beispiel ist belegt, in dem *mit seynis eynis hant* mit poln. *jedną ręką* 'mit einer Hand' wiedergegeben wird (I.) (Übersetzung viele:1, bedingt durch die unterschiedlichen grammatischen Systeme).
1. In einer Entsprechung steht für dt. *mit seynis eynis hant* [mit seiner einen Hand] an der entsprechenden Stelle im polnischen Text *szamly* {'(ob) er selbst'}.

dt. **Recht, Magdeburger; Weichbild, das** // poln. **majdborskie prawo** 'Magdeburger Recht', **prawo niemieckie** 'deutsches Recht'**, prawo miejskie** 'Stadtrecht'
Für dt. *Magdeburger Recht* steht im polnischen Text überwiegend *majdborskie prawo* (I.). Lediglich einmal ist *niemieckie prawo* 'deutsches Recht' als Entsprechung belegt (II.). In 1 Beleg wird dt. *Weichbild* (als Synonym für *Weichbildrecht = Stadtrecht*) im polnischen Text mit *prawo miejskie* 'Stadtrecht', *majdborskie prawo* 'Magdeburger Recht' wiedergegeben (III.).

dt. **Tage, gebundene** // poln. **wiązany czas** {Sg.}, **wiązane czasy {Pl.}, wiązane dni {Pl.}, zawieszone dni {Pl.}**
[= Feiertage, wo nicht gerichtet wurde]
Für dt. *gebundene Tage* sind im polnischen Text mehrere Entsprechungen belegt, vgl. poln. *wiązany czas* **{Sg.}** (I.). und poln. *wiązane czasy* **{Pl.}** (Übersetzung 1:2).

dt. **an gebunden Tagen** // poln. **w (za)wiązany czas {Sg.}, w wiązane czasy {Pl.}, w wiązane dni {Pl.}, w zawieszonych dniach {Pl.}**
Für dt. *an gebundenen Tagen* sind im polnischen Text verschiedene Entsprechungen belegt, vgl. (I.), (II.), (III.), (IV.) und (V.) (Übersetzung 1:viele).

dt. **Tat, handhafte** // poln. **rzecz, gorąca**
dt. **in handhafter Tat; auf frischer Tat** // poln. **w gorącej rzeczy, za gorąca, za gorącej rzeczy**
[= unmittelbar geschehene Tat, so daß der Täter noch die Waffen in der Hand hat; auf frischer Tat]
Bei den Übersetzungspaaren *Tat // rzecz*; *handhafte Tat // gorąca rzecz* (II.); ***in** handhafter Tat // **w** gorącej rzeczy* (III.) sowie in weiteren polnischen Entsprechungen für dt. *Tat* (s. o. V., VI., VIII.) zeigt sich im Vorkommen der polnischen Entsprechung *rzecz* für dt. *Tat* der Unterschied zwischen gemeinsprachlicher (vgl. poln. *rzecz* 'Sache') und rechtssprachlicher (vgl. poln. *rzecz* 'Tat') Bedeutung von poln. *rzecz.*

Als weitere Übersetzungspaare sind in den verglichenen Texten belegt:
– dt. ***in*** *handhafter Tat* // 1. poln. ***za*** *gorącej rzeczy* (III.) // 2. poln. ***za*** *gorąca* (IV.), weiterhin
– dt. ***auf*** *frischer Tat* // poln. ***za*** *gorącej rzeczy* (V.), außerdem
– dt. ***um*** *handhafte Tat* // poln. ***o*** *gorące rzeczy* (VI.).
Auch die Negation wird wörtlich aus dem Deutschen ins Polnische übernommen (VII.).

dt. **Totschlag, der** // poln. **głowa (zabita)** 'Kopfverletzung'**, uraniany** 'verwundet'**, ciężkie, blisko śmiertelne rany** 'schwere, den tödlichen Wunden ähnliche Wunden'; vgl. eigentlich: **mężobojstwo** 'Totschlag', s. auch u. **um Totschlag**
Für dt. *Totschlag* (vgl. eigentlich: *mężobojstwo* 'Totschlag', s. u.) sind im polnischen Text 3 Entsprechungen belegt: *głowa zabita* 'Kopfverletzung' (I.), *uraniono* 'verwundet' (II.) und *ciężkie, blisko śmiertelne rany* 'schwere, den tödlichen Wunden ähnliche Wunden' (III.) (sinngemäße Wiedergabe 1:3).
dt. **um Totschlag** // poln. **o głowę** 'um Kopf'**, o mężobojstwo**
Für dt. *um Totschlag* sind im polnischen Text 2 Entsprechungen belegt: überwiegend *o głowę* 'um Kopf' (I.) und einmal *o mężobojstwo* 'um Totschlag' (II.). (sinngemäße Wiedergabe, Übersetzung).
1. In der Aufzählung ist die Reihenfolge vertauscht: dt. *um* ***Totschlag oder Wunden*** // poln. *um* ***Wunden oder Totschlag***. Wie in vergleichbaren anderen Fällen (s. u. ***Vogtei* und *Schultheißei***), kann hier ebenfalls davon ausgegangen werden, daß beide Begriffe überwiegend zusammen verwendet und als Einheit betrachtet wurden (Zwillingsformeln). So ist das Vertauschen in der polnischen Übersetzung nicht als Fehler anzusehen.

dt. **Weichbildrecht, das** // poln. **niemieckie prawo** 'deutsches Recht'**, miejskie prawo** 'Stadtrecht'**, prawo** 'Gericht'
Für dt. *Weichbildrecht* nennt der polnische Text 2 Entsprechungen: *niemieckie prawo* 'deutsches Recht' (I.) und *miejskie prawo* 'Stadtrecht' (II.) (Übersetzung). Belegt ist außerdem dt. *oberstes Weichbildrecht* mit der Entsprechung *wysze prawo* 'oberstes, höchstes Gericht' (III.) im polnischen Text.

d) 2:1

dt. **Erbe, väterliches; ihres Vaters Gut** // poln. **ojc[ow]izna**
Sowohl für dt. *väterliches Erbe* (I.) wie auch für dt. *ihres Vaters Gut* (II.) steht im polnischen Text *ojcizna* (Übersetzung 2:1).

dt. **Gericht, höchstes; Recht** {in der Bedeutung *Gericht*}, **höchstes** // poln. **prawo** {in der Bedeutung *Gericht*}, **wysze**
Für dt. *höchstes Gericht* (I.) und das im Text synonym gebrauchte *höchstes Recht* (II.) steht im Polnischen *wysze prawo* (Übersetzung 2:1).

dt. **Gut, das; Habe, die** // poln. **imienie**; s. auch o. **Erbe**
[= Besitz, (Hab und) Gut, Lehnsgut, Vermögen, Eigentum]
Deutsch *Gut* wird im polnischen Text überwiegend als *imienie* wiedergegeben (I.) (Übersetzung 1 : 1). Mehrfach ist auch poln. *rzecz albo imienie* als Entsprechung für dt. *Gut* belegt (II.). In 1 Fall wird dt. *Gut* im Polnischen als *ojc[ow]izna* 'väterliches Erbe' wiedergegeben (III.). Für dt. *Gut und Erbe* steht im polnischen Text *imienie* 'Besitz, Habe', z. T. mit *stojące* 'stehende, unbewegliche' und *niestojące* 'fahrende, bewegliche'.

e) viele : viele

fahrende Habe
dt. **Habe, fahrende; Habe, bewegliche; Fahrhabe, die; Gut, fahrendes** // poln. **imienie, idące; imienie, niestojące** 'nichtstehende'
[= beweglicher Teil des Besitzes]
Fahrende Habe und *fahrendes Gut* werden im Deutschen synonym gebraucht. Vereinzelt steht für *fahrende Habe* im polnischen Text auch *niestojące imienie* 'nichtstehende Habe, nichtstehendes Gut' (III.). Häufigste Entsprechung für *fahrende Habe* und *fahrendes Gut* ist in unserem Vergleichstext poln. *idące imienie* (I., II.).
1., 2. Hinzuweisen ist auf zwei Beispiele (Spruch [121//131] und Spruch [260//263]), in denen im polnischen Text jeweils eine Umkehrung der Reihenfolge von *Standerbe* und *fahrender Habe/fahrendem Gut* im Vergleich zum Deutschen erfolgt, vgl.:
– in Spruch [121//131] dt. *stand erbe* und *farnde habe* // poln. *ygydacze gymyenye* y *nyegydacze* {'fahrende Habe und nichtfahrende'}
und
– in Spruch [260//263] dt. *stand erbe* und *varnde gut* // poln. *gydacze* y *stoyacze gymyenye*. {'fahrende und stehende Habe'}
Beide Termini kommen oft zusammen vor (Gebrauch als Zwillingsformeln).

1.4. Übersetzung und Entlehnung

dt. **Richter, der** // poln. **sędzia** 'Richter', **wójt** 'Vogt'
Die poln. *sędzia*-Belege für dt. *Richter* sind nicht sehr zahlreich (I.), auch nicht die Beispiele, in denen für dt. *Richter* im polnischen Text *sędzia albo wójt* 'Richter oder Vogt' bzw. die Umkehrung *wójt albo sędzia* 'Vogt oder Richter' steht (II.). Am häufigsten ist im von uns verglichenen polnischen Text das deutsche Lehnwort *wójt* 'Vogt' für dt. *Richter* belegt (III.), vgl. dazu besonders auch die **Vokativ**formen (IV.). Diese Tendenz, d. h. poln. *wójt* 'Vogt' für dt. *Richter* zu verwenden und nicht poln. *sędzia* 'Richter', zeigt sich ebenfalls im überwiegenden Teil der präpositionalen Wendungen, s. auch das nachfolgende Beispiel.

dt. **Richter, vor dem** // poln. **przed wójtem** 'vor dem Vogt'; **przed sądem** 'vor Gericht'
Für dt. *vor dem Richter* steht im polnischen Text *przed wójtem* 'vor dem Vogt' (I.), einmal auch *przed sądem* 'vor Gericht' (II.).

2. Entlehnung

Unter Entlehnung versteht man die

> „unveränderte bzw. weitgehend unveränderte Übernahme eines Wortes aus einer anderen Sprache. [...] Im Gegensatz zur Entlehnung überträgt die Lehnübersetzung die einzelnen Wortelemente in die Zielsprache, ohne die innere Struktur der Benennung zu verändern."[161]

Dabei kann der Weg der Entlehnung nicht immer mit letzter Sicherheit nachgewiesen werden. So ist bei deutschen Lehnwörtern im Polnischen mitunter auch der Weg über das Tschechische in Betracht zu ziehen.[162] Auch der Einfluß des Lateinischen ist zu berücksichtigen. Aussagen zum Alter eines Lehnwortes sind oftmals durch seine Beteiligung an den zeitlich bestimmbaren Stufen der historischen Lautentwicklung der Nehmersprache möglich.

Erkenntnisse über die Entlehnung von Rechtswortschatz sind auch aus der Berücksichtigung von Ergebnissen aus Untersuchungen benachbarter Fachgebiete zu gewinnen, z. B. der Namenforschung. So kann Eckhard Eggers unter Einbeziehung des polnischen Familiennamen *Sołtys* in seine Untersuchung zum polnischen Appellativum *sołtys* die „deutsche Vorlageform" für das Appellativum „geographisch und dialektal" bestimmen. „Das Entlehnungsgebiet [von poln. *sołtys* – I. B.] ist eindeutig Großpolen."[163]

Mária Papsonová[164] weist darauf hin, daß die aus der Grundsprache entlehnten und durch Suffigierung aus diesen Entlehnungen abgeleiteten Wörter

> „einen beträchtlichen Teil der Verdolmetschung" ausmachen und schließt daraus, daß „die Zielsprache zur Zeit der Übersetzungsarbeit nicht über zahlreiche, besonders über die mit der Organisation der Stadtverwaltung und mit der Rechtsprechung zusammenhängende Begriffe verfügte."
> [...]
> „Ein Teil dieses Lehnwortgutes, das im direkten Zusammenhang mit der Übernahme des *ius teutonicum* zu sehen ist, ist bis heute – den Gesetzmäßigkeiten der Zielsprache weiter angepasst und oft mit einer Verschiebung gegenüber der im Rechtstext belegten bzw. in der deutschen Standardsprache üblichen Bedeutung – vor allem in der Umgangssprache und in den Mundarten in Gebrauch".[165]

---

[161] Arntz 2001, S. 83.
[162] Siatkowski 1967; Siatkowski 1970; Dorul'a 1977b; Dorul'a 1978; Dorul'a 1997.
[163] Eggers 1988, S. 69 f.
[164] Papsonová, Silleiner Rechtsbuch.
[165] Ebd., S. 69.

Papsonová nennt hierfür als Beispiele u. a. *gvalt/kvalt*, *mord*, *mordár*, *ortiel'*, *richtár*,[166] Sie weist aber auch auf frühere Entlehnungen hin, die durch einheimische Wörter ersetzt wurden bzw. die heute als veraltet gelten.

> „Ein besonderes Übersetzungsproblem stellen die für die Sprache des mittelalterlichen deutschen Rechts charakteristischen festen Wortverbindungen und Phraseologismen mit ihrer reichen Metaphorik dar"[167]

Aleksander Zajda stellt auf der Grundlage umfangreicher Materialuntersuchungen fest, daß deutsche Entlehnungen stärker im Stadtrecht und bei den Bezeichnungen für bestimmte Rechtsinstitute zu finden sind (*ortyl*, *sołtys*, *wójt*), die lateinischen eher im Bereich des Kanzleiwesens (*metryka, statut*).[168]

Entlehnungen (überwiegend als lautliche Adaptionen, vgl. z. B. *burgrabi(a)* aus *Burggraf*; *ortyl, ortel* aus *Urteil* usw.) sind in unserem Materialkorpus deutlich seltener belegt als Übersetzungen (s. o. *1. Übersetzung*). Entlehnungen sind allerdings gewöhnlich ‚auffälliger' und auch besser bekannt und dies sowohl aus historisch-etymologischen wie auch aus modernen Wörterbüchern, außerdem aus der einschlägigen Fachliteratur.

In den verglichenen beiden Texten sind ausschließlich Entlehnungen 1 : 1 belegt, s. auch u. *Kapitel 3.2 Entlehnung und Umschreibung*.

dt. **Burggraf, der** // poln. **burgrabi(a)**
[= Burggraf, oberster Richter einer Stadt und deren Herrschaftsbereich]
Für dt. *Burggraf* steht im polnischen Text das deutsche Lehnwort *burgrabi(a)* (Entlehnung) (I.). Dies gilt auch für den Terminus in der präpositionalen Wendung *vor dem Burggrafen* // *przed burgrabią* (II.).

dt. **fordern** // poln. **fordrować, fołdrować**
[= fordern, verlangen; vorladen, vor Gericht laden; gerichtlich belangen; berufen, einladen; Klage erheben]
Für dt. *fordern* steht im polnischen Text das deutsche Lehnwort *fordrować* (Entlehnung).

dt. **(Recht) fordern** // poln. **(prawa) fołdrować**
Die deutsche Wendung *Recht fordern* wird im polnischen Text mit *prawa* {Genitiv Singular} *fołdrować* wiedergegeben, auf der Grundlage des deutschen Lehnwortes *fołdrować* (s. o.) und der Übersetzung von dt. *Recht* mit poln. *prawo*.

dt. **(Schuld) fordern** // poln. **(długi) fołdrować**
Die deutsche Wendung *Schuld* **{Sg.}** *fordern* wird im polnischen Text mit *długi* {Akkusativ **Pl.**} *fołdrować* wiedergegeben, auf der Grundlage des deutschen

[166] Ebd.
[167] Ebd., S. 70 (vgl. hier auch die Beispiele).
[168] Vgl. Zajda 2001, S. 160, mit weiteren Beispielen.

Lehnwortes *fołdrować* (s. o.) und der Übersetzung von frnhd. *Schulde* **{Pl.}** mit poln. *długi* **{Pl.}**.

dt. **Frist, die** // poln. **fryst**
Für dt. *Frist* steht im polnischen Text das deutsche Lehnwort *fryst* (Entlehnung).

dt. **mit Gewalt** // poln. **gwałtownie** {Adverb} 'gewaltsam'
Deutsch *mit Gewalt* wird im polnischen Text durch das Adverb *gwałtownie* 'gewaltsam' wiedergegeben, das nach den Regeln der polnischen Wortbildung aus dem deutschen Lehnwort *gwalt* abgeleitet ist.

dt. **Ratmann, der** {Person} // poln. **radca, radźca**
[= das einzelne Mitglied eines Kollegiums]
Für dt. *Ratmann* steht im polnischen Text *radca/radźca* (I.) bzw. im Plural dt. *Ratmannen* // poln. *radźce* (IV.). Nur vereinzelt begegnen im deutschen Text *geschworener Ratmann* (II.) oder *Rat* (III.).
Die Wiedergabe von dt. *Ratmann(en)* durch poln. *radca/radźca* **{Sg.}** /*radźce* **{Pl.}** gilt ebenfalls für Wendungen wie dt. *gegen die Ratmannen* // poln. *przeciwko radźcam* und dt. *Ratmannen einsetzen* // poln. *postawić radźce*.

dt. **Schoß, der** // poln. **szos**
[= Steuer, Abgabe]
Für dt. *Schoß* steht im polnischen Text das deutsche Lehnwort *szos* (Entlehnung).

dt. **Urteil strafen** // poln. **strafować ortel**
[= 1. schelten, tadeln; 2. strafen]
Für dt. *strafen* steht im polnischen Text das deutsche Lehnwort *strafować* (I.) (Entlehnung). Neben poln. *ortel strafować* ist für dt. *das Urteil strafen* im polnischen Text auch *ortel łając* belegt (II.).

dt. **Urteil, das** // poln. **ortyl, ortel**; poln. **wyrok** für **Urteil** ist in dem von uns ausgewerteten polnischen Text nicht nachgewiesen
[= Gerichtsurteil, Urteilsfindung, Gericht]
Alle Textstellen belegen die Wiedergabe von dt. *Urteil* mit dem deutschen Lehnwort *ortyl, ortel* im polnischen Text (Entlehnung). Dies gilt auch für die Verbindung von *ortyl, ortel* mit Attributen wie auch den Gebrauch in den nachfolgenden Wendungen mit *ortyl, ortel*, vgl.: **Urteil finden // najć ortel; Urteil (er)fragen // ortelu pytać; Urteil schelten // łajać ortel; Urteil sprechen // wyrzec ortel; Urteil strafen // strafować ortel**.
Poln. *wyrok* für dt. *Urteil* ist in dem von uns ausgewerteten polnischen Text nicht nachgewiesen.

dt. **Vogt, der** // poln. **wójt**
[= Vorsitzender im Gericht]
Für dt. *Vogt* nennt der polnische Text das deutsche Lehnwort *wójt* (I.), auch in der Anrede/im *Vokativ* (dt. *Herr Vogt* // poln. *panie wójcie*) (II.) sowie in Verbindung mit einem Attribut, vgl. dt. *geschworener Vogt* // poln. *przysiężny wójt* (III.) oder in einer präpositionalen Wendung, vgl. dt. *zu dem Vogt* // poln. *przed wójta* 'vor den Vogt' (IV.). Poln. *przed wójta* 'vor den Vogt' steht allerdings auch für dt. *zu Rate* (V.), und dt. *vor dem Vogt* wird an einer Textstelle mit poln. *do prawa* 'vor Gericht' (VI.) wiedergegeben.

Hinzuweisen ist besonders auch darauf, daß im polnischen Text *wójt* 'Vogt' überwiegend als Entsprechung für dt. *Richter* gewählt wird. Dies gilt auch für *Richter* in der Anredeform (Vokativ) sowie in einem Teil der präpositionalen Wendungen.

Polnisch *wójt* steht ebenfalls für dt. *Schultheiß*.

dt. **Wergeld, das** // poln. **wargielt,** auch: **zapłaty {Pl.}, wina**
[= Geldbuße für Totschlag oder Verletzung, Manngeld]
Für dt. *Wergeld* belegt der polnische Text 3 Entsprechungen: das deutsche Lehnwort *wargielt* (I.), außerdem poln. *zapłaty* **{Pl.}** und *wina* (Entlehnung + 2 Übersetzungen).

dt. **Willkür, die** // poln. **wilkierz**
[= Einwilligung, freier Wille, Rechtssatzung]
Für dt. *Willkür* steht im polnischen Text das deutsche Lehnwort *wilkierz* (Entlehnung).

dt. **Zins, der** // poln. **czynsz**
[= Abgabe, Steuer, Zehnt]
Deutsch *Zins* wird im polnischen Text mit dem deutschen Lehnwort *czynsz* wiedergegeben (I.) (Entlehnung). Eine Textstelle belegt poln. *rola czynszowa* 'Zinsacker' für dt. *Zins* (II.).

3. Umschreibung

Umschreibung begegnet überwiegend als Äquivalent für einen Terminus, für den in der Nehmersprache (noch) kein adäquater Terminus vorhanden ist. Reiner Arntz nennt das „Schaffung eines Erklärungsäquivalents (= Die erklärende Umschreibung eines in der Zielsprache bislang nicht vorhandenen ausgangssprachlichen Terminus)."[169]

Gelegentlich tritt im polnischen Text auch Umschreibung zusätzlich zu einem übersetzten oder entlehnten Terminus auf, s. u. *Kapitel 3.1 Übersetzung und Umschreibung* und *Kapitel 3.2 Entlehnung und Umschreibung*.

---

[169] Arntz 2001, S. 106 f.

dt. **Begabter, der** // poln. **ten, komu dano** 'der, dem geschenkt wird/wurde'
[= Beschenkter]
Der deutsche Terminus *Begabter* wird im polnischen Text umschrieben, vgl. *ten, komu dano* 'der, dem geschenkt wird/wurde' (Umschreibung).

3.1. Übersetzung und Umschreibung

dt. **friedlos** // poln. **bezmirny; miru nigdzie nie mieć** 'nirgends Frieden haben'
[= geächtet, rechtlos]
Für dt. *friedlos* stehen im polnischen Text 2 Entsprechungen: 1. die wörtliche Übersetzung (Übersetzung: 1.) und 2. eine Umschreibung: *miru nigdzie nie mieć* 'nirgends Frieden haben' (Umschreibung: 2.).

dt. **Friedensbrecher, der** // poln. **złomca miru**; auch umgekehrt: **miru złomca; ten, co mir słomił** 'der, der den Frieden brach'**; ten, co to uczynił** 'der, der das getan hat'
[= Friedensbrecher; jmd., der Friedensgebote bricht]
Für dt. *Friedensbrecher* stehen im polnischen Text mehrere Entsprechungen: 1. die wörtliche Übersetzung aus dem Deutschen mit poln. *złomca miru* 'Friedensbrecher' (3.), auch in umgekehrter Reihenfolge, d. h.: *miru złomca* (4.) (Übersetzung 1:2).
Außerdem sind Umschreibungen belegt, vgl.: poln. *ten, co mir słomił* 'der, der den Frieden brach' (1.) sowie poln. *ten, co to uczynił* 'der, der das getan hat' (2.) (Umschreibung). Es geht im Inhalt des Textes um Totschlag und kampfwürdige Wunden.
Nichtübereinstimmungen zwischen dem deutschen und dem polnischen Terminus zeigen sich im Numerus, vgl. dt. **Plural**: *die Friedensbrecher* // dagegen poln. **Singular**: *der Friedensbrecher*. Diese Plural-Singular-Opposition weisen alle Belege für dt. *Friedensbrecher* und die jeweiligen polnischen Entsprechungen auf, auch die Umschreibungen im Polnischen.

dt. **Kläger, der** // poln. **powód; ten, co żałował** 'derjenige, der klagte'
[= Kläger, Beschwerdeführer vor Gericht; vgl. auch die Opposition: Antworter/Kläger]
Deutsch *Kläger* wird im untersuchten Text überwiegend durch poln. *powód* wiedergegeben (I.) (Übersetzung 1:1), lediglich einmal erfolgt eine Umschreibung, vgl. *ten, co żałował* (II.) (Umschreibung).

dt. **ehelich (geboren sein), von ehelicher Geburt (sein)** // poln. **małżeńskiego rodu, urodzon z małżeństwa**
[= gesetzmäßig, legitim]
Für dt. *ehelich (geboren sein)* begegnen in der polnischen Fassung mehrere Äquivalente, und zwar: *małżeńskiego rodu* (I.), *urodzenia z stadła małżeńskiego* (II.), *dobrze urodzon* {Kurzform des Adjektivs}, *to jest z małżeństwa* (III., hier mit

zusätzlicher Umschreibung *to jest* ...) (Übersetzung 1:viele; in 1 Fall + Umschreibung). Das lediglich einmal belegte dt. *von ehelicher Geburt* wird im Polnischen mit *z małżeństwa urodzon* wiedergegeben (IV.).

3.2. Entlehnung und Umschreibung

dt. **Gerade, die** // poln. **gierda, (niewieskie) rzeczy** '(Frauen-)Sachen', z. T. mit zusätzlichem **gierda**; poln. **gierada** und **groda** für **Gerade** sind in dem von uns ausgewerteten Text nicht belegt
[= alles Erbe, das zum Gebrauch durch die Frau bestimmt ist, wie Schmuck, Kleider, Stoffe, Töpfe und sonstige Gerätschaften; Ausstattung, Aussteuer einer Frau; Versorgung]
Für dt. *Gerade* stehen im polnischen Text 2 Entsprechungen: die Variante *gierda* des deutschen Lehnwortes (1., 2.) und die Umschreibung *(niewieskie) rzeczy* '(Frauen-)Sachen' (3.), überwiegend als vorangestellte Umschreibung mit nachfolgendem deutschen Lehnwort *gierda.* (4., 5.) (Entlehnung: 1., 2., 4., 5.), (Umschreibung: 3., 4., 5.).
In einem Beispiel (6.) fehlt das sonst bei poln. *rzeczy* im Text belegte *niewiesckie.* Die semantische Eindeutigkeit wird hier durch den Kontext erreicht, vgl. *szwogey pirwey zony rzeczy* 'seiner ersten Frau Sachen'.

4. Verwendung eines anderen Terminus

Fehlt in der Nehmersprache (hier im Polnischen) ein Äquivalent für den zu übertragenden deutschen Terminus, kann es zu einer sinngemäßen Übersetzung/Übertragung unter Verwendung eines anderen Terminus/anderer Termini als Entsprechung kommen. Besonders in diesen Fällen sind weitere Quellenforschungen nötig und möglicherweise aufschlußreich.

Unser Material belegt für diese Art der Übernahme des Inhalts eines deutschen Rechtsterminus ins Polnische lediglich *Mage* und die beiden Ableitungen daraus: *Schwertmage* und *Magenschaft*, vgl.:

dt. **Mage, der** // poln. **przyrodzony** 'Verwandter'
[= nächster vormundschaftlicher Verwandter]
Deutsch *Mage* wird im polnischen Text als *przyrodzony* 'Verwandter' wiedergegeben (sinngemäße Wiedergabe). Für dt. *syne nesten moge* steht im polnischen Text *des Vaters oder der Mutter Verwandte* (1.) (sinngemäße Wiedergabe).

dt. **Schwertmage, der** // poln. **siostry mąż** 'Ehemann der Schwester', **przyrodzony** 'Verwandter', **przyrodzony (przyjaciel) mężczyzna** 'verwandter (Freund) Mann'
[= männlicher (vormundschaftlicher) Verwandter]
Für dt. *Schwertmage* sind im polnischen Text eine Reihe von Ensprechungen belegt, so: *siostry mąż* 'Ehemann der Schwester' (I.), bliszy 'der Nächste' (II.),

przyrodzony 'Verwandter' (III.) und *przyrodzony (przyjaciel) mężczyzna* 'verwandter (Freund) Mann' (IV.) (sinngemäße Wiedergabe 1:4).
In einer deutschen Textstelle: *neste swert mog und formunde*, wo es um den *nächsten Schwertmagen und Vormund* (in einer Person) geht, wird bei der Übertragung ins Polnische zusammengefaßt und nur der *Vormund* übernommen (V.).

dt. **Magenschaft, die** // poln. **bliskość** 'Nähe'
[= (Bluts-)Verwandtschaft; nahe Verwandtschaft]
Deutsch *Magenschaft* wird im polnischen Text als *bliskość* 'Nähe' wiedergegeben (sinngemäße Wiedergabe).

Da der Schwerpunkt unserer Untersuchung auf einem deutsch-polnischen **Wortvergleich** liegt, wird zu den nachfolgend behandelten Erscheinungen lediglich eine Auswahl an Material zur Illustration geboten.
Behandelt werden:

- Auslassungen und Zusätze im polnischen Text *(5.)*,
- feste Wortverbindungen und phraseologische Wendungen *(6.)*,
- deutsch-polnische Interferenzerscheinungen *(7.)*,
- aus dem Deutschen entlehnte Rechtstermini in ihrer postintegrativen Entwicklung im Polnischen *(8.)*
- und einige unter dem Punkt Varia *(9.)* zusammengefaßte grammatische Erscheinungen.

5. Auslassungen und Zusätze im polnischen Text

5.1. Auslassungen im polnischen Text

Bei den festgestellten Auslassungen im polnischen Text wird der Inhalt des Sachverhaltes dennoch adäquat ins Polnische übertragen, d. h. es tritt kein Informationsverlust ein.

dt. **Gewette, das** // poln. **wina**
[= Gerichtsgeld, das an den Richter zu zahlende Strafgeld]
Deutsch *Gewette* und auch das daraus abgeleitete Verb *wetten* 'Gewette geben' wird im polnischen Text mit *wina* wiedergegeben (I., II.) (Übersetzung 1:1).
In 1 Fall wird aus dem deutschen Text lediglich die Nennung der Summe des Gewettes ins Polnische übernommen. Das Wort *Gewette* selbst fehlt dabei im polnischen Text, vgl.:
dt. *Gewette* {+ Nennung der Summe des Gewettes} // poln.: nur Nennung der Summe des Gewettes:
so ist das *syn gewette*, das sint *acht schillinge* [so ist das sein Gewette, das sind acht Schillinge] // tedy mv przydze zato *osszm szelagow* {'dafür bekommt er acht Schillinge'} [tedy mu przydzie za to ośm szelągow] [165//176].

dt. ***vor*** *gehegtem Ding* // poln. ***przed*** *sądem* '**vor** Gericht'
vor gehegtim[170] dynge [vor gehegtem Ding] // przed ______[171] szandem [przed sądem] [169//180]
– dt. ***vor*** *gehegtes Ding* // poln. ***przed*** *prawo* '**vor** Gericht':
vor gehegit[172] dink [vor gehegtes Ding] // przed ______[173] prawo [przed prawo] [201//208]
Deutsch *gehegtes Ding* wird auch in den zahlreich belegten präpositionalen Wendungen fast ausschließlich mit poln. *gaj(o)ny sąd* wiedergegeben (I.), vereinzelt nur als *sąd*. Lediglich in zwei Textstellen steht für dt. *gehegtes Ding* // poln. *prawo* 'Gericht'. In beiden Fällen liegen Übersetzungen vor (1:2).
Die polnische Entsprechung für das Attribut *gehegt* fehlt mitunter, vgl. das Material.

dt. *vor Gericht* und ***vor*** *gehegtes Ding* // poln. ***przed*** *gajnym sądem* '**vor** gehegtem Ding'
stalted den gefangin man *vor gerichte*[174] *und vor gehegit dink* [vor Gericht und vor gehegtes Ding] // postawyl tego yancza ______[175] *przed gayonym szadem* [postawił tego jęca przed gajonym sądem] [255//258]
Im polnischen Text wird dt. *vor Gericht* als *przed prawem* (I.) und als *przed sądem* (II.) (Übersetzung 1:2) sowie auch als *przed gajnym sądem* (III.) wiedergegeben.
Im vorliegenden Fall erscheint im polnischen Text dt. *vor gerichte und vor gehegit dink* lediglich als *przed gayonym szadem*, d. h. die polnische Entsprechung für *vor gerichte* fehlt im polnischen Text. Es ist hier von einer deutschen Zwillingsformel auszugehen, deren einer Bestandteil nicht ins Polnische übernommen wurde.

dt. **Eid, der** // poln. **przysięga**
2. wy der voyt bekent ***bey*** seyme *eyde*[176] [bekennt bei seinem Eid] // kakoly woyth wysznawa {imperfektives Verb} albo wyszną {perfektives Verb} ______[177] [kakoli wojt wyznawa albo wyzna] [256//259]
Für dt. *Eid* steht im polnischen Text ausnahmslos *przysięga*, auch in präpositionalen Wendungen (Übersetzung 1:1). In 2. fehlt im polnischen Text die Entsprechung für die deutsche Textstelle ***bey*** seyme *eyde*. Der Inhalt des Sachverhaltes wird dennoch adäquat übertragen, d. h. durch diese Verkürzung tritt kein Informationsverlust ein.

[170] Die Entsprechung für dt. *gehegtim* fehlt im polnischen Text.
[171] Fehlstelle der Entsprechung für dt. *gehegtim* im polnischen Text.
[172] Die Entsprechung für dt. *gehegit* fehlt im polnischen Text.
[173] Fehlstelle der Entsprechung für dt. *gehegit* im polnischen Text.
[174] Die Entsprechung für dt. *vor gerichte* fehlt im polnischen Text.
[175] Fehlstelle der Entsprechung für dt. *vor gerichte* im polnischen Text.
[176] Die Entsprechung für dt. ***bey*** seyme *eyde* fehlt im polnischen Text.
[177] Fehlstelle der Entsprechung für dt. ***bey*** seyme *eyde* im polnischen Text.

dt. **meineidig (sein)** // poln. **krzywo przysięgać** 'falsch schwören'
Wil man eynen *meyneydig beredin* [des Meineides überführen], das mus man vor gerichte tuen also, das man em dy sache benenne, dorumme her meyneydic [meineidig] sey // *Na kogo* chczą *dokonacz krzywoprzyszą̨stwą* 'einen Meineid nachweisen', tho muszą gemv o tho wyna dacz przed szandem, opowyedzecz gemv tho, wczem ______[178] *przyszagl.* [Na kogo chcą dokonać krzywoprzysięstwa, to muszą jemu o to winę dać przed sądem, opowiedzieć jemu to, w czem ⟨*krzywo*⟩ przysiągł.] [141//151]
Für dt. *meineidig (sein)* nennt der polnische Text *(być) krzywoprzysiężca* 'Meineidiger sein' (I.) und *krzywo przysięgać* 'falsch schwören' (II.) (Übersetzung 1:2).
Auch hier (I.) ist zwischen dem deutschen Text und seiner Übersetzung ins Polnische der ebenfalls an anderer Stelle nachgewiesene Wechsel zwischen den Wortarten zu beobachten. Darunter leidet gewöhnlich die Qualität der Übersetzung, d. h. die adäquate Wiedergabe des Inhalts des Sachverhalts, nicht.

dt. **geschworene Schöffen** // poln. **starzy przysiężnicy** 'ältere Schöffen'
gesworn[179] *scheppe* [Schöffe] // ______[180] *PRzyszasznyk* [Przysiężnik] [97//104]
Für dt. *Schöffe* bzw. *Schöffen* **{Pl.}** steht im polnischen Text *przysiężnik* bzw. *przysiężnicy* (I., II.) (Übersetzung 1:1). Das gilt auch für Verbindungen mit Attribut, vgl. dt. *geschworene Schöffen* // poln. *starzy przysiężnicy* 'ältere Schöffen' (III.), außerdem: dt. *getreue Schöffen* // poln. *wierni przysiężnicy* (IV.). Dabei wird nicht jedes Attribut der deutschen Fassung ins Polnische übernommen, vgl. *gesworn scheppe* // ______ *PRzyszasznyk* [Przysiężnik] [97//104]. Umgekehrt gibt es Ergänzungen im polnischen Text, vgl. die Textstelle: ***dy*** *scheppin* [die Schöffen] ______ // *przyszasznyczy* y woyth [przysiężnicy i wojt] [261//264].

dt. **der Mann, der das Urteil scholt; der Schelter** {dt. Umschreibung neben dt. Terminus} // poln. **ten człowiek co łajał ten ortel** {poln. Umschreibung}
der *man*, der das *ortil schildit* [der Mann, das Urteil scholt] und strofte // ***ten*** {Interferenz: der deutsche bestimmte Artikel wird als Demonstrativpronomen übernommen} *czlowyek*, czo *layal* ten *ortel*, [ten człowiek co łajał ten ortel] [187//194]

Eyn ortil ist uns *geschulden* [gescholten] und der *schelder*[181] [Schelter] hat // Geden *layal* ortelowy y ______[182] postawyl [Jeden łajał ortelowi i postawił] [253//256]
Für dt. *Urteil schelten* steht im polnischen Text poln. *łajać ortel* (I.). Dies gilt ebenso für die Negation, vgl. dt. *Urteil* ***nicht*** *schelten* // poln. ***nie*** *łajać ortel* (II.).

---

[178] Im polnischen Text fehlt ⟨*krzywo*⟩ 'falsch'.
[179] Die Entsprechung für dt. *gesworn* fehlt im polnischen Text.
[180] Fehlstelle der Entsprechung für dt. *gesworn* im polnischen Text.
[181] Die Entsprechung für dt. *Schelder* fehlt im polnischen Text.
[182] Fehlstelle der Entsprechung für dt. *Schelder* im polnischen Text.

In dem einzigen Beleg für dt. *dem Urteil widersprechen* steht im polnischen Text ebenfalls *ortel łajać* (III.). Für dt. *Urteil schelten* ist außerdem auch poln. *prawo łajać* belegt (IV.).
Deutsch *der Mann, der das Urteil scholt* wird im Polnischen ebenfalls umschrieben. Deutsch *Schelter* fehlt zwar als Wort im polnischen Text, der Inhalt des Sachverhaltes wird dennoch adäquat übertragen, vgl. den polnischen Text in der Übersetzung: '*einer scholt ein Urteil ...*'.

5.2. Zusätze im polnischen Text

Zum Teil sind erklärende Ergänzungen in den polnischen Text eingefügt, die im deutschen Text fehlen. Wir gehen davon aus, daß der Übersetzer diesen Erklärungsbedarf im Polnischen sah bzw. Unterschiede/Veränderungen ‚einarbeitete'. An der korrekten Übertragung des Rechtsinhalts wie auch an den durch den Übersetzer eingefügten passenden erklärenden Zusätzen zeigt sich die gute Qualität der Übersetzung.

Als Beispiel für **erklärende Zusätze** sind die Erläuterungen zu **Gerade** zu vergleichen:
4. ere rade [Gerade] // za***nyewyeszczkye rzeczy*** szlowie *gyerda* [za niewiesckie rzeczy, słowie gierda] [72//79]
5. dy rade [Gerade] // wszyczky ***nyewyesczkye rzeczy*** **czo gym ponyemyeczku dzyeyą {**'was man deutsch nennt'**}** *gyerda* [wszyćki niewieckie rzeczy, co jim po niemiecku dzieją gierda] [64//71]
Für dt. *Gerade* stehen im polnischen Text 2 Entsprechungen: die Variante *gierda* des deutschen Lehnwortes (1., 2.) und die Umschreibung *niewieskie rzeczy* 'Frauensachen' (4., 5.), überwiegend als vorangestellte Umschreibung mit nachfolgendem deutschen Lehnwort *gierda*.

Nachfolgend nennen wir einige Beispiele für **Einfügungen** im polnischen Text, die im deutschen Text fehlen:
vor dem ______[183] *rate* [vor dem Rat] // *przed szyedzaczą*[184] *radą* [przed siedzącą radą] [190//197]
Für dt. *vor dem sitzenden Rat* sind 2 polnische Entsprechungen belegt: *przed osiadłą radą* und *przed siedzącą radą* (Übersetzung 1:2).
***dy** scheppin* [die Schöffen] ______[185] // *przyszasznyczy* y woyth[186] [przysiężnicy i wojt] [261//264].

[183] *sitzender* steht nicht im deutschen Text.
[184] Im polnischen Text wurde *szyedzaczą* ergänzt.
[185] *und der Vogt* steht nicht im deutschen Text.
[186] Im polnischen Text wurde *y woyth* ergänzt.

6. Feste Wortverbindungen und phraseologische Wendungen

> „Ein typisches Phänomen in mittelhochdeutschen und frühneuhochdeutschen Rechtstexten stellen zwei- und mehrgliedrige Verbindungen dar, die ein Behelf für die Rechtssprache waren, um den vollen Umfang eines Begriffs durch Summierung ähnlicher oder identischer Bezeichnungen zu erschöpfen und juristisch unmissverständliche und einwandfreie Formulierungen zu erlangen.“[187]

Und M. Papsonová betont:

> „Ein besonderes Übersetzungsproblem stellen die für die Sprache des mittelalterlichen deutschen Rechts charakteristischen festen Wortverbindungen und Phraseologismen mit ihrer reichen Metaphorik dar. Sie weisen einen kaum überschaubaren Variantenreichtum an Entsprechungen auf und legen ein Zeugnis von der ständigen Auseinandersetzung der Translatoren mit der Begrifflichkeit der Ausgangssprache ab.“[188]

6.1. Zwillingsformeln (Paarformeln)

Mit den in ihrem analysierten Material belegten Paarformeln beschäftigen sich sowohl die Untersuchung M. Papsonovás zum „Silleiner Rechtsbuch“[189] wie auch die erst kürzlich erschiene Edition und Bearbeitung zum „Meißner Rechtsbuch“ von V. Spáčil und L. Spáčilová.[190] Zu Paarformeln sind vor allem G. Dilcher[191], R. Schmidt-Wiegand[192] und I. T. Piirainen[193] zu vergleichen.

Die von uns untersuchten „Magdeburger Urteile“ belegen im deutschen Text auch Paarformeln, die jedoch nicht immer als solche auch ins Polnische übernommen wurden, vgl.:

dt. **Jahr und Tag** // poln. **rok i dzień**
dt. *binnen Jahr und Tag* // poln. *w rok i dzień*:
dt. *nach Jahr und Tag* // poln. *po roce i po dniu*:

dt. **vor Gericht**[194] und ***vor* gehegtes Ding** // poln. ***przed*** ______[195] **gajnym sądem ‘vor** gehegtem Ding’
Im vorliegenden Fall erscheint im polnischen Text dt. *vor gerichte und vor gehegit dink* lediglich als *przed gayonym szadem*, d. h. die polnische Entsprechung für *vor gerichte* fehlt im polnischen Text. Es ist hier von einer deutschen Zwillingsformel auszugehen, deren einer Bestandteil nicht ins Polnische übernommen wurde.

---

[187] Spáčil/Spáčilová Meißner Rechtsbuch, S. 475, mit Literatur, vgl. besonders den Verweis auf: Hartweg, Wegera, Frühneuhochdeutsch, 2005, S. 206.
[188] Papsonová, Silleiner Rechtsbuch, S. 70.
[189] Ebd., S. 69.
[190] Spáčil/Spáčilová Meißner Rechtsbuch, S. 475–478.
[191] Dilcher 1961.
[192] Schmidt-Wiegand 1984.
[193] Piirainen 1997c.
[194] Die Entsprechung für dt. *vor Gericht* fehlt im polnischen Text.
[195] Fehlstelle der Entsprechung für dt. *vor Gericht* im polnischen Text.

II. dt. **Erbe und Gut** // poln. **imienie** 'Besitz, Habe'
das erbe und das gut czu gleychir teylunge [Erbe und Gut] // rowny dacz dzyal *tego gymyenyą* a [rowny dać dział tego jimienia a] [183//192]
erbe und gut [Erbe und Gut] // gymyenyą [jimienia] [186//193]
alle myn *erbe und gut* [all mein Erbe und Gut] // wszythko *gymyenye* moge [wszytko jimienie moje] [186//193]
ir *erbe und gut* [ihr Erbe und Gut] // wszythkyego *gymyenyą* gych [wszytkiego jimienia jich] [142//152]

III. dt. **Erbe und Gut** // poln. **imienia bądź idące albo nieidące, to jest stojące** 'Habe, sei es fahrende oder nichtfahrende, d. h. stehende'
teyl *an erbe und an gute* [Teil an Erbe und an Gut] // czasz *gymyenyą Bandcz gydacze albo nyegydacze, tho gest stoyacze* 'Habe, sei es fahrende oder nichtfahrende, d. h. stehende' [częś⟨ć⟩ jimienia bądź jidące albo niejidące, to jest stojące] [142//152]
yr erbe adir yr gut [ihr Erbe oder ihr Gut] // Swe *stoyącze gymyenye albo gydacze* {'ihre stehende und fahrende Habe'} [swe stojące jimienie albo jidące] [196//203]

IV. dt. **Erbe und fahrendes Gut** // poln. **imienie, role, domy i inne imienie idące** 'Habe, Äcker, Häuser und andere fahrende Habe'
erbe und varnde gut [Erbe und fahrendes Gut] // *gymyenye roly domy y gynnye gymyenye ydącze* [jimienie, role, domy i jinnie jimienie jidące] [10//10]

IV. dt. **Gut und Erbe** // poln. **imienie** 'Besitz, Habe' (z. T. mit: *stojące* 'stehende, unbewegliche' und *niestojące* 'fahrende, bewegliche')
gut und erbe [Gut und Erbe] // gymyenye [jimienie] [61//68]
sin gut und erbe [sein Gut und Erbe] // szwym gymyenym [swym jimienim] [143//153]
gut und erbe [Gut und Erbe] // gymyenye stoyacze y nyestoyacze [jimienie stojące i niestojące] [183//192]
das gut und erbe [Gut und Erbe] // gymyenyą [jimienia] [183//192]
Für dt. *Gut und Erbe* steht im polnischen Text *imienie* 'Besitz, Habe', z. T. mit *stojące* 'stehende, unbewegliche' und *niestojące* 'fahrende, bewegliche'.

6.2. Vertauschen der Glieder von Zwillingsformeln (Paarformeln)

Nachfolgend werden Beispiele für das Vertauschen zweier in engem Zusammenhang stehender Termini, die formelhaft paarweise verwendet werden (Zwillingsformeln/Paarformeln), vorgestellt.

Vogtei und Schultheißei
a) dt. **Vogtei, die** // poln. **wójtowstwo**
[= Amtssitz und Gerichtsbezirk eines Vogtes]

1. *Schultezey* amecht und *foyte* [Schultheißei und Vogtei] amecht // *Szolthystwa* y *woythowstwa* 'Schultheißei oder Vogtei' [Sołtystwa i wojtowstwa] [120//130]
2. *schultezey* und *foytey* [Schultheißei und Vogtei] // *WOythowstwo* albo *szolthystwo* 'Vogtei oder Schultheißei' [Wojtowstwo albo sołtystwo] [120//130]
3. *Schultezey* und *gerychte* [Schultheißei und Gericht] // *WOythowstwo* albo *szlolthystwo* 'Vogtei oder Schultheißei' [Wojtowstwo albo s[ł]ołtystwo] [118//128]
4. *gerychte* noch *foytey* [Gericht noch Vogtei] // *woythowstwa* albo gynego *sandv* 'Vogtei oder anderes Gericht' [wojtowstwa albo jinego sądu] [117//127]

Für dt. *Vogtei* steht im polnischen Text *wójtowstwo*, eine nach den Regeln der polnischen Wortbildung (Derivation) mit Hilfe des Suffixes *-stwo* abgeleitete (postintegrative) Bildung aus dem deutschen Lehnwort *wójt* 'Vogt'.

Der Vergleich belegt eine Reihe von Textstellen, in denen *Vogtei* und *Schultheißei* zusammen vorkommen (Zwillingsformeln), vgl. 1., mitunter allerdings in umgekehrter Reihenfolge, vgl. 2., wo *Schultheißei* und *Vogtei* bei der Übernahme ins Polnische vertauscht wurden, s. im polnischen Text die Entsprechung '*Vogtei oder Schultheißei*'.

Vertauscht werden bei der Übernahme ins Polnische ebenfalls *Schultheißei* und *Gericht* im Textbeispiel 3. Außerdem steht für das im deutschen Text belegte *Gericht* im Polnischen der Terminus *Vogtei* als Äquivalent, vgl. oben im polnischen Text die Entsprechung für '*Vogtei* oder *Schultheißei*'.

Und auch Textbeispiel 4. liefert einen Beweis für das Vertauschen von Termini bei der Übernahme vom Deutschen ins Polnische. ***Gericht* und *Vogtei*** des deutschen Textes werden ins Polnische als ***Vogtei* oder anderes *Gericht*** übernommen.

Es zeigt sich, daß ***Vogtei* und *Schultheißei*** oft zusammen vorkommen (Zwillingsformeln). Das erklärt u. E. auch ihr gelegentliches Vertauschen wie auch ihre teilweise synonymische Verwendung mit anderen, inhaltlich ähnlichen Rechtstermini.

b) dt. **Schultheißei, die** // poln. **sołtystwo**
[= Amtssitz und Gerichtsbezirk eines Schultheißen]
1. teyl an ***der*** *Schultezey* [Schultheißei] // cząsczy ***tego*** {Interferenz: der dt. best. Artikel wird übernommen} to *szoltystwą* [część[i] tego to sołtystwa] [118//128]
2. *Schultezey* [Schultheißei] amecht und foyte amecht // *Szolthystwa* y woythowstwa [Sołtystwa i wojtowstwa] [120//130]
3. *Schultezey* [Schultheißei] und gerychte // *WOythowstwo* {'Vogtei'} *albo szlolthystwo* {'Schultheißei'} [Wojtowstwo albo s[ł]ołtystwo] [118//128]
4. *schultezey* [Schultheißei] und foytey // *WOythowstwo* {'Vogtei'} *albo szolthystwo* {'Schultheißei'} [Wojtowstwo albo sołtystwo] [120//130]

Für dt. *Schultheißei* steht im polnischen Text *sołtystwo*, eine nach den Regeln der polnischen Wortbildung (Derivation) mit Hilfe des Suffixes *-stwo* abgeleitete (postintegrative) Bildung aus dem deutschen Lehnwort *sołtys* 'Schultheiß, Schulze'.

Im Zusammenhang mit *Vogtei* werden die Termini ***Schultheißei* und *Vogtei*** im polnischen Text z. T. vertauscht (3., 4.). Dies ist am ehesten daraus zu erklären, daß beide Termini oft zusammen gebraucht werden (Zwillingsformeln). Nicht vertauscht werden diese Termini jedoch in 2.

dt. **um Totschlag oder Wunden** // poln. **o rany albo o mazoboystwo** {'um Wunden oder Totschlag'}
Clagit man abir uf ymande *totslag* [Totschlag] adir *wundin* [oder (um) Wunden] // zalowal-ly na kogo *o rany* {'(um) Wunden'} albo *o mazoboystwo* {'oder um Totschlag'} [o rany albo o mężobojstwo] [22//22].

In der Aufzählung ist die Reihenfolge vertauscht: dt. *um **Totschlag oder Wunden*** // poln. *um **Wunden oder Totschlag***. Wie in vergleichbaren anderen Fällen (s. u. ***Vogtei* und *Schultheißei***), kann hier ebenfalls davon ausgegangen werden, daß beide Begriffe überwiegend zusammen verwendet und als Einheit betrachtet wurden (Zwillingsformeln). So ist das Vertauschen in der polnischen Übersetzung nicht als Fehler anzusehen.

dt. **Standerbe und fahrende Habe/fahrendes Gut**
In den nachfolgend genannten Sprüchen erfolgt im polnischen Text jeweils eine Umkehrung der Reihenfolge von ***Standerbe* und *fahrender Habe/fahrendem Gut*** im Vergleich zum Deutschen, vgl.:
– in Spruch [121//131] dt. *stand erbe* und *farnde habe* [Standerbe und fahrende Habe] // poln. *ygydacze gymyenye* y *nyegydacze* {'fahrende Habe und nichtfahrende'}
und
– in Spruch [260//263] dt. *stand erbe* und *varnde gut* [Standerbe und fahrendes Gut] // poln. *gydacze* y *stoyacze gymyenye* {'fahrende und stehende Habe'}.

6.3. Phraseologische Termini

Zu vergleichen sind hierzu ebenfalls die Studien M. Papsonovás[196] sowie V. Spáčils und L. Spáčilovás zum „Meißner Rechtsbuch".[197]

dt. **gehegte Bank** // poln. **gajony sąd**
[= Banngericht (Gerichtsplatz, der von einer Schranke umgeben ist)]

dt. **städtischer Diener** // poln. **miejski sługa**

dt. **gehegtes Ding** // poln. **gaj(o)ny sąd**
[= (eine) ordnungsgemäß eröffnete Gerichtsverhandlung]

dt. **rechter Dingtag** // poln. **dzień położony**
dt. **an einem rechten Dingtag** // poln. **na dzień położony** 'an einem festgesetzten Tag'

---

[196] Papsonová, Silleiner Rechtsbuch, S. 70.
[197] Spáčil/Spáčilová Meißner Rechtsbuch, S. 479 f.

dt. **stehendes Eigentum**; auch **unbewegliche, stehende Habe** // poln. **stojące imienie**

dt. **mütterliches Erbe** // poln. **macierzyzna**

dt. **väterliches Erbe; ihres Vaters Gut** // poln. **ojc[ow]izna**

dt. **höchstes Gericht; höchstes Recht** {in der Bedeutung *Gericht*} // poln. **wysze prawo** {in der Bedeutung *Gericht*}

dt. **fahrende, bewegliche Habe; fahrendes Gut** // poln. **idące, niestojące** 'nichtstehende' **imienie**
[= beweglicher Teil des Besitzes]

dt. **unbewegliche, stehende Habe** // poln. **stojące, nieidące** 'nicht fahrende' **imienie**
[= unbeweglicher Teil des Besitzes]

dt. **unmündiges Kind** // poln. **niedorosłe albo co nie ma lat dziecko** 'nicht erwachsenes oder unmündiges Kind'
[= bis zum 12. Jahr]

dt. **unmündige Kinder** // poln. **dzieci, co lat nie mają** 'Kinder, die unmündig sind'**; dzieci niedorośli** 'nicht erwachsene Kinder'
[= bis zum 12. Jahr]

dt. **unmündige Tochter** // poln. **niedorosła albo co nie ma lat dziewka** 'nicht erwachsene oder unmündige Tochter'
[= bis zum 12. Jahr]

dt. **beklagter Mann** // poln. **ożałowany człowiek**
[= Beklagter 'Angeklagter']

dt. **unehelich geborener Mann** // poln. **wyleganiec**

dt. **unehelich geborene Frau** // poln. **wyleganica (niewiasta albo dziewka)**

dt. **sitzender Rat** // poln. **osiadła, siedząca rada**
dt. **vor dem sitzenden Rat** // poln. **przed osiadłą, siedzącą radą**

dt. **geistliches Recht** // poln. **duchowne prawo**

dt. **weltliches Recht** // poln. **świecki sąd**

dt. **Magdeburger Recht; Weichbild, das** // poln. **majdborskie prawo** 'Magdeburger Recht', **prawo niemieckie** 'deutsches Recht', **prawo miejskie** 'Stadtrecht'

dt. **geistlicher Richter** // poln. **duchowny sąd**

dt. **weltlicher Richter** // poln. **świecki sędzia**

dt. **geschworene Schöffen** // poln. **starzy przysiężnicy** 'ältere Schöffen'

dt. **getreue Schöffen** // poln. **wierni przysiężnicy**

dt. **gebundene Tage {Pl.}** // poln. **wiązany czas {Sg.}**, **wiązane czasy {Pl.}**, **wiązane dni {Pl.}**, **zawieszone dni {Pl.}**
[= Feiertage, wo nicht gerichtet wurde]
dt. **an gebunden Tagen {Pl.}** // poln. **w (za)wiązany czas {Sg.}**, **w wiązane czasy {Pl.}**, **w wiązane dni {Pl.}**, **w zawieszonych dniach {Pl.}**

dt. **offene Tage {Pl.}** // poln. **otworzony czas {Sg.}**, **otworzone dni {Pl.}**
[= ungebundene Tage, Werktage]
dt. **zu/an offenen Tagen {Pl.}** // poln. **na otworzony czas {Sg.}**, **otworzonych dni {Pl.}**
vgl. jedoch auch den nachfolgenden Beleg, wo im polnischen Text als Entsprechung für dt. *offene Tage* die Negation von *gebundene Tage*: steht, s. dt. ***an/in offenen Tagen*** {Pl.} // poln. ***w wiązany czas* nie [...]** {Sg.}

dt. **handhafte Tat** // poln. **gorąca rzecz**
dt. **in handhafter Tat; auf frischer Tat** // poln. **w gorącej rzeczy, za gorąca, za gorącej rzeczy**
[= unmittelbar geschehene Tat, so daß der Täter noch die Waffen in der Hand hat; auf frischer Tat]

dt. **rechtes Urteil {Sg.}** // poln. **prawe ortele** 'rechte Urteile' **{Pl.}**
dt. **mit rechtem Urteil** // poln. **prawym ortelem** 'mit rechtem Urteil'

dt. **geschworener Vogt** // poln. **przysiężny wójt**

dt. **oberstes Weichbildrecht** // poln. **wysze prawo** 'oberstes, höchstes Gericht'

6.3.1. Adverbiale Phraseologismen

Zu vergleichen sind hierzu ebenfalls die Ausführungen M. Papsonovás[198] sowie V. Spáčils und L. Spáčilovás[199].

dt. **mit gewappneter** 'bewaffneter' **Hand** // poln. **z bronią, bronną ręką**; s. auch u. **mit gezogener Waffe**

---

198 Papsonová, Silleiner Rechtsbuch, S. 70.

199 Spáčil/Spáčilová Meißner Rechtsbuch, S. 480, mit Vergleichsmaterial, außerdem mit einem Verweis auf Burger, Phraseologie, 1998, S. 42, der betont: „Eine Sondergruppe bilden adverbiale Phraseologismen, die ebenfalls polylexikalisch sind und die Aufgabe des Adverbials im Satz erfüllen".

dt. **nach toter Hand** // poln. **po umarłej ręce**
[= nach dem Tode eines anderen]

dt. **mit gezogener Waffe** // poln. **z ostrą bronią**; s. auch o. **mit gewappneter Hand**

6.3.2. Nominale Phraseologismen

Zu vergleichen sind hierzu ebenfalls die Ausführungen V. Spáčils und L. Spáčilovás (Spáčil/Spáčilová Meißner Rechtsbuch, S. 480) mit Vergleichsmaterial und Literatur.

dt. **Fleischwunden** // poln. **proste rany**

dt. **Ding *nicht* hegen** // poln. ***nie* gaić sądu**

dt. **Ding zusammenbringen** // poln. **zebrać sąd**

dt. **(Recht) fordern** // poln. **(prawa) fołdrować**

dt. **(Schuld) fordern** // poln. **(długi) fołdrować**

dt. **vor Gericht bringen** // poln. **przed prawo przywieść; wściągnąć przez wojta albo jego posła**

dt. **vor Gericht laden** // poln. **zawołać ku prawu**

dt. **vorladen (vor Gericht)** // poln. **pozwać przed prawo**
[= vor Gericht laden]

dt. **zu seinen Jahren kommen** // poln. **przyć ku swym latom** {Dativ Pl.}; **dojść do swych lat; mieć lata**
[= erwachsen werden, mündig werden, d. h. mindestens 12 Jahre alt sein]; s. auch u. **unmündiges Kind**

dt. **Urteil finden** // poln. **najć ortel; (wy)rzec ortel**
Erwähnt sei außerdem die Entsprechung dt. *zu einem Urteil finden* // poln. *wyrzec ortel albo prawo* 'Urteil oder Recht sprechen' (IV.).

dt. **Urteil (er)fragen** // poln. **ortelu pytać**
[= ein Rechtsurteil beantragen, einklagen]

dt. **Urteil schelten** // poln. **łajać ortel**
[= Urteil anfechten]

dt. **Urteil sprechen** // poln. **wyrzec ortel**

dt. **Urteil strafen** // poln. **strafować ortel**
[= 1. schelten, tadeln; 2. strafen]

dt. **Urteil verkaufen** // poln. **przedać albo przedawać ortel**

7. Deutsch-polnische Interferenzerscheinungen

Obwohl der polnische Text mehrheitlich Material ohne erkennbare Interferenz zum Deutschen belegt, können doch eine Reihe von Interferenzerscheinungen beobachtet werden, so z. B. die gelegentlich Übernahme des deutschen bestimmten und vereinzelt auch des *un*bestimmten Artikels ins Polnische.

7.1. Übernahme des deutschen bestimmten und *un*bestimmten Artikels ins Polnische

Das Materialkorpus belegt überwiegend keine Übernahme des deutschen bestimmten oder unbestimmten Artikels ins Polnische, vgl.:
a) bestimmter Artikel:
Der *vrone bote* [der Frohnbote] // __ *pospolny poszel* [Pospolny poseł] [9//9],
mit dem *vronne botin* [mit dem Frohnboten] // __ *spospolnym poszlem* [z pospolnym posłem] [42//50],
dy vronne botin [die Frohnboten {Pl.}] // __ po spolny poszlowy {Pl.} [pospolni posłowi⟨e⟩] [43//51],
dy rade [Gerade] // __ rzeczy, [rzeczy] [64//71],
der cleger [Kläger] // __ powod [powod] [259//262],
Der richter [Richter] // __ woyth [wojt] [201//208].
b) unbestimmter Artikel:
yn ***eyn*** andir gehegit dynk [in gehegtem Ding] // w __ drugem szandze [w drugiem sądzie] [186//193]
eyn erbe [ein Erbe] // __ dzyedzyczstwo [dziedzicstwo] [128//137]

7.1.1. Übernahme des deutschen bestimmten Artikels ins Polnische

In einer Reihe polnischer Entsprechungen wird der deutsche bestimmte Artikel übernommen und als Demonstrativpronomen wiedergegeben, obwohl das Polnische keinen Artikel hat, vgl. die nachfolgende Auswahl an Beispielen zur Illustration:
– dt. bestimmte Artikel (***der, den***) als poln. ***ten***:
den beclagetin man [der beklagte Mann] // ***ten*** ozalowany czlowyek [ten ożałowany człowiek] [132//141],
der beclagete man [der beklagte Mann] // ***ten*** ozalowany [ten ożałowany] [257//260],
– dt. bestimmte Artikel (***der***: hier: uf ***den***) als poln. ***ten*** (hier: ***tego***):
uf ***den*** rechtin dip [Dieb] // ***tego*** szlodzeyą [tego złodzieja] [201//208],
– dt. bestimmte Artikel (vor ***dem***) als poln. przed ***thym***:
vor d***em*** gerichte [vor dem Gericht] // przed ***thym*** Sąndzą albo prawem [przed tym sędzią albo prawem] [76//82],

– dt. bestimmte Artikel (***das(selbe)***) als poln. ***to***:
das ***selbe*** erbe und gut [dasselbe Erbe und Gut] // ***to*** gymyenye [to jimienie] [142//152],
– dt. bestimmte Artikel (***das***) als poln. ***ten***:
Das ortil [das Urteil] // ***Ten*** przyszasznykow ortel [Ten przysiężnikow ortel] [261//264].

7.1.2. Übernahme des deutschen *un*bestimmten Artikels ins Polnische

In einer Reihe polnischer Entsprechungen wird der deutsche unbestimmte Artikel ***ein*** übernommen und mit dem polnischen Zahlwort ***jeden*** 'ein(s)' wiedergegeben, vgl.:
– dt. ***eyn*** forspreche [ein Fürsprecher] // poln. ***Geden*** 'ein(s)' {Zahlwort} rzecznyk [rzecznik] [104//113],
– dt. ***Eyn*** *ortil* [ein Urteil] ist uns *geschuldin* // poln. ***Geden*** 'ein(s)' {Zahlwort} *layal ortelowy* [Jeden łajał ortelowi] [253//256],
– dt. ***eyn*** *erbe* [ein Erbe] adir gewant kamer czu samen habin // poln. ***geden*** *dom* {'Haus'} maya albo Szukyenny kram [Gdzie dwa człowieki albo więcej pospołu jeden dom mają albo sukienny kram] [150//161],
– dt. ***Eyn*** man [ein Mann] hat dem andirn yn dy vrone bracht // poln. ***Geden*** czlowyek przywyodl drugyego wkloda [Jeden człowiek przywiodł drugiego w kłodę] [257//260],
– dt. Yn ***eyme*** gehegetin dynge [in einem gehegten Ding] // poln. w***gednem*** gaynem Sąndze [W jednem gajnem sądzie] [133//142].
Es sei darauf hingewiesen, daß die Übernahme des deutschen unbestimmten Artikels deutlich seltener belegt ist als die Übernahme des deutschen bestimmten Artikels. Überall wird der deutsche bestimmte Artikel im Polnischen durch ein entsprechendes Demonstrativpronomen, der unbestimmte Artikel durch die jeweilige grammatische Form des Zahlwortes ein(s) wiedergegeben.

7.2. Grammatische Unterschiede zwischen dem Deutschen und dem Polnischen

Die Unterschiede der beiden grammatischen Systeme, des deutschen und des polnischen, zeigen sich auch im Wortvergleich. So steht, den Regeln der polnischen Grammatik entsprechend:
poln. *swą ręką* sowohl für dt. *mit* ***seiner*** wie auch für *mit* ***ihrer*** und auch *mit* ***meiner*** *einen Hand* (II., III., IV.). Lediglich ein Beispiel ist belegt, in dem *mit seynis eynis hant* mit poln. *jedną ręką* 'mit einer Hand' wiedergegeben wird (I.) (Übersetzung viele : 1).
In einer Entsprechung steht für dt. *mit seynis eynis hant* [mit seiner einen Hand] an der entsprechenden Stelle im polnischen Text *szamly* {'(ob) er selbst'}, vgl. das Material:

mit seiner, ihrer {fem.}, **meiner einen Hand // jedną ręką** 'mit einer Hand'; **swą ręką** 'mit seiner, ihrer usw. *eigenen* Hand'

I. dt. *mit seynis eynis hant* // poln. *jedną ręką* 'mit einer Hand':
swerende *mit seynis eynis hant* [mit seiner einen Hand] // przyszagą *gyedną raką* [przysięgą jedną ręką] [1//1],

II. dt. *mit seynis eynis hant* // poln. *swą ręką* 'mit eigener Hand':
myt seynis eynes hant [mit seiner einen Hand] // *szwą ranką* [swą ręką] [151//162],
der entket is *myt seynis eynis hant* [mit seiner einen Hand] // ten tego odycz szam *swą rągą* [ten tego odydz⟨ie⟩ sam swą ręką] [157//168],
unschuldig werdin *mit seynis eynis hant* [mit seiner einen Hand] // mvszy szye tego sam *szwa rąką* sprawycz [musi sie tego sam swą ręką sprawić] [181//190],
1. *mit seynis eynis hant* [mit seiner einen Hand] // szamly [sam-li] [181//190],
myt seynis eynis hant [mit seiner einen Hand] // szam ranką [sam ⟨swą⟩ ręką] [184//193a],
myt seynis eynis hant [mit seiner einen Hand] // yaczecz [...] szam *szwą raką* [jęciec [...] sam swą ręką] [201//208],
so mak her *myt seynis eynis hant* [mit seiner einen Hand] unschuldic werdin // tedy moze sam *swą raką* vkazacz [...] nyewynnoscz swoya [tedy może sam swą ręką ukazać [...] niewinność swoję] [257//260],

III. dt. *mit ir/eris eynis hant* // poln. *swą ręką*:
Wyl dy frawe sweren[200] *mit ir eynis hant* [mit ihrer einen Hand] off den heyligen // Chczely thą pany szama prziszącz *szwą raką* [Chce-li ta pani sama przysiąc swą ręką] [111//120],
myt eris eynes hant [mit ihrer einen Hand] // szama *szwa raką* [sama swą ręką] [188//195],
myt eris eynis hant [mit ihrer einen Hand] // sama *swa ranką* [sama swą ręką] [244//247],
IV. dt. *mit meynes eynis hant* // poln. *swą ręką*:
mit meynes eynis hant [mit meiner einen Hand] // *swa ranką* [swą ręką] [257//260].

7.3. Unterschiede zwischen dem deutschen Lexem und seiner polnischen Entsprechung im *Numerus*: Substantiv im *Singular* // Substantiv im *Plural*

Betrachtet werden hier ausschließlich 1:1-Entsprechungen als Übersetzungen bzw. Entlehnungen.

---

[200] sweren] *erg. nach* MgFr II.7.1; Pi: *fehlt.*

7.3.1. *Plural* im deutschen Text // *Singular* im polnischen Text

Die Wiedergabe einer deutschen **Plural**form, vgl. *seyne schuldeger* {**Pl.**} als **Singular**form im polnischen Text, vgl. *szwego dlusznyka* {**Sg.**} begegnet in unserem Materialkorpus nur vereinzelt.

Für die nachfolgend genannten Differenzen im Numerus (Singular/Plural) sind immer auch Gegenbeispiele belegt, bei denen eine Übereinstimmung im Numerus vorliegt, vgl. jedoch nachfolgend:

– die polnischen Umschreibungen im Singular für dt. *die Friedensbrecher* {**Pl.**} und dy *fredebrecher* {**Pl.**} [die Friedensbrecher] // a *ten* {**Sg.**}, *czo to vczynyl* {und 'der, der das getan hat'} [a ten, co to uczynił] [136//145],
sulchin *fredebrechern* {**Pl.**} [solchen Friedensbrechern] // tego *szlomczą* {Akkusativ **Sg.**, den Friedensbrecher} ozalowacz *myrv* [tego złomcę ożałować miru] [136//145],

– dt. *Frohnboten* {**Pl.**} // poln. *pospolny poseł* {**Sg.**}
ap *vrone boten* [ob Frohnboten {**Pl.**}] // *pospolny poszel* {**Sg.**} [pospolny poseł] [9//9]

– dt. [die] *Schuldiger* {**Pl.**} // poln. *dłużnik* {**Sg.**}
4. Nymant mac myt gewalt sundir dem richter adir richters boten *seyne schuldeger* {**Pl.**} [seine Schuldiger] uf haldin. // Cykth nyemosze *szwego dlusznyka* {**Sg.**} wsdzerzecz albo wsczagnacz gwaltownye przesz woytha albo gego poszla pod. [Nikt nie może swego dłużnika wzdzierżeć albo wściągnąć gwałtownie przez wojta albo jego posła pod⟨ług prawa⟩] [192//199]

7.3.2. *Singular* im deutschen Text // *Plural* im polnischen Text

Die Wiedergabe einer deutschen **Singular**form als **Plural**form im Polnischen begegnet in unserem Textvergleich ebenfalls nur vereinzelt, vgl.:
– dt. **Urteil sprechen** {**Sg.**} // poln. **ortele wyrzec** {**Pl.**}
ortil {**Sg.**} dorobir s*prechin* moge [Urteil sprechen] // *ortele* {**Pl.**} *wyrzecz* nato [ortele wyrzec na to] [217//213]
ortil {**Sg.**} dorobir *sprechin* [Urteil sprechen] // *ortele* {**Pl.**} natho *wyrzecz* [ortele na to wyrzec] [218//214],
vgl. aber die Übernahme der deutschen **Singular**form als **Singular**form ins Polnische im nachfolgenden Beispiel:
orteyl {**Sg.**} *sprechen* [Urteil sprechen] off zeyn recht // *ortel* {**Sg.**} *wyrzecz* na szwe prawo [ortel wyrzec na swe prawo] [105//114],

– dt. **Schuld** {**Sg.**} // poln. **długi** {**Pl.**}
Dy selbe *scholt* {**Sg.**} gefordit ist [dieselbe Schuld] // a *thy dlugy* {**Pl.**} fordrowaly [a ty długi fordrowali] [138//147],

vgl. aber die Übernahme der deutschen **Singular**form als **Singular**form ins Polnische im nachfolgenden Beispiel:
Dy selbe gefordirte *scholt* **{Sg.}** [dieselbe geforderte Schuld] // ten to *dlug* **{Sg.}** [Ten to dług] [138//147].

– dt. **handhafte Tat {Sg.}** // poln. **gorące rzeczy {Pl.}**
hanthafte tat **{Sg.}** [handhafte Tat] // *goracze rzeczy* **{Pl.}** [gorące rzeczy] [68//75],
vgl. aber die Übernahme der deutschen **Singular**form als **Singular**form ins Polnische im nachfolgenden Beispiel:
Dy *hanthafte tot* ist **{Sg.}** [handhafte Tat] // *GOraczą gest rzecz* **{Sg.}** [Gorąca jest rzecz] [47//55].

– dt. **Buße, die** // poln. **wina, wet**
[= Strafe (meist Sachleistung) für eine Rechtsverletzung, Bußzahlung, Entschädigung, Geldstrafe]
im Text: dt. ***Dy bussin*** **{Sg.}** // poln. ***Thy wyny*** **{Pl.}**:
1. ***Dy bussin*** **{Sg.}** [die Buße], dy dy scheppin yrwurbin und genomen habin, als hy obin geschrebin ist, dy mogin sy myt rechte wol behaldin und dorfin der nicht wedir gebin. // ***Thy*** {Interferenz: der deutsche bestimmte Artikel wird als Demonstrativpronomen übernommen} ***wyny*** **{Pl.}**, czo przyszasznyczy doszyagly ywzaly zwoythem, ty sprawnye wzaly [Ty winy, co przysiężnicy dosięgli i wzięli z wojtem, ty sprawnie wzięli podług prawa prawego] [261//264]
Negation:
keyne *busse* [keine Buße] // ***nyzadney*** *wyny* [niżadnej winy] [79//86]
und an czynse ***sunder*** der busse **{Sg.}** [außer der Buße] // sczynszow ***procz*** wyn {Genitiv **Pl.** zu *wina*} [z czynszow procz win] [116//126]
In dem durch uns ausgewerteten Text kommen 2 Entsprechungen für dt. *Buße* vor: I. poln. *wina* (Übersetzung) und II. das deutsche Lehnwort *wet* 'Gewette' (Entlehnung).
Dagegen ist poln. *wet* in der Bedeutung *Gewette* in dem von uns ausgewerteten Text nicht belegt, vielmehr steht für dt. *Gewette* poln. *wina.*
1. In der polnischen Entsprechung wird der deutsche bestimmte Artikel (***die***) als Demonstrativpronomen ***thy*** [**ty**] übernommen (Interferenz), obwohl das Polnische keinen Artikel hat.

– dt. **(Schuld) fordern** // poln. **(długi) fołdrować**
Die deutsche Wendung *Schuld fordern* wird im polnischen Text mit *długi* {Akkusativ **Pl.**} *fołdrować* wiedergegeben, auf der Grundlage des deutschen Lehnwortes *fołdrować* (s. o.) und der Übersetzung von frnhd. *Schulde* {wohl **Pl.**} mit poln. *długi* **{Pl.}**, vgl. die nachfolgend genannten Textstellen:
1. zo het her macht, *schulde* {als Akkusativ Pl. zu deuten} czu *vordirn* [Schuld zu fordern] und zu geldin [und zu vergelten/zu tilgen] // tedy mą mocz *dlugy*

{Akkusativ **Pl.**} *foldrowacz* ydacz yszaplaczycz dlugy wszythkym obyczagyem [tedy ma moc długi fołdrować i dać [i] zapłacić długi wszystkim obyczajem] [1//1]

Hier wird die frnhd. Form *Schulde* {am ehesten als Akkusativ **Pl.** zu deuten} im polnischen Text als **Plural** wiedergegeben, vgl. *długi.*

Allerdings belegt der Text des Spruches 1//1 auch sichere **Singular**formen für *Schuld*, die im polnischen Text z. T. im **Plural** (*długi*) erscheinen, so: dt. *lessit auch schult* {**Sg.**} *noch im* // poln. *szostawy po szobye dlugy* {**Pl.**}; aber auch deutsche **Singular**formen, die auch im polnischen Text im **Singular** erscheinen, so: dt. *von der schult* {**Sg.**} // poln. *them tho dludze* {**Sg.**}. Auch eine deutsche **Plural**form, die als **Singular** im Polnischen auftritt, ist belegt, so: dt. *dy schulde* {Akkussativ **Pl.**} // poln. *ten dlug* {Akkussativ **Sg.**}.

Im nachfolgenden Beispiel wird derselbe Sachverhalt im Deutschen und im Polnischen unterschiedlich ausgedrückt, vgl.: dt. *haben den Schuldiger angemahnt* // poln. *foldrowaly* [...] *dlugow* 'forderten die Schulden'.

dt. *ane gemanyt*[201] habe den *schuldeger* [angemahnt (d. h. erinnert) habe den Schuldiger] // poln. *foldrowaly* szy thych *dlugow* {**Pl.**} {'forderten deren Schuld, eigentlich Schulden'} [dofoldrowałi sie tych długow] [138//147]

– dt. **Tage, gebundene {Pl.}** // poln. **wiązany czas {Sg.}, wiązane czasy {Pl.}, wiązane dni {Pl.}, zawieszone dni {Pl.}**
[= Feiertage, wo nicht gerichtet wurde]
Für dt. *gebundene Tage* sind im polnischen Text mehrere Entsprechungen belegt, vgl. poln. *wiązany czas* {**Sg.**} (I.). und poln. *wiązane czasy* {**Pl.**} (Übersetzung 1:2).

– dt. **an gebunden Tagen {Pl.}** // poln. **w (za)wiązany czas {Sg.}, w wiązane czasy {Pl.}, w wiązane dni {Pl.}, w zawieszonych dniach {Pl.}**
Für dt. *an gebundenen Tagen* sind im polnischen Text verschiedene Entsprechungen belegt, vgl. (I.), (II.), (III.), (IV.) und (V.) (Übersetzung 1: viele).

---

[201] Der Text liefert einen frühen Beleg für *anmahnen*, vgl. die Belege im Deutschen Wörterbuch (Bd. 2, Sp. 1168), die dort mit dem Jahr 1478 einsetzen.
Die frühneuhochdeutsche Handschrift der „Magdeburger Urteile" (*Sigle Pi*), die die Grundlage unseres Vergleichs bildete, wird in die Zeit vom Ende des 14. Jahrhunderts bis zum Anfang des 15. Jahrhunderts datiert. Sprachlich handelt sich um einen ostmitteldeutschen Text aus frühneuhochdeutscher Zeit.

7.4. Unterschiede in der *Wortart*: Verb // Substantiv; Substantiv // Verb; Substantiv // Adverb

7.4.1. Verb // Substantiv und Substantiv // Verb

7.4.1.1. *Verb* im deutschen Text // *deverbales Substantiv* im polnischen Text

– dt. **unterweisen** // poln. **nauczenie, nauka**
Hyrume bitte wyr uns czu *undirweyzen* **{Verb}** [hierum bitten wir, uns ***zu unterweisen***] // natho proszymy waszey *nauky* **{Substantiv}** 'dazu erbitten wir eure ***Unterweisung***' [Na to prosimy waszej nauki] [111//120],
vgl. aber die Wiedergabe des deutschen Substantivs durch das entsprechende polnische Substantiv im nachfolgenden Beispiel:
undirwissunge [Unterweisung] // *navczenye* [nauczenie] [39//47]
bitte wir ewyr *undirweyzung* [erbitten wir eure Unterweisung] // proszymy wasz o *navka* [prosimy was o naukę] [104//113]

– dt. **Gewette, das** // poln. **wina**
[= Gerichtsgeld, das an den Richter zu zahlende Strafgeld]

II. dt. (dem Richter) *wetten* **{**'Gewette geben', **Verb}** // poln. *wina* **{Substantiv}**:
was dem *richter* ***wettin*** sulle [dem Richter sein Gewette geben] // Gesttv *woythowy* kthorą *wyną* [jestli wojtowi ktora wina] [155//166]
dem *richter* ***wetten*** [dem Richter sein Gewette geben] // a ma [...] pokopycz [...] *woythowy wyną* [a ma [...] pokupić [...] wojtowi winę] [181//190]
Deutsch *Gewette* und auch das daraus abgeleitete Verb *wetten* 'Gewette geben' werden im polnischen Text mit *wina* wiedergegeben (I., II.) (Übersetzung 1 : 1). In 1 Fall wird aus dem deutschen Text lediglich die Nennung der Summe des Gewettes ins Polnische übernommen. Das Wort *Gewette* selbst fehlt dabei im polnischen Text (III.). Ohnehin ist der polnische Satz lediglich die sinngemäße Wiedergabe des deutschen.

7.4.1.2. *Deverbales Substantiv* im deutschen Text // *Verb* (z. T. auch in einer Umschreibung) im polnischen Text

– dt. **Antwort, die {Substantiv}** // poln. **odpowiedać {Verb}**
[= 1. Antwort, Replik des Beklagten, Verteidigung; 2. Gegenwart]

Für das deutsche Substantiv *Antwort* steht im polnischen Text das Verb *odpowiedać* 'antworten', d. h. es liegt eine Übersetzung (1 : 1) vor, allerdings mit einem Wechsel der Wortart: dt. **Substantiv** // poln. **Verb**,
vgl. aber auch:
– dt. **antworten** // poln. **odpowiedać**
[= antworten, auf eine Klage antworten, sein Recht geltend machen, sich verteidigen]
Deutsch *antworten* wird mit poln. *odpowiedać* übersetzt (Übersetzung 1 : 1).

– dt. **Strafer, der** // poln. **ten, co strofował** ‘der, der strafte’
dem stroffer **{Substantiv}** [dem Strafer] // A *themv, czo strofowal* **{Verb}** ‘dem, der strafte’ [a temu, co strofował] [106//115]
Deutsch *Strafer* **{Substantiv}** wird im polnischen Text umschrieben, vgl. *ten, co strofował* **{Verb}** ‘derjenige, der strafte’ (Umschreibung). Daß einem deutschen substantiven Terminus im polnischen Text eine Verbalkonstruktion entspricht, ist in den verglichenen Texten mehrfach belegt, vgl. u. a. auch das Stichwort *Friedensbrecher*.

7.4.2. Substantiv // Adverb

Substantiv mit Präposition im deutschen Text // *Adverb* im polnischen Text
– dt. **mit Gewalt** // poln. **gwałtownie** ‘gewaltsam’
myt gewalt [mit Gewalt] und wedir recht // gwaltownye ‘gewaltsam’ [gwałtownie] [201//208]
Deutsch *mit Gewalt* wird im polnischen Text durch das Adverb *gwałtownie* ‘gewaltsam’ wiedergegeben. Dieses wurde nach den Regeln der polnischen Wortbildung aus dem deutschen Lehnwort *gwalt* abgeleitet (postintegrative Phase).

7.5. Übernahme von Präpositionen

Die Übernahme von Präpositionen vom Deutschen ins Polnische erfolgt ohne Komplikationen, vgl. z. B. dt. *von* // poln. *od*; dt. *vor* // poln. *przed*; dt. *zu* // poln. *k* oder dt. *auf* // poln. *na*.

8. Zur postintegrativen Phase der aus dem Deutschen entlehnten Rechtstermini im Polnischen

Im Rahmen von Untersuchungen zum Siedlungs- und Sprachkontakt können deutsche Lehnwörter im Bereich des Rechtswortschatzes als ein wichtiger Hinweis auf eine erfolgte Rezeption des sächsisch-magdeburgischen Rechts angesehen werden, vgl. u. a. die deutschen Lehnwörter im Polnischen: *burgrabi(a)* aus *Burggraf*; *fordrować, fołdrować* aus *fordern*; *fryst* aus *Frist*; *gwałt* aus *Gewalt*; *rada* aus *Rat* [= Ratskollegium, Stadtrat]; *wilkierz* aus *Willkür* oder *wójt* aus *Vogt*. Zu vergleichen sind besonders diejenigen deutschen Lehnwörter, die nicht nur im historischen Wortbestand des Polnischen gut bezeugt sind, sondern für die darüber hinaus eine Kontinuität bis in den aktuellen polnischen Fachwortschatz nachgewiesen ist, einschließlich der Belege für Ableitungen aus diesen deutschen Lehnwörtern mit Hilfe polnischer Wortbildungsmittel (Derivation), vgl. u. a.:
poln. *sołtystwo* [= Schultheißei, Amtssitz und Gerichtsbezirk eines Schultheißen], eine nach den Regeln der polnischen Wortbildung mit Hilfe des Suffixes *-stwo* abgeleitete (postintegrative) Bildung aus dem deutschen Lehnwort *sołtys* ‘Schultheiß, Schulze’; oder auch poln. *wójtowstwo* [= Vogtei, Amtssitz und Ge-

richtsbezirk eines Vogtes], ebenfalls abgeleitet mit dem polnischen Suffix *-owstwo* aus dem deutschen Lehnwort *wójt* 'Vogt' (postintegrative) Bildung, vgl. außerdem possessivisches *wójtow* 'des Vogtes'.

Hingewiesen sei außerdem auf das polnische Adverb *gwałtownie* 'gewaltsam', abgeleitet aus dem deutschen Lehnwort *gwałt* 'Gewalt'.

Zu vergleichen sind für die postintegrative Phase[202], d. h. das Funktionieren, den Gebrauch und die Weiterentwicklung eines deutschen Lehnwortes in der jeweiligen Nehmersprache (hier des Polnischen), u. a. auch die nachfolgend genannten Ableitungen aus dem Lexem *Burggraf* im Polnischen (poln. *burgrabia*)[203]:
burgrabstwo 'Burggrafenamt, Burggrafschaft'[204],
burgrabski 'Burggrafen-, burggräflich' (Adj.)[205],
burgrabina 'Burggräfin'[206],
burgrabianka 'Burggrafentochter'[207] und
burgrabicz 'Burggrafensohn'.[208]
Die eingehende Untersuchung der postintegrativen Wortbildungsprozesse, wäre eine lohnende Aufgabe für sich anschließende Studien. Hier kann an vorliegende Arbeiten wie auch an die einschlägigen historisch-etymologischen Wörterbücher und an die Wörterbücher zum deutschen Lehnwortschatz im Polnischen angeknüpft werden.

9. Varia

9.1 *Modus Verbi*

9.1.1 *Aktiv // Aktiv* und *Passiv // Passiv*

Gewöhnlich wird eine deutsche **Aktiv**- bzw. **Passiv**konstruktion auch als solche ins Polnische übernommen, vgl. das nachfolgende Stichwort im Materialkorpus: dt. **(zum) Schöffen küren 'wählen'; zum Schöffen gekürt werden** // poln. **wybierać przysiężniki; być wybran przysiężnikiem**

9.1.1.1 Aktiv // Aktiv

I. dt. **Schöffen küren** // poln. **wybierać przysiężniki**
haben dy rotmanne jerlich scheppin *gekorn* [haben die Ratmannen jährlich Schöffen gewählt] // wybyeraly przyszasznyky [wybierali przysiężniki] [39//47]

---

[202] Hengst 1985.
[203] Bily 2009.
[204] Linde 1, S. 199; Słownik staropolski 1, S. 178: *1411 burkrabstwo.*
[205] Linde 1, S. 199.
[206] Ebd.
[207] Ebd.
[208] Ebd.

9.1.1.2. Passiv // Passiv

II. dt. **zum Schöffen gekürt werden** // poln. **być wybran przysiężnikiem**
Der czu schepphen *gekoren* wyrt [der zum Schöffen gewählt wird] // Ktho bandze wybran przyszasznykyem [Kto będzie wybran przysiężnikiem] [69//76]
wen scheppin *gekorn* werden [wenn Schöffen gewählt werden] // Kyedy przyszasznyczy banda wybrany [Kiedy przysiężnicy będą wybrani] [102//111]
Für dt. *Schöffen küren* steht im polnischen Text die wörtliche Übersetzung *wybierać przysiężniki* (I.), dt. *zum Schöffen gekürt werden* wird ebenfalls wörtlich ins Polnische übersetzt: *być wybran przysiężnikiem*: (II.). Dabei bleibt die Unterscheidung zwischen **aktiv**ischer (I.) und **passiv**ischer Konstruktion (II.) jeweils erhalten (Übersetzung 1:1).

9.1.2. Unterschied: *Passiv* im deutschen Text // *Aktiv* im polnischen Text

dt. **begaben** // poln. **wianować**; s. auch **(be)morgengaben**
nicht *begobit* ist **{Passiv}** [nicht begabt, d. h. 'nicht mit einer Morgengabe beschenkt' ist] // nycz nye *wyanowal* **{Aktiv}** [nic nie wianował] [1//1]
Für dt. *begaben* steht im polnischen Text *wianować* (Übersetzung 1:1).
Die **Passiv**form des Verbs im deutschen Text wird im Polnischen als **Aktiv**form wiedergegeben.

9.1.3. Unterschied: *Aktiv* im deutschen Text // *Passiv* im polnischen Text

dt. **(be)morgengaben** // poln. **wianować; dać wiano**; s. auch **begaben**
[= Morgengabe übergeben]
2. den vrowen *morgingobe gap* **{Aktiv}** bussin gerichte [Morgengabe übergab außer dem Gericht] // aby *wyanowano* **{Passiv}** procz gayonego sandv [aby wianowano procz gajonego sądu] [245//248]

Für dt. *(be)morgengaben* steht im polnischen Text *wianować* (I.) (Übersetzung 1:1), auch in Verbindung mit einer Negation (II.).
2. Wie auch an anderer Stelle der verglichenen Texte, zeigt sich hier ein Unterschied im Modus Verbi: **Aktiv** im deutschen und **Passiv** im polnischen Text.

9.2. *Tempuswechsel* zwischen dem deutschen und dem polnischen Verb: *Präteritum* // *Präsens* des perfektiven Aspekts (= *Futur*bedeutung)

V. dt. **zu Rate** // poln. **przed wójta** 'vor den Vogt'
wart **{Präteritum}** [war, d. h. ging] [...] *czu rate* [zu Rate] // przydze {*Präsens* des perfektiven Aspekts (= **Futur**bedeutung)} *przed woytą* [przydzie przed wojta] [256//259]
Für das Präteritum des deutschen Verbs *wart* **{Präteritum}** steht im polnischen Text *przydze* {*Präsens* des perfektiven Aspekts (= **Futur**bedeutung)}.

9.3. Verschiedene *Adjektivsuffixe* im Polnischen

erbe voyt [Erbvogt] // *Dzyedzy**czny*** woyth [Dziedziczny wojt] [79//86], erbewoyt [Erbvogt] // woyth dzedzy***czny*** [wojt dziedziczny] [117//127], erbewoyt [Erbvogt] // *dzyedzy**nny*** woyth/dzedzyczny woyth [dziedzinny wojt/ dziedziczny wojt] [116//126].

Für dt. *Erbvogt* steht im poln. Text *wójt dziedziczny* (Übersetzung 1:1, unter Einbeziehung des dt. Lehnwortes *wójt* 'Vogt'.

Zu vergleichen sind hier die Suffixe der polnischen Adjektive: *dzyedzy**czny*** (1., 3.) und *dzyedzy**nny*** (dziedzinny) (2.)

9.4. Deutsche *Genitivkonstruktion* // poln. *attributive Wendung*

4. Vort mer: Ap eyn man des konyngis *ortil gescheldin* moge und wo her sich czyhen sulle, ap her das getuen kunne // Mozely czlowyek *ortel* krolewszky *layacz* agdze albo dokąd ma szye czyągnacz, amozely tho vczynycz albo nyemoze [Może-li człowiek ortel krolewski łajać a gdzie albo dokąd ma sie ciągnąć, a może-li to uczynić albo nie może] [164//175]

4. Für dt. *des konyngis ortil gescheldin* steht im polnischen Text *ortel* krolewszky *layacz*, d. h. die deutsche **Genitiv**konstruktion *des Königs Urteil* wird im Polnischen zu einer **attributiv**en Wendung 'das königliche Urteil'.

V. Resümee der linguistischen Untersuchung und ihrer Bezüge zur Rechts- und Siedlungsgeschichte

1. Die Rezeption des sächsisch-magdeburgischen Rechts in Mittel- und Osteuropa hat Spuren im Sprachmaterial der jeweiligen, das Recht rezipierenden Sprachgemeinschaft hinterlassen. Dies belegt eine Reihe von Untersuchungen zum (Lehn-)Wortschatz der rezipierenden Sprachen, s. o. die Ausführungen in *E.I. Zum Anliegen der Untersuchung und zum Stand der Forschung*

Ausgangspunkt unserer Untersuchung ist daher eine deutsch-polnische (genauer frühneuhochdeutsch-altpolnische) vergleichende Analyse nach der Methode des historischen Sprachvergleichs und auf der Grundlage von Sprachmaterial rechtshistorischen Inhalts. Berücksichtigt werden ebenfalls die Forschungsergebnisse von Siedlungs- und Rechtsgeschichte. Im Mittelpunkt des Interesses steht die Wiedergabe der rechtlichen Begrifflichkeit in der Übertragung/Übersetzung des deutschen Quellentextes ins Polnische. Dabei geht es sowohl um eigentliche Rechtstermini, eingebettet in ihren Kontext, wie auch um die Verwendung der Volkssprache für die Wiedergabe von Rechtsinhalten, auch als erklärende Umschreibung.

Die von uns in einem deutsch-polnischen Vergleich untersuchten Sprüche der Magdeburger Schöffen (Schöffensprüche) für Krakau, bekannt als „Magdeburger

Urteile", bestehen überwiegend aus gleich strukturierten Anfragen und Antworten, die über eine formelhafte, dreigliedrige Struktur verfügen, in der Regel bestehend aus einer Einleitungsformel, dem Inhalt der Anfrage bzw. dem Inhalt der Antwort und einer Schlußformel. Bei den Einleitungs- und Schlußformeln sind jeweils Lang- und Kurzformen belegt. Mitunter fehlen Einleitungs- und/oder Schlußformel aber auch ganz, oder sie sind nur entweder in der deutschen oder polnischen Fassung vorhanden, s. o. *E.II. Zur Struktur der Schöffensprüche.*

Schöffensprüche gehören zur großen und verzweigten Gruppe der Quellen des sächsisch-magdeburgischen Rechts.

2. Grundlage unserer Materialbearbeitung, s. o. *E.III.2. Deutsch-polnische (frühneuhochdeutsch-altpolnische) kontrastive Wortanalyse*, sind sowohl ein gründliches Studium der beiden zu vergleichenden Texte wie auch die Konsultation der einschlägigen Wörterbücher, vor allem zum polnischen und deutschen historischen, aber auch zum modernen Wortschatz, einschließlich der einschlägigen Fachwörterbücher des Rechts. Die im Materialteil zu den einzelnen Termini systematisch ausgewerteten Nachschlagewerke nennt das Verzeichnis der abgekürzt zitierten Literatur am Ende des Materialteils. Bei der Materialgrundlage handelt sich um eine gezielte Auswahl ohne Anspruch auf die Möglichkeit statistischer Auswertungen. Hinsichtlich der Termini der polnischen Fassung der von uns untersuchten „Magdeburger Urteile" ist vor allem auf das ausführliche Register im III. Teil der Edition von J. Reczek und W. Twardzik[209] zu verweisen.

Bei der Auswahl und Erfassung der Rechtstermini für den Materialteil wurde besonders auf die Einbeziehung des Kontextes des jeweiligen Terminus Wert gelegt, vor allem um eine sichere Bestimmung der Semantik eines Rechtsterminus zu garantieren und um falsche Schlüsse weitestgehend zu vermeiden. Es ist zu berücksichtigen, daß es bei der Übertragung/Übersetzung der spätmittelalterlichen Rechtstexte in der Zielsprache (d. h. hier im Altpolnischen) um das nicht immer leichte Finden sprachlicher Äquivalente für Rechtstermini aus der Ausgangssprache (dem Frühneuhochdeutschen) ging.

Bereits oben wurde darauf hingewiesen, daß die polnischen Fassungen der „Magdeburger Urteile" (*Sigle O*) wiederholt untersucht wurden, ganz besonders unter sprachhistorischem Aspekt, vgl. *E.I.4. Rechtssprache und Übersetzung*. Den Stand der Erforschung dieser wichtigen Quelle fassen u. a. Emil Kałužniacki[210], Józef Reczek und Wacław Twardzik[211] und zuletzt Aleksandra Aleksic[212] zusammen.

Die deutsche Handschrift der „Magdeburger Urteile" (*Sigle Pi*), die die Grundlage unseres Vergleichs bildet, wird in die Zeit vom Ende des 14. Jahrhunderts bis

---

[209] Reczek/Twardzik III.

[210] Kałužniacki 1886, S. 113–116.

[211] Reczek/Twardzik I, S. 11.

[212] Aleksic Ortyle, S. 9–11.

zum Anfang des 15. Jahrhunderts datiert. Sprachlich handelt es sich um einen ostmitteldeutschen Text aus frühneuhochdeutscher Zeit.[213]

Die polnische Übersetzung der „Magdeburger Urteile" ist nach Józef Reczek und Wacław Twardzik[214] zwischen 1440 und 1460 in Lemberg/L'viv entstanden.[215] Das Original der Übersetzung ist verloren gegangen. Überliefert sind lediglich Abschriften, von denen die sog. *Ortyle ossolińskie* (Sigle *O*) in die zweite Hälfte des 15. Jahrhunderts datiert werden. Der Text wird dem Altpolnischen zugeordnet. Damit ist zwischen der frühneuhochdeutschen Fassung (Ende des 14. Jahrhunderts bis zum Anfang des 15. Jahrhunderts) und der altpolnischen Fassung aus der zweiten Hälfte des 15. Jahrhunderts ein Zeitraum von mindestens 50 Jahren anzunehmen.

Der deutsche Text der von uns untersuchten „Magdeburger Urteile" (Sigle *Pi*) wurde bisher keiner sprachlichen Auswertung unterzogen. Dagegen hat der polnische Text mehrfach das Interesse der Forschung geweckt, vgl. vor allem A. Brückner[216], J. Reczek und W. Twardzik[217] und zuletzt A. Aleksic[218]. Besonders Aleksander Brückner leistete mit seiner Arbeit „Die ‚Magdeburger Urteile'. Ein Denkmal deutschen Rechtes in polnischer Sprache aus der Mitte des XV. Jahrhunderts"[219] einen bedeutenden Beitrag zur Erforschung der „Magdeburger Urteile". Er vergleicht die polnische Übersetzung mit der deutschen Vorlage und bezieht in diesen Vergleich auch teilweise das Tschechische mit ein. Brückner weist dabei bereits auf den eigenständigen Charakter des polnischen Textes im Vergleich zur deutschen Vorlage hin.

Anhand des untersuchten Sprachmaterials können wir nachweisen, daß die Rechtsinhalte der deutschen Fassung der „Magdeburger Urteile" (Sigle *Pi*) adäquat und ohne größere inhaltliche Verluste ins Polnische übernommen wurden. Dies ist umso bemerkenswerter, als zwischen der deutschen Fassung und der Übertragung/Übersetzung ins Polnische ca. 50 Jahre der Anwendung liegen.

Mária Papsonová[220] stößt bei ihrem Vergleich der deutschen Fassung des „Silleiner Rechtsbuches" mit der entsprechenden Übersetzung auf eine ganze Reihe regelrechter Übersetzungsfehler. Neben der Verwechslung von Bedeutungen einer Reihe von in ihrem Schriftbild ähnlichen Wörter, z. B. *mark* – *markt*; *schaf* – *schöffe*; *zol* – *sole, sol*, kommt es auch zur Verwechslung von Bedeutungen von Homonymen (*gunst* als Präteritum zu *ginnen* 'anfangen' – *gunst* 'Wohlwollen')

---

213 Bei der sprachlichen Einordnung des frühneuhochdeutschen Textes stützen wir uns auf die detaillierten Ausführungen Libuše Spáčilovás in Spáčilová/Spáčil 2004, 186–190.

214 Reczek/Twardzik II, S. VII–XII.

215 Vgl. den Abschnitt: *Der polnische Text der „Magdeburger Urteile"* im Kapitel *E.III. 1.a).*

216 Brückner 1882/1884.

217 Reczek/Twardzik.

218 Aleksic Ortyle.

219 Brückner 1882/1884.

220 Papsonová, Silleiner Rechtsbuch.

und Homographen (z. B. *bestaten* 'heiraten' – *bestatten* 'begraben').[221] Diese Erfahrung konnten wir bei unserer deutsch-polnisch vergleichenden Untersuchung der „Magdeburger Urteile“ nicht bestätigen. Vielmehr kann die von uns verwendete Übersetzung/Übertragung der „Magdeburger Urteile“ ins Polnische (Sigle *O*) als sehr genau eingestuft werden. Dies zeigt sich nicht nur an der Übersetzung selbst, sondern vor allem auch an erklärenden Umschreibungen, die zusätzlich in den polnischen Text eingefügt sind.

Bestehende Unterschiede zwischen der deutschen und der polnischen Fassung sind u. E. weniger als etwaige Ungenauigkeiten des vermutlich juristisch geschulten (Fach-)Übersetzers zu interpretieren, denn eher als Ausdruck der Anpassung an die veränderten (auch lokalen) Gegebenheiten, d. h. als Ergebnis einer bereits erfolgten Rezeption.

3. „Die Erforschung der Rezeption des sächsisch-magdeburgischen Rechts in Osteuropa ist nicht nur angesichts der modernen Entwicklungen ein spannendes Thema. Viele Aspekte dieses Phänomens harren der detaillierten Untersuchung – vor allem auch aus philologischer Sicht.“[222]

Daher sind Ziel und angestrebtes Ergebnis unserer linguistischen Bearbeitung neben den sich zwangsläufig ergebenden Erkenntnissen zu Sprachgeschichte, Sprachkontakt und Lehnwortforschung, vor allem für den Rechtshistoriker verwertbare Ergebnisse, d. h. es geht um die Gewinnung eines Mehrwertes an Erkenntnis aus der Berücksichtigung und Zusammenführung von Arbeitsergebnissen mehrerer Fachdisziplinen, wobei die Bestimmung und Zuordnung der Äquivalente sprachlich gefaßter Rechtsinhalte in Ausgangs- und Zielsprache im Mittelpunkt steht.

Als wichtigste Grundlage für die Prüfung vorliegender Ergebnisse wie auch für die Gewinnung neuer Erkenntnisse gelten nach wie vor quellengestützte Materialuntersuchungen. So hat die Forderung nach weiteren Quellenstudien, die der slowenische Rechtshistoriker Sergij Vilfan schon vor Jahrzehnten in bezug auf die Erforschung der Rechtsgeschichte in Slowenien erhob, auch für unser Arbeitsgebiet und auch noch heute volle Gültigkeit, vgl. S. Vilfan: „Um die Intensität ihrer Einflüsse [gemeint sind die privaten Rechtsbücher, die ‚Spiegel‘ der deutschen Rechtsgebiete – I. B.], besonders des Schwabenspiegels, die gewiß teilweise bestanden, näher beurteilen zu können, sind die Privaturkunden noch nicht eingehend genug erforscht.“[223] Hinzuzufügen ist mit Günther Ullrich in seiner Rezension zur grundlegenden Arbeit Gertrud Schubart-Fikentschers[224]: „Es fehlen noch in genügender Zahl die unerläßlichen Einzeluntersuchungen im engbegrenzten Raum, denen weitere Quellenforschung vorauszugehen hat. Die Verfasserin [G.

---

[221] Weitere Beispiele s. Papsonová, Silleiner Rechtsbuch, S. 66.

[222] Lück 2001, S. 27 f.

[223] Vilfan 1968, S. 146.

[224] Schubart-Fikentscher 1942.

Schubart-Fikentscher – I. B.] ist sich der Ungunst des Standes der Forschung für ihre Arbeit durchaus bewußt."[225] Denn bekanntlich genügt die Herstellung eines Bezuges zum sächsisch-magdeburgischen Recht in der Einleitung zu einem Rechtstext nicht als Nachweis der Rezeption. Vielmehr müssen sich entsprechende Rechtsinhalte in den jeweiligen Rechtstexten wiederfinden. Auch das Vorkommen einzelner, relativ weit verbreiteter Rechtsgedanken und -inhalte, wie z. B. „der Ältere teilt, der Jüngere wählt" berechtigen noch nicht zur Annahme einer Rezeption des sächsisch-magdeburgischen Rechts.

4. Im Rahmen des deutsch-polnischen Wortvergleichs der „Magdeburger Urteile" wurde vor allem den folgenden Fragen nachgegangen: Wie wurde der für das sächsisch-magdeburgische Recht typische Wortschatz ins Polnische übernommen? Und welchen Anteil haben dabei Übersetzung, Entlehnung und erklärende Umschreibung? Letztere, d. h. die erklärende Umschreibung, ist z. T. auch zusätzlich zu Entlehnung und/oder Übersetzung eines Rechtsterminus belegt und dies mitunter unabhängig davon, ob der deutsche Text zusätzlich zum Terminus eine erklärende Umschreibung enthält oder nicht, vgl. hierzu besonders *E.IV. Ergebnisse der deutsch-polnischen kontrastiven (frühneuhochdeutsch-altpolnischen) Wortanalyse – Materialauswertung.*

5. Es wurde bereits oben darauf hingewiesen, daß die Untersuchung der Rezeption des sächsisch-magdeburgischen Rechts in Ostmitteleuropa eine gründliche Auswertung der Ergebnisse mehrerer Wissensgebiete erfordert. Neben der Rechts-, Siedlungs- und Stadtgeschichte sind dies die historische Sprachwissenschaft – vor allem die historische Wort- und Lehnwortforschung, auch die Namenforschung. Zusätzlich zu den Forschungen zur mittelalterlichen Stadt[226] ist weiterhin die mittelalterliche Straßen- und Wegeforschung[227] zu nennen, u. a. auch in Verbindung mit der Betrachtung der Handelsbeziehungen[228].

Daß das Rechtswesen zu den traditionellen Gebieten des Kontaktes zweier Sprachen gehört, kann an einer Vielzahl von Beispielen, u. a. auch aus dem Polnischen, verdeutlicht werden. Und an der Notwendigkeit einer Zusammenführung von Ergebnissen rechtshistorischer und philologischer Forschungen besteht ohnehin kein Zweifel. Der polnische Historiker Józef Matuszewski beschreibt den Gewinn für beide Disziplinen in seinem Aufsatz „Die Philologie im Dienste der Geschichte"[229] Auf den Wert, aber ebenfalls die Grenzen sprachlicher Analysen, macht allerdings der bereits oben zitierte slowenische Rechtshistoriker Sergij Vilfan aufmerksam, der in seiner Rechtsgeschichte der Slowenen bemerkt:

---

[225] Ullrich 1944, S. 492.

[226] Vgl. auch den Artikel ‚miasta' in: Słownik starożytności słowiańskich, t. III, 1967, S. 211–24, mit ausführlicher Literatur.

[227] Denecke 2009.

[228] Davies, Moorhouse, Karte „Handelsrouten um 1500", S. 654; Irsigler 1979; Wünsch 2008, S. 58 und S. 59–64.

[229] Matuszewski 1978.

„Auf die ältesten Zusammenhänge kann im allgemeinen die philologisch-historische Methode hinweisen. Doch können damit bestenfalls nur einzelne Bausteine erarbeitet werden, besonders da bei abstrakten Rechtsbegriffen aus einer Kontinuität des Wortes nicht immer auf eine Beständigkeit der begrifflichen Bedeutung geschlossen werden kann.“[230]

Sowohl von germanistischer wie auch von slawistischer Seite liegen Untersuchungen vor, die sich in ihrer Materialbasis ausschließlich auf Teile des Fachwortschatzes des Rechts stützen. Weitaus größer ist jedoch die Zahl linguistischer Untersuchungen – vor allem zur Entlehnung – die neben anderem historischen Belegmaterial einer Sprache auch Teile ihres Rechtswortschatzes einbeziehen. Der deutsch-polnische Sprachkontakt, besonders die deutsch-polnischen Entlehnungsprozesse stehen dabei immer wieder im Vordergrund. Da sowohl die lexikographische Bearbeitung des historischen Wortschatzes wie auch die Erforschung der Rechtstermini im Polnischen weit fortgeschritten sind, wurden aus der Kombination der Ergebnisse dieser beiden Bereiche in Verbindung mit einem gründlichen Studium von Rechtsquellen sowie der rechtshistorischen Literatur konkrete Ergebnisse erwartet. Die chronologische und genetische Vielschichtigkeit des polnischen Rechtswortschatzes erklärt A. Zajda zu Recht aus der gesellschaftlichen und staatlichen Entwicklung des Landes sowie aus den sich daraus ergebenden Kontakten zu anderen Kulturen. Indem er Herkunft und Entwicklung des polnischen Rechtswortschatzes beleuchtet, gibt er umfassend Auskunft über die Differenziertheit dieses Bereiches des polnischen Fachwortschatzes.[231] Seinen Hinweis auf das Vorherrschen der Übersetzung im Vergleich zu Entlehnung und Umschreibung[232] können wir anhand unserer Untersuchung bestätigen, vgl. *E.IV. Ergebnisse der deutsch-polnischen kontrastiven (frühneuhochdeutsch-altpolnischen) Wortanalyse – Materialauswertung.*

6. Das Bestreben, Rechtstexte ins Polnische zu übersetzen, deren deutsche Ursprungsfassung in den Gebieten Polens bereits länger im Gebrauch, d. h. deren Inhalt wohl größtenteils rezipiert war, kann nur daraus erklärt werden, daß der Anteil der deutschen Bevölkerung und auch der Deutschsprachigkeit der Bevölkerung in den Städten zurückging und „sich das Gewicht im 15. Jahrhundert zur polnischen Sprache“ hin verschob.[233] Sucht man nach Belegen für die Rezeption des sächsisch-magdeburgischen Rechts in Ostmitteleuropa, so ist festzuhalten, daß der Prozeß der Rezeption dieses Rechts – wir betrachten zunächst lediglich die Gebiete des heutigen Polen – in die Prozesse des hochmittelalterlichen Landesausbaus eingeordnet werden muß. Klaus Zernack spricht in diesem Zusammenhang von einem „Kulturausweitungsvorgang des mittelalterlichen Landesausbaus“ und von einer „Siedlungsbewegung zu deutschem Recht“.[234]

---

[230] Vilfan 1968, S. 37.
[231] Zajda 2001, Zajda 2008.
[232] Zajda 2001, S. 195 f.
[233] Ebel 2009, S. 46.

Als ein wesentlicher Aspekt des großen Interesses der Siedler an einer Bewidmung mit sächsisch-magdeburgischem Recht wird für die Gebiete Ostmitteleuropas die Praktikabilität dieses Rechts angesehen. Zu diesem Ergebnis kommt auch Dirk Moldt in seiner Untersuchung deutscher Stadtrechte im mittelalterlichen Siebenbürgen, wo er u. a. feststellt: „Überraschend ist [...] der Eindruck der Vielfalt, in der sächsisch-magdeburgisches Recht auftrat, wie es sich bedarfsorientiert entwickeln und den jeweiligen Verhältnissen anpassen konnte."[235] Und weiter ist von „erstaunliche[r] Kombinations- und Anpassungsfähigkeit" die Rede.[236] In diese Richtung zielen auch die Schlußfolgerungen des Slawisten Aleksander Brückner in seiner sprachlichen Auswertung der polnischen Fassung der „Magdeburger Urteile" (*Ortyle ossolińskie*), wo er auf den relativ eigenständigen Charakter des polnischen Textes im Vergleich zur deutschen Vorlage aufmerksam macht.[237] Dies wird von Seiten rechtshistorischer Forschungen gestützt. Zu vergleichen sind hierzu besonders die Untersuchungen Danuta Janickas. Ihre Untersuchungen zum Kulmer Recht führten zu dem Ergebnis,

> „dass das Magdeburger Recht durch die Handfeste weitgehend modifiziert und verjüngt wurde. Infolgedessen entstand eine lokale Abänderung des Magdeburger Rechts – das Kulmer Recht oder *Ius Culmense*. Es sei noch einmal daran erinnert, dass die Kulmer Handfeste eine sehr vorteilhafte Adaptation des Magdeburger Rechts bedeutete. Die Urkunde war die Quelle sowohl für das Stadtrecht als auch für das Recht des deutschen Ordenslandes."[238]

Daß die deutschen Siedler nicht nur ihre Sprache, sondern auch ihr Recht mitbrachten, ist unbestritten. „Und dieses Recht blieb nicht das Recht der Siedler, es wurde das Recht des ganzen Landes bzw. seiner Städte, gleich wer darin wohnte. Es wandelte sich von personaler Geltung zur Territorialität."[239]

> „Die in Polen herrschende Piastendynastie unterstützte die städtische und ländliche Siedlung zu deutschem Recht. Seit dem zweiten Viertel des 13. Jahrhunderts wurde dieses Recht auch den einheimischen Siedlern gewährt. Auf diese Weise wandelte sich die ursprüngliche Funktion des deutschen Rechts, die bevorrechteten deutschen Siedler zu schützen, zum Instrument der polnischen Landes- und Grundherren zur Hebung der Landeskultur und zur Verbesserung der eigenen Machtposition. Nach dem Wandel, der sich an der Wende vom 13. zum 14. Jahrhundert vollzog, ging der Anteil der deutschstämmigen Kolonisten deutlich zurück."[240]

---

[234] Zernack 1991, S. 201, 202.
[235] Moldt 2009, S. 229.
[236] Ebd.
[237] Brückner 1882/1884.
[238] Janicka 2009, S. 78.
[239] Ebel 2009, S. 46.
[240] Janicka 2009, S. 68.

Mit dem Rückgang des Anteils der deutschen Bevölkerung ging auch die Deutschsprachigkeit der Bevölkerung in den Städten zurück und „das Gewicht [verschob sich – I. B.] im 15. Jahrhundert zur polnischen Sprache“ hin.[241] Bei ihrer Behandlung des Kulmer Rechts stellt D. Janicka weiterhin fest,

> „Für den Bedarf der in Polen wohnenden Bürger und Bauern existierten neben den deutschen Texten eine Reihe von lateinischen und sogar polnischen Übersetzungen des sächsisch-magdeburgischen Rechts, insbesondere des Sachsenspiegels und des Magdeburger Weichbildrechtes.“[242]

Mit der Einrichtung des Gerichtshofes deutschen Rechts auf der Krakauer Burg

> „hatte Kleinpolen eine Instanz für deutsches wie polnisches Rechtspublikum. Der sprachliche Befund belegt dies ausdrücklich. Gibt es zu Anfang der nun gut erreichbaren Rechtsprechung noch zahlreiche deutsche Sentenzen, so verschiebt sich das Gewicht im 15. Jahrhundert zur polnischen Sprache. Das entspricht der schwindenden Rolle der deutschen Bevölkerung bzw. der Deutschsprachigkeit der Bevölkerung in den Städten. Das Recht blieb dasselbe. Es war längst ‚rezipiert‘ worden.“[243]

Und weiter heißt es bei Friedrich Ebel an gleicher Stelle:

> „Die Modernisierung war eingetreten, in sachadäquaten Formen für die Städte, aber auch für das bäuerliche Land. Nicht nur die Deutschen waren freie Leute, sondern auch massenhaft Polen, Böhmen, Litauer, Ukrainer.“[244]

Es sei unterstrichen, daß die Schaffung einer polnischen Fassung der „Magdeburger Urteile“ nicht Selbstzweck, sondern Notwendigkeit war, denn bekanntlich wird nur dann übersetzt, wenn ein Bedarf/eine Notwendigkeit besteht. So ist die Übersetzung der „Magdeburger Urteile“ ins Polnische als Ausdruck der Anpassung an die veränderte Sprachsituation zu verstehen. Gemeint ist die im 15. Jahrhundert erfolgte Verschiebung des Gewichts hin zur polnischen Sprache. Diese veränderte Situation erforderte eine Übersetzung der „Magdeburger Urteile“ ins Polnische, um bei der überwiegend polnischsprachigen Bevölkerung ein hundertprozentiges Verstehen des Inhalts der Rechtssprüche zu garantieren.

7. Die oben beschriebenen historischen Siedlungsprozesse fanden – wie Siedlungsprozesse allgemein und bekanntermaßen – ihren Niederschlag u. a. auch in historischen Belegen von Orts- und Personennamen. Damit bilden die Namen eine wichtige Quelle für die Aufhellung der Geschichte der Besiedlung. Dem soll – zumindest exemplarisch – im deutsch-polnischen Sprachkontaktgebiet nachgegangen werden. Für Polen kann dazu auf exzellente Ergebnisse der polnischen namenkundlichen Forschung zurückgegriffen werden, für Schlesien besonders auf

---

[241] Ebel 2009, S. 46.
[242] Janicka 2009, S. 79.
[243] Ebel 2009, S. 46 f.
[244] Ebd., S. 47.

das im Schlesischen Ortsnamenbuch (Nazwy geograficzne Śląska [NGŚ]) zusammengefaßte Material wie auch auf Untersuchungen Henryk Boreks zu dieser Problematik.[245]

„Dem Übertritt einer Sprachgemeinschaft zur Sprache der anderen Sprachgemeinschaft geht in der Regel eine länger andauernde Phase der Zweisprachigkeit voraus, die für die direkte Übernahme sprachlichen Lehngutes besonders günstig ist."[246] Solches Lehngut findet sich, wie bereits gesagt, früh in historischen Ortsnamenbelegen. Es sei u. a. auf das deutsche Lehnwort *ortel, ortyl* 'Urteil' verwiesen, für das das altpolnische Wörterbuch[247] den frühesten Beleg in einem lateinischen Text nennt: *(1358) 1463 ortel*: que vulgo *ortel* dicitur [was gewöhnlich *ortel* 'Urteil' genannt wird]. Daß dieses Appellativum auch als Ableitungsbasis für geographische Namen diente, belegt die Kartei zum Wörterbuch der Ortsnamen Polens (Nazwy miejscowe Polski [NMP]) mit reichlich Material zum mehrfach vorkommenden Ortsnamen *Ortel.*[248]

Zu vergleichen sind weiterhin Nachweise von Rechtstermini wie *Burggraf* und *Vogt* in schlesischen Ortsnamen, z. B.:

– *Burgrabice*/dt. *Borkendorf*, Kr. Nysa: 1284 *Burgravici,* 1285 *Burcrabici*, um 1305 *Burccerabsdorph*[249]

und

– *Wójtowice*/dt. *Voigtsdorf*, Dorf, zur Gemeinde Grodków, Gebiet Opole: um 1300 *Advocati villa*; 1375 *Voytsdorff.*[250]

Hinweise auf Siedlungs- und Sprachkontakt sind außerdem abzuleiten aus *zeitweiliger Mehrnamigkeit*[251], weiterhin

aus sog. slawisch-deutschen bzw. deutsch-slawischen *Mischnamen*

sowie aus einem in der Namenforschung hinlänglich bekannten Nebeneinander von Siedlungen (hier *polnischer* und *deutscher*) mit unterscheidenden Zusätzen wie *Polnisch-/Deutsch-* oder *Alt-/Neu-*, vgl.:

– *Sagor polonicale* und *Sagor theutonicale*: *Wendisch* und *Deutsch Sagar*, Kr. Krosno, heute poln. *Nowy Zagór* und *Stary Zagór*[252]

oder

– *Heinrichsdorf polonicale* und *Heinrichsdorf maius* Kr. Szprotawa: heute poln. *Długie*/dt. *Langenheinersdorf.*[253]

---

[245] Borek 1965; Borek 1988.

[246] Morciniec 1989, S. 327.

[247] Słownik staropolski 5, 1965–1969, S. 629 f.

[248] Für die Bereitstellung des Materials aus dem noch unpublizierten Manuskript des Wörterbuchs der Ortsnamen Polens (NMP) danken wir der Leiterin der Toponomastischen Arbeitsstelle der Polnischen Akademie der Wissenschaften in Krakau, Frau Prof. Dr. Barbara Czopek-Kopciuch.

[249] Borek 1965, S. 76; NMP 1, S. 461; NGŚ 1, S. 128.

[250] Borek 1988, S. 234.

[251] Walther 1968.

[252] Morciniec 1989, S. 324.

[253] NGŚ 2, S. 105; Morciniec 1989, S. 324.

Als Indiz für die Anwesenheit deutscher wie auch polnischer Siedler in einem Ort gilt ebenfalls historisch belegte Anwesenheit von *zwei Schulzen*, einem polnischen und einem deutschen.[254]

Eine weitere wichtige Quelle im Rahmen unseres deutsch-polnischen Wortvergleichs bilden Personennamen, vgl. z. B. den polnischen Personennamen *Burgrabia*: 1382 Martinus dictus *Burgraba* de Prossouicz; *Burgrawic(z)*(?): 1407 contra *Burgerawicz*[255]; außerdem die heutigen polnischen Familiennamen: *Burgraf, Burgraff; Bukraba, Bukrab, Bukrabo*[256]. Zu den ältesten deutschen Belegen des Familiennamens sind zu vergleichen: *Burggraf*: 1383/1403 Busse *Borggreve*[257]; *Burggraf, Bur(g)graf(f)*: 1268 Fridericus dictus *Burcgravius*[258]. Weiterhin sei auf einen Vergleich des Familiennamens *Lehmann* und seiner suffigierten Varianten mit dem deutschen Lehnwort *leman* im Polnischen aufmerksam gemacht.[259] Zu verweisen ist in diesem Zusammenhang ebenfalls auf eine Untersuchung durch Eckhard Eggers. Er kann unter Einbeziehung des polnischen Familiennamen *Sołtys* in seine Untersuchung zum polnischen Appellativum *sołtys* 'Schultheiß' die „deutsche Vorlageform" für das Appellativum „geographisch und dialektal" bestimmen. „Das Entlehnungsgebiet [von poln. *sołtys* – I. B.] ist eindeutig Großpolen."[260]

Soweit zu einigen wenigen Reflexen der historisch-gesellschaftlichen Verhältnisse im Sprach- und Namenmaterial.

8. Daß eine Rezeption des sächsisch-magdeburgischen Rechts in den mittelalterlichen Territorien des heutigen Polen erfolgte, steht außer Frage. Dies belegen einerseits die Ergebnisse siedlungs- und rechtshistorischer Forschungen, die u. a. in Handbüchern und Nachschlagewerken wie dem Handwörterbuch zur Deutschen Rechtsgeschichte (1. und 2. Auflage) sowie dem Lexikon des Mittelalters niedergelegt sind. Zu verweisen ist besonders auf die große Anzahl von Orten auf dem Gebiet des heutigen Polen, die mit sächsisch-magdeburgischem Recht bewidmet wurden.[261] Neuere rechtshistorische Forschungen bestätigen dies. Zu vergleichen sind hierzu vor allem die Arbeiten Heiner Lücks[262], D. Janickas[263], Maria Teresa Lizisowas[264] und Aleksander Zajdas[265]. Entscheidend ist der Übergang vom Per-

---

[254] Morciniec 1989, S. 324.
[255] SSNO, 1, S. 283.
[256] Rymut FaN 2 Bd. 1, S. 63.
[257] Zoder, 1, S. 329.
[258] Brechenmacher, 1, S. 249.
[259] Bily Lehmann.
[260] Eggers 1988, S. 69 f.
[261] Zdrójkowski 1983; Kamińska 1990.
[262] Lück 1999; Lück 2007; Lück 2008; Lück 2009.
[263] Janicka 2007; Janicka 2008; Janicka 2009.
[264] Lizisowa 1995; Lizisowa 1998; Lizisowa 1999; Lizisowa 2000; Lizisowa 2002.
[265] Zajda 1990; Zajda 2001; Zajda 2008.

sonalitätsprinzip (ius teutonicorum) zum verfassungsrechtlichen Prinzip (ius teutonicum) im Zuge der Rezeption des sächsisch-magdeburgischen Rechts.

Unter Berücksichtigung des engen Zusammenhangs zwischen Recht und Sprache steuert andererseits auch die Erforschung der polnischen Sprache wertvolle Ergebnisse zum Nachweis der Rezeption des sächsisch-magdeburgischen Rechts im Untersuchungsgebiet bei. Da sowohl die lexikographische Bearbeitung des historischen Wortschatzes wie auch die Erforschung der Rechtstermini im Polnischen weit fortgeschritten sind, lassen sich aus der Kombination der Ergebnisse dieser beiden Bereiche in Verbindung mit dem gründlichen Studium der Rechtsquellen beachtliche Schlüsse ziehen. Zu nennen sind neben der historischen Lexikographie vor allem die Lehnwort- und Semantik- wie auch die Wortbildungsforschung.

9. Auf der Grundlage unserer deutsch-polnisch vergleichenden Analyse können als sprachliche Nachweise von Siedlungs- und Sprachkontakt und einer erfolgten Rezeption des sächsisch-magdeburgischen Rechts in den Gebieten des heutigen Polen vor allem zwei Anhaltspunkte gelten.
- Dies ist einmal die Qualität der Übersetzung der von uns im deutsch-polnischen Vergleich untersuchten „Magdeburger Urteile“, die u. E. nur aus einer schon erfolgten Rezeption des Rechts(inhalts) und damit der Rechtstexte zum Zeitpunkt der Übertragung/Übersetzung zu erklären ist.
- Außerdem sind eine Reihe deutscher Lehnwörter im Bereich des Rechtswortschatzes zu nennen, wie z. B. die deutschen Lehnwörter im Polnischen: *burgrabi(a)* aus *Burggraf*; *fordrować*, *foldrować* aus *fordern*; *fryst* aus *Frist*; *gwałt* aus *Gewalt*; *rada* aus *Rat* [= Ratskollegium, Stadtrat]; *wilkierz* aus *Willkür* oder *wójt* aus *Vogt*.

Verwiesen sei in diesem Zusammenhang ganz besonders auf diejenigen deutschen Lehnwörter, die nicht nur im historischen Wortbestand des Polnischen gut nachgewiesen sind, sondern für die darüber hinaus auch Ableitungen mit Hilfe polnischer Wortbildungsmittel (Derivation) belegt sind, vgl. u. a.: poln. *sołtystwo* [= Schultheißei, Amtssitz und Gerichtsbezirk eines Schultheißen], eine nach den Regeln der polnischen Wortbildung mit Hilfe des Suffixes *-stwo* abgeleitete (postintegrative) Bildung aus dem deutschen Lehnwort *sołtys* ‘Schultheiß, Schulze’ oder poln. *wójtowstwo* [= Vogtei, Amtssitz und Gerichtsbezirk eines Vogtes], ein mit Hilfe des Suffixes *-owstwo* nach den Regeln der polnischen Wortbildung aus dem deutschen Lehnwort *wójt* abgeleitete (postintegrative) Bildung aus dem deutschen Lehnwort *wójt* ‘Vogt’, vgl. außerdem possessivisches *wójtow* ‘des Vogtes’ oder auch das polnische Adverb *gwałtownie* ‘gewaltsam’ aus dem deutschen Lehnwort *gwałt* ‘Gewalt’.

10. Allerdings ist in unserem Material auch gelegentliche Interferenz zwischen dem Deutschen und dem Polnischen nachgewiesen, z. B. die Wiedergabe des deutschen bestimmten Artikels ***der*** mit einem Demonstrativpronomen (hier ***ten***

'dieser') im Polnischen, vgl.: ***der*** beclagete man [der beklagte Mann] // ***ten*** ozalowany czlowyek [ten ożałowany człowiek] [132//141]. Das Polnische hat bekanntlich keinen Artikel.

Belegt sind ebenfalls einige Textstellen, in denen der deutsche *un*bestimmte Artikel ***ein*** mit dem polnischen Zahlwort ***jeden*** 'ein(s)' wiedergegeben wird, vgl.: dt. ***eyn*** {*un*bestimmter Artikel} forspreche [Fürsprecher] // poln. ***Geden*** 'ein' {Zahlwort} rzecznyk [rzecznik] [104//113].

Weiterhin werden neben großer Übereinstimmung zwischen der deutschen und der polnischen Fassung eine Reihe von Unterschieden sichtbar, so z. B. im Gebrauch der Wortarten. Für ein Verb (***unterweisen***) im deutschen Text steht z. B. im polnischen Text ein Substantiv (***nauka*** 'Unterweisung'), vgl. die Textstelle: Hyrume bitte wyr uns czu *undirweyzen* **{Verb}** [hierum bitten wir, uns ***zu unterweisen***] // natho proszymy waszey *nauky* **{Substantiv}** 'dazu erbitten wir eure ***Unterweisung***' [Na to prosimy waszej nauki] [111//120].

Zu weiteren Beispielen, so zu Unterschieden im Numerus (Singular/Plural), im Modus Verbi (Aktiv/Passiv) oder zum Tempuswechsel (Präsens/Präteritum) bei Verben ist der Teil *E.IV. Ergebnisse der deutsch-polnischen kontrastiven (frühneuhochdeutsch-altpolnischen) Wortanalyse – Materialauswertung* mit Nachweisen anhand des Materials zu vergleichen.

11. Ausgehend von der Analyse des Standes der Forschung war es unser Ziel, in einem deutsch-polnischen (frühneuhochdeutsch-altpolnischen) Wortvergleich anhand der „Magdeburger Urteile" die sprachlichen Reflexe der Rezeption des sächsisch-magdeburgischen Rechts erstmalig am Vergleich des Rechtswortschatzes eines gesamten Textes der deutschen und der polnischen Fassung zu untersuchen. Bisherige sprachliche Untersuchungen, die auch Ergebnisse rechtshistorischer Forschungen einbeziehen, haben diesen Aspekt nur z. T. berücksichtigt. Oftmals konzentrierten sich die Forscher zu stark auf die Lehnbeziehungen zwischen der Geber- und Nehmersprache und schenkten dabei den Übersetzungen zu wenig Beachtung.

Hier muß eher Analysen gefolgt werden, wie z. B. der von Mária Papsonová in ihrer Untersuchung zum „Silleiner Rechtsbuch", die wir in unseren deutsch-polnischen Vergleich systematisch einbeziehen.

12. Sprachliche Auswertung und Auswertung des Rechtsinhaltes können nur schwerlich voneinander getrennt werden. Das Wissen um den Rechtsinhalt war seinerzeit auch die wichtigste Voraussetzung für eine adäquate Übertragung des Inhaltes des Rechtstextes und seiner Fachtermini aus dem Deutschen ins Polnische und in andere Sprachen des Rezeptionsgebietes.

Jederzeit können weitere Fassungen der „Magdeburger Urteile" bzw. auch anderer Rechtstexte, z. B. auch aus dem Tschechischen und Lateinischen in einen solchen Vergleich einbezogen werden. Dann sind in stärkerem Maße generalisierbare Aussagen zum Prozeß der Rezeption des sächsisch-magdeburgischen Rechts in Mittel- und Osteuropa zu erwarten. Aus sprachhistorischer Sicht sind Schlußfolgerungen für den gesamten deutsch-polnischen Rezeptionsprozeß auf der Grundlage des Vergleichs lediglich eines einzigen Textpaares – wenn auch eines sehr wichtigen – nur bedingt möglich. Bei der Einbeziehung weiterer Textpaare und Sprachen in den Vergleich ist eine Bestätigung wie auch eine stärkere Differenzierung einzelner sprachlicher Erscheinungen zu erwarten.

13. Die historisch-vergleichende Sprachwissenschaft kann die Rezeption von Rechtsnormen anhand der in den Ländern des Rezeptionsgebietes des sächsisch-magdeburgischen Rechts verankerten Rechtsterminologie mit Erfolg aufspüren.

Die Erforschung rechtshistorischer Fragestellungen unter Anwendung der Methoden des historischen Sprachvergleichs sowie der systematischen vergleichenden Betrachtung eines deutschen und eines polnischen Textes bei gleichzeitiger Berücksichtigung von Ergebnissen siedlungshistorischer Forschungen ist ein Novum und hat sich im Rahmen unserer Bearbeitung nicht nur bewährt, sondern sie liefert methodische Grundlagen für weitere Untersuchungen im Rezeptionsgebiet des sächsisch-magdeburgischen Rechts.

Ein weiteres Novum unserer Arbeit ist das in Punkt *F.II.* folgende zweisprachige deutsch-polnische und polnisch-deutsche Wörterverzeichnis der Rechtstermini, das im Laufe des Fortgangs der Arbeiten schrittweise zum mehrsprachigen Wörterverzeichnis erweitert wird, vgl. die Vorstellung des Musters dieses mehrsprachigen Wörterverzeichnisses in *F.I.* Ein solches Wörterverzeichnis ist bisher ein Desiderat, denn die modernen zweisprachigen juristischen Fachwörterbücher verzeichnen gewöhnlich den für den Gebrauch im heutigen Rechtsalltag der jeweiligen Fremdsprache relevanten Fachwortschatz. Für das Studium originalsprachlicher Sekundärliteratur zur Rechtsgeschichte, die sich thematisch wie auch zeitlich auf die Rezeption des sächsisch-magdeburgischen Rechts und den entsprechenden Fachwortschatz bezieht, sind diese Wörterbücher nur bedingt geeignet. So müssen Teile des für die Bearbeitung des Projektes notwendigen Wortschatzes aus einsprachigen historischen Wörterbüchern der Einzelsprachen, aus Monographien und Aufsätzen, aber auch aus Glossaren zu Quelleneditionen von (Rechts-)Texten und nicht zuletzt und vor allem aus den Quellen selbst gewonnen werden. Dies gilt nicht nur für die Termini, sondern ebenso für ihre Definition, die anhand geeigneter Textstellen bestimmt bzw. präzisiert werden kann. Nicht selten geht es außerdem auch um die Abgrenzung eines Terminus gegen einen anderen, mitunter aus demselben Wortfeld, wie z. B. *schöffenbar* und *schöffenbar frei*, wo die vorhandenen Bearbeitungen noch keine zufriedenstellende Antwort geben. Dies zeigt sich besonders beim Versuch der Übersetzung, denn bei einer fehlenden bzw. nicht deutlich genug gegen andere Termini abgegrenzten Definition muß auch der Versuch der Umschreibung eines Terminus in der Fremdsprache scheitern.

Und wenn die Sache – d. h. das Rechtsinstitut – in einer Sprechergemeinschaft fehlt, dann fehlt in der Sprache dieser Sprechergemeinschaft auch der entsprechende Terminus. Dies wird u. a. am Beispiel der Wiedergabe von *schöffe, schöffenbar* verdeutlicht, für die in der Übersetzung des „Silleiner Rechtsbuches“ dieselben Äquivalente verwendet werden wie für *bürger*. Daraus schließt M. Papsonová, daß

> „die im Sachsenspiegel überlieferte konservative lehensrechtliche Ständegliederung mit ihren sieben Schilden der gesellschaftlichen Hierarchie im Lande seiner Übernahme [...] nicht entspricht, folglich fehlen in der einheimischen Sprache auch Äquivalente für die mit der feudalen Lehensordnung des Altlandes zusammenhängenden Begriffe“.[266]

Vereinzelt kann unsere Untersuchung der „Magdeburger Urteile“ den in der Literatur bereits vorhandenen Belegen weitere hinzufügen, so beim Terminus *Biermahl* ‘Mahlzeit mit Bier’. Zu vergleichen sind hierzu die entsprechenden Textstellen in unserem deutsch-polnischen Vergleich:

frnhd.: so ist der man meyneeydic und hat *syn **birmal** vorloren* und sal *rechtelos* sin [sein Biermahl verloren und soll rechtlos sein]

apoln.: straczyl *szwe prawo y czescz a nyemą zadnego prawa* {‘und hat sein Recht und die Ehre verloren und hat keinerlei Recht’} [stracił swe prawo i cześć a nie ma żadnego prawa] [Spruch 140//150],

und:

frnhd.: Bekennit her is adir mac man das gut undyr em bewysen, dor vor her wissintlich hat gesworn, so ist der meyneydis obirwundin und *ist rechtelos und hat syn **birmal** vorloren* [ist rechtlos und hat sein Biermahl verloren]

apoln.: wysznaly on to albo ma podnym dokazacz to gymyenye, O kthore wyedząncz przyszagl, tako nayn dokonano krzywoprzysząstwą J *straczyl szwa czescz J pravo a gesth zostal besz prawą* {‘und hat seine Ehre und das Recht verloren und ist ohne Recht’} [Wyzna-li on to albo mo⟨gąli⟩ pod nim dokazać to jimienie, o ktore wiedząc przysiągł, tako nań dokonano krzywoprzysięstwa i stracił swą cześć i prawo a jest został bez prawa] [Spruch 141//151]

Für dt. *hat sein Biermahl verloren und soll rechtlos sein* [Spruch 140] bzw. *ist rechtlos und hat sein Biermahl verloren* [Spruch 141] steht im polnischen Text als Entsprechung: *und hat sein Recht und die Ehre verloren und hat keinerlei Recht* [Spruch 150] bzw. *und hat seine Ehre und das Recht verloren und ist ohne Recht* [Spruch 151].

Der Satz- und Textvergleich zeigt hier, daß trotz des Fehlens einer Entsprechung des Terminus *Biermahl* im polnischen Text, der Inhalt der deutschen Textstelle im Polnischen adäquat wiedergegeben wurde, und zwar als *Verlust seiner Rechte und des Biermahls wegen Meineides*.

---

[266] Papsonová, Silleiner Rechtsbuch, S. 58.

Damit kann unsere Untersuchung den im Deutschen Rechtswörterbuch genannten Belegen zum Terminus *Biermahl* 'Mahlzeit mit Bier' weitere hinzufügen, vgl. ebd. 2, Sp. 322, 1935: „*[daß der]* pfleger jedem ein biermal geben hat sollen *1525 JbMittelfrk. [Jahresbericht des Historischen Vereins für Mittelfranken] 56 (1909) 59.* do einer gleich das piermal einnemb *1588 MittGMus [Mitteilungen aus dem Germanischen Nationalmuseum Nürnberg] 1893, 21.*"

Unser Wörterverzeichnis kann jedoch weder die vorhandenen historischen noch die modernen juristischen Wörterbücher, die teilweise auch eine Einbindung der entsprechenden Termini in Phraseme bieten, ersetzen, und es will und kann vor allem auch keinen Anspruch auf Vollständigkeit erheben. Dabei ist das Wörterverzeichnis sowohl hinsichtlich der Aufnahme weiterer Rechtstermini wie auch der Einbeziehung weiterer Sprachen erweiterungsfähig und dies sowohl in der gedruckten wie auch in der geplanten digitalen Version.

Der Wortvergleich anhand eines deutschen Rechtstextes und seiner Übersetzung ins Polnische ist ein Vergleich zwischen dem Ausgangspunkt und dem (vorläufigen) Ergebnis des Sprachkontaktes. Aus diesem Vergleich sind keine Aussagen über den Verlauf/den Prozeß des Übergangs vom Deutschen zum Polnischen als Kanzleisprache im untersuchten Gebiet abzuleiten. Um Aussagen hierzu zu gewinnen, wären vergleichende Untersuchungen zum Sprachgebrauch, z. B. angelegt als Zeitschnitte und anhand von Stadtbüchern möglichst mehrerer Orte nötig. So könnte ein Zeitraum des Übergangs von der Deutschsprachigkeit zur Polnischsprachigkeit in der Schriftlichkeit des jeweiligen Ortes, bei einer Einbeziehung von Material mehrerer Orte, sogar einer Region, genauer bestimmt werden. Dies wird für den deutsch-tschechischen Sprachkontakt in der Auswertung L. Spáčilovás und V. Spáčils zum Kodex Wenzels von Iglau eindrucksvoll dargestellt und nachvollziehbar gemacht.

„Die Multilingualität der Einträge im Kodex Wenzels von Iglau entspricht der damaligen Sprachsituation in den böhmischen Ländern, wo sich bestimmte Gebiete nach Ankunft deutscher Kolonisten im 13. und 14. Jh. zu einem bilingualen Territorium entwickelt hatten, d. h. die deutsche Sprache war neben dem Tschechischen im Alltagsleben geläufig. Da die neu ankommenden deutschen Ansiedler das Stadtrecht ins Land gebracht hatten, setzte sich die deutsche Sprache in der Verwaltung neu gegründeter Städte durch und war erste Volkssprache, in der Schriften der Stadtkanzleien verfasst wurden. Dies dokumentieren auch die Bücher der Olmützer) Stadtkanzlei. [...] Wie das älteste Olmützer Stadtbuch belegt, kommen in der zweiten Hälfte des 14. Jh. deutsche Ausdrücke in den lateinischen Texten nur sporadisch vor; [...] Anfang des 15. Jh. werden auch zusammenhängende Texte auf Deutsch verfasst, allerdings sind die meisten noch lateinisch. Erst im 15. Jh. wird, wie am Kodex Wenzels von Iglau deutlich wird, Deutsch zur ersten Volkssprache in der Olmützer Stadtkanzlei und verdrängt allmählich die lateinische Amtssprache."[267]

[267] Spáčilová/Spáčil 2004, S. 185.

Eine detaillierte rechtshistorische Bewertung der Ergebnisse unserer sprachhistorischen lexikologisch-sprachvergleichenden Analysen, in denen – wie oben lediglich exemplarisch gezeigt werden konnte – auch Eigennamen als der in den historischen Quellen vielfach älteste Nachweis eines Lexems einen festen Platz haben, obliegt dann selbstverständlich dem Rechtshistoriker.

F. Wörterverzeichnisse (*Inge Bily*)

I. Mehrsprachiges Wörterverzeichnis der Rechtstermini

Mit dem Ziel, eine Übersetzungs- und Lesehilfe bereitzustellen, entsteht im Rahmen der Projektarbeit ein mehrsprachiges Wörterverzeichnis der Rechtstermini, das sowohl den historischen juristischen Fachwortschatz aus den einschlägigen ein- und zweisprachigen – darunter auch historischen – Wörterbüchern und Wörterverzeichnissen, auch den aus den von der „Commission für slavische juridisch-politische Terminologie" in Wien herausgegebenen Separat-Ausgaben der „Juridisch-politische Terminologie für die slavischen Sprachen Oesterreichs"[1], sowie den Fachwortschatz aus modernen juristischen zwei- und mehrsprachigen Fachwörterbüchern der in die Untersuchung einbezogenen Sprachen, einschließlich des Deutschen, zusammenführen soll. Ein solches Wörterverzeichnis ist bisher ein Desiderat.

Die modernen zweisprachigen juristischen Fachwörterbücher verzeichnen gewöhnlich den für den Gebrauch im Rechtsalltag der jeweiligen Fremdsprache relevanten Fachwortschatz. Für das Studium originalsprachlicher Sekundärliteratur zur Rechtsgeschichte, die sich thematisch wie auch zeitlich auf die Rezeption des sächsisch-magdeburgischen Rechts und den entsprechenden Fachwortschatz bezieht, sind diese Wörterbücher nur bedingt geeignet. Und so müssen Teile des für die Bearbeitung des Projektes „Das sächsisch-magdeburgische Recht als kulturelles Bindeglied zwischen den Rechtsordnungen Ost- und Mitteleuropas" notwendigen Wortschatzes aus historischen Wörterbüchern der Einzelsprachen, aus Monographien und Aufsätzen, aber auch aus Glossaren zu Quelleneditionen von (Rechts-)Texten und nicht zuletzt und vor allem aus den Quellen selbst gewonnen werden.

Das Wörterverzeichnis soll und kann weder die vorhandenen historischen noch die modernen juristischen Wörterbücher, die teilweise auch eine Einbindung der entsprechenden Termini in Phraseme bieten,[2] ersetzen, und es will und kann auch keinen Anspruch auf Vollständigkeit erheben. Dabei ist das Wörterverzeichnis sowohl hinsichtlich der Aufnahme weiterer Rechtstermini wie auch der Einbeziehung weiterer Sprachen erweiterungsfähig.

---

[1] Juridisch-politische Terminologie für die slawischen Sprachen Oesterreichs. Deutsch-böhmische Separat-Ausgabe, 1850, Deutsch-ruthenische Separat-Ausgabe, 1851, Deutsch-kroatische, serbische und slovenische Separat-Ausgabe, 1853.

[2] Vgl. z. B. das deutsch-tschechische Wörterbuch von Jindřiska Munková, Ernst Giese, Stanislav Liška, Odborné německo-české právnické názvosloví, 1998 oder das Deutsch-Polnische und Polnisch-Deutsche Wörterbuch von Agnieszka Kozieja-Dachterska, Großwörterbuch der Wirtschafts- und Rechtssprache, Bd. 1 u. 2, 2006, 2010.

1. Einleitung

Das nach deutschen Rechtstermini alphabetisch geordnete Gesamtverzeichnis ist die Grundlage unseres Wörterverzeichnisses[3] der Rechtstermini. Auf das in Spalten angelegte Verzeichnis der deutschen Rechtstermini folgen als Spalten die Entsprechungen im Polnischen, Slowakischen, Tschechischen usw. Im Laufe der Arbeit können Spalten mit weiteren Entsprechungen ergänzt werden.

Vor jedem deutschen Terminus steht eine laufende Nummer, die den Bezug der nach Sprachen und in sich alphabetisch geordneten Indices zum Gesamtverzeichnis ermöglicht. Allen nichtdeutschen Termini ist diese laufende Nummer des Terminus als Bezugspunkt zum Gesamtverzeichnis hinzugefügt. Spätere Ergänzungen zur gedruckten Version können als 1a, 1b, 1c usw. mühelos in die durchnumerierte alphabetische Ordnung eingefügt werden. Die Numerierung ist lediglich für die gedruckte Publikation des Gesamtverzeichnisses mit den entsprechenden Indices der einzelnen Sprachen notwendig. Bei einer Publikation als zwei- oder mehrsprachiges Verzeichnis in Tabellenform und mit getrennten alphabetischen Verzeichnissen nach den aufgenommenen Sprachen sind Numerierung und Indices überflüssig. Dies gilt ebenso für die elektronische Version des Wörterverzeichnisses, auf deren Grundlage je nach Bedarf – auch vom Nutzer selbst – zwei- und mehrsprachige Verzeichnisse der Rechtstermini erstellt werden können.

Da ein Teil der Termini dem historischen Wortschatz zuzuordnen ist und keine Fortsetzung bis in die jeweilige Sprache der Gegenwart gefunden hat, ist es verständlich, daß aus ganz unterschiedlichen Gründen nicht alle Felder der Spalten des Wörterverzeichnisses gefüllt sein werden.

Das Wörterverzeichnis ist u. a. ein wichtiges Hilfsmittel bei der Rezeption der umfangreichen Sekundärliteratur zum sächsisch-magdeburgischen Recht in den Sprachen Ost- und Mitteleuropas. Umgekehrt kann es Fachleuten aus diesen Ländern als Übersetzungshilfe beim Studium deutschsprachiger Literatur dienen.

Die Struktur des Wörterverzeichnisses ist bewußt einfach gehalten. Den Schwerpunkt des Materials bilden Substantive. Außer dem Terminus im Nominativ Singular wird bei Abweichungen lediglich der Nominativ Plural angegeben. Synonyme, auf die wechselseitig verwiesen wird, werden in alphabetischer Folge genannt. Präfigierte Formen sind gewöhnlich unter der unpräfigierten eingeordnet, vgl. poln. *(za)***p***ytanie* für dt. *Anfrage* unter **p** oder poln. *(o)***d***ziedziczyć* für dt. *erben* unter **d**. Neben Einworttermini werden selbstverständlich auch Mehrworttermini, vereinzelt auch Phraseme aufgenommen. Abweichend von der streng alphabetischen Ordnung folgen substantivische Termini, die durch ein Adjektivattribut näher bestimmt werden (z. B. *Erbe, väterliches*), jeweils unmittelbar auf den nicht durch ein solches Attribut näher bestimmten Terminus (z. B. *Erbe, das*).

---

[3] Im Aufbau folgen wir weitestgehend einem siebensprachigen Wörterbuch zur Terminologie der Kunststoffe (Glossary), vgl. Glenz (Hrsg.), A Glossary of Plastics Terminology in 7 Languages, [7]2010.

Das Wörterverzeichnis enthält überwiegend Entsprechungen aus einschlägigen Wörterbüchern und aus der Sekundärliteratur.

Die vergleichende Auswertung historischer Quellen ergibt erwartungsgemäß eine Vielfalt und Varianz auf terminologischem Gebiet. Diachrone Untersuchungen des Rechtswortschatzes einer bestimmten Sprache[4] aber auch der Vergleich von Rechtstexten und ihrer Übertragung in eine andere Sprache[5] belegen, daß der mittelalterliche Rechtswortschatz noch nicht durchgängig so fest ist wie der heutige (neuzeitliche) Fachwortschatz des Rechts. Diese für den Fachwortschatz ganz allgemein geltende Feststellung[6] kann auf der Grundlage der Ergebnisse aus ersten Quellenstudien zum Rechtswortschatz unseres Arbeitsgebietes bestätigt werden. Ein ähnliches Bild ergibt die Durchsicht von Glossaren zu Editionen historischer Rechtstexte. Und dieses Ergebnis zeigt ebenfalls die Untersuchung M. Papsonovás zum „Silleiner Rechtsbuch", wo der Textvergleich in Abhängigkeit vom Inhalt des jeweiligen Syntagmas unterschiedliche Entsprechungen belegt.[7]

Im Wörterverzeichnis wird auf Varianz der historischen Termini nicht näher eingegangen. Dies bleibt der Behandlung ausgewählter Rechtstermini im sprachwissenschaftlichen Teil der Untersuchung vorbehalten.

Nachfolgend werden Beispiele der Hauptteile des mehrsprachigen Wörterverzeichnisses der Rechtstermini vorgestellt (s. u. Kapitel *F.I.2. Musterseiten*), so: das Inhaltsverzeichnis (*2.1.*), einige Beispiele als Muster des mehrsprachigen Wörterverzeichnisses (*2.2.*) und mehrere Indices (*2.3.*) zu den vorgestellten Beispielen, so: ein deutscher (*2.3.1.*), ein polnischer (*2.3.2.*), ein slowakischer (*2.3.3.*), ein tschechischer (*2.3.4.*) und ein ukrainischer (*2.3.5.*) Index.

2. Musterseiten

2.1. Inhaltsverzeichnis

[4] Kořenský/Cvrček/Novák 1999.
[5] Papsonová, Silleiner Rechtsbuch; Pommer 2006.
[6] Felber/Budin 1989.
[7] Papsonová, Silleiner Rechtsbuch.

2.2. Mehrsprachiges Wörterverzeichnis der Rechtstermini Deutsch/Polnisch/Slowakisch/Tschechisch/Ukrainisch

Nr.	*Deutsch*	*Polnisch*	*Slowakisch*	*Tschechisch*	*Ukrainisch*
1	**Anfrage**	(za)pytanie; prośba	dopyt; dotaz	dotaz	zapyt
2	**Augenschein**	oględziny	vzhľad; výzor; zovňajšok	pohled; zevnějšek	očevidnist'
3	**Augenzeuge**	świadek naoczny	očitný svedok	očitý svědek; divák; ohledání; pohled	očevydec'
4	**Aussage**	zeznanie	výpoveď	výpověd	ziznannja; svidčennja
5	**belehnen**	dać w lenno; na(da)wać lenno	udeliť niekomu niečo; dať do léna komu čo	dá(va)ti komu co v léno; uděliti komu co lénem	(na)da(va)ty len
6	**Belehner**	lennodawca; pan lenny; senior	lénny pán	lenní pán	lennyj pan; pan lenu
7	**Belehnter**	leman; lenownik; wasal	lénnik; vazal	lenník; vazal; man	lennyk; lenovnyk
8	**Belehnung**	nadanie lenna; inwestytura	udelenie léna	udělení čeho v léno; investitura	nadannja lenu
9	**Bürgermeister**	bur(g)mistrz	starosta; primátor	purkmistr; primátor; starosta	burhomistr

Nr.	*Deutsch*	*Polnisch*	*Slowakisch*	*Tschechisch*	*Ukrainisch*
10	**Burggraf**	burgrabi(a)	purkrabie; purkráb[8]	purkrabí	burgraf
11	**Eid**	przysięga; przyrzeczenie	prísaha	přísaha	kljatva; prysjaha
12	**Erbberechtigung**	uprawnienie; prawo do spadku; zdolność bycia spadkobiercą	nárok na dedičstvo; oprávnenie dediť	nárok na dědictví; oprávnění dědit	pravo na spadok; pravo na spadščynu
13	**Erbe, das**	spadek; dziedzictwo; spuścizna; imienie	dedičstvo	dědic	spadščyna
14	**Erbe, väterliches**	spadek po ojcu; ojcowizna	dedičstvo po otcovi	dědictví po otci	bat'kivs'kyj spadok; otec'kyj spadok
15	**Erbe, der; Erbfolger**	spadkobierca; dziedzic	dedič	dědic	spadkojemec'
16	**erben**	(o)dziedziczyć; przejąć w spadku; otrzym(yw)ać w spadku	(z)dediť	(z)dědit	oderžuvaty v spadščynu; uspadkovuvaty
17	**Erbteil**	udział spadkowy; część spadku; spadkowa	podiel na dedičstve; diel[9]	dědický podíl	podilok spadku
18	**Erbteil, väterliches**	ojcowizna	(dedičský) podiel; dedičstvo po otcovi	(dědický) podíl; dědictví po otci	bat'kivs'kyj podilok spadku; otec'kyj podilok spadku
19	**Erbteilung**	podział spadku	rozdiel zemi[10]; (roz)delenie	dělba; (roz)dělení dědictva dědictva	rozdilennja spadku
20	**Fahrnis [= bewegliches Gut]; Fahrhabe**	ruchome mienie; ruchomości {Pl.}; idące imienie; imienie niestojące	hnuteľný majetok; hnuteľnosť	movitost; svršky {Pl.}; movitá věc	ruchome majno; ruchomist'
21	**Gastding; Gastgedinge; Gastgericht**	sąd gościnny	hosťovský súd; súd hostí	hostinný soud	gostynnyj sud
22	**Gericht**	sąd	súd	soud	sud

[8] Ebd., S. 191 f.
[9] Ebd., S. 240.
[10] Ebd., S. 240 f.

Nr.	*Deutsch*	*Polnisch*	*Slowakisch*	*Tschechisch*	*Ukrainisch*
23	**Gericht, oberstes**	sąd najwyższy	najvyšší súd	nejvyšší soud	verchovnyj sud
24	**Gericht einsetzen**	ustanowić sąd	ustanovit' súd	ustanovit soud	ustavnovljaty sud
25	**Gewohnheitsrecht**	prawo zwyczajowe	obyčajové právo; zvykové právo	obyčejové právo; zvykové právo	zvyčajeve pravo
26	**Lehen; Lehensgut**	lenno	léno; lénny majetok	léno; auch manský statek; manství	len(o)
27	**Lehen empfangen (besitzen)**	otrzymać (posiadać) lenno	prijat' (mat') léno	přijmouti (míti) léno	prijmaty (maty) len
28	**Lehnsmann; Lehnsträger; Lehnsnehmer**	leman; lenownik; wasal	lénnik; vazal	lenník; vazal; man	lennyk; lenovnyk
29	**Prozeßrecht**	prawo procesowe	procesné právo	procesní právo	pravo procesual'ne
30	**Recht**	prawo	právo	právo	pravo
31	**Recht, deutsches**	prawo niemieckie	nemecké právo	německé právo	pravo nimec'ke
32	**Recht, Magdeburger**	prawo magdeburskie/majdborskie	Magdeburské právo	Magdeburské právo	Mahdeburz'ke pravo
33	**Schöffe**	ławnik, ławnicy {Pl.}; przysiężnik, przysiężnicy {Pl.}	kmet'; konšel; prísažný (sudca)	kmet; laický soudce; přísedící	lavnyk, lavnyky {Pl.}
34	**Schöffenbank**	przysiężna ławica; ława ławników; ławnicza	lavica prísažných	lavice přísedících	lava sudovych zasidateliv
35	**Schöffengericht**	sąd ławniczy	prísažný súd	kmetský/ konšelský soud	sud sudovych zasidateliv
36	**Schöffenwahl**	wybór ławników	vol'ba prísažných	volba přísedících	vybir sudovych zasidateliv
37	**Stadtrecht**	prawo miejskie	mestské právo	městské právo	mis'ke pravo
38	**Stadtrechtsentlehnungen**	zapożyczenia prawa miejskiego	prevzatie (preberanie) mestského práva	převzetí (přebírání) městského práva	zapozyčennja mis'koho prava
39	**Vogt**	wójt	fojt; (zemský) správca; hradný správca; kastelán	fojt	vijt
40	**Willkür**	wilkierz	právo; právna zbierka	obecní práva {Pl.}; obecní řád	pravnyj zbir mistyny

2.3. Indices

2.3.1. Deutscher Index

2.3.2. Polnischer Index

2.3.2. Polnischer Index (Forts.)

2.3.3. Slowakischer Index

[11] Ebd., S. 240.
[12] Ebd., S. 191 f.
[13] Ebd., S. 240 f.

2.3.4. Tschechischer Index

2.3.5. Ukrainischer Index

2.3.5. Ukrainischer Index (Forts.) Nr. Nr.

II. Zweisprachiges deutsch-polnisches und polnisch-deutsches Wörterverzeichnis der Rechtstermini

Vorbemerkung

Das zweisprachige deutsch-polnische Wörterverzeichnis der Rechtstermini wie auch seine Umkehrung als polnisch-deutsches Verzeichnis wurden aus dem mehrsprachigen Wörterverzeichnis der Rechtstermini (s. o. *F.I.*) abgeleitet und stimmen mit diesem inhaltlich und strukturell weitgehend überein, ebenso in der Zielstellung als Übersetzungs- und Lesehilfe. Zur ausführlichen Information sei daher auf die Einleitung zum mehrsprachigen Wörterverzeichnis der Rechtstermini verwiesen, s. o. *F.I.1.*

– Ein ✧ kennzeichnet diejenigen Termini, die als Stichwort in der Materialbearbeitung, s. o. *E.III.2. Deutsch-polnische (frühneuhochdeutsch-altpolnische) kontrastive Wortanalyse*, enthalten sind und entsprechend bearbeitet werden.
– Bei der alphabetischen Einordnung des Wortschatzes bleiben diakritische Zeichen unberücksichtigt, z. B. *o, ó; l, ł; z, ż, ź* usw.
– Da auch Wörter aus der Allgemeinsprache in rechtssprachlicher Bedeutung gebraucht werden, geht der hier verzeichnete Wortschatz mitunter über die Grenzen eines eigentlichen Rechtsterminus hinaus.
– Im Deutschen steht der bestimmte Artikel beim jeweiligen Terminus. Tritt ein Attribut zum Substantiv, wird der Artikel weggelassen.
– Pluralformen werden nur in Ausnahmefällen genannt, besonders dann, wenn sie aus der Singularform nicht ohne weiteres abgeleitet werden können oder wenn Singular und/oder Plural in der Materialbearbeitung (*E.III.2.*) als Stichwort vorkommen, vgl. z. B. *Schöffe, der; Schöffen, die // ławnik, ławnicy* {Pl.}; *przysiężnik, przysiężnicy* {Pl.}.
– In Einzelfällen wird im Anschluß an den deutschen Terminus auch der lateinische genannt.

– Grammatische Angaben, die, ebenso wie in den übrigen Teilen der Bearbeitung, in geschweiften Klammern { } stehen, erfolgen nur, wenn das Wort (der Terminus) ohne Kontextangabe hinsichtlich Genus oder Numerus nicht eindeutig ist, vgl. z. B. *Adlige, die* {Koll.}; *Angeklagte, die* {fem. Sg.}.
– Semantische Bezüge zwischen dem deutschen und dem polnischen Terminus (z. B. Negation) werden durch Kursivschrift hervorgehoben, z. B. treu*los* // *nie*wierny oder *un*frei // *nie*wolny.
– In eckigen Klammern [=] stehen Erklärungen, z. B. *Allodium, das [= lehensfreier Grundbesitz].*
– In runden Klammern ( ) stehen Zusätze, mitunter auch Varianten, z. B. *ablegen (Eid) // przysięgać; złożyć/składać (przysięgę).*
– Der einfache Schrägstrich / faßt Ausdrücke zusammen, die sich teilweise wiederholen, z. B. dt. *Ablösung, die //* poln. *zwolnienie; ulga/oddzielenie/wydzielenie (majątkowe).*
– Der Hinweis auf das Altpolnische (*staropol.*) bezieht sich immer nur auf das unmittelbar zuvor genannte Wort.

In den zweisprachigen Wörterverzeichnissen verwendete Abkürzungen

fem.	femininum
jmd.	jemand
Koll.	Kollektivum
Pl.	Plural
Sg.	Singular
staropol.	staropolski

1. Deutsch-polnisches Wörterverzeichnis der Rechtstermini

A

Abdankung, die — abdykacja
Abgaben, die — podatki; daniny; ciężary
Abgabenfreiheit, die — wolność od ciężarów państwowych/publicznych
Abkommen, das; Übereinkunft, die; gütliche Einigung, die — ugoda; ugoda majątkowa
ablegen (Eid) — przysięgać; złożyć/składać (przysięgę)
Ablegen des Eides — złożenie przysięgi
Ablösung, die — zwolnienie; ulga; oddzielenie/wydzielenie (majątkowe)
Ablösung des Eides — zwolnienie z przysięgi
finanzielle Ablösung der körperlichen Strafe — zamiana kary cielesnej na pieniężną
Absage, die; Fehde, die — odpowiedź; wróżda
Abschneiden, das — obcięcie
Abschneiden der Hand/des Ohres/der Zunge — obcięcie ręki/ucha/języka
Abschreckung, die — odstraszenie
Acht, die — zesłanie; banicja; wygnanie
Adel, der — szlachta
Adlige, die {Koll.} — szlachta; szlachcice
Alimentierungsvertrag, der — umowa o alimenty
Allodium, das [= lehensfreier Grundbesitz] — allodium; własność alodialna
Ältester, der — przysiężny; mistrz przysiężny; starszy ławnik; rajca
Amt, das — urząd
ein Amt bekleiden — sprawować urząd
Amtseinsetzung, die — wprowadzenie na urząd; inwestytura
Amtsverlust, der — utrata urzędu
Anefang, der [= rechtsförmliches Anfassen einer abhanden gekommenen und wieder gefundenen beweglichen Sache unter gleichzeitiger Behauptung eines besseren Rechts an dieser] — dotknięcie; (po)chwycenie
Anfrage, die; Bitte, die — (za)pytanie; prośba
anfragen — zapyt(yw)ać
Anfragesteller, der — pytający
Anfrageverkehr, der — przesłuchanie
Angeklagte, die; Angeschuldigte, die {fem. Sg.} — oskarżona; obwiniona; pozwana
Angeklagter, der; Angeschuldigter, der — oskarżony; obwiniony; pozwany
Anklage, die — oskarżenie
anklagen — oskarżyć, oskarżać
Ankläger, der — oskarżyciel
Anlaß, der — powód, okazja
Anleihe, die — pożyczka
Ansprache, die [= jmd. vor Gericht ansprechen] — wezwać kogoś do sądu; pozwać/oskarżać przed sądem
✧ **Antwort, die** — odpowiedź
✧ **antworten** — odpowiadać
✧ **Antworter, der** — odpowiadający; pozwany; sąpierz (staropol.)
Anwalt, der — zastępca/pełnomocnik procesowy
Anwartschaft, die (auf) — pretensje (do); roszczenia (do)
Appellation, die — apelacja
Appellationsgericht, das — sąd apelacyjny
Appellationsinstanz, die — instancja apelacyjna

Arrestprozeß, der — proces o areszt, proces w sprawie aresztu, proces zabezpieczający roszczenia
Augenschein, der — oględziny
Augenschein, gerichtlicher — oględziny sądowe
Augenscheinbeweis, der — naoczny dowód
Augenzeuge, der — świadek naoczny
Aussageerpressung, die — wymuszenie zeznań
Ausfertigung von — sporządzenie (przez)
Ausgaben, die — wydatki
Ausreißen der Zunge, das — wyrwanie języka
Aussage, die — zeznanie
aussagen unter Eid — zezn(aw)ać pod przysięgą
Aussteuer, die; Ausstattung, die — wyprawa; posag
Ausweisung, die — skazanie na karę proskrypcji
Ausweisung aus der Stadt, die — wydalenie/wygnanie z miasta; wyświecenie

B

✧ **Bank, die**; s. auch *Schöffenbank* — ławica (staropol.); ława
✧ **Bank, gehegte** — sąd gaj(o)ny (staropol.); ława gajona (staropol.)
✧ **Bank, ohne die** — ławice, bez (staropol.); ławy, bez; bez postępowania sądowego
Bann, der — wyklęcie; wyjęcie spod prawa; banicja; infamia
Bannmeile, die; Bannkreis, der — okręg sądu
Bauer, der — chłop; rolnik; wieśniak; gospodarz
Bauernmeister, der — sołtys; starosta; włodarz
Befehl, der — rozkaz
begaben (mit einem Privileg) [= mit Vorrechten ausstatten] — obdarzyć/obdarzać (przywilejem); wyposażyć w przywileje
✧ **begaben; (be)morgengaben; beschenken** — wianować; wyposażyć; (po)obdarować
✧ **Begabter, der** — ten, komu dano; obdarowany
begnadigen — ułaskawić
Begnadigung, die — ułaskawienie
Begnadigung, königliche — ułaskawienie przez króla
Begraben bei lebendigem Leib, das — pogrzebanie żywcem
Beispruchsrecht, das — prawo bliższości
✧ **beklagen** — żałować (staropol.); skarżyć
Beklagter, der — ożałowany (staropol.); pozwany; obwiniony; oskarżony
✧ **beklagter Mann, der** — ożałowany człowiek
belehnen — dać w lenno; nad(aw)ać lenno
jmd. mit Gütern (mit einem Land) belehnen — nadać komuś dobra (kraj) jako lenno
sich von einem Lehnsherren belehnen lassen — wziąć lenno od seniora
Belehner, der — lennodawca; pan lenny; senior
Belehnter, der; s. auch *Leh(ens)mann* — leman (staropol.); lenownik (staropol.); wasal
Belehnung, die — nadanie lenna; inwestytura
Beleidigung, die; Beschimpfung, die — słowa obelżywe (staropol.); zniewaga; obraza

beleidigen — ubliżać, ubliżyć; obrażać, obrazić
Benefizium, das — beneficjum
Bereicherung, *un*gerechtfertigte — wzbogacenie, *bez*podstawne
Berufung, die — odwołanie; apelacja
Berufung gegen Urteile von Gerichten niederer Instanz einlegen — złożyć apelację od wyroków sądów niższej instancji
Berufungsgericht, das — sąd apelacyjny/odwoławczy
✧ **beschirmen** — bronić
Beschlagnahme, die — areszt (staropol.); zajęcie
Beschluß, der — postanowienie; decyzja
besiegeln (im Brief) — przypieczętować; opatrzyć pieczęcią
Besitz, der — dzierżenie; posiadanie
Bestätigung der Rechte — potwierdzenie praw
Bestrafung, die — strofowanie; karanie; ukaranie
beugen (Recht) — naginać, nagiąć (prawo)
Beugestrafe, die — kara porządkowa
beweglich — ruchomy
Beweis, der — dowód
Beweis nach dem Toten/nach toter Hand — dowód z trupa/z umarłej ręki
beweisbar, nachweislich — do udowodnienia
✧ **beweisen** — przypowiadać (staropol.); dowodzić, dowieść; udowodnić; przeprowadzić dowód
Beweisfrist, die — termin dowodu
Beweisführung, die — przeprowadzenie dowodu
Beweisinterlokut, das — postanowienie dowodowe; interlokut dotyczący dowodu
Beweiskraft, die — siła dowodu
Beweislast, die — ciężar dowodu
Beweismittel, das — środek dowodowy
Beweisrecht, das; Beweisführungsrecht, das — prawo dowodowe; pierwszeństwo do dowodu
Beweisstück, das — dowód rzeczowy
Beweisurteil, das — wyrok na dowód
Beweisverfahren, das — postępowanie dowodowe
✧ **bezeugen** — (po-, za)świadczyć
Biergelde, der [= Abgabepflichtiger] — chłop poddany; chłop osiadły na gruncie
✧ **Biermahl, das** [= Mahlzeit mit Bier] — posiłek z piwem
Bilderhandschrift, die — rękopis iluminowany
bitten — prosić
Bitte, die — prośba
Bitte um Rechtsweisungen — prośba o pouczenie prawne
Blutrache, die — krwawa zemsta; wendeta
Blutrichter, der — sędzia karny
Bluturteil, das — wyrok kryminalny
Brandmal, das — piętno
Brandmarkung, die — piętnowanie
Brandstiftung, die — podpalenie
✧ **Brief, der** — list
Brief und Siegel — list i pieczęć
Buch, das — książka
Buchstabe, der — litera
nach dem Buchstaben des Gesetzes — według litery prawa
buchstabengetreu — zgodny z literą prawa/z treścią; dosłowny
✧ **Bürge, der** — odpowiednik (staropol.); poręczyciel; rękojemca
Burgding, das — sąd położony; rok, pewny (staropol.)
Bürgschaft, die — poręczenie; rękojmia
Bürger, die — obywatele miejscy; mieszczanie

Bürgermeister, der — bur(g)mistrz (staropol.)
Bürgerschaft, die — mieszczaństwo
✧ **Burggraf, der** — burgrabi(a) (staropol.)
Burggrafenamt, das — urząd burgrabiego

C

compositio [= Vergleich mit der streitenden Partei] — kompozycja; ugoda stron

D

Darlehen, das — pożyczka
Delikt, das — delikt; czyn karalny; przestępstwo
Deliktsrecht, das — prawo deliktów; prawo karne
deutschrechtlich — zgodny z prawem niemieckim; pochodzący z prawa niemieckiego
✧ **Dieb, der** — złodziej
Diebstahl, der — kradzież
✧ **Diener, städtischer** — sługa, miejski
Dienst, der — służba
Dienstbote, der — sługa
Dienstmagd, die — służąca
Dienstmann, der — służący
Dienstrecht, das — prawo służebne
✧ **Ding, das** — sąd
Ding, echtes — sąd wyłożony (staropol.)
✧ **Ding, gehegtes** — sąd, (za)gaj(o)ny (staropol.)
Ding, nicht hegen — sądu, nie gaić (staropol.)
im gehegten Ding — w sądzie gajonym (staropol.)
✧ **Ding zusammenbringen** — sąd zebrać
Dingberg, der — wzgórze sądowe
✧ **dingen** — sędzić; prawować (staropol.); sądzić
Dingpflicht, die — obowiązek uczestniczenia w sądzie
Dingstätte, die — miejsce posiedzeń sądu
Dingtag, der; Gerichtstag, der; Dingzahl, die [= Gerichtstag] — dzień sądowy; dzień sądu
✧ **Dingtag, rechter** — dzień położony (staropol.)
✧ **Dingtag, an einem rechten** — dzień położony, na (staropol.)
Dorfgericht, das — sąd sołtysi; sąd wiejski
Dreißigste, der — 30 dni od śmierci sprawcy

E

✧ **ebenbürtig (sein)** — (być) równy urodzeniem/stanem
Ebenbürtigkeit, die — równość urodzeniem
echt [= echt, ehrlich] — prawdziwy; uczciwy
Ehe, die — małżeństwo; związek małżeński
Eheaufhebung, die — u*nie*ważnienie małżeństwa
Ehebrecher, der — łamiący wiarę małżeńską; cudzołożnik
Ehebrecherin, die — łamiąca wiarę małżeńską; cudzołożnica
Ehebruch, der — zdrada małżeńska; cudzołóstwo

Ehefähigkeit, die — zdolność do zawarcia małżeństwa
Ehefrau, die — żona
Ehegatte, der — małżonek
Ehegesetz, das — ustawa o małżeństwie
Ehegüterrecht, das — prawo małżeńskie majątkowe
Ehehindernisse, die — przeszkody do zawarcia małżeństwa
ehelich — małżeński(e); z prawego łoża (staropol.); pochodzący ze związku małżeńskiego
✧ **ehelich (geboren sein)** — rodu, małżeńskiego; urodzon z małżeństwa/prawego łoża
Eherecht, das — prawo małżeńskie
Ehering, der — obrączka (ślubna)
Ehescheidung, die; Ehetrennung, die — rozwód
Eheschließung, die — zawarcie małżeństwa
Ehevertrag, der — umowa o małżeństwo
Ehre, die — cześć; godność; honor
ehrlich — uczciwy (-ie)
ehr*los* [Person] — pozbawiony czci/(honoru)
ehr*los* [Tat] — *ni*kczemny (czyn); *bez*ecny
ehr*los* [handeln] — *ni*kczemnie {Adv.}
Ehr*los*igkeit, die [= Mangel an Ehre] — brak honoru
Ehr*los*igkeit, die [= Schlechtigkeit des Verhaltens] — *ni*kczemność
Ehrlose, die {fem. Sg.} — pozbawiona czci
Ehrloser, der — pozbawiony czci
Ehrverletzung, die — naruszenie czci
Ehrverlust, der — utrata honoru
✧ **Eid, der** — przysięga; przyrzeczenie
Eid, unter — przysięgą, pod
Eid leisten — składać/(złożyć) przysięgę
an Eides statt — zamiast przysięgi; w miejsce przysięgi
Eid einer Partei zusprechen — przysięgę obiecać/(przyznać) stronie
Eidesformel, die — rota, roty {Pl.}; przysięgi
Eid(es)helfer, der — prawidlnik (staropol.); (współ)przysiężnik
Eigen [= Eigentum] — własność
Eigengut, das — majątek własny
Eigentum, das — własność
✧ **Eigentum, stehendes** — imienie (staropol.), stojące; mienie, nieruchome
Eigentum zu gesamter Hand — własność pospólnej ręki
Eigentümer, der — właściciel
Eigentumsrecht, das — prawo własności
einheimisch — krajowy; tutejszy; swojski; miejscowy
Einlager, das — załoga
einmischen, sich — ingerować; łączyć się
Einmischung, die; Eingriff, der — ingerencja; łączenie się
Eintragungen von Rechtsakten — wprowadzenie aktów prawnych
Einwohnerschaft, die — mieszkańcy
Entführung, die — uprowadzenie
enthaupten — ścinać
Enthaupten, das; Enthauptung, die — ścięcie
Entscheid, der; Entscheidung, die — decyzja; rozstrzygnięcie; orzeczenie
entscheiden — rozstrzygnąć, rozstrzygać; zadecydować
Erbberechtigung, die — uprawnienie/prawo do spadku; zdolność bycia spadkobiercą
✧ **Erbe, das** — spadek; dziedzictwo; spuścizna; imienie (staropol.)
✧ **Erbe, der; Erbfolger, der** — spadkobierca; dziedzic
✧ **Erbe, mütterliches** — macierzyzna (staropol.); spadek po matce

✧ **Erbe, väterliches** — ojcowizna; spadek po ojcu

erben — (o)dziedziczyć; przejąć w spadku; otrzym(yw)ać w spadku

Erbfähigkeit, die — zdolność dziedziczenia

Erbfolge, die — kolejność dziedziczenia/powołania do spadku

Erbfolge, gesetzliche — ustawowa kolejność powołania do spadku

Erbfolgerecht, das — prawo następstwa do spadku

Erbgewohnheiten, die — zwyczaje spadkowe

Erbgut, das — majątek spadkowy; dziedzictwo

Erblasser, der — spadkodawca; testator

Erblehen, das — lenno, dziedziczne

Erbleihe, die; Erbpacht, die — dziedziczna dzierżawa; dziedziczne dzierżenie

Erbleihe, freie — dziedziczna dzierżawa

erblich — dziedziczny

Erblösung, die, lat. ius retractus — prawo retraktu; prawo bliższości

Erbrecht, das — prawo spadkowe/dziedziczenia; prawo do spadku

Erbrecht, gesetzliches — ustawowe prawo do spadku

Erbrecht, im — w prawie spadkowym

Erbschaft, die — spadek

Erbschultheiß, der — sołtys, dziedziczny

Erbteil, das — udział spadkowy; część spadku/spadkowa

Erbteilung, die — podział spadku

Erb*un*würdigkeit, die — *nie*godność dziedziczenia

Erbverfahren, das — postępowanie spadkowe

Erbvertrag, der — umowa spadkowa

✧ **Erbvogt, der** — wójt, dziedziczny

Erlaß, der — dekret; rozporządzenie

Erlaubnis, die — pozwolenie; zezwolenie

erlauben — pozwolić; zezwolić

Erlösung, die — wybawienie; wyzwolenie

Ertränken, das — utopienie

Erzbischof, der — arcybiskup

Eventualmaxime, die — zasada ewentualna

F

Fahne, die — chorągiew (sztandar); oddział wojska

Fahrnis, die [= bewegliches Gut]; **Fahrhabe, die** — mienie, ruchome; ruchomości {Pl.}; idące imienie; imienie niestojące

Fall, der [= jur.] — sprawa; kazus

fälschen — fałszować

Fälscher, der — fałszerz

Fälscherei, die — fałszerstwo

Fälscherin, die — fałszerka

Fälschung, die — fałszowanie; fałszerstwo

Familie, die — rodzina

Familienoberhaupt, das — głowa rodziny

Fehde, die [= Vergeltung] — wróżda

Fehdegeld, das — okup

feudal — feudalny; lenny

Feudalgesellschaft, die — społeczeństwo feudalne

Feudalrecht, das — prawo feudalne; prawo lenne

Feudalwesen, das — system feudalny

Folter, die — tortury; kaźń

Folterkammer, die — męczennica (staropol.); miejsce kaźni/tortur; katownia

✧ **fordern** — fordrować (staropol.); fołdrować (staropol.); wystąpić z oskarżeniem; oskarżać, skarżyć

✧ **(Recht) fordern** — fołdrować (prawa) (staropol.); żądać prawa

✧ **(Schulden) fordern** — fołdrować (długi) (staropol.); domagać się zwrotu; dochodzić długu

Forderung, die — fołdrowanie (staropol.); żądanie; roszczenie

Frachtvertrag, der — umowa przewozu

Frage, die — (za)pytanie

fragen — pytać

Frau, die — kobieta

Frau, schwangere — kobieta, ciężarna

frei — wolny

Freie, die — wolna kobieta

Freier, der — wolny człowiek

Freibrief, der — list żelazny; glejt

Freiheit, die — wolnizna; wolność

Freiheitsentzug, der — pozbawienie wolności

Freiherr, der — wolny rycerz; baron

Fremder, der — obcy

Freund, der — krzewny; przyjaciel

Friede, der — pokój

Friede, gestörter — pokój, naruszony

der durch ein Verbrechen gestörte Frieden — pokój naruszony przestępstwem

Frieden wiederherstellen — pokój przywrócić

Wiederherstellung des Friedens — przywrócenie pokoju

✧ **Friedensbrecher, der** — złomca miru; ten, co mir słomił (staropol.); przestępca; sprawca złamania pokoju; ten, który złamał pokój

Friedensbruch, der — złamanie/naruszenie/pogwałcenie pokoju

Friedensgeld, das — kara za naruszenie miru

Friedensordnung, die — zarządzenie o pokoju

✧ **fried*los*** — *bez*mirny (staropol.); wyjęty/wywołany spod prawa

✧ **Frist, die** — fryst (staropol.), fryszt (staropol.); dylacja

✧ **Fro(h)n, die** — kłoda (staropol.); pańszczyzna

✧ **(Frohn-)Bote, der; Büttel, der; Landsknecht, der** — (pospolny) poseł (staropol.); poseł (wójtowski); sługa przysiężny; woźny sądowy

Fürsorge, die; Schutz, der — opieka

✧ **Fürsprecher, der; Vorsprecher, der** — orędownik (staropol.); rzecznik; opiekun; prawidlnik (staropol.)

Fürst, der — książę

Fürst, geistlicher — książę duchowny

Fürst, weltlicher — książę świecki

Fürstentum, das — księstwo

G

✧ **Gabe, die** — dawanie

Galgen, der — szubienica

✧ **Gast, der** — gość

Gastding, das; Gastgericht, das — sąd gościnny (staropol.)

Gebärde, die — ruch; gest

Gebühr, die — opłata

✧ **Gefangener, der** — więżień; uwięziony

✧ **Gefangenschaft, die; Gefangennahme, die** — jeństwo (staropol.); niewola

Gefängnis, das — więzienie

Gefängnisstrafe, die — kara więzienia

Gefolgschaft, die — posłuszeństwo

Gegenstand des Streites — przedmiot sporu

Geisel, die — rękojemca

Geiselnahme, die — rękojemstwo
geisteskrank — umysłowo chory
Geisteskranker, der — umysłowo chory
Geisteskrankheit, die — choroba umysłowa
geistlich — duchowny
Geistlicher, der — duchowny
Geistlichkeit, die — duchowieństwo
✧ **Geld, das** [= Geld, Zahlung, Entschädigung] — pieniądz(e); zapłata; odszkodowanie
Geldbetrag, der — suma pieniędzy
Geldbuße, die — grzywna; kara pieniężna
Geldschuld, die — dług pieniężny
Geldstrafe, die — kara pieniężna
Geleit, das — glejt (staropol.)
Geltungsbereich des Rechts — obszar/(zasięg) działania prawa
✧ **Gerade, die** — gier(a)da (staropol.); groda (staropol.); wyprawa; szczebrzuch (staropol.)
gerecht — sprawiedliwy
Gerechtigkeit, die — sprawiedliwość
✧ **Gericht, das**; s. auch *Ding* — sąd
Gericht einsetzen — ustanowić sąd
Gericht erster Instanz; erstinstanzliches Gericht — sąd pierwszej instancji
Gericht, geistliches — sąd duchowny
Gericht, grundherrliches — sąd pański
Gericht hegen — (za)gaić sąd (staropol.); zagaić/otworzyć posiedzenie sądu
✧ **Gericht, höchstes** — sąd wyższy
Gericht niederer Instanz — sąd niższej instancji
Gericht, oberstes — sąd najwyższy
Gericht, weltliches — sąd świecki
✧ **Gericht, vor** — przed (gajnym) sądem
✧ **vor Gericht bringen** — przed sąd przywieść
✧ **vor Gericht laden; vorladen (vor Gericht)** — wezwać przed sąd; wzywać do sądu
vor Gericht stellen — stawiać przed sąd
Gerichtsbarkeit, die — sądownictwo; jurysdykcja
Gerichtsbarkeit, höhere — sądownictwo wyższe
Gerichtsbarkeit, oberste — sądownictwo najwyższe
Gerichtsbeweis, der — dowód sądowy
Gerichtsbote, der; s. auch *(Frohn)Bote* — woźny sądowy
✧ **Gerichtsbrief, der** — pismo sądowe
Gerichtsbuch, das; Rechtsbuch, das — księga sądowa; księga prawa
Gerichtsbuße, die — grzywna sądowa
Gerichtsgebühr, die — opłata sądowa
Gerichtsgewalt, die — władza sądowa
Gerichtshof, der — sąd; trybunal
Gerichtsinstanz, niedrigste — najniższa instancja sądowa
Gerichtskosten, die — koszty sądowe
Gerichtsordnung, die — regulamin sądowy
Gerichtspraxis, die — praktyka sądowa
Gerichtsprotokolle, die — protokoły sądowe
Gerichtsrecht, das — prawo sądowe
Gerichtssache, die — sprawa sądowa
Gerichtsschreiber, der — pisarz sądowy
Gerichtstag, der; Dingtag, der; Dingzahl, die [= Gerichtstag] — dzień sądu; dzień sądowy
Gerichtstermin, der — termin (rozprawy)
Gerichtsurteil, das — wyrok sądowy
Gerichtsverfahren, das — postępowanie sądowe; procedura sądowa
Gerichtsverfassung, die — ustrój sądownictwa
Gerichtsverhandlung, die — rozprawa sądowa
Gerichtsverhandlung, bei der — podczas rozprawy sądowej

Eröffnung einer Gerichtsverhandlung — (za)gajenie/otwarcie rozprawy sądowej
im Laufe der Gerichtsverhandlung und der Beweisführung — w przebiegu postępowania sądowego i dowodowego
eine nach den Regeln des Magdeburger Rechts richtig eröffnete Gerichtsverhandlung — otwarcie/(zagajenie) sądu zgodnie z zasadami prawa magdeburskiego
Gerichtswesen, das — sądownictwo
Gerichtszeuge, der — świadek w sądzie; świadek sądowy
Gerichtszeugnis, das — świadectwo sądowe
Gerichtszuständigkeit, die — właściwość/(kompetencja) sądu
✧ **Gerüft, das** [=Notruf] — krzyk
✧ **Gerüft, mit** — z krzykiem
Gesamthand, die — ręka pospólna (staropol.)
Geschädigter, der — poszkodowany
Geschäft abschließen — zamykać sprawę
Geschäftsfähigkeit, die; Handlungsfähigkeit, die — zdolność do czynności prawnych
geschehen; sich ereignen — zdarzać się, zdarzyć się
Geschworener, der — sędzia przysięgły; starszy mistrz
Geschworenenbank, die; s. auch *Schöffenbank* — sąd ławniczy
Geschworenenprozeß, der — postępowanie w sądzie ławniczym
Geselle, der — czeladnik
Gesellschaftsrecht, das — prawo spółek handlowych
Gesetz, das — ustawa
gesetzlich — ustawowy
Gesetzbuch, das; Kodex, der; Gesetzbücher, die — księga praw (staropol.); kodeks
Gesetzesänderung, die — zmiana ustawy
Gesetzeskraft, die — moc ustawy
Gesetzessammlung, die — zbiór ustaw
Gesetzesumgehung, die — obejście ustawy
gesetzwidrig — sprzeczny z ustawą; nielegalny
Gesetzgeber, der — ustawodawca
gesetzt — postanowiony; ustanowiony; orzeczony
Gewähr, die — rękojmia; poręka; gwarancja
Gewährung, die — poręczenie
✧ **Gewalt, die** — gwałt; władza
✧ **Gewalt, mit** — gwałtownie; z siłą; z użyciem siły
Gewalt, gesetzgebende (richterliche/ ausführende, ausübende) — władza ustawodawcza (sądownicza/wykonawcza)
Gewalt, öffentliche — władza publiczna
✧ **Gewere, die**, lat. possesio — gwar; obrona; opieka; dzierżenie
✧ **Gewere, in seine (nehmen)** — (wziąć) w jego obronę/w swą opiekę
✧ **Gewere, in seiner** — w jego obronie
✧ **Gewere, *nicht* in seiner** — *nie* w jego obronie
Gewerberecht, das — prawo przemysłowe
✧ **Gewette, das** [=Bußgeld] — wina; (g)wet (staropol.); grzywna
Gewohnheitsrecht, das — prawo zwyczajowe
Gläubiger, der — wierzyciel
Gleichbehandlung, rechtliche — równe traktowanie (wobec prawa)
Gleichheit, die (vor Gott) — równość (przed Bogiem)
Glossator, der; Glossatoren, die — glosator, glosatorzy {Pl.}
Glosse, die — glosa

Glossierung, die — glosowanie
Gnade, die — łaska
Gotteslehen, das — lenno kościelne/duchowne
Gottesurteil, das — sąd boży
Grenze, die — granica
Grenzzeichen, das — znak graniczy
Großhändler, der — hurtownik
Grundherr, der — pan gruntowy
grundherrlich — pański
Grundherrschaft, die — władztwo gruntowe; własność ziemska; dominium
Gründer, der; Stifter, der — założyciel; fundator
Gründerin, die — założycielka
Gründung, die — założenie
Gründungsprivileg, das — przywilej lokacyjny
Gründungsrecht, das — prawo lokacji
Gründungsurkunde, die — dokument lokacyjny
✧ **Gut, das; Habe, die; Vermögen, das** — imienie (staropol.); dobra; majątek
Güter- und Erbrecht, eheliches — małżeńskie prawo majątkowe, spadkowe
Güterrecht, das — prawo majątkowe
im ehelichen Güterrecht — w prawie małżeńskim majątkowym
güterrechtlich — prawno-majątkowy
Gütertrennung, die — rozdzielność majątkowa (między małżonkami)

H

Haarabschneiden und Stäupen, das — obcięcie włosów i chłosta
(Haar-)Scheeren, das; Haarschur, die — postrzyżyny
✧ **Habe, fahrende; Habe, bewegliche; Fahrhabe; Gut, fahrendes; Gut, bewegliches** — imenie (staropol.) idące; imenie *nie*stojące (staropol.); dobra ruchome; ruchomości
✧ **Habe, *un*bewegliche; Habe, stehende; Gut, liegendes; Liegenschaft** — imienie (staropol.) stojące; imienie (staropol.) *nie*idące; dobra (ziemskie); dobra *nie*ruchome; *nie*ruchomości
Haft, die — areszt
Haft, *un*gerechtfertigte — areszt, *bez*podstawny
Haftung, die — poręka
Hals, der — gardło
Halsgerichtsverfahren, das — proces kryminalny
Halsstrafe, die — kara na gardle (staropol.); kara śmierci
✧ **Hand, die** — ręka
✧ **Hand, mit gewappneter** — z bronią; ręką, bronną (staropol.)
✧ **Hand, mit seiner, ihrer** {fem. Sg.}, **meiner einen** — jedną ręką; swą ręką; własną ręką
Hand, tote — ręka, martwa (staropol.)
✧ **Hand, nach toter** — po umarłej ręce
Handabhauen, das — kara obcięcia ręki
Handgebärde, die — wyrażenie czegoś dla prawa istotnego przy pomocy ręki
handhaft; s. auch *handhafte Tat* — na gorącym uczynku
Handel, der — handel
Handelsrecht, das — prawo handlowe
Handels- und Gesellschaftsrecht, das — prawo handlowe i prawo spółek
Handelsverkehr, der — stosunki handlowe; obrót handlowy
Handelsvertrag, der — umowa handlowa
Händler, der — handlarz; kupiec
Handschrift, die — rękopis; pismo odręczne

handschriftlich — odręczny; na piśmie; pisemny
Handwerker, der — rzemieślnik; rękodzielnik
Handwerkerrecht, das — prawo rzemieślnicze
Handwerkerzunft, die — cech rzemieślniczy
(auf)hängen — wieszać, wisieć
Hängen, das — powieszenie
Hausfriede, der — mir (staropol.)/(pokój) domowy
Hausfriedensbruch, der — naruszenie miru (staropol.)/(pokoju) domowego
He(e)rgewäte, das — hergewet (staropol.); rynsztunek zbrojny mężczyzny
Heer, das — wojsko
Heerdienst, der — obowiązek służby wojskowej
Heerschild, der — tarcza lenna; stopień w hierarchii lennej
Heerschildordnung, die — hierarchia lenna
Heersteuer, die — podatki na wojsko
Heiliger, der — święty
Henker, der — kat
Herr, der — pan; władca
✧ **Herrenlehen, das** — lenno książęce
Hirte, der — pastuch; pasterz
Hochadel, der — arystokracja; wyższa szlachta
Hochgerichtsbarkeit, die, lat. causae maiores; peinliche Gerichtsbarkeit — sądownictwo wyższe
Hochverrat, der — najwyższa zdrada; zdrada stanu
Hochverräter, der — zdrajca stanu
Hochverratsprozeß, der — proces o zdradę stanu
Hof, der — dwór; zagroda
Hof, fürstlicher — dwór książęcy
Hof, königlicher — dwór królewski
Hofgerichtsbarkeit, die — sądownictwo książęce/(królewskie); sądownictwo karne
Hofrecht, das — prawo dworskie
Hofrichter, der — sędzia dworski
Hulde schwören — składać hołd

I

Immunität, die — immunitet
Immunität, gerichtliche — immunitet sądowy
Instanz, die — instancja
Instanz, höchste — instancja, najwyższa
Instanz, höhere/obere — instancja, wyższa
Instanz, untere — instancja, niższa
Institution, die — instytucja
Institutionen, deutschrechtliche — instytucje prawa niemieckiego
Inventare, amtliche — spisy urzędowe

J

Jagdrecht, das — prawo łowieckie
Jahr, das — rok
✧ **Jahr und Tag** — rok i dzień
Jahr und Tag, vor — przed rokiem i dniem
binnen Jahr und Tag — w ciągu roku i dnia
binnen seinen Jahren/Tagen — w czasie swych lata sprawnych (staropol.)
✧ **zu seinen Jahren kommen** — przyć ku swym latom {Dativ Pl.} (staropol.); dojść do swych lat; osiągnąć dojrzałość

Jahrmarkt, der — jarmark
Jude, der — Żyd
Jurist, der — prawnik

K

Kaiser, der — cesarz
Kaisergesetze, die — ustawy cesarskie
kaiserlich — cesarski
Kaiserrecht, das — prawo cesarskie
Kaiserreich, das — cesarstwo
Kaiserwahl, die — wybór/(elekcja) cesarza
Kaltwasserordal, das — próba zimnej wody
✧ **kampf(es)würdig (sein)** [von Wunden] — godny pojedynku sądowego (staropol.)
Kanzlei, die — kancelaria
(An-)Kauf, der — kupno
Käufer, der — kupujący; nabywca
Kaufkammerrecht, das — prawo izby kupieckiej
Kaufmann, der; Kaufleute, die — kupiec, kupcy
Kaufmannschaft, die — kupiectwo
Kaufmannsgericht, das — sąd kupiecki
Kaufmannsrecht, das — prawo kupieckie
Kaufvertrag, der — umowa kupna
Kette, die — łańcuch
Kind, das — dziecko
Kind, mündiges — dziecko, dorosłe
Kind, *un*eheliches — dziecko, *nie*ślubne (staropol.); dziecko, pozamałżenskie
Kind, *un*mündiges — *nie*dorosłe albo co *nie* ma lat dziecko (staropol.); *nie*letnie dziecko
✧ **Kinder, die** — dzieci
✧ **Kinder, *un*mündige** — dzieci *nie*dorośli; dzieci, co lat *nie* mają (staropol.); dzieci nieletnie
Kirchenbann, der — ekskomunika
Klage, die (gegen jmd.) — skarga (przeciw komuś)
Klageerhebung, die — wniesienie skargi
Klage wegen etwas — skarga o coś
klagen — poz(y)wać; skarżyć, oskarżać
✧ **Kläger, der** — skarżący; powód; ten, co żałował (staropol.)
Kleinhändler, der — drobny kupiec
Knecht, der — pachołek; knecht
Knechtschaft, die {Koll.} — pachołkowie; knechci
Kolonisation zu deutschem Recht — kolonizacja na prawie niemieckim
König, der — król
Königsbann, der — wyjęcie spod prawa prze króla; infamia królewska
Königsfrieden, der — pokój królewski
Königsgericht, das — sąd królewski
Königswahl, die — wybór/(elekcja) króla
Konstitution(en), die — konstytucja (-e)
Körperverletzung, die — uszkodzenie ciała; zranienie
Körperverletzung, wegen — z powodu uszkodzenia ciała/zranienia
✧ **Kraft, die** — moc
Kuppelei, die — stręczycielstwo
Kupplerin, die — stręczycielka
Kurfürst, der — książę elektor
Kurfürstentum, das — elektorstwo
kurfürstlich — elektorski

L

✧ **Landding, das; Landgericht, das** — prawo, ziemskie (staropol.); sąd ziemski
Landesordnung, die — ordynacja krajowa

Landfriede, der — pokój ziemski
✧ **Landrecht, das** — prawo ziemskie
Landvogt, der — landwójt
Landvogtei, die — landwójtostwo
Lehen, das; Lehensgut, das, lat. feudum — lenno
Lehen- [= zum Lehen gehörig] — lenny
ein Lehen empfangen (besitzen) — otrzymać (posiadać) lenno
belehnen; jmd. etwas zum/(als) Lehen geben — (na)dać (w) lenno; dać majątek w lenno
jmd. etwas zum/(als) Lehen geben; jmd. belehnen — komuś coś oddać w lenno
Lehen, verwirktes — lenno utracone
Lehngraf, der — hrabia; wasal albo senior lenny
lehnbar — mający zdolność lenną (człowiek); rzecz mogąca być przedmiotem lenna
Lehnbarkeit, die — leństwo (staropol.); lenność
✧ **Lehnrecht, das** — prawo leńskie (staropol.)/lińskie (staropol.)/lenne
Lehnrechtsbuch, das; Lehnregister, das — księga lenna, księgi lenne; spisy lenne
Lehnsbrief, der — dokument lenny; kontrakt lenny
Lehnsdienst, der — służba lennicza/(lenna)
Lehnseid, der — przysięga lennicza/(hołdownicza)
Lehnseid leisten — złożyć przysięgę hołdowniczą
Lehnserbe, das — lenno dziedziczne
Lehnserneuerung, die — odnowienie lenna
Lehnsfähigkeit, die — zdolność lenna
Lehnsfolge, die — następstwo lenne
lehnsfrei — alodialny; *nie*lenny
Lehnsgebräuche, die — zwyczaje lenne
Lehnsgericht, das — sąd leński
Lehnsgesetze, die — ustawy lenne
Lehngut, das — dobra lenne {Pl.}
Lehnsherr, der; Lehnsgeber, der; Belehner, der — pan lenny; senior
Lehnsherrschaft, die — władztwo lenne
Lehnskuß, der — pocałunek lenny
Leh(ens)mann, der; Lehnsträger, der; Lehnsnehmer, der — leman (staropol.); lenownik (staropol.); lennik; wasal
Lehnspflicht(en), die — powinność lenna
Lehnspflicht leisten — wykonać powinność lenną
lehnsrechtlich — według prawa lennego
Lehnstreue, die — wierność lennika
Lehnsverfassung, die — ustrój lenny
Lehnsvertrag, der — umowa lenna
Lehnsvormundschaft, die — opieka lenna
Lehnswesen, das — system lenny
leibeigen — pańszczyźniany
Leibeigene, die {fem. Sg.; Pl.} — chłopka pańszczyźniana; chłopi pańszczyźniani
Leibeigener, der — chłop pańszczyźniany
Leibeigenschaft, die — poddaństwo chłopów; pańszczyzna
Leibesstrafe, die — kara cielesna
Leibes- und Todesstrafen, peinigende — kary cielesne i kary śmierci
Leibgedinge, das; Leibzucht, die — renta dożywotnia
Leiche, die; Leichnam, der — zwłoki {Pl.}; trup
Leihe, die — użyczenie
Leihe, entgeltliche — użyczenie, odpłatne
Leihe, *un*entgeltliche — użyczenie, *nie*odpłatne
Liegenschaft, die; Liegenschaften, die [= *un*bewegliche Sachen] — *nie*ruchomość; majątek *nie*ruchomy
Lohn, der — płaca; wynagrodzenie
Lokation, die — lokacja; akcja lokacyjna

Lokationsdokument, das — dokument lokacyjny

Lokationsprivileg, das — przywilej lokacyjny

Lokationstätigkeit, die — działalność lokacyjna

Lokator, der — lokator; zasadźca

Lösegeld, das — okup

M

✧ **Mage, der** — krewny

✧ **Magenschaft, die** [= Verwandtschaft] — pokrewieństwo

(Er-)Mahnung, die — upomnienie

Markt, der — rynek; targ

Marktbestimmungen, die — przepisy targowe

Marktflecken, der — miasteczko; osiedle

Marktfrieden, der — pokój targowy

Marktgebühren, die — opłaty, targowe

Marktkreuz, das — krzyż stojący w miejscu targowym

Marktordnung, die — porządek targowy

Marktplatz, der — rynek; plac targowy; targowisko

Markttag, der — dzień targowy

✧ **Meineid, der** — krzywoprzysięstwo

Meineid leisten — krzywoprzysięgać

✧ **meineidig** — krzywoprzysięski; krzywoprzysiężny

✧ **meineidig (sein)** — (być) krzywoprzysiężcą; krzywo przysięgać

✧ **Meineidiger, der** — krzywoprzysiężca

Miete, die — najem

Mietzins, der — komorne; czynsz; opłata za najem

Minderjähriger, der — *nie*pełnoletni

Mitgift, die — posag; wiano

Moral, die — moralność

Mord, der — morderstwo; mord

morden — mordować

Mörder, der — mordacz (staropol.); morderca

✧ **Morgengabe, die** — wiano; podarek poranny

✧ **(be)morgengaben; begaben** — wianować

✧ ***nicht* morgengaben** — *nie* wianować

Morgensprache, die [= Zunftversammlung] — zgromadzenie rzemieślników

Mühle, die — młyn

Mühlenrecht, das — prawo młyńskie

✧ **mündig sein/werden** — lata mieć (staropol.); być pełnoletnim

✧ **als ob sie mündig wären** — gdyby lata miały (staropol.); gdby były pełnoletnie

Münze, die — moneta

Münzstätte, die — mennica

Musteil, der — część należna/konieczna

mütterlicherseits — po kądzieli

Mutterstadt, die — miasto-matka

N

Nachbar, der — sąsiad

Nachbarschaft, die — sąsiedztwo

Nachbar(schafts)recht, das — prawo sąsiedzkie

Nacht, die — noc

Naturrecht, das — prawo naturalne

Niedergerichtsbarkeit, die, lat. causae minores; Schuld- und Fahrnisklagen — sądownictwo niższe/w sprawach mniejszej wagi

Niftel, die [= weibliche Verwandte mütterlicherseits] — krewna po kądzieli

Not, die — potrzeba; konieczność

Not, echte — słuszna przyczyna; powód

Notding, das — sąd gorący (staropol.)

Notgericht, das — sąd potrzebny (staropol.)

Notgericht, außerordentliches — nadzwyczajny sąd potrzebny

Notzucht, die — zgwałcenie

O

Oberacht, die — proskrypcja; wyjęcie spod prawa

Obergericht, das; Oberhof, der — sąd wyższy

Oberrichter, der — sędzia, wyższy

Obligation, die — obligacja; stosunek zobowiązaniowy

Opfer, das; Opfergabe, die — ofiara

Opferkreis, der — krąg ofiar

P

Pacht, die — dzierżawa; czynsz dzierżawny

Pachtvertrag, der — umowa dzierżawy/dzierżawna

Pachtzins, der — czynsz dzierżawy

Papst, der — papież

Partei, die (vor Gericht) — strona (przed sądem)

Patronatsrecht, das — prawo patronatu

Person, die — osoba

Personenrecht, das — prawo osobowe

Pfahl, der — pal; kołek

pfählen — wbijać na pal

Pfand, das — zastaw

Auslösung des Pfandes — zniesienie zastawu

Pfandbrief, der — list zastawny

Pfandforderung, die — żądanie zastawu

Pfandrecht, das — prawo zastawu

Pfändung, die — zastawienie; oddanie w zastaw

Pfarrbezirk, der — parafia

Pfarre, die — probostwo

Pfarrer, der — ksiądz; proboszcz

Pfarrkirche, die — kościół parafialny

Pflege, die — opieka

Pflegekind, das — wychowanek; adoptowany

Pflicht, die — obowiązek

Pflichtverletzung, die — naruszenie obowiązku

Pranger, der — pręgierz

Prangerstrafe, die — kara pręgierza

an den Pranger stellen — postawić pod pręgierz(em)

Privatrecht, das — prawo prywatne

Privatsache, die — sprawa prywatna

Privileg, das — przywilej, przywileje {Pl.}

Zuerkennung von Privilegien — powoływanie się na przywilej; nadanie przywileju

Protokollbücher, die — księgi protokołów

Prozeß, der — proces; postępowanie sądowe

Prozeßakten, die — akta procesowe

Prozeßbeteiligter, der — uczestnik procesu

Prozeßbevollmächtigter, der — pełnomocnik procesowy

Prozeßbevollmächtigter der Prozeßparteien — pełnomocnik procesowy strony procesowej

Prozeßpartei, die — strona procesowa (w procesie)

Prozeßrecht, das — prawo procesowe

Prozeß- und Eigentumsrecht, das — prawo procesowe i rzeczowe; prawo procesowe i własności

aus dem Bereich des Prozeß- und Eigentumsrechts — z zakresu prawa procesowego i prawa własności

aus dem Bereich des Prozeß- und Strafrechts — z zakresu prawa procesowego i karnego

prügeln — bić; chłostać

Prügelstrafe, die — kara chłosty

R

Rache, die — zemsta

rädern — łamać kołem

Rädern, das — łamanie kołem

Rädern mit Prügel — łamanie kołem z chłostą

Rat, der [= in der Bedeutung von 'Gremium' - nicht der 'gute Rat'] — rada

Rat, der; Stadtrat, der — rada miejska

✧ **Rat, vor dem** — przed radą; przed radźcami (staropol.)

✧ **Rat, zu dem** — w radę tajemną (staropol.)

Rat, sitzender — siedząca rada; zasiadająca rada (staropol.); rada, osiadła (staropol.); rada jako sąd

✧ **Rat, vor dem sitzenden** — przed osiadłą radą; przed siedzącą radą; przed zasiadającą radą (staropol.); przed sądem

Rathaus, das — ratusz

✧ **Ratmann, der (Person); Ratsherr, der; Ratsmitglied, das** — rajca; członek rady

✧ **Ratmannen, gegen die** — radźcam (staropol.), przeciwko {Dativ Pl.}

Ratmann, geschworener — radźca (staropol.), przysiężny

✧ **Ratmannen einsetzen** — radźce (staropol.), postawić

Ratsbeschluß, der — uchwała rady

Ratsleute, die; Ratmannen, die — radźce (staropol.), rajcy

Ratsleute, Anzahl der — liczba rajców

Ratssitzung, die — posiedzenie rady

Raub, der — rozbój; rabunek

Reallasten, die — ciężary realne

Rechnung, die — obliczenie; rachunek

Rechnungsbuch, das — księga rachunkowa

Recht, das — prawo

Recht auf — prawo do

Recht auf die Durchführung von 2 Messen im Jahr — prawo do przeprowadzenia dwóch targów w roku

Recht auf zollfreien Handel — prawo do handlu wolnego od cła

Recht, deutsches — prawo niemieckie

Recht, (ein)heimisches — miejscowe prawo; prawo krajowe/lokalne

Recht erlangen — żądać prawa

✧ **Recht, geistliches** — prawo, duchowne

Recht, gelehrtes — prawo, uczone

Recht, gemeines — prawo powszechne

Recht, geschriebenes — prawo pisane

Recht, höchstes — prawo, najwyższe; sąd wyższy

Recht, lokales — prawo lokalne/(miejscowe)

✧ **Recht, Magdeburger; Weichbildrecht, das** — prawo magdeburskie/majdborskie (staropol.)/niemieckie/miejskie

Recht, materielles — prawo materialne

Recht, oberstes deutsches — najwyższe prawo niemieckie

Recht, partikulares — prawo partykularne

Recht, römisches und kanonisches — prawo rzymskie i kanoniczne
Recht, sächsisches — prawo saskie
Recht, verbindliches — prawo, obowiązujące
✧ **Recht, weltliches** — sąd, świecki
rechtfertigen, sich — usprawiedliwiać; u*nie*winniać się
Rechtfertigung, die — usprawiedliwienie; u*nie*winnienie
Rechtfertigungseid, der — przysięga uwalniająca/uniewinniająca
Rechtfertigungsgrund, der — powód usprawiedliwiający
rechtlich — prawny
✧ **recht*los*** — *bez*prawny; pozbawiony wszelkich praw
Recht*los*er, der — *bez*prawny; osoba pozbawiona wszelkich praw
rechtmäßig — zgodny z prawem
Rechtmäßigkeit, die — zgodność z prawem; legalność
Rechtsabweichung, die — odchylenie prawne; odejście od prawa
Rechtsakt, der — akt prawny
Rechtsakten, Eintragungen von — wpisy/(wpisywanie) aktów prawnych
Rechtsanwendung, die — stosowanie prawa
Rechtsauffassung, die — spis/(spisanie) prawa
Rechtsbelehrung, die — pouczenie prawne
Rechtsbereich, der — zakres/(zasięg) prawa
Rechtsbeugung, die — naginanie prawa
Rechtsbeziehungen, die — stosunki prawne
Rechtsbildung, die — tworzenie prawa
Rechtsbruch, der — złamanie/naruszenie/pogwałcenie prawa
Rechtsbuch, das — księga sądowa
Rechtseid, der — przysięga sądowa
Rechtseinheit, die — jednolitość prawa
rechtsfähig — zdolny do posiadania praw
Rechtsfähigkeit, die — zdolność prawna
Rechtsfähigkeit, allgemeine — ogólna zdolność prawna
Rechtsfall, der — przypadek prawny; kazus
Rechtsfolge, die — skutek prawny
Rechtsform, die — forma prawna
Rechtsfrieden, der — pokój prawny
Rechtsgang, der — procedura prawna/sądowa
Rechtsgebiet, das — obszar prawny
Rechtsgeschichte, die — historia prawa
Rechtsgewohnheiten, die — zwyczaje prawne
Rechtsgleichheit, die — równość wobec prawa
Rechtsgrund, der — podstawa prawna
Rechtsgrundsatz, der — zasada prawna
Rechtshilfe, die — pomoc prawna
Rechtsinstitution, die — instytucja prawa
Rechtskraft, die — moc prawna
rechtskräftig — prawomocny
Rechtskreis, der — krąg prawny
Rechtskultur, die — kultura prawna
Rechtslage, die — sytuacja prawna; stan prawny
Rechtsmitteilung, die — pouczenie prawne
Bitte um Rechtsmitteilung — prośba o pouczenie prawne
Rechtsnorm, die — norma prawna
Rechtsordnung, die — porządek prawny
Rechtsposition, die — pozycja prawna
Rechtspraxis, die — praktyka prawna
Rechtsquelle, die — źródło prawa
Rechtsregeln, die — zasady prawa; reguły prawne
Rechtssammlung, die — zbiór prawa
Rechtssatz, der — norma prawa

Rechtsschrifttum, das — piśmiennictwo prawne
Rechtsschule, die — szkoła prawna
Rechtssprache, die — język prawny/prawniczy
Rechtsspruch, der — orzeczenie sądowe
Rechtsstellung, die — pozycja prawna; stanowisko prawne
Rechtsstreitigkeit, die — spór prawny
Rechtssymbol, das — symbol prawa
Rechtssymbolik, die — symbolika prawa
Rechtssystem, das — system prawa
Rechtstatsache, die — fakt prawny
Rechtsterminologie, die — terminologia prawna
Rechtstext, der — tekst prawniczy
Rechtsübertragung, die — przeniesienie prawa
Rechts*un*gleichheit, die — *nie*równość wobec prawa
Rechts*un*sicherheit, die — *nie*pewność prawna
Rechtsverfahren, das — postępowanie sądowe/prawne
Rechtsverfolgung, die — dochodzenie prawa
Rechtsverkehr, der — obrót prawny
Rechtsverleihung, die — nadanie prawa
Rechtsverletzung, die — naruszenie prawa
Rechtsverletzer, der — ten, który naruszył prawo
Rechtsverlust, der — utrata prawa
Rechtsverordnung, die — zarządzenie prawne; rozporządzenie
Rechtsvorschriften, die — przepisy prawne
Rechtsweg, der — droga prawna/sądowa
Rechtsweisung, die — wskazówka prawna
Bitte um Rechtsweisung — prośba o wskazówkę prawną
Rechtswesen, das — istota/sens prawa
rechtswidrig — sprzeczny z prawem; *bez*prawny
Rechtswidrigkeit, die — sprzeczność z prawem; *bez*prawność
Rechtswirksamkeit, die — moc obowiązująca
Rechtswissenschaft, die — nauka prawa
Rechtswortschatz, der — słownictwo prawne
Rechtszug, der — apelacja; odwołanie
Reich, das — Rzesza
Reichsacht, die — pozbawienie ochrony prawnej na terenie całej Rzeszy
Reichsächter, der — pozbawiony ochrony prawnej na terenie całej Rzeszy
Reichsdienst, der — służba Rzeszy
Reichsfürsten, die — książęta Rzeszy
Reichsrecht, das — prawo Rzeszy
Reichsstadt, die — miasto Rzeszy
Reichstag, der — parlament Rzeszy
Reichsverfassung, die — konstytucja Rzeszy
Rezeption, die — recepcja
✧ **richten** — sądzić; sędzić (staropol.); wyrokować; orzekać
Richten, das; Recht sprechen — sądzenie; wyrokowanie
✧ **Richter, der** — rychtarz (staropol.); sędzia
✧ **Richter, geistlicher** — sędzia, duchowny
Richter, höchster/oberster — sędzia, wyższy/najwyższy
✧ **Richter, weltlicher** — sędzia, świecki
✧ **Richter, vor dem** — przed sędzią
✧ **Richter, vor den** — przed sędziego
Richter im Lehnsgericht — sędzia w sądzie lennym
✧ **zum Richter küren** [= wählen] — ku prawu wybrać (staropol.); powołać na sędziego/do składu sądzącego

richterlich — sędziowski
Richteramt, das — urząd sędziego
Richterprivileg, das — przywilej sędziowski
Richterschaft, die — sędziowie
Richterspruch, der — orzeczenie sądowe
Richterstab, der — laska sędziowska
Richt(er)stuhl, der — fotel/urząd sędziowski
Richterwahl, die — wybór sędziów
richtig — prawdziwy; prawidłowy
Richtstatt, die; Richtstätte, die — miejsce straceń
Ritter, der — rycerz
Rittergut, das — majątek szlachecki; dobra rycerskie
Robe, die — toga
Ruf, der — reputacja; opinia

S

✧ **Sachen, die** — rzeczy; sprawy
Sache, bewegliche — rzecz ruchoma
Sachen, streitige und *nicht*streitige — sprawy sporne i *nie*sporne
Sachenrecht, das — prawo rzeczowe
Sammlung von Statuten und Privilegien, die — zbiór statutów i przywilejów
Sanktion, die — sankcja; zatwierdzenie
Säumnis, das; Verzug, der — zwłoka
Schaden, der — szkoda
Schadengemälde, das — rycina łajająca
Schadensersatz, der — wynagrodzenie za poniesione szkody i straty; wyrównanie strat (szkód); zadośćuczynienie za szkodę
schädigen, schaden — (za)szkodzić
Schädigung, die — (za)szkodzenie
Schande, die — wstyd
Schandsäule, die — pręgierz
Schelmenschelte, die — łajanie
Scheltbrief, der — paszkwil
Schelte, die; Urteilsschelte, die [= Schelte des/eines Urteils; von Urteilen], lat. appellatio — nagana wyroku (staropol.); odwołanie się od wyroku; zaczepienie wyroku; apelacja; odwołanie
schelten — ganić (staropol.), strofować (staropol.); apelować
Schicht, die — warstwa
Schicht, unterste — warstwa, najniższa
Schiedsrichter, der — sędzia polubowy
Schiedsspruch, der — wyrok polubowy
Schiedsspruchtätigkeit, die — sądownictwo polubowne
Schilderung, die — przedstawienie; opis
Schlachtbank, die — kram rzeźniczy; jatka
Schlachthof, der; Schlachthaus, das — rzeźnia
Schlinge, die — pętla
✧ **Schöffe, der; Schöffen, die** — ławnik, ławnicy {Pl.}; przysiężnik, przysiężnicy {Pl.} (staropol.)
Schöffen- — ławniczy; przysiężny
✧ **zum Schöffen küren** [= wählen] — wybierać przysiężniki (staropol.); wybierać ławników
Schöffenamt, das — urząd ławniczy/ławnika; stanowisko ławnika
✧ **Schöffenbank, die** — przysiężna ławica (staropol.); ława ławników; ława ławnicza
✧ **der Schöffenbank vorstehen** — siedzieć *na* przysiężnej ławicy (staropol.)
✧ **auf der Schöffenbank sitzen** — siedzieć *w* ławicy (staropol.); zasiadać w ławie sądowej
schöffenbar — zdolny (zdatny) do objęcia urzędu ławnika

✧ **Schöffenbrief, der** — pismo ławy sądowej
Schöffenbuch, das — księga ławnicza
Schöffengericht, das — sąd ławniczy
Schöffengerichte, untere städtische und dörfliche — sądy ławnicze, niższe miejskie i wiejskie
Vorsitzender im Schöffengericht — przewodniczący sądu ławniczego
Schöffenkollegium, das; Spruchkollegium, das [=Mitglieder des Schöffenstuhls] — kolegium ławnicze; ławniczy skład orzekający
Schöffenkür, die [=Schöffenwahl]; s. auch *Schöffenwahl* — wybór ławników
Schöffenordnung, die — zarządzenie ławy
Schöffenschilling, der — szyling ławniczy
Schöffenschreiber, der — pisarz ławy
✧ **Schöffensiegel, das** — pieczęć (przysiężnicza)/ławnicza
Schöffenspruch, der; Schöffenurteil, das — przysiężny ortel (staropol.); ortyl ławy (staropol.); wyrok ławy sądowej
Schöffenspruchsammlung, die — zbiór wyroków ławy
✧ **Schöffenstuhl, der** — przysiężny stolec (staropol.); ławica (staropol.); urząd ławnika; ława sądowa
Schöffenstuhl als Gemeinschaft — ława jako organ sądowy
Schöffenwahl, die; s. auch *Schöffenkür* — wybór ławników
✧ **Schoß, der** — szos (staropol.); podatek; danina
(Ge-)Schoß, königlicher — szos królewski
Schreiber, der (des Gerichts) — pisarz sądowy
✧ **Schreimannen, die** — współprzysiężnicy, którzy przybyli na odgłos krzyku
Schriftlichkeit, die — pisemność

✧ **Schuld, die** — dług; wina; zobowiązanie
Schuldanerkenntnis, die — uznanie długu
✧ **Schuldbrief, der** — list o dług
schulden {Verb} — być dłużnym
Schulden, die — długi
schuldig — winny; dłużny
✧ **schuldig (sein); Schuld haben** — (być) winowat (staropol.); być dłużnym
✧ **Schuldiger, der** — winowajca; dłużnik
Schuldknechtschaft, die — *nie*wola za długi
✧ **schuld*los*, *un*schuldig** — *nie*winny
Schuldner, der — dłużnik
Schuldnerin, die — dłużniczka
Schuldrecht, das — prawo zobowiązaniowe
Schuldspruch, der — orzeczenie o winie; uznanie winnym
Schuldverhältnis, gesetzliches — ustawowy stosunek zobowiązaniowy
✧ **Schultheiß, der; Schulze, der** — sołtys
✧ **Schultheißei, die** — sołtystwo
Schultheißenamt, das; Schulzenamt, das — urząd sołtysa
Schultheißengericht, das; Schulzengericht, das — sąd sołtysi
Schultheißenschaft, die — sołectwo
Schutz, der — ochrona
✧ **Schwertmage, der** [=männlicher Verwandter väterlicherseits 'van swert halven'] — krewny po mieczu
✧ **schwören** — przysięgać
✧ **selbdritt** — samotrzeć (staropol.)
✧ **selbsiebt** — samosiodm(o) (staropol.), samosiódm (staropol.)
Selbsthilfe, die — samopomoc; samoobrona
Selbsthilferecht, das — prawo do samoobrony; przepisy prawne dotyczące samoobrony/samopomocy

Selbstjustiz, die — samosąd
Selbstverwaltung, die — samorząd
Selbstverwaltung auf deutscher Grundlage — samorząd na zasadach niemieckich
Fragen der Selbstverwaltung — sprawy samorządu
Selbstverwaltung, städtische — samorząd, miejski
Selbstverwaltungsinstitutionen, die — instytucje samorządowe
Selbstverwaltungsorgan, das — organ samorządowy
Sentenz, die; Urteilsnotiz, die — sentencja wyroku
setzen — obsadzać/uruchamiać (sąd)
Setzung, die — uchwała
Siegel, das — pieczęć
Sohn, der — syn
Spiegel, der — zwierciadło
Sprache, die — język
Stab, der — laska (u. a. sędziowska)
Stabübergabe, die — przekazanie laski
Stadtbuch, das — księga miejska
Stadtchronik, die — kronika miejska
Städtebund, der — związek miast
Stadtfreiheit, die — wolność miejska/(w mieście)
Stadtfrieden, der — pokój w mieście
✧ **Stadtgericht, das** — sąd miejski
Stadtgesetze, die; Statuten, die — statuty miejskie
(Stadt-)Gründungen aus wilder Wurzel — lokowanie (miasta) na surowym korzeniu
Stadtgründung, deutschrechtliche — założenie miasta na prawie niemieckim
Stadtherr, der — pan miasta
Stadtmauer, die — mur miejski
Stadtrat, der — rada miejska
Stadtrecht, das — prawo miejskie
Stadtrechtsbuch, das — księga prawa miejskiego
Stadtrechtsentlehnungen, die — zapożyczenia prawa miejskiego
Stadtrechtsfamilie, die — rodzina prawa miejskiego
Stadtrechtsreform, die — reforma prawa miejskiego
Stadtschreiber, der — pisarz miejski
Stadtverfassung, die — ustrój miasta
Stadtverwaltung, die — zarząd miejski; magistrat
Stadtverweisung, die — wygnanie z miasta
Stadtwaage, die — waga miejska
Stände, die — stany
Stände, die niederen; Volk, das gemeine — niższe stany; pospólstwo
Standesgesetze, die — ustawy stanowe
Stapelrecht, das — prawo składu
Staupe, die — chłosta
Stäupen, das — chłostanie
stiften — założyć; ufundować
Stifter, der; Gründer, der — założyciel; fundator
Stiftung, die — darowizna; fundacja
Stiftungsurkunde, die — akt fundacyjny
Strafandrohung, die — zagrożenie karne
strafbar — karalny
Strafe an Haut und Haar, die — kara na skórze i włosach [= kara chłosty wraz z obcięciem włosów]
Strafe, die — kara
Strafe, öffentliche — kara publiczna
Strafe, peinliche [= Leibes- oder Lebensstrafe] — kara kryminalna [= kara na ciele lub kara na życiu]
Strafe, spiegelnde [= peinliche Strafe] — kara, odzwierciedlająca [= kara kryminalna]
Strafe verhängen — zarządzić karę; skazać

✧ **strafen** — strafować (staropol.); strofować (staropol.); (u)karać
Strafensystem, das — system karny
✧ **Strafer, der** — ten, co strofował (staropol.); karzący
Strafgericht, das — sąd karny
Strafgesetz, das — ustawa karna
Strafgesetzbuch, das — kodeks karny
Strafmilderung, die — złagodzenie kary
strafmündig — posiadający zdolność do odpowiedzialności karnej
straf*un*mündig — *nie* posiadający zdolności do odpowiedzialności karnej
Strafmündigkeit, die — zdolność do odpowiedzialności karnej
Straf*un*mündigkeit, die — brak zdolności do odpowiedzialności karnej
Strafprozeß, der — proces karny
Strafrecht, das — prawo karne
Strafrecht, peinliches — prawo kryminalne
Strafrecht, städtisches — miejskie prawo karne
Streit, der — spór
Stuhl, der [= jur.] — urząd
Sühne, die — pokuta; kara; pojednanie

T

✧ **Tag, der; Tage, die; Gerichtstage, die** — dzień, dni {Pl.}; dni sądowe
Tag, gebundener — rok zawity (staropol.)
Tag, gelegter; Burgdinge, das; burc-dinc, burc-ge-dinge — rok, otworzony (staropol.)
Tag, weiterer — rok, dalszy (staropol.)
✧ **Tage, alle** [= jeden Tag] — dzień, na każdy
✧ **Tage, gebundene** — dni, zawieszone (staropol.)
✧ **Tagen, an gebundenen** — w zawieszonych dniach (staropol.)
Tage, offene — czas, otworzony {Sg.}; dni, otworzone {Pl.} (staropol.)
✧ **zu/an offenen Tagen** — na otworzony czas; otworzonych dni (staropol.)
Tagelöhner, der — robotnik dniówkowy
Talion, die — taljon (staropol.); talion; odwet
Talionsprinzip, das — zasada talionu/(odwetu)
Talionsstrafe, die — kara talionu
Tat, die — postępek, czyn
✧ **Tat, handhafte** — rzecz, gorąca; rzeczy, gorące {Pl.} (staropol.); gorący uczynek
✧ **Tat, in handhafter; Tat, auf frischer** — w gorącej rzeczy; za gorąca; za gorącej rzeczy (staropol.); na gorącym uczynku
Täter, der — sprawca
Täterschaft, die — sprawstwo
Tausch, der — wymiana; zamiana
Teilhaber, der — udziałowiec; wspólnik
Testament, das — testament
✧ **Tochter, unmündige** — córka nieletnia
Tochteroberhof, der — filialny sąd wyższy
Tochterquellen, die — źródła filialne
Tochterstadt, die — miasto-córka
Todesstrafe, die — kara śmierci
tot — zmarły; martwy; *nie*żywy
töten — zabi(ja)ć
Toter, der — zmarły; *nie*boszczyk; zabity
✧ **Totschlag, der** — zabójstwo
✧ **Totschlag, um** — o głowę (staropol.); o mężobojstwo (staropol.); uraniono (staropol.)
Tötung, die — zabójstwo
Trennung, die — od-, rozdzielenie

Trennung von Rat und Schöffenstuhl — rozdzielenie rady miejskiej i ławy sądowej
treu — wierny; lojalny
treubrüchig — wiarołomny
Treue, die — wierność; lojalność
Treueid, der — przysięga na wierność
Treuepflicht, die — obowiązek lojalności
treu*los* — *nie*wierny
Treu*los*igkeit, die — *nie*wierność

U

Überbringer, der — oddawca (staropol.); doręczyciel
Übereinkommen, das; Übereinkunft, die — uzgodnienie; ugoda; układ; porozumienie; konwencja; umowa
***un*abhängig** — *nie*zależny
***Un*abhängigkeit, die** — *nie*podległość; *nie*zależność
***un*ehelich** — *nie*ślubny
✧ ***un*ehelich (geboren sein), *un*ehelicher Geburt sein** — wyleganiec (staropol.); wyleganica (staropol.); (pochodzić) z nieprawego łoża
✧ ***un*ehelich geborene Frau** — wyleganica (niewiasta albo dziewka) (staropol.); dziecko z nieprawego łoża
✧ ***un*ehelich geborener Mann** — wyleganiec (staropol.); dziecko z nieprawego łoża
***Un*eheliche, die** {fem. Sg.} — *nie*ślubna; dziecko pozamałżenskie
***Un*ehelicher, der** — *nie*ślubny; dziecko pozamałżenskie
***un*erlaubt** — *nie*dozwolony
***un*frei** — *nie*wolny
***Un*freie, die** — *nie*wolna
***Un*freier, der** — *nie*wolny
***Un*freiheit, die** — *nie*wola
Ergebung in *Un*freiheit — oddanie w *nie*wolę
***un*gerechtfertigt** — *nie*słuszny; *bez*podstawny
***un*mündig** — małoletni; *nie*pełnoletni
***Un*mündigkeit, die** — małoletność; *nie*pełnoletność
***un*recht** — *nie*słuszny; *nie*sprawiedliwy; *bez*prawny
***Un*recht, das** — *nie*sprawiedliwość; krzywda; *bez*prawność; rzecz, *nie*sprawna (staropol.); rzecz, *bez*prawna
***un*rechtmäßig** — *nie*legalny; *nie*zgodny z prawem; *bez*prawny
***Un*rechtmäßigkeit, die** — *nie*zgodność z prawem; *nie*legalność; *bez*prawność
***Un*schuld, die** — *nie*winność
un*schuldig, schuld*los — *nie*winny
Untergericht, das — sąd niższy
Unterhalt, der — utrzymanie; alimentacja
Untervogt, der — podwójci
✧ **Unterweisung, die** — nauczenie; nauka; pouczenie
***Un*wahrheit, die** — *nie*prawda
Urfehdebruch, der [= Bruch einer gerichtlichen Sühne] — złamanie ugody sądowej
Urkunde, die — źródło (prawa); dokument
urkundlich — udokumentowany
✧ **Urteil, das; Urteile, die** — ortyl, ortel, ortyle {Pl.} (staropol.); wyrok
Urteil, echtes — prawy ortel (staropol.)
✧ **Urteil (er)fragen** — ortelu pytać (staropol.); prosić o wyrok
✧ **Urteil finden** — ortel, najć (staropol.); wynajdywać/(wynaleźć) wyrok
✧ **Urteil schelten** — ortel, łajać (staropol.); ganić/łajać wyrok; odwoływać się od wyroku

✧ **Urteil sprechen** — ortel, wyrzec (staropol.); wydawać/ogłosić wyrok
urteilen — wydać wyrok
Urteiler, der — wyrokujący
Urteilsfindung, die — wynajdywanie wyroku
Urteilsformel, die — sentencja wyroku
Urteilsverkündung, die — ogłoszenie wyroku

V

Vasall, der — wasal
väterlicherseits — po mieczu
Verbot, das — zakaz
Verbrechen, das — zbrodnia
Verbrecher, der — przestępca; zbrodniarz
verbrecherisch — przestępczy; zbrodniczy (-czo)
verbrennen — podpalać
Verbrennung, die — podpalenie
Verdacht, der — podejrzenie
Verdächtiger, der — podejrzany
vereidigen — zaprzysięgać, zaprzysiąc
vereidigt — zaprzysiężony; przysiężny
Vereidigung, die — zaprzysiężenie; złożenie/(odebranie) przysięgi
vererben — pozostawi(a)ć w spadku
Vererbung, die — dziedziczenie
Verfahren, das — postępowanie
Verfahren, gerichtliches — postępowanie sądowe
Verfassung, die; Grundgesetz, das — ustrój; konstytucja; ustawa zasadnicza
Verfehlung, die — uchybienie; przewinienie
✧ **verfesten** — pozbawić ochrony prawnej w danym okręgu sądowym za niestawiennictwo w sądzie
Verfestung, die — pozbawienie ochrony prawnej w danym okręgu sądowym za niestawiennictwo w sądzie
Verfolgung, die — pościg; ściganie; prześladowanie
verfügen — zarządzać (-dzić)
Verfügung, die — zarządzenie; rozporządzenie
Vergabe, die — wydawanie; powierzenie; zlecenie
vergelten — odpłacać (-cić)
Vergeltung, die [= Fehde] — odwet; odpłata
Vergeltung, als — w odwecie
Vergleich, der — pojednanie; ugoda; układ
Vergleich unter den streitenden Parteien, lat. compositio — ugoda między spierającymi się stronami
verhaften — (za)aresztować
Verhaftung, die; Festsetzung, die — uwięzienie; (za)aresztowanie
verhandeln — rozpozn(aw)ać; rozpatrywać (-trzyć)
Verhandlung, die — rozprawa
Verhängen von Strafen, das — nakładanie/nałożenie kar
Verkauf, der — sprzedaż
verkaufen — sprzeda(wa)ć
verklagen, beschuldigen — skarżyć; obwiniać
verleihen (eines Gutes) — nada(wa)ć (dobro)
Verleihung, die (eines Gutes) — nadanie (dobra)
Verletzter, der — pokrzywdzony; poszkodowany; zraniony
Verletzung, die — naruszenie; obrażenie; skrzywdzenie; zranienie

verleumden — oczerniać; zniesławi(a)ć
Verleumdung, die — oszczerstwo; zniesławienie
Vermögen, das; Habe, die; Gut, das — imienie (staropol.); dobra; majątek; mienie
Vermögensrecht, das — prawo majątkowe
vermögensrechtlich — prawno-majątkowy
Vermögensschaden, der — szkoda majątkowa
Vermögensverlust, der — strata majątkowa
Verordnung, die — zarządzenie
verpfänden — zastawić
Verpfändung, die — zastaw; ustanowienie zastawu
Verpflichtung, die — zobowiązanie; obowiązek; powinność
Verrat, der — zdrada
verraten — zdradzić, zdradzać
Verräter, der — zdrajca
Verräterin, die — zdrajczyni
Versammlung, die — zgromadzenie; zebranie
versenden — wys(y)łać
Versendung, die — wysyłka
Verstoß, der — naruszenie; uchybienie
verstümmeln — (o)kaleczyć
Verstümmelung, die — okaleczenie
Vertrag, der — umowa; układ
vertraglich — umowny
Vertragsbruch, der — zerwanie umowy
Vertragsrecht, das — prawo o umowach; prawo zobowiązań
Vertragsstrafe, die — kara umowna
Vertragsurkunde, die — dokument umowy
Vertragsverletzung, die — naruszenie umowy
Verwandter, der — krewny; przyrodzony; przyjaciel; bliski
Verwandtschaft, die — pokrewieństwo (staropol.); krewni {Koll.}
Verwundung im gerichtlichen Zweikampf — zranienie/pokonanie w pojedynku sądowym
✧ **Vogt, der** — wójt
Vogtamt, das — urząd wójta/wójtowski
Vogtbuch, das — księga wójtowska
Vogtding, das; Vogt(ei)gericht, das — sąd wójtowski
✧ **Vogtei, die** — wójtowstwo
vollstrecken — wykon(yw)ać
Vollstreckung, die (des Urteils) — wykonanie (wyroku)
vorladen — wezwać, wzywać
vor Gericht laden — pozywać do sądu; wezwać
Vorladung, die — wezwanie
Vorlokationsstädte, die — miasta przedlokacyjne
Vormund, der — opiekalnik (staropol.); opiekun; kurator
✧ **Vormundschaft, die** — opiekanie; opiekalnicstwo (staropol.); opieka; kuratela
Vorrecht, das; Privileg, das — prawo pierwszeństwa; przywilej; bliższość do dowodu
Vorsatz, der — zamiar; zamysł
vorsätzlich — umyślny
✧ **vorstehen** [= Vormund sein] — opiekać (staropol.); opiekować się; sprawować opiekę/kuratelę

W

Wachs, das — wosk
mit rotem Wachs besiegeln — pieczętować czerwonym woskiem
Waffe, die — (ostra) broń
✧ **mit gezogener Waffe** — z ostrą bronią
Wahl, die — wybór, wybory
wählen — wyb(ie)rać
Wähler, der — wyborca
gewählt werden — być wybranym
wählbar (sein) — posiadać zdolność do wyboru (do bycia wybranym)
Waise, die — sierota
✧ **weg(e)fertig** — podróżny; gotowy do drogi
außerhalb des Weichbildes der Stadt — poza obrębem miasta
im Weichbild der Stadt — w obrębie miasta
✧ **Weichbildrecht, das** — prawo Weichbildu/niemieckie/miejskie
Weistum, das — pouczenie prawne
✧ **Wergeld, das; Manngeld, das** — wargielt (staropol.); wergeld (staropol.); główszczyzna
Wergeldschuldner, der — winny zapłaty główszczyzny
✧ **widersprechen** — przeczyć, zaprzeczać; przeciw temu rzeć
Widerspruch, der (vor Gericht) — sprzeciw
Widerstandsrecht, das — prawu sprzeciwu
wiedergutmachen — (za)płacić odszkodowanie; zadośćuczynić
Wiedergutmachung, die — kompensata; odszkodowanie; zadośćuczynienie
Wiedervergeltungsrecht, das [= Talion] — prawo talionu/odwetu
Wilderei, die — kłusownictwo
Wilderer, der — kłusownik
wildern — kłusować
✧ **Willkür, die** — wilkierz
auf der Grundlage der Willkür — na podstawie wilkierza
Witwe, die — wdowa
Witwer, der — wdowiec
verwitwet — owdowiały/(-a)
Wochenmarkt, der — targ cotygodniowy
Wucher, der — lichwa
Wucherer, der — lichwiarz
Wunde, die — rana
Wunde, blutende — krwawa rana
Wunde, einfache — prosta rana
Wunde, schwere — ciężkie rany
Wunde, tödliche — śmiertna (staropol.)/(śmiertelna) rana
✧ **Wunden, die** — rany
Wurzel, die — korzeń
aus wilder Wurzel — na surowym korzeniu

Z

Zahlung(en), die — płatność; zapłata
✧ **Zeit, die** — czas
✧ **Zeugen, die** — świadki; świadkowie
Zeugenaussage, die — zeznanie świadka
Zeugenbank, die — ława (dla) świadków
Zeugenbeweis, der — dowód ze świadków
Zeugenvernehmung, die — przesłuchanie świadków
✧ **Zeugnis, das (vor Gericht)** — świadectwo
Zeugnis ablegen — dać świadectwo
✧ **Zins, der** — czynsz
Zuflucht, die — schronienie
Zufluchtsort, der — miejsce schronienia

Zunft, die; Innung, die — cech, cechy {Pl.}
Zunftbuch, das — księga cechowa
Zunftgericht, das; Innungsgericht, das — sąd cechowy
Zunftmeister, der/die — starszy cechowy, starsi cechowi {Pl.}
Zunftordnung(en), die — statuty cechowe
Zunftzeichen, das — insygnia cechowe; znak cechowy
Zunge, die — język
Zungenablösung, die — wyrwanie języka
zurechnungsfähig — poczytalny
Zurechnungsfähigkeit, die — poczytalność
zurechnungs*un*fähig — *nie*poczytalny
Zurechnungs*un*fähige(r), der/die — *nie*poczytalny/(-a)
Zweifel, der — wątpliwość
zweifelhaft — wątpliwy
Zweifelsfall, der — wątpliwy wypadek
Zweifelsfall, im — w razie wątpliwości
Zweikampf, der — pojedynek
Zweikämpfer, der — pojedynkujący się
Zweischwerterlehre, die — teoria dwóch mieczy

2. Polnisch-deutsches Wörterverzeichnis der Rechtstermini

A

abdykacja — Abdankung, die
akt fundacyjny — Stiftungsurkunde, die
akt prawny — Rechtsakt, der
akta procesowe — Prozeßakten, die
allodium; własność alodialna — Allodium, das [= lehensfreier Grundbesitz]
alodialny; *nie*lenny — lehns*frei*
apelacja — Appellation, die
apelacja; odwołanie — Rechtszug, der
arcybiskup — Erzbischof, der
areszt — Haft, die
areszt (staropol.); **zajęcie** — Beschlagnahme, die
areszt, *bez*podstawny — Haft, *un*gerechtfertigte
(za)aresztować — verhaften
arystokracja; wyższa szlachta — Hochadel, der

B

beneficjum — Benefizium, das
✧ ***bez*mirny** (staropol.); **wyjęty/wywołany spod prawa** — fried*los*
✧ ***bez*prawny; osoba pozbawiona wszelkich praw** — recht*los*; Recht*los*er, der
bić; chłostać — prügeln
brak honoru — Ehrlosigkeit, die [= Mangel an Ehre]
brak zdolności do odpowiedzialności karnej — Straf*un*mündigkeit, die
(ostra) broń — Waffe, die
✧ **z bronią; ręką, bronną** (staropol.) — Hand, mit gewappneter
✧ **z ostrą bronią** — mit gezogener Waffe
✧ **bronić** — beschirmen
bur(g)mistrz (staropol.) — Bürgermeister, der
✧ **burgrabi(a)** (staropol.) — Burggraf, der

C

cech, cechy {Pl.} — Zunft, die; Innung, die
cech rzemieślniczy — Handwerkerzunft, die
cesarski — kaiserlich
cesarstwo — Kaiserreich, das
cesarz — Kaiser, der
chłop poddany; chłop osiadły na gruncie — Biergelde, der [= Abgabepflichtiger]
chłop pańszczyźniany — Leibeigener, der
chłop; rolnik; wieśniak; gospodarz — Bauer, der
chłopka pańszczyźniana; chłopi pańszczyźniani — Leibeigene, die {fem. Sg.; Pl.}
chłosta — Staupe, die
chłostanie — Stäupen, das
chorągiew (sztandar); oddział wojska — Fahne, die
choroba umysłowa — Geisteskrankheit, die
ciężary realne — Reallasten, die
ciężar dowodu — Beweislast, die
ciężkie rany — Wunde, schwere
✧ **córka nieletnia** — Tochter, unmündige
✧ **czas** — Zeit, die
✧ **na otworzony czas; otworzonych dni** (staropol.) — zu/an offenen Tagen
czas, otworzony {Sg.}; **dni, otworzone** {Pl.} (staropol.) — Tage, offene
w czasie swych lata sprawnych (staropol.) — binnen seinen Jahren/Tagen
czeladnik — Geselle, der
część należna/konieczna — Musteil, der
cześć; godność; honor — Ehre, die
✧ **czynsz** — Zins, der
czynsz dzierżawy — Pachtzins, der

D

dać świadectwo — Zeugnis ablegen
✧ **ten, komu dano; obdarowany** — Begabter, der
darowizna; fundacja — Stiftung, die
✧ **dawanie** — Gabe, die
decyzja; rozstrzygnięcie; orzeczenie — Entscheid, der; Entscheidung, die
dekret; rozporządzenie — Erlaß, der
delikt; czyn karalny; przestępstwo — Delikt, das
✧ **dług; wina; zobowiązanie** — Schuld, die
dług pieniężny — Geldschuld, die
długi — Schulden, die
dłużniczka — Schuldnerin, die
dłużnik — Schuldner, der
być dłużnym — schulden {Verb}
✧ **dni, zawieszone** (staropol.) — Tage, gebundene
✧ **w zawieszonych dniach** (staropol.) — Tagen, an gebundenen
dobra lenne {Pl.} — Lehngut, das
dochodzenie prawa — Rechtsverfolgung, die
dokument lenny; kontrakt lenny — Lehnsbrief, der
dokument lokacyjny — Gründungsurkunde, die; Lokationsdokument, das
dokument umowy — Vertragsurkunde, die
dotknięcie; (po)chwycenie — Anefang, der [= rechtsförmliches Anfassen einer abhanden gekommenen und wieder gefundenen beweglichen Sache unter gleichzeitiger Behauptung eines besseren Rechts an dieser]
dowód — Beweis, der
dowód rzeczowy — Beweisstück, das

dowód sądowy — Gerichtsbeweis, der
dowód z trupa/z umarłej ręki — Beweis nach dem Toten/nach toter Hand
dowód ze świadków — Zeugenbeweis, der
naoczny dowód — Augenscheinbeweis, der
drobny kupiec — Kleinhändler, der
droga prawna/sądowa — Rechtsweg, der
duchowieństwo — Geistlichkeit, die
duchowny — geistlich; Geistlicher, der
dwór; zagroda — Hof, der
dwór królewski — Hof, königlicher
dwór książęcy — Hof, fürstlicher
działalność lokacyjna — Lokationstätigkeit, die
✧ **dzieci** — Kinder, die
✧ **dzieci *nie*dorośli; dzieci, co lat *nie* mają** (staropol.); **dzieci *nie*letnie** — Kinder, *un*mündige
dziecko — Kind, das
dziecko, dorosłe — Kind, mündiges
dziecko, *nie*ślubne (staropol.); **dziecko, pozamałżenskie** — Kind, *un*eheliches
dziedziczenie — Vererbung, die
dziedziczna dzierżawa; dziedziczne dzierżenie — Erbleihe, die; Erbpacht, die
dziedziczny — erblich
(o)dziedziczyć; przejąć w spadku; otrzym(yw)ać w spadku — erben
✧ **dzień, dni** {Pl.}; **dni sądowe** — Tag, der; Tage, die; Gerichtstage, die
dzień sądowy; dzień sądu — Dingtag, der; Gerichtstag, der; Dingzahl, die [= Gerichtstag]
✧ **dzień położony** (staropol.) — Dingtag, rechter
✧ **dzień położony** (staropol.), **na** — Dingtag, an einem rechten
dzień targowy — Markttag, der
✧ **dzień, na każdy** — Tage, alle [= jeden Tag]
dzierżawa; czynsz dzierżawny — Pacht, die
dzierżenie; posiadanie — Besitz, der

E

ekskomunika — Kirchenbann, der
elektorski — kurfürstlich
elektorstwo — Kurfürstentum, das

F

fakt prawny — Rechtstatsache, die
fałszerka — Fälscherin, die
fałszerstwo — Fälscherei, die
fałszerz — Fälscher, der
fałszować — fälschen
fałszowanie; fałszerstwo — Fälschung, die
feudalny; lenny — feudal
filialny sąd wyższy — Tochteroberhof, der
✧ **fołdrować (długi)** (staropol.); **domagać się zwrotu; dochodzić długu** — (Schulden) fordern
✧ **fołdrować (prawa)** (staropol.); **żądać prawa** — (Recht) fordern
fołdrowanie (staropol.); **żądanie; roszczenie** — Forderung, die
✧ **fordrować** (staropol.); **fołdrować** (staropol.); **wystąpić z oskarżeniem; oskarżać, skarżyć** — fordern
forma prawna — Rechtsform, die
fotel/urząd sędziowski — Richt(er)stuhl, der
✧ **fryst** (staropol.), **fryszt** (staropol.); **dylacja** — Frist, die

G

(za)gajenie/otwarcie rozprawy sądowej — Eröffnung einer Gerichtsverhandlung

ganić (staropol.), **strofować** (staropol.); **apelować** — schelten

gardło — Hals, der

✧ **gier(a)da** (staropol.); **groda** (staropol.); **wyprawa; szczebrzuch** (staropol.) — Gerade, die

glejt (staropol.) — Geleit, das

glosa — Glosse, die

glosator, glosatorzy {Pl.} — Glossator, der; Glossatoren, die

glosowanie — Glossierung, die

głowa rodziny — Familienoberhaupt, das

✧ **o głowę** (staropol.); **o mężobojstwo** (staropol.); **uraniono** (staropol.) — Totschlag, um

✧ **godny pojedynku sądowego** (staropol.) — kampf(es)würdig (sein) [von Wunden]

na gorącym uczynku; zob. *rzecz gorąca* — handhaft

✧ **gość** — Gast, der

granica — Grenze, die

grzywna; kara pieniężna — Geldbuße, die

grzywna sądowa — Gerichtsbuße, die

✧ **gwałt; władza** — Gewalt, die

✧ **gwałtownie; z siłą; z użyciem siły** — Gewalt, mit

✧ **gwar; obrona; opieka; dzierżenie** — Gewere, die

H

handel — Handel, der

handlarz; kupiec — Händler, der

hergewet (staropol.); **rynsztunek zbrojny mężczyzny** — He(e)rgewäte, das

hierarchia lenna — Heerschildordnung, die

historia prawa — Rechtsgeschichte, die

hrabia; wasal albo senior lenny — Lehngraf, der

hurtownik — Großhändler, der

I

✧ **imenie** (staropol.) **idące; imenie** ***nie*****stojące** (staropol.); **dobra ruchome; ruchomości** — Habe, fahrende; Habe, bewegliche; Fahrhabe; Gut, fahrendes; Gut, bewegliches

✧ **imienie** (staropol.) **stojące; imienie** ***nie*****ruchome; imienie** (staropol.) ***nie*****idące; dobra (ziemskie); dobra** ***nie*****ruchome;** ***nie*****ruchomości** — Habe, *un*bewegliche; Habe, stehende; Gut, liegendes; Liegenschaft

✧ **imienie** (staropol.); **dobra; majątek** — Habe, die; Gut, das; Vermögen, das

imienie (staropol.); **dobra; majątek; mienie** — Vermögen, das; Habe, die; Gut, das

✧ **imienie** (staropol.), **stojące** — Eigentum, stehendes

immunitet — Immunität, die

immunitet sądowy — Immunität, gerichtliche

ingerencja; łączenie się — Einmischung, die; Eingriff, der

ingerować; łączyć się — einmischen, sich

instancja — Instanz, die

instancja apelacyjna — Appellationsinstanz, die

najniższa instancja sądowa — Gerichtsinstanz, niedrigste

instancja, najwyższa — Instanz, höchste

instancja, niższa — Instanz, untere

instancja, wyższa — Instanz, höhere/obere

instytucja — Institution, die

instytucja prawa — Rechtsinstitution, die

instytucje prawa niemieckiego — Institutionen, deutschrechtliche

instytucje samorządowe — Selbstverwaltungsinstitutionen, die

insygnia cechowe; znak cechowy — Zunftzeichen, das

istota/sens prawa — Rechtswesen, das

J

jarmark — Jahrmarkt, der

jednolitość prawa — Rechtseinheit, die

✧ **jeństwo** (staropol.); **niewola** — Gefangenschaft, die; Gefangennahme, die

język — Sprache, die; Zunge, die

język prawny/prawniczy — Rechtssprache, die

K

(o)kaleczyć — verstümmeln

kancelaria — Kanzlei, die

kara — Strafe, die

kara chłosty — Prügelstrafe, die

kara cielesna — Leibesstrafe, die

kara kryminalna [= kara na ciele lub kara na życiu] — Strafe, peinliche [= Leibes- oder Lebensstrafe]

kara na gardle (staropol.); **kara śmierci** — Halsstrafe, die

kara na skórze i włosach [= kara chłosty wraz z obcięciem włosów] — Strafe an Haut und Haar, die

kara obcięcia ręki — Handabhauen, das

kara, odzwierciedlająca [= kara kryminalna] — Strafe, spiegelnde [= peinliche Strafe]

kara pieniężna — Geldstrafe, die

kara porządkowa — Beugestrafe, die

kara pręgierza — Prangerstrafe, die

kara publiczna — Strafe, öffentliche

kara śmierci — Todesstrafe, die

kara talionu — Talionsstrafe, die

kara umowna — Vertragsstrafe, die

kara więzienia — Gefängnisstrafe, die

kara za naruszenie miru — Friedensgeld, das

karalny — strafbar

kary cielesne i kary śmierci — Leibes- und Todesstrafen, peinigende

kat — Henker, der

✧ **kłoda** (staropol.); **pańszczyzna** — Fro(h)n, die

kłusować — wildern

kłusownictwo — Wilderei, die

kłusownik — Wilderer, der

kobieta — Frau, die

kobieta, ciężarna — Frau, schwangere

kodeks karny — Strafgesetzbuch, das

kolegium ławnicze; ławniczy skład orzekający — Schöffenkollegium, das; Spruchkollegium, das [= Mitglieder des Schöffenstuhls]

kolejność dziedziczenia/powołania do spadku — Erbfolge, die

kolonizacja na prawie niemieckim — Kolonisation zu deutschem Recht

komorne; czynsz; opłata za najem — Mietzins, der
kompensata; odszkodowanie; zadośćuczynienie — Wiedergutmachung, die
kompozycja; ugoda stron — lat. compositio [= Vergleich mit der streitenden Partei]
konstytucja (-e) — Konstitution(en), die
konstytucja Rzeszy — Reichsverfassung, die
korzeń — Wurzel, die
na surowym korzeniu — aus wilder Wurzel
kościół parafialny — Pfarrkirche, die
koszty sądowe — Gerichtskosten, die
kradzież — Diebstahl, der
krąg ofiar — Opferkreis, der
krąg prawny — Rechtskreis, der
krajowy; tutejszy; swojski; miejscowy — einheimisch
kram rzeźniczy; jatka — Schlachtbank, die
krewna po kądzieli — Niftel, die [= weibliche Verwandte mütterlicherseits]
✧ **krewny** — Verwandter, der; Mage, der
✧ **krewny po mieczu** — Schwertmage, der [= männlicher Verwandter väterlicherseits 'van swert halven']
krewny; przyjaciel — Freund, der
król — König, der
kronika miejska — Stadtchronik, die
krwawa zemsta; wendeta — Blutrache, die
✧ **krzyk** — Gerüft, das [= Notruf]
✧ **z krzykiem** — Gerüft, mit
krzywoprzysięgać — Meineid leisten
✧ **krzywoprzysięski; krzywoprzysiężny** — meineidig
✧ **krzywoprzysięstwo** — Meineid, der
✧ **krzywoprzysiężca** — Meineidiger, der
✧ **(być) krzywoprzysiężcą; krzywo przysięgać** — meineidig (sein)
krzyż stojący w miejscu targowym — Marktkreuz, das
ksiądz; proboszcz — Pfarrer, der
książę — Fürst, der
książę duchowny — Fürst, geistlicher
książę elektor — Kurfürst, der
książę świecki — Fürst, weltlicher
książęta Rzeszy — Reichsfürsten, die
książka — Buch, das
księga cechowa — Zunftbuch, das
księga ławnicza — Schöffenbuch, das
księga lenna, księgi lenne; spisy lenne — Lehnrechtsbuch, das; Lehnregister, das
księga miejska — Stadtbuch, das
księga praw (staropol.); **kodeks** — Gesetzbuch, das; Kodex, der; Gesetzbücher, die
księga prawa miejskiego — Stadtrechtsbuch, das
księga rachunkowa — Rechnungsbuch, das
księga sądowa; księga prawa — Gerichtsbuch, das; Rechtsbuch, das
księga wójtowska — Vogtbuch, das
księgi protokołów — Protokollbücher, die
księstwo — Fürstentum, das
kultura prawna — Rechtskultur, die
kupiec, kupcy — Kaufmann, der; Kaufleute, die
kupiectwo — Kaufmannschaft, die
kupno — (An-)Kauf, der
kupujący; nabywca — Käufer, der

L

łamać kołem — rädern
łamanie kołem — Rädern, das
łamanie kołem z chłostą — Rädern mit Prügel

łamiąca wiarę małżeńską; cudzołożnica — Ehebrecherin, die
łamiący wiarę małżeńską; cudzołożnik — Ehebrecher, der
łańcuch — Kette, die
landwójt — Landvogt, der
landwójtostwo — Landvogtei, die
łaska — Gnade, die
laska (m.in. sędziowska) — Stab, der
laska sędziowska — Richterstab, der
✧ **lata mieć** (staropol.); **być pełnoletnim** — mündig sein/werden
✧ **gdyby lata miały** (staropol.); **gdby były pełnoletnie** — als ob sie mündig wären
ława jako organ sądowy — Schöffenstuhl als Gemeinschaft
ława (dla) świadków — Zeugenbank, die
✧ **ławica** (staropol.); **ława** — (Schöffen-)Bank, die
✧ **ławice, bez** (staropol.); **ławy, bez; bez postępowania sądowego** — Bank, ohne die
ławniczy; przysiężny — Schöffen-
✧ **ławnik, ławnicy** {Pl.}; **przysiężnik, przysiężnicy** {Pl.} (staropol.) — Schöffe, der; Schöffen, die
leman (staropol.); **lenownik** (staropol.); **lennik; wasal** — Belehnter, der; Leh(ens)mann, der; Lehnsträger, der; Lehnsnehmer, der
lenno — Lehen, das; Lehensgut, das, lat. feudum
lenno dziedziczne — Lehnserbe, das
lenno kościelne/duchowne — Gotteslehen, das
✧ **lenno książęce** — Herrenlehen, das
lenno utracone — Lehen, verwirktes
komuś coś oddać w lenno — jmd. etwas zum/(als) Lehen geben; jmd. belehnen
(na)dać (w) lenno; dać majątek w lenno — belehnen; jmd. etwas zum/(als) Lehen geben
lenno, dziedziczne — Erblehen, das
lennodawca; pan lenny; senior — Belehner, der
lenny — Lehen- [= zum Lehen gehörig]
leństwo (staropol.); **lenność** — Lehnbarkeit, die
lichwa — Wucher, der
lichwiarz — Wucherer, der
liczba rajców — Ratsleute, Anzahl der
✧ **list** — Brief, der
list i pieczęć — Brief und Siegel
✧ **list o dług** — Schuldbrief, der
list zastawny — Pfandbrief, der
list żelazny; glejt — Freibrief, der
litera — Buchstabe, der
lokacja; akcja lokacyjna — Lokation, die
lokator; zasadźca — Lokator, der
lokowanie (miasta) na surowym korzeniu — (Stadt-)Gründungen aus wilder Wurzel

M

✧ **macierzyzna** (staropol.); **spadek po matce** — Erbe, mütterliches
mający zdolność lenną (człowiek); rzecz mogąca być przedmiotem lenna — lehnbar
majątek spadkowy; dziedzictwo — Erbgut, das
majątek szlachecki; dobra rycerskie — Rittergut, das
majątek własny — Eigengut, das
małoletni; ***nie*****pełnoletni** — *un*mündig
małoletność; ***nie*****pełnoletność** — *Un*mündigkeit, die
małżeński(e); z prawego łoża (staropol.);

pochodzący ze związku małżeńskiego — ehelich

małżeńskie prawo majątkowe — Güterrecht, eheliches

małżeńskie prawo majątkowe, spadkowe — Güter- und Erbrecht, eheliches

małżeństwo; związek małżeński — Ehe, die

małżonek — Ehegatte, der

męczennica (staropol.); **miejsce kaźni/tortur; katownia** — Folterkammer, die

mennica — Münzstätte, die

miasta przedlokacyjne — Vorlokationsstädte, die

w obrębie miasta — im Weichbild der Stadt

miasteczko; osiedle — Marktflecken, der

miasto Rzeszy — Reichsstadt, die

miasto-córka — Tochterstadt, die

miasto-matka — Mutterstadt, die

miejsce posiedzeń sądu — Dingstätte, die

miejsce schronienia — Zufluchtsort, der

miejsce straceń — Richtstatt, die; Richtstätte, die

miejscowe prawo; prawo krajowe/lokalne — Recht, (ein)heimisches

miejskie prawo karne — Strafrecht, städtisches

mienie, ruchome; ruchomości {Pl.}; idące imienie; imienie niestojące — Fahrnis, die [= bewegliches Gut]; Fahrhabe, die

mieszczaństwo — Bürgerschaft, die

mieszkańcy — Einwohnerschaft, die

mir (staropol.)/**(pokój) domowy** — Hausfriede, der

młyn — Mühle, die

✧ **moc** — Kraft, die

moc obowiązująca — Rechtswirksamkeit, die

moc prawna — Rechtskraft, die

moc ustawy — Gesetzeskraft, die

moneta — Münze, die

moralność — Moral, die

mordacz (staropol.); **morderca** — Mörder, der

morderstwo; mord — Mord, der

mordować — morden

mur miejski — Stadtmauer, die

N

nada(wa)ć (dobro) — verleihen (eines Gutes)

nadać komuś dobra (kraj) jako lenno — jmd. mit Gütern (mit einem Land) belehnen

nadanie (dobra) — Verleihung, die (eines Gutes)

nadanie lenna; inwestytura — Belehnung, die

nadanie prawa — Rechtsverleihung, die

nadzwyczajny sąd potrzebny — Notgericht, außerordentliches

nagana wyroku (staropol.); **odwołanie się od wyroku; zaczepienie wyroku; apelacja; odwołanie** — Schelte, die; Urteilsschelte, die [= Schelte des/eines Urteils; von Urteilen], lat. appellatio

naginać; nagiąć — beugen (Recht)

naginanie prawa — Rechtsbeugung, die

najem — Miete, die

najwyższa zdrada; zdrada stanu — Hochverrat, der

najwyższe prawo niemieckie — Recht, oberstes deutsches

nakładanie/nałożenie kar — Verhängen von Strafen, das

naruszenie; uchybienie — Verstoß, der

naruszenie czci — Ehrverletzung, die

naruszenie miru (staropol.)/**(pokoju) domowego** — Hausfriedensbruch, der

naruszenie obowiązku — Pflichtverletzung, die
naruszenie prawa — Rechtsverletzung, die
naruszenie umowy — Vertragsverletzung, die
naruszenie; obrażenie; skrzywdzenie; zranienie — Verletzung, die
następstwo lenne — Lehnsfolge, die
✧ **nauczenie; nauka; pouczenie** — Unterweisung, die
nauka prawa — Rechtswissenschaft, die
nawiązka; grzywna; pokutne — Geldbuße, die
***nie*dorosłe albo co *nie* ma lat dziecko** (staropol.); ***nie*letnie dziecko** — Kind, *un*mündiges
***nie*dozwolony** — *un*erlaubt
***nie*godność dziedziczenia** — Erb*un*würdigkeit, die
***nie*legalny; *nie*zgodny z prawem; *bez*prawny** — *un*rechtmäßig
***nie*pełnoletni** — Minderjähriger, der
***nie*pewność prawna** — Rechts*un*sicherheit, die
***nie*poczytalny** — zurechnungs*un*fähig
***nie*poczytalny/(-a)** — Zurechnungs*un*fähige(r), der/die
***nie*podległość; *nie*zależność** — *Un*abhängigkeit, die
***nie*prawda** — *Un*wahrheit, die
***nie*równość wobec prawa** — Rechts*un*gleichheit, die
***nie*ruchomość; majątek *nie*ruchomy** — Liegenschaft, die; Liegenschaften, die [= *un*bewegliche Sachen]
***nie*ślubna; dziecko pozamałżenskie** — *Un*eheliche, die {fem. Sg.}
***nie*ślubny** — *un*ehelich
***nie*ślubny; dziecko pozamałżenskie** — *Un*ehelicher, der
***nie*słuszny; *bez*podstawny** — *un*gerechtfertigt
***nie*słuszny; *nie*sprawiedliwy; *bez*prawny** — *un*recht
***nie*sprawiedliwość; krzywda; *bez*prawność; rzecz, *nie*sprawna** (staropol.); **rzecz, *bez*prawna** — *Un*recht, das
***nie*wierność** — Treu*los*igkeit, die
***nie*wierny** — treu*los*
***nie*winność** — *Un*schuld, die
✧ ***nie*winny** — schuld*los*, *un*schuldig
***nie*wola** — *Un*freiheit, die
***nie*wola za długi** — Schuldknechtschaft, die
***nie*wolna** — *Un*freie, die
***nie*wolny** — *un*frei; *Un*freier, der
***nie*zależny** — *un*abhängig
***nie*zgodność z prawem; *nie*legalność; *bez*prawność** — *Un*rechtmäßigkeit, die
***ni*kczemnie** {Adv.} — ehr*los* [handeln]
***ni*kczemność** — Ehr*los*igkeit, die [= Schlechtigkeit des Verhaltens]
***ni*kczemny (czyn), *bez*ecny** — ehr*los* [Tat]
noc — Nacht, die
norma prawa — Rechtssatz, der
norma prawna — Rechtsnorm, die

O

obcięcie — Abschneiden, das
obcięcie ręki/ucha/języka — Abschneiden der Hand/des Ohres/der Zunge
obcięcie włosów i chłosta — Haarabschneiden und Stäupen, das
obcy — Fremder, der
obdarzyć/obdarzać (przywilejem); wyposażyć w przywileje — begaben (mit einem Privileg) [= mit Vorrechten ausstatten]

obejście ustawy — Gesetzesumgehung, die
obliczenie; rachunek — Rechnung, die
obligacja; stosunek zobowiązaniowy — Obligation, die
obowiązek — Pflicht, die
obowiązek lojalności — Treuepflicht, die
obowiązek służby wojskowej — Heerdienst, der
obowiązek uczestniczenia w sądzie — Dingpflicht, die
obrączka (ślubna) — Ehering, der
✧ **(wziąć) w jego obronę/w swą opiekę** — Gewere, in seine (nehmen)
✧ **w jego obronie** — Gewere, in seiner
✧ ***nie* w jego obronie** — Gewere, *nicht* in seiner
obrót prawny — Rechtsverkehr, der
obsadzać/uruchamiać (sąd) — setzen
obszar prawny — Rechtsgebiet, das
obszar/(zasięg) działania prawa — Geltungsbereich des Rechts
obywatele miejscy; mieszczanie — Bürger, die
ochrona — Schutz, der
oczerniać; zniesławi(a)ć — verleumden
od-, rozdzielenie — Trennung, die
odchylenie prawne; odejście od prawa — Rechtsabweichung, die
oddanie w *nie*wolę — Ergebung in *Un*freiheit
oddawca (staropol.); **doręczyciel** — Überbringer, der
odnowienie lenna — Lehnserneuerung, die
odpłacać (-cić) — vergelten
✧ **odpowiadać** — antworten
✧ **odpowiadący; pozwany; sąpierz** (staropol.) — Antworter, der
✧ **odpowiednik** (staropol.); **poręczyciel; rękojemca** — Bürge, der
✧ **odpowiedź** — Antwort, die
odpowiedź; wróżda — Absage, die; Fehde, die
odręczny; na piśmie; pisemny — handschriftlich
odstraszenie — Abschreckung, die
w odwecie — Vergeltung, als
odwet; odpłata — Vergeltung, die [= Fehde]
odwołanie; apelacja — Berufung, die
ofiara — Opfer, das; Opfergabe, die
oględziny — Augenschein, der
sądowe oględziny — Augenschein, gerichtlicher
ogłoszenie wyroku — Urteilsverkündung, die
ogólna zdolność prawna — Rechtsfähigkeit, allgemeine
✧ **ojcowizna; spadek po ojcu** — Erbe, väterliches
okaleczenie — Verstümmelung, die
okręg sądu — Bannmeile, die; Bannkreis, der
okup — Fehdegeld, das; Lösegeld, das
opieka — Fürsorge, die; Schutz, der; Pflege, die
✧ **opiekanie; opiekalnicstwo** (staropol.); **opieka; kuratela** — Vormundschaft, die
opieka lenna — Lehnsvormundschaft, die
✧ **opiekać** (staropol.); **opiekować się; sprawować opiekę/kuratelę** — vorstehen [= Vormund sein]
opiekalnik (staropol.); **opiekun; kurator** — Vormund, der
opłata — Gebühr, die
opłata sądowa — Gerichtsgebühr, die
opłaty, targowe — Marktgebühren, die
ordynacja krajowa — Landesordnung, die
✧ **orędownik** (staropol.); **rzecznik; opiekun; prawidlnik** (staropol.) — Fürsprecher, der; Vorsprecher, der

organ samorządowy — Selbstverwaltungsorgan, das

✧ **ortyl, ortel, ortyle** {Pl.} (staropol.); **wyrok** — Urteil, das; Urteile, die

✧ **ortel, łająć** (staropol.); **ganić/łająć wyrok; odwoływać się od wyroku** — Urteil schelten

✧ **ortel, najć** (staropol.); **wynajdywać/(wynaleźć) wyrok** — Urteil finden

✧ **ortel, wyrzec** (staropol.); **wydawać/ogłosić wyrok** — Urteil sprechen

✧ **ortelu pytać** (staropol.); **prosić o wyrok** — Urteil (er)fragen

orzeczenie o winie; uznanie winnym — Schuldspruch, der

orzeczenie sądowe — Rechtsspruch, der; Richterspruch, der

✧ **przed osiadłą radą; przed siedzącą radą; przed zasiadającą radą** (staropol.); **przed sądem** — Rat, vor dem sitzenden

oskarżenie — Anklage, die

oskarżona; obwiniona; pozwana — Angeklagte, die {fem. Sg.}

oskarżony; obwiniony; pozwany — Angeklagter, der; Angeschuldigter, der

oskarżyć, oskarżać — anklagen

oskarżyciel — Ankläger, der

osoba — Person, die

oszczerstwo; zniesławienie — Verleumdung, die

otrzymać (posiadać) lenno — ein Lehen empfangen (besitzen)

otwarcie/(zagajenie) sądu zgodnie z zasadami prawa magdeburskiego — eine nach den Regeln des Magdeburger Rechts richtig eröffnete Gerichtsverhandlung

owdowiały/(-a) — verwitwet

ożałowany (staropol.); **pozwany; obwiniony; oskarżony** — Beklagter, der

✧ **ożałowany człowiek** — beklagter Mann, der

P

pachołek; knecht — Knecht, der

pachołkowie; knechci — Knechtschaft, die {Koll.}

pal; kołek — Pfahl, der

pan; władca — Herr, der

pan gruntowy — Grundherr, der

pan lenny; senior — Lehnsherr, der; Lehnsgeber, der; Belehner, der

pan miasta — Stadtherr, der

pański — grundherrlich

pańszczyźniany — leibeigen

papież — Papst, der

parafia — Pfarrbezirk, der

parlament Rzeszy — Reichstag, der

pastuch; pasterz — Hirte, der

pełnomocnik procesowy — Prozeßbevollmächtigter, der

pełnomocnik procesowy strony procesowej — Prozeßbevollmächtigter der Prozeßparteien

pętla — Schlinge, die

pieczęć — Siegel, das

✧ **pieczęć (przysiężnicza)/ławnicza** — Schöffensiegel, das

pieczętować czerwonym woskiem — mit rotem Wachs besiegeln

✧ **pieniądz(e); zapłata; odszkodowanie** — Geld, das [= Geld, Zahlung, Entschädigung]

piętno — Brandmal, das

piętnowanie — Brandmarkung, die

pisarz ławy — Schöffenschreiber, der

pisarz miejski — Stadtschreiber, der

pisarz sądowy — Gerichtsschreiber, der; Schreiber, der (des Gerichts)
pisemność — Schriftlichkeit, die
piśmiennictwo prawne — Rechtsschrifttum, das
✧ **pismo ławy sądowej** — Schöffenbrief, der
✧ **pismo sądowe** — Gerichtsbrief, der
płaca; wynagrodzenie — Lohn, der
(za)płacić odszkodowanie; zadośćuczynić — wiedergutmachen
płatność; zapłata — Zahlung(en), die
pocałunek lenny — Lehnskuß, der
poczytalność — Zurechnungsfähigkeit, die
poczytalny — zurechnungsfähig
podatki; daniny; ciężary — Abgaben, die
podatki na wojsko — Heersteuer, die
podczas rozprawy sądowej — Gerichtsverhandlung, bei der
poddaństwo chłopów; pańszczyzna — Leibeigenschaft, die
podejrzany — Verdächtiger, der
podejrzenie — Verdacht, der
podpalać — verbrennen
podpalenie — Brandstiftung, die; Verbrennung, die
✧ **podróżny; gotowy do drogi** — weg(e)fertig
podstawa prawna — Rechtsgrund, der
podwójci — Untervogt, der
podział spadku — Erbteilung, die
pogrzebanie żywcem — Begraben bei lebendigem Leib, das
pojednanie ; ugoda; układ — Vergleich, der
pojedynek — Zweikampf, der
pojedynkujący się — Zweikämpfer, der
pokój — Friede, der
pokój królewski — Königsfrieden, der
pokój naruszony przestępstwem — der durch ein Verbrechen gestörte Frieden
pokój prawny — Rechtsfrieden, der
pokój przywrócić — Frieden wiederherstellen
pokój targowy — Marktfrieden, der
pokój w mieście — Stadtfrieden, der
pokój ziemski — Landfriede, der
pokój, naruszony — Friede, gestörter
✧ **pokrewieństwo** — Magenschaft, die [= Verwandtschaft]
pokrewieństwo (staropol.); **krewni** {Koll.} — Verwandtschaft, die
pokrzywdzony; poszkodowany; zraniony — Verletzter, der
pokuta; kara; pojednanie — Sühne, die
pomoc prawna — Rechtshilfe, die
poręczenie — Gewährung, die
poręczenie; rękojmia — Bürgschaft, die
poręka — Haftung, die
porządek prawny — Rechtsordnung, die
porządek targowy — Marktordnung, die
posag; wiano — Mitgift, die
pościg; ściganie; prześladowanie — Verfolgung, die
✧ **(pospolny) poseł** (staropol.); **poseł (wójtowski); sługa przysiężny; woźny sądowy** — (Frohn-)Bote, der; Büttel, der; Landsknecht, der
posiadający zdolność do odpowiedzialności karnej — strafmündig
***nie* posiadający zdolności do odpowiedzialności karnej** — straf*un*mündig
✧ **posiłek z piwem** — Biermahl, das [= Mahlzeit mit Bier]
posiedzenie rady — Ratssitzung, die
posłuszeństwo — Gefolgschaft, die
postanowienie; decyzja — Beschluß, der
postanowiony; ustanowiony; orzeczony — gesetzt
postawić pod pręgierz(em) — an den Pranger stellen
postępek; czyn — Tat, die

w przebiegu postępowania sądowego i dowodowego — im Laufe der Gerichtsverhandlung und der Beweisführung
postępowanie — Verfahren, das
postępowanie dowodowe — Beweisverfahren, das
postępowanie sądowe — Verfahren, gerichtliches
postępowanie sądowe/prawne — Rechtsverfahren, das
postępowanie sądowe; procedura sądowa — Gerichtsverfahren, das
postępowanie spadkowe — Erbverfahren, das
postępowanie w sądzie ławniczym — Geschworenenprozeß, der
postrzyżyny — (Haar-)Scheeren, das; Haarschur, die
poszkodowany — Geschädigter, der
potrzeba; konieczność — Not, die
potwierdzenie praw — Bestätigung der Rechte
pouczenie prawne — Rechtsbelehrung, die; Rechtsmitteilung, die; Weistum, das
powieszenie — Hängen, das
powinność lenna — Lehnspflicht(en), die
powód usprawiedliwiający — Rechtfertigungsgrund, der
z powodu uszkodzenia ciała/zranienia — Körperverletzung, wegen
powoływanie się na przywilej; nadanie przywileju — Zuerkennung von Privilegien
poz(y)wać; skarżyć, oskarżać — klagen
poza obrębem miasta — außerhalb des Weichbildes der Stadt
✧ **pozbawić ochrony prawnej w danym okręgu sądowym za niestawiennictwo w sądzie** — verfesten
pozbawienie ochrony prawnej na terenie całej Rzeszy — Reichsacht, die
pozbawienie ochrony prawnej w danym okręgu sądowym za niestawiennictwo w sądzie — Verfestung, die
pozbawienie wolności — Freiheitsentzug, der
pozbawiona czci — Ehrlose, die {fem. Sg.}
pozbawiony czci — Ehrloser, der
pozbawiony czci/(honoru) — ehrlos [Person]
pozbawiony ochrony prawnej na terenie całej Rzeszy — Reichsächter, der
pozostawi(a)ć w spadku — vererben
pozwolenie; zezwolenie — Erlaubnis, die
pozwolić; zezwolić — erlauben
pozycja prawna — Rechtsposition, die
pozycja prawna; stanowisko prawne — Rechtsstellung, die
pożyczka — Anleihe, die; Darlehen, das
pozywać do sądu; wezwać — vor Gericht laden
praktyka prawna — Rechtspraxis, die
praktyka sądowa — Gerichtspraxis, die
ustawy cesarskie — Kaisergesetze, die
prawdziwy; prawidłowy — richtig
prawdziwy; uczciwy — echt [=echt, ehrlich]
prawidlnik (staropol.); **(współ)przysiężnik** — Eid(es)helfer, der
w prawie małżeńskim majątkowym — im ehelichen Güterrecht
w prawie spadkowym — Erbrecht, im
prawnik — Jurist, der
prawno-majątkowy — güterrechtlich
prawny — rechtlich
prawo — Recht, das
prawo bliższości — Beispruchsrecht, das
prawo cesarskie — Kaiserrecht, das
prawo deliktów; prawo karne — Deliktsrecht, das
prawo do — Recht auf

prawo do handlu wolnego od cła — Recht auf zollfreien Handel
prawo do przeprowadzenia dwóch targów w roku — Recht auf die Durchführung von 2 Messen im Jahr
prawo do samoobrony; przepisy prawne dotyczące samoobrony/samopomocy — Selbsthilferecht, das
prawo do spadku; prawo spadkowe — Erbrecht, das
prawo dowodowe; pierwszeństwo do dowodu — Beweisrecht, das; Beweisführungsrecht, das
prawo dworskie — Hofrecht, das
prawo feudalne — Feudalrecht, das
prawo handlowe — Handelsrecht, das
prawo handlowe i prawo spółek — Handels- und Gesellschaftsrecht, das
prawo izby kupieckiej — Kaufkammerrecht, das
prawo karne — Strafrecht, das
prawo kryminalne — Strafrecht, peinliches
prawo kupieckie — Kaufmannsrecht, das
✧ **prawo leńskie** (staropol.)/**lińskie** (staropol.)/**lenne** — Lehnrecht, das
prawo lokacji — Gründungsrecht, das
prawo lokalne/(miejscowe) — Recht, lokales
prawo łowieckie — Jagdrecht, das
✧ **prawo magdeburskie/majdborskie** (staropol.)/**niemieckie/miejskie** — Recht, Magdeburger; Weichbildrecht, das
prawo majątkowe — Güterrecht, das; Vermögensrecht, das
prawo małżeńskie — Eherecht, das
prawo małżeńskie majątkowe — Ehegüterrecht, das
prawo materialne — Recht, materielles
prawo miejskie — Stadtrecht, das
prawo młyńskie — Mühlenrecht, das
ten, który naruszył prawo — Rechtsverletzer, der
prawo następstwa do spadku — Erbfolgerecht, das
prawo naturalne — Naturrecht, das
prawo niemieckie — Recht, deutsches
prawo spółek handlowych — Gesellschaftsrecht, das
prawo o umowach; prawo zobowiązań — Vertragsrecht, das
prawo osobowe — Personenrecht, das
prawo partykularne — Recht, partikulares
prawo patronatu — Patronatsrecht, das
prawo pierwszeństwa; przywilej; bliższość do dowodu — Vorrecht, das; Privileg, das
prawo pisane — Recht, geschriebenes
prawo powszechne — Recht, gemeines
prawo procesowe — Prozeßrecht, das
prawo procesowe i rzeczowe; prawo procesowe i własności — Prozeß- und Eigentumsrecht, das
z zakresu prawa procesowego i karnego — aus dem Bereich des Prozeß- und Strafrechts
z zakresu prawa procesowego i prawa własności — aus dem Bereich des Prozeß- und Eigentumsrechts
prawo prywatne — Privatrecht, das
prawo przemysłowe — Gewerberecht, das
prawo retraktu; prawo bliższości — Erblösung, die
prawo rzeczowe — Sachenrecht, das
prawo rzemieślnicze — Handwerkerrecht, das
prawo Rzeszy — Reichsrecht, das
prawo rzymskie i kanoniczne — Recht, römisches und kanonisches
prawo sądowe — Gerichtsrecht, das
prawo sąsiedzkie — Nachbar(schafts)recht, das

prawo saskie — Recht, sächsisches
prawo składu — Stapelrecht, das
prawo służebne — Dienstrecht, das
prawo spadkowe/dziedziczenia — Erbrecht, das
prawo talionu/odwetu — Wiedervergeltungsrecht, das [= Talion]
✧ **prawo Weichbildu/niemieckie/miejskie** — Weichbildrecht, das
prawo własności — Eigentumsrecht, das
prawo zastawu — Pfandrecht, das
✧ **prawo ziemskie** (staropol.) — Landrecht, das
prawo zobowiązaniowe — Schuldrecht, das
prawo zwyczajowe — Gewohnheitsrecht, das
✧ **prawo, duchowne** — Recht, geistliches
prawo, najwyższe; sąd wyższy — Recht, höchstes
prawo, obowiązujące — Recht, verbindliches
prawo, uczone — Recht, gelehrtes
✧ **prawo, ziemskie** (staropol.); **sąd ziemski** — Landding, das; Landgericht, das
prawomocny — rechtskräftig
prawu sprzeciwu — Widerstandsrecht, das
✧ **ku prawu wybrać** (staropol.); **powołać na sędziego/do składu sądzącego** — zum Richter küren [= wählen]
prawy ortel (staropol.) — Urteil, echtes
pręgierz — Pranger, der; Schandsäule, die
pretensje (do); roszczenia (do) — Anwartschaft, die (auf)
próba zimnej wody — Kaltwasserordal, das
probostwo — Pfarre, die
procedura prawna/sądowa — Rechtsgang, der
proces karny — Strafprozeß, der
proces kryminalny — Halsgerichtsverfahren, das
proces o areszt, proces w sprawie aresztu, proces zabezpieczający roszczenia — Arrestprozeß, der
proces o zdradę stanu — Hochverratsprozeß, der
proces; postępowanie sądowe — Prozeß, der
prośba — Bitte, die
prośba o pouczenie prawne — Bitte um Rechtsweisung/Rechtsmitteilung
prośba o wskazówkę prawną — Bitte um Rechtsweisung
prosić — bitten
proskrypcja; wyjęcie spod prawa — Oberacht, die
protokoły sądowe — Gerichtsprotokolle, die
✧ **przeczyć, zaprzeczać; przeciw temu rzeć** — widersprechen
przedmiot sporu — Gegenstand des Streites
przedstawienie; opis — Schilderung, die
przekazanie laski — Stabübergabe, die
przeniesienie prawa — Rechtsübertragung, die
przepisy prawne — Rechtsvorschriften, die
przepisy targowe — Marktbestimmungen, die
przeprowadzenie dowodu — Beweisführung, die
przesłuchanie — Anfrageverkehr, der
przesłuchanie świadków — Zeugenvernehmung, die
przestępca; zbrodniarz — Verbrecher, der
przestępczy; zbrodniczy (-czo) — verbrecherisch
przeszkody do zawarcia małżeństwa — Ehehindernisse, die

przewodniczący sądu ławniczego — Vorsitzender im Schöffengericht

✧ **przyć ku swym latom** {Dativ Pl.} (staropol.); **dojść do swych lat; osiągnąć dojrzałość** — zu seinen Jahren kommen

przypadek prawny; kazus — Rechtsfall, der

przypieczętować; opatrzyć pieczęcią — besiegeln (im Brief)

✧ **przypowiadać** (staropol.); **dowodzić, dowieść; udowodnić; przeprowadzić dowód** — beweisen

przysięga lennicza/(hołdownicza) — Lehnseid, der

przysięga na wierność — Treueid, der

przysięga sądowa — Rechtseid, der

przysięga uwalniająca/uniewinniająca — Rechtfertigungseid, der

przysięgą, pod — Eid, unter

✧ **przysięga; przyrzeczenie** — Eid, der

✧ **przysięgać** — schwören

przysięgać; złożyć/składać (przysięgę) — ablegen (Eid)

przysięgę obiecać/(przyznać) stronie — Eid einer Partei zusprechen

zamiast przysięgi; w miejsce przysięgi — an Eides statt

✧ **przysiężna ławica** (staropol.); **ława ławników; ława ławnicza** — Schöffenbank, die

przysiężny ortel (staropol.); **ortyl ławy** (staropol.); **wyrok ławy sądowej** — Schöffenspruch, der; Schöffenurteil, das

✧ **przysiężny stolec** (staropol.); **ławica** (staropol.); **urząd ławnika; ława sądowa** — Schöffenstuhl, der

przysiężny; mistrz przysiężny; starszy ławnik; rajca — Ältester, der

przywilej, przywileje {Pl.} — Privileg, das

przywilej lokacyjny — Gründungsprivileg, das; Lokationsprivileg, das

przywilej sędziowski — Richterprivileg, das

przywrócenie pokoju — Wiederherstellung des Friedens

pytać — fragen

pytający — Anfragesteller, der

(za)pytanie — Frage, die

(za)pytanie; prośba — Anfrage, die; Bitte, die

R

rada — Rat, der [= in der Bedeutung von 'Gremium' - nicht der 'gute Rat']

rada miejska — Rat, der; Stadtrat, der

✧ **przed osiadłą** (staropol.) **radą; przed siedzącą radą; przed zasiadającą radą** (staropol.); **przed sądem** — Rat, vor dem sitzenden

✧ **przed radą; przed radźcami** (staropol.) — Rat, vor dem

✧ **w radę tajemną** (staropol.) — Rat, zu dem

radźca (staropol.), **przysiężny** — Ratmann, geschworener

✧ **radźcam** (staropol.), **przeciwko** {Dativ Pl.} — Ratmannen, gegen die

radźce (staropol.), **rajcy** — Ratsleute, die; Ratmannen, die

✧ **radźce** (staropol.), **postawić** — Ratmannen einsetzen

✧ **rajca; członek rady** — Ratmann, der (Person); Ratsherr, der; Ratsmitglied, das

rana — Wunde, die

krwawa rana — Wunde, blutende

prosta rana — Wunde, einfache
śmiertna (staropol.)/(**śmiertelna**) **rana** — Wunde, tödliche
✧ **rany** — Wunden, die
ratusz — Rathaus, das
recepcja — Rezeption, die
reforma prawa miejskiego — Stadtrechtsreform, die
regulamin sądowy — Gerichtsordnung, die
ręka pospólna (staropol.) — Gesamthand, die
✧ **ręka** — Hand, die
✧ **jedną ręką; swą ręką; własną ręką** — Hand, mit seiner, ihrer {fem. Sg.}, meiner einen
ręka, martwa (staropol.) — Hand, tote
✧ **po umarłej ręce** — Hand, nach toter
rękojemca — Geisel, die
rękojemstwo — Geiselnahme, die
rękojmia; poręka; gwarancja — Gewähr, die
rękopis iluminowany — Bilderhandschrift, die
rękopis; pismo odręczne — Handschrift, die
renta dożywotnia — Leibgedinge, das; Leibzucht, die
reputacja; opinia — Ruf, der
robotnik dniówkowy — Tagelöhner, der
✧ **rodu, małżeńskiego; urodzon z małżeństwa/prawego łoża** — ehelich (geboren sein)
rodzina — Familie, die
rodzina prawa miejskiego — Stadtrechtsfamilie, die
rok — Jahr, das
✧ **rok i dzień** — Jahr und Tag
rok zawity (staropol.) — Tag, gebundener
rok, dalszy (staropol.) — Tag, weiterer
rok, otworzony (staropol.) — Tag, gelegter; Burgeding, das
rok, pewny — Burgding, das
przed rokiem i dniem — Jahr und Tag, vor
w ciągu roku i dnia — binnen Jahr und Tag
rota, roty {Pl.}; **przysięgi** — Eidesformel, die
równe traktowanie (wobec prawa) — Gleichbehandlung, rechtliche
równość (przed Bogiem) — Gleichheit, die (vor Gott)
równość urodzeniem — Ebenbürtigkeit, die
równość wobec prawa — Rechtsgleichheit, die
✧ **(być) równy urodzeniem/stanem** — ebenbürtig (sein)
rozbój; rabunek — Raub, der
rozdzielenie rady miejskiej i ławy sądowej — Trennung von Rat und Schöffenstuhl
rozdzielność majątkowa (między małżonkami) — Gütertrennung, die
rozkaz — Befehl, der
rozpozn(aw)ać; rozpatrywać (-trzyć) — verhandeln
rozprawa — Verhandlung, die
rozprawa sądowa — Gerichtsverhandlung, die
rozstrzygnąć, rozstrzygać; zadecydować — entscheiden
rozwód — Ehescheidung, die; Ehetrennung, die
ruch; gest — Gebärde, die
ruchomy — beweglich
rycerz — Ritter, der
✧ **rychtarz** (staropol.); **sędzia** — Richter, der
rynek; plac targowy; targowisko — Marktplatz, der
rynek; targ — Markt, der
rzecz ruchoma — Sache, bewegliche

✧ **rzecz, gorąca; rzeczy, gorące** {Pl.} (staropol.); **gorący uczynek** — Tat, handhafte

✧ **w gorącej rzeczy; za gorąca; za gorącej rzeczy** (staropol.); **na gorącym uczynku** — Tat, in handhafter; Tat, auf frischer

✧ **rzeczy; sprawy** — Sachen, die

rzemieślnik; rękodzielnik — Handwerker, der

Rzesza — Reich, das

rzeźnia — Schlachthof, der; Schlachthaus, das

S

✧ **sąd** — Ding, das; Gericht, das

sąd; trybunał — Gerichtshof, der

sąd apelacyjny/odwoławczy — Appellationsgericht, das; Berufungsgericht, das

sąd boży — Gottesurteil, das

✧ **(burgrabski) sąd** (staropol.); **sąd burgrabiego; sąd burgrabi** (staropol.) — Burggrafending, das; Burggrafengericht, das

sąd cechowy — Zunftgericht, das; Innungsgericht, das

sąd duchowny — Gericht, geistliches

✧ **sąd gaj(o)ny** (staropol.); **ława gajona** (staropol.) — Bank, gehegte

sąd gorący (staropol.) — Notding, das

sąd gościnny (staropol.) — Gastding, das; Gastgericht, das

sąd karny — Strafgericht, das

sąd królewski — Königsgericht, das

sąd kupiecki — Kaufmannsgericht, das

sąd ławniczy — Geschworenenbank, die; Schöffenbank, die

sąd ławniczy — Schöffengericht, das

sąd leński — Lehnsgericht, das

✧ **sąd miejski** — Stadtgericht, das

sąd najwyższy — Gericht, oberstes

sąd niższej instancji — Gericht niederer Instanz

sąd niższy — Untergericht, das

sąd pański — Gericht, grundherrliches

sąd pierwszej instancji — Gericht erster Instanz; erstinstanzliches Gericht

sąd położony (staropol.) — Burgding, das

sąd potrzebny (staropol.) — Notgericht, das

sąd sołtysi — Schultheißengericht, das; Schulzengericht, das

sąd sołtysi; sąd wiejski — Dorfgericht, das

sąd świecki — Gericht, weltliches

sąd wójtowski — Vogtding, das; Vogt(ei)gericht, das

sąd wyłożony (staropol.) — Ding, echtes

✧ **sąd wyższy** — Gericht, höchstes; Obergericht, das; Oberhof, der

✧ **sąd zebrać** — Ding zusammenbringen

(za)gaić sąd (staropol.); **zagaić/otworzyć posiedzenie sądu** — Gericht hegen

✧ **sąd, (za)gaj(o)ny** (staropol.) — Ding, gehegtes

✧ **przed sąd przywieść** — vor Gericht bringen

✧ **sąd, świecki** — Recht, weltliches

✧ **przed (gajnym) sądem** — Gericht, vor

stawiać przed sąd — vor Gericht stellen

sądownictwo; jurysdykcja — Gerichtswesen, das; Gerichtsbarkeit, die

sądownictwo książęce/(królewskie); sądownictwo karne — Hofgerichtsbarkeit, die

sądownictwo najwyższe — Gerichtsbarkeit, oberste

sądownictwo niższe/w sprawach mniejszej wagi — Niedergerichtsbarkeit, die, lat. causae minores; Schuld- und Fahrnisklagen

sądownictwo polubowne — Schiedsspruchtätigkeit, die

sądownictwo wyższe — Gerichtsbarkeit, höhere; Hochgerichtsbarkeit, die, lat. causae maiores; peinliche Gerichtsbarkeit

sądu, nie gaić (staropol.) — Ding, nicht hegen

sądy ławnicze, niższe miejskie i wiejskie — Schöffengerichte, untere städtische und dörfliche

sądzenie; wyrokowanie — Richten, das; Recht sprechen

✧ **sądzić; sędzić** (staropol.); **wyrokować; orzekać** — richten

w sądzie gajonym (staropol.) — im gehegten Ding

samopomoc; samoobrona — Selbsthilfe, die

samorząd — Selbstverwaltung, die; Selbstjustiz, die

samorząd na zasadach niemieckich — Selbstverwaltung auf deutscher Grundlage

samorząd, miejski — Selbstverwaltung, städtische

✧ **samosiodm(o)** (staropol.), **samosiódm** (staropol.) — selbsiebt

✧ **samotrzeć** (staropol.) — selbdritt

sankcja; zatwierdzenie — Sanktion, die

sąsiad — Nachbar, der

sąsiedztwo — Nachbarschaft, die

schronienie — Zuflucht, die

ścięcie — Enthaupten, das; Enthauptung, die

ścinać — enthaupten

✧ **sędzia, duchowny** — Richter, geistlicher

sędzia dworski — Hofrichter, der

sędzia karny — Blutrichter, der

sędzia polubowy — Schiedsrichter, der

sędzia przysięgły; starszy mistrz — Geschworener, der

✧ **przed sędzią** — Richter, vor dem

✧ **przed sędziego** — Richter, vor den

✧ **sędzia, świecki** — Richter, weltlicher

sędzia, wyższy/najwyższy — Oberrichter, der; Richter, höchster/oberster

sędzia w sądzie lennym — Richter im Lehnsgericht

✧ **sędzić; prawować** (staropol.); **sądzić** — dingen

sędziowie — Richterschaft, die

sędziowski — richterlich

sentencja wyroku — Sentenz, die; Urteilsnotiz, die; Urteilsformel, die

siedząca rada; zasiadająca rada (staropol.); **rada, osiadła; rada jako sąd** — Rat, sitzender

✧ **siedzieć** *na* **przysiężnej ławicy** (staropol.) — der Schöffenbank vorstehen

✧ **siedzieć** *w* **ławicy** (staropol.); **zasiadać w ławice sądowej** — auf der Schöffenbank sitzen

sierota — Waise, die

siła dowodu — Beweiskraft, die

skarga (przeciw komuś) — Klage, die (gegen jmd.)

skarga o coś — Klage wegen etwas

✧ **skarżący; powód; ten, co żałował** (staropol.) — Kläger, der

skarżyć; obwiniać — verklagen, beschuldigen

skazanie na karę proskrypcji — Ausweisung, die

składać hołd — Hulde schwören

składać/(złożyć) przysięgę — Eid leisten

skutek prawny — Rechtsfolge, die

słowa obelżywe (staropol.); **zniewaga; obraza** — Beleidigung, die; Beschimpfung, die
słownictwo prawne — Rechtswortschatz, der
sługa — Dienstbote, der
✧ **sługa, miejski** — Diener, städtischer
słuszna przyczyna; powód — Not, echte
służąca — Dienstmagd, die
służący — Dienstmann, der
służba — Dienst, der
służba lennicza/(lenna) — Lehnsdienst, der
służba Rzeszy — Reichsdienst, der
sołectwo — Schultheißenschaft, die
✧ **sołtys** — Schultheiß, der; Schulze, der
sołtys, dziedziczny — Erbschultheiß, der
sołtys; starosta; włodarz — Bauernmeister, der
✧ **sołtystwo** — Schultheißei, die
spadek — Erbschaft, die
✧ **spadek; dziedzictwo; spuścizna; imienie** — Erbe, das
✧ **spadkobierca; dziedzic** — Erbe, der; Erbfolger, der
spadkodawca; testator — Erblasser, der
spis/(spisanie) prawa — Rechtsauffassung, die
spisy urzędowe — Inventare, amtliche
społeczeństwo feudalne — Feudalgesellschaft, die
spór — Streit, der
spór prawny — Rechtsstreitigkeit, die
sporządzenie (przez) — Ausfertigung von
sprawa; kazus — Fall, der [=jur.]
sprawa prywatna — Privatsache, die
sprawa sądowa — Gerichtssache, die
sprawca — Täter, der
sprawiedliwość — Gerechtigkeit, die
sprawiedliwy — gerecht
sprawować urząd — ein Amt bekleiden
sprawstwo — Täterschaft, die
sprawy samorządu — Fragen der Selbstverwaltung
sprawy sporne i *nie*sporne — Sachen, streitige und *nicht*streitige
sprzeciw — Widerspruch, der (vor Gericht)
sprzeczność z prawem; *bez*prawność — Rechtswidrigkeit, die
sprzeczny z prawem; *bez*prawny — rechtswidrig
sprzeczny z ustawą; nielegalny — gesetzwidrig
sprzeda(wa)ć — verkaufen
sprzedaż — Verkauf, der
środek dowodowy — Beweismittel, das
stany — Stände, die
niższe stany; pospólstwo — Stände, die niederen; Volk, das gemeine
starszy cechowy, starsi cechowi {Pl.} — Zunftmeister, der/die
statuty cechowe — Zunftordnung(en), die
statuty miejskie — Stadtgesetze, die; Statuten, die
stosowanie prawa — Rechtsanwendung, die
stosunki handlowe; obrót handlowy — Handelsverkehr, der
stosunki prawne — Rechtsbeziehungen, die
✧ **(s)tracić** — (ein)büßen
✧ **strafować** (staropol.); **strofować** (staropol.); **(u)karać** — strafen
strata majątkowa — Vermögensverlust, der
stręczycielka — Kupplerin, die
stręczycielstwo — Kuppelei, die
✧ **ten, co strofował** (staropol.); **karczący** — Strafer, der
strofowanie; karanie; ukaranie — Bestrafung, die
strona (przed sądem) — Partei, die (vor Gericht)

strona procesowa (w procesie) — Prozeßpartei, die
suma pieniędzy — Geldbetrag, der
✧ **(po-, za)świadczyć** — bezeugen
✧ **świadectwo** — Zeugnis, das (vor Gericht)
świadectwo sądowe — Gerichtszeugnis, das
świadek naoczny — Augenzeuge, der
świadek w sądzie; świadek sądowy — Gerichtszeuge, der
✧ **świadki; świadkowie** — Zeugen, die
święty — Heiliger, der
symbol prawa — Rechtssymbol, das
symbolika prawa — Rechtssymbolik, die
syn — Sohn, der
system feudalny — Feudalwesen, das
system karny — Strafensystem, das
system lenny — Lehnswesen, das
system prawa — Rechtssystem, das
sytuacja prawna; stan prawny — Rechtslage, die
szkoda — Schaden, der
szkoda majątkowa — Vermögensschaden, der
(za)szkodzenie — Schädigung, die
(za)szkodzić — schädigen, schaden
szkoła prawna — Rechtsschule, die
szlachta; szlachcice — Adel, der; Adlige, die {Koll.}
✧ **szos** (staropol.); **podatek; danina** — Schoß, der
szos królewski — (Ge-)Schoß, königlicher
szubienica — Galgen, der
szyling ławniczy — Schöffenschilling, der

T

taljon (staropol.); **talion; odwet** — Talion, die
tarcza lenna; stopień w hierarchii lennej — Heerschild, der
targ cotygodniowy — Wochenmarkt, der
tekst prawniczy — Rechtstext, der
teoria dwóch mieczy — Zweischwerterlehre, die
termin (rozprawy) — Gerichtstermin, der
terminologia prawna — Rechtsterminologie, die
testament — Testament, das
toga — Robe, die
tortury; kaźń — Folter, die
tworzenie prawa — Rechtsbildung, die

U

ubliżać, ubliżyć; obrażać, obrazić — beleidigen
uchwała — Setzung, die
uchwała rady (staropol.) — Ratsbeschluß, der
uchybienie; przewinienie — Verfehlung, die
uczciwy (-ie) — ehrlich
uczestnik procesu — Prozeßbeteiligter, der
udokumentowany — urkundlich
do udowodnienia — beweisbar, nachweislich
udział spadkowy; część spadku/spadkowa — Erbteil, das
udziałowiec; wspólnik — Teilhaber, der
ugoda między spierającymi się stronami — Vergleich unter den streitenden Parteien [=compositio]
ugoda; ugoda majątkowa — Abkommen, das; Übereinkunft, die; gütliche Einigung, die

ułaskawić — begnadigen
ułaskawienie — Begnadigung, die
ułaskawienie przez króla — Begnadigung, königliche
umowa; układ — Vertrag, der
umowa dzierżawy/dzierżawna — Pachtvertrag, der
umowa handlowa — Handelsvertrag, der
umowa kupna — Kaufvertrag, der
umowa lenna — Lehnsvertrag, der
umowa o alimenty — Alimentierungsvertrag, der
umowa o małżeństwo — Ehevertrag, der
umowa przewozu — Frachtvertrag, der
umowa spadkowa — Erbvertrag, der
umowny — vertraglich
umyślny — vorsätzlich
umysłowo chory — geisteskrank; Geisteskranker, der
u*nie*ważnienie małżeństwa — Eheaufhebung, die
upomnienie — (Er-)Mahnung, die
uprawnienie/prawo do spadku; zdolność bycia spadkobiercą — Erbberechtigung, die
uprowadzenie — Entführung, die
urząd — Amt, das; Stuhl, der [=jur.]
urząd burgrabiego — Burggrafenamt, das
urząd ławniczy/ławnika; stanowisko ławnika — Schöffenamt, das
urząd sędziego — Richteramt, das
urząd sołtysa — Schultheißenamt, das; Schulzenamt, das
urząd wójta/wójtowski — Vogtamt, das
usprawiedliwiać; u*nie*winniać się — rechtfertigen, sich
usprawiedliwienie; u*nie*winnienie — Rechtfertigung, die
ustanowić sąd — Gericht einsetzen
ustawa — Gesetz, das
ustawa karna — Strafgesetz, das
ustawa o małżeństwie — Ehegesetz, das
ustawodawca — Gesetzgeber, der
ustawowa kolejność powołania do spadku — Erbfolge, gesetzliche
ustawowe prawo do spadku — Erbrecht, gesetzliches
ustawowy — gesetzlich
ustawowy stosunek zobowiązaniowy — Schuldverhältnis, gesetzliches
ustawy lenne — Lehnsgesetze, die
ustawy stanowe — Standesgesetze, die
ustrój; konstytucja; ustawa zasadnicza — Verfassung, die; Grundgesetz, das
ustrój lenny — Lehnsverfassung, die
ustrój miasta — Stadtverfassung, die
ustrój sądownictwa — Gerichtsverfassung, die
uszkodzenie ciała; zranienie — Körperverletzung, die
utopienie — Ertränken, das
utrata honoru — Ehrverlust, der
utrata prawa — Rechtsverlust, der
utrata urzędu — Amtsverlust, der
utrzymanie; alimentacja — Unterhalt, der
uwięzienie; (za)aresztowanie — Verhaftung, die; Festsetzung, die
uzgodnienie; ugoda; układ; porozumienie; konwencja; umowa — Übereinkommen, das; Übereinkunft, die
uznanie długu — Schuldanerkenntnis, die
użyczenie — Leihe, die
użyczenie, *nie*odpłatne — Leihe, *un*entgeltliche
użyczenie, odpłatne — Leihe, entgeltliche

W

waga miejska — Stadtwaage, die
✧ **wargielt** (staropol.); **wergeld** (staropol.); **główszczyzna** — Wergeld, das; Manngeld, das
warstwa — Schicht, die
warstwa, najniższa — Schicht, unterste
wasal — Vasall, der
wątpliwość — Zweifel, der
w razie wątpliwości — Zweifelsfall, im
wątpliwy — zweifelhaft
wątpliwy wypadek — Zweifelsfall, der
wbijać na pal — pfählen
wdowa — Witwe, die
wdowiec — Witwer, der
według litery prawa — nach dem Buchstaben des Gesetzes
według prawa lennego — lehnsrechtlich
✧ **(g)wet** (staropol.); **wina; nawiązka** — Buße, die
wezwać kogoś do sądu; pozwać/oskarżać przed sądem — Ansprache, die [=jmd. vor Gericht ansprechen]
wezwać, wzywać — vorladen
✧ **wezwać przed sąd; wzywać do sądu** — vor Gericht laden; vorladen (vor Gericht)
wezwanie — Vorladung, die
✧ **wiano; podarek poranny** — Morgengabe, die
✧ **wianować; wyposażyć; (po)obdarować** — begaben; (be)morgengaben; beschenken
✧ ***nie*** **wianować** — *nicht* morgengaben
wiarołomny — treubrüchig
wierność; lojalność — Treue, die
wierność lennika — Lehnstreue, die
wierny; lojalny — treu
wierzyciel — Gläubiger, der
wieszać, wisieć — (auf)hängen
✧ **więżień; uwięziony** — Gefangener, der
więzienie — Gefängnis, das
✧ **wilkierz** — Willkür, die
na podstawie wilkierza — auf der Grundlage der Willkür
✧ **wina; (g)wet** (staropol.); **grzywna** — Gewette, das [=Bußgeld]
winny; dłużny — schuldig
winny zapłaty główszczyzny — Wergeldschuldner, der
✧ **winowajca; dłużnik** — Schuldiger, der
✧ **(być) winowat** (staropol.); **być dłużnym** — schuldig (sein); Schuld haben
władza publiczna — Gewalt, öffentliche
władza sądowa — Gerichtsgewalt, die
władza ustawodawcza (sądownicza/wykonawcza) — Gewalt, gesetzgebende (richterliche/ausführende, ausübende)
władztwo gruntowe; własność ziemska; dominium — Grundherrschaft, die
władztwo lenne — Lehnsherrschaft, die
właściciel — Eigentümer, der
właściwość/(kompetencja) sądu — Gerichtszuständigkeit, die
własność — Eigen [=Eigentum]; Eigentum, das
wniesienie skargi — Klageerhebung, die
wojsko — Heer, das
✧ **wójt** — Vogt, der
✧ **wójt, dziedziczny** — Erbvogt, der
✧ **wójtowstwo** — Vogtei, die
wolna kobieta — Freie, die
wolnizna; wolność — Freiheit, die
wolność miejska/(w mieście) — Stadtfreiheit, die
wolność od ciężarów państwowych/publicznych — Abgabenfreiheit, die
wolny — frei
wolny człowiek — Freier, der
wolny rycerz; baron — Freiherr, der
wosk — Wachs, das

woźny sądowy — Gerichtsbote, der; (Frohn-)Bote, der
wpisy/(wpisywanie) aktów prawnych — Rechtsakten, Eintragungen von
wprowadzenie aktów prawnych — Eintragungen von Rechtsakten
wprowadzenie na urząd; inwestytura — Amtseinsetzung, die
wróżda — Fehde, die [= Vergeltung]
wskazówka prawna — Rechtsweisung, die
✧ **współprzysiężnicy, którzy przybyli na odgłos krzyku** — Schreimannen, die
wstyd — Schande, die
wyb(ie)rać — wählen
wybawienie; wyzwolenie — Erlösung, die
✧ **wybierać przysiężniki** (staropol.); **wybierać ławników** — zum Schöffen küren [= wählen]
posiadać zdolność do wyboru (do bycia wybranym) — wählbar (sein)
wybór ławników — Schöffenkür, die [= Schöffenwahl]; Schöffenwahl, die
wybór sędziów — Richterwahl, die
wybór, wybory — Wahl, die
wybór/(elekcja) cesarza — Kaiserwahl, die
wybór/(elekcja) króla — Königswahl, die
wyborca — Wähler, der
być wybranym — gewählt werden
wychowanek; adoptowany — Pflegekind, das
wydać wyrok — urteilen
wydalenie/wygnanie z miasta; wyświecenie — Ausweisung aus der Stadt, die
wydatki — Ausgaben, die
wydawanie; powierzenie; zlecenie — Vergabe, die
wygnanie z miasta — Stadtverweisung, die
wyjęcie spod prawa przez króla; infamia królewska — Königsbann, der
wyklęcie; wyjęcie spod prawa; banicja; infamia — Bann, der
wykon(yw)ać — vollstrecken
wykonać powinność lenną — Lehnspflicht leisten
wykonanie (wyroku) — Vollstreckung, die (des Urteils)
✧ **wyleganica (niewiasta albo dziewka)** (staropol.); **dziecko z nieprawego łoża** — *un*ehelich geborene Frau
✧ **wyleganiec** (staropol.); **wyleganica** (staropol.); **(pochodzić) z nieprawego łoża** — *un*ehelich (geboren sein), *un*ehelicher Geburt sein
✧ **wyleganiec** (staropol.); **dziecko z nieprawego łoża** — *un*ehelich geborener Mann
wymiana; zamiana — Tausch, der
wymuszenie zeznań — Aussageerpressung, die
wynagrodzenie za poniesione szkody i straty; wyrównanie strat (szkód); zadośćuczynienie za szkodę — Schadensersatz, der
wynajdywanie wyroku — Urteilsfindung, die
wyprawa; posag — Aussteuer, die; Ausstattung, die
wyrażenie czegoś dla prawa istotnego przy pomocy ręki — Handgebärde, die
wyrok kryminalny — Bluturteil, das
wyrok polubowy — Schiedsspruch, der
wyrok sądowy — Gerichtsurteil, das
wyrok na dowód — Beweisurteil, das
wyrokujący — Urteiler, der
wyrwanie języka — Ausreißen der Zunge, das; Zungenablösung, die
wys(y)łać — versenden
wysyłka — Versendung, die

wzbogacenie, *bez*podstawne — Bereicherung, *un*gerechtfertigte
wzgórze sądowe — Dingberg, der
wziąć lenno od seniora — sich von einem Lehnsherren belehnen lassen

Z

zabi(ja)ć — töten
✧ **zabójstwo** — Totschlag, der; Tötung, die
żądać prawa — Recht erlangen
żądanie zastawu — Pfandforderung, die
zagrożenie karne — Strafandrohung, die
zakaz — Verbot, das
zakres/(zasięg) prawa — Rechtsbereich, der
✧ **żałować** (staropol.); **skarżyć** — beklagen
założenie — Gründung, die
założenie miasta na prawie niemieckim — Stadtgründung, deutschrechtliche
założyć; ufundować — stiften
założyciel; fundator — Gründer, der; Stifter, der
założycielka — Gründerin, die
zamiana kary cielesnej na pieniężną — finanzielle Ablösung der körperlichen Strafe
zamiar; zamysł — Vorsatz, der
zamykać sprawę — Geschäft abschließen
zapłata grzywny; nawiązki — Bußzahlung, die
zapożyczenia prawa miejskiego — Stadtrechtsentlehnungen, die
zaprzysięgać, zaprzysiąc — vereidigen
zaprzysiężenie; złożenie/(odebranie) przysięgi — Vereidigung, die
zaprzysiężony; przysiężny — vereidigt
zapyt(yw)ać — anfragen
zarząd miejski; magistrat — Stadtverwaltung, die
zarządzać (-dzić) — verfügen
zarządzenie; rozporządzenie — Verordnung, die; Verfügung, die
zarządzenie ławy — Schöffenordnung, die
zarządzenie o pokoju — Friedensordnung, die
zarządzenie prawne; rozporządzenie — Rechtsverordnung, die
zarządzić karę; skazać — Strafe verhängen
zasada prawna — Rechtsgrundsatz, der
zasada talionu/(odwetu) — Talionsprinzip, das
zasady prawa; reguły prawne — Rechtsregeln, die
zastaw — Pfand, das
zastaw; ustanowienie zastawu — Verpfändung, die
zastawić — verpfänden
zastawienie; oddanie w zastaw — Pfändung, die
zastępca/pełnomocnik procesowy — Anwalt, der
zawarcie małżeństwa — Eheschließung, die
zbiór prawa — Rechtssammlung, die
zbiór statutów i przywilejów — Sammlung von Statuten und Privilegien, die
zbiór ustaw — Gesetzessammlung, die
zbiór wyroków ławy — Schöffenspruchsammlung, die
zbrodnia — Verbrechen, das
zdarzać się, zdarzyć się — geschehen; sich ereignen
zdolność do odpowiedzialności karnej — Strafmündigkeit, die

zdolność do zawarcia małżeństwa — Ehefähigkeit, die
zdolność dziedziczenia — Erbfähigkeit, die
zdolność lenna — Lehnsfähigkeit, die
zdolność prawna — Rechtsfähigkeit, die
zdolny (zdatny) do objęcia urzędu ławnika — schöffenbar
zdolny posiadania praw — rechtsfähig
zdrada — Verrat, der
zdrada małżeńska; cudzołóstwo — Ehebruch, der
zdradzić, zdradzać — verraten
zdrajca — Verräter, der
zdrajca stanu — Hochverräter, der
zdrajczyni — Verräterin, die
zemsta — Rache, die
zerwanie umowy — Vertragsbruch, der
zesłanie; banicja; wygnanie — Acht, die
zezn(aw)ać pod przysięgą — aussagen unter Eid
zeznanie — Aussage, die
zeznanie świadka — Zeugenaussage, die
zgodność z prawem; legalność — Rechtmäßigkeit, die
zgodny z literą prawa/z treścią; dosłowny — buchstabengetreu
zgodny z prawem — rechtmäßig
zgodny z prawem niemieckim; pochodzący z prawa niemieckiego — deutschrechtlich
zgromadzenie; zebranie — Versammlung, die
zgromadzenie rzemieślników — Morgensprache, die [= Zunftversammlung]
zgwałcenie — Notzucht, die
złagodzenie kary — Strafmilderung, die
złamanie ugody sądowej — Urfehdebruch, der [= Bruch einer gerichtlichen Sühne]
złamanie/naruszenie/pogwałcenie pokoju — Friedensbruch, der
złamanie/naruszenie/pogwałcenie prawa — Rechtsbruch, der
✧ **złodziej** — Dieb, der
✧ **złomca miru; ten, co mir słomił** (staropol.); **przestępca; sprawca złamania pokoju; ten, który złamał pokój** — Friedensbrecher, der
złożyć apelację od wyroków sądów niższej instancji — Berufung gegen Urteile von Gerichten niederer Instanz einlegen
złożenie przysięgi — Ablegen des Eides
złożyć przysięgę hołdowniczą — Lehnseid leisten
zmarły; martwy; *nie*żywy — tot
zmarły; *nie*boszczyk; zabity — Toter, der
zmiana ustawy — Gesetzesänderung, die
znak graniczy — Grenzzeichen, das
zniesienie zastawu — Auslösung des Pfandes
zobowiązanie; obowiązek; powinność — Verpflichtung, die
żona — Ehefrau, die
zranienie/pokonanie w pojedynku sądowym — Verwundung im gerichtlichen Zweikampf
zródło (prawa); dokument — Urkunde, die
źródło prawa — Rechtsquelle, die
źródła filialne — Tochterquellen, die
związek miast — Städtebund, der
zwierciadło — Spiegel, der
zwłoka — Säumnis, das; Verzug, der
zwłoki {Pl.}; trup — Leiche, die; Leichnam, der
zwolnienie z przysięgi — Ablösung des Eides
zwolnienie; ulga; oddzielenie/wydzielenie (majątkowe) — Ablösung, die

zwyczaje lenne — Lehnsgebräuche, die
zwyczaje prawne — Rechtsgewohnheiten, die
zwyczaje spadkowe — Erbgewohnheiten, die
Żyd — Jude, der

3. Deutsch-polnisches und polnisch-deutsches Verzeichnis ausgewählter Titel relevanter Rechtsquellen und Textsammlungen

3.1. Deutsch-Polnisch

Breslauer Landrecht [Breslau: *Wrocław*] — Prawo ziemskie wrocławskie
Buch des Magdeburger Rechts — księga prawa magdeburskiego

Deutschenspiegel — Zwierciadło niemieckie

Elbinger Rechtsbuch [Elbing: *Elbląg*] — Księga prawa Elbląga

Görlitzer Rechtsbuch [Görlitz: *Zgorzelec*] — przepisy i pouczenia Magdeburga dla Zgorzelca; Księga prawa Zgorzelca

Kulmer Handfeste; Kulmer Privileg [Kulm: *Chełmno*] — Przywilej chełmiński
Kulmer Recht — prawo chełmińskie

Liegnitzer Stadtrechtsbuch [Liegnitz: *Legnica*] — Księga prawa Legnicy
Löwenberger Rechtsbuch [Löwenberg: *Lwówek Śląski*] — Księga prawa Lwówka

Magdeburger Fragen/Urteile — Ortyle magdeburskie
Magdeburger Recht; Magdeburger Weichbildrecht — prawo magdeburskie/majdborskie (staropol.)/niemieckie/miejskie
Magdeburger Rechtsmitteilung — pouczenie prawne z Magdeburga
Magdeburger Schöffenrecht — Magdeburskie prawo ławnicze
Magdeburger Stadtrecht; Magdeburger Weichbildrecht — Weichbild magdeburski
Magdeburg-Breslauer systematisches Schöffenrecht — Magdebursko-wrocławskie systematyczne prawo ławnicze
Meißner Rechtsbuch — Księga prawa miśnieńskiego; Księga prawa Miśni

Neumarkter Recht [Neumarkt: *Środa Śląska*] — prawo średzkie
Neumarkter Rechtsbuch — Księga prawa Środy Śląskiej

Privileg nach Magdeburger Recht — przywilej prawa magdeburskiego

Rechtsmitteilung der Magdeburger Schöffen — pouczenie prawne ławników magdeburskich
Rechtsmitteilungen Magdeburgs für Breslau — pouczenia prawne Magdeburga dla Wrocławia
Rechtsmitteilungen Magdeburgs für Schweidnitz [Schweidnitz: *Świdnica*] — pouczenia prawne Magdeburga dla Świdnicy
Richtsteig Landrechts — proces ziemski

Sachsenspiegel — Zwierciadło saskie
Sächsisches Landrecht — prawo ziemskie saskie/(saksońskie)

Sammlung des sächsisch-magdeburgischen Rechts und der Glossen — zbiór prawa sasko-magdeburskiego i glos
Schwabenspiegel — Zwierciadło szwabskie

3.2. Polnisch-Deutsch

Księga prawa Elbląga — Elbinger Rechtsbuch [Elbing: *Elbląg*]
Księga prawa Legnicy — Liegnitzer Stadtrechtsbuch [Liegnitz: *Legnica*]
Księga prawa magdeburskiego — Buch des Magdeburger Rechts
Księga prawa Środy Śląskiej — Neumarkter Rechtsbuch [Neumarkt: *Środa Śląska*]
Księga prawa miśnieńskiego; Księga prawa Miśni — Meißner Rechtsbuch
Księga prawa Lwówka — Löwenberger Rechtsbuch [Löwenberg: *Lwówek Śląski*]
Księga prawa Zgorzelca — Görlitzer Rechtsbuch [Görlitz: *Zgorzelec*]

Magdeburskie prawo ławnicze — Magdeburger Schöffenrecht
Magdebursko-wrocławskie systematyczne prawo ławnicze — Magdeburg-Breslauer systematisches Schöffenrecht

Ortyle magdeburskie — Magdeburger Fragen/Urteile

pouczenia prawne Magdeburga dla Świdnicy — Rechtsmitteilungen Magdeburgs für Schweidnitz [Schweidnitz: *Świdnica*]
pouczenia prawne Magdeburga dla Wrocławia — Rechtsmitteilungen Magdeburgs für Breslau [Breslau: *Wrocław*]
pouczenie prawne ławników magdeburskich — Rechtsmitteilung der Magdeburger Schöffen
pouczenie prawne z Magdeburga — Magdeburger Rechtsmitteilung
prawo chełmińskie — Kulmer Recht [Kulm: *Chełmno*]
prawo magdeburskie/majdborskie (staropol.)/niemieckie/miejskie — Magdeburger Recht; Magdeburger Weichbildrecht
prawo średzkie — Neumarkter Recht
prawo ziemskie saskie/(saksońskie) — Sächsisches Landrecht
Prawo ziemskie wrocławskie — Breslauer Landrecht
proces ziemski — Richtsteig Landrechts
Przywilej chełmiński — Kulmer Handfeste; Kulmer Privileg
przywilej prawa magdeburskiego — Privileg nach Magdeburger Recht

Weichbild magdeburski — Magdeburger Stadtrecht; Magdeburger Weichbildrecht

zbiór prawa sasko-magdeburskiego i glos — Sammlung des sächsisch-magdeburgischen Rechts und der Glossen
Zwierciadło niemieckie — Deutschenspiegel
Zwierciadło saskie — Sachsenspiegel
Zwierciadło szwabskie — Schwabenspiegel

G. Kommentare zu den beiliegenden Karten (*Inge Bily*)

Geographische Namen in den Karten

1. Bei der Nennung geographischer Namen steht an erster Stelle immer das *Endonym* d. h. der Name, der in dem Gebiet verwendet wird, in dem sich das bezeichnete Objekt befindet, z. B. *Warszawa*. Auch transliterierte Formen, z. B. *Moskva*, sind Endonyme, d. h. ist das Endonym kyrillisch, wird die transliterierte Form des Namens verwendet.

Diese transliterierte Namenform basiert auf der Anwendung der Regeln der wiss.-bibliothekarischen Transliteration, d. h. der Buchstabe-für-Buchstabe-Übertragung aus der Kyrillica. Nur so ist eine Eindeutigkeit, vor allem auch eine eindeutige Rückübertragung von der Latinica in die Kyrillica möglich.

2. Soweit vorhanden, folgt – nach einem Schrägstrich – auf das Endonym das deutsche *Exonym* d. h. der im Deutschen für das bezeichnete Objekt verwendete Name, z. B. *Warszawa/Warschau.*

3. Für einzelne Regionen des Untersuchungsgebietes, deren Zugehörigkeit zu einer staatlich-politischen Einheit im Laufe der Jahrhunderte wechselte, wird zwischen dem heutigen *Endonym* und dem deutschen *Exonym* ein weiterer *Name* angegeben, z. B. in der Basiskarte des Untersuchungsgebietes:

- in der Zips: z. B. für *Žilina* [slowak.]/*Zsolna* [ungar.]/*Sillein* [dt.]

oder

- in Siebenbürgen: z. B. für *Sibiu* [rumän.]/*Nagyszeben* [ungar.]/*Hermannstadt* [dt.] u. ä.

Teilweise werden auch lateinische Namenformen eingefügt.

4. Gibt es kein deutsches Exonym, was vorwiegend bei Namen kleinerer Orte, Gewässer usw. der Fall ist, kann ohnehin lediglich der jeweilige Name in der Landessprache (*Endonym*) verwendet werden.

Diese Vorgehensweise respektiert die aktuelle landeseigene Schreibung der Namen und ermöglicht uns sowie dem Benutzer unserer Arbeiten eine Lokalisierung der Orte auf aktuellen Karten der Länder des Untersuchungsgebietes. Das Prinzip wird sich besonders bei Namen kleinerer und weniger bekannter Orte bewähren, aber auch in Regionen, in denen im Laufe der Geschichte die staatlich-politische Zugehörigkeit wechselte oder in denen es zu kurzzeitigen Umbenennungen kam, wie z. B. zwischen 1933–1945 in Schlesien.[1] Anhand der deutschen Sekundärliteratur aus dieser Zeit ist eine Lokalisierung kleinerer Orte auf aktuellen Karten mitunter schwierig.

---

[1] Bily 2007; Bily 2010.

I. Das sächsisch-magdeburgische Recht in Ost- und Mitteleuropa – Kommentar zur Basiskarte des Untersuchungsgebietes

Die Basiskarte des Untersuchungsgebietes erfüllt folgende Anforderungen:

- Sie ermöglicht eine Darstellung sowohl des gesamten Untersuchungsgebietes wie auch ausgewählter Teile daraus (Länder, Regionen). Letzteres ist besonders für die Länderbände von großer Bedeutung bzw. für die Bearbeitung von Regionen, in denen eine große Dichte von Orten mit sächsisch-magdeburgischem Recht zu verzeichnen ist. Durch die Möglichkeit der Vergrößerung von Kartenausschnitten wird außerdem eine übersichtlichere Darstellung erreicht.
- Die Basiskarte des Untersuchungsgebietes enthält die aktuellen Staatsgrenzen, die Hauptstädte der Länder (mit Namen) sowie das Gewässernetz des Untersuchungsgebietes (mit Namen).
- Eingetragen ist weiterhin ein Teil heutiger und/oder historischer Regionen, wie z. B. *Schlesien*, *Galizien*, *Zips*, *Siebenbürgen* usw., die für die Beschreibung der Verbreitung des sächsisch-magdeburgischen Rechts von Bedeutung sind. Dabei steht auf der Basiskarte des Untersuchungsgebietes nicht die Vollständigkeit der Kennzeichnung und Benennung von Regionen im Vordergrund. Dies wird den Länder- bzw. Teilgebiets-Karten vorbehalten sein.
- Nur in dem auf der Grundlage des gegenwärtigen Standes der Forschung bestimmten eigentlichen Untersuchungsgebiet sind die aktuellen Staatennamen ausgeschrieben. Im Interesse einer möglichst großen Übersichtlichkeit werden eine Reihe von Ländern außerhalb des engeren Untersuchungsgebietes mit den aktuellen Nationalitätszeichen für Kraftfahrzeuge versehen.

II. Das sächsisch-magdeburgische Recht in Polen – Kommentar zur Basiskarte des Untersuchungsgebietes

Die Basiskarte Polens erfüllt folgende Anforderungen:

- Sie enthält die aktuellen Staatsgrenzen, das Gewässernetz Polens (mit Namen), die Hauptstadt und einige Orientierungsorte (mit Namen) sowie die heutigen Hauptstädte der Wojewodschaften mit ihren Namen.
- Eingetragen ist weiterhin ein Großteil heutiger und/oder historischer Regionen, wie z. B. *Schlesien*, *Großpolen* usw., die für die Beschreibung der Verbreitung des sächsisch-magdeburgischen Rechts von Bedeutung sind.

H. Zusammenfassung und Bewertung der Untersuchungsergebnisse (*Wieland Carls*)

Das Phänomen der Verbreitung des sächsisch-magdeburgischen Rechts in Ostmitteleuropa ist schon seit langem Gegenstand wissenschaftlicher Betrachtungen. Ausgehend von den geschichtlichen Entwicklungen im Untersuchungsgebiet (*Kapitel B.*) wird in diesem Band eine Bilanz der Forschung gegeben (*Kapitel C.*) und eine Übersicht der für den Transfer ins und die Rezeption im Untersuchungsgebiet relevanten Rechtsquellen zusammengestellt *Kapitel D.*). Darüber hinaus wird eine für diese Untersuchung signifikante Rechtsquelle einer kontrastiven deutsch/polnischen Wortanalyse unterzogen (*Kapitel E.*). Ein zweisprachiges deutsch-polnisches/polnisch-deutsches Wörterverzeichnis (*Kapitel F.*) soll nicht bestehende Wörterbücher ersetzen, sondern lediglich eine Übersetzungs- und Lesehilfe für einen ausgewählten juristischen Fachwortschatz bereitstellen. In allen Untersuchungsbereichen wurde stets die Unterstützung durch Fachwissenschaftler aus dem Untersuchungsgebiet gesucht, da man diesem Thema mit einer ausschließlich von Deutschland ausgehenden Sichtweise nicht gerecht werden kann.

Die herausragende Bedeutung des Sachsenspiegels und des Magdeburger Stadtrechts für die Entwicklung der polnischen Rechtslandschaft konnte in dieser Untersuchung sowohl aus rechtshistorischer als auch aus sprachwissenschaftlicher Sicht bestätigt werden. Das zunächst mit Siedlern aus dem Westen nach Polen verbreitete Recht fand im Laufe der Zeit auch weitgehend unabhängig von Siedlungsbewegungen Anwendung. Dank seiner Anpassungsfähigkeit bot es auf der einen Seite nicht nur die Möglichkeiten eines moderneren Rechtssystems, das sich zunehmend vom Personalitätsprinzip emanzipierte und territoriale Geltung erlangte, sondern auch einen verläßlichen Rechtsrahmen, der über einen sehr langen Zeitraum genügend Spielraum besaß, um den Anforderungen an die Rechtsprechung über mehrere Jahrhunderte gerecht zu werden und das Rechtsleben nachhaltig zu beeinflussen. Detaillierte Studien am Beispiel der „Magdeburger Urteile" haben gezeigt, daß der Übergang von den ursprünglich in deutscher Sprache verfaßten Rechtsregeln und Rechtssprüchen in die – hier untersuchte polnische – Sprache des Rezeptionsgebiets sich im wesentlichen verlustfrei im Hinblick auf den Rechtsgehalt vollzogen hat (*Kapitel E.IV.*).

Betrachtet man die Überlieferungssituation der Rechtstexte sächsisch-magdeburgischen Rechts (*Kapitel D.*), wird deutlich, daß es seit den ersten Nachweisen für diesen Rechtstransfer im 13. Jahrhundert einen kontinuierlichen Austausch und eine jahrhundertelange Tradition der Anwendung und produktiven Rezeption dieses Rechts im Untersuchungsgebiet Polen gegeben hat. Dabei wurden die Grundlagen für die Rechtsfindung nach Magdeburger Stadtrecht und Sachsenspiegel nur zu einem geringen Teil aus deren Entstehungsgebieten importiert, sondern entstanden vorwiegend vor Ort. Kompilationen und Übersetzungen wie z. B. die

1506 in Krakau gedruckte Übertragung des Sachsenspiegels und des „Magdeburger Weichbildes“ in die lateinische Sprache durch Jan Łaski[1] und die 1535 ebenfalls in Krakau publizierte lateinische Fassung des glossierten Landrechts des Sachsenspiegels und des glossierten Weichbildes[2] von Mikołaj Jaskier (die zweite Auflage erschien 1602 in Krakau)[3] wurden Gegenstand der juristischen Lehre und Vorlage für landessprachige Bearbeitungen, die im ausgehenden 16. und im 17. Jahrhundert entstanden: Szczerbicz’ „Speculum Saxonum albo prawo saskie i majdeburskie“ (1581) und Bearbeitungen durch Johann Cervus Tucholczyk, Johannes Kirstein, Stanisław Aichler und Bartholomäus Groicki.

Nicht erst durch diese Übersetzungen in die lateinische und in die Landessprache wurden diese Rechte im Untersuchungsgebiet Polen heimisch. Bereits zu Zeiten, als die Regelungen des Sachsenspiegels und des Magdeburger Stadtrechts noch in deutscher Sprache Anwendung fanden, handelte es sich nicht um fremde Rechte. Galten sie zunächst zwar nur für die eingewanderten Siedler, wurde schnell dem Bedürfnis nachgegeben, auch die einheimische Bevölkerung nicht nur nach diesem Recht zu richten, sondern zunächst und vor allem die Selbstverwaltung des städtischen Lebens mit den für dieses Recht konstitutiven Institutionen auszustatten, um so für eine geregelte Verteilung der Macht innerhalb der Stadt und zwischen Stadt und Landesherrn zu sorgen. Schultheiß, Vogt, Ratmannen und Schöffen waren die Voraussetzung für eine starke und selbständige städtische Gemeinschaft. Mit Unterstützung der Landesherren wurden Bewidmungen mit deutschem, d. h. sächsisch-magdeburgischem Recht vorgenommen, wurden Gerichte für die Rechtsprechung nach diesem Recht eingerichtet, wie 1356 durch Kasimir den Großen in Krakau.

Das sächsisch-magdeburgische Recht war kein Kolonialrecht, auch wenn es im Zuge der sogenannten ‚Ostkolonisation‘ Verbreitung fand. Es wurde nicht bei einer Eroberung von den Besiegten den Unterlegenen oktroyiert. Allenfalls im Gebiet des Deutschen Ordens, wo Kulmer Recht als Spielart des sächsisch-magdeburgischen vom Orden für dessen Geltungsbereich eingesetzt wurde, ist es ein Recht der Eroberer. Allerdings gibt es Hinweise darauf, daß auch hier das heimische Recht durchaus bekannt war und daß der Rückgriff auf gewohnheitsrechtliche Regelungen für die Fälle vorgesehen war, die vom Kulmer Recht nicht abgedeckt waren. Die Kritik, die schon zeitgenössische Polemiken, aber auch neuzeitliche Arbeiten immer wieder gegen das vermeintlich fremde Recht anführen, mit der Absicht, die wahren Verhältnisse zwischen dem in Polen heimischen und dem Recht der Fremden zu beschreiben, greift sehr kurz, da in der Konsequenz jede Form von Kulturtransfer abzulehnen wäre. Die West-Ost-Bewegung verschiedener kultureller Strömungen, die z. B. das Recht der Flamen in den deut-

---

[1] Łaski, Commune incliti Poloniae regni privilegium, 1506.

[2] Jaskier, Iuris provincialis, 1535, [2]1602; ders., Iuris municipalis Maydenburgensis liber vulgo Weichbild nuncupatus, 1602.

[3] Jaskier, Iuris provincialis, 1535, [2]1602.

schen Osten, in den noch heute so genannten Fläming[4] und von dort noch weiter nach Osten brachten, ist nur ein Beispiel hierfür. Auch gegen das gelehrte römische Recht, das immer wieder auch als fremdes Recht wahrgenommen wurde, gab es Vorbehalte, obwohl es für die Herausbildung der volkssprachigen Rechte, insbesondere des Sachsenspiegels mit Glosse und des glossierten Magdeburger Rechts, unverzichtbar war.

Selbst wenn das Archiv der Magdeburger Schöppen nicht zerstört worden wäre, würde sich rein quantitativ betrachtet der größte Teil der Rechtstexte, die heute zum Kanon des sächsisch-magdeburgischen Rechts gezählt werden, der Kompilations- und Bearbeitungstätigkeit von Schreibern und Juristen im hier untersuchten Gebiet verdanken. Die ersten Übersetzungen ins Lateinische entstanden ebenfalls dort und haben ihrerseits auf das Herkunftsgebiet des sächsisch-magdeburgischen Rechts zurückgewirkt. Erst durch seine Aufnahme und produktive Weiterentwicklung im Zuge der Rezeption und Adaptation im Untersuchungsgebiet Polen konnte sich der Einfluß des sächsisch-magdeburgischen Rechts voll entfalten und dieses Recht das Ansehen und die Wertschätzung erlangen, die ihm heute nicht nur in Deutschland, sondern vor allem in den Ländern seiner Verbreitung zuteil wird.

Die ausführliche sprachliche Analyse (*Kapitel E.*) der ausgewählten Rechtsquelle bestätigt das beschriebene Bild einer eigenständigen und kompetenten Rezeption des sächsisch-magdeburgischen Rechts im Untersuchungsgebiet Polen. Die Übertragung in die Landessprache läßt ein vollständiges Verständnis der Vorlage erkennen, die Übersetzung ist stets sinngemäß zutreffend. Abweichungen von der Vorlage zeugen vom Sachverstand des Bearbeiters und sind Ausweis einer produktiven Rezeption. So wird z. B. das ‚Weichbildrecht‘ der Vorlage zum ‚deutschen Recht‘ (niemieckie prawo) und zum ‚Stadtrecht‘ (miejskie prawo) in der Übersetzung. Termini, die der polnischen Sprache offensichtlich von der Sache her fremd waren oder in ihrer Eigenschaft als Rechtsterminus sich von der Gebrauchssprache unterscheiden sollten, werden als Lehnwörter oder mit einer Umschreibung adaptiert (*Kapitel E.IV.*). Beispiele für Lehnwörter sind u. a. der ‚Burggraf‘[5] der als ‚burgrabi(a)‘, das ‚Urteil‘, das als ‚ortel/ortyl‘ oder der Begriff ‚mit Gewalt‘, der als ‚gwałtownie‘ (gewaltsam) Eingang in die polnische Sprache fand.

Es wäre wünschenswert, die Beobachtungen dieser Studie an einer größeren Anzahl von Texten zu überprüfen. Voraussetzung hierfür sind verläßliche und gut zugängliche Quelleneditionen zum sächsisch-magdeburgischen Recht von möglichst inhaltlich verwandten Texten in polnischer und deutscher Sprache.[6] Aber

---

4 Vgl. Lück, „Flämische Siedlungen“ und „flämisches Recht“ in Mitteldeutschland, in: Stellmacher (Hrsg.), Sprachkontakte Niederländisch, Deutsch und Slawisch östlich von Elbe und Saale, 2004, S. 73–100.

5 Zotz, Burggraf, in: ²HRG, Bd. 1, 2008, Sp. 766–768.

6 Wie z. B. die aktuelle Edition des von Paweł Szczerbicz ins Polnische übersetzten Weichbilds durch Grzegorz M. Kowalski (Szczerbicz, Ius Municipale, hrsg. von Kowalski, 2011).

auch bei einer besseren Quellenlage ist der Aufwand einer entsprechenden Analyse erheblich und hätte im Rahmen dieser Arbeit nicht geleistet werden können. So bleibt zu hoffen, daß diese Arbeit auch als Anregung für weitere Untersuchungen zu kulturellen Wechselwirkungen dient, die dem sächsisch-magdeburgischen Recht zu verdanken sind.

I. Quellen- und Literaturverzeichnis[1] (*Wieland Carls*)

I. Abgekürzt zitierte Titel

ADB – Allgemeine deutsche Biographie. Hrsg. durch d. Histor. Comm. bei d. Königl. Akad. d. Wiss., Bd. 1–56. Leipzig [u. a.] 1875–1912 (auch als online-Ressource verfügbar: http://www.deutsche-biographie.de – Abfragedatum: 16.03.2011).

DA – Deutsches Archiv für Erforschung des Mittelalters.

DRW – Deutsches Rechtswörterbuch. Wörterbuch der älteren deutschen Rechtssprache. Hrsg. von der Königlich Preußischen/Heidelberger Akademie der Wissenschaften, bearb. von Rudolf Schröder, Eberhard Frhr. von Künßberg u. a., Bd. 1–. Weimar 1914–. [Bd. 12, Heft 3/4: Schaub-Schilf (2010)] (auch als online-Resource verfügbar: http://www.deutsches-rechtswoerterbuch.de [Aachenfahrt bis Schau] – Abfragedatum: 16.03.2011).

DWB – Jacob GRIMM, Wilhelm GRIMM, Deutsches Wörterbuch, Bd. 1–33. Fotomech. Nachdruck der Erstausg. [Bd. 1–17] Leipzig 1854–1971. München 1984–1991 (auch als online-Ressource verfügbar: http://www.dwb.uni-trier.de – Abfragedatum: 16.03.2011).

FrnhdWb – Frühneuhochdeutsches Wörterbuch. Hrsg. von Ulrich Goebel und Oskar Reichmann. Begr. von Robert R. Anderson, Ulrich Goebel und Oskar Reichmann, Bd. 1–. Berlin, New York 1989–.

HC – Handschriftencensus. Eine Bestandsaufnahme der handschriftlichen Überlieferung deutschsprachiger Texte des Mittelalters (http://www.handschriftencensus.de – Abfragedatum: 16.03.2011).

^{3}Hom. – [Carl] Gustav HOMEYER, Die deutschen Rechtsbücher des Mittelalters und ihre Handschriften. Im Auftrage der Savigny-Stiftung und mit Unterstützung der Forschungs(not)gemeinschaft der deutschen Wissenschaft neu bearb. von Conrad Borchling, Karl August Eckhardt und Julius von Gierke. 1. Abt.: Verzeichnis der Rechtsbücher. Bearb. von Karl August Eckhardt; 2. Abt.: Verzeichnis der Handschriften. Bearb. von Conrad Borchling und Julius von Gierke. Weimar 1931–1934.

HRG – Handwörterbuch zur deutschen Rechtsgeschichte. Hrsg. von Adalbert Erler, Ekkehard Kaufmann u. Dieter Werkmüller [Bd. 5]. Mitbegründ. von Wolfgang Stammler, unter philolog. Mitarb. von Ruth Schmidt-Wiegand, Bd. 1–5. Berlin 1971–1998.

[1] Die Literatur ist in den Kapiteln E-G mit Siglen abgekürzt angegeben. Diese finden sich hier jeweils in runden Klammern am Ende des betreffenden Titels nach diesem Zeichen •. Mehrere Titel desselben Autors sind chronologisch aufsteigend sortiert.

²HRG – Handwörterbuch zur deutschen Rechtsgeschichte. Begründet von Wolfgang Stammler, Adalbert Erler u. Ekkehard Kaufmann. Hrsg. von Albrecht Cordes, Heiner Lück, Dieter Werkmüller und Ruth Schmidt-Wiegand [Bd. 1] als philolog. Beraterin und Christa Bertelsmeier-Kierst als philologischer Beraterin [ab 9. Lfg., Bd. 2], Bd. 1–. 2., völlig überarb. u. erw. Aufl. Berlin 2004–.

Lehnwörter 2008 – Marek ŁAZIŃSKI, Słownik zapożyczeń niemieckich w polszczyźnie. Warszawa 2008. (= Słowa bez granic).

Lehnwörter 2010 – Wörterbuch der deutschen Lehnwörter in der polnischen Schrift- und Standardsprache. Von den Anfängen des polnischen Schrifttums bis in die Mitte des 20. Jahrhunderts. Begonnen, konzipiert und grundlegend redigiert von Andrzej de Vincenz. Zu Ende geführt von Gerd Hentschel. Unter der Mitarbeit im philologischen Bereich von: Mark Brüggemann, Beata Chachulska, Eckhard Eggers, Evelyn Hentschel, Thomas Menzel, Alek Pohl †, Martin Renz, Sabine Schlüer, Nicole Störmer und Albrecht Walsleben und im technischen Bereich von: Uwe Kersten und Günter Koch. Erschienen als Online-Publikation des Bundesinstituts für Kultur und Geschichte der Deutschen im östlichen Europa im BIS-Verlag der Universität Oldenburg. (= Studia Slavica Oldenburgensia. Bd. 20) (http://www.bkge.de/wdlp.php – Abfragedatum: 17.06.2011).

LexMa – Lexikon des Mittelalters. Bd. 1–9. München 1980–1998.

MBL – Magdeburger Biographisches Lexikon (http://www.uni-magdeburg.de/mbl – Abfragedatum: 30.03.2004).

MgFr – Johann Friedrich BEHREND (Hrsg.), Die Magdeburger Fragen. Berlin 1865.

Michał BOBRZYŃSKI (Hrsg.), Ortyle Magdeburskie. Przedruk homograficzny z kodeksu biblioteki Kórnickiej. Poznań 1876.

NDB – Neue deutsche Biographie. Hrsg. von der Historischen Kommission bei der Bayerischen Akademie der Wissenschaften, Bd. 1: Aachen-Behaim; [bis Bd. 24: Schwarz-Stader (2010)]. Berlin 1953– (auch als online-Ressource verfügbar: http://www.deutsche-biographie.de – Abfragedatum: 16.03.2011).

NGŚ – Nazwy geograficzne Śląska, Bd. 1: Red. Stanisław Rospond; Bd. 2, 3: Red. Stanisław Rospond, Henryk Borek; Bd. 4: Red. Henryk Borek; Bd. 5–: Red. Stanisława Sochacka. Warszawa, Wrocław 1970–.

NMP – Nazwy miejscowe Polski. Historia, pochodzenie, zmiany. Pod red. Kazimierza Rymuta. 1–. Kraków 1996–.

Opp. – Ulrich-Dieter OPPITZ, Deutsche Rechtsbücher des Mittelalters, Bd. II: Beschreibung der Handschriften. Köln, Wien 1990.

PND – Personennamendatei (http://www.d-nb.de/standardisierung/normdateien/pnd.htm – Abfragedatum: 16.03.2011).

SSNO – Słownik staropolskich nazw osobowych. Pod red. i ze wstępem Witolda Taszyckiego, Bd. 1–6; pod kierunkiem Marii Malec, Bd. 7. Wrocław, Warszawa, Kraków, Gdańsk, Łódź 1965–1987 und Indeks a tergo do Słownika staropolskich nazw osobowych. Pod red. Aleksandry Cieślikowej i Marii Malec. Kraków 1993 sowie Słownik etymologiczno-motywacyjny staropolskich nazw osobowych, cz. 1–6. Kraków 1995–2000.

Ukr.EW – Ėtymolohičnyj slovnyk ukrajins'koji movy (v semy tomach). 1–. Kyjiv 1982–.

VD16 – Verzeichnis der im deutschen Sprachbereich erschienenen Drucke des 16. Jahrhunderts, hrsg. von der Bayerischen Staatsbibliothek in München. [Red.: Irmgard Bezzel], Bd. 1–25. Stuttgart 1983–2000 (auch als online-Ressource verfügbar: http://www.vd16.de – Abfragedatum: 16.03.2011).

Verfasserlexikon – Die deutsche Literatur des Mittelalters. Verfasserlexikon. Begr. v. Wolfgang Stammler, fortgef. v. Karl Langosch. Hrsg. v. Burghart Wachinger, Gundolf Keil, Kurt Ruh, Werner Schröder, Franz J. Worstbrock. Red. Christine Stöllinger-Löser, Bd. 1–14. 2. völlig neu bearb. Aufl. Berlin, New York 1978–2008.

ZfO – Zeitschrift für Ostmitteleuropa-Forschung.

ZNR – Zeitschrift für Neuere Rechtsgeschichte.

ZRG – Zeitschrift (der Savigny-Stiftung) für Rechtsgeschichte.

ZRG GA – Zeitschrift der Savigny-Stiftung für Rechtsgeschichte. Germanistische Abteilung.

II. Handschriften/Materialien

Helmut ASMUS, Konzeption für eine Würdigung des 800. Jahrestages des Magdeburger Stadtrechtsprivilegs. Entwurf. Stadtarchiv Magdeburg, Rep. 41. 614. Bl. 2.

Friedrich EBEL, Ulrike GAEBEL (Hrsg.), Das Buch der Magdeburger Urteile (Rechtsmitteilungen und Rechtssprüche Magdeburgs für Krakau). [Vorarbeiten zu einer geplanten Edition – digital und Manuskript] • (Ebel/Gaebel).

Magdeburger Urteile ⟨dt.⟩ – Sigle *B* (Berliner Handschrift), Berlin, Staatsbibliothek Preußischer Kulturbesitz, Ms. Boruss. fol. 240, 15. Jahrhundert, Provenienz: Friedrich Carl Gottlieb Duisburg (Opp. 86, HC 4608).

Magdeburger Urteile ⟨lat.⟩ – Sigle *D* (Działyńskische Handschrift), Kórnik/Kurnik, Biblioteka Kórnicka (PAN), Rkps 801, 1425–1488, teilw. Faks. bei Michał Bobrzyński (Hrsg.), Ortyle Magdeburskie, 1876 (Opp. 837).

Magdeburger Urteile ⟨dt.⟩ – Sigle *Da* (Danziger Handschrift), Gdańsk/Danzig, Biblioteka Gdańska Polskiej Akademii Nauk, Ms. 1791, 15. Jahrhundert (T. 1), 1. Hälfte 14. Jahrhundert (T. 2) (Opp. 356, HC 7209).

Magdeburger Urteile ⟨dt.⟩ – Sigle *Dr* (Dresdener Handschrift), Dresden, Sächsische Landesbibliothek – Staats- und Universitätsbibliothek, Mscr. M 34b, 15. Jahrhundert (Opp. 452, HC 14564).

Magdeburger Urteile ⟨poln.⟩ – Sigle *Ka* (Krakauer Handschrift), Kraków/Krakau, Biblioteka Kapituly Metropolitalnej, Sygn. 223, 1501, Abdr. in: Wiszniewski, Historya literatury polskiéj, Bd. V, 1843, S. 190–322 (Opp. 840).

Magdeburger Urteile ⟨dt.⟩ – Sigle *Kγ* (Krakauer Handschrift), Kraków/Krakau, Biblioteka Jagiellońska, Cod. 170 b, ca. 1416 (Opp. 847, HC 20152).

Magdeburger Urteile ⟨lat.⟩ – Sigle *L* (Lemberger Handschrift), Wrocław/Breslau, Biblioteka Zakładu Narodowego im. Ossolińskich, 50, 2. Hälfte 15. Jahrhundert, Provenienz: L'viv/Lemberg (Opp. 280).

Magdeburger Urteile ⟨poln.⟩ – Sigle *M* (Muskowskische Handschrift), Poręba/Poremba, Szembeków Bibliothek (Verbleib ungeklärt), 1533 (Opp. 1217).

Magdeburger Urteile ⟨poln.⟩ – Sigle *O* (Ossolińskische Handschrift), Wrocław/Breslau, Biblioteka Zakładu Narodowego im. Ossolińskich, 50, 2. Hälfte 15. Jahrhundert, Provenienz: L'viv/Lemberg (Opp. 280).

Magdeburger Urteile ⟨lat.⟩ – Sigle *Op I* (Opatowsche Handschrift Nr. 1), Wrocław/Breslau, Biblioteka Zakładu Narodowego im. Ossolińskich, 832, 1488, Provenienz: L'viv/Lemberg (Opp. 281).

Magdeburger Urteile ⟨lat.⟩ – Sigle *Op II* (Opatowsche Handschrift Nr. 2), Kórnik/Kurnik, Biblioteka Kórnicka (PAN), Rkps 817, 1484 (Opp. 838).

Magdeburger Urteile ⟨poln.⟩ – Sigle *P* (Przemyśler Handschrift), Warszawa/Warschau, Biblioteka Narodowa, III 8035, 16. Jahrhundert, Provenienz: Przemyśl (Opp. 1462).

Magdeburger Urteile ⟨tschech.⟩ – Sigle *P* (Prager Handschrift), Praha/Prag, Národní muzeum, Cod. II F 1, 15.–16. Jahrhundert, Provenienz: darováný [geschenkt] (Handschrift kam 1819 an KNM) (Opp. 1242).

Magdeburger Urteile ⟨lat.⟩ – Sigle *P I u. II* (Przemyśler Handschrift), Przemyśl, Wojewódzkie Archiwum Państwowe, Akta miasta Przemyśla, sygn. 428, 1473 f. (Opp. 1296).

Magdeburger Urteile ⟨dt.⟩ – Sigle *Pi* (Pilznoer Handschrift), Wrocław/Breslau, Biblioteka Zakładu Narodowego im. Ossolińskich, 2012 II, Ende 14./Anfang 15. Jahrhundert, Provenienz: L'viv/Lemberg (Opp. 284, HC 7523).

Magdeburger Urteile ⟨dt.⟩ – Sigle *Sa* (Sanoker Handschrift), L'viv/Lemberg, Archiwum Krajowe Aktów Grodzkich i Ziemskich, fonds Sanok Nr. 438, Anfang 16. Jahrhundert, Provenienz: Sanok (Opp. 929 – verschollen).

Magdeburger Urteile ⟨poln.⟩ – Sigle *Sk* (Skałaer Handschrift), Warszawa/Warschau, Biblioteka Narodowa, Akc. 9837 (Baw. 954), Anfang 16. Jahrhundert, Provenienz: Graf von Lemberg (Opp. 1452).

Magdeburger Urteile ⟨poln.⟩ – Sigle *St* (Stradomskische Handschrift), Kraków/Krakau, Biblioteka Jagiellońska, Cod. 1174, 1503/1542/1518 (Opp. 851).

Magdeburger Urteile ⟨poln.⟩ – Sigle *Sz* (Handschrift Szczawińskiego), Kraków/Krakau, Polska Akademia Nauk, Biblioteka, rkps. 1588, 16. Jahrhundert (Opp. 843).

Magdeburger Urteile ⟨dt.⟩ – Sigle *T* (Torosiewiczsche Handschrift), Wrocław/Breslau, Biblioteka Zakładu Narodowego im. Ossolińskich, 1643, 15.–16. Jahrhundert, Provenienz: L'viv/Lemberg (Opp. 283).

Magdeburger Urteile ⟨dt.⟩ – Sigle *Th* (Thorner Handschrift), Toruń/Thorn, Öffentliche Bibliothek, Rps 30, 14.–15. Jahrhundert (Opp. 1423, HC 13778).

Magdeburger Urteile ⟨tschech.⟩ – Sigle *W* (Wiener Handschrift), Wien, Österreichische Nationalbibliothek, Cod. 13.143, 15. Jahrhundert (Opp. 1530).

Magdeburger Urteile ⟨poln.⟩ – Sigle *W* (Wilnaer Handschrift), Kraków/Krakau, Muzeum Narodowe w Krakowie – Biblioteka Książąt Czartoryskich, MNB Czart. rkps. 2057 IV, 16. Jahrhundert (Opp. 841).

III. Gedruckte Quellen

Johann Friedrich BEHREND (Hrsg.), Die Magdeburger Fragen. Berlin 1865.

Michał BOBRZYŃSKI (Hrsg.), Ortyle Magdeburskie. Przedruk homograficzny z kodeksu biblioteki Kórnickiej. Poznań 1876.

Hugo BÖHLAU (Hrsg.), Die Blume von Magdeburg. Weimar 1868.

Johann Ehrenfried BÖHME, Diplomatische Beyträge zur Untersuchung der schlesischen Rechte und Geschichte. T. 1.1, 1.2, 1.3, 1.4, 2.1, 2.2 [mehr nicht erschienen]. Berlin 1770–1775.

Jan CERVUS, Farrago actionū ‖ ciuilium Juris Maydebur-‖genſis. Secundū conſuetudinem iam-‖dudum in Regno Poloniæ obſer[-]‖uaram nunc primū ad com-‖munem vtilitatem ‖ excuſſa. Cracoviæ [Krakau]: ex museo Pauperum 1531.

Jan CERVUS, Farraginis actionum iuris civilis et provincialis Saxonici, municipalisque Magdeburgensis. Libri septem (per Ioannem Ceruum). Cracoviæ [Krakau] 1558.

A[lexander] von DANIELS (Hrsg.), Dat buk wichbelde recht. Das sächsische Weichbildrecht nach einer Handschrift der königl. Bibliothek zu Berlin von 1369. Berlin 1853.

A[lexander] von DANIELS, Fr[anz] von GRUBEN (Hrsg.), Das Sächsische Weichbildrecht. Jus municipale saxonicum, Bd. 1: Weltchronik und Weichbildrecht in 136 Artikeln mit der Glosse. Berlin 1858. (= Rechtsdenkmäler des deutschen Mittelalters. [Abt. I], Bd. 1. [1 u. 2]).

Friedrich EBEL (Hrsg.), Magdeburger Recht, Bd. I: Die Rechtssprüche für Niedersachsen, Bd. II: Die Rechtsmitteilungen und Rechtssprüche für Breslau. Teil 1: Die Quellen von 1261 bis 1452, Teil 2: Die Quellen von 1453 bis zum Ende des 16. Jahrhunderts. Köln, Wien 1983, 1989 u. 1995. (= Mitteldeutsche Forschungen. Bd. 89/I/II/1 u. 2) • (Ebel 1989).

Friedrich EBEL (Hrsg.), Der Rechte Weg. Ein Breslauer Rechtsbuch des 15. Jahrhunderts. Hrsg. von Friedrich Ebel unter Mitarb. von Wieland Carls u. Renate Schelling, Bd. 1 u. 2. Köln [usw.] 2000.

Karl August ECKHARDT (Hrsg.), Auctor vetus de beneficiis. [1.] Lateinische Texte; 2. Archetypus und Görlitzer Rechtsbuch. Hannover 1964, 1966. (= Monumenta Germaniae Historica. Fontes iuris Germanici antiqui. Nova Series. II.1 u. 2).

EIKE ⟨VON REPGOW⟩, [Sachsenspiegel-Landrecht, Lehnrecht, Richtsteig Land- und Lehnrechts] Sassenspegel mit velen nyen Addicien san dem Leenrechte vnde Richtstige. Ad lectorem Saphicum cum Gliconico, Saxonum dicor speculum, legenti Leges, iuraq[ue] tribuo: Saxonum lingua loquor, ipse Saxo Per me iura leget sua. Außburch [Augsburg]: Silvan Otmar, Johann Rynmann 1516 (VD16: D758).

[EIKE VON REPGOW], Sachsen-Spiegel oder das Sächsische Land-Recht. In der Alt-Teutschen, Lateinischen und ietzo gebräuchlichen Hoch-Teutschen Sprache nebst nöthigen Auszügen aus der Glosse so weit selbige zum Verstande des Teutschen Rechts etwas beyträget und gegeneinanderhaltung der Zobelischen und Loßischen hochteutschen edition; Wie auch Einer Vorrede, Darinnen die Historie wie und wann das Teutsche Recht zu erst in Schrifften verfasset worden, wie auch derer verschiedenen Ausleger und glossatorum desselben, enthalten ist. Herausgegeben von Jacob Friederich Lvdovici. Halle 1720.

[EIKE VON REPGOW], Das Sächsische Lehn-Recht in der Alt-Teutschen, Lateinischen und ietzo gebräuchlichen Hoch-Teutschen Sprache. Nebst nöthigen Auszügen aus der Glosse ... und gegen-einanderhaltung der alten Zobelischen und neuern Zobel-Romanischen hochteutschen edition, Wie auch Einer Vorrede, darinnen die Historie, wie, von wem, und wann das Lehn-Recht zu erst in Schrifften verfasset worden, ingleichen dessen verschiedenen glossen, nicht weniger Nachricht von einigen manuscriptis enthalten ist. Hrsg. von Jacob Friedrich Ludovici. Halle 1721.

[EIKE VON REPGOW], Der Sachsenspiegel oder das sächsische Landrecht. Nach d. Berliner Handschrift v. J. 1369 mit Varianten aus siebzehn andern Texten hrsg. von Carl Gustav Homeyer. Berlin 1827.

[EIKE VON REPGOW], Des Sachsenspiegels erster Theil oder das Sächsische Landrecht. Nach d. Berliner Handschrift v. J. 1369 mit Varianten aus siebzehn andern Texten hrsg. von Carl Gustav Homeyer. 2., verm. Ausg. Berlin 1835.

EIKE [VON REPGOW], Des Sachsenspiegels zweiter Theil, nebst den verwandten Rechtsbüchern. Hrsg. von Carl Gustav Homeyer, Bd. 2: Der Auctor V. de Beneficiis, das Görlitzer Rechtsbuch und das System des Lehnrechts. Berlin 1844.

EIKE [VON REPGOW], Des Sachsenspiegels erster Theil oder das Sächsische Landrecht. Nach d. Berliner Handschrift v. J. 1369 hrsg. von Carl Gustav Homeyer. 3., umgearb. Aufl. Gütersloh 1861.

EIKE VON REPGOW, Der Sachsenspiegel. Hrsg. von Clausdieter Schott. Übertragung des Landrechts von Ruth Schmidt-Wiegand. Übertragung des Lehenrechts und Nachwort von Clausdieter Schott. Mit 18 farbigen und 11 schwarzweißen Illustr. 3., rev. Aufl. Zürich 1996.

[EIKE VON REPGOW], The Saxon mirror [Der Sachsenspiegel ⟨engl.⟩]. A Sachsenspiegel of the fourteenth century. Transl. by Maria Dobozy. Philadelphia 1999. (= The Middle Ages series).

EIKE VON REPGOW, A Szász tükör [Der Sachsenspiegel ⟨ungar.⟩]. Közreadja: Blazovich László, Schmidt József. Szeged 2005. (= A Pólay Elemér Alapítvány Könyvtára. 5).

[EIKE VON REPGOW], Saksonskae Ljustra [Der Sachsenspiegel ⟨weißruss.⟩]. Pomnik pravavoj dumki Hermanii XIII st. Per. sa staražyt. njam. i lacin. moŭ, pradm. i kament. [Übers. u. komm. von] V. B. Keler [Olga Keller]. Minsk 2005.

Marquard FREHER (Hrsg.), De Feudis Constitutio Karoli III. Primum edita & exposita Commentario, Marqvardi Freheri. Hanoviae 1599.

Victor FRIESE, Erich LIESEGANG (Hrsg.), Die Magdeburger Schöffensprüche für Gross-Salze, Zerbst und Anhalt, Naumburg und aus dem Codex Harzgerodanus. Erster Band (Abtheilung I–IV). Berlin 1901. (= Magdeburger Schöffensprüche. 1).

Ernst Theodor GAUPP, Das alte Magdeburgische und Hallische Recht. Ein Beitrag zur deutschen Rechtsgeschichte. Neudr. der Ausg. Breslau 1826. Aalen 1966.

Ernst Theodor GAUPP, Das schlesische Landrecht oder eigentlich Landrecht des Fürstentums Breslau von 1356, an sich und in seinem Verhältnis zum Sachsenspiegel dargestellt. Beigefügt sind 1. einige Nachträge zu der Schrift über das alte magdeburgische und hallische Recht, 2. ein Verzeichnis von 24 Handschriften mit deutschen Rechtsquellen des Mittelalters. Neudr. der Ausg. Leipzig 1828. Aalen 1966.

Ernst Theodor GAUPP, Deutsche Stadtrechte des Mittelalters. Mit rechtsgeschichtlichen Erläuterungen herausgegeben. 2 Bde. in einem Bd. Neudr. d. Ausg. Breslau 1851–52. Aalen 1966.

Theodor GOERLITZ, Paul GANTZER (Bearb.), Rechtsdenkmäler der Stadt Schweidnitz. Einschließlich der Magdeburger Rechtsmitteilungen und der Magdeburger und Leipziger Schöffensprüche für Schweidnitz. Stuttgart, Berlin 1939. (= Veröffentlichungen der Historischen Kommission für Schlesien. 1. R.: Deutsche Rechtsdenkmäler aus Schlesien. 1. Bd.: Rechtsdenkmäler der Stadt Schweidnitz).

Theodor GOERLITZ, Paul GANTZER (Bearb.), Magdeburger Schöffensprüche für die Hansestadt Posen und andere Städte des Warthelandes. Stuttgart, Berlin 1944. (=Die Magdeburger Schöffensprüche und Rechtsmitteilungen. Reihe VIII: Wartheland, Bd. 1).

Bartłomiej GROICKI, Artykuły‖ Práwá Máydebur-‖skiego/ Ktore zową Speculum ‖ Saxonum.‖ Z Láćińskiégo Języká ná Polski‖ przełożone/ y znowu Druko-‖wáne. Roku ‖ 1559.‖ Cum Gratia et Priuilegio REGIÆ MAIE-‖STATIS, cuius exemplum 12 pa-‖gina reperies. [Krakau]: [Lazarus Andreae/Lázarz Andrysowic] 1559 [Erstdr. 1558].

Bartłomiej GROICKI (Hrsg., Übers.), Ten Poſtępek wybran ‖ ieſt ȝ Praw Ceſarſkich / kto-‖ry Károlus V. Ceſarȝ / kaȝał wydáć po wſȝy-‖ſtkich ſwoich Páńſtwiéch / którym ſie náuká dáie / iáko w tych Sądȝiéch á ſpráwách / około karánia ‖ ná gárdle / ábo ná ȝdrowiu / Sedȝiowie y ‖ koȝdy Vrȝad ma ſie ȝáchowáć / y poſtępo-‖wáć wedle boiáȝni Boȝey / ſpráwie-‖dliwie / poboȝnie / roſtropnie / y ‖ nie ſkwápliwie. Cracoviæ: Lazarus Andreæ impreſſit 1582.

Bartłomiej GROICKI, Porządek sądów i spraw miejskich prawa majdeburskiego w Koronie Polskiej. [1559] Hrsg. von Karol Koranyi. Warszawa 1953. (=Biblioteka dawnych polskich pisarzy-prawników. T. 1).

Bartłomiej GROICKI, Artykuły prawa majdeburskiego. Postępek sądów około karania na gardle. Ustawa płacej u sądów. [1588] Hrsg. von Karol Koranyi. Warszawa 1954. (=Biblioteka dawnych polskich pisarzy-prawników. T. 2) • (Groicki 1954).

Bartłomiej GROICKI, Tytuły práwá Máydeburskiego, do porządku y do artykułów, pierwéy po polsku wydánch. W spráwách tego czásu náwięcéy kłopotnych, s tegóz. Práwa Máydebur. przydáné. Discite iusticiam moniti, et non emnere Diuos. Ná roskazánie królá iego Miłości, żaden nie ma tych kśiąg y innych przez tegóz. Autorá pierwey wydánych, drukowáć w Páństwie iego królewskiey Miłośći, áni indzie drukowánych przedawáć': króm przyzwołenia autorá tych. Cracoviae: Łázarz Andrysowic Drokował (1567) M.D.LXVII.

Bartłomiej GROICKI, Tytuły prawa majdeburskiego. [1567]. Hrsg. von Karol Koranyi. Warszawa 1954. (=Biblioteka dawnych polskich pisarzy-prawników. T. 3).

Bartłomiej GROICKI, REyestr do Porȝą-‖dku y do Artykułów/ Práwá Máy-‖deburskiego y Césár-‖skiego. [Krakau]: [Łazarz Andrysowic] 1567.

Bartłomiej GROICKI, Obrona sierot i wdów. [1605] Warszawa 1958. (=Biblioteka dawnych polskich pisarzy-prawników. T. 4).

Rudolf GROSSE (Hrsg.), Schwabenspiegel. Kurzform. Mitteldeutsch-niederdeutsche Handschriften. Weimar 1964. (=Monumenta Germaniae Historica: [Leges]. Fontes iuris Germanici antiqui. Nova series. 5) • (Große 1964b).

Michael Christoph HANOW (Hrsg.), Jus Culmense ex ultima revisione oder Das vollständige Culmische Recht [Ius Culmense ex ultima revisione, oder das vollständige culmische Recht]. Mit nöthigen Anmerkungen, Beylagen, Register und einer vorgesetzten kurzen Historie desselben zum gemeinen Besten vermehrt und verbessert wieder aufgelegt. [verm. u. verb. Aufl. d. Ausg. Danzig 1743 u. 1744]. Danzig 1767.

Johannes HAVICHORST, [Commentarius in consuetudines feudorum] Franc. Dvareni Commentarivs in consvetvdines Feudorum. Summis rerum & sententiarum, mutuisq⟨ue⟩ testimonijs ... adiectis. Ed. secunda. Coloniae Agrippinae: Birckmann & Baum 1569.

Gustav HERTEL, Urkundenbuch der Stadt Magdeburg, Bd. 1–3, Neudr. d. Ausg. Breslau 1892, 1894, 1896. Aalen 1975, 1978.

C[arl] G[ustav] HOMEYER (Hrsg.), [Johann von Buch], Der Richtsteig Landrechts nebst Cautela und Premis. Berlin 1857.

Nikolaus JASKIER, IVRIS MVNI-||CIPALIS MAIDEBVRGENSIS || Liber uulgo Weichbild nuncupatus ex || uetuſtiſſimis exemplaribus uigillanti || opera nuper latinitati datus, ſum-||maqꝫ cum diligentia recognitus, || adiunctis ſimul gloſis & tex-||tus interpretationibus ad || id neceſſarijs. Annotata preterea in marginibus habentur || loca Legum Iuriſqꝫ Saxonici prouinci-||alis, materiam textus & gloſarū || approbantia elucidanti-||aqꝫ, lectori magnā-||afferentia uti[-]||litatem. In Regia Poloniae Cracouia Hieronymus Vietor excudebat || Mēſe Aprili. Anno. M.D.XXXV. (1535).

Nikolaus JASKIER, Juris Provincialis quod Speculum Saxonum uulgo nuncupatur libri tres, opera uigilanti in correctiorem redacti materiam, adiunctis simul glossis, aliisq. addicionibus nouiter recollectis pro interpraetatione textus magis necessarijs. Hieronymus Vietor 1535.

Nikolaus JASKIER, PROMPTVA-||RIVM IVRIS PROVINCIALIS || Saxonici, quod Speculum Saxonum || uocatur, tū & Municipalis Maid-||eburgeñ. ſumma diligētia || recollectum, et ad cō[-]||munē editum || utilitatē. Adiuncta praeterea habentur ex li. feu. || certa loca ad communem moder[-]||norum in Iure ciuili uſum || magis utiliora. In Regia Poloniae Cracouia Hieronymus Vietor, excudebat Menſe || Mayo. Anno. M.D.XXXV (1535).

Nikolaus JASKIER, Iuris municipalis Maydenburgensis liber vulgo Weichbild nuncupatus, ex vetustissimis exemplaribus vigilanti opera nuper latinitate datus, summaque cum diligentia recognitus, adiunctis simul glossis [et] textus interpretationibus necessariis, in: ders. [Eike von Repgow] [Sachsenspiegel ⟨lat.⟩], Iuris provincialis quod speculum Saxonum vulgo nuncupatur libri tres: opera vigilanti in correctiorem redacti materiam, adiunctis simul glossis, aliisque additionibus, pro interpretatione textus magis necessariis; prius sub D. Sigismundi I. editi, nunc vero denuo mandante Serenissimo Sigismundo III. Poloniae Rege, propter exemplarium inopiam iterum recusi. Nicolaus Iaskierus (Hrsg.). Samosci 1602.

Nikolaus JASKIER [Eike von Repgow] [Sachsenspiegel ⟨lat.⟩], Iuris provincialis quod speculum Saxonum vulgo nuncupatur libri tres: opera vigilanti in correctiorem redacti materiam, adiunctis simul glossis, aliisque additionibus, pro interpretatione textus magis necessariis; prius sub D. Sigismundi I. editi, nunc vero denuo mandante Serenissimo Sigismundo III. Poloniae Rege, propter exemplarium inopiam iterum recusi. Nicolaus Iaskierus (Hrsg.). Samosci 1602.

Frank-Michael KAUFMANN (Hrsg.), Glossen zum Sachsenspiegel-Landrecht. Buch'sche Glosse. Teile 1–3. Hannover 2002. (= Monumenta Germaniae Historica. Fontes iuris Germanici antiqui. Nova series. Bd. 7).

Frank-Michael KAUFMANN (Hrsg.), Glossen zum Sachsenspiegel-Lehnrecht. Die kürzere Glosse. Teile 1 u. 2. Hannover 2006. (= Monumenta Germaniae Historica. Fontes iuris Germanici antiqui. Nova series. Bd. 8).

Jan KIRSTEIN CERASINUS, Enchiridion aliquot locorum communium Iuris Maidenburgen[sis]. Per Joannem Kirsteyn Cerasinum, eiusdem Iuris in Arce Cracouien: Aduocatum, obiter explicatorum. Cracoviae: in Officina Lazari. Mathias Adreouien[sis] 1616, in: Bartłomiej Groicki, Porządek sądów i spraw miejskich prawa majdeburskiego w Koronie Polskiej. Kraków 1616.

Guido KISCH (Hrsg.), Leipziger Schöffenspruch-Sammlung. Hrsg., eingel. u. bearb. von Guido Kisch. Leipzig 1919. (= Quellen zur Geschichte der Rezeption. 1).

Guido KISCH, Die Kulmer Handfeste. Rechtshistorische und textkritische Untersuchungen nebst Texten. Zugleich ein Beitrag zur Verbreitungsgeschichte des Magdeburger Rechts. Sigmaringen 1931. (= Deutschrechtliche Forschungen. 1).

Guido KISCH, Die Kulmer Handfeste. Text, rechtshistorische und textkritische Untersuchungen nebst Studien zur Kulmer Handfeste, dem Elbinger Privilegium von 1246 und einem Beitrag zur Geschichte des Begriffes „ius teutonicum“, „Deutsches Recht“ im Deutschordensgebiet. 2., erw. Aufl. Sigmaringen 1978. (= Forschungen und Quellen zur Rechts- und Sozialgeschichte des Deutschordenslandes. Bd. 2; Schriften des Kopernikuskreises Freiburg im Breisgau. Bd. 9).

Paul LABAND, Jura Prutenorum saeculo XIV condita. Nunc primum e libris manuscriptis. Edidit Paulus Laband. Regimonti Pr. (Königsberg) 1866.

Paul LABAND, Das Magdeburg-Breslauer systematische Schöffenrecht aus der Mitte des XIV. Jahrhunderts. Neudr. d. Ausg. Berlin 1863. Aalen 1967.

Paul LABAND, Magdeburger Rechtsquellen. Zum akademischen Gebrauch herausgegeben. Neudr. d. Ausg. Königsberg 1869. Aalen 1967.

Jan ŁASKI, [Commune incliti Poloniae regni privilegium] Cōmune incliti Polonie Re-‖gni priuilegium cōſtitutionū ‖ & indultuū publicitus decre-‖torum approbatorūqȝ. cum ‖ nōnullis iuribus tā diuinis q̄ȝ humanis p̱ Sere‖niſſimum Principē et dn̄m dominū Allexādorum ‖ deigratia Regem polonie magnumducē Lith-‖wanie Ruſſie Pruſſieqȝ dn̄m et heredē rc̄. Non ‖ tamen in illudipſum priuilegiū sed motu p̱prio ‖ regio serenitatis sue p̱ adhortationé p īstructioe- ‖ Regnicolarū proqȝ regni ejuſdē. ac iuſtitie ſtatu ‖ feliciter dirigēdis eidē priuilegio ānexis & aſcri-‖ptis. Mandāteqȝ ſacra eadem Maieſtate accu-‖ratiſſime caſtigatis. Cracoviae (Johannis Haller 1506). (Titelblatt abgedr. in: Kraków – europejskie miasto prawa magdeburskiego 1257–1791, 2007, S. 247.

Christian Karl LEMAN (Hrsg.), Das alte Kulmische Recht. Mit einem Wörterbuche. Neudr. der Ausg. Berlin 1838. Aalen 1969.

Hans-Jörg LEUCHTE, Das Liegnitzer Stadtrechtsbuch des Nikolaus Wurm. Hintergrund, Überlieferung und Edition eines schlesischen Rechtsdenkmals. Sigmaringen 1990. (= Quellen und Darstellungen zur schlesischen Geschichte. Bd. 25).

Jacob Friedrich LUDOVICI (Hrsg.), Das Sächsische Weichbild, in der Lateinischen und jetzo gebräuchlichen Hoch-Teutschen Sprache aus alten bewährten Codicibus. Nebst Nöthigen Auszügen aus der Gloße, so weit selbige zum Verstande des alten und neuen Teutschen Rechts etwas beyzutragen scheinet, Wie auch Einer Vorrede, darinnen die Historie des Weichbildes, auch zum theil supplementa der Historie derer anderen Theile des Teutschen Rechts, nicht weniger eine curieuse Nachricht von einer Hoch-Teutschen edition des Land-Rechts und Richtsteiges de an. 1482. enthalten ist. Halle 1721.

Witold MAISEL (Hrsg.), Ortyle sądów wyższych miast wielkopolskich z XV i XVI wieku. Wrocław 1959. (= Pomniki Prawa Polskiego. Dział III. Prawo miejskie. T. I).

Witold MAISEL, Poznańskie prawo karne do końca XVI wieku. Poznań 1963. (= Prace Wydziału Prawa. 7).

Witold MAISEL, Poznańska księga prawa magdeburskiego i miśnieńskiego/Das Posener Buch des Magdeburger und Meissner Rechts. Adiustację filologiczną sprawował Andrzej Bzdęga. Wrocław, Warszawa, Kraków 1964. (= Starodawne Prawa Polskiego. Pomniki. Seria II, dział III, t. II) • (Maisel 1964).

Witold MAISEL (Hrsg.), Poznańska księga prawa magdeburskiego i miśnieńskiego/Das Posener Buch des Magdeburger und Meissner Rechts. Adiustację filologiczną sprawował Andrzej Bzdęga. Wrocław [usw.] 1964. (= Starodawne prawa polskiego. Pomniki. Seria II: Pomniki prawa polskiego. Dział III. Prawo miejskie. T. II).

Witold MAISEL (Hrsg.), Wilkierze Poznańskie/Statuta civitatis Posnaniensis. Część I–III. Wrocław [u. a.] 1966–1969. (= Instytut Historii Polskiej Akademii Nauk. Starodawne prawa polskiego pomniki. Seria II: Pomniki prawa polskiego. Dział III. Prawo miejskie. T. III/1–3).

Witold MAISEL, Zbigniew ZDRÓJKOWSKI (Hrsg.), Prawo starochełmińskie 1584 (1394). Pod red. Witolda Maisla i Zbigniewa Zdrójkowskiego. Toruń 1985. (= Teksty pomników prawa chełmińskiego w przekładach polskich. 2).

Józef MATUSZEWSKI (Hrsg.), Iura prutenorum. Indeksem opatrzyła Halina Kozłowska. Toruń 1963. (= Towarzystwo Naukowe w Toruniu. Fontes. 53).

Friedrich ORTLOFF (Hrsg.), Sammlung deutscher Rechtsquellen. In 2 Bänden, Bd. 1: Das Rechtsbuch nach Distinktionen. Ein Eisenachisches Rechtsbuch; Bd. 2:

Das Rechtsbuch Johannes Purgoldts nebst statuarischen Rechten von Gotha und Eisenach. Neudr. d. Ausg. Jena 1836–1860. Aalen 1967.

Ilpo Tapani PIIRAINEN, Nachträge zum Zipser Recht. Die Handschrift[en] 14 und 15 der Zipser Willkür. Levoča/Leutschau 2001.

Józef RECZEK, Wacław TWARDZIK, Najstarsze staropolskie tłumaczenie ortyli magdeburskich. Według rękopisu nr 50 Biblioteki Zakładu Narodowego im. Ossolińskich, cz. I: Wstęp – Uwagi ogólne – Charakterystyka językowa; cz. II: Transliteracja i transkrypcja tekstu; cz. III: Indeks frekwencyjny i wyrazów. Wrocław, Warszawa, Kraków 1970, 1972. (= Komitet Językoznawstwa Polskiej Akademii Nauk. Wydawnictwa Źródłowe.) • (Reczek/Twardzik).

Gunhild ROTH (Bearb.), Winfried IRGANG (Hrsg.), Das „Leobschützer Rechtsbuch". Marburg 2006. (= Quellen zur Geschichte und Landeskunde Ostmitteleuropas. 5).

Zygfryd RYMASZEWSKI, Łacińskie teksty Landrechtu Zwierciadła Saskiego w Polsce. Jaskier – tekst główny i noty marginesowe. Łódź 1985. (= Acta Universitatis Lodziensis. Folia iuridica. 18).

August Friedrich SCHOTT (Hrsg.), Sammlungen zu den deutschen Land- und Stadtrechten. 3 Teile. Leipzig 1772, 1773, 1775.

Vladimír SPÁČIL, Libuše SPÁČILOVÁ, Míšeňská právní kniha. Historický kontext, jazykový rozbor, edice/Das Meißner Rechtsbuch. Historischer Kontext, linguistische Analyse, Edition. Olomouc 2010 • (Spáčil/Spáčilová Meißner Rechtsbuch).

Emil STEFFENHAGEN, Die Landrechtsglosse des Sachsenspiegels. Nach der Amsterdamer Handschrift. Teil 1: Einleitung und Glossenprolog. Wien 1925. (= Denkschriften der Akademie der Wissenschaften in Wien, philosophisch-historische Klasse, Bd. 65,1).

Gustav Adolf STENZEL, Gustav Adolf TZSCHOPPE, Urkundensammlung zur Geschichte des Ursprungs der Städte und der Einführung und Verbreitung deutscher Kolonisten und Rechte in Schlesien und der Ober-Lausitz. Hamburg 1832.

Paweł SZCZERBICZ, IVS MVNICI-‖PALE. ‖ To ieſt/ ‖ Práwo Mieyskie ‖ Máydeburſkie / nowo ȝ Láćiń-‖ſkiego y ȝ Niemieckiego ná Pol-‖ſki ięȝyk ȝ pilnośćią y wier-‖nie prȝełoȝone. ‖ Prȝeȝ PAWLA SZCZERBICZA ná ‖ ten cȝás SYNDIKA LWOWSKIEGO. ‖ Cum Gratia & Priuilegio S. R. M. ‖ Drukowano ‖ We Lwowie / koſȝtem y nakłádem tegoȝ ‖ Páwłá Sȝcȝerbicá właſnym. ‖ M. D. LXXXI. [Ius Municipale das ist das Magdeburger Stadtrecht neu aus lateinischer und deutscher in polnische Sprache mit Fleiß und Treu übersetzt] [Jus Municipale. To jest prawo miejskie majdeburskie nowo z łacińskiego i z niemieckiego na polski język z pilnością i wiernie przełożone. Lwów: Drukowano we Lwowie: kosztem y nakładem tegoz Pawła Szczerbica własnym 1581 – 2. Aufl.: Poznań 1610; 3. Aufl.: Warszawa 1646].

Paweł SZCZERBICZ, Ius Municipale, to jest prawo miejskie majdeburskie, nowo z łacińskiego i z niemieckiego na polski język z pilnością i wiernie przełożone. Wydał Grzegorz M. Kowalski. Kraków 2011. (= Bibliotheca Iagellonica. Fontes et studia. T. 20).

Paweł SZCZERBICZ, SPECVLVM SA-‖XONVM. ‖ Albo / ‖ Prawo Sáskie y ‖ Máydeburſkie porʒądkiem obie-‖cádłá / ʒ Láćińſkich y Niemiec-‖kich exemplarʒow ʒebrane: á ‖ ná Polſki ięʒyk ʒ pilnośćią ‖ y wiernie prʒełoʒone. ‖ Prʒeʒ PAWLA SZCZERBICZA ná ‖ ten cʒás SYNDIKA LWOWSKIEGO. ‖ Cum Gratia & Priuilegio S. R. M. ‖ Drukowano ‖ We Lwowie / koſʒtem y nakłádem tegoʒ ‖ Páwłá Sʒcʒerbicá właſnym. ‖ M. D. LXXXI. [Speculum Saxonum oder sächsisches und Magdeburger Recht in alphabetischer Ordnung aus den lateinischen und deutschen Exemplaren gesammelt und in polnische Sprache mit Fleiß und Treu übersetzt] [Speculum Saxonum albo prawo saskie i majdeburskie porządkiem obiecadła z łacińskich i niemieckich egzemplarów zebrane a na polski język z pilnością i wiernie przełożone. Lwów: kosztem y nakładem tegoż Pawła Szczerbica własnym 1581. – 2. Aufl.: Poznań: Wolrab 1610; 3. Aufl.: Warszawa 1646].

Herrmann WASSERSCHLEBEN (Hrsg.), Sammlung deutscher Rechtsquellen. In 2 Bdn. Neudr. der Ausg. Giessen 1860 u. 1892. Aalen 1969.

Wilhelm WEIZSÄCKER (Bearb.), Magdeburger Schöffensprüche und Rechtsmitteilungen für den Oberhof Leitmeritz. Stuttgart u. Berlin 1943. (= Die Magdeburger Schöffensprüche und Rechtsmitteilungen. R. IX: Sudetenland. 1. Bd.).

Władysław WISŁOCKI, Kodex Pilźnieński ortylów magdeburskich, in: Rozprawy i sprawozdania z posiedzeń wydziału historyczno-filozoficznego Akademii Umiejętności 2 (1874), S. 125–205.

Krystyna ZIELIŃSKA-MELKOWSKA, Przywilej chełmiński 1233 i 1251. (= Teksty pomników prawa chełmińskiego w przekładach polskich. 1). Toruń 1986.

IV. Nachschlagewerke

Andrzej BAŃKOWSKI, Etymologiczny słownik języka polskiego. 1–. Warszawa 2000– • (Bańkowski EW).

Biogramy uczonych polskich. Materiały o życiu i działalności członków AU w Krakowie. Opracował: Andrzej Śródka, Paweł Szczawiński. Część 1: Nauki społeczne, zesz. 1: A-J; 2: K-O; 3: P-Z. Wrocław [u. a.] 1983–1985. (= Prace OIN PAN).

Hildegard BOKOVÁ, Libuše SPÁČILOVÁ, spolupracovali/unter Mitarb. von Václav Bok, Vladimír Spáčil, Jana Kusová, Stručný raně novohornoněmecký glosář k pramenům z českých zemí/Kurzes frühneuhochdeutsches Glossar zu Quellen aus den böhmischen Ländern. Olomouc 2003 • (Boková/Spáčilová Glossar).

Josef Karlmann BRECHENMACHER, Etymologisches Wörterbuch der Deutschen Familiennamen. 2 Bde. 2., von Grund auf neugearb. Aufl. der „Deutschen Sippennamen". Limburg a. d. Lahn 1957–1963 • (Brechenmacher).

Aleksander BRÜCKNER, Słownik etymologiczny języka polskiego. [Nachdr. d. 1. Aufl. Kraków 1927]. Warszawa 1957 • (Brückner EW).

Gerhard BUCHDA, Die Schöffenspruchsammlung der Stadt Pößneck. T. 4: Wort- und Sachregister. Zugleich ein Beitrag zur Erfassung des frühneuhochdeutschen Wortschatzes und Sprachgebrauches. Weimar 1971. (= Thüringische Archivstudien. Bd. 10) • (Buchda Pößneck IV).

Die deutsche Literatur des Mittelalters. Verfasserlexikon. Begr. v. Wolfgang Stammler, fortgef. v. Karl Langosch. 2. völlig neu bearb. Aufl. unter Mitarb. zahlreicher Fachgelehrter. Hrsg. von Kurt Ruh zus. mit Gundolf Keil, Werner Schröder, Burghart Wachinger, Franz Josef Worstbrock. Red. Christine Söllinger-Löser, Bd. 1–14. Berlin, New York 1978–2008.

Deutsches Rechtswörterbuch. Wörterbuch der älteren deutschen Rechtssprache. Hrsg. von der Königlich Preußischen/Heidelberger Akademie der Wissenschaften, bearb. von Rudolf Schröder, Eberhard Frhr. von Künßberg u. a., Bd. 1–. Weimar 1914–. [10 Bde. bis 1997: opferbar].

Karol ESTREICHER, Bibliografia Polska/Polnische Bibliographie. Część III, tom VI, VII, X/III. Abt., Bd. VI, VII, X, ogólnego zbioru tom XVII, XVIII, XXI/ der ganzen Sammlung Bd. XVII, XVIII, XXI. Kraków/Krakau 1899, 1901, 1906.

Frühneuhochdeutsches Wörterbuch. Hrsg. von Ulrich Goebel und Oskar Reichmann. Begr. von Robert R. Anderson, Ulrich Goebel und Oskar Reichmann, Bd. 1–. Berlin, New York 1989–.

Jacob GRIMM, Wilhelm GRIMM, Deutsches Wörterbuch, Bd. 1–33. Fotomech. Nachdruck der Erstausg. [Bd. 1–17]. Leipzig 1854–1971. München 1984–1991.

Handbuch der völkischen Wissenschaften. Personen – Institutionen – Forschungsprogramme – Stiftungen. Hrsg. von Ingo Haar und Michael Fahlbusch unter Mitarb. von Matthias Berg München 2008.

Handwörterbuch zur deutschen Rechtsgeschichte. Hrsg. von Adalbert Erler, Ekkehard Kaufmann u. Dieter Werkmüller [Bd. 5]. Mitbegründ. von Wolfgang Stammler, unter philolog. Mitarb. von Ruth Schmidt-Wiegand, Bd. 1–5. Berlin 1971–1998.

Handwörterbuch zur deutschen Rechtsgeschichte. Begründet von Wolfgang Stammler, Adalbert Erler u. Ekkehard Kaufmann. Hrsg. von Albrecht Cordes, Heiner Lück, Dieter Werkmüller und Ruth Schmidt-Wiegand [Bd. 1] als philologischer Beraterin und Christa Bertelsmeier-Kierst als philologischer Beraterin [ab 9. Lfg., Bd. 2], Bd. 1–. 2., völlig überarb. u. erw. Aufl. Berlin 2008–.

Carl Gustav HOMEYER, Verzeichniss deutscher Rechtsbücher des Mittelalters und ihrer Handschriften. Berlin 1836.

Carl Gustav HOMEYER, Die deutschen Rechtsbücher des Mittelalters und ihre Handschriften. Berlin 1856.

[Carl] Gustav HOMEYER, Die deutschen Rechtsbücher des Mittelalters und ihre Handschriften. Im Auftrage der Savigny-Stiftung und mit Unterstützung der Forschungs(not)gemeinschaft der deutschen Wissenschaft neu bearb. von Conrad Borchling, Karl August Eckhardt und Julius von Gierke. 1. Abt.: Verzeichnis der Rechtsbücher. Bearb. von Karl August Eckhardt; 2. Abt.: Verzeichnis der Handschriften. Bearb. von Conrad Borchling und Julius von Gierke. Weimar 1931–1934.

Johann Friedrich JUGLER, Beyträge zur juristischen Biographie. Oder genauere litterarische und critische Nachrichten von dem Leben und den Schriften verstorbener Rechtsgelehrten auch Staatsmänner, welche sich in Europa berühmt gemacht haben. 1.1 (1773); 1.2 (1774); 2.1 (1775); 2.2 (1775). Leipzig 1773–1775.

Juridisch-politische Terminologie für die slawischen Sprachen Oesterreichs. Deutsch-böhmische Separat-Ausgabe. Von der Commission für slawische juridisch-politische Terminologie. Wien 1850.

Juridisch-politische Terminologie für die slavischen Sprachen Oesterreichs. Deutsch-ruthenische Separat-Ausgabe. Von der Commission für slavische juridisch-politische Terminologie. Wien 1851.

Juridisch-politische Terminologie für die slavischen Sprachen Oesterreichs. Deutsch-kroatische, serbische und slovenische Separat-Ausgabe. Von der Commission für slavische juridisch-politische Terminologie. Wien 1853.

Maria KARPLUK, Słownik Jana Cervusa z Tucholi. Wrocław, Warszawa, Kraków, Gdańsk 1973.

Frank-Michael KAUFMANN, Peter NEUMEISTER, Glossar zur Buch'schen Glosse (in Bearbeitung – noch nicht erschienen) [= Glossar zu Frank-Michael Kaufmann (Hrsg.), Glossen zum Sachsenspiegel-Landrecht. Buch'sche Glosse. Teile 1–3. Hannover 2002. (= Monumenta Germaniae Historica. Fontes iuris Germanici antiqui. Nova series. Bd. 7). [zitiert nach Seite und Zeile der Edition der „Buch'schen Glosse"] • (Glossar zur Buch'schen Glosse).

Agnieszka KOZIEJA-DACHTERSKA, Großwörterbuch der Wirtschafts- und Rechtssprache, Bd. 1 u. 2. Warszawa 2006, 2010.

Marek ŁAZIŃSKI, Słownik zapożyczeń niemieckich w polszczyźnie. Warszawa 2008. (= Słowa bez granic) • (Lehnwörter 2008).

Matthias LEXER, Mittelhochdeutsches Handwörterbuch, Bd. 1–3. Nachdr. d. Ausg. Leipzig 1872–1878. Stuttgart 1992.

Lexikon des Mittelalters. Bd. 1–9. München 1980–1998.

M. Samuel Bogumił LINDE, Słownik języka polskiego. 1–6. Lwów 1854–1860. Wydanie trzecie fotooffsetowe. Warszawa 1951 • (Linde).

Johann Georg MEUSEL, Lexikon der vom Jahr 1750 bis 1800 verstorbenen teutschen Schriftsteller, Bd. 1–15. Leipzig 1802–1816.

Václav MACHEK, Etymologický slovník jazyka českého. [Druhé, opravené a doplněné vydání. Praha 1968], 3., nezměněné vyd. Praha 1971 • (Machek EW).

Ulrich-Dieter OPPITZ, Deutsche Rechtsbücher des Mittelalters, Bd. I: Beschreibung der Rechtsbücher (1990), Bd. II: Beschreibung der Handschriften (1990), Bd. III/1 u. 2: Abbildungen der Fragmente (1992). Köln, Wien 1990–1992.

Polski Słownik Biograficzny. T. 1–. Wrocław [u. a.] 1935–.

Kazimierz RYMUT, Nazwiska Polaków. Słownik historyczno-etymologiczny, t. I. A-K, t. II. L-Ż. Kraków 1999, 2001 • (Rymut FaN 2 Bd.).

František RYŠÁNEK, Slovník k Žilinské knize. Bratislava 1954 • (Ryšánek, Wörterbuch zum Silleiner Rechtsbuch).

Franciszek SŁAWSKI, Słownik etymologiczny języka polskiego. I–V. Kraków 1952–1982 • (Sławski EW).

Słownik polszczyzny XVI wieku. I–XXXI. Redaktor naczelny: Maria Renata Mayenowa. Wrocław, Warszawa, Kraków, Gdańsk 1963–2003 • (Słownik XVI).

Słownik staropolski. Pod red. Stanisława Urbańczyka. 1–. Wrocław, Warszawa, Kraków, Gdańsk 1953– • (Słownik staropolski).

Słownik staropolskich nazw osobowych. Pod red. i ze wstępem Witolda Taszyckiego, Bd. 1–6; pod kierunkiem Marii Malec, Bd. 7. Wrocław, Warszawa, Kraków, Gdańsk, Łódź 1965–1987 und Indeks a tergo do Słownika staropolskich nazw osobowych. Pod red. Aleksandry Cieślikowej i Marii Malec. Kraków 1993 sowie Słownik etymologiczno-motywacyjny staropolskich nazw osobowych, cz. 1–6. Kraków 1995–2000.

Słownik starożytności słowiańskich. Encyklopedyczny zarys kultury Słowian od czasów najdawniejszych do schyłku wieku XII. Red. Władysław Kowalenko, Gerard Labuda, Tadeusz Lehr-Spławiński, Zdzisław Stieber, Antoni Gąsiorowski, Andrzej Wędzki, t. I–VIII. Wrocław, Warszawa, Kraków 1961–1996.

Verzeichnis der im deutschen Sprachbereich erschienenen Drucke des 16. Jahrhunderts, hrsg. von der Bayerischen Staatsbibliothek in München. [Red.: Irmgard Bezzel], Bd. 1–25. Stuttgart 1983–2000; online: http://www.vd16.de – Abfragedatum: 16.03.2011.

Wörterbuch der deutschen Lehnwörter in der polnischen Schrift- und Standardsprache. Von den Anfängen des polnischen Schrifttums bis in die Mitte des 20. Jahrhunderts. Begonnen, konzipiert und grundlegend redigiert von Andrzej de Vincenz. Zu Ende geführt von Gerd Hentschel. Unter der Mitarb. im philologischen Bereich von: Mark Brüggemann, Beata Chachulska, Eckhard Eggers,

Evelyn Hentschel, Thomas Menzel, Alek Pohl †, Martin Renz, Sabine Schlüer, Nicole Störmer und Albrecht Walsleben und im technischen Bereich von: Uwe Kersten und Günter Koch. Erschienen als Online-Publikation des Bundesinstituts für Kultur und Geschichte der Deutschen im östlichen Europa im BIS-Verlag der Universität Oldenburg. (= Studia Slavica Oldenburgensia. Bd. 20) (http://www.bkge.de/wdlp.php – Abfragedatum: 17.06.2011) • (Lehnwörter 2010).

Wörterbuch der mittelhochdeutschen Urkundensprache. Auf der Grundlage des Corpus der altdeutschen Originalurkunden bis zum Jahre 1300. Unter Leitung von Bettina Kirschstein und Ursula Schulze, erarbeitet von Sibylle Ohly und Peter Schmitt, Bd. 1–. Berlin 1994–. (= Veröffentlichungen der Kommission für deutsche Literatur des Mittelalters der Bayerischen Akademie der Wissenschaften).

V. Literatur

Aleksandra ALEKSIC, Die altpolnische Rechtsterminologie am Beispiel von *Ortyle Magdeburskie*. (Magisterarbeit. Wien 2008 – Manuskript) • (Aleksic Ortyle).

Manfred ALEXANDER, Kleine Geschichte Polens. Aktualisierte und erw. Ausg. Stuttgart 2008.

Karl v. AMIRA, [Rezension] Magdeburger Schöffensprüche [u. a.], in: ZRG GA 23 (1902), S. 281 f.

Heinrich APPELT, Die Leubuser Gründungsurkunde und die Fragen des mittelalterlichen Deutschtums in Schlesien, in: Schlesien 1 (1956), S. 251–257.

Heinrich APPELT, Die mittelalterliche deutsche Siedlung in Schlesien, in: Deutsche Ostsiedlung in Mittelalter und Neuzeit. (= Studien zum Deutschtum im Osten. H. 8). Köln, Wien 1971, S. 1–19.

Martin ARMGART, Handfeste, in: ^{2}HRG, 11. Lfg. Berlin 2010, Sp. 735 f.

Udo ARNOLD, „Bitschin, Konrad", in: Verfasserlexikon, Bd. 1. Berlin [usw.] ^{2}1978, Sp. 884–887.

Udo ARNOLD, „Bitschin, Konrad", in: Verfasserlexikon, Bd. 11. Berlin [usw.] ^{2}2004, Sp. 261.

Reiner ARNTZ, Fachbezogene Mehrsprachigkeit in Recht und Technik. Hildesheim, Zürich, New York 2001. (= Studien zu Sprache und Technik. Bd. 8) • (Arntz 2001).

Hermann AUBIN (Hrsg.), Geschichte Schlesiens, Bd. 1: Von der Urzeit bis zum Jahre 1526. Breslau 1938.

Hermann AUBIN (Hrsg.), Der deutsche Osten und das Abendland. Eine Aufsatzreihe. Hrsg. im Auftrage des Ostdeutschen Akademischen Arbeitskreises Freiburg i. Br. München 1953.

Martin AVENARIUS, Gelehrtes Recht, in: ²HRG, 9. Lfg. Berlin 2009, Sp. 31–37.

Joachim BAHLCKE, Wilhelm Weizsäcker (1886–1961), Jurist. Rechtsgeschichte und Volksgemeinschaft, in: Prager Professoren 1938–1948. Zwischen Wissenschaft und Politik. Hrsg. von Monika Glettler u. Alena Míšková. Essen 2001, S. 391–414.

Joachim BAHLCKE, Wissenschaft und Nationalitätenkampf. Zur akademischen und hochschulpolitischen Tätigkeit des Prager Rechtshistorikers Wilhelm Weizsäcker (1886–1961) in der Zeit vom Münchener Abkommen bis zum Ende des Zweiten Weltkriegs, in: Österreichische Osthefte. Zeitschrift für Ost-, Mittel- und Südosteuropaforschung 46 (2004), S. 345–359.

Juliusz BARDACH, „Maciejowski, Wacław Aleksander", in: Polski Słownik Biograficzny, t. 19. Wrocław 1974, S. 71–74.

Juliusz BARDACH, Waclaw [sic] Aleksander Maciejowski und die slawische Rechtsgeschichte [Einleitung], in: Wenzel Alexander Maciejowski, Slavische Rechtsgeschichte. Mit e. Einl. von Juliusz Bardach, Unveränd. Neudr. d. Ausg. Stuttgart u. Leipzig 1835 u. 1836, Bd. 1/2, Vaduz/Liechtenstein 1978, S. 1–17.

Günter BELLMANN, Slavoteutonica. Lexikalische Untersuchungen zum slawisch-deutschen Sprachkontakt im Ostmitteldeutschen. Berlin, New York 1971. (= Studia Linguistica Germanica. 4) • (Bellmann Slavoteutonica).

Rudolf BENL, Pommern bis zur Teilung von 1368/72, in: Werner Buchholz (Hrsg.), Deutsche Geschichte im Osten Europas. Pommern. Für die Sonderausg. durchges. u. auf den neuesten Stand gebrachte Aufl. Berlin 1999, S. 21–126.

Rainer BERG, „Bobrzyński, Michał", in: ders., Baza osób polskich i z Polską związanych – polnische Personendatenbank. [o. J.] (http://baza-nazwisk.de/suche.php?data=1367 – Abfragedatum: 22.03.2011).

Inge BILY, Der Familienname *Lehmann*, seine Varianten und Ableitungen im Polnischen. (Untersucht auf der Grundlage des Wörterbuchs der Familiennamen Polens von Kazimierz Rymut), in: Onomastica 50 (2005), S. 255–275 • (Bily Lehmann).

Inge BILY, Zum Gebrauch der Endonyme und Exonyme in den Publikationen und auf den geplanten Karten im Projekt „Das sächsisch-magdeburgische Recht als kulturelles Bindeglied zwischen den Rechtsordnungen Ost- und Mitteleuropas", in: Stanisław Gajda (Red.), Region w świetle nazw miejscowych. W setną rocznicę urodzin Profesora Stanisława Rosponda i w dwudziestą rocznicę śmierci Profesora Henryka Borka. Opole 2007, S. 79–100 • (Bily 2007).

Inge BILY, Die Rezeption des sächsisch-magdeburgischen Rechts in Osteuropa. Zum Analyseraster der Rechtstermini am Beispiel der Lexeme *Burggraf* und *Lehen*, in: Andrea Moshövel, Libuše Spáčilová (Hrsg.), Kanzleisprache – ein mehrdimensionales Phänomen. Tagungsband für Prof. PhDr. Zdeněk Masařík, DrSc. zum 80. Geburtstag. (= Beiträge zur Kanzleisprachenforschung. Bd. 6). Wien 2009, S. 35–56 • (Bily 2009).

Inge BILY, Zu Möglichkeiten der Kartierung bei der Untersuchung der Rezeption des sächsisch-magdeburgischen Rechts in Ost- und Mitteleuropa, in: Claudine Moulin, Fausto Ravida, Nikolaus Ruge (Hrsg.), Sprache in der Stadt. Akten der 25. Tagung des Internationalen Arbeitskreises Historische Stadtsprachenforschung. Luxemburg, 11.–13. Oktober 2007. Heidelberg 2010, S. 372–379 • (Bily 2010).

Ferdinand BISCHOFF, Beiträge zur Geschichte des Magdeburgerrechtes, Wien 1865. Aus dem Julihefte des Jahrganges 1865 der Sitzungsberichte der phil.-hist. Cl. der kais. Akademie der Wissenschaften [L. Bd.] besonders abgedruckt.

Ferdinand BISCHOFF, Über einen deutschen Rechtscodex der Krakauer Universitäts-Bibliothek. Wien 1865. Aus dem Novemberhefte des Jahrganges 1864 der Sitzungsberichte der phil.-hist. Cl. der kais. Akademie der Wissenschaften [XLVIII. Bd.] besonders abgedruckt.

Ferdinand BISCHOFF, Über eine Sammlung deutscher Schöffensprüche in einer Krakauer Handschrift, in: Archiv für österreichische Geschichte 38 (1867), S. 1–24.

Karl BISCHOFF, Elbostfälische Studien. Halle (Saale) 1954. (= Mitteldeutsche Studien. 14).

Marek BISZCZANIK, Das Stadtrecht von Schweidnitz und dessen Umfeld in Schlesien, in: Rolf Lieberwirth, Heiner Lück (Hrsg.), Akten des 36. Deutschen Rechtshistorikertages. Halle an der Saale, 10.– 14. September 2006. Baden-Baden 2008. S. 479–488.

Hugo BÖHLAU, Aus der Praxis des Magdeburger Schöffenstuhles während des 14. und 15. Jahrhunderts, in: ZRG 9 (1870), S. 1–50.

Henryk BOREK, Polnisch-deutsche Mischnamen in Schlesien, in: Onomastica Slavogermanica I (1965), S. 73–99 • (Borek 1965).

Henryk BOREK, Górny Śląsk w świetle nazw miejscowych. Opole 1988 • (Borek 1988).

Karl BOSL, „Mayer, Theodor", in: NDB, Bd. 16. Berlin 1990, S. 554–556.

Hansjürgen BRACHMANN (Hrsg.), Burg – Burgstadt – Stadt. Zur Genese mittelalterlicher nichtagrarischer Zentren in Ostmitteleuropa. Berlin 1995. (= Forschungen zur Geschichte und Kultur des östlichen Mitteleuropa. 2).

Hansjürgen BRACHMANN (Hrsg.), Von der Burg zur Stadt – Magdeburg und die osteuropäische Frühstadt. Versuch einer Schlußbetrachtung, in: ders. (Hrsg.), Burg – Burgstadt – Stadt. Zur Genese mittelalterlicher nichtagrarischer Zentren in Ostmitteleuropa. (= Forschungen zur Geschichte und Kultur des östlichen Mitteleuropa. 2). Berlin 1995, S. 317–348.

Albert BRACKMANN, Magdeburg als Hauptstadt des deutschen Ostens im frühen Mittelalter. Leipzig 1937.

Aleksander BRÜCKNER, Die „Magdeburger Urtheile". Ein Denkmal deutschen Rechtes in polnischer Sprache aus der Mitte des XV. Jahrhunderts, in: Archiv für slavische Philologie 6 (1882), S. 319–392 u. 7 (1884), S. 525–574 • (Brückner 1882, 1884).

Gerhard BUCHDA, [Rezension zu] Engelbert Klugkist, Die Göttinger Juristenfakultät als Spruchkollegium. Mit einer Einführung von Prof. Dr. Hans Fehr (Bern) und einem Abdruck der Fakultätsstatuten von 1737. Göttingen 1952. (= Göttinger Rechtswissenschaftliche Studien. 5), in: ZRG GA 71 (1954), S. 484–491.

Gerhard BUCHDA, Magdeburger Recht, in: HRG, Bd. 3. Berlin 1984, Sp. 134–138.

Werner BUCHHOLZ, Grundlagen und europäische Bezüge der Geschichte Pommerns, in: ders. (Hrsg.), Deutsche Geschichte im Osten Europas. Pommern. Für die Sonderausg. durchges. u. auf den neuesten Stand gebrachte Aufl. Berlin 1999, S. 13–20.

Enno BÜNZ, Ein Landeshistoriker im 20. Jahrhundert. Rudolf Kötzschke (1867–1949) zwischen methodischer Innovation und Volksgeschichte, in: Blätter für deutsche Landesgeschichte 141/142 (2005/2006), S. 347–367.

Enno BÜNZ, Kühren 1154: Ostsiedlung und Landesausbau in Sachsen. Zur Einführung, in: ders. (Hrsg.), Ostsiedlung und Landesausbau in Sachsen. Die Kührener Urkunde von 1154 und ihr historisches Umfeld. (= Schriften zur sächsischen Geschichte und Volkskunde. 23). Leipzig 2008, S. 17–44.

Enno BÜNZ, Die Rolle der Niederländer in der Ostsiedlung, in: ders. (Hrsg.), Ostsiedlung und Landesausbau in Sachsen. Die Kührener Urkunde von 1154 und ihr historisches Umfeld. (= Schriften zur sächsischen Geschichte und Volkskunde. 23). Leipzig 2008, S. 95–142.

Almut BUES, Die Jagiellonen. Herrscher zwischen Ostsee und Adria. Stuttgart 2010 (= Urban Taschenbücher. Bd. 646).

Krystyna BUKOWSKA-GORGONI, Das sächsisch-magdeburgische Recht und die vermögensrechtlichen Verhältnisse in den polnischen Städten der Renaisssance, in: Dietmar Willoweit, Winfried Schich (Hrsg.), Studien zur Geschichte des sächsisch-magdeburgischen Rechts in Deutschland und Polen. (= Rechtshistorische Studien. Bd. 10). Frankfurt a.M. [usw.] 1980, S. 130–144.

Harald BURGER, Phraseologie. Eine Einführung am Beispiel des Deutschen. Berlin 1998 (= Grundlagen der Germanistik. 36).

Wieland CARLS, Das sächsisch-magdeburgische Recht – Sprach- und Rechtstransfer in Mittel- und Osteuropa, in: Legal Transitions, Development of Law in Formerly Socialist States and the Challenges of the European Union/Rechtsentwicklung in den ehemaligen sozialistischen Staaten und die Herausforderung der Europäischen Union. Hrsg. von Elemér Balogh, Andrea Hegedűs, Péter Mezei, Zsolt Szomora, Julianna Sára Traser. (= A Pólay Elemér Alapítvány könyvtára. 17). Szeged 2007, S. 259–267.

Wieland CARLS, Abecedarien, in: ²HRG, Bd. 1. Berlin 2008, Sp. 6–9.

Wieland CARLS, „Hy hebit sich an magdburgisch recht". Wege eines europäischen Rechts und seiner Erforschung, in: Denkströme 5 (2010), S. 139–155.

Hermann CONRING, De origine iuris Germanici commentarius historicus, Helmstadium 1643 [Deutsche Übers. von Ilse Hoffmann-Meckenstock unter dem Titel ‚Der Ursprung des deutschen Rechts', hrsg. von Michael Stolleis, Frankfurt und Leipzig 1994. (= Bibliothek des deutschen Staatsdenkens. 3)].

Albrecht CORDES, Deutsches Recht, in: ²HRG, Bd. 1. Berlin 2008, Sp. 1003–1007.

Antoni CZACHAROWSKI, Das Kulmer Recht im politischen Leben des Deutsch-Ordenslandes, in: Studia Historica Slavo-Germanica 13 (1984), S. 3–14.

Przemysław DĄBKOWSKI, Prawo prywatne polskie. 2 Bde. Lwów 1910 u. 1911. (= Prace naukowe. Wydawnictwo tow. dla pop. nauki polskiej. Dz. 1, T. 2. 3). [Rezension von Kisch, Das mittelalterliche polnische Privatrecht, in: Zeitschrift für osteuropäische Geschichte 3 (1913), S. 216–226].

Norman DAVIES, Im Herzen Europas. Geschichte Polens. Aus dem Englischen von Friedrich Griese. Mit einem Geleitwort von Bronisław Geremek. 3. Aufl. München 2002.

Norman DAVIES, Roger MOORHOUSE, Die Blume Europas. Die Geschichte einer mitteleuropäischen Stadt. Aus d. Engl. von Thomas Bertram. München 2002.

Dietrich DENECKE, Mitteleuropäische Verkehrsachsen. Entstehung, Wandel und Verfall vom Mittelalter bis zum 18. Jahrhundert, in: Thomas Szabó (Hrsg.), Die Welt der europäischen Straßen. Von der Antike bis in die Frühe Neuzeit. Köln, Weimar, Wien 2009, S. 279–303 • (Denecke 2009).

Gerhard DILCHER, Paarformeln in der Rechtssprache des frühen Mittelalters. Darmstadt 1961. (Zugl.: Frankfurt a.M., Univ., Diss., 1960) • (Dilcher 1961).

Gerhard DILCHER, „Hell, verständig, für die Gegenwart sorgend, die Zukunft bedenkend". Zur Stellung und Rolle der mittelalterlichen deutschen Stadtrechte in einer europäischen Rechtsgeschichte, in: ZRG GA 106 (1989), S. 12–45.

Gerhard DILCHER, Stadtrecht, in: HRG, Bd. 4. Berlin 1990, Sp. 1863–1873.

Barbara DÖLEMEYER, Kodifikationen und Projekte, in: Helmut Coing (Hrsg.), Handbuch der Quellen und Literatur der neueren europäischen Privatrechtsgeschichte, Bd. III.2. München 1982, S. 1440–1611.

Je. M. DOROVSKICH, Pravo i nacional'nyj jazyk. Moskva 1996 • (Dorovskich 1996).

Ján DORUĽA, Slováci v dejinách jazykových vzťahov. Bratislava 1977 • (Doruľa 1977a).

Ján DORUĽA, Z histórie slovensko-nemeckých jazykových vzťahov v 16.–18. storočí. Z výskumu jazyka levočských Nemcov, in: Slavica Slovaca 12 (1977), S. 13–27 und 13 (1978), S. 63–77 • (Doruľa 1977b) u. (Doruľa 1978).

Ján DORUĽA, Slovensko-nemecké vzťahy v rukopisných pamiatkach (podľa písomností v archíve mesta Banská Bystrica), in: Miroslava Domová (Hrsg.), Kniha '95–'96. Zborník o problémoch a dejinách knižnej kultúry. o. O. 1997, S. 190–192 • (Doruľa 1997).

Thomas DUVE, Sonderrecht in der Frühen Neuzeit. Studien zum „ius singulare" und den „privilegia miserabilium personarum", „senum" und „indorum" in Alter und Neuer Welt. Frankfurt a.M. 2008. (Zugl.: München, Univ., Habil.-Schr., 2004/05). (= Studien zur europäischen Rechtsgeschichte. 231).

Andrzej DZIADZIO, Lesław Pauli (1919–1986), in: ZfO 37 (1988), S. 112–114.

Friedrich EBEL, Der Traktat „Von gewedde", in: ZRG GA 99 (1982), S. 276–284.

Friedrich EBEL, Kulmer Recht – Probleme und Erkenntnisse, in: 750 Jahre Kulm und Marienwerder. Hrsg. von Bernhart Jähnig und Peter Letkemann. Münster/Westf. 1983, S. 9–39 [zugl. Beiträge zur Geschichte Westpreußens 8 (1983)] (Neudr. in: ders., Unseren fruntlichen grus zuvor. Deutsches Recht des Mittelalters im mittel- und osteuropäischen Raum. Kleine Schriften. Hrsg. von Andreas Fijal, Hans-Jörg Leuchte u. Hans-Jochen Schiewer. Köln [usw.] 2004, S. 135–150).

Friedrich EBEL, Überlegungen zur Situation der schlesischen Rechtsgeschichte, in: Jahrbuch der Schlesischen Friedrich-Wilhelms-Universität zu Breslau XXVI (1985), S. 317–321.

Friedrich EBEL, Poloniae historia iuris. Neuere Literatur zur polnischen Rechtsgeschichte, in: ZRG GA 105 (1988), S. 331–335.

Friedrich EBEL, Sachsenspiegel, in: HRG, Bd. 4. Berlin 1990, Sp. 1228–1237.

Friedrich EBEL, Magdeburger Recht, in: Erzbischof Wichmann (1152–1192) und Magdeburg im Hohen Mittelalter – Stadt – Erzbistum – Reich. Ausstellung zum 800. Todestag Erzbischof Wichmanns vom 29. Oktober 1992 bis 21. März 1993. Hrsg. von Matthias Puhle. Magdeburg 1992, S. 42–55.

Friedrich EBEL, Schultheiß, in: LexMa, Bd. 7. München 1995, Sp. 1591 f.

Friedrich EBEL, *Des spreke wy vor eyn recht* ... Versuch über das Recht der Magdeburger Schöppen, in: ders., Unseren fruntlichen grus zuvor. Deutsches Recht des Mittelalters im mittel- und osteuropäischen Raum. Kleine Schriften. Hrsg. von Andreas Fijal [u. a.]. Köln [usw.] 2004, S. 423–511.

Friedrich EBEL, Magdeburger Recht, in: Magdeburg. Die Geschichte der Stadt 805–2005. Hrsg. im Auftrag der Landeshauptstadt Magdeburg von Matthias Puhle und Peter Petsch. Redaktion Maik Hattenhorst. Dößel (Saalkreis) 2005, S. 137–154.

Friedrich EBEL, Blume von Magdeburg, in: ²HRG, Bd. 1. Berlin 2008, Sp. 619 f.

Friedrich EBEL, Breslau, in: ²HRG, Bd. 1. Berlin 2008, Sp. 681–684.

Friedrich EBEL, Rechtsentstehung und Rechtstransfer im Spiegel der Überlieferung (Magdeburger und Lübecker Recht), in: Heiner Lück, Matthias Puhle, Andreas Ranft (Hrsg.), Grundlagen für ein neues Europa. Das Magdeburger und Lübecker Recht in Spätmittelalter und Früher Neuzeit. Hrsg. von Heiner Lück, Matthias Puhle und Andreas Ranft. (= Quellen und Forschungen zur Geschichte Sachsen-Anhalts. Bd. 6). Köln, Weimar, Wien 2009, S. 37–47 • (Ebel 2009).

Wilhelm EBEL, Deutsches Recht im Osten. (Sachsenspiegel, Lübisches und Magdeburgisches Recht). Kitzingen a.M. 1952. (= Der Göttinger Arbeitskreis. H. 21).

Jörn ECKERT, Hans HATTENHAUER (Hrsg.), Sprache – Recht – Geschichte. Rechtshistorisches Kolloquium, 5.–9. Juni 1990, Christian-Albrechts-Universität Kiel. Heidelberg 1991. (= Motive, Texte, Materialien. Bd. 58) • (Eckert/Hattenhauer 1991).

Karl August ECKHARDT (Hrsg.), Auctor vetus de beneficiis. [1.] Lateinische Texte; 2. Archetypus und Görlitzer Rechtsbuch. Hannover 1964, 1966. (= Monumenta Germaniae Historica. Fontes iuris Germanici antiqui. Nova Series. II.1 u. 2).

Eckhard EGGERS, Zur Entlehnung deutscher Komposita aus freien Morphemen in das Polnische, in: Alek Pohl, André de Vincenz (Hrsg.), Deutsch-polnische Sprachkontakte. Beiträge zur gleichnamigen Tagung, 10.–13. April 1984 in Göttingen. (= Slavistische Forschungen. Bd. 52). Köln, Wien 1987, S. 29–41 • (Eggers 1987).

Eckhard EGGERS, Die Phonologie der deutschen Lehnwörter im Altpolnischen bis 1500. München 1988. (Zugl.: Göttingen, Univ., Diss., 1988). (= Slavistische Beiträge. 225) • (Eggers 1988).

Eckhard EGGERS, Sprach- und Kulturkontakt in Polen, in: Florilegium Linguisticum. Festschrift für Wolfgang P. Schmid zum 70. Geburtstag. Hrsg. von Eckhard Eggers, Joachim Becker, Jürgen Udolph und Dieter Weber. Frankfurt a.M. [usw.] 1999, S. 100–112 • (Eggers 1999).

Ernst EICHLER, Heiner LÜCK (Hrsg.), Rechts- und Sprachtransfer in Mittel- und Osteuropa. Sachsenspiegel und Magdeburger Recht. Internationale Konferenz in Leipzig vom 31. Oktober bis 2. November 2003. Berlin 2008. (= Ivs saxonico-maidebvrgense in oriente. 1).

Ulrich ERNST, Eheauflösung im multikonfessionellen Staat der frühen Neuzeit. Kapitel 5 Artikel 20 des Dritten Statuts des Großfürstentums Litauen von 1588, in: forum historiae iuris (2005) (http://www.forhistiur.de/zitat/0510ernst.htm – Abfragedatum: 15.04.2011).

Stanisław ESTREICHER, „Bobrzyński, Michał“, in: Polski Słownik Biograficzny, t. 2. Warszawa 1936, S. 165–168.

Europejskie miasta prawa magdeburskiego. Tradycja, dziedzictwo, identyfikacja/European Cities of Magdeburg Law. Tradition, heritage, identity. Sesja komparatystyczna. Kraków, 13–15 października 2006. Materiały konferencyjne/A comparative conference. Kraków, October 13–15, 2006. Conference Proceedings. Kraków 2007.

Johannes FECHNER, Deutsches Recht in Polen. Ein Überblick über die Forschungslage in Deutschland, in: Dietmar Willoweit, Winfried Schich (Hrsg.), Studien zur Geschichte des sächsisch-magdeburgischen Rechts in Deutschland und Polen. (= Rechtshistorische Reihe. Bd. 10). Frankfurt a.M. [usw.] 1980, S. 1–21 • (Fechner 1980).

Helmut FELBER, Gerhard BUDIN, Terminologie in Theorie und Praxis. Tübingen 1989. (= Forum für Fachsprachenforschung. Bd. 9) • (Felber/Budin 1989).

Festschrift zur 700-Jahrfeier des Neumarkter Rechts (1235–1935). Im Auftrage der Stadt Neumarkt hrsg. von [Franz] Zmarzly. Neumarkt in Schl. 1935.

Johannes FIELITZ, „Walter Kuhn", in: Handbuch der völkischen Wissenschaften. Personen – Institutionen – Forschungsprogramme – Stiftungen. Hrsg. von Ingo Haar und Michael Fahlbusch unter Mitarb. von Matthias Berg. München 2008, S. 350–353.

Ferdinand FRENSDORFF, „Homeyer, Carl Gustav", in: ADB, Bd. 13. Leipzig 1881, S. 44–53.

Marian FRIEDBERG, Kultura polska a niemiecka. Elementy rodzime a wpływy niemieckie w ustroju i kulturze Polski średniowiecznej, Bd. 1 u. 2. Poznań 1946. (= Prace Instytutu Zachodniego. 7 u. 8) [Bd. 1 übersetzt als, ders., Polnische und deutsche Kultur. Bodenständige Elemente und deutsche Einflüsse in Verfassung und Kultur des mittelalterlichen Polens (nur Bd. 1). Marburg (Lahn) 1962. (= Wissenschaftliche Übersetzungen. 39/I)].

Marian FRIEDBERG, Polnische und deutsche Kultur. Bodenständige Elemente und deutsche Einflüsse in Verfassung und Kultur des mittelalterlichen Polens (nur Bd. 1). Kultura polska a niemiecka ⟨dt.⟩. Marburg (Lahn) 1962. (= Wissenschaftliche Übersetzungen. 39/I)].

Manfred FRIEDRICH, „Laband, Paul", in: NDB, Bd. 13. Berlin 1982, S. 362 f.

Peter FUCHS, „Freher, Marquard Friedrich", in: NDB, Bd. 5. Berlin 1961, S. 392 f.

Andreas GARDT, Die Übersetzungstheorie Martin Luthers, in: Zeitschrift für deutsche Philologie 111, 1 (1992), S. 87–111 • (Gardt 1992).

Angelo GAROVI, Rechtssprachlandschaften der Schweiz und ihr europäischer Bezug. Tübingen, Basel 1999. (= Basler Studien zur deutschen Sprache und Literatur. Bd. 76) • (Garovi 1999).

Sławomir GAWLAS, Fürstenherrschaft, Geldwirtschaft und Landesausbau. Zum mittelalterlichen Modernisierungsprozess im piastischen Polen, in: Eduard Mühle (Hrsg.), Rechtsstadtgründungen im mittelalterlichen Polen. Köln, Weimar, Wien 2011, S. 13–76.

Tomasz GIARO, „Maciejowski, Waclaw [sic] Aleksander", in: Juristen. Ein biographisches Lexikon. Von der Antike bis zum 20. Jahrhundert. Hrsg. v. Michael Stolleis. Überarb. Ausg. der 1995 bei Beck geb. ersch. Ausg. München 2001, S. 407.

Wolfgang W. GLENZ (Hrsg.), A Glossary of Plastics Terminology in 7 Languages. In collaboration with Claudio Celata [u. a.]. 7th ed. Munich 2010 • (Glossary).

Theodor GOERLITZ, Eine Magdeburger Rechtsmitteilung für Breslau vor 1241? Gleichzeitig eine Untersuchung zum Magdeburg-Goldberger Rechte, in: Beiträge zur Geschichte der Stadt Breslau 1 (1935) S. 92–105.

Theodor GOERLITZ, Die Breslauer Rechtsbücher des 14. Jahrhunderts, in: ZRG GA 59 (1939), S. 136–164 • (Goerlitz 1939).

Theodor GOERLITZ, Das Rechtsbuch der Stadt Posen, insbesondere seine Verwandtschaft mit anderen deutschen Rechtshandschriften, in: ZRG GA 60 (1940), S. 143–196.

Theodor GOERLITZ, Die Gubener Handschrift des Görlitzer Rechtsbuchs, in: ZRG GA 64 (1944), S. 319–326.

Theodor GOERLITZ, Verfassung, Verwaltung und Recht der Stadt Breslau. Hrsg. im Auftr. der Historischen Kommission für Schlesien von Ludwig Petry. Teil I: Mittelalter. Würzburg 1962. (= Quellen und Darstellungen zur schlesischen Geschichte. Bd. 7) • (Goerlitz 1962).

Hans GOETTING, „Brackmann, Albert Theodor Johann Karl Ferdinand“, in: NDB, Bd. 2. Berlin 1955, S. 504 f.

Frank GOLCZEWSKI (Hrsg.), Geschichte der Ukraine. Göttingen 1993.

Jacob GOLDBERG, Jewish Privileges in the Polish Commonwealth. Charters of Rights Granted to Jewish Communities in Poland-Lithuaniain the Sixteenth to Eighteenth Centuries. Critical Edition of Original Latin, Polish and German Documents with English Introductions and Notes. (Repr. d. Ausg. 1985). Jerusalem 2001. (= Publications of the Israel Academy of Sciences and Humanities, Section of Humanities. Fontes ad res Judaicas spectantes).

Udo GRASHOFF, „In einem Anfall von Depression ...“ Selbsttötungen in der DDR. Berlin 2006, S. 202–204.

Gernot von GRAWERT-MAY, Das staatsrechtliche Verhältnis Schlesiens zu Polen, Böhmen und dem Reich während des Mittelalters. (Anfang des 10. Jahrhunderts bis 1526). Aalen 1971. (Zugl.: Freiburg i.Br., Univ., Rechts- u. Staatswiss. Fak., Diss. 1970). (= Untersuchungen zur deutschen Staats- und Rechtsgeschichte. N. F. 15).

Rudolf GROSSE, Die mitteldeutsch-niederdeutschen Handschriften des Schwabenspiegels in seiner Kurzform. Sprachgeschichtliche Untersuchung. Berlin 1964. (= Abhandlungen der Sächsischen Akademie der Wissenschaften zu Leipzig. Phil.-hist. Kl. Bd. 56. H. 4) • (Große 1964a).

Herbert GRUNDMANN, Nekrolog E. Stengel, in: DA 24 (1968), S. 605 f.

Herbert GRUNDMANN, Nekrolog Hermann Aubin, in: DA 25 (1969), S. 621.

Johann GRYPHIANDER, [De Weichbildis Saxonicis sive Colossis Rulandinis urbium quarundam Saxonicarum] Joannis Gryphiandri JC. De Weichbildis Saxonicis, siue Colossis Rvlandinis Vrbivm Qvarvndam Saxonicarvm. Commentarius Historico-Juridicus, In quo Vetvstvs Ivdiciorvm Saxonicorvm Ritvs, Leges, magistratus, mores, habitus, lingua, aliæq[ue] antiquitates Saxonicæ explicantur & illustrantur: simulq[ue] fabulosa Caroli Magni Cæsaris & Rulandi militis historia ad libram veritatis expenditur. Francofurti: Kopff [u. a.] 1625.

Wilhelm GÜDE, Verzeichnis der Schriften von Guido Kisch zur mittelalterlichen Rechtsgeschichte, in: Guido Kisch, (Ausgew. Schriften Bd. 3:) Forschungen zur Rechts- und Sozialgeschichte des Mittelalters. Mit e. Verz. der Schriften von Guido Kisch zur mittelalterlichen Rechtsgeschichte. Sigmaringen 1980, S. 519–544.

Wilhelm GÜDE, Leben und Werk des Rechtshistorikers Guido Kisch (1889–1985). Prag, Leipzig, Königsberg, Halle, New York, Basel. Ein Gelehrtenschicksal im 20. Jahrhundert, in: Basler Juristische Mitteilungen, 1 (2010), S. 1–24.

Wilhelm GÜDE, Der Rechtshistoriker Guido Kisch (1889–1985). Karlsruhe 2010. (= Schriftenreihe des Rechtshistorischen Museums Karlsruhe. 18).

Jörg HACKMANN, Christian LÜBKE, Die mittelalterliche Ostsiedlung in der deutschen Geschichtswissenschaft, in: Historiographical Approaches to Medieval Colonisation of East Central Europe. New York 2002, S. 197–218.

Alfred von HALBAN, Zur Geschichte des deutschen Rechts in Podolien, Wolhynien und der Ukraine. Berlin 1896.

Harms' Ostdeutsche Heimat in Karte, Bild und Wort. Bearb. von F[ranz] Dörr, Ph. Geiger u. W[illi] Kerl. 3.–5. Aufl. München [usw.] [ca. 1960].

Frédéric HARTWEG, Klaus-Peter WEGERA, Frühneuhochdeutsch. Eine Einführung in die deutsche Sprache des Spätmittelalters und der frühen Neuzeit. 2., neu bearb. Aufl. Tübingen 2005. (= Germanistische Arbeitshefte. 33).

Heinrich HAHN, „Roepell, Richard", in: ADB, Bd. 53. Leipzig 1907, S. 464–469.

Matthias HARDT, Formen und Wege der hochmittelalterlichen Siedlungsgründung, in: Enno Bünz (Hrsg.), Ostsiedlung und Landesausbau in Sachsen. Die Kührener Urkunde von 1154 und ihr historisches Umfeld. (= Schriften zur sächsischen Geschichte und Volkskunde. 23). Leipzig 2008, S. 143–159.

Matthias HARDT, Von der Subsistenzwirtschaft zur marktorientierten Produktion von Getreide: der hochmittelalterliche Wandel der Agrarstruktur in den westslawischen Gebieten, in: Bernd Hermann (Hrsg.), Beiträge zum Göttinger Umwelthistorischen Kolloquium 2007–2008. Göttingen 2008, S. 87–116.

Herbert HELBIG, „Kötzschke, Rudolf", in: NDB, Bd. 12. Berlin 1980, S. 415 f.

Karlheinz HENGST, Sprachkontakt und Entlehnungsprozeß. Ergebnisse der toponomastischen Analyse im deutsch-slawischen Berührungsgebiet, in: Zeitschrift für Slawistik 30 (1985), S. 809–822 • (Hengst 1985).

Friedrich-Wilhelm HENNING, Locator, in: HRG, Bd. 3. Berlin 1984, Sp. 22–24.

Maximilian HERBERGER, Kolonisation, in: HRG, Bd. 2. Berlin 1978, Sp. 954–960.

Maximilian HERBERGER, Krakauer Oberhof für deutsches Recht, in: HRG, Bd. 2. Berlin 1978, Sp. 1169–1171.

Marianne HERDLITSCHKA, Das Zwickauer Rechtsbuch als Vorlage zum Meissner Rechtsbuch. Inaugural-Diss., Maschschr., Julius-Maximilans-Universität zu Würzburg 1947.

Jürgen HEYDE, Geschichte Polens. München 2006. (= Beck'sche Reihe. 2385).

Charles HIGOUNET, Die deutsche Ostsiedlung im Mittelalter. Im Text ungek., durchges. Ausg. v. Berlin 1986. München 1990.

K. C. HOFACKER, [Rezension zu] Johann Ehrenfried Böhme, Diplomatische Beyträge zur Untersuchung der schlesischen Rechte und Geschichte. 1.1; 1.2; 1.3, Berlin 1770–1775, in: Allgemeine deutsche Bibliothek 18,1 (1772), S. 71–77;

[anonym] zum 4. Teil, in: Allgemeine deutsche Bibliothek, Anh. 13.–24. Bd., 1. Abt. (1777), S. 625f.

Gustav HOMEYER, Die Genealogie der Handschriften des Sachsenspiegels, in: Abhandlungen der Königlichen Akademie der Wissenschaften zu Berlin (1859), S. 83–202.

Gustav HOMEYER, Die Extravaganten des Sachsenspiegels. Berlin 1861 [Seperatdr. aus: Abhandlungen der Königlichen Akademie der Wissenschaften zu Berlin. (Phil.-hist. Kl.) (1861), S. 223–266].

Rudolf HÜBNER, „Böhlau, Hugo", in: ADB, Bd. 53. Leipzig 1907, S. 464–469.

Jan ILUK, Polnisches Recht (bis 1800), in: Roswitha Fischer (Hrsg.), Sprache und Recht in großen europäischen Sprachen. Juristische Begriffsbildung im Spannungsfeld zwischen Fachsprachlichkeit und allgemeiner Verständlichkeit. Beiträge vom interdisziplinären Symposium am 23./24.4.2009 an der Universität Regensburg. Im Auftr. des Arbeitskreises Sprache und Recht. Regensburg 2010, S. 117–130 • (Iluk 2010).

Winfried IRGANG, Landesausbau und Kolonisation. V. Ostmitteleuropa und Ungarn, in: LexMa, Bd. 5. München 1991, Sp. 1649–1653.

Winfried IRGANG, Ostsiedlung, deutsche, in: LexMa, Bd. 6. München 1993, Sp. 1545f.

Winfried IRGANG, Schlesien im Mittelalter. Siedlung, Kirche, Urkunden. Ausgewählte Aufsätze. Hrsg. von Norbert Kersken u. Jürgen Warmbrunn. Marburg 2007. (= Materialien und Studien zur Ostmitteleuropa-Forschung. Bd. 17).

Franz IRSIGLER, Stadt und Umland im Spätmittelalter. Zur zentralitätsfördernden Kraft von Fernhandel und Exportgewerbe, in: Emil Meynen (Hrsg.), Zentralität als Problem der mittelalterlichen Stadtgeschichtsforschung. Köln, Wien 1979, S. 1–14 • (Irsigler 1979).

Danuta JANICKA, Prawo karne w trzech rewizjach prawa chełmińskiego z XVI wieku. Toruń 1992 [Zugl.: Studia Iuridica XIX,1 (1992)].

Danuta JANICKA, [Rezension zu] Zbigniew Zdrójkowski (Hrsg.), Studia Culmensia Historico-Juridica czyli Księga Pamiątkowa 750-lecia Prawa Chełmińskiego, in: Ius commune 19 (1992), S. 330–334.

Danuta JANICKA, Das Allgemeine Landrecht und Polen, in: 200 Jahre Allgemeines Landrecht für die preußischen Staaten. Wirkungsgeschichte und internationaler Kontext. Hrsg. von Barbara Dölemeyer und Heinz Mohnhaupt. (= Studien zur europäischen Rechtsgeschichte. 75). Frankfurt a.M. 1995, S. 437–452.

Danuta JANICKA, Der Lehrstuhl für die Geschichte des deutschen Rechts in Polen, an der Fakultät für Recht und Verwaltung der Nikolaus Kopernikus-Universität in Thorn, in: Inter Finitimos 15/16 (1999), S. 50–52.

Danuta JANICKA, Polnische Forschungen zum Magdeburger Recht (1945–2004). Vortrag zur Verleihung des Eike-von-Repgow-Preises am 22.11.2004 in Magdeburg, [im Druck] • (Janicka 2007).

Danuta JANICKA, Zur Bedeutung des Magdeburger Vorbilds in der städtischen Gerichtsbarkeit Nordpolens: das Beispiel Kulm und Thorn, in: Hans-Georg Knothe, Marc Liebmann (Hrsg.), Gerichtskultur im Ostseeraum. Vierter Rechtshistorikertag im Ostseeraum. 18.–20. Mai 2006 in Greifswald. (= Rechtshistorische Reihe. Bd. 361). Frankfurt a.M. 2007, S. 29–40.

Danuta JANICKA, Die Rezeption des Sachsenspiegels und des Magdeburger Rechts am Beispiel von Thorn im Kulmer Land, in: Ernst Eichler u. Heiner Lück (Hrsg.), Rechts- und Sprachtransfer in Mittel- und Osteuropa. Sachsenspiegel und Magdeburger Recht. Internationale und interdisziplinäre Konferenz in Leipzig vom 31. Oktober bis 2. November 2003. (= Ivs saxonico-maidebvrgense in oriente. 1). Berlin 2008, S. 61–74 • (Janicka 2008).

Danuta JANICKA, Zur Topographie der Städte des Magdeburger Rechts in Polen: das Beispiel von Kulm und Thorn, in: Heiner Lück, Matthias Puhle, Andreas Ranft (Hrsg.), Grundlagen für ein neues Europa. Das Magdeburger und Lübecker Recht in Spätmittelalter und Früher Neuzeit. (= Quellen und Forschungen zur Geschichte Sachsen-Anhalts. Bd. 6). Köln, Weimar, Wien 2009, S. 67–81 • (Janicka 2009).

Danuta JANICKA, Groicki, Bartolomaeus (um 1534–1605), in: ²HRG, 11. Lfg. Berlin 2010, Sp. 561 f.

Brigitte JANZ, Nikolaus Wurm, in: HRG, Bd. 5. Berlin 1998, Sp. 1546–1548.

Rudolf JAWORSKI, Ostmitteleuropa. Zur Tauglichkeit und Akzeptanz eines historischen Hilfsbegriffs, in: Westmitteleuropa, Ostmitteleuropa. Vergleiche und Beziehungen. Festschrift für Ferdinand Seibt zum 65. Geburtstag. Hrsg. von Winfried Eberhard, Hans Lemberg, Heinz-Dieter Heimann u. Robert Luft. (= Veröffentlichungen des Collegium Carolinum. Bd. 70). München 1992.

Rudolf JAWORSKI, Deutsche Ostforschung und polnische Westforschung in ihren historisch-politischen Bezügen, in: Jan M. Piskorski, Jörg Hackmann, Rudolf Jaworski, Deutsche Ostforschung und polnische Westforschung im Spannungsfeld von Wissenschaft und Politik. Disziplinen im Vergleich. Mit einem Nachw. von Michael Burleigh. (= Deutsche Ostforschung und polnische Westforschung. Bd. 1). Osnabrück, Poznań 2002, S. 11–23.

Rudolf JAWORSKI, Christian LÜBKE, Michael G. MÜLLER, Eine kleine Geschichte Polens. 4. Aufl. Frankfurt a.M. 2005. (= Edition Suhrkamp. 2179).

Peter JOHANEK, Alter Kulm, in: Verfasserlexikon, Bd. 1. Berlin [usw.] ²1978, Sp. 267–269.

Peter JOHANEK, Bernhard von Peisern (Pyzdri), in: Verfasserlexikon, Bd. 1. Berlin [usw.] ²1978, Sp. 771 f.

Peter JOHANEK, Breslauer Landrecht, in: Verfasserlexikon, Bd. 1. Berlin [usw.] ²1978, Sp. 1025 f.

Peter JOHANEK, Glogauer Rechtsbuch, in: Verfasserlexikon, Bd. 3. Berlin [usw.] ²1981, Sp. 59 f.

Peter JOHANEK, Kulmer Handfeste, in: Verfasserlexikon, Bd. 5. Berlin [usw.] ^{2}1985, Sp. 433–436.
Peter JOHANEK, Löwenberger Rechtsbuch, in: Verfasserlexikon, Bd. 5. Berlin [usw.] ^{2}1985, Sp. 920–923.
Peter JOHANEK, Magdeburger Rechtsbücher (‚Magdeburgisches Weichbild', ‚Sächsisches Weichbild'), in: Verfasserlexikon, Bd. 11 (Nachträge und Korrekturen). Berlin [usw.] ^{2}2004, Sp. 945–953.
Walter KAESTNER, Die deutschen Lehnwörter im Polnischen. I. Teil: Einleitung und Lautlehre. Leipzig 1939. (= Veröffentlichungen des Slavischen Instituts an der Friedrich-Wilhelms-Universität Berlin. Bd. 23) • (Kaestner 1939).
Walter KAESTNER, Germanistische Aspekte der deutsch-polnischen Lehnwortforschung, in: Alek Pohl, André de Vincenz (Hrsg.), Deutsch-polnische Sprachkontakte. Beiträge zur gleichnamigen Tagung, 10.–13. April 1984 in Göttingen. (= Slavistische Forschungen. Bd. 52). Köln, Wien 1987, S. 89–102 • (Kaestner 1987).
Emil KAŁUŻNIACKI, Die polnische Recension der Magdeburger Urtheile und die einschlägigen deutschen, lateinischen und czechischen Sammlungen, in: Sitzungsberichte der Kaiserlichen Akademie der Wissenschaften. Phil.-hist. Cl. 111 (1886), S. 113–330 • (Kałużniacki 1886).
Bernd KANNOWSKI, Stephan DUSIL, Der Hallensische Schöffenbrief für Neumarkt von 1235 und der Sachsenspiegel, in: ZRG GA 120 (2003), S. 61–90.
Krystyna KAMIŃSKA, Lokacje miast na prawie magdeburskim na ziemiach polskich do 1370 r. (Studium historycznoprawne). Toruń 1990. (= Rozprawy. Uniwersytet Mikołaja Kopernika) • (Kamińska 1990).
Maria KARPLUK, Słownictwo Jana Cervusa z Tucholi a *Leksykon* Mączyńskiego (1564), in: Polszczyzna regionalna Pomorza (Zbiór studiów). Pod red. Kwiryny Handke. Wrocław, Warszawa, Kraków, Gdańsk, Łódź 1989, S. 7–14.
Wojciech KĘTRZYŃSKI, Catalogus codicum manuscriptorum Bibliothecae Ossolinianae Leopoliensis. Katalog rękopisów Biblioteki zakładu nar. im. Ossolińskich, t. I. Lwów 1881 • (Kętrzyński 1881).
Guido KISCH, [Rezension] Das mittelalterliche polnische Privatrecht, in: Zeitschrift für osteuropäische Geschichte 3 (1913), S. 216–226. [Rezension zu] Dąbkowski, Prawo prywatne polskie. Lwów 1910 u. 1911].
Guido KISCH, Das Mühlenregal im Deutschordensgebiete, in: ZRG GA 48 (1928). S. 176–193.
Guido KISCH, Das Elbinger Privilegium von 1246 in deutscher Übersetzung, in: Elbinger Jahrbuch 10 (1931), S. 23–32 [Neudr. in: ders., Die Kulmer Handfeste, 2., erw. Aufl. Sigmaringen 1978, S. 219–227.].
Guido KISCH, Das Fischereirecht im Deutschordensgebiet. Beiträge zu seiner Geschichte. Stuttgart 1932. (= Deutschrechtliche Forschungen. 5).
Guido KISCH, Das Fischereirecht im Deutschordensgebiet. Beiträge zu seiner Geschichte. 2., erw. Aufl. Stuttgart 1978. (= Forschungen und Quellen zur Rechts-

und Sozialgeschichte des Deutschordenslandes. Bd. 3; Schriften des Kopernikuskreises Freiburg im Breisgau. Bd. 10).

Guido KISCH, (Ausgewählte Schriften Bd. 2:) Forschungen zur Rechts-, Wirtschafts- und Sozialgeschichte der Juden. Mit e. Verz. der Schriften von Guido Kisch zur Rechts- u. Sozialgeschichte der Juden. Sigmaringen 1979.

Guido KISCH, (Ausgewählte Schriften Bd. 3:) Forschungen zur Rechts- und Sozialgeschichte des Mittelalters. Mit e. Verz. der Schriften von Guido Kisch zur mittelalterlichen Rechtsgeschichte. Sigmaringen 1980.

Franz KLEIN-BRUCKSCHWAIGER, Das Buch der Magdeburgischen Urteile im Breslauer Stadtarchiv, in: ZRG GA 66 (1948), S. 261–293.

Franz KLEIN-BRUCKSCHWAIGER, Die Magdeburger Schöffensprüche für Breslau in Kaspar Popplaus „Rechtem Weg“, in: ZRG GA 66 (1948), S. 440–476.

Franz KLEIN-BRUCKSCHWAIGER, Jahr und Tag, in: ZRG GA 67 (1950), S. 441–446.

Franz KLEIN-BRUCKSCHWAIGER, „Goerlitz, *Theodor* Hans Walter“, in: NDB, Bd. 6. Berlin 1964, S. 530f.

Thekla KLEINDIENST, Die Entwicklung der bundesdeutschen Osteuropaforschung im Spannungsfeld zwischen Wissenschaft und Politik. Marburg 2009. (= Materialien und Studien zur Ostmitteleuropaforschung, Bd. 22).

Gerhard KÖBLER, Deutsche Sprachgeschichte und Rechtsgeschichte, in: Werner Besch, Oskar Reichmann, Stefan Sonderegger (Hrsg.), Sprachgeschichte. Ein Handbuch zur Geschichte der deutschen Sprache und ihrer Erforschung, 1. Halbbd. (= Handbücher zur Sprach- und Kommunikationswissenschaft. 2.1). Berlin, New York 1984, S. 56–70 • (Köbler 1984).

B. KOEHLER, Kulmer Handfeste, in: HRG, Bd. 2. Berlin 1978, Sp. 1244–1246.

Rudolf KÖTZSCHKE (Hrsg.), Quellen zur Geschichte der ostdeutschen Kolonisation im 12. bis 14. Jahrhundert. Mit 4 Flurkarten. Leipzig, Berlin 1912. (= Quellensammlung zur deutschen Geschichte).

Rudolf KÖTZSCHKE, Wolfgang EBERT, Geschichte der ostdeutschen Kolonisation. Leipzig 1937, S. 170.

Rudolf KÖTZSCHKE, Die Anfänge des deutschen Rechtes in der Siedlungsgeschichte des Ostens (Ius teutonicum). Leipzig 1941. (= Sitzungsberichte der Sächsischen Akademie der Wissenschaften zu Leipzig. Phil.-hist. Kl. Bd. 93. H. 1).

Rudolf KÖTZSCHKE, Deutsche und Slaven im mitteldeutschen Osten. Ausgew. Aufsätze. Hrsg. von Walter Schlesinger. Darmstadt 1961.

Wilhelm KOHL, Wichmann (Wicmann, Wigmannus) *von Seeburg*, in: Biographisch-bibliographisches Kirchenlexikon. Begr. und hrsg. von Friedrich Wilhelm Bautz. Fortgef. von Traugott Bautz, Bd. 13. Nordhausen 1998, Sp. 1043–1046 (auch als online-Ressource verfügbar: http://www.bautz.de – Abfragedatum: 16.03.2011).

Jan KOŘENSKÝ, František CVRČEK, František NOVÁK, Juristická a lingvistická analýza právních textů. (právněinformatický přístup). Praha 1999 • (Kořenský/Cvrček/Novák 1999).

Jan KORYTKOWSKI, Jan Łaski. Arcybiskupi gnieźnieńscy prymas królestwa polskiego i w. księstwa litewskiego. Gniezno 1880.

Józef KOŚĆ, Socjolingwistyczne aspekty komunikacji językowej w tekstach prawniczych (na przykładzie XVIII-wiecznych protokołów sądowych z ksiąg miejskich Chełma), in: Socjolingwistyka 12/13 (1993), S, 155–167 • (Kość 1993).

Henryk KOWALEWICZ, Władysław KURASZKIEWICZ (Hrsg.), Wielkopolskie roty sądowe XIV–XV wieku, tom V: Roty Gnieźnieńskie, Roty Konińskie. Wrocław 1981 • (Kowalewicz 1981).

Alina KOWALSKA, Terminologija prawnicza w XVII-wiecznych księgach sądowych Tarnowskich Gór, in: Zaranie Śląskie 27 (1964), S. 92–100 • (Kowalska 1964).

Halina KOWALSKA, Stanisław Aichler of Cracow, in: Peter G. Bietenholz (Hrsg.), Contemporaries of Erasmus. A biographical register of the Renaissance and Reformation, Bd. 1–3 (A-Z). [Nachdr. der 3-bändigen Ausg. 1985–1987]. T. 1 (A-E), Toronto [u. a.] 2003. S. 19.

Kraków – europejskie miasto prawa magdeburskiego 1257–1791. Katalog wystawy. (5 czerwca – 19 listopada 2007 r.). Grażyna Lichończak-Nurek (Red.). Kraków 2007.

Karl KROESCHELL, Rechtsaufzeichnung und Rechtswirklichkeit. Das Beispiel des Sachsenspiegels, in: Recht und Schrift im Mittelalter. Hrsg. von Peter Classen. (= Vorträge und Forschungen. Bd. 23). Sigmaringen 1977, S. 349–380.

Karl KROESCHELL, Deutsche Rechtsgeschichte, Bd. 1: bis 1250, 13. Aufl. Köln [usw.] 2008. (= UTB. 2734).

Karl KROESCHELL, Albrecht CORDES, Karin NEHLSEN-VON STRYK, Deutsche Rechtsgeschichte, Bd. 2: 1250–1650, 9., aktualisierte Aufl., Neubearb. Köln, Weimar 2008. (= UTB. 2735).

Markus KRZOSKA, Ostforschung, in: Handbuch der völkischen Wissenschaften. Personen – Institutionen – Forschungsprogramme – Stiftungen. Hrsg. von Ingo Haar und Michael Fahlbusch unter Mitarb. von Matthias Berg. München 2008, S. 452–463.

Rudolf KUCHAR, Vývin slovenskej právnej terminológie v európskom kontexte, in: Slavica Slovaca 27 (1992), S. 158–168 • (Kuchar 1992).

Rudolf KUCHAR, Z jazykovej nemecko-slovenskej problematiky prekladu magdeburského práva, in: Wort und Name im deutsch-slavischen Sprachkontakt. Ernst Eichler von seinen Schülern und Freunden. Hrsg. von Karlheinz Hengst, Dietlind Krüger und Hans Walther, unter Mitarb. von Inge Bily. (= Bausteine zur Slavischen Philologie und Kulturgeschichte. Reihe A: Slavistische Forschungen. N. F. Bd. 20). Köln, Weimar, Wien 1997, S. 533–544 • (Kuchar 1997).

Rudolf KUCHAR, Právo a slovenčina v dejinách, Budmerice 1998.
Hiram KÜMPER, Sachsenspiegel. Eine Bibliographie – mit einer Einleitung zu Überlieferung, Wirkung und Forschung. Nordhausen 2004.
Hiram KÜMPER, Sachsenrecht. Studien zur Geschichte des sächsischen Landrechts in Mittelalter und früher Neuzeit. Berlin 2009. (Zugl.: Mannheim, Univ., Phil. Fak. Diss., 2007). (= Schriften zur Rechtsgeschichte. 142).
Herbert KÜPPER, Einführung in die Rechtsgeschichte Osteuropas. Frankfurt a.M. 2005. (= Studien des Instituts für Ostrecht München. Bd. 54).
Walter KUHN, Die deutschrechtlichen Städte in Schlesien und Polen in der ersten Hälfte des 13. Jahrhunderts. Marburg 1968 • (Kuhn 1968).
Walter KUHN, Die Städtegründungspolitik der schlesischen Piasten im 13. Jahrhundert, vor allem gegenüber Kirche und Adel. Hildesheim 1974.
Walter KUHN, Die deutschrechtlichen Stadtgründungen in Kleinpolen, in: Heinz Stoob (Hrsg.), Die mittelalterliche Städtebildung im südöstlichen Europa. (= Städteforschung. R. A: Darstellungen. 4). Köln, Wien 1977, S. 39–89.
Walter KUHN, Die Neugestaltung von Schlesien und Kleinpolen durch die mittelalterliche Ostsiedlung, in: ders. (Hrsg.), Neue Beiträge zur schlesischen Siedlungsgeschichte. Eine Aufsatzsammlung. (= Quellen und Darstellungen zur schlesischen Geschichte. Bd. 23). Sigmaringen 1984, S. 1–11.
Władysław KURASZKIEWICZ (Hrsg. u. Bearb.), Der polnische Wortbestand in J. Mączyńskis Lexicon Latino-Polonicum aus dem Jahre 1564. Unter Mitw. von Reinhold Olesch, Bd. 1: Index [1985], Bd. 2: Index a tergo [1983]. Köln, Wien 1983 u. 1985 • (Kuraszkiewicz 1983 u. 1985).
Władysław KURASZKIEWICZ, Formuły przysięgi w rotach sądowych XIV–XVI wieku, in: ders., Polski język literacki. Studia nad historią i strukturą. Warszawa 1986, S. 579–588 • (Kuraszkiewicz 1986).
[Stanisław] Stanislaus KUTRZEBA, Grundriß der polnischen Verfassungsgeschichte. Nach der 3. poln. Aufl. übers. von Wilhelm Christiani. Berlin 1912 [Originaltitel: Historya ustroju Polski w zarysie ⟨dt.⟩].
Stanisław KUTRZEBA, Historia źródeł dawnego prawa polskiego. T. II. Lwów, Warszawa, Kraków 1926 • (Kutrzeba 1926).
Irena KWIATKOWSKA *s. a.* Irena MALINOWSKA-KWIATKOWSKA
Irena KWIATKOWSKA, Die Stellung des sächsisch-magdeburgischen Rechts in der Normenhierarchie nach den Anschauungen der polnischen Juristen des 16. und 17. Jahrhunderts, in: Dietmar Willoweit, Winfried Schich (Hrsg.), Studien zur Geschichte des sächsisch-magdeburgischen Rechts in Deutschland und Polen. (= Rechtshistorische Studien. Bd. 10). Frankfurt a.M. [usw.] 1980, S. 145–149.
Irena KWIATKOWSKA, Das sächsische Recht in der polnischen juristischen Literatur des 17. Jahrhunderts, in: Gerhard Lingelbach, Heiner Lück (Hrsg.), Deutsches Recht zwischen Sachsenspiegel und Aufklärung. Rolf Lieberwirth zum 70. Geburtstag dargebracht von Schülern, Freunden und Kollegen. (= Rechtshistorische Reihe. Bd. 80). Frankfurt a.M. [usw.] 1991, S. 119–123 • (Kwiatkowska 1991).

Peter LANDAU, „Ortloff, Friedrich“, in: NDB, Bd. 19. Berlin 1999, S. 602f.
Ernst LANDSBERG, „Schott, August Friedrich S.“, in: ADB, Bd. 32. Leipzig 1891, S. 394f.
Ernst LANDSBERG, „Stobbe, Otto“, in: ADB, Bd. 36. Leipzig 1893, S. 394f.
Götz LANDWEHR, Ebel, Wilhelm (1908–1980), in: ²HRG, Bd. 1. Berlin 2008, Sp. 1171f.
Bernhard Friedrich Rudolph LAUHN, Vorläufige Anzeige von dem Alter des von den Schöppen von Magdeburg abgefaßten Magdeburgischen Rechts woraus der Sachsen-Spiegel und das sogenannte Weichbild entstanden, in: August Friedrich Schott (Hrsg.), Sammlungen zu den deutschen Land- und Stadtrechten, 1. Theil. Leipzig 1772, S. 18–50 [Vorher bereits in kürzerer Form erschienen in: Schriften der Teutschen Gesellschaft zu Jena aus den höheren Wissenschaften 1 1753 (1754)].
Rolf LIEBERWIRTH, Das sächsisch-magdeburgische Recht als Quelle osteuropäischer Rechtsordnungen. Berlin 1986. (= Sitzungsberichte der Sächsischen Akademie der Wissenschaften zu Leipzig. Phil.-hist. Kl. Bd. 127. H. 1).
Rolf LIEBERWIRTH, Das Privileg Erzbischof Wichmanns und das Magdeburger Recht. Berlin 1990. (= Sitzungsberichte der Sächsischen Akademie der Wissenschaften zu Leipzig. Phil.-hist. Kl. Bd. 130. H. 3).
Rolf LIEBERWIRTH, Die Wirkungsgeschichte des Sachsenspiegels, in: Ruth Schmidt-Wiegand (Hrsg.), Eike von Repgow. Sachsenspiegel. Die Wolfenbütteler Bilderhandschrift des Sachsenspiegels. Aufsätze und Untersuchungen. Kommentarband zur Faksimile-Ausgabe. Berlin 1993, S. 63–86 (Neudr. in: Rolf Lieberwirth, Rechtshistorische Schriften. Hrsg. von Heiner Lück. Weimar [usw.] 1997, S. 427–468).
Rolf LIEBERWIRTH, Stadtrecht – Stadtrechtsfamilien – Hansisches Recht. Unter besonderer Berücksichtigung des Magdeburger Rechts, in: Vertrauen in den Rechtsstaat. Beiträge zur deutschen Einheit im Recht. Festschrift für Walter Remmers. Hrsg. von Jürgen Goydke, Dietrich Rauschning, Rainer Robra u. a. in Verbindung mit der Juristischen Fakultät der Martin-Luther-Universität Halle-Wittenberg. Köln [usw.] 1995, S. 677–685.
Rolf LIEBERWIRTH, Magdeburger Recht, in: Matthias Puhle (Hrsg.), Hanse – Städte – Bünde. Die sächsischen Städte zwischen Elbe und Weser um 1500, Bd. 1. (= Magdeburger Museumsschriften. 4/1). Magdeburg 1996, S. 114–117.
Rolf LIEBERWIRTH, Die Rechtsgeschichte in der DDR, in: ders., Rechtshistorische Schriften. Hrsg. von Heiner Lück. Weimar [usw.] 1997, S. 343–359.
Rolf LIEBERWIRTH, Frank-Michael KAUFMANN, Einleitung (1.–5.), in: Frank-Michael Kaufmann (Hrsg.), Glossen zum Sachsenspiegel-Landrecht. Buch'sche Glosse, T. 1. (= Monumenta Germaniae Historica. Fontes iuris Germanici antiqui. Nova series. Bd. 7). Hannover 2002, S. XVII–LXI.
Rolf LIEBERWIRTH, Einführung oder Rezeption? Mittelalterlich deutsches Recht in slawischen Herrschaftsgebieten. Das Beispiel: Polen, in: Ernst Eichler u. Hei-

ner Lück (Hrsg.), Rechts- und Sprachtransfer in Mittel- und Osteuropa. Sachsenspiegel und Magdeburger Recht. Internationale und interdisziplinäre Konferenz in Leipzig vom 31. Oktober bis 2. November 2003. (= Ivs saxonicomaidebvrgense in oriente. 1). Berlin 2008, S. 167–179.

Rolf LIEBERWIRTH, Eike von Repgow (um 1180–nach 1233), in: ²HRG, Bd. 1. Berlin 2008, Sp. 1288–1292.

Rolf LIEBERWIRTH, Gertrud Schubart-Fikentscher (1896–1985), in: Gerald Wiemers (Hrsg.), Sächsische Lebensbilder, Bd. 6,2. (= Quellen und Forschungen zur sächsischen Geschichte. Bd. 33,2). Stuttgart 2009, S. 707–721.

Rolf LIEBERWIRTH, Constitutio Criminalis Carolina, in: ²HRG, 9. Lfg. Berlin 2009, Sp. 885–890.

Rolf LIEBERWIRTH, Glossen zum Sachsenspiegel, in: ²HRG, 9. Lfg. Berlin 2009, Sp. 416–422.

Herbert LIEDTKE, Die Landschaften Ostpreußens. Namen und Abgrenzungen naturgeographischer und historischer Landschaften in Ostpreußen und angrenzenden Gebieten. Leipzig 2011. (= Daten, Fakten, Literatur zur Geographie Europas. H. 10).

Lietuvos Statutas/The Statute of Lithuania/Statuta Lituaniae. Teisingumo ministerijai 85–eri metai 1918–2003 m. Lietuva/The Ministry of Justice turned 85. 1918–2003 m. Lithuania. Vilnius 2004.

Gerhard LINGELBACH, Buchda, Gerhard (1901–1977), in: ²HRG, Bd. 1. Berlin 2008, Sp. 698 f.

Maria Teresa LIZISOWA, Podstawowe terminy prawne w statutach staropolskich na tle słowiańskim. Studium semantyczne. Kraków 1995 • (Lizisowa 1995).

Maria Teresa LIZISOWA, Prawem sądzić czyli o języku Statutów litewskich w Panu Tadeuszu. Kraków 1998. (= Wyższa Szkoła Pedagogiczna im. Komisji Edukacji Narodowej w Krakowie. Prace Monograficzne. 256) • (Lizisowa 1998).

Maria Teresa LIZISOWA, Slawische Rechtstermini und das mittelalterliche Erbe in Europa, in: Norbert Reiter (Hrsg.), Eurolinguistik. Ein Schritt in die Zukunft. Beiträge zum Symposion vom 24. bis 27. März 1997 im Jagdschloß Glienicke (bei Berlin). Wiesbaden 1999, S. 161–173 • (Lizisowa 1999).

Maria Teresa LIZISOWA, Język Kodeksu Olszewskiego (1550). Z recepcji staropolskiego języka prawno-sądowego w Wielkim Księstwie Litewskim w szesnastym wieku. Kraków 2000. (= Prace Monograficzne. 300) • (Lizisowa 2000).

Maria Teresa LIZISOWA, Wielojęzyczność i wielokulturowość w statutach litewskich, in: Wielojęzyczność i wielokulturowość na pograniczu polsko-wschodniosłowiańskim. Materiały z międzynrodowej konferencji naukowej. Białystok-Supraśl, 27–29 maja 2002. Pod red. Zofii Abramowicz. (= Studia slawistyczne. 3). Białystok 2002, S. 26–30 • (Lizisowa 2002).

Jerzy LUCIŃSKI, Przywilej chełmiński z 1233 r., jego treść oraz dzieje jego postanowień, in: Zbigniew Zdrójkowski (Hrsg.), Studia Culmensia Historico-Juridica czyli Księga Pamiątkowa 750-lecia Prawa Chełmińskiego, tom. 1: (Księga pamiątkowa w 50-lecie śmierci Stanisława Estreichera). Pod red. Zbigniewa Zdrójkowskiego. Toruń 1990, S. 81–144.

Christian LÜBKE, Multiethnizität und Stadt als Faktoren gesellschaftlicher und staatlicher Entwicklung im östlichen Europa, in: Hansjürgen Brachmann (Hrsg.), Burg – Burgstadt – Stadt. Zur Genese mittelalterlicher nichtagrarischer Zentren in Ostmitteleuropa. (= Forschungen zur Geschichte und Kultur des östlichen Mitteleuropa. 2). Berlin 1995, S. 36–50.

Christian LÜBKE, Das östliche Europa. München 2004. (= Die Deutschen und das europäische Mittelalter. 2).

Christian LÜBKE, Ostkolonisation, Ostsiedlung, Landesausbau im Mittelalter. Der ethnische und strukturelle Wandel östlich von Elbe und Saale im Blick der Neuzeit, in: Enno Bünz (Hrsg.), Ostsiedlung und Landesausbau in Sachsen. Die Kührener Urkunde von 1154 und ihr historisches Umfeld. (= Schriften zur sächsischen Geschichte und Volkskunde. 23). Leipzig 2008, S. 467–484.

Heiner LÜCK, Magdeburger Recht in der Ukraine, in: ZNR 12, 3/4 (1990), S. 113–126.

Heiner LÜCK, Der Rechtshistoriker Guido Kisch [1889–1985] und sein Beitrag zur Sachsenspiegelforschung, in: Walther Pauly (Hrsg.), Hallesche Rechtsgelehrte jüdischer Herkunft. (= Hallesche Schriften zum Recht. Bd. 1). Köln [usw.] 1996, S. 53–66, 93–116 [Materialsammlung].

Heiner LÜCK, Die Verbreitung des Sachsenspiegels und des Magdeburger Rechts in Osteuropa, in: Der sassen speyghel. Sachsenspiegel – Recht – Alltag, Bd. 2: Aus dem Leben gegriffen – ein Rechtsbuch spiegelt seine Zeit. Beiträge u. Katalog zur Ausstellung ‚Aus dem Leben gegriffen – ein Rechtsbuch spiegelt seine Zeit'. Hrsg. von Mamoun Fansa. 2., verb. Aufl. (= Archäologische Mitteilungen aus Nordwestdeutschland. Beih. 10). Oldenburg 1996, S. 37–49.

Heiner LÜCK, Sachsenspiegel und Magdeburger Recht. Europäische Dimensionen zweier mitteldeutscher Rechtsquellen. Mit einer Einf. von Gerhard Commichau. Hamburg 1998. (= Adiuvat in itinere. Bd. 5).

Heiner LÜCK, „Der Deutsche kommt also im Osten in kein Neuland ...". Das Institut zur Erforschung des Magdeburger Stadtrechts (1940–1945), in: Heiner Lück, Werner Freitag (Hrsg.), Historische Forschung in Sachsen-Anhalt. Ein Kolloquium aus Anlaß des 65. Geburtstages von Walter Zöllner. (= Abhandlungen der Sächsischen Akademie der Wissenschaften zu Leipzig. Phil.-hist. Kl. Bd. 76. H. 3). Leipzig, Stuttgart 1999, S. 125–145 • (Lück 1999).

Heiner LÜCK, Dr. iur. Fritz Markmann (1899–1949) als Erforscher und Editor des Magdeburger Rechts. Bernhard Diestelkamp zum 70. Geburtstag am 6. Juli 1999, in: Sachsen und Anhalt. Jahrbuch der Historischen Kommission für Sachsen-Anhalt 22 (1999/2000), S. 289–314.

Heiner LÜCK, Zur Rezeption des sächsisch-magdeburgischen Rechts in Osteuropa. Das Beispiel Ungarn, in: Thomas Bremer (Hrsg.), Grenzen überschreiten. Beiträge zur deutsch-ungarischen Kulturwissenschaft. (= Colloquium Halense. Bd. 2). Halle (Saale) 2001, S. 9–28 • (Lück 2001).

Heiner LÜCK, Archivar im Dienst der Landesgeschichte: Walter Möllenberg (1879–1951), in: Sachsen und Anhalt. Jahrbuch der Historischen Kommission für Sachsen-Anhalt 24 (2002/2003), S. 37–55. Zugl. Festgabe für Walter Zöllner zum 70. Geburtstag. Im Auftr. d. Hist. Komm. hrsg. von Andreas Ranft.

Heiner LÜCK, „Flämische Siedlungen“ und „flämisches Recht“ in Mitteldeutschland. Beobachtungen zu rechtsinstitutionellen und rechtssprachlichen Besonderheiten, in: Dieter Stellmacher (Hrsg.), Sprachkontakte Niederländisch, Deutsch und Slawisch östlich von Elbe und Saale. (= Wittenberger Beiträge zur deutschen Sprache und Kultur. Bd. 3). Frankfurt a. M. [usw.] 2004, S. 73–100.

Heiner LÜCK, Ruth SCHMIDT-WIEGAND, „Schultheiß“, in: Reallexikon der Germanischen Altertumskunde. Begr. von Johannes Hoops. Hrsg. von Heinrich Beck, Dieter Geuenich, Heiko Steuer. 2., völlig neu bearb. u. stark erw. Aufl, Bd. 27. Berlin, New York 2004, S. 370–373.

Heiner LÜCK, Über den Sachsenspiegel. Entstehung, Inhalt und Wirkung des Rechtsbuches. Mit einem Beitrag zu den Grafen von Falkenstein im Mittelalter von Joachim Schymalla. 2., überarb., erw. Aufl. Dößel (Saalkreis) 2005. (= Veröffentlichungen der Stiftung Dome und Schlösser in Sachsen-Anhalt. H. 1).

Heiner LÜCK, [Rezension zu] Obladen, Margret, Magdeburger Recht auf der Burg zu Krakau, in: ZfO 55, H. 2 (2006), S. 293 f.

Heiner LÜCK, Prawo magdeburskie jako czynnik identyfikacji europejskiej rodziny miast/Magdeburg Law as a Defining Factor of the Identity of the European Family of Cities, in: Europejskie miasta prawa magdeburskiego. Tradycja, dziedzictwo, identyfikacja/European Cities of Magdeburg Law. Tradition, heritage, identity. Sesja komparatystyczna. Kraków, 13–15 października 2006. Materiały konferencyjne/A comparative conference. Kraków, October 13–15, 2006. Conference Proceedings. Kraków 2007, S. 41–50/136–146.

Heiner LÜCK, Wirkungen des Sachsenspiegels und des Magdeburger Rechts in Ostmitteleuropa, in: Legal Transitions. Development of Law in Formerly Socialist States and the Challenges of the European Union/Rechtsentwicklung in den ehemaligen sozialistischen Staaten und die Herausforderung der Europäischen Union. Hrsg. von Elemér Balogh, Andrea Hegedűs, Péter Mezei, Zsolt Szomora, Julianna Sára Traser. (= A Pólay Elemér Alapítvány Könyvtára. 17). Szeged 2007, S. 269–279 • (Lück 2007).

Heiner LÜCK, Einführung: Das sächsisch-magdeburgische Recht als kulturelles Bindeglied zwischen den Rechtsordnungen Ost- und Mitteleuropas, in: Ernst Eichler u. ders. (Hrsg.), Rechts- und Sprachtransfer in Mittel- und Osteuropa. Sachsenspiegel und Magdeburger Recht. Internationale und interdisziplinäre

Konferenz in Leipzig vom 31. Oktober bis 2. November 2003. (= Ivs saxonico-maidebvrgense in oriente. 1). Berlin 2008, S. 1–28 • (Lück 2008).

Heiner LÜCK, „... größtmögliche Förderung der Magdeburger Forschung". Ein Österreicher im Dienst Magdeburgs (1941–1944), in: Festschrift für Wilhelm Brauneder zum 65. Geburtstag. Rechtsgeschichte mit internationaler Perspektive. Hrsg. von Gerald Kohl, Christian Neschwara und Thomas Simon. Wien 2008, S. 289–306.

Heiner LÜCK, Elbinger Rechtsbuch, in: ²HRG, Bd. 1. Berlin 2008, Sp. 1317–1319.

Heiner LÜCK, Anfänge der Stadtverfassung nach Magdeburger Recht in Ostmitteleuropa: Kulm (1233), Thorn (1233), Krakau (1257), Lemberg (1356), in: Thomas Großbölting, Roswitha Willenius (Hrsg.), Landesherrschaft, Region, Identität. Der Mittelelberaum im historischen Wandel. Festschrift für Prof. Dr. Mathias Tullner. (= Studien zur Landesgeschichte. Bd. 20). Halle (Saale) 2009, S. 18–37.

Heiner LÜCK, „Deutsches Recht im Osten". Strukturen, Kontexte und Wirkungen eines sensiblen Forschungsthemas (19. Jh. bis 1990), in: ZRG GA 126 (2009), S. 175–206.

Heiner LÜCK, Gemeines Sachsenrecht, in: ²HRG, 9. Lfg. Berlin 2009, Sp. 77–84.

Heiner LÜCK, Matthias PUHLE, Andreas RANFT (Hrsg.), Grundlagen für ein neues Europa. Das Magdeburger und Lübecker Recht in Spätmittelalter und Früher Neuzeit. Köln, Weimar, Wien 2009. (= Quellen und Forschungen zur Geschichte Sachsen-Anhalts. Bd. 6).

Heiner LÜCK, Zur Gerichtsverfassung in den Mutterstädten des Magdeburger und Lübecker Rechts, in: ders., Matthias Puhle, Andreas Ranft (Hrsg.), Grundlagen für ein neues Europa. Das Magdeburger und Lübecker Recht in Spätmittelalter und Früher Neuzeit. (= Quellen und Forschungen zur Geschichte Sachsen-Anhalts. Bd. 6). Köln, Weimar, Wien 2009, S. 163–181 • (Lück 2009).

Heiner LÜCK, Zur Verbreitung des Sachsenspiegels und des Magdeburger Rechts in den baltischen Ländern, in: Baltisch-Europäische Rechtsgeschichte und Lexikographie. Hrsg. von Ulrich Kronauer und Thomas Taterka. (= Akademiekonferenzen. 3). Heidelberg 2009, S. 17–36.

Heiner LÜCK, Halle-Neumarkter Recht, in: ²HRG, 11. Lfg. Berlin 2010, Sp. 671–673.

Heiner LÜCK, Sachsenspiegel und Magdeburger Recht. Grundlagen für Europa. Eine Ausstellung des Landes Sachsen-Anhalt in Krakau, in: Denkströme. Journal der Sächsischen Akademie der Wissenschaften 4 (2010), S. 81–104 (zuerst in poln. Sprache ersch. u. d. T. Zwierciadło saskie i prawo magdeburskie fundamentem dla Europy. Wystawa zorganizowana przez kraj związkowy Saksonia-Anhalt w Krakowie, in: Krzysztofory. Zeszyty Naukowe Muzeum Historycznego Miasta Krakowa 26 (2008), S. 143–158).

Heiner LÜCK, Schöffenstuhl, in: Enzyklopädie der Neuzeit. Hrsg. von Friedrich Jäger, Bd. 11. Stuttgart 2010, Sp. 527–529.

Heiner LÜCK, Jaskier, Nikolaus (1504–um 1560), in: ²HRG, 14. Lfg. Berlin 2011, Sp. 1355 f.

Heiner LÜCK, Johann von Buch (um 1290–um 1356), in: ²HRG, 14. Lfg. Berlin 2011, Sp. 1376 f.

Karin LUTTERMANN, Übersetzen juristischer Texte als Arbeitsfeld der Rechtslinguistik, in: Gerard-René de Groot, Reiner Schulze (Hrsg.), Recht und Übersetzen. Baden-Baden 1999, S. 47–57 • (Luttermann 1999).

[Ludwik ŁYSIAK] Ludwik LYSIAK, Höhere Gerichte des deutschen Rechts in Polen im XIV.-XVI. Jh., in: Wolfgang Sellert (Hrsg.), Rechtsbehelfe, Beweis und Stellung des Richters im Spätmittelalter. (= Quellen und Forschungen zur höchsten Gerichtsbarkeit im alten Reich. Bd. 16). Köln, Wien 1985, S. 21–33 • (Łysiak 1985).

Ludwik ŁYSIAK, Ius supremum Maydeburgense castri Cracoviensis 1356–1794. Organisation, Tätigkeit und Stellung des Krakauer Oberhofs in der Rechtsprechung Altpolens. Frankfurt a.M. 1990. (= Ius commune. Studien zur Europäischen Rechtsgeschichte. 49) • (Łysiak 1990).

Wacław Aleksander MACIEJOWSKI, Historya prawodastw słowiańskich, t. 1/2–4, Warszawa, Lipsk 1832–1835.

[Wacław Aleksander MACIEJOWSKI] Wenzel Alexander MACIEIOWSKI, Slavische Rechtsgeschichte. In vier Theilen. Aus dem Polnischen übers. von F. J. Buss u. von M. Nawrocki. T. 1–4. Stuttgart u. Leipzig 1835–1839 [Unveränd. Neudr. d. Ausg. u.d.T.: Wenzel Alexander Maciejowski, Slavische Rechtsgeschichte. Mit e. Einl. von Juliusz Bardach, Bd. 1/2, 3, 4. Vaduz/Liechtenstein 1978].

Wacław Aleksander MACIEJOWSKI, Historya prawodastw słowiańskich, z rękopisów i druków zupełnie nowo przerobione i na sześć tomów podzielone, t. 1–6, wyd. 2, Warszawa 1856–1865.

Christine MAGIN, „Wie es umb der iuden recht stet". Der Status der Juden in spätmittelalterlichen Rechtsbüchern. Göttingen 1999.

Witold MAISEL, Sądownictwo miasta Poznania do końca XVI wieku. Poznań 1961. (= Prace sekcji historii Poznania) • (Maisel 1961).

Witold MAISEL, Prawo magdeburskie miasta Pleszewa, in: Studia i materiały do dziejów Wielkopolski i Pomorza VIII (1969), S. 67–82.

Witold MAISEL, Die Quellen des deutschen Rechts im mittelalterlichen Posen, in: Dietmar Willoweit, Winfried Schich (Hrsg.), Studien zur Geschichte des sächsisch-magdeburgischen Rechts in Deutschland und Polen. (= Rechtshistorische Reihe. Bd. 10). Frankfurt a. M. [usw.] 1980, S. 116–121 • (Maisel 1980).

Witold MAISEL, Die Rätsel des Elbinger Rechtsbuches, in: Gerhard Lingelbach, Heiner Lück (Hrsg.), Deutsches Recht zwischen Sachsenspiegel und Aufklärung. Rolf Lieberwirth zum 70. Geburtstag dargebracht von Schülern, Freunden und Kollegen. (= Rechtshistorische Reihe. Bd. 80). Frankfurt a. M. [usw.] 1991, S. 47–52 • (Maisel 1991).

Irena MALINOWSKA-KWIATKOWSKA *s. a.* Irena KWIATKOWSKA

Irena MALINOWSKA-KWIATKOWSKA, Bemerkungen über das Culmer Strafrecht vom XVI. Jahrhundert, in: Karel Malý (Hrsg.), Městské právo v 16.–18. století v Evropě. Sborník příspěvků z mezinárodní konference uspořádané právnickou fakultou UK ve dnech 25.–27. září 1979 v Praze. Praha 1982, S. 157–169.

Irena MALINOWSKA-KWIATKOWSKA, Legal history research in Poland at present and in the past, in: Quaderni fiorentini per la storia del pensiero giuridico moderno 15 (1986), S. 659–684.

Irena MALINOWSKA-KWIATKOWSKA (Hrsg.), Rewizja nowomiejska prawa chełmińskiego 1580 (1814). Zwana także Jus Culmense emendatum lub Jus Culmense Polonicum. Przekł. polski Irena Malinowska-Kwiatkowska. Toruń 1993. (= Teksty pomników prawa chełmińskiego w przekładach polskich. 6).

E. MARCKS, Die Verbreitung des deutschen Stadtrechts nach dem Osten. Fünffarbige Karte. Hrsg. von der Stadt Magdeburg, nach den Vorarbeiten von Prof. Weizsäcker, Dr. Joh[annes] Schultze, Dr. B[erthold] Schulze, Dr. P[aul] Krause, Beilage in: Magdeburg in der Politik der deutschen Kaiser. Beiträge zur Geopolitik und Geschichte des ostfälischen Raums. Anläßlich der 1000jährigen Wiederkehr der Thronbesteigung Ottos des Großen. Hrsg. von der Stadt Magdeburg. Heidelberg, Berlin 1936.

Jacek S. MATUSZEWSKI, Słownictwo łacińskie i polskie w prawie ziemskim do końca XV stulecia. Terminologia zastawu nieruchomości, in: Studia Źródłoznawcze XXV (1980), S. 133–143 • (Matuszewski, Jacek S. 1980).

Józef MATUSZEWSKI, Geneza współczesnej terminologii prawnej/La genèse de la terminologie juridique contemporaine, in: Sprawozdania Poznańskiego Towarzystwa Przyjaciół Nauk 2, 64 (1961), S. 288–290 • (Matuszewski 1961).

Józef MATUSZEWSKI, Die angebliche Aufnahme des Sachsenspiegels Landrecht I 37 in das Polnische Landrecht, in: Studien zur Geschichte Osteuropas. III. Teil. Gedenkband für Heinrich Felix Schmid. (= Wiener Archiv für Geschichte des Slawentums und Osteuropas. Bd. 5). Graz, Köln 1966, S. 112–129.

Józef MATUSZEWSKI, Recepcja prawa niemieckiego w Polsce i na Litwie, in: Sprawozdania z czynności i posiedzeń naukowych. Łódzkie Towarzystwo Naukowe 20, 9 (1966), S. 1–10.

Józef MATUSZEWSKI, Die Aufnahme des deutschen Rechtes in Polen, in: Bulletin de la Société des Sciences et des Lettres de Łódź XX, 4 (1970), S. 1–11.

Józef MATUSZEWSKI, Die Ignoranzklausel der Schultheißenprivilegien, in: ZRG GA 93 (1976), S. 154–183.

Józef MATUSZEWSKI, Filologia w służbie historii, in: Acta Universitatis Lodziensis. Zeszyty Naukowe Uniwersitetu Łódzkiego, Nauki Humanistyczno-Społeczne. Folia Iuridica, seria 1, zesz. 32 (1978), S. 3–34 • (Matuszewski 1978).

Józef MATUSZEWSKI, Wyroki najwyższego sądu prawa niemieckiego grodu krakowskiego, in: Czasopismo Prawno-Historyczne XLVII/1–2 (1996), S. 215–228.

Józef MATUSZEWSKI, Artykuły słowiańskie Zwierciadła Saskiego, in: Czasopismo Prawno-Historyczne 1 (1948), S. 25–74. [Nachdr. in: ders., Pisma wybrane, tom 1. Łódź 1999, S. 7–43].

Józef MATUSZEWSKI, Pisma wybrane, tom 1. Łódź 1999 • (Matuszewski 1999).

Theo MAYER-MALY, „Bischoff, Ferdinand", in: NDB, Bd. 2. Berlin 1955, S. 262f.

Otto MEINARDUS, Das Neumarkter Rechtsbuch und andere Neumarkter Rechtsquellen. Mit vier Lichtdrucktafeln. Breslau 1906. (= Darstellung und Quellen zur schlesischen Geschichte. 2).

Otto MEINARDUS, Das Halle-Neumarkter Recht von 1181. Breslau 1909. (= Darstellung und Quellen zur schlesischen Geschichte. 8).

Boris MEISSNER, Die Entwicklung des Göttinger Arbeitskreises e. V. seit 1946 und sein Beitrag zur Osteuropaforschung, in: 50 Jahre Göttinger Arbeitskreis e. V. (Hrsg.) von Boris Meissner und Alfred Eisfeld. (= Veröffentlichung/Göttinger Arbeitskreis. 473). Göttingen 1998, S. 19–34.

Josef Joachim MENZEL, [Rezension zu] Zygfryd Rymaszewski, Łacińskie teksty Landrechtu Zwierciadła Saskiego w Polsce, in: ZRG GA 93 (1976), S. 382f.

Josef Joachim MENZEL, Die schlesischen Lokationsurkunden des 13. Jahrhunderts. Studien zum Urkundenwesen, zur Siedlungs-, Rechts- und Wirtschaftsgeschichte einer ostdeutschen Landschaft im Mittelalter. Würzburg 1977. (= Quellen und Darstellungen zur schlesischen Geschichte. Bd. 19).

Ludger MEUTEN, Die Erbfolgeordnung des Sachsenspiegels und des Magdeburger Rechts. Ein Beitrag zur Geschichte des sächsisch-magdeburgischen Rechts. Frankfurt a.M. [usw.] 2000. (Zugl.: Gießen, Univ., Diss., 1999). (= Rechtshistorische Reihe. Bd. 218).

Tim MEYER, Gefahr vor Gericht. Die Formstrenge im sächsisch-magdeburgischen Recht. Köln, Weimar, Wien 2009. (Zugl.: Münster (Westf.), Univ., Diss., 2009). (= Forschungen zur deutschen Rechtsgeschichte. Bd. 26).

Emanuel MICHÁLEK, Český právní jazyk údobi předhusitského a doby Husovy. Praha 1970 (= Rozpravy Československé akademie věd. Řada společenských věd. 80,2) • (Michálek 1970).

Maria Teresa MICHALEWSKA, Terminologia administracyjno-prawna w XVII-wiecznych księgach sądowych: cechowej i miejskiej miasta Woźnik, in: Kwartalnik Opolski XVI, 3 (1970), S. 68–83 • (Michalewska 1970).

Maria Teresa MICHALEWSKA, Język polskich protokołów woźnickich XVII wieku. (auch unter: De protocollis Woźnicianis saeculo XVII conscriptis erundemque sermone Polono). Cz. 1. Warszawa, Kraków 1977. (= Zeszyty naukowe Uniwersytetu Jagiellońskiego. 445. Prace językoznawcze. 51) • (Michalewska 1977).

Heinz MOHNHAUPT, Coing, Helmut (1912–2000), in: ²HRG, Bd. 1. Berlin 2008, 870f.

Dirk MOLDT, Deutsche Stadtrechte im mittelalterlichen Siebenbürgen. Korporationsrechte, Sachsenspiegelrecht, Bergrecht. Köln, Weimar, Wien 2009. (= Studia Transylvanica. Bd. 37) • (Moldt 2009).

Norbert MORCINIEC, Zum Wortgut deutscher Herkunft in den polnischen Dialekten Schlesiens, in: Zeitschrift für Ostforschung 38 (1989), S. 321–336 • (Morciniec 1989).

Leszek MOSZYŃSKI, Geografia niektórych zapożyczeń niemieckich w staropolszczyźnie. Poznań 1954. (= Poznańskie Towarzystwo Przyjaciół Nauk, Wydział Filologiczno-Filozoficzny. Prace Komisji Filologicznej XV,3) • (Moszyński 1954).

Eduard MÜHLE, Für Volk und deutschen Osten. Der Historiker Hermann Aubin und die deutsche Ostforschung. Düsseldorf 2005. (= Schriften des Bundesarchivs. Bd. 65).

Eduard MÜHLE, [Rezension zu] Rechts- und Sprachtransfer in Mittel- und Osteuropa, Sachsenspiegel und Magdeburger Recht. Internationale und interdisziplinäre Konferenz in Leipzig vom 31. Oktober bis 2. November 2003. Hrsg. von Ernst Eichler und Heiner Lück. (= Ivs saxonico-maidebvrgense in oriente. 1). Berlin 2008, in: ZfO 59, H. 4 (2010), S. 573 f.

Eduard MÜHLE, Die Piasten. Polen im Mittelalter. München 2011. (= Beck'sche Reihe: Beck Wissen. 2709).

Eduard MÜHLE (Hrsg.), Rechtsstadtgründungen im mittelalterlichen Polen, Köln, Weimar, Wien 2011.

Jindřiska MUNKOVÁ, Ernst GIESE, Stanislav LIŠKA, Odborné německo-české právnické názvosloví. Praha 1998.

Dietlinde MUNZEL, Meißener Rechtsbuch, in: HRG, Bd. 3. Berlin 1984, Sp. 461–463.

Dietlinde MUNZEL, Neumarkter Rechtsbuch, in: HRG, Bd. 3. Berlin 1984, Sp. 955 f.

Dietlinde MUNZEL, Ofner Stadtrechtsbuch, in: HRG, Bd. 3. Berlin 1984, Sp. 1184–1186.

Dietlinde MUNZEL, Posener Rechtsbuch, in: HRG, Bd. 3. Berlin 1984, Sp. 1831 f.

Dietlinde MUNZEL, Rechtsbücher, in: HRG, Bd. 4. Berlin 1990, Sp. 277–282.

Klaus-Eberhard MURAWSKI, „Bitschin, Konrad", in: NDB, Bd. 2. Berlin 1955, S. 280.

August MUTZENBECHER, „Gryphiander, Johann", in: ADB, Bd. 10. Leipzig 1879, S. 73.

Nazwy geograficzne Śląska. Bd. 1: Red. Stanisław Rospond; Bd. 2, 3: Red. Stanisław Rospond, Henryk Borek; Bd. 4: Red. Henryk Borek; Bd. 5–: Red. Stanisława Sochacka. Warszawa, Wrocław 1970–.

Nazwy miejscowe Polski. Historia, pochodzenie, zmiany. Pod red. Kazimierza Rymuta. 1–. Kraków 1996–.

Christian NESCHWARA, Westgalizisches Gesetzbuch, in: HRG, Bd. 5. Berlin 1998, Sp. 1308–1313.

Helmut NEUHAUS, „Pappenheim, Gottfried Heinrich Freiherr zu, Graf", in: NDB, Bd. 20. Berlin 2001, S. 51 f.

Stefan Michael NEWERKLA, Sprachkontakte Deutsch – Tschechisch – Slowakisch. Wörterbuch der deutschen Lehnwörter im Tschechischen und Slowakischen: historische Entwicklung, Beleglage, bisherige und neue Deutungen. Frankfurt a.M. [usw.] 2004. (= Schriften über Sprachen und Texte. Bd. 7) • (Newerkla 2004).

Roman NOWACKI, Przemysław Dąbkowski (1877–1950), profesor Uniwersytetu Jana Kazimierza. Opole 2002. (= Studia i monografie/Uniwersytet Opolski. 318).

Elisabeth NOWAK, Die Verbreitung und Anwendung des Sachsenspiegels nach den überlieferten Handschriften. Hamburg 1965. (Zugl.: Hamburg, Phil. Fak., Diss. v. 18. Okt. 1965).

Margret OBLADEN, Magdeburger Recht auf der Burg zu Krakau. Die güterrechtliche Absicherung der Ehefrau in der Spruchpraxis des Krakauer Oberhofs. Berlin 2005. (Zugl.: Freiburg i.Br., Univ., Diss., 2003). (= Freiburger Rechtsgeschichtliche Abhandlungen. N. F. Bd. 48).

Peter OESTMANN, Aktenversendung, in: ^{2}HRG, Bd. 1. Berlin 2008, Sp. 128–132.

Gabriele VON OLBERG, Übersetzungsprobleme beim Umgang mit mittelalterlichen Rechtstexten, in: ZRG GA 110 (1993), S. 406–457 • (Olberg 1993).

Ulrich-Dieter OPPITZ, Neumarkter Rechtsbuch, in: Verfasserlexikon, Bd. 6. Berlin [usw.] ^{2}1987, Sp. 920–922.

Ulrich-Dieter OPPITZ, Zum Meißner Rechtsbuch, in: Wirkungen europäischer Rechtskultur. Festschrift für Karl Kroeschell zum 70. Geburtstag. Hrsg. von Gerhard Köbler und Hermann Nehlsen. Münschen 1997, S. 907–914.

Ulrich-Dieter OPPITZ, Auctor vetus de beneficiis, in: ^{2}HRG, Bd. 1. Berlin 2008, Sp. 326 f.

Michael OTT, „Laski (a Lasco), John", in: The Catholic Encyclopedia, Vol. 9. New York 1913, S. 11.

Ralf G. PÄSLER, Deutschsprachige Sachliteratur im Preußenland bis 1500. Untersuchungen zu ihrer Überlieferung. Köln [usw.] 2003. (Zugl.: Oldenburg, Univ., Diss., 1999). (= Aus Archiven, Bibliotheken und Museen Mittel- und Osteuropas. Bd. 2).

Ralf G. PÄSLER, Dietrich SCHMIDTKE (Hrsg.), Deutschsprachige Literatur des Mittelalters im östlichen Europa. Forschungsstand und Forschungsperspektiven. Heidelberg 2006.

Stanisław PAŃKÓW, „Jaskier, Mikołaj (zm. 1539)", in: Polski Słownik Biograficzny, t. 11. Wrocław 1964–1965, S. 60–62.

Mária PAPSONOVÁ, Das Magdeburger Recht und das Silleiner Rechtsbuch. Wörterbuch zur deutschsprachigen Vorlage des Landrechts (1378) und zu ihrer Übersetzung (1473). Frankfurt a.M. [usw.] 2003. (= Regensburger Beiträge zur deutschen Sprach- und Literaturwissenschaft. Reihe B: Untersuchungen. Bd. 84) • (Papsonová, Silleiner Rechtsbuch).

Mária PAPSONOVÁ, *Iclich weyb erbet czweier wegene* – Wörter aus dem Bereich des Erbrechts, ihre Verwendung und Übersetzung im Silleiner Rechtsbuch, in: Hildegard Boková (Hrsg.), Zur Erforschung des Frühneuhochdeutschen in Böhmen, Mähren und der Slowakei. (= Schriften zur diachronen Sprachwissenschaft. 12). Wien 2004, S. 193–204.

Lesław PAULI, Einflüsse des römischen Rechts im Hauptwerk von Bartholomäus Groicki. Ein Beitrag zur Geschichte der Stadtrechtsliteratur und der Rezeption des römischen Rechts in Polen, in: Gesellschaft und Recht im griechisch-römischen Altertum. Eine Aufsatzsammlung. T. 2. Hrsg. von Mihail N(ikolov) Andreev, Johannes Irmscher, Elemér Pólay, Witold Warkallo. (= Schriften der Sektion für Altertumswissenschaft. Deutsche Akademie der Wissenschaften zu Berlin. 52). Berlin 1969, S. 157–183.

Lesław PAULI, Jan Kirstein Cerasinus (1507–1561). Krakowski prawnik doby odrodzenia. Studium z dziejów praw obcych i literatury prawniczej w Polsce. Kraków 1971. (= Zeszyty Naukowe Uniwersytetu Jagiellońskiego. 251; Prace prawnicze. 49).

Lesław PAULI, Polen, in: Handbuch der Quellen und Literatur der neueren europäischen Privatrechtsgeschichte, Bd. 2: Neuere Zeit (1500–1800). Das Zeitalter des gemeinsamen Rechts. Teilbd. 2: Gesetzgebung und Rechtssprechung. Hrsg. von Helmut Coing. München 1976, S. 551–560.

Lesław PAULI, Die polnische Literatur des Magdeburger Rechts im 16. Jahrhundert, in: Dietmar Willoweit, Winfried Schich (Hrsg.), Studien zur Geschichte des sächsisch-magdeburgischen Rechts in Deutschland und Polen. (= Rechtshistorische Reihe. Bd. 10). Frankfurt a. M. [usw.] 1980, S. 150–157.

Lesław PAULI, Auf dem Wege zur Synthese des altpolnischen Privatrechts, in: Vorträge zur Geschichte des Privatrechts in Europa. Symposion in Krakau 9.–12. Oktober 1979. (= Ius commune. Sonderhefte. 15). Frankfurt a. M. 1981, S. 207–221.

Lesław PAULI, Polnisches Recht, in: HRG, Bd. 3. Berlin 1984, Sp. 1808–1813.

Hermann von PETERSDORFF, „Tzschoppe, Gustav Adolf (v.)“, in: ADB, Bd. 39. Leipzig 1895, S. 66–68.

Ludwig PETRY, Josef Joachim MENZEL, Winfried IRGANG (Hrsg.), Geschichte Schlesiens. Hrsg. von der Historischen Kommission für Schlesien unter Mitarb. von Hermann Aubin (†) [u. a.], Bd. 1: Von der Urzeit bis zum Jahre 1526. 4. durchges. und um Register und Literaturanhang erw. Aufl. St. Michael 1983.

Ilpo Tapani PIIRAINEN, Die Schöffenbücher von Legnica/Liegnitz. Ein Beitrag zum Frühneuhochdeutschen in Śląsk/Schlesien, in: Neuphilologische Mitteilungen 91 (1990), S. 417–430 • (Piirainen 1990).

Ilpo Tapani PIIRAINEN, Das Stadtbuch von Legnica/Liegnitz aus den Jahren 1371–1445. Ein Beitrag zum Frühneuhochdeutschen in Śląsk/Schlesien, in: Studia Neerlandica et Germanica. Norbert Morciniec zum 60. Geburtstag. (= Acta Universitatis Wratislaviensis. 1356). Wrocław 1992, S. 287–293 • (Piirainen 1992).

Ilpo Tapani PIIRAINEN, Der Sachsenspiegel von Conrad von Oppeln und Rechtshandschriften in Breslau, in: Die Anfänge des Schrifttums in Oberschlesien bis zum Frühhumanismus. Im Auftrag der Stiftung Haus Oberschlesien hrsg. von Gerhard Kosellek. (= Tagungsreihe der Stiftung Haus Oberschlesien. Bd. 7). Frankfurt a. M. [usw.] 1997, S. 237–250 • (Piirainen 1997a).

Ilpo Tapani PIIRAINEN, Sprachhistorische Beziehungen zwischen Schlesien und der Slowakei, in: Józef Grabarek (Hrsg.), Deutschsprachige Kanzleien des Spätmittelalters und der Frühen Neuzeit. (= Kanzleisprachen. 1). Bydgoszcz, Münster, Regensburg 1997, S. 31–48 • (Piirainen 1997b).

Ilpo Tapani PIIRAINEN, Paarformeln in einem deutschen Rechtsbuch aus dem Jahre 1628, in: Irmhild Barz, Marianne Schröder (Hrsg.), Nominationsforschung im Deutschen. Festschrift für Wolfgang Fleischer zum 75. Geburtstag. Frankfurt a. M. [usw.] 1997, S. 37–42 • (Piirainen 1997c).

Ilpo Tapani PIIRAINEN, Consules et scabani reipublicae Wratislaviensis. Geschworene, ordentliche Mitglieder des Stadtrates von Breslau im Spätmittelalter. Zum Frühneuhochdeutschen in Schlesien, in: Silesia Nova. Vierteljahresschrift für Kultur und Geschichte 5, H. 4 (2008), S. 77–87.

Heinz POHRT, „Aleksander Brückner“, in: Slawistik in Deutschland von den Anfängen bis 1945. Ein biographisches Lexikon. Hrsg. von Ernst Eichler (Leiter) [u. a.]. Bautzen 1993, S. 70–73.

Sieglinde POMMER, Rechtsübersetzung und Rechtsvergleichung. Translatologische Fragen zur Interdisziplinarität. Frankfurt a. M. [usw.] 2006. (= Europäische Hochschulschriften. R. XXI. Linguistik. Bd. 290) • (Pommer 2006).

Carl von PRANTL, „Hanov, Michael Christoph“, in: ADB, Bd. 10. Leipzig 1879, S. 524 f.

Matthias PUHLE, Vorwort, in: Erzbischof Wichmann (1152–1192) und Magdeburg im hohen Mittelalter. Stadt, Erzbistum, Reich. Ausstellung zum 800. Todestag Erzbischof Wichmanns vom 29. Oktober 1992 bis 21. März 1993. Hrsg. von Matthias Puhle, Magdeburg 1992, S. IVf.

Friedrich Wilhelm PUTZGER, Historischer Weltatlas zur allgemeinen und österreichischen Geschichte. Bearb. von Egon Lendl u. Wilhelm Wagner. Gekürzte Ausg. Wien 1992.

Martyn C. RADY, Russia, Poland and the Ukraine. 1462–1725. London [usw.] 1990. (= Access to A-level history).

Józef RECZEK, Bohemizmy leksykalne w języku polskim do końca XV wieku. Wybrane zagadnienia. Wrocław 1968. (= Polska Akademia Nauk. Oddział w Krakowie. Prace Komisji Słowianoznawstwa. 17) • (Reczek 1968).

Józef RECZEK, Wacław TWARDZIK, Najstarsze staropolskie tłumaczenie ortyli magdeburskich. Według rękopisu nr 50 Biblioteki Zakładu Narodowego im. Ossolińskich, cz. I: Wstęp – Uwagi ogólne – Charakterystyka językowa; cz. II: Transliteracja i transkrypcja tekstu; cz. III: Indeks frekwencyjny i wyrazów. Wrocław, Warszawa, Kraków 1970, 1972. (= Komitet Językoznawstwa Polskiej Akademii Nauk. Wydawnictwa Źródłowe.) • (Reczek/Twardzik).

Eduard REIMANN, „Stenzel, Gustav Adolf Harald“, in: ADB, Bd. 36. Leipzig 1893, S. 53–57.

Richard ROEPELL, Jacob CARO, Geschichte Polens, Bd. 1–5,2. Hamburg 1840–1888. (= Allgemeine Staatengeschichte. Abt. 1, Geschichte der europäischen Staaten. [16,1–4 u. 16,5.1 u. 2]).

Richard ROEPELL, Über die Verbreitung des Magdeburger Stadtrechts im Gebiete des alten polnischen Reichs ostwaerts der Weichsel, in: Abhandlungen der Historisch-Philosophischen Gesellschaft in Breslau 1 (1858), S. 241–301.

Aleksandr L'vovič ROGAČEVSKIJ, Kul'mskaja gramota – pamjatnik prava Prussii XIII v./Kulmer Handfeste – ein preußisches Rechtsdenkmal des 13. Jahrhunderts. Sankt-Peterburgskij gosudarstvennyj universitet/Sankt Petersburger Staatliche Universität. Sankt-Peterburg 2002.

[Aleksandr L'vovič ROGAČEVSKIJ] Alexander ROGATSCHEWSKI, Zur Geschichte des „Alten Kulms“ und anderer preußischer Rechtsbücher nach St. Petersburger Sammlungen, in: Ralf G. Päsler, Dietrich Schmidtke (Hrsg.), Deutschsprachige Literatur des Mittelalters im östlichen Europa. Forschungsstand und Forschungsperspektiven. Heidelberg 2006, S. 245–266.

Edwin ROZENKRANZ, Das Magdeburger Recht in Polen im Mittelalter, [Typoskript] 1989 [Stadtarchiv Magdeburg, Rep. 41, 614, Bl. 162].

P. Rainer RUDOLF, Die deutschen Lehn- und Fremdwörter in der slowakischen Sprache. Wien 1991. (= Beiträge zur Sprachinselforschung. Bd. 9) • (Rudolf 1991).

Zygfryd RYMASZEWSKI, Łacińskie teksty Landrechtu Zwierciadła Saskiego w Polsce. Versio Vratislaviensis, Versio Sandomiriensis, Łaski. Wrocław [usw.] 1975. (= Studia nad historią państwa i prawa. Seria II, t. XV) • (Rymaszewski 1975).

Zygfryd RYMASZEWSKI, Łacińskie teksty Landrechtu Zwierciadła Saskiego w Polsce. Jaskier – tekst główny i noty marginesowe. Łódź 1985. (= Acta Universitatis Lodziensis. Folia iuridica. 18).

Samuel SALZBORN, Göttinger Arbeitskreis, in: Handbuch der völkischen Wissenschaften. Personen – Institutionen – Forschungsprogramme – Stiftungen. Hrsg. von Ingo Haar und Michael Fahlbusch unter Mitarb. von Matthias Berg. München 2008, S. 198–203.

Gerald G. SANDER, Deutsche Rechtssprache. Ein Arbeitsbuch. Tübingen, Basel 2004 • (Sander 2004).

Erich SANDOW, Das Halle-Neumarkter Recht. Stuttgart 1932. (= Deutschrechtliche Forschungen. 4).

Erich SANDOW, Das Neumarkter Rechtsbuch, in: Festschrift zur 700-Jahrfeier des Neumarkter Rechts (1235–1935). Im Auftrage der Stadt Neumarkt hrsg. von [Franz] Zmarzly. Neumarkt in Schl. 1935, S. 24–27.

Jürgen SARNOWSKY, Hermann von Salza, in: ²HRG, 12. Lfg. Berlin 2010, Sp. 966 f.

Renate SCHELLING-SCHIEWER, „Popplau, Kaspar", in: Verfasserlexikon, Bd. 7. Berlin [usw.] ²1989, Sp. 785–789.

Hans-Jochen SCHIEWER, Hans-Jörg LEUCHTE, „Wurm, Nikolaus", in: Verfasserlexikon, Bd. 10. Berlin [usw.] 2004, Sp. 1441–1449.

Walter SCHLESINGER (Hrsg.), Die deutsche Ostsiedlung des Mittelalters als Problem der europäischen Geschichte. Reichenau-Vorträge 1970–1972. Sigmaringen 1975. (= Vorträge und Forschungen. 18).

Walter SCHLESINGER, Zur Problematik der Erforschung der deutschen Ostsiedlung, in: ders. (Hrsg.), Die deutsche Ostsiedlung des Mittelalters als Problem der europäischen Geschichte. Reichenau-Vorträge 1970–1972. (= Vorträge und Forschungen. 18). Sigmaringen 1975, S. 11–30.

Hans-Joachim SCHMIDT, Vogt, Vogtei, in: LexMa, Bd. 8. München 1997, Sp. 1811–1814.

Ruth SCHMIDT-WIEGAND, Paarformeln, in: HRG, Bd. 3. Berlin 1984, Sp. 1387–1399 • (Schmidt-Wiegand 1984).

Ruth SCHMIDT-WIEGAND, Deutsche Sprachgeschichte und Rechtsgeschichte bis zum Ende des Mittelalters, in: Werner Besch, Anne Betten, Oskar Reichmann, Stefan Sonderegger (Hrsg.), Sprachgeschichte. Ein Handbuch zur Geschichte der deutschen Sprache und ihrer Erforschung. 2., vollständig neu bearb. u. erw. Aufl. (= Handbücher zur Sprach- und Kommunikationswissenschaft. 2.1.). Berlin, New York 1998, S. 72–87 • (Schmidt-Wiegand 1998a).

Ruth SCHMIDT-WIEGAND, Deutsche Sprachgeschichte und Rechtsgeschichte seit dem Ausgang des Mittelalters, in: Werner Besch, Anne Betten, Oskar Reichmann, Stefan Sonderegger (Hrsg.), Sprachgeschichte. Ein Handbuch zur Geschichte der deutschen Sprache und ihrer Erforschung. 2., vollständig neu bearb. u. erw. Aufl. (= Handbücher zur Sprach- und Kommunikationswissenschaft. 2.1.). Berlin, New York 1998, S. 87–98 • (Schmidt-Wiegand 1998b).

Ruth SCHMIDT-WIEGAND, Der Rechtswortschatz im Sachsenspiegel, in: Lothar Hoffmann, Hartwig Kalverkämper, Herbert Ernst Wiegand (Hrsg.), Fachsprachen. Ein internationales Handbuch zur Fachsprachenforschung und Terminologiewissenschaft. (= Handbücher zur Sprach- und Kommunikationswissenschaft. 14.2). Berlin, New York, S. 2341–2348, bes. S. 2342 • (Schmidt-Wiegand 1999).

Ruth SCHMIDT-WIEGAND, Sprache zwischen Recht und Gesetz – Mainzer Reichslandfriede und Sachsenspiegel-Prolog im Vergleich, in: Heiner Lück, Bernd

Schildt (Hrsg.), Recht, Idee, Geschichte. Beiträge zur Rechts- und Ideengeschichte für Rolf Lieberwirth anläßlich seines 80. Geburtstages. Köln, Weimar, Wien 2000, S. 135–150 • (Schmidt-Wiegand 2000).

Roman SCHNUR, Einflüsse des deutschen und des österreichischen Rechts in Polen. Berlin [u. a.] 1985. (Vortrag gehalten vor d. Jurist. Ges. zu Berlin am 13. Februar 1985). (= Schriftenreihe der Juristischen Gesellschaft zu Berlin. 95).

Rudolf SCHRANIL, Stadtverfassung nach Magdeburger Recht. Magdeburg und Halle. Breslau 1915. (= Untersuchungen zur Deutschen Staats- und Rechtsgeschichte. H. 125).

Gertrud SCHUBART-FIKENTSCHER, Die Verbreitung der deutschen Stadtrechte in Osteuropa. Weimar 1942. (= Forschungen zum deutschen Recht. Bd. IV. H. 3) • (Schubart-Fikentscher 1942).

Gertrud SCHUBART-FIKENTSCHER, „Heymann, Ernst", in: NDB, Bd. 9. Berlin 1972, S. 89f.

Gertrud SCHUBART-FIKENTSCHER, „Homeyer, Carl Gustav", in: NDB, Bd. 9. Berlin 1972, S. 589f.

Herrmann SCHULZE, „Gaupp, Ernst Theodor", in: ADB, Bd. 8. Leipzig 1878, S. 425–430.

Eva SCHUMANN, Die Göttinger Rechts- und Staatswissenschaftliche Fakultät 1933–1955, in: Eva Schumann (Hrsg.), Kontinuitäten und Zäsuren. Rechtswissenschaft und Justiz im „Dritten Reich" und in der Nachkriegszeit. Göttingen 2008, S. 65–121.

Ferdinand Karl SCHWEIKART, Über die in Ost- und Westpreußen geltenden Rechte, besonders über das Culmische und Magdeburgische Recht, in: Jahrbücher für die preußische Gesetzgebung, Rechtswissenschaft und Rechtsverwaltung 26, 52 (1825), S. 241–378 [Auch bekannt unter dem Namen ‚Von-Kamptz'sche Jahrbücher für die preußische Gesetzgebung ...'].

Janusz SIATKOWSKI, Wpływy poszczególnych dialektów niemieckich na język polski, in: Studia z Filologii Polskiej i Słowiańskiej 7 (1967), S. 33–46 • (Siatkowski 1967).

Janusz SIATKOWSKI, Bohemizmy fonetyczne w języku polskim. Cz. II: 4. formy beznosówkowe, 5. formy nieprzegłoszone. Wrocław, Warszawa, Kraków 1970. (= Monografie Slawistyczne. 20) • (Siatkowski 1970).

Roxana SINIELNIKOFF, Kształtowanie się polskiej terminologii prawnej w XVI w., in: Studia z historii języka polskiego. Uniwersytet Warszawski, Instytut Języka Polskiego. Praca zbiorowa pod red. Władysława Kupiszewskiego. Warszawa 1994, S. 73–112 • (Sinielnikoff 1994).

Emil SKÁLA, Die Entwicklung des Bilinguismus in der Tschechoslowakei vom 13. bis 18. Jahrhundert, in: Beiträge zur Geschichte der deutschen Sprache und Literatur 86 (1964), S. 69–106 • (Skála 1964).

Marián SKLADANÝ, Spiš v slovensko-pol'ských hospodárskych stykoch v 15.–16. storočí/Scepusia in the Slovak-Polish Economic Affairs between the 15th to

16th Centuries, in: Terra Scepusiensis. Stav bádania o dejinách Spiša/Stan badań nad dziejami Spiszu. Hrsg. von Ryszard Gładkiewicz u. Martin Homza. Levoča/Wrocław, 2003, S. 457–465.

Katja ŠKRUBEJ, Historisch analysierte Lexik: Relevante Quelle für die rechtsgeschichtliche Forschung? (Am Beispiel der altslawischen Bezeichnung zakonik), in: Birgit Feldner, Verena Tiziana Halbwachs, Thomas Olechowski [u. a.] (Hrsg.), Ad fontes. Europäisches Forum junger Rechtshistorikerinnen und Rechtshistoriker Wien 2001. Frankfurt a.M. [usw.] 2002, S. 357–370 • (Škrubej 2002a).

Katja ŠKRUBEJ, *Ritus gentis* Slovanov v vzhodnih Alpah. Model rekonstrukcije pravnih razmerij na podlagi najstarejšega jezikovnega gradiva. Ljubljana 2002 • (Škrubej 2002b).

Janusz SONDEL, Elemente des römischen Rechts in den Kodifikationsprojekten des Kulmer Rechts, in: Ius commune. Zeitschrift für Europäische Rechtsgeschichte 20 (1993), S. 25–60.

Vladimír SPÁČIL, Libuše SPÁČILOVÁ, Míšeňská právní kniha. Historický kontext, jazykový rozbor, edice/Das Meißner Rechtsbuch. Historischer Kontext, linguistische Analyse, Edition. Olomouc 2010 • (Spáčil/Spáčilová Meißner Rechtsbuch).

Libuše SPÁČILOVÁ, Rechtsterminologie lateinischer Herkunft in frühneuhochdeutschen Texten der Olmützer Stadtkanzlei, in: Germanoslavica 15, 2 (2004), S. 199–212 • (Spáčilová 2004).

Libuše SPÁČILOVÁ, Vladimír SPÁČIL, Památná kniha Olomoucká (kodex Václava z Jihlavy) z let 1430–1492, 1528. Úvod, jazykový rozbor německých textů, edice, rejstříky. Olomouc 2004 • (Spáčilová/Spáčil 2004).

Libuše SPÁČILOVÁ, Italienische, französische, spanische und slawische Entlehnungen im Wortschatz der Olmützer Stadtkanzleisprache. Ein Beitrag zur Untersuchung des Frühneuhochdeutschen, in: Hana Andrášová, Peter Ernst, Libuše Spáčilová (Hrsg.), Germanistik genießen. Gedenkschrift für Doc. Dr. phil. Hildegard Boková. (= Schriften zur diachronen Sprachwissenschaft. 15). Wien 2006, S. 385–409 • (Spáčilová 2006).

Thomas SPORN, Die „Stadt zu polnischem Recht“ und die deutschrechtliche Gründungsstadt, Frankfurt a.M., Bern [usw.] 1978. (Zugl.: Freiburg i.Br., Univ., Diss., 1978). (= Europäische Hochschulschriften, R. 2, Rechtswiss. Bd. 197).

Manfred SPULER, „Möllenberg, Walter“, in: NDB, Bd. 17. Berlin 1994, S. 627f.

Emil STEFFENHAGEN, Die IX Bücher Magdeburger Rechtes oder die Distinctionen des Thorner Stadtschreibers Walther Ekhardi von Bunzlau. Eine Abhandlung zur Quellenkunde des Deutschen Rechtes. Königsberg 1865, (Sonderabdruck aus Altpreußische Monatsschrift 2 (1865), S. 11–43).

Emil STEFFENHAGEN, Aus Altpreussens Rechtsgeschichte. III. Der Kulmer Oberhof, in: Altpreußische Monatsschrift zur Spiegelung des provinziellen Lebens in Literatur, Kunst, Wissenschaft und Industrie 3 (1866), S. 229–250.

Emil STEFFENHAGEN, Ueber eine noch unbekannte Form des Sächsischen Weichbildrechts, in: ZRG 12 (1876), S. 1–37.

Emil STEFFENHAGEN, „Ekhardi, Walter“, in: ADB, Bd. 7. Leipzig 1877, S. 785.

Otto STOBBE, Das alte Kulmer Recht, in: Zeitschrift für deutsches Recht und deutsche Rechtswissenschaft 17 (1857), S. 406–439.

Otto STOBBE, Rechtsmittheilung von Neumarkt nach Oppeln, in: ZRG 1 (1861), S. 403–414.

Otto STOBBE, Nachträge zu Homeyer: Die deutschen Rechtsbücher des Mittelalters und ihre Handschriften 1856 [Miscelle], in: ZRG 2 (1863), S. 175 f.

Otto STOBBE, Herman Conring, der Begründer der deutschen Rechtsgeschichte. Rede beim Antritt des Rectorats der Universität Breslau am 15. Oktober 1869. Berlin 1870.

Otto STOBBE, Ein Magdeburger Schöffenbrief für Krakau, in: ZRG 10 (1872), S. 84–92.

Michael STOLLEIS, Conring, Hermann (1606–1681), in: ^{2}HRG, Bd. 1. Berlin 2008, Sp. 882–884.

Jerzy STRZELCZYK, Die Christianisierung Polens im Lichte der schriftlichen Quellen, in: Hans-Martin Hinz, Alfried Wieczorek (Hrsg.), Europas Mitte um 1000. Beiträge zur Geschichte, Kunst und Archäologie. Handbuch. 2 Bde. Darmstadt 2001, S. 487–489.

Jerzy STRZELCZYK, Frühstaatliche Formierung im Osten. Polen und Ungarn um 1000, in: Bernd Schneidmüller, Stefan Weinfurter (Hrsg.), Salisches Kaisertum und neues Europa. Die Zeit Heinrichs IV. und Heinrichs V. Darmstadt 2007, S. 273–289.

U[lrich] ST[UTZ], [Nachruf auf Jakob Friedrich Behrend], in: ZRG GA 28 (1907), S. 628.

Irina SZCZEPANOWSKA, Perspektywy badań lingwistycznych nad językiem prawnym, in: Poradnik Językowy 5 (1999), S. 11–17 • (Szczepanowska 1994).

Witold TASZYCKI, Przejście *chw* ⟩ *f* w staropolszczyźnie, in: Sprawozdania z czynności i posiedzeń Akademii Umiejętności 48 (1947), S. 40–45 • (Taszycki 1947).

Witold TASZYCKI, Odmiana rzeczowników typu *sędzia, sędziego* w perspektywie historycznej. (= Zeszyty Naukowe Uniwersytetu Jagiellońskiego. 89. Prace Językoznawcze 9). Kraków 1964 • (Taszycki 1964).

Witold TASZYCKI, Język Kodeksów Świętosława z Wojcieszyna (1449) i Macieja z Rożana (1450), in: Lingua Posnaniensis XVI (1972), S. 7–23 • (Taszycki 1972).

Rafael TAUBENSCHLAG, Einflüsse des römischen Rechts in Polen, in: Ius romanum medii aevi V, 7–9 (1962), S. 3–26.

Hans THIEME, [Rezension zu] Zeitschrift für Ostforschung. Jahrgang 6. Heft 2 (1957). Wilhelm Weizsäcker zum 70. Geburtstag gewidmet, in: ZRG GA 75 (1958), S. 455 f.

Hans THIEME, Die Magdeburger und Kulmer Stadtrechte im deutschen Osten, in: Deutsche Ostsiedlung in Mittelalter und Neuzeit. (= Studien zum Deutschtum im Osten, H. 8). Köln, Wien 1971, S. 144–159.

Christian THOMASIUS, Selecta Feudalia Thomasiana. Hallae Saxonum 1708.

E. ULLMANN, „Daniels, Alexander von“, in: ADB, Bd. 4. Leipzig 1876, S. 734f.

Günther ULLRICH, [Rezension zu] Gertrud Schubart-Fikentscher, Die Verbreitung der deutschen Stadtrechte in Osteuropa, in: ZRG GA 64 (1944), S. 489–492 • (Ullrich 1944).

Corinna R[uth] UNGER, Ostforschung in Westdeutschland. Die Erforschung des europäischen Ostens und die Deutsche Forschungsgemeinschaft 1945–1975. Stuttgart 2007. (Zugl.: Freiburg i.Br., Univ., Diss., 2005 u.d.T.: Unger, Corinna Ruth: Ostforschung in Westdeutschland nach 1945 im Kontext des Kalten Krieges). (= Studien zur Geschichte der Deutschen Forschungsgemeinschaft. Bd. 1).

Wacław URUSZCZAK, Das Privileg im alten Königreich Polen (10. bis 18. Jahrhundert), in: Das Privileg im europäischen Vergleich. Hrsg. von Barbara Dölemeyer, Bd. 2. (= Studien zur europäischen Rechtsgeschichte. 125). Frankfurt a.M. 1999, S. 253–274.

Wacław URUSZCZAK, „Groicki, Bartłomiej“, in: Juristen. Ein biographisches Lexikon. Von der Antike bis zum 20. Jahrhundert. Hrsg. v. Michael Stolleis. Überarb. Ausg. der 1995 bei Beck geb. ersch. Ausg. München 2001, S. 264.

Wacław URUSZCZAK, „Łaski, Jan“, in: Juristen. Ein biographisches Lexikon. Von der Antike bis zum 20. Jahrhundert. Hrsg. v. Michael Stolleis. Überarb. Ausg. der 1995 bei Beck geb. ersch. Ausg. München 2001, S. 380.

Adam VETULANI, Les origines de l'Université de Cracovie, in: Acta Poloniae historica 13 (1966), S. 14–40.

Adam VETULANI, La Pologne médiévale et le droit romain, in: Studi in onore di Edoardo Volterra, Bd. 1. (= Pubblicazioni della Facoltà di Giurisprudenza dell'Università di Roma. 40). Milano 1971, S. 289–307.

Sergij VILFAN, Rechtsgeschichte der Slowenen bis zum Jahre 1941. Graz 1968. (= Grazer Rechts- und Staatswissenschaftliche Studien. Bd. 21) • (Vilfan 1968).

Michail Flegontovič VLADIMIRSKIJ-BUDANOV, Nimec'ke pravo v Pol'šči i Lytvi. L'viv 1903. (= Ruska istoryčna Biblioteka. 23) [1. Aufl. Sankt-Peterburg 1868].

Hans-Erich VOLKMANN, Hermann Aubin, in: Handbuch der völkischen Wissenschaften. Personen – Institutionen – Forschungsprogramme – Stiftungen. Hrsg. von Ingo Haar und Michael Fahlbusch unter Mitarb. von Matthias Berg. München 2008, S. 58–62.

Hans WALTHER, Mehrnamigkeit von Siedlungen als sprachsoziologische Erscheinung, in: Leipziger namenkundliche Beiträge. Teil 2. (=Sitzungsberichte der

Sächsischen Akademie der Wissenschaften zu Leipzig, Philologisch-Historische Klasse. Bd. 113, H. 4). Berlin 1968, S. 19–28 • (Walther 1968).

Matthias WEBER, Rechts- und Verfassungsgeschichte, in: Joachim Bahlcke (Hrsg.), Historische Schlesienforschung. Methoden, Themen und Perspektiven zwischen traditioneller Landesgeschichtsschreibung und moderner Kulturwissenschaft. (= Neue Forschungen zur Schlesischen Geschichte. Bd. 11). Köln [usw.] 2005, S. 125–158.

Franz Xaver von WEGELE, „Freher, Marquard“, in: ADB, Bd. 7. Leipzig 1877, S. 334f.

Wilhelm WEGENER, [Rezension zu] Witold Maisel, Prawo magdeburskie miasta Pleszewa, in: ZRG GA 81 (1964), S. 494–498.

Wilhelm WEGENER, [Rezension zu] Witold Maisel, Poznańska księga prawa magdeburskiego i miśnieńskiego, in ZRG GA 83 (1966), S. 511 f.

W. WEGENER, Schlesisches Landrecht, in: HRG, Bd. 4. Berlin 1990, Sp. 1426–1429.

Viktor WEIDNER, Altpolnische Rechtstermini aus den Statuten Kasimirs des Großen in ihrer rechtsgeschichtlichen Entwicklung. Diss., Maschschr. Berlin 1965 • (Weidner 1965).

Viktor WEIDNER, Die Bedeutung der Wortgeschichte für die Klärung polnischer Rechtsbegriffe. Methode und Ziel der Untersuchung altpolnischer Rechtstermini, in: Zeitschrift für Slawistik 13 (1968), S. 286–296 • (Weidner 1968).

Lorenz WEINRICH, Heiligenleben zur deutsch-slawischen Geschichte: Adalbert von Prag und Otto von Bamberg. Unter Mitarb. von Jerzy Strzelczyk. Darmstadt 2005. (= Ausgewählte Quellen zur deutschen Geschichte des Mittelalters – Freiherr-vom-Stein-Gedaechtnisausgabe. 23).

Jürgen WEITZEL, Über Oberhöfe, Recht und Rechtszug – eine Skizze. Göttingen, Zürich 1981. (= Göttinger Studien zur Rechtsgeschichte. 15).

Wilhelm WEIZSÄCKER, Geschichtliche Wechselwirkungen deutsch-slawischen Rechtsdenkens, in: Zeitschrift für Ostforschung 5,2 (1956), S. 161–180.

Dieter WERKMÜLLER, Oberhof, in: HRG, Bd. 3. Berlin 1984, Sp. 1134–1146.

Józef WIKTOROWICZ, Graphematische Analyse der deutschen Sprache in den Krakauer Stadtbüchern des XIV. Jahrhunderts, in: Zeitschrift für Deutsche Philologie 103 (1984), S. 407–420 • (Wiktorowicz 1984).

Józef WIKTOROWICZ, Die deutsche Sprache in den Krakauer Stadtbüchern des 15. und 16. Jahrhunderts, in: Gotthard Lerchner, Marianne Schröder, Ulla Fix (Hrsg.), Chronologische, areale und situative Varietäten des Deutschen in der Sprachhistoriographie. Festschrift für Rudolf Große. (= Leipziger Arbeiten zur Sprach- und Kommunikationsgeschichte. Bd. 2). Frankfurt a.M. 1995, S. 227–235 • (Wiktorowicz 1995).

Józef WIKTOROWICZ, Zur Syntax der deutschen Kanzleisprache in Krakau, in: Albrecht Greule (Hrsg.), Deutsche Kanzleisprachen im europäischen Kontext. Beiträge zu einem internationalen Symposium an der Universität Regensburg,

5. bis 7. Oktober 1999. (= Beiträge zur Kanzleisprachenforschung. Bd. 1). Wien 2001, S. 215–223 • (Wiktorowicz 2001).

Manfred WILLE, „Markmann, Fritz-August Wilhelm", in: MBL (http://www.uni-magdeburg.de/mbl/Biografien/0643.htm – Abfragedatum: 30.03.2004).

Dietmar WILLOWEIT, Winfried SCHICH (Hrsg.), Studien zur Geschichte des sächsisch-magdeburgischen Rechts in Deutschland und Polen. Frankfurt a. M. [usw.] 1980. (= Rechtshistorische Reihe. Bd. 10) • (Willoweit/Schich 1980).

Dietmar WILLOWEIT, Zur Frage des Personalitätsprinzips im Sachsenspiegel und in schlesischen Lokationsurkunden des 13. Jahrhunderts, in: ders., Winfried Schich (Hrsg.), Studien zur Geschichte des sächsisch-magdeburgischen Rechts. (= Rechtshistorische Reihe. Bd. 10). Frankfurt a. M. [usw.] 1980, S. 94–115.

Dietmar WILLOWEIT, Kulmer Handfeste, in: LexMa, Bd. 5. München 1991, Sp. 1564 f.

WINTER, „Schweikart, Ferdinand Karl", in: ADB, Bd. 33. Leipzig 1891, S. 858.

Michał WISZNIEWSKI, Historya literatury polskiéj, Bd. I–X; Bd. V: Przytém facsimile ortylów (1843). Kraków 1840–1857 • (Wiszniewski 1843).

Karl WITTICH, „Tilly, Johann Tserclaes Graf von", in: ADB, Bd. 38. Leipzig 1894, S. 314–350.

Maria WOJTAK, Elementy stylu urzędowego w Ortylach magdeburskich, in: Język Polski LXVIII (1988), S. 221–230 • (Wojtak 1988).

Maria WOJTAK, O stylowym wariancie języka na przykładzie tekstów urzędowych, in: Stanisław Gajda (Hrsg.), Systematyzacja pojęć w stylistyce. Materiały z konferencji z 24–26 IX 1991 r. Opole 1992, S. 141–147. • (Wojtak 1992).

Maria WOJTAK, Styl urzędowy, in: Wspólczesny język polski, pod red. Jerzego Bartmińskiego. 2. wyd. Lublin 2001, S. 155–171 • (Wojtak 2001).

Armin WOLF, Zur Methode europäischer Rechtsgeschichte: Länder und Rechtsgebiete, in: Aspekte europäischer Rechtsgeschichte. Festgabe für Helmut Coing zum 70. Geburtstag. Frankfurt a.M. 1982, S. 457–474.

Armin WOLF, Gesetzgebung in Europa 1100–1500. Zur Entstehung der Territorialstaaten. 2., überarb. u. erw. Aufl. des Beitrags zu dem von Helmut Coing herausgegebenen „Handbuch der Quellen und Literatur der neueren europäischen Privatrechtsgeschichte". München 1996.

Thomas WÜNSCH (Hrsg.), Stadtgeschichte Oberschlesiens: Studien zur städtischen Entwicklung und Kultur einer ostmitteleuropäischen Region vom Mittelalter bis zum Vorabend der Industrialisierung. Berlin 1995. (= Tagungsreihe der Stiftung Haus Oberschlesien. Bd. 5).

Thomas WÜNSCH, Polen, in: Studienhandbuch Östliches Europa, Bd. 1: Geschichte Ostmittel- und Südosteuropas. Hrsg. von Harald Roth. (= Böhlau-Studienbücher. Grundlagen des Studiums). Köln [usw.] 1999, S. 313–332.

Thomas WÜNSCH, Deutsche und Slawen im Mittelalter. Beziehungen zu Tschechen, Polen, Südslawen und Russen. München 2008 • (Wünsch 2008).

Aleksander ZAJDA, Staropolska terminologia prawnicza (do r. 1500). Kraków 1990. (= Uniwersytet Jagielloński. Rozprawy Habilitacyjne. 192) • (Zajda 1990).

Aleksander ZAJDA, Studia z historii polskiego słownictwa prawniczego i frazeologii. Kraków 2001 • (Zajda 2001).

Aleksander ZAJDA, Deutsche Einflüsse in der altpolnischen Terminologie als Widerspiegelung der Rezeption des Magdeburger Rechts, in: Ernst Eichler, Heiner Lück (Hrsg.), Rechts- und Sprachtransfer in Mittel- und Osteuropa. Sachsenspiegel und Magdeburger Recht. Internationale und interdisziplinäre Konferenz in Leipzig vom 31. Oktober bis 2. November 2003. (= Ivs saxonico-maidebvrgense in oriente. 1). Berlin 2008, S. 289–304 • (Zajda 2008).

Zbigniew ZDRÓJKOWSKI, Prawo chełmińskie. Powstanie, rozwój i jego rola dziejowa, in: Marian Biskup (Hrsg.), Dzieje Chełmna i jego regionu. Zarys monograficzny. (= Towarzystwo Naukowe w Toruniu. Prace popularnonaukowe. 9). Toruń 1968, S. 483–535.

Zbigniew ZDRÓJKOWSKI, Zarys dziejów prawa chełmińskiego (1233–1862). Studium z okazji siedemsetpięćdziesięciolecia wydania przywileju chełmińskiego oraz lokacji miast Chełmna i Toruni. Toruń 1983. (= Monografie Instytutu Historyczno-Prawnego UMK. 1) • (Zdrójkowski 1983).

Zbigniew ZDRÓJKOWSKI (Hrsg.), Studia Culmensia Historico-Juridica czyli Księga Pamiątkowa 750-lecia Prawa Chełmińskiego. Pod red. Zbigniewa Zdrójkowskiego, tom 1–2. Toruń 1990, 1988.

Klaus ZERNACK, Der hochmittelalterliche Landesausbau als Problem der Entwicklung Ostmitteleuropas, in: XVe Congrès International des Sciences Historiques (Bucarest 10–17 août 1980) Rapports II: Section Chronologique. Bucarest 1980, S. 144–158 [Neudr. in: ders., Preußen – Deutschland – Polen, Aufsätze zur Geschichte der deutsch-polnischen Beziehungen, Hrsg. von Wolfram Fischer und Michael G. Müller. (= Historische Forschungen. 44). Berlin 1991, S. 185–221] • (Zernack 1991).

Klaus ZERNACK, Preußen – Deutschland – Polen, Aufsätze zur Geschichte der deutsch-polnischen Beziehungen, Hrsg. von Wolfram Fischer und Michael G. Müller. Berlin 1991. (= Historische Forschungen. 44).

Benedykt ZIENTARA, Die deutschen Einwanderer in Polen vom 12. bis zum 14. Jahrhundert, in: Walter Schlesinger (Hrsg.), Die deutsche Ostsiedlung des Mittelalters als Problem der europäischen Geschichte. Reichenau-Vorträge 1970–1972. (= Vorträge und Forschungen. Bd. 18). Sigmaringen 1975, S. 333–348.

Benedykt ZIENTARA, Der Ursprung des „deutschen Rechts“ (ius Theutonicum) auf dem Hintergrund der Siedlungsbewegung in West- und Mitteleuropa während des 11. und 12. Jahrhunderts, in: Jahrbuch für Geschichte des Feudalismus 2 (1978), S. 120–148.

Rudolf ZODER, Familiennamen in Ostfalen. 2 Bde. Hildesheim 1968 • (Zoder).

Thomas ZOTZ, Burggraf, in: ²HRG, Bd. 1. Berlin 2008, Sp. 766–768.

VI. Nachweis der verwendeten Internetadressen

http://www.baza-nazwisk.de (Baza osób polskich i z Polską związanych – Polnische Personendatenbank – Abfragedatum: 17.03.2010).

http://www.bkge.de/wdlp.php – (Wörterbuch der deutschen Lehnwörter in der polnischen Schrift- und Standardsprache. Von den Anfängen des polnischen Schrifttums bis in die Mitte des 20. Jahrhunderts. Begonnen, konzipiert und grundlegend redigiert von Andrzej de Vincenz. Zu Ende geführt von Gerd Hentschel. Unter der Mitarb. im philologischen Bereich von: Mark Brüggemann, Beata Chachulska, Eckhard Eggers, Evelyn Hentschel, Thomas Menzel, Alek Pohl †, Martin Renz, Sabine Schlüer, Nicole Störmer und Albrecht Walsleben und im technischen Bereich von: Uwe Kersten und Günter Koch. Erschienen als Online-Publikation des Bundesinstituts für Kultur und Geschichte der Deutschen im östlichen Europa im BIS-Verlag der Universität Oldenburg. (= Studia Slavica Oldenburgensia. Bd. 20) – Abfragedatum: 17.06.2011) • (Lehnwörter 2010).

http://www.catalogus-professorum-halensis.de (Onlinelexikon hallischer Gelehrter – Abfragedatum: 05.11.2010).

http://www.d-nb.de/standardisierung/normdateien/pnd.htm (Personennamendatei – PND – Abfragedatum: 16.03.2011).

http://www.handschriftencensus.de (HC – Abfragedatum: 16.03.2011).

http://www.magdeburger.recht.de (Homepage des Projekts „Das sächsisch-magdeburgische Recht als kulturelles Bindeglied zwischen den Rechtsordnungen Ost- und Mitteleuropas“ – Abfragedatum: 19.07.2011).

http://www.pbi.edu.pl/book reader.php?p=53131 („Jus Municipale“ (1581) – Abfragedatum: 10.06.2011).

http://www.pbi.edu.pl/book reader.php?p=53133 („Speculum Saxonum“ (1581) – Abfragedatum: 10.06.2011).

http://www.psp.cz/kps/knih/prawa/prawa.htm („Weichbildrecht“ [alttschech.] – Abfragedatum: 13.09.2011).

http://www.uni-magdeburg.de/mbl/ (Magdeburger Biographisches Lexikon – MBL – Abfragedatum: 30.03.2004).

http://www.vfgs.eu (Verein für die Geschichte Schlesiens e. V. – Abfragedatum: 17.03.2010).

http://www.vfgs.eu/index.php?cat=Geschichte (Verein für die Geschichte Schlesiens e. V., „Geschichte“ – Abfragedatum: 17.03.2010).

J. Register (*Wieland Carls*)

Vorbemerkung

Das *Ortsnamenregister* verzeichnet auch Gewässer-, Gebirgs-, Landes- und Landschaftsnamen sowie andere Lokalitäten. Nichtdeutsche Toponyme werden – so vorhanden – unter dem deutschen Exonym angesetzt. Hierauf folgen in der Regel das jeweilige Endonym (kursiv gesetzt und mit internationalem Sprachkürzel in eckigen Klammern versehen), ggf. weitere Namenformen in anderen Sprachen (ebenfalls kursiv und mit Sprachkürzel). Gibt es kein deutsches Exonym, steht das Endonym an erster Stelle. Auf den jeweiligen Haupteintrag wird – wenn nötig – verwiesen.

Das *Personennamenregister* verzeichnet alle Personen und Geschlechter, die nicht ausschließlich im Zusammenhang mit bibliographischen Angaben genannt werden. Von Schreibvarianten, die durch einen Schrägstrich von der Ansetzungsform getrennt werden, wird – wenn nötig – auf den Haupteintrag verwiesen. Amtsbezeichnungen und andere Ergänzungen sowie alternative Schreibungen, von denen nicht verwiesen wird, stehen in runden Klammern.

Im *Sachregister* finden sich neben Namen von Bevölkerungsgruppen vor allem Begriffe, die den inhaltlichen Zugriff erleichtern sollen.

Alle Quellen und Quellensammlungen mit vorwiegend rechtlichem Inhalt, die im Text genannt werden, finden sich im Register der *Rechtsquellen*.

In der Untersuchung genannte Handschriften werden nach Orten sortiert im Register der *Handschriften* aufgelistet.

Die Schreibungen in den Registern richten sich wie im Band 1 der Reihe „Ivs saxonico maidebvrgense in oriente“ nach den Regeln der neuen Rechtschreibung.

I. Orte

II. Personen

III. Sachen

IV. Rechtsquellen

V. Handschriften (nach Orten)

K. Kartenbeilagen

I. Das sächsisch-magdeburgische Recht in Ost- und Mitteleuropa – Basiskarte des Untersuchungsgebietes (*Inge Bily/Konrad Großer/Patricia Mund*)

Siehe Kartentasche im hinteren Buchdeckel.

II. Das sächsisch-magdeburgische Recht in Polen – Basiskarte des Untersuchungsgebietes (*Inge Bily/Konrad Großer/Anja Müller/Romana Schwarz*)

Siehe Kartentasche im hinteren Buchdeckel.

I. Das sächsisch-magdeburgische Recht in Ost- und M
Basiskarte des Untersuchungsgebietes
Stockholm
Väner-
see
Vätter-
see
Skagerrak
Nord-
see
Kopenhagen
O s t s e e
Kaliningrad/
Königsberg
Chełmno/Kulm
Toruń/Thorn
Wisła
Stendal
Berlin
Oder
Poznań/Posen
Warta/Warthe
Odra
POLSKA/
POLEN
Magdeburg
Reppichau
Halle (S.)
Elbe
Legnica/
Liegnitz
Środa Śląska/
Neumarkt
Görlitz/
Zgorzelec
Wrocław/Breslau
Śląsk/Silesia/Schlesien
Świdnica/
Schweidnitz
DEUTSCHLAND
Litoměřice/
Leitmeritz
Małopolska/
Kleinpolen
Kraków
Halyčyna
Luxemburg
Praha/Prag
Uničov/
Mährisch Neustadt
ČESKO/
TSCHECHIEN
Vltava/Moldau
Olomouc/
Olmütz
Brno/
Brünn
Žilina/
Zsolna/
Sillein
Rhein
Donau
SLOVENSKO/
SLOWAKEI
Bratislava/Pozsony/
Preßburg
Wien
Dunaj
A
Buda/Ofen
Budapest
MAGYARORSZ
UNGARN
Platten-
see
Duna
SLO
Ljubljana/Laibach
Zagreb/Agram
HR
Save
BIH
Sarajevo
heutige Hauptstadt
Magdeburg - Ausgangspunkt der Verbreitung des sächsisch-magdeburgischen Rechts
Reppichau - Herkunftsort Eikes von Repgow (Verfasser des Sachsenspiegels)
Stadt mit sächsisch-magdeburgischem Recht; Auswahl zur Orientierung (Endonym, Exonym, z.T. historisch)
Polska/
Polen
Staaten (Endonym, Exonym)
Spiš/
Szepesség/Zips
Landschaft (Endonym, Exonym, z.T. historisch)
0
250 km

tteleuropa
Tallinn/Reval
EESTI/ESTLAND
Haapsalu/
Hapsal
Peipsi Järv/
Čudskoe ozero/
Peipussee
Ozero Ilmen/
Ilmensee
Volga/Wolga
Pärnu/
Pernau
Tartu/
Dorpat
Vladimir
Vidzeme/Livimaa/Livonija,
Liifjandija/Livland
Zapadnaja Dvina
LATVIJA/
LETTLAND
Moskva/
Moskau
ROSSIJA/
RUSSLAND
Rīga/Riga
Daugava/Düna
Nevel'
Velіž
Zachodnjaja Dzvina
LIETUVA/
LITAUEN
Dnepr
Dorogobuž
Smolensk
Belëv
Kaunas/
Kowno
Vilnius/
Wilna
Nemunas/Memel
Trakai/
Traken
Minsk
Nëman
BELARUS'/
WEISSRUSSLAND
Hrodna/
Grodno
Dnjapro
Starodub
Prypjac'/Pripjat
Brėst/
Brest-Litowsk
szawa/
schau
Pryp'jat'
Wisła/Weichsel
Rivne/Rowno
Kyjiv/Kiew
Halyč-Wolhynien/
Galizien-Wolhynien
Dnipro
UKRAJINA/
UKRAINE
L'viv/
Lemberg
akau
alicja/Galicija/Galizien
Dnister
Zips
Nistru
Körmöcbánya/
MOLDOVA/
MOLDAU
Chișinău
Bistrița/Beszterce/Bistritz
Transilvania (Ardeal)/
Erdély/
Siebenbürgen
ROMÂNIA/RUMÄNIEN
Brașov/Brassó/
Kronstadt
Sibiu/Nagyszeben/
Hermannstadt
Dunărea
grad/
grad
București/Bukarest
RB
Dunav
BG
Sächsische Akademie der Wissenschaften
zu Leipzig
IfL 2008
Karteninhalt: Inge Bily (SAW)
Kartenredaktion: Konrad Großer (IfL)
Kartografie: Patricia Mund (IfL)

II. Das sächsisch-magdeburgische Recht i

Basiskarte des Untersuchungsgebietes

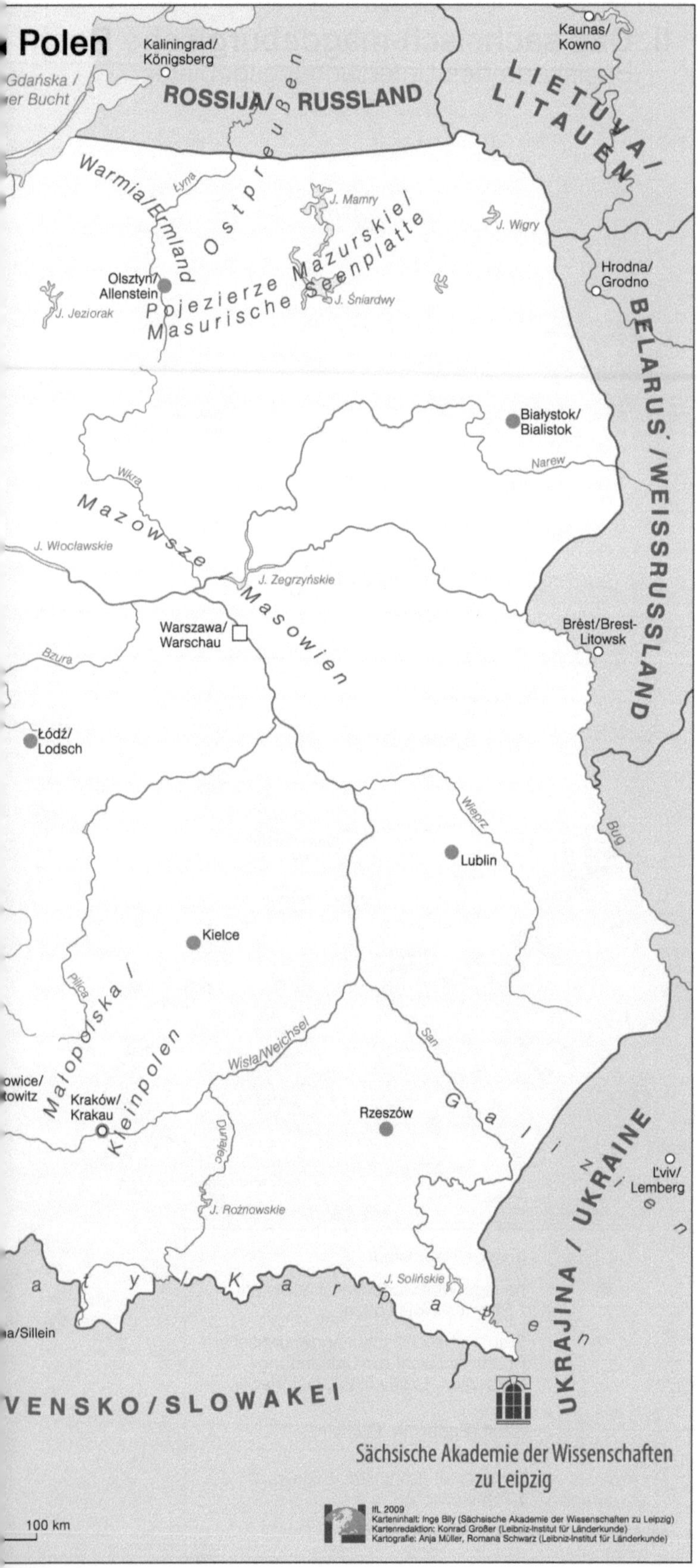
Polen
Kaliningrad/
Königsberg
Gdańska /
er Bucht
ROSSIJA/ RUSSLAND
Ostpreußen
Kaunas/
Kowno
LIETUVA/
LITAUEN
Warmia/Ermland
Łyna
J. Mamry
Pojezierze Mazurskie/
Masurische Seenplatte
J. Wigry
Olsztyn/
Allenstein
J. Jeziorak
J. Śniardwy
Hrodna/
Grodno
BELARUS' / WEISSRUSSLAND
Białystok/
Bialistok
Narew
Wkra
Mazowsze / Masowien
J. Włocławskie
J. Zegrzyńskie
Warszawa/
Warschau
Brest/Brest-
Litowsk
Bzura
Łódź/
Lodsch
Wieprz
Bug
Lublin
Kielce
Pilica
Małopolska / Kleinpolen
Wisła/Weichsel
San
owice/
owitz
Kraków/
Krakau
Rzeszów
Galizien
Dunajec
Ľviv/
Lemberg
UKRAJINA / UKRAINE
J. Rożnowskie
J. Solińskie
Karpaty / Karpathen
a/Sillein
VENSKO / SLOWAKEI
100 km
Sächsische Akademie der Wissenschaften
zu Leipzig
IfL 2009
Karteninhalt: Inge Bily (Sächsische Akademie der Wissenschaften zu Leipzig)
Kartenredaktion: Konrad Großer (Leibniz-Institut für Länderkunde)
Kartografie: Anja Müller, Romana Schwarz (Leibniz-Institut für Länderkunde)

Bei Fragen zur Produktsicherheit wenden Sie sich bitte an:
If you have any questions regarding product safety,
please contact:

Walter de Gruyter GmbH
Genthiner Straße 13
10785 Berlin
productsafety@degruyterbrill.com